María Fernanda Vidal Pérez
Fernando Castillo Rigabert

FORMULARIOS DE ACTOS, NEGOCIOS Y CONTRATOS

María Fernanda Vidal Pérez
Abogada del Ilustre Colegio de Abogados de Murcia
Profesora Asociada de la Facultad de Derecho de la Universidad de Murcia
Profesora de la Escuela de Práctica Jurídica de Murcia

Fernando Castillo Rigabert
Profesor Titular de la Facultad de Derecho de la Universidad de Murcia
Profesor de la Escuela de Práctica Jurídica de Murcia

FORMULARIOS DE ACTOS, NEGOCIOS Y CONTRATOS

1ª Edición: septiembre 1997
2ª Edición: abril 2003

Edita: LA LEY
C/ Collado Mediano, 9
28230 - Las Rozas (Madrid)
Teléf: 902 42 00 10 (Atención al cliente)
http://www.laley.net

Consejero Delegado: Salvador Fernández López
Directora General: Rosalina Díaz Valcárcel
Director de Publicaciones: Fernando Selfa Bas
Directora de Ventas: Elena Delegado

Jefa de Publicaciones: Cristina de Andrés Irazazábal
Coordinadora Editorial: Adoración Fernández Soret

Fernando Castillo Rigabert es autor de los formularios 142, 143, 144, 156 y 157 y coautor del 189.
M.ª Fernanda Vidal Pérez es autora del resto de formularios y coautora del 189.

ISBN: 84-9725-450-3
Depósito Legal: M-18999-2003
Printed in Spain.
Impreso en España por Grefol, S.L
Polígono 2 - La Fuensanta.
28936 Móstoles (Madrid)

SUMARIO

PRÓLOGO

El objeto de este libro lo constituye básicamente el intento de facilitar el ejercicio diario y cotidiano del Derecho, y concretamente y dentro del ámbito del Derecho Privado, todo lo relacionado con los actos, negocios y contratos, principalmente civiles.

Es más, de la primera a la segunda edición observamos cómo el progresivo incremento de una falta de diálogo, tiempo y, en suma, de comunicación entre los particulares a los que van destinadas las normas privadas, ha dado lugar a la necesidad de documentar esas relaciones jurídico-privadas entre los ciudadanos, lo que a la postre supone una mayor claridad y empleo de la técnica (en este caso, la jurídica) a la hora de culminar actos, negocios y contratos escritos.

Qué lejos nos encontramos del ya caduco apretón de manos...

Ahora bien, como ya hicimos constar, en éste como en otros múltiples casos nos encontramos con un problema que no es más que la realidad misma del mundo de las relaciones entre los particulares: son casi inabarcables e imposibles de reducir en su totalidad a simples formularios; la mayoría de los actos que realizamos cotidianamente no son más que una faceta o ejemplo de lo que terminamos por calificar como relaciones jurídico-privadas.

De ahí que podamos afirmar que es éste un libro abierto: su contenido o posible contenido lo marca, caso por caso, la riqueza de relaciones que se generan en la vida social.

Por ello, mientras que en algunos formularios no concretamos algunos datos, sin embargo en otros pasamos a concretar incluso cifras, a fin de que el lector pueda encontrar mayor facilidad en la comprensión y trabajo de los actos, negocios y contratos.

LOS AUTORES

ÍNDICE SISTEMÁTICO

FORMULARIOS

§1. COMPRAVENTA Y OTROS CONTRATOS AFINES

§2. RELATIVOS AL CUMPLIMIENTO Y DINÁMICA DE LA OBLIGACIÓN

§1. COMPRAVENTA Y OTROS CONTRATOS AFINES

1

ESTRUCTURA GENERAL DEL CONTRATO DE COMPRAVENTA (Y DEL CONTRATO EN SÍ)

En la ciudad de ..., a ... de ... de ...

REUNIDOS[1]

De una parte, y en su calidad de vendedor/a/res/ras o parte vendedora, ... Don/Doña ..., mayor de edad, de estado civil ..., vecino/a de ..., domiciliado/a en ..., con DNI número ...

Y de otra, Don/Doña ... y en su calidad de comprador/a/es/as, mayor de edad, de estado civil ..., vecino/a de ..., calle ..., con DNI número ...

INTERVIENEN

Todos los comparecientes lo efectúan en su propio nombre y derecho[2] reconociéndose recíprocamente capacidad legal bastante para otorgar el presente documento, y a tal fin:

DECLARAN

PRIMERO. Titularidad del bien que sea objeto del contrato de que se trate, e identificación del bien.

---

[1] En este apartado, y tanto en la compraventa como en cualquier otro acto, negocio o contrato, es preciso identificar a las partes.

Lógicamente, si se trata de persona física habrá que hacer constar su nombre, apellidos, domicilio y número de documento nacional de identidad; siendo conveniente, en su caso, expresar su estado de casada, el régimen económico matrimonial y los datos o, cuando menos, el nombre del cónyuge, dada la posibilidad de responsabilidad patrimonial universal (artículo 1911 del Código Civil), así como, según los casos, de comprometer los bienes comunes o gananciales.

[2] Si se trata de persona física que interviene en nombre de sociedad mercantil o civil o de asociación, es preciso hacer constar el carácter en que interviene y el documento del que deriva su representación.

Igual ocurre si se trata de sociedad civil irregular o de comunidad de bienes, ya que en estos casos no existe una personalidad jurídica diferente de la de los miembros que integran el ente.

Por ejemplo, tratándose de bien inmueble:

1. Descripción del inmueble (piso, finca rústica, parcela, etc.) de que se trate, con indicación de su superficie y linderos.

2. Título por el que se ostenta la titularidad de la nuda propiedad, usufructo o el pleno dominio, o la copropiedad, etc.

3. Cargas, gravámenes, arrendamiento, aparceros u otros ocupantes que puedan existir, así como si se encuentra al corriente en el pago de gastos (comunidad de propietarios por ejemplo), impuestos y demás arbitrios (plusvalía, impuesto sobre bienes inmuebles, etc.).

4. En su caso, calificación de la vivienda: libre, protección oficial, precio tasado, etc.

5. Normas sobre propiedad horizontal si se trata de finca que se integra en inmueble regido por las mismas.

6. Referencia catastral (lo cual facilita la gestión impositiva)[3].

7. Datos de inscripción registral.

SEGUNDO. Habiendo convenido la compraventa de la referida vivienda[4], lo efectúan bajo las siguientes:

ESTIPULACIONES

PRIMERA. Venta y compra o, lo que es lo mismo, concurso de la oferta y aceptación o consenso en la cosa objeto del contrato, «con cuanto sea accesorio e inherente a la misma, y cuya situación jurídica, física y registral conocen».

Lo mismo sucede cuando se trata de cónyuge casado bajo el régimen de gananciales y, en concreto, si interviene en beneficio de la sociedad legal de gananciales.

Dado que la realidad contractual es diversa y variada, hemos creído conveniente en los más de los formularios, partir de hipótesis concretas y supuestos reales, inclusive en cuanto a la fecha, a fin de que el lector pueda, en muchos casos, llevar a cabo el cómputo de plazos o cálculo de cantidades concretas.

[3] Mención de obligada observancia, tanto en documentos públicos como en privados, en los términos previstos en los artículos 50 y siguientes de la Ley 13/1996 de 30 de diciembre, de Medidas Fiscales, Administrativas y del Orden Social.

La aplicación respecto de bienes inmuebles rústicos comenzará a exigirse el día 1 de enero de 1998 (véase Disposición Transitoria 8.ª de la referida Ley 13/96).

[4] O compraventa del objeto de que se trate o contrato de que se trate.

Si se efectúa la venta o no libre de cargas y gravámenes.

SEGUNDA. El precio de la compraventa y forma de pago.

Tanto de este apartado como en los siguientes, caben estipulaciones de lo más diversas y, entre ellas:

1. Pago al contado.
2. Pago al contado y pago aplazado con/sin devengo de intereses.
3. Pago en metálico y/o en especie
4. Pago mediante letras de cambio, cheque, pagarés, etc.
5. Arras confirmatorias o penitenciales.
6. Cláusulas penales.
7. Modo de resolución del contrato por incumplimiento e interpretación del silencio de una de las partes.
8. Subrogación en el préstamo hipotecario existente, deduciendo o reteniendo su importe del precio de la compraventa.
9. Cantidad alzada o por superficie, sobre todo en fincas rústicas.
10. Etcétera.

TERCERA. Otras posibles cláusulas y previsiones en sucesivas estipulaciones:

1. Posesión: Entrega o no en el acto.
2. Condición resolutoria expresa.
3. Reserva de dominio.
4. Posposición.
5. En su caso, otorgamiento de escritura pública.
6. Gastos notariales, de Registro de la Propiedad y de impuestos.
7. Pacto de sumisión expresa o de sometimiento de las eventuales cuestiones litigiosas a árbitros.
8. Establecimiento de servidumbres.
9. Recogida de frutos pendientes.
10. Etcétera.

Y en prueba de conformidad firman el presente documento, por ...[5], en el lugar y fecha al principio indicados.

Parte vendedora | Parte compradora

---

[5] Tantos ejemplares cuantas sean las partes contratantes.

2

Venta De Nuda Propiedad Y De Usufructo Vivienda Procedente De Adjudicación De Herencia. Pago Aplazado. Arras. No Devengo De Intereses. Cláusula Resolutoria

En la ciudad de ..., a ... de ... de ...

REUNIDOS

De una parte, y en su calidad de vendedoras o parte vendedora, las siguientes señoras:

Doña ..., mayor de edad, vecina de ..., domiciliada en calle ...., con DNI número ... Doña ..., mayor de edad, de igual vecindad y domicilio que la anterior, con DNI número ...

Doña ..., mayor de edad, soltera, de la misma vecindad y domicilio que las anteriores, con DNI número ...

Y de otra, Don ..., mayor de edad, vecino de ..., calle ..., con DNI número ..., como comprador o parte compradora.

INTERVIENEN

Todos los comparecientes lo efectúan en su propio nombre y derecho, reconociéndose recíprocamente capacidad legal bastante para otorgar el presente documento, y a tal fin:

DECLARAN

PRIMERO. Que Doña ... es titular del usufructo vitalicio y sus hijas Doña ... y Doña ..., titulares de la nuda propiedad de por mitad y proindiviso de la siguiente finca:

Vivienda tipo ..., en planta ..., escalera ..., de superficie tiene ... metros cuadrados; consta de comedor-estar, tres dormitorios, cocina, aseo y lavadero. Linda:

Norte, vivienda número ... de ese edificio y escalera; Sur, Plaza ...; Este, vivienda número ... de este edificio; y Oeste, calle ...

Título: Escritura de manifestación de herencia y adjudicación de bienes, autorizada por el Notario de ..., Don ..., en fecha ... de ... de ..., bajo el número ... de su Protocolo; cuyo título se ha exhibido y conoce suficientemente el comprador....

Cargas y gravámenes: Libre de cargas y gravámenes y sin arrendar, y al corriente en el pago de gastos, impuestos y demás arbitrios.

Calificación: Vivienda de protección oficial, con cédula de calificación definitiva de fecha ..., otorgada en el expediente ...

Referencia catastral: ...[6]

SEGUNDO. Habiendo convenido la compraventa de la referida vivienda, lo efectúan bajo las siguientes:

ESTIPULACIONES

PRIMERA. Doña ..., Doña ... y Doña ... venden a Don ..., que acepta en el presente acto, el pleno dominio de la vivienda antes mencionada, y por tanto sus derechos respectivos de usufructo y nuda propiedad, con cuanto sea accesorio e inherente a la misma, y cuya situación jurídica, física y registral conocen.

La venta se efectúa libre de cargas y gravámenes, sin arrendar y al corriente en el pago de gastos e impuestos.

SEGUNDA. El precio de la compraventa se fija en la cantidad de ... euros, el que se hace efectivo por la parte compradora de la siguiente manera:

A) La cantidad de ... euros (... euros) la entrega en este acto la parte compradora, en metálico, como señal y parte de pago del precio convenido, y en relación a la citada cantidad, las vendedoras otorgan carta de pago ...

B) La suma restante, es decir, el importe de ... euros (...), la hará efectiva la parte compradora el día de la fecha de entrega de la vivienda ...

TERCERA. La posesión de la vivienda, junto con las llaves de ésta, será entregada al comprador el día de otorgamiento de la escritura pública de compraventa, lo que deberá tener lugar antes del día ...

---

6 Véase nota a pie de página número 3, del formulario 1.

La entrega y consiguiente otorgamiento de la escritura pública de compraventa podrá ser adelantada en función de la disponibilidad de la vivienda que, de nueva construcción, van a adquirir las aquí vendedoras, y para lo cual bastará el requerimiento, aun verbal, al comprador.

La escritura se otorgará a favor de la persona o personas que designe el comprador.

CUARTA. Si las vendedoras no hicieran entrega de la posesión de la finca antes de la fecha máxima de ..., el comprador podrá optar entre resolver el contrato o exigir su cumplimiento, en cuyo caso se descontarán del precio aplazado la cantidad de ... euros (...euros) por cada mes (o la parte proporcional por fracciones inferiores al mes) de demora que se produzca en la entrega a contar desde la tan citada fecha de ..., en concepto de indemnización de daños y perjuicios.

Igualmente, si requerido el comprador a la recepción de la posesión, llaves y consiguiente otorgamiento de escritura pública antes de la indicada fecha máxima de ..., si no lo recibiera y no otorgara la escritura pública, las vendedoras podrán optar entre resolver el contrato o exigir su cumplimiento, en cuyo caso se aumentará en el precio aplazado la cantidad de ... euros (... euros) por cada mes (o la parte proporcional por fracciones inferiores al mes) de demora que se produzca en la entrega a contar desde la tan citada fecha de ..., en concepto de indemnización de daños y perjuicios.

QUINTA. Los gastos e impuestos consecuencia del otorgamiento del presente contrato serán abonados con arreglo a ley y, por tanto: a las vendedoras incumbirá el abono de los gastos de escritura de compraventa y plusvalía; y al comprador los de la copia de la escritura e inscripción en el Registro, y demás impuestos.

Y en prueba de conformidad firman el presente documento, por duplicado, en el lugar y fecha al principio indicados.

Vendedoras Comprador

3

VENTA DE BIENES DE MENORES ADQUIRIDOS POR HERENCIA Y EFECTUADA POR LA MADRE COMO REPRESENTANTE LEGAL Y CONSECUENCIA DE AUTORIZACIÓN JUDICIAL. EXISTENCIA DE HIPOTECA. POSESIÓN

En la ciudad de ..., a ... de ... de ...

REUNIDOS

De una parte, Doña ..., mayor de edad, casada en segundas nupcias con Don ..., vecina de ..., domiciliada en calle, con DNI número ..., en lo sucesivo vendedora o parte vendedora.

Y de otra, Don ..., mayor de edad, soltero, vecino de ..., calle ..., con DNI número ..., como comprador o parte compradora.

INTERVIENEN

Doña ... en la representación legal que ostenta y ejerce de su hijo menor Don ..., de ... años de edad, soltero, estudiante, con su mismo domicilio y que carece de DNI ...

Y Don ..., en su propio nombre y derecho.

Se reconocen capacidad legal bastante para otorgar el presente documento, y a tal fin:

DECLARAN

PRIMERO. El menor hijo de Doña ..., Don ..., es dueño de la siguiente vivienda, sita en ...:

Vivienda ...

Título: Le pertenece por herencia de su padre Don ..., fallecido en ..., el día ..., según Acta de Declaración de Herederos, autorizada en ..., por el Notario Don ..., en fecha ..., con el número ... de su Protocolo; con renuncia de la madre, Doña ..., según escritura de adjudicación de herencia de fecha ..., autorizada por el Notario Don ..., con el número de su Protocolo ...

Los mencionados títulos se han exhibido y los conoce suficientemente el comprador.

Normas sobre propiedad horizontal y cuota: ...

Inscripción: Registro de la Propiedad número ... de ..., Tomo ..., Libro ..., Folio ..., finca número ..., inscripción ...

Calificación: Obtuvo la calificación Definitiva de Vivienda de Protección Oficial subvencionada, según consta todo ello en el expediente ..., de fecha ...

Cargas y gravámenes: Se encuentra afecta a una hipoteca a favor del Banco ..., por plazo de ... años, a contar desde ...; al interés anual del ..., según consta todo ello en escritura de fecha ..., autorizada por el Notario de ... Don ..., con el número ... de su Protocolo, para responder de un préstamo de ... euros, quedando pendiente de amortizar al día de la fecha de este convenio la cantidad de ... euros. El contenido de la citada escritura conoce suficientemente la parte compradora.

La vivienda se encuentra libre de cualesquiera otras cargas y gravámenes y sin arrendar, y al corriente en el pago de gastos (incluidos los de comunidad), impuestos y demás arbitrios.

Referencia catastral: ... [7].

SEGUNDO. Autorización judicial.

Para proceder a la presente enajenación, Doña ... ha seguido procedimiento número .../... ante el Juzgado de Primera Instancia Número ... de ..., sobre autorización de venta de bienes de menores y otros extremos, recayendo Auto de fecha ..., por el que se le concedía la autorización solicitada. Testimonio del referido Auto ha sido exhibido a la parte compradora.

TERCERO. Habiendo convenido la compraventa de la referida vivienda, lo efectúan bajo las siguientes:

---

7 Véase nota a pie de página número 3, del formulario 1.

ESTIPULACIONES

PRIMERA. Doña ..., en la representación legal de su hijo menor Don ..., y con la autorización judicial antes mencionada, vende y transmite a Don ..., que acepta en el presente acto, el pleno dominio de la vivienda antes mencionada, con todos sus derechos usos, y con cuanto sea accesorio e inherente a la misma, y cuya situación jurídica, física y registral conoce la parte compradora.

La venta se efectúa libre de cargas y gravámenes excepto la citada hipoteca, sin arrendar y al corriente en el pago de gastos e impuestos.

SEGUNDA. El precio de la compraventa se fija en la cantidad de ... euros (... euros), el que se hace efectivo por la parte compradora de la siguiente manera:

A) La cantidad de ... euros (... euros) la retiene del total importe del precio la parte compradora para atender al pago de la hipoteca antes reseñada, manifestando conocer y aceptar cuanto se pactó en el instrumento público en el que se constituyó la hipoteca, reconociéndose deudora del Banco ... y asumiendo la obligación personal garantizada con hipoteca respecto al préstamo hipotecario que grava la vivienda que adquiere, y se subroga sin novación en la condición jurídica de deudora por lo que a dicho préstamo se refiere ...

B) El resto del precio, en importe ... euros, lo entrega en este acto, en metálico, y recibiéndolo Doña ..., a su entera satisfacción y para su representado, y otorgándole carta de pago por el referido importe ...

TERCERA. La parte compradora entra en posesión de la vivienda en el mismo día del otorgamiento de este contrato, entregándosele a tal fin en este acto las llaves de la vivienda.

CUARTA. La venta será formalizada en escritura pública a requerimiento, aun verbal, de la parte compradora, siendo de cuenta de ésta todos los gastos e impuestos, de cualquier clase, que se deriven del citado otorgamiento.

Y en prueba de conformidad firman el presente documento, por duplicado, en el lugar y fecha al principio indicados.

Vendedora Comprador

4

COMPRAVENTA DE VIVIENDA ARRENDADA. PAGO APLAZADO. CONDICIÓN RESOLUTORIA. DOCUMENTO PRIVADO

En la ciudad de ..., a ... de ... de ...

REUNIDOS

De una parte, Doña ..., mayor de edad, sus labores, casada en régimen de separación de bienes con Don ..., lo que acreditará donde fuese oportuno, vecina de ..., domiciliada en calle ..., con DNI número ...

Y de otra, Doña ..., mayor de edad, sus labores, casada en régimen de separación de bienes con Don ... en virtud de escritura de capitulaciones matrimoniales otorgada en ..., en fecha ... y ante su Notario Don ... con el número ... de Protocolo, vecina de ..., domiciliada en ..., con DNI número ...

INTERVIENEN

En su propio nombre y derecho, y se reconocen recíprocamente la capacidad legal bastante para otorgar el presente documento, por lo que de común acuerdo:

DECLARAN

A) Doña ... es dueña con carácter privativo del pleno dominio de la siguiente finca que no constituye su hogar familiar;

Piso ... (descripción), que linda ...
Como elemento privativo en dominio exclusivo de esta vivienda tiene un cuarto trastero en el ático del edificio, con su numeración correspondiente, según resulta de la inscripción extensa de la Propiedad Horizontal en la finca matriz.
Cuota: Tiene asignada una cuota de participación de ... por ciento.
Inscripción: Registro de la Propiedad Número ... de ..., Libro ..., Sección ..., Folio ...., Finca ..., inscripción ...
Título: El de compra a Doña ... en virtud de escritura otorgada en ..., ante su Notario Don ... el día ..., con el número ... de su Protocolo ...

Situación arrendaticia: Se halla arrendada a Don ...
Cargas: Manifiestan que se encuentra libre de cargas. ...
Elementos comunes y régimen de la comunidad: Manifiestan que conocen y aceptan los elementos comunes y el Régimen de la Comunidad que consta en la escritura de División Horizontal.
Referencia catastral: ... [8].

B) Habiendo convenido el otorgamiento del presente contrato de compraventa, lo efectúa conforme a las siguientes:

ESTIPULACIONES

PRIMERA. Doña ..., vende a Doña ..., que compra y adquiere para sí, el pleno dominio de la finca descrita en la precedente exposición, con cuantos derechos le sean inherentes o accesorios, libre de cargas y al corriente en el pago de contribuciones, impuestos y gastos de comunidad.

SEGUNDA. PRECIO:

El precio de venta es el de ... euros, de las que la parte vendedora declara haber recibido de la compradora con anterioridad a este acto ... euros, por las que le otorga carta de pago.

El resto del precio, es decir, ... euros, quedan aplazadas y serán abonadas por la compradora antes del día ... y ... de ... de ..., abonándose un interés del 7% anual pagadero por meses.

...

TERCERA. CONDICIÓN RESOLUTORIA:

El precio aplazado queda garantizado con la condición resolutoria explícita a que se refiere el artículo 11 de la Ley Hipotecaria. En caso de impago del plazo reseñado, el vendedor podrá ejercitar la resolución, cumpliendo lo establecido en el artículo 1504 del Código Civil y concordantes y la doctrina sentada por la Dirección General de los Registros y del Notariado.

Las partes pactan y consienten expresamente que el Derecho de Resolución del artículo 1504 del Código Civil y su garantía real *erga omnes* quede extinguido por el transcurso del plazo de seis meses a partir del vencimiento del plazo reseñado, pudiéndose practicar la cancelación registral de la condición resolutoria, por la

---

[8] Véase nota a pie de página número 3, del formulario 1.

mera presentación de este título, y siempre que antes del transcurso del plazo no se haya hecho constar en el Registro la acción de Resolución, o el ejercicio de cualquiera de los demás derechos que asistan al vendedor por falta de pago del comprador, sirviendo esta misma escritura, desde ese momento y para tal supuesto, de carta de pago del total precio aplazado, y de título para hacerlo constar así en el Registro de la Propiedad sin necesidad de nuevo otorgamiento.

CUARTA. GASTOS:

Todos los gastos que ocasione el presente documento y la escritura que en su día se otorgue, incluso Plusvalía, serán abonados por las partes con arreglo a Ley, excepto Notaría que será satisfecha por mitad entre vendedora y compradora.

Y en prueba de conformidad con el contenido de este documento, lo firman, por duplicado, en el lugar y fecha al principio indicados, quedando un ejemplar en poder de cada parte contratante.

5

ESCRITURA DE COMPRAVENTA DE VIVIENDA ARRENDADA. PAGO APLAZADO. DEVENGO DE INTERESES. CONDICIÓN RESOLUTORIA EXPRESA, SU CONSTANCIA Y CANCELACIÓN EN EL REGISTRO DE LA PROPIEDAD

NÚMERO (Protocolo).

En ..., mi residencia, a ... de ... de ...

Ante mí, ..., Notario del Ilustre Colegio de ...

COMPARECEN

Doña ..., mayor de edad, sin profesión especial, casada en régimen de separación de bienes con Don ..., lo que acreditará donde fuese pertinente, vecina de ..., domiciliada en ..., con DNI número ...

Y Doña ..., mayor de edad, sin profesión especial, casada en régimen de separación de bienes con Don ... en virtud de escritura de capitulaciones matrimoniales otorgada en ..., en fecha ... ante su Notario Don ..., con el número ... de su Protocolo, vecina de ..., domiciliada en ..., con DNI número ...

INTERVIENEN

En su propio nombre y derecho, les identifico debidamente por medio de sus respectivos DNI y tienen, a mi juicio, capacidad suficiente para el otorgamiento de esta ESCRITURA DE COMPRAVENTA, a cuyo efecto:

EXPONEN

PRIMERO. Doña ... es dueña con carácter .privativo del pleno dominio de la siguiente finca que no constituye su hogar familiar:

Piso ... (descripción), que linda ...

Como elemento privativo en dominio exclusivo de ésta vivienda tiene un cuarto trastero en el ático del edificio, con su numeración correspondiente, según resulta de la inscripción extensa de la Propiedad Horizontal en la finca matriz.

Cuota: Tiene asignada una cuota de participación de ... por ciento.

Inscripción: Registro de la Propiedad Número ... de ..., Libro ..., Sección ..., Folio ..., Finca ..., inscripción ...

Título: El de compra a Doña ... en virtud de escritura otorgada en ..., ante su Notario Don ... el día ..., con el número ... de su Protocolo.

Situación arrendaticia: Se halla arrendada a Don ...

Cargas: Manifiestan que se encuentra libre de cargas.

Elementos comunes y régimen de la comunidad: Manifiestan que conocen y aceptan los elementos comunes y el Régimen de la Comunidad que consta en la escritura de División Horizontal.

Referencia catastral: ...[9].

SEGUNDO. Habiendo convenido el otorgamiento del presente documento y al efecto:

ESTIPULAN

PRIMERO. Doña ..., vende a Doña ..., que compra y adquiere para sí, el pleno dominio de la finca descrita en la precedente exposición, con cuantos derechos le sean inherentes o accesorios, libre de cargas y al corriente en el pago de contribuciones, impuestos y gastos de comunidad.

SEGUNDO. PRECIO:

El precio de venta es el de ...euros, de las que la parte vendedora declara haber recibido de la compradora con anterioridad a este acto ... euros, por las que le otorga carta de pago.

El resto del precio, es decir, ... euros, quedan aplazadas y serán abonadas por la compradora antes del día ... de ... de ... abonándose un interés del ...% anual, pagadero por meses.

---

[9] Véase nota a pie de página número 3, del formulario 1.

En el caso de documentos notariales, habría que hacer constar que se incorpora para su unión a la matriz, por testimonio, y su constancia en las copias que se expidan, el documento relativo a la referencia catastral; Véanse artículos 50 y 51 de la Ley 13/1996.

TERCERO. CONDICIÓN RESOLUTORIA:

El precio aplazado queda garantizado con la condición resolutoria explícita a que se refiere el artículo 11 de la Ley Hipotecaria. En caso de impago del plazo reseñado, el vendedor podrá ejercitar la resolución, cumpliendo lo establecido en el artículo 1504 del Código Civil y concordantes y la doctrina sentada por la Dirección General de los Registros y del Notariado.

Las partes pactan y consienten expresamente que el Derecho de Resolución del artículo 1504 del Código Civil y su garantía real *erga omnes* quede extinguido por el transcurso del plazo de seis meses a partir del vencimiento del plazo reseñado, pudiéndose practicar la cancelación registral de la condición resolutoria, por la mera presentación de este título, y siempre que antes del transcurso del plazo no se haya hecho constar en el Registro la acción de Resolución, o el ejercicio de cualquiera de los demás derechos que asistan al vendedor por falta de pago del comprador, sirviendo esta misma escritura desde ese momento y para tal supuesto, de carta de pago del total precio aplazado, y de título para hacerlo constar así en el Registro de la Propiedad sin necesidad de nuevo otorgamiento.

CUARTO. GASTOS:

Todos los gastos que ocasione la presente escritura, incluso Plusvalía, serán abonados por las partes con arreglo a Ley, excepto Notaría, que será satisfecha por mitad entre vendedora y compradora.

QUINTO. NOTIFICACIÓN:

Ambas partes me solicitan se proceda a notificar la presente compraventa, con entrega de copia simple de esta escritura, al arrendatario Don ..., con domicilio en ..., calle ..., a los efectos prevenidos y de conformidad con lo establecido en el artículo 25 de la Ley de Arrendamientos Urbanos.

OTORGAMIENTO Y AUTORIZACIÓN

Hago las reservas y advertencias legales y fiscales, y en particular les advierto de las obligaciones y responsabilidades tributarias que incumben a las partes en su aspecto material, formal y sancionador, y de las consecuencias de toda índole que se derivarían de la inexactitud de sus declaraciones.

Por su elección les leo el contenido de esta escritura, lo encuentran conforme y firman conmigo, el Notario, que doy fe de identificarles por sus respectivos documentos exhibidos y del total contenido de este instrumento público que queda extendido en ..., folios de serie ..., números ..., el presente y los ... inmediatos posteriores correlativos.

DILIGENCIA

En el mismo acto comparece Don ..., mayor de edad, funcionario, esposo de la compradora Doña ..., de su misma vecindad y domicilio, con DNI número ..., a quien identifico debidamente y, tras notificarle la presente compraventa, con entrega al mismo de copia simple de la escritura, manifiesta QUE RENUNCIA a todos los derechos que pudieran corresponderle como arrendatario de la vivienda objeto de venta.

Leo al compareciente el contenido de la presente diligencia, la encuentra conforme y firma conmigo, el Notario, que doy fe de su contenido extendida en el último folio de la escritura, de Clase ..., Serie ..., número ...

6

Escritura De Compraventa De Vivienda Privativa Y Ganancial (Artículos 1354 Y 1357 Del Código Civil) Entre Cónyuges, Como Consecuencia De Liquidación De Bienes Gananciales Tras Su Disolución Por Sentencia Recaída En Proceso Matrimonial De Separación

NÚMERO (Protocolo).

En ..., mi residencia, a ... de ... de ...

Ante mí, ..., Notario del Ilustre Colegio de ...

COMPARECEN

De una parte Don ..., mayor de edad, empleado, casado y separado judicialmente, vecino ..., con domicilio en calle ..., y con DNI número ...

Y de otra Doña ..., mayor de edad, empleada, casada y separada judicialmente, vecina de ..., con domicilio en calle ..., y con DNI número ...

INTERVIENEN

En su propio nombre y derecho y tienen a mi juicio, según intervienen, la capacidad legal suficiente para otorgar la presente escritura de LIQUIDACIÓN DE SOCIEDAD DE GANANCIALES Y COMPRAVENTA y, al efecto:

EXPONEN

PRIMERO. Que contrajeron matrimonio en ..., el día ..., encontrándose inscrito en el Registro Civil de dicha localidad, al tomo ..., página ...

SEGUNDO. Que se encuentran separados judicialmente por sentencia firme de fecha ..., dictada por el Juzgado de Primera Instancia número ... de Familia de ..., en autos de separación número ... del año ..., y cuyo testimonio con expresión de su firmeza se me exhibe y dejo unido por fotocopia a esta matriz.

TERCERO. En la citada sentencia se atribuyó a Doña ... el uso de la vivienda habitual familiar, que es la que en este instrumento se describirá.

CUARTO. Que los comparecientes adquirieron en estado de solteros, por mitad y proindiviso, las siguientes fincas urbanas en régimen de propiedad horizontal:

1) ... : PLAZA DE APARCAMIENTO: Descripción (...).
Cuota: Tiene una cuota del ... % en el total valor del edificio.
Inscripción: Registro de la Propiedad Número ... de ..., Libro ... Folio ..., Finca ..., inscripción ...
Referencia catastral: ...[10].
Valor: ... euros.

2) ... VIVIENDA: Descripción (...).
Cuota: Tiene asignada una cuota del ... % en el total valor del edificio.
Inscripción: Registro de la Propiedad Número ... de ..., Libro ... Folio ...
Referencia catastral: ...[11].
Finca ..., inscripción ...
Valor: ... euros.

Título: Para las dos fincas, adquiridas por compra, en estado de solteros y por mitad y proindiviso, a la mercantil «... , Sociedad Anónima», por Don ..., en virtud de escritura autorizada por el Notario de ... Don ... en fecha ... con el número ... de su Protocolo. Copia de la referida escritura me ha sido exhibida.

Cargas: La parte adquirente hace constar su imposibilidad material de esperar al cumplimiento de los plazos previstos para la recepción de información del Registro de la Propiedad competente acerca de la situación jurídico-registral del inmueble objeto de este instrumento conforme al artículo 175 del Reglamento Notarial por ser incompatibles dichos plazos con la urgencia que para ella reviste este otorgamiento, manifestando que, no obstante considerar tener un cabal conocimiento de la situación jurídica de dicho inmueble por lo resultante del título, de las afirmaciones de la parte transmitente y por lo pactado entre ellas, se reserva expresamente todos los derechos y acciones, sustantivas y procesales, que le corresponden, en especial el saneamiento por evicción y vicios ocultos.

Advierto a las partes que prevalece sobre el estado de cargas expresado en este instrumento la situación registral existente a la presentación en el Registro de la Propiedad de la copia autorizada de esta escritura.

---

[10] Véase nota a pie de página número 3 del formulario 1, y la número 9 del formulario 5.

[11] Véase nota a pie de página número 3 del formulario 1, y la número 9 del formulario 5.

Manifiesta la parte transmitente que de las dos fincas descritas, tan sólo la segunda se encuentra hipotecada y en favor del Banco XX, S.A., hipoteca constituida por escritura autorizada en ... por el Notario ... en fecha ..., con el número ... de Protocolo, y por la que quedó afectada a responder dicha finca de un préstamo por un principal de ... euros, y en virtud de no haber dispuesto de la totalidad del préstamo concedido, quedó un capital pendiente de amortizar de ... euros, de ... euros de intereses; y de ... euros para costas y gastos, habiéndose señalado una responsabilidad total hipotecaria y valor de tasación de ... euros, y siendo objeto de pacto expreso que la hipoteca se extendiera a cuanto determinan los artículos 109 y 110 de la vigente Ley Hipotecaria y 215 de su Reglamento y, además, a los frutos y rentas vencidas y no satisfechas al tiempo de exigirse el cumplimiento de la obligación, a los objetos muebles colocados permanentemente en la finca hipotecada, bien para su adorno, comodidad o explotación o bien para el servicio de alguna industria y a todas las mejoras, incluso las que consistan en agrupación o agregación no natural de terrenos y en nueva construcción de edificios y obras de todas clases que existan o en adelante se realicen sobre todo o parte de la finca hipotecada, con excepción de lo mencionado en el artículo 112 de la Ley Hipotecaria.

Manifiesta la parte transmitente que las fincas descritas se encuentran libres de cualquier otra carga no expresada anteriormente, sin arrendar y al corriente en el pago de gastos de comunidad y asimismo que el principal pendiente de amortizar a la fecha de hoy, en cuanto a la descrita con el número 2 es de ... euros.

Las citadas fincas se integran en el siguiente inmueble general en régimen de propiedad horizontal: ... (Descripción).

Elementos comunes y estatutos de la propiedad horizontal:

1.º) Además de los indicados departamentos, cuenta el total inmueble, con cimientos, paredes maestras y medianiles, instalación y centralización de líneas eléctricas y agua potable, canalización general de aguas pluviales y residuales, tejado y solar del edificio, etc., todo lo cual, junto con todo lo demás que en el inmueble sirve y es necesario para el uso y aprovechamiento de todos los departamentos, constituye propiedad común e indivisible de éstos, rigiendo para la regulación de la comunidad constituida como queda dicho, el artículo 396 del Código Civil, la Ley de Propiedad Horizontal de 21 de julio de 1960, y demás Legislación complementaria o aplicable.

2.º) Para su modificación o para la realización de cualquier acto que pueda limitar o impedir su uso por cualquier condueño, será preciso el acuerdo unánime de la Junta o Comunidad de Propietarios.

3.º) Los propietarios vendrán obligados a hacer a su cargo las obras y reparaciones precisas en los elementos privativos, en cuanto su omisión pueda perjudicar la propiedad común o la de algún condueño, respondiendo, en caso contrario, de los daños que la omisión pueda producir.

4.º) Todo propietario deberá consentir en su propiedad privativa las obras necesarias para la reparación y conservación de los elementos comunes.

5.º) Las obras que se efectúen en los elementos comunes aprobadas por la Junta de Propietarios, serán a cargo de la Comunidad. Las obras y servicios necesarios para la conservación de los elementos comunes así como su mantenimiento en perfectas condiciones de uso y salubridad se harán con la mera aprobación del Presidente de la comunidad, corriendo los gastos que ello origine a cargo de los propietarios según sus respectivas cuotas de participación en la Propiedad Horizontal o de acuerdo con lo contenido en los presentes Estatutos.

6.º) Corresponde al propietario de cada vivienda o departamento, la propiedad privativa o individual, exclusiva e independiente de la misma según se describa en su título de propiedad, incluyendo las obras, accesorios, instalaciones y conducciones que haya en su interior, pudiendo disponer por cualquier título y sin más limitaciones que las contenidas en estos Estatutos de las mismas.

Dentro de su propiedad privativa, cada propietario podrá efectuar a su costa las obras y modificaciones que estime oportunas, siempre que no afecten a lo que sea elemento o propiedad común, la estabilidad, fábrica o estructura del inmueble o la parte exterior de fachadas o galerías, ni dañen la propiedad privada de otro condueño, siempre previa comunicación a la Junta General y no haya oposición justificada y fehaciente por ésta en los diez días siguientes.

7.º) Las presentes normas serán obligatorias y regirán las relaciones entre los diversos propietarios y poseedores de todas las fincas referidas, ya sean como propietarios, arrendatarios o cualquier otro título.

QUINTO. Que con relación a la hipoteca que grava la finca descrita con el número 2, han sido satisfechas con cargo a la sociedad conyugal ... cuotas comprensivas desde el día ... de ... al día ... de ..., ambos inclusive ..., siendo la última fecha la de firmeza de la sentencia de separación.

SEXTO. Que el principal pendiente a la fecha de adquisición era de ... euros, a la fecha de matrimonio era de ... euros, y en fecha ... de ... de ..., de ... euros, o sea, esta última fecha la de firmeza de la sentencia de separación.

SÉPTIMO. Que, en consecuencia, amortizaron en estado de solteros ... euros y desde la fecha del matrimonio a la de firmeza de la sentencia de separación ... euros.

OCTAVO. Que dado el precio de adquisición de la que fue vivienda habitual de la familia, es decir, ... euros, y el importe satisfecho con cuenta al principal del préstamo hipotecario durante la vigencia de la sociedad de gananciales, por aplicación de los artículos 1357 y 1354 del Código Civil, tiene la condición de ganancial el 18% de la vivienda, según de común acuerdo determinan ambos comparecientes.

NOVENO. Que el resto de los pagos verificados antes de contraer matrimonio, es decir, ... euros que se confesaron recibidos en el acto de la firma de la escritura de compraventa y ... euros de amortización del préstamo, se efectuaron por mitad entre ambos comparecientes, representando en total ... euros, lo que supone que cada uno de los comparecientes es titular, con carácter privativo, de un 14% de la vivienda descrita con el número 2 en este instrumento, entre ambos, el 28%.

DÉCIMO. Que al objeto de verificar la liquidación de la sociedad de gananciales disuelta como consecuencia de la firmeza de la sentencia de separación, de conformidad con lo establecido en el artículo 1392.3 del Código Civil, y pendiente de liquidar a esta fecha, hacen constar que, además del porcentaje indicado del 18% de la vivienda descrita como número 2, cuyo valor es de ... euros, tiene el carácter de ganancial el siguiente bien:

Dinero en metálico y en importe de ... euros.

UNDÉCIMO. Siendo de carácter ganancial el 18% de la vivienda, según lo expresado anteriormente, el restante 81% de su total valor correspondería con carácter privativo y por mitad a ambos comparecientes, de acuerdo con el título de adquisición, lo que hace una titularidad para cada uno de ellos, del 40,5%, de cuyo porcentaje, el 14% corresponde al importe satisfecho por cada uno de ellos antes de contraer matrimonio y el 26,5% al resto que a cada uno corresponde, según el título de adquisición, en la titularidad del bien.

DUODÉCIMO. Y expuesto todo lo anterior,

ESTIPULAN

PRIMERO. De acuerdo con lo expresado en la exposición como consecuencia de la sentencia de separación personal y como complemento de las medidas judicialmente adoptadas en el procedimiento de separación, liquidan la disuelta sociedad de gananciales, adjudicando a Doña ... el 18% de la finca descrita con el número 2 de este instrumento y el dinero en metálico a que también se ha hecho referencia en la exposición, por su valor total, descontada la parte proporcional del principal pendiente de la hipoteca, es decir, ... euros.

SEGUNDO. Reconocen ambos comparecientes que los expresados son los únicos bienes gananciales existentes y muestran su conformidad con las adjudicaciones efectuadas, sin que tengan que efectuar ninguna reclamación, estimándose Don ... compensado en los restantes términos del convenio y renunciando expresamente a cualquier reclamación por exceso o defecto de adjudicación.

TERCERO. Don ..., VENDE Y TRANSMITE a ..., que COMPRA Y RECIBE, el pleno dominio de la finca descrita en la exposición como número 1 y el 40,5% al mismo perteneciente en la descrita como número 2 por precio de ... euros, de los cuales ... euros corresponden a la finca descrita como número 1 y ... euros a la descrita como número 2.

De dicho precio confiesa la parte vendedora haber recibido la cantidad de ... euros, de los cuales ... euros corresponden a la finca descrita con el número 1 y ... euros a la descrita con el número 2 y que se hacen efectivas mediante cheque bancario nominativo a favor de Don ..., número ... contra el Banco XX, S.A., Sucursal ... de ..., sita en calle ..., librado con fecha ... de ... de ..., que la parte vendedora considera efectivo metálico, dando carta de pago.

Y el resto del precio, es decir, ... euros, igual a la parte proporcional del principal pendiente de amortizar de la hipoteca que grava la finca descrita con el número 2, lo retiene la parte compradora para hacer pago de la hipoteca en los plazos pactados en la escritura de su constitución.

Doña ... asume de forma exclusiva la responsabilidad personal de la hipoteca que grava la finca descrita con el número 2 del inventario, subrogándose sin novación en la condición jurídica de deudor exclusivo del préstamo que consta referenciado en la exposición de esta escritura en los términos pactados en la escritura de su constitución y quedando su cónyuge, por consiguiente, libre de toda responsabilidad en razón del mencionado préstamo. A esos efectos señala como domicilio para notificaciones y requerimientos el que figura en la comparecencia.

CUARTO. Todos los gastos e impuestos que origine este otorgamiento los satisfarán las partes en la siguiente forma: Los notariales por mitad entre las partes, y el resto por cuenta de Doña ...

OTORGAMIENTO Y AUTORIZACIÓN

Hago las reservas y advertencias legales y fiscales.

En especial y con relación al Impuesto de Transmisiones Patrimoniales y Actos Jurídicos Documentados, les advierto del plazo de treinta días hábiles que tienen para presentar copia de esta escritura en la Oficina Liquidadora competente, previa su autoliquidación; la afección de los bienes al pago del Impuesto o al de las liquidaciones complementarias en su caso; y responsabilidades en que podrían incurrir como consecuencia del incumplimiento de sus deberes fiscales respectivos.

En particular y a efectos fiscales advierto de las obligaciones y responsabilidades tributarias que incumben a las partes en su aspecto material, formal y sancionador, y de las consecuencias de toda índole que se derivarían de la inexactitud de sus declaraciones.

Por su elección les leo el contenido de esta escritura, lo encuentran conforme y firman conmigo, la Notario, que doy fe de identificarles por el documento exhibido y del contenido de este instrumento extendido en ..., folios de serie ..., números ... el presente y los ... posteriores correlativos.

7

Escritura Pública De Compraventa Con Subrogación En Préstamo Hipotecario Destinado A La Financiación De Las Viviendas Y Su Posible Adquisición. Viviendas De Protección Oficial. Compra Por Matrimonio Casado Bajo Régimen Económico-Matrimonial De Gananciales. Pago Aplazado Mediante Letras De Cambio. Condición Resolutoria Explícita. Cancelación Por Acta De Los Compradores. Pacto De Sumisión

NÚMERO (Protocolo).

En ..., mi residencia, a ... de ... de ...

Ante mí, ..., Notario del Ilustre Colegio de ...

COMPARECEN

De una parte y para vender, Don ..., mayor de edad, soltero, industrial, vecino de ..., domiciliado en calle ..., con DNI número ...

Y de otra para comprar los cónyuges Don ... y Doña ..., mayores de edad, médicos, vecinos de ..., domiciliados en calle ..., con DD.NN.II., números, respectivamente, ... y ...

INTERVIENEN

Los cónyuges Don ... y Doña ... en su propio nombre y derecho y en beneficio de su sociedad legal de gananciales; y Don ... en representación como Administrador único de la mercantil, «XX, S.A.».

Resulta el cargo del compareciente y sus facultades para este acto, de la propia escritura de constitución de la sociedad autorizada por el Notario de ..., Don ..., en fecha ..., con el número ... de su Protocolo. Me exhibe copia autorizada de la misma.

Y asegurando el citado señor la vigencia de las facultades representativas, tienen, en el concepto en que intervienen, la capacidad legal suficiente para otorgar la presente escritura de COMPRAVENTA CON SUBROGACIÓN EN PRÉSTAMO HIPOTECARIO, y al efecto:

EXPONEN

PRIMERO. Que la entidad mercantil, «XX, S.A.», aquí representada por su Administrador único, Don ..., es dueña en pleno dominio de la siguiente finca urbana: ...

... (Descripción).
Inscripción: ...
Título: ...
Arrendamientos: ...
Normas sobre propiedad horizontal: ...
Cuota: ...
Calificación: La vivienda descrita se halla sometida al Régimen de Viviendas de Protección Oficial de Promoción Privada, según resulta de Cédula de Calificación Definitiva de fecha ... , recaída en expediente ...
Cargas: La vivienda descrita está gravada con hipoteca en favor del Banco ZZ, S.A., junto con otras, por un importe total del préstamo de ... euros, destinado a financiar la construcción y posible adquisición de viviendas acogidas al Régimen de Protección Oficial y constituida en virtud de escritura otorgada en ..., en fecha ..., ante el Notario Don/Doña ..., con el número ... de su Protocolo.

La vivienda descrita responde en concreto de un principal de ... euros y un veinte por ciento del mismo para costas. Asimismo responde de tres años de intereses al tipo del ... % y de hasta un máximo de otro año más al mismo tipo para cobertura en su caso de posibles intereses de demora, calculándose en ambos casos los intereses sobre el capital inicial del préstamo. La misma vivienda se tasó a efectos de subasta en la cantidad resultante de sumar al capital del préstamo el importe de un ochenta por ciento del mismo.

Me exhibe la parte transmitente copia autorizada de la mencionada escritura de la que transcribo lo siguiente: ...

No hay en lo omitido nada que restrinja, modifique o desvirtúe la parte transcrita.

Otras cargas: Libre de otras cargas según manifiestan.
Referencia catastral: ...[12].

SEGUNDO. Los comparecientes, cumpliendo lo convenido:

---

[12] Véase nota a pie de página número 3 del formulario 1, y la número 9 del formulario 5.

ESTIPULAN

PRIMERO. La entidad mercantil «XX, S.A.», aquí representada por Don ..., vende y transmite el pleno dominio de la finca descrita en la parte expositiva de esta escritura a los cónyuges Don ... y Doña ... que la compran y reciben, para su sociedad conyugal, por precio de ... euros.

SEGUNDO. De dicha cantidad la parte vendedora confiesa tener recibida antes de este acto ... euros y le da carta de pago.

La parte compradora retiene la cantidad de ... euros, igual al principal pendiente de amortización en el préstamo que grava la vivienda objeto de esta compraventa, para hacer pago de dicha cantidad a la Entidad acreedora, en la forma y plazos convenidos en la escritura de su constitución.

Y el resto del precio, es decir, ... euros, quedan aplazadas en este acto en beneficio de los compradores a pagar en tres plazos, por lo que dejan aceptadas tres letras de cambio por importe cada una de ellas de ... euros, extendidas sobre tres efectos, uno de la serie ..., número ..., con vencimiento de fecha...; otro de la serie ..., número ..., con vencimiento de fecha...; y otro de la serie ..., número ..., con vencimiento de fecha ...

TERCERO. Pactan las partes condición resolutoria explícita de modo que la falta de pago de cualquiera de las letras representativas del precio aplazado podrá dar lugar de pleno derecho a la resolución de la venta, para lo cual bastará que la parte vendedora notifique a la compradora dicha resolución en la forma prescrita en el artículo 1504 del Código Civil, señalándose como domicilio para la notificación de los compradores, Don ... y Doña ..., el que figura en la comparecencia. A los mismos efectos de notificación señalan que ésta podrá realizarse según las reglas previstas en el Reglamento Notarial.

En caso de resolución, para obtener la reinscripción a favor de la parte vendedora deberá acompañarse al documento que justifique el requerimiento fehaciente en el que se allane la parte compradora, el que acredite la consignación a que se refiere el artículo 175.6 del Reglamento Hipotecario y aquel otro que acredite que la parte vendedora ha puesto a disposición de la compradora las letras aún no vencidas y pendientes de pago.

CUARTO. Los compradores podrán por sí solos cancelar totalmente la condición resolutoria mediante la correspondiente escritura de carta de pago o acta notarial que acredite que están en su poder todas las letras.

QUINTO. La parte compradora asume la responsabilidad garantizada con la hipoteca que grava la vivienda que adquiere, subrogándose sin novación en la condición jurídica de deudora del préstamo; señala como domicilio para notificaciones y requerimientos la propia vivienda que adquiere.

SEXTO. La parte compradora, con renuncia a su propio fuero, se somete expresamente a la competencia de los Juzgados y Tribunales de ... para toda cuestión litigiosa en relación con el mencionado préstamo, con renuncia al fuero propio.

SÉPTIMO. A fin de que la entidad acreedora pueda en todo momento tener título ejecutivo de su crédito, faculta expresamente al Banco para que pueda solicitar primeras y posteriores copias de la escritura de compraventa aquí autorizada, consintiendo que las segundas y posteriores copias solicitadas tengan carácter ejecutivo, así como que tal carácter se haga constar por el Notario autorizante de las mismas en el pie y nota de su expedición.

OCTAVO. La parte compradora se somete a cuanto se pactó en la citada escritura de constitución de préstamo hipotecario, que asegura conocer.

NOVENO. La parte compradora se somete a las prohibiciones y limitaciones establecidas en la Legislación sobre Viviendas de Protección Oficial, especialmente lo relativo a precios máximos de venta y renta, normativa sobre policía e higiene, el uso de la misma como domicilio habitual y permanente y a las prohibiciones de ocupar por cualquier título más de una vivienda de Protección Oficial.

DÉCIMO. La parte vendedora hace constar que ha repercutido sobre la compradora el Impuesto sobre el Valor Añadido (IVA), en su porcentaje del ... por ciento (... %) para su ingreso en el Tesoro Público, por lo que asciende a la cantidad de ... euros.

UNDÉCIMO. Todos los gastos que origine este otorgamiento los satisfarán las partes en la siguiente forma:

Todos sin excepción, incluida la Plusvalía, por los compradores.

La presente transmisión está sujeta al Impuesto sobre el Valor Añadido, por lo que se solicita la no sujeción al Impuesto de Transmisiones Patrimoniales y Actos Jurídicos Documentados, concepto Transmisiones Patrimoniales.

Se solicita la exención del concepto Actos Jurídicos Documentados por tratarse de Vivienda de Protección Oficial.

OTORGAMIENTO Y AUTORIZACIÓN

Hago las reservas y advertencias legales y fiscales y en especial las relativas al régimen de Viviendas de Protección Oficial.

En particular y a efectos fiscales advierto de las obligaciones y responsabilidades tributarias que incumben a las partes en su aspecto material, formal y sancionador, y de las consecuencias de toda índole que se derivarían de la inexactitud de sus declaraciones.

Igualmente advierto de que los datos, características y condiciones relativas a la construcción de la vivienda, a su ubicación, servicios e instalaciones, adquisición, utilización y pago que se incluyan en la oferta, promoción y publicación serán exigibles aun cuando no figuren expresamente en el contrato celebrado.

Por su elección les leo el contenido de esta escritura, lo encuentran conforme y firman conmigo, el Notario, que doy fe de identificarles por el documento exhibido y del contenido de este instrumento extendido en ..., folios de la clase ..., serie ..., números ..., el presente y los ... correlativos.

8

ESCRITURA DE COMPRAVENTA CON SUBROGACIÓN EN PRÉSTAMO HIPOTECARIO. VIVIENDA LIBRE. COMPRA POR PERSONA SOLTERA

NÚMERO (Protocolo).

En ..., mi residencia, a ... de ... de ...

Ante mí, ..., Notario del Ilustre Colegio de ...

COMPARECEN

De una parte y para vender, Don ...., mayor de edad, industrial, casado, vecino de ..., domiciliado en calle ..., con DNI número ...

Y de otra para comprar, Doña ..., mayor de edad, soltera, abogada, vecina de ..., domiciliada en calle ..., con DNI número ...

INTERVIENEN

Don ..., en nombre y representación, y como ADMINISTRADOR ÚNICO de la Mercantil «XX, Sociedad Anónima».

Su cargo y sus facultades resultan de la propia escritura de constitución de la Sociedad que tengo a la vista, autorizada en ... por el Notario Don ..., en fecha ..., con el número ... de su Protocolo.

La señora compareciente, en su propio nombre y derecho.

Tienen a mi juicio, en el concepto en que intervienen, la capacidad legal suficiente para otorgar la presente escritura de COMPRAVENTA CON SUBROGACIÓN EN PRÉSTAMO HIPOTECARIO, y al efecto.

EXPONEN

PRIMERO. Que la entidad mercantil es dueña en pleno dominio de la siguiente finca urbana constituida en régimen de propiedad horizontal: ...

... (Descripción).
Inscripción: ...
Título: Escritura de declaración de obra nueva y división en régimen de propiedad horizontal autorizada por mí en fecha ... con el número ... de mi Protocolo.
Arrendamientos: Carece de ellos.
Normas sobre propiedad horizontal: ...
Cuota: ...
Cargas: La vivienda descrita está gravada con hipoteca en favor de la CAJA ..., junto con otras, por un importe total del préstamo de ... euros constituida en virtud de escritura otorgada en ..., el día ..., ante el Notario Don ...
De acuerdo con el cuadro de distribución de responsabilidades incorporado a la precitada escritura, en cuanto a la vivienda descrita el importe del préstamo es de ... euros, dividido en un primer tramo por importe de ... euros, y un segundo tramo por importe de ... euros; se fijó una cuota de amortización de intereses de ... euros; una responsabilidad por costas y gastos de ... euros, y de ... euros para intereses de demora, siendo tasada a efectos de subasta en la cantidad de ... euros.
Manifiestan que el capital pendiente de amortizar es de ... euros.
Otras cargas: Libre de otras cargas y al corriente en gastos de comunidad según manifiestan.
Inmueble en que se integra en régimen de propiedad horizontal: Un edificio situado en término de ...
Referencia catastral: ...[13].

SEGUNDO. Los comparecientes, cumpliendo lo convenido,

ESTIPULAN

PRIMERO. La entidad mercantil ..., Sociedad Anónima, vende y transmite el pleno dominio de la finca descrita en la parte expositiva de esta escritura a Doña ... que la compra y recibe, por precio de ... euros.

SEGUNDO. De dicha cantidad la parte vendedora confiesa tener recibida antes de este acto ... euros y le da carta de pago.

La parte compradora retiene la cantidad de ... euros, igual al principal pendiente de amortización en el préstamo que grava la vivienda objeto de esta compraventa, para hacer pago de dicha cantidad a la Entidad acreedora, en la forma y plazos convenidos en la escritura de su constitución.

---

[13] Véase nota a pie de página número 3 del formulario 1, y la número 9 del formulario 5.

TERCERO. La parte compradora asume la responsabilidad garantizada con la hipoteca que grava la vivienda que adquiere, subrogándose sin novación en la condición jurídica de deudora del préstamo; señala como domicilio para notificaciones y requerimientos la propia vivienda que adquiere.

CUARTO. La parte compradora se somete a cuanto se pactó en la citada escritura de constitución de préstamo hipotecario, que asegura conocer.

QUINTO. La parte vendedora hace constar que ha repercutido sobre la compradora el Impuesto sobre el Valor Añadido (IVA), sobre la base del valor declarado y en su porcentaje del ... por ciento (... %) para su ingreso en el Tesoro Público, por lo que asciende a la cantidad de ... euros.

SEXTO. Todos los gastos e impuestos que origine este otorgamiento los satisfarán las partes en la siguiente forma: todos sin excepción por la compradora.

La presente transmisión está sujeta al Impuesto sobre el Valor Añadido, por lo que se solicita la no sujeción al Impuesto de Transmisiones Patrimoniales y Actos Jurídicos Documentados, concepto Transmisiones Patrimoniales.

OTORGAMIENTO Y AUTORIZACIÓN

Hago las reservas y advertencias legales y fiscales.

En particular y a efectos fiscales advierto de las obligaciones y responsabilidades tributarias que incumben a las partes en su aspecto material, formal y sancionador, y de las consecuencias de toda índole que se derivarían de la inexactitud de sus declaraciones.

Por su elección les leo el contenido de esta escritura, advertidos de su derecho a hacerlo por sí, del cual no usan, lo encuentran conforme y firman conmigo, el/la Notario, que doy fe de haberles identificado por sus respectivos documentos de identidad que me exhiben y devuelvo, así como del total contenido de este instrumento público el cual queda extendido en ..., folios de serie ..., números ... el presente y los ... posteriores correlativos.

9

COMPRAVENTA DE VIVIENDA URBANA. AUTORIZACIÓN JUDICIAL DE COMPRAVENTA DE BIENES DE MENORES: VENTA DE VIVIENDA PARA ADQUISICIÓN DE OTRA Y CONSTITUCIÓN DE HIPOTECA. VENDEDOR REPRESENTADO POR APODERADO CON PODER ESPECIAL. COMPRADORA (VIUDA CON HIJO Y CASADA EN SEGUNDAS NUPCIAS) QUE INTERVIENE EN REPRESENTACIÓN DE SU MENOR HIJO Y POR SÍ Y EN BENEFICIO DE LA ACTUAL SOCIEDAD LEGAL DE GANANCIALES

En la ciudad de ... a ... de ... de ...

REUNIDOS

En una parte, Don ..., mayor de edad, comerciante, casado, vecino de ..., domiciliado en calle ..., con DNI número ..., en lo sucesivo vendedor o parte vendedora.

Y de otra, Doña ..., mayor de edad, casada en segundas nupcias con Don ..., bajo el régimen económico-matrimonial de gananciales según manifiesta, sin profesión especial, vecina de ..., con domicilio en calle ..., y DNI número ..., y en lo sucesivo compradora o parte compradora.

INTERVIENEN

Don ... lo hace en nombre y representación y como apoderado de su hermano Don ..., mayor de edad, soltero, funcionario, vecino de ..., con domicilio en ..., y con DNI número ..., en virtud de escritura de apoderamiento autorizada en ..., por el Notario Don ..., en fecha ..... , con el número ... de su Protocolo, y de cuya copia resulta lo que literalmente se transcribe:

«... OTORGA que confiere PODER ESPECIAL, tan amplio y bastante como en Derecho se requiera y sea necesario, a favor de su hermano Don ..., con DNI número ..., para que en nombre y representación del poderdante pueda ejercitar sin limitación alguna las FACULTADES que a continuación se expresan:

II. VENDER O PERMUTAR los bienes que se describen a continuación, a la persona o personas con quien libremente contrate, y por el precio y condiciones que libremente concierte, pudiendo satisfacer o recibir las diferencias de estimación de permutas, al contado o a plazos, pactando en este último caso toda clase de garantías incluso hipotecarias, que en su día podrá cancelar; y otorgar carta de pago, en relación exclusiva a los siguientes bienes: ...

1. FINCA URBANA.

... (Descripción)

Título: ...

IV. Firmar los documentos públicos o privados necesarios para el ejercicio de las facultades conferidas.»

Y Doña ... interviene, a la vez que por sí, en representación como titular de la patria potestad de su hijo menor de edad Don ..., nacido el día ..., estudiante, y de su misma vecindad y domicilio.

La patria potestad la ejerce exclusivamente Doña ... sobre el menor por ser hijo de su primer matrimonio con el difunto Don...

Su intervención deriva del expediente de enajenación de bienes de menores número ... del año ..., seguidos ante el Juzgado de Primera Instancia de ... número ..., en el que recayó auto de fecha ..., que queda incorporado como anexo del presente contrato.

En el citado auto se autorizaba la venta de una vivienda, perteneciente exclusivamente al menor Don ... por herencia de su padre Don ... y renuncia de su madre, para adquirir la que en este documento se describe, de mayor superficie y precio, y para constituir hipoteca sobre la misma.

Se reconocen recíprocamente capacidad legal bastante para otorgar el presente documento, en la intervención en que comparecen, por lo que de común acuerdo:

DECLARAN

PRIMERO. Que Don ... es dueño del pleno dominio de la siguiente finca urbana constituida en régimen de propiedad horizontal y antes mencionada:

1. FINCA URBANA.

... (Descripción)

Título: ...

Normas sobre propiedad horizontal, inmuebles general en el que se integra en tal régimen, y cuotas: ...

Inscripción: ...

Cargas: Libre de ellas y sin arrendar. Al corriente en el pago de gastos de comunidad.

Referencia catastral: ...[14].

SEGUNDO. La compradora conoce la finca y estando interesada en adquirirla en la forma en la que después se dirá, lo llevan a efecto bajo las siguientes:

ESTIPULACIONES

PRIMERA. Don ..., representado por Don ..., vende y transmite a Don ..., que compra y adquiere, representado por su madre Doña ..., el pleno dominio de tres cuartas partes indivisas de la finca antes descrita por el precio de ... euros.

SEGUNDA. Don ... representado por Don ..., vende y transmite a Doña ..., que compra y recibe para su sociedad conyugal, el pleno dominio de una cuarta parte indivisa de la finca antes descrita por precio de ... euros.

TERCERA. La finca se vende con cuanto le es inherente o accesorio, libre de cargas y al corriente en el pago de contribuciones e impuestos.

CUARTA. El precio de las transmisiones objeto de este contrato se hace efectivo de la siguiente forma:

A) En cuanto a la venta al menor Don ..., confiesa la parte vendedora tener recibido antes de este acto de la compradora la cantidad de ... euros, igual al importe recibido por el menor aquí comprador como producto de la venta que dio lugar al procedimiento de enajenación de bienes de menores antes aludido.

El resto del precio, es decir, ... euros, las recibirá la parte vendedora una vez cumplidos por los compradores los requisitos que, para la disposición de fondos, les exija la entidad acreedora en el préstamo hipotecario que, para financiar esta adquisición, se proponen formalizar con la entidad ... por un importe de ... euros según acuerdo de la citada entidad de fecha ..., requisitos éstos que las partes declaran conocer y aceptar quedando tal parte del precio a disposición del vendedor en la cuenta especial que se abrirá con ocasión del préstamo y una vez cumplidos los repetidos requisitos.

B) En cuanto a la venta a Doña ... para su actual sociedad ganancial, el precio de ... euros lo recibirá la parte vendedora una vez cumplidos los requisitos aludidos en el anterior apartado A) y en los mismos términos que en él se especifican

[14] Véase nota a pie de página número 3, del formulario 1.

y que se dan aquí por reproducidos declarando las partes que los conocen y aceptan.

QUINTA. Todos los gastos que se deriven como consecuencia de este contrato y del otorgamiento en su momento de escritura pública, serán satisfechos por las partes por mitad; y los impuestos, según ley.

Y en prueba de conformidad con el contenido de este documento, lo firman, por duplicado, en el lugar y fecha al principio indicados, quedando un ejemplar en poder de cada parte contratante.

La parte vendedora La parte compradora

10

COMPRAVENTA DE VIVIENDA DE PROTECCIÓN OFICIAL

En la ciudad de ... a ... de ... de ...

REUNIDOS

De una parte, Don ..., mayor de edad, soltero, vecino de ..., domiciliado en ..., con DNI número ..., en lo sucesivo vendedor o parte vendedora ...

Y de otra, Don/Doña ..., casado con Don/Doña ..., con el régimen económico-matrimonial de ..., según ..., mayor/es de edad, vecino/s de ..., con domicilio en ... y DD.NN.II. número/s ... y ... en lo sucesivo comprador/es o parte compradora.

INTERVIENEN

Don ... en su propio nombre y derecho y, además, en nombre y representación de Doña ... y de Doña ..., integrantes todos ellos de la denominada «... y otros, Comunidad de Bienes», representación conferida en virtud de escritura pública de apoderamiento de fecha ... otorgada en ... bajo el número ... de Protocolo, autorizada por el Notario ... . La citada Comunidad de Bienes se encuentra inscrita en el Registro de Entidades Jurídicas del Ministerio de Economía y Hacienda, con el CIF ...

Y Don/Doña ...

DECLARAN

PRIMERO. Que los Sres. Don ..., Doña ... y Doña ..., como integrantes de la Comunidad de Bienes mencionada, son dueños en pleno dominio por terceras partes indivisas de una finca sita en ..., calle ..., con una superficie total de ... metros cuadrados, inscrita a su favor en el Registro de la Propiedad de ... Número ..., Libro ..., Sección ..., Folio ..., finca ..., inscripción ...

SEGUNDO. Sobre la finca antes citada están construyendo un edificio integrado por ... viviendas de protección oficial (Calificación Provisional concedida por la

Dirección General de Arquitectura y Vivienda de la Comunidad Autónoma de ..., con fecha ..., según expediente ...), local y sótano ...

Título: Escritura pública de declaración de obra nueva en construcción y división horizontal de fecha ..., otorgada en ... bajo el número ... de Protocolo, autorizada por la Notario Doña ...

TERCERO. Según el referido título la primera planta, la segunda planta y la tercera planta alta o planta de ático se destinan a la construcción de las ... viviendas.

La primera y segunda plantas altas se destinan, cada una de ellas, a ... viviendas, de tipo ..., con acceso independiente, todas ellas, a través de escalera interior y ascensor de comunicación con el zaguán abierto en la calle ..., existiendo además a la altura de la primera planta alta un patio de luces.

La tercera planta alta o planta de ático se destina a ... viviendas, de tipo ..., con acceso independiente, todas ellas, a través de escalera interior y ascensor de comunicación con el zaguán abierto en la calle ...

Las superficies de las ... viviendas ubicadas en las plantas altas, según sus tipos, son las siguientes: Vivienda tipo ..., con una superficie edificada de ... metros cuadrados para una útil de ...; Vivienda tipo ..., con una superficie edificada de ... metros cuadrados, para una útil de ... metros cuadrados; Vivienda tipo ..., con una superficie edificada de ... metros cuadrados, para una útil de ... metros cuadrados; Vivienda tipo ..., con una superficie edificada ... metros cuadrados, para una útil de ... metros cuadrados; y Vivienda tipo ..., con una superficie edificada de ... metros cuadrados, para una útil de ... metros cuadrados ...

El total edificio se encuentra cubierto de terraza visitable a la catalana, ubicándose en ella los casetones de escalera de acceso y ascensor que se encuentran cubiertos de teja y linda: Norte, derecha entrando, ...; Sur, izquierda, ...; Este o frente, ...; y Oeste o espalda, ...

CUARTO. Cada una de las viviendas está integrada en la Comunidad de Propietarios del edificio como uno de sus inmuebles horizontales, rigiéndose por las normas de la Ley de 21 de julio de 1960 y disposiciones complementarias, con las especificaciones contenidas en la escritura pública de declaración de obra nueva en construcción y división horizontal antes aludida.

QUINTO. Las obras se están ejecutando conforme al Proyecto y bajo la dirección del Arquitecto Don ..., colegiado número ... perteneciente al Ilustre Colegio de Arquitectos de ..., con domicilio en esta localidad, calle ...

La construcción ha sido contratada con la empresa «XX, Sociedad Limitada», constituida en virtud de escritura pública de fecha ..., autorizada por el Notario de ... Don ..., con el número ... de su Protocolo y debidamente inscrita en el Registro Mercantil de ..., con domicilio en ..., calle ..., y con CIF número ...

SEXTO. El vendedor ha obtenido de la Caja ... un préstamo con la garantía hipotecaria de las viviendas antes mencionadas, para la construcción y posterior adquisición de las mismas, en virtud de escritura pública de fecha ..., autorizada por el Notario de ... Don ... con el número ... de su Protocolo, habiendo causado las oportunas inscripciones registrales, y en cumplimiento de la legislación vigente sobre medidas de financiación de actuaciones protegibles relativas a viviendas del Plan aplicable, devengando los créditos a favor de la Caja un interés del ...% nominal anual (siendo la TAE o Tasa Anual Equivalente del ... % calculada sobre el tipo de interés inicial), y con anualidades crecientes al ... %, para aquellos adquirentes cuyos ingresos familiares ponderados no excedan de ... veces el salario mínimo interprofesional, y/o de ... veces el citado salario mínimo cuando se trate de primer acceso a la vivienda en propiedad.

Salvo que la legislación variara al respecto, el préstamo habrá de amortizarse en el plazo de quince años contados a partir de la fecha de terminación del periodo de carencia (actualmente ... años), salvo que con anterioridad a su término se produzca la subrogación formal del adquirente en la carga hipotecaria, en cuyo caso la carencia quedará extinguida en el mismo mes en que se notifique la transmisión de la vivienda a la entidad crediticia, mediante la presentación de la correspondiente escritura pública, debidamente inscrita en el Registro de la Propiedad.

Si la parte compradora cuenta con ingresos familiares ponderados no superiores a ... veces el salario mínimo interprofesional, y se cumplen los demás requisitos previstos en la legislación vigente para la obtención de ayudas económicas directas, para la adquisición de la vivienda puede solicitar al Ministerio de Obras Públicas y Transportes y a la Comunidad Autónoma de ..., hasta el ... y dentro del cupo convenido entre el citado Ministerio y la Comunidad, las siguientes ayudas:

a) ...
b) ...
c) ...

La parte compradora queda informada de su derecho a solicitar préstamo directo. Con independencia de que la subvención personal se obtenga o no, la parte compradora se compromete a hacer efectivo a la vendedora el importe de dicha subvención en el acto de entrega de llaves y toma de posesión de la vivienda.

SÉPTIMO. La parte vendedora dispone de la autorización necesaria para poder percibir de la parte compradora, durante el periodo de construcción, cantidades a cuenta del total que se haya de satisfacer por precio de adquisición.

OCTAVO. La parte compradora reconoce que en este acto recibe la información y se pone a su disposición la documentación a que alude el Real Decreto 515/1989 de 21 de abril, sobre protección de los consumidores en cuanto a la información a suministrar en la compraventa y arrendamiento de viviendas, y de cuyo texto también se pone una copia a su disposición; y particularmente lo siguiente: escritura de declaración de obra nueva en construcción y división horizontal; licencia de edificación y prórroga; plano de la vivienda; cédula de calificación provisional de vivienda de protección oficial; escritura pública de préstamo con hipoteca; escritura de apoderamiento; y el proyecto redactado por el arquitecto: ...

Igualmente, la parte compradora queda informada de las subvenciones y ayudas económicas directas que para la adquisición de esta vivienda puede solicitar y obtener conforme a la legislación vigente; así como de su derecho de solicitar un préstamo directo.

Con independencia de que la subvención personal se obtenga o no, la parte compradora se compromete a hacer efectivo el importe de dicha subvención a la parte vendedora en el acto de entrega de llaves y toma de posesión de la vivienda.

NOVENO. Habiendo convenido la compraventa de una de las viviendas, otorgan el presente contrato sujeto a las disposiciones legales que le sean de aplicación, y con arreglo a las siguientes:

ESTIPULACIONES

PRIMERA. Don ... vende y transmite a Don/Doña ..., que acepta/n en el presente acto, la vivienda que a continuación se describe: Vivienda tipo ..., situada en la ... planta alta del edificio antes mencionado, dotada de acceso independiente a través de escalera interior y ascensor de comunicación con el zaguán de planta baja, con una superficie edificada de ... metros cuadrados, para una útil de ...

Título: Escritura de declaración de obra nueva en construcción y división horizontal de fecha ... antes mencionada, siendo el piso o departamento n.º ... de la citada escritura, siendo su cuota de ...

Inscripción: Registro de la Propiedad de ... Número ..., Sección ..., Libro ..., Folio n.º ..., finca registral n.º ..., inscripción 1.ª....

Cargas: Las relacionadas en la escritura de préstamo con hipoteca antes mencionada, y en concreto respondiendo la citada finca de ... euros que es el principal del préstamo que garantiza; de ... euros por intereses de tres años; de ... euros para prestaciones accesorias y de ... euros para costas y gastos, constituyéndose sobre la misma hipoteca a favor de la Caja ... (inscripción ...).

Según la referida escritura de préstamo con hipoteca, las cuotas mensuales crecientes para reintegro del préstamo son las siguientes: 1.er año ... euros al mes; 2.º año ... euros al mes; 3.er año ... euros al mes; 4.º año ... euros al mes; 5.º año ... euros al mes; 6.º año ... euros al mes; 7.º año ... euros al mes; 8.º año ... euros al mes; 9.º año ... euros al mes; 10.º año ... euros al mes; 11.º año ... euros al mes; 12.º año ... euros al mes; 13.º año ... euros al mes; 14.º año ... euros al mes y 15.º año ... euros al mes ...

La venta se efectúa con cuantos derechos, usos, servicios y servidumbres le sean inherentes a la vivienda vendida, incluida la parte proporcional que le corresponda en los elementos comunes del edificio, libre de arrendatarios y ocupantes.

La parte compradora manifiesta bajo su responsabilidad que integran la unidad familiar ... personas, según las normas del IRPF; de los que ... contribuyen a los ingresos familiares, con una parte, cada uno de ellos, superior al ... %.

Referencia catastral: ...[15].

SEGUNDA. El precio de compraventa se fija en la cantidad de ... euros más la repercusión del Impuesto Sobre el Valor Añadido (IVA), que en la actualidad es del ... por ciento, lo que supone un importe total de ... euros

El precio será satisfecho de la siguiente forma:

— Precio de la vivienda ... euros
— IVA ....%, ... euros
PRECIO TOTAL ... euros
— Deducción por subrogación en préstamo hipotecario ... euros
— Entrega a cuenta en este acto mediante ... euros

RESTA ... euros

Dicho resto (en importe de ... euros), se obliga la parte compradora a pagarlo mediante:

1.º) ... pagos respectivamente de ... euros durante la construcción, con vencimientos sucesivos en fechas ..., a partir del día ...

[15] Véase nota a pie de página número 3, del formulario 1.

2.º) ...

Es condición necesaria para la recepción de las llaves y toma de posesión de la vivienda tener pagadas las cantidades anteriormente reseñadas, en cuyas cantidades se incluyen los intereses correspondientes al ... % de interés nominal.

De existir diferencia entre los metros previstos en la Cédula de Calificación Provisional y la Definitiva que se expida, dicha diferencia, ya sea en más o en menos, se liquidará a la entrega de llaves y toma de posesión de la vivienda.

En las cantidades antes consignadas se han incluido las cuotas del Impuesto Sobre el Valor Añadido (IVA) que gravan la entrega de la vivienda, habiéndose previsto el tipo impositivo vigente en la actualidad, que es del ... %.

De dicho precio, la parte compradora retiene en su poder y descuenta la cantidad correspondiente al principal del préstamo hipotecario obtenido por la vendedora, y aceptando que la parte vendedora reciba esa cantidad de la Caja, y comprometiéndose la parte compradora a asumir en el momento de la firma de la escritura pública y subrogación del préstamo la condición jurídica del deudor y, consecuentemente, a hacer efectivo su pago así como los intereses, comisiones, y amortizaciones que correspondan en los plazos y condiciones fijados, subrogándose en las garantías, incluso reales, que se establezcan y subrogándose no sólo en las responsabilidades derivadas de la hipoteca sino también en la obligación personal con ella garantizada, siempre que la entidad de crédito preste su conformidad expresa o tácita, según lo dispuesto en el artículo 118 de la Ley Hipotecaria; en el supuesto de no obtenerse dicha conformidad, la parte compradora se obliga a pagar a la vendedora el total del importe previsto para dicho préstamo, en el plazo de ... meses desde el día de hoy, ya sea obteniendo un préstamo directo al comprador o un préstamo libre, siendo de cuenta de la compradora la ... de los gastos e impuestos de cancelación y demás de ello derivados en cuanto al obtenido por la vendedora.

TERCERA. La parte vendedora se reserva el derecho de efectuar en las obras las modificaciones que oficialmente le fuesen impuestas, así como aquellas otras que le sean autorizadas y vengan motivadas por exigencias técnicas o jurídicas o comerciales durante su ejecución.

La finalización de las obras se fija inicialmente en el día ...

CUARTA. La vivienda será entregada a la parte compradora en el plazo máximo de ... meses a contar desde la concesión de la Calificación Definitiva, salvo que dicho plazo sea prorrogado en legal forma, y siempre que el comprador haya cumplido la totalidad de las obligaciones que le incumben.

Con la entrega de las llaves se considerará consumada la compraventa, no pudiendo la parte compradora, hasta tanto no haya satisfecho totalmente el precio definitivo a la vendedora, ceder en todo o en parte ningún derecho a tercera persona sin el consentimiento escrito de la parte vendedora, según disponen los artículos 1203 y siguientes del Código Civil. El incumplimiento de esta obligación será causa de resolución del contrato en la forma que se establece en la estipulación octava.

El acto de entrega de la vivienda se hará coincidir con el de otorgamiento de la escritura pública de compraventa, que será autorizada por los Notarios Don/Doña ... o, en su caso, Don/Doña ... designado por la parte compradora, dentro de la plaza de ..., y en ella se garantizará el precio aplazado, a elección de la parte vendedora, bien con hipoteca o bien con condición resolutoria expresa o explícita que se establece en la estipulación octava.

La vivienda deberá ser ocupada por la parte compradora en el plazo máximo de ... meses a partir de su entrega y destinada a residencia permanente.

QUINTA. La parte compradora podrá instar la resolución de este contrato en el caso de que se denegare la Calificación Definitiva o las obras no se terminasen dentro del plazo fijado o prórrogas reglamentarias concedidas, o si no se obtuviese un préstamo cualificado legalmente establecido.

Para el caso de que instase la resolución de este contrato por las causas indicadas, las cantidades recibidas, que se ingresarán en la cuenta especial número ... abierta en la entidad ..., Sucursal de ..., le serán devueltas al adquirente, en unión de sus intereses legales correspondientes. El cumplimiento de esta obligación se garantiza mediante aval o póliza de seguro.

SEXTA. En los casos de modificaciones de obras previstos en la estipulación cuarta, la parte compradora autoriza a la parte vendedora para que, en su caso, pueda modificar la declaración de obra nueva y división de la propiedad horizontal del edificio.

Asimismo, se compromete y obliga expresamente a cumplir las normas que para regular el régimen de propiedad horizontal se han establecido y autoriza a la parte vendedora para que convoque la primera reunión de copropietarios a fin de constituir la Comunidad, en la que se designe el Presidente y el Secretario Administrador.

La parte vendedora, pues, conforme a lo dispuesto en la Ley de Propiedad Horizontal, fijará por escrito y con la debida antelación, el lugar, día y hora de la reunión a la que, caso de no asistir por sí mismo o representada la parte compradora, ésta lo estará a todos los efectos y asuntos que hayan de tratarse en la misma por la propia parte vendedora, en quien delega de hoy para entonces sus derechos de voz y voto.

Asimismo, la parte compradora faculta expresamente a la vendedora a que en nombre de la Comunidad contrate los servicios precisos para la puesta en funcionamiento del edificio.

SÉPTIMA. A partir de la entrega de llaves y en tanto no se haya satisfecho la totalidad del precio aplazado, la parte compradora se obliga a tener asegurada contra el riesgo de incendios la vivienda adquirida, en una Compañía de Seguros a prima fija, por cantidad no inferior a la adecuada, y a pagar puntualmente las primas devengadas, siendo causa de expresa resolución el incumplimiento de esta obligación. En dicha póliza se hará constar que en caso de siniestro no se abonará cantidad alguna por la compañía de Seguros sin el consentimiento de la parte vendedora, quien quedará automáticamente subrogada en los derechos del asegurado, por una cantidad igual al importe del débito en la fecha del siniestro.

A los fines indicados, la parte compradora solicita de la vendedora que contrate en nombre de la Comunidad una póliza de seguro que cubra el riesgo de incendio del edificio, obligándose la parte compradora a sufragar el porcentaje de la prima que corresponda a la vivienda adquirida, autorizándole expresamente a firmar cuantos documentos sea precisos para dicho fin.

OCTAVA. En caso de impago por la compradora a su vencimiento de la cantidad correspondiente a uno cualquiera de los plazos de amortización del precio o de los intereses pactados conforme a lo establecido en la estipulación segunda, la parte vendedora quedará en libertad de exigir la satisfacción de su derecho mediante el ejercicio de las acciones oportunas, según la legalidad vigente, pudiendo optar entre exigir el abono correspondiente o la resolución de este contrato, que se producirá de pleno derecho, con la sola declaración en tal sentido de la parte vendedora, notificada a la parte compradora mediante requerimiento notarial o judicial al efecto; a cuyo fin se señala como domicilio del deudor el que figura en este documento o el de la vivienda, caso de haberse entregado las llaves de la misma.

La resolución del contrato llevará consigo, en el supuesto de haberse producido la ocupación, el desalojo inmediato de la vivienda por la parte compradora o por quienes de él deriven su derecho, ya sea éste real o personal o tenga su origen en cualquier clase de título, incluido expresamente el de arrendamiento.

Si optase por la resolución, la parte vendedora restituirá a la compradora, de las cantidades entregadas por la misma, la parte que quede de deducir y hacer suyos, por los conceptos que se indican, los importes siguientes: El de ... de las cantidades que debiera haber satisfecho la parte compradora en el momento de la resolución, como cláusula penal por incumplimientos.

De mutuo acuerdo las partes establecen que los intereses de demora, en caso de impago o retraso en el pago, se fijan en el ... % de interés anual simple, contados a partir de la fecha en que aquélla se produzca.

NOVENA. A partir del día en el que se ponga a su disposición la vivienda, la compradora se obliga a:

1.°) Participar en el mantenimiento de los gastos comunes del edificio conforme al porcentaje o cuota que le corresponda.

2.°) Pagar todos los gastos, impuestos, tasas y arbitrios que se refieran a la vivienda objeto de este contrato, así como los proporcionales a los elementos comunes que correspondan.

DÉCIMA. La parte vendedora pondrá a disposición de la compradora un ejemplar del contrato debidamente visado por Dirección General de Vivienda de la Comunidad Autónoma de ...

UNDÉCIMA. La parte vendedora ha satisfecho los gastos concernientes a la declaración de obra nueva en construcción y división horizontal, así como los de constitución y división del préstamo con garantía hipotecaria, ya aludidos en la parte expositiva de este contrato. Será de su cuenta la primera copia de la escritura de compraventa que hay que enviar a la entidad de crédito para la subrogación.

En cuanto a los intereses del préstamo, la parte vendedora pagará los que se devenguen con anterioridad a la fecha en que se ponga a disposición de la compradora la vivienda, siendo de cuenta de dicha parte compradora los originados a partir de dicho momento con independencia de la fecha de otorgamiento efectivo de la escritura por la que se formalice la compraventa y, en su caso, la subrogación en dicho préstamo. Asimismo, y en tanto no sea abonada por la entidad de crédito la última de las entregas correspondientes al préstamo, la parte compradora se compromete a abonar a la parte vendedora el interés que devengue la parte no recibida del mismo y al tipo aplicable legalmente a dicho préstamo. El importe total de estos intereses deberá de ser satisfecho por la parte compradora a la vendedora dentro del plazo de los treinta día siguientes en que la vendedora le notifique el correspondiente cargo.

DUODÉCIMA. La parte vendedora repercutirá a la compradora, que a su vez vendrá obligada a pagarlo, el importe íntegro del Impuesto sobre el Valor Añadido (IVA) que grava la entrega de la vivienda objeto del presente contrato.

La repercusión total se realizará sobre la base de la contraprestación total, incluidos en su caso los intereses de la parte aplazada por la vendedora. También formarán parte de esa base la subvención que en su caso obtenga la parte compradora y los intereses de demora que por retraso en el pago pudieran producirse.

Dicha repercusión se efectuará a medida que se produzca el devengo del impuesto, es decir, para los pagos anticipados anteriores a la entrega de la vivienda en el momento de cobro de cada uno de ellos y por los importes efectivamente percibidos. La parte del impuesto correspondiente al resto de la base imponible se devengará y repercutirá a la puesta de la vivienda en poder y posesión de la parte compradora, en cuyo momento la compradora efectuará el oportuno pago.

Los tipos impositivos serán los vigentes en las sucesivas fechas de devengos parciales, conforme a las normas reguladoras del impuesto, siendo en la actualidad el del ... %.

En el supuesto de resolución del presente contrato, la parte vendedora retendrá las cantidades que al efecto se estipulan en las cláusulas anteriores, así como las cuotas del Impuesto del Valor Añadido que correspondan.

Todos los demás impuestos, gastos y arbitrios, que se originen por los actos, negocios jurídicos y escrituras derivadas del presente contrato, así como los correspondientes en su caso a la constitución de garantía sobre el precio aplazado, serán de cuenta de la parte compradora. Para atender al pago de estos gastos, la parte compradora efectuará la correspondiente provisión de fondos en el momento en el que le sea puesta a su disposición la vivienda.

DECIMOTERCERA. Esta vivienda está sujeta a las prohibiciones y limitaciones del régimen de protección oficial, por lo que las condiciones de utilización serán las señaladas en la Calificación Definitiva, y los precios de renta y venta no podrán exceder los límites establecidos.

Deberá ser destinada a domicilio habitual y permanente de su titular, sin que pueda poseer otras viviendas de protección oficial con igual destino, y mantenida en buen estado de conservación.

El percibo de la subvención impide a la parte compradora la transmisión o cesión por cualquier título de la vivienda durante el periodo de cinco años, salvo reintegro de la cantidad percibida, incrementada en los intereses legales desde su percepción.

DECIMOCUARTA. Las partes, con renuncia expresa de su fuero propio, acuerdan someter cuantas divergencias pudieran surgir por motivo de la interpretación de este contrato a la jurisdicción de los Jueces y Tribunales de ...

Cláusula adicional para contratos de residentes/no residentes en la localidad de ubicación de las viviendas:

En este acto la parte compradora hace constar que es residente en el lugar de ubicación de la vivienda objeto del presente contrato, y en su consecuencia, aceptan y acuerdan lo establecido en el apartado ... que a continuación se expone:

PRIMERA. Residentes:
La parte compradora se compromete a dedicar la vivienda objeto de este contrato a su domicilio habitual y permanente y ocuparla dentro del plazo de tres meses desde la entrega o, en su caso, a cederla a residente habitual en la localidad mediante contrato debidamente visado en dicho plazo.

Asimismo se hace constar que la parte compradora de la vivienda tiene su residencia habitual y permanente en la localidad en que se halla situada la vivienda objeto de este contrato, lo que acredita con la correspondiente certificación municipal anexa ...

SEGUNDA. No residentes:
La parte compradora no reúne la condición de residente en la localidad, justificando la motivación de la presente compraventa por ...

El comprador se compromete a establecer en la vivienda su domicilio habitual y permanente, acreditando su residencia en el plazo de tres meses desde su entrega, mediante el correspondiente certificado municipal ante el órgano competente para el visado del contrato, o a prestar en dicho plazo contrato de arrendamiento o cesión de uso para su visado, caso de ceder la vivienda a un residente en la localidad.

En cualquier caso, la parte compradora manifiesta conocer que el incumplimiento de los compromisos citados, así como el mantener habitualmente desocupada la vivienda, dedicarla a segunda residencia o a otros usos no autorizados, implicará necesariamente: además de las sanciones pecuniarias que correspondan, la descalificación de la vivienda que obligará al reintegro de los beneficios económicos percibidos y de las exenciones o bonificaciones disfrutadas, con los incrementos de los intereses legales y, en su caso, con la diferencia entre los intereses del préstamo y el interés legal, no pudiendo además concertar dicho propietario ni ventas ni arrendamientos a precios superiores de los reglamentariamente aplicables ni minorar las condiciones de los servicios prestados, durante el plazo de cinco años desde la descalificación.

Ambas partes, en prueba de conformidad con cuanto antecede, firman el presente documento, en cinco ejemplares, en el lugar y fecha al principio indicados.

El vendedor El comprador

Real Decreto 515/1989
DOCUMENTACIÓN ANEXA

CONSTRUCCIÓN: DATOS/INFORMES

— Promotor y constructor, cuyos datos son consignados en su integridad en el contrato.

— Plano general de emplazamiento de la vivienda y plano de la vivienda misma, así como descripción del trazado de redes eléctricas, de aguas, gas, y calefacción y garantías de las mismas, y de las medidas de seguridad contra incendios.

— Descripción general del edificio elementos comunes, así como descripción de la vivienda con expresión de la superficie construida y de la útil.

— Materiales empleados en la construcción, incluidos aislamientos térmicos y acústico.

— Instrucciones sobre uso y conservación de las instalaciones que exijan algún tipo de actuación o conocimiento especial.

— Instrucciones sobre evacuación del inmueble en caso de urgencia.

AUTORIZACIONES/LICENCIAS

— Copia de las autorizaciones legalmente exigidas para la construcción de las viviendas.

— Copia de cédula urbanística o certificación acreditativa de las circunstancias urbanísticas de la finca, con referencia al cumplimiento de las operaciones reparcelatorias o compensatorias.

— Copia de la licencia o acto equivalente para la utilización u ocupación de la vivienda, zonas comunes y servicios accesorios en su caso.

— Documentación sobre las garantías de las cantidades entregadas a cuenta según la Ley de 27 de julio de 1968.

— Particularmente, licencias de edificación y Cédula de Calificación Provincial y/o definitiva.

INFORMACIÓN JURÍDICA: TITULACIÓN/REGISTRO

— Escritura de declaración de obra nueva en construcción y división horizontal, otorgada en ..., en fecha ..., autorizada por el/la Notario Don/Doña ... con el número ... de su Protocolo, constando la inscripción registral de la vivienda.

— Escritura de préstamo con hipoteca suscrita entre la Caja ... y la vendedora ..., autorizada por el Notario de ... Don/Doña ..., en fecha ..., con el número ... de su Protocolo, también inscrita en el Registro de la Propiedad.

— Comunidad de Propietarios: escritura primeramente citada, estatutos, normas de funcionamiento; información de los contratos de servicios y suministros.

— Copia del Real Decreto 515/1989 de 21 de abril, sobre protección de los consumidores en cuanto a la información a suministrar en la compraventa y arrendamiento de viviendas.

— Ley de 27 de julio de 1968, y demás legislación específica sobre medidas de financiación de actuaciones protegibles en materia de vivienda del Plan .../... .

— Artículos 1280.1 y 1279 del Código Civil:

Art. 1280.1: Deberán constar en documento público: Los actos y contratos que tengan por objeto la creación, transmisión, modificación o extinción de derechos reales sobre bienes inmuebles.

Art. 1279: Si la ley exigiere el otorgamiento de escritura u otra forma especial para hacer efectivas las obligaciones propias de un contrato, los contratantes podrán compelerse recíprocamente a llenar aquella forma desde que hubiere intervenido el consentimiento y demás requisitos necesarios para su validez.

NOTA EXPLICATIVA RELATIVA AL PRECIO Y A LAS CONDICIONES DE PAGO, según lo establecido en la estipulación segunda y estipulaciones.

TRIBUTOS

— Información en cuanto al pago de los tributos de toda clase que graven la propiedad o la utilización de la vivienda.

— Los vendedores han abonado los tributos devengados, notificados y liquidados hasta esta fecha, y que gravan la propiedad o tenencia o utilización del inmueble; los no notificados o liquidados serán de su cuenta.

— Los impuestos y arbitrios de toda clase devengados a partir de esta fecha correrán a cuenta de la parte compradora.

El vendedor El comprador

11

CONTRATO DE COMPRAVENTA DE VIVIENDA DE PROTECCIÓN OFICIAL

En ..., a ... de ... de ...

REUNIDOS

De una parte, Don ..., mayor de edad, industrial, casado, con domicilio a efectos del presente contrato en ..., calle ..., y con DNI número...

Y de otra parte, Don/Doña ..., mayor/es de edad, de estado civil ..., vecino/s de ..., con domicilio en ... y DNI número/s.

INTERVIENEN

Don ..., en nombre y representación, como administrador solidario de la mercantil «CONSTRUCCIONES ..., S.L.», en virtud de la escritura otorgada en ... ante su notario Don/Doña ..., el día ... con número de Protocolo ..., que se inscribió en el Registro Mercantil de ... y domiciliada en ..., calle ... , y con CIF ...

Don/Doña ..., en su propio nombre y derecho.

Ambas partes, en el concepto con que intervienen se reconocen capacidad legal suficiente para obligarse mediante el presente contrato y al efecto

DECLARAN

PRIMERO. «CONSTRUCCIONES ..., S.L.», pretende construir ... viviendas de Protección Oficial con sus respectivas plazas de garaje y trasteros, según proyecto redactado por el arquitecto D ..., en la calle ... de ... en un solar de su propiedad con una superficie de ... m^2.

SEGUNDO. Don/Doña ... está/n interesado/s en la compra de una vivienda, plaza de garaje y un trastero que se va a construir en la finca descrita y de acuerdo con el proyecto redactado por Don...

La vivienda tiene una superficie aproximada de ... m^2 construidos, ... m^2 útiles, la plaza de garaje aproximadamente ... m^2 construidos y el trastero ... m^2, estando identificados respectivamente con los números:

VIVIENDA:
PLAZA DE GARAJE:
TRASTERO:

TERCERO. Interesando a Don/Doña ... la vivienda, plaza de garaje y trastero anteriormente descritos, las partes contratantes llevan a efecto el presente contrato de COMPRAVENTA con arreglo a las siguientes:

ESTIPULACIONES

PRIMERA. «CONSTRUCCIONES ..., S.L.» vende a Don/Doña ..., que acepta/n en este acto, la vivienda, plaza de garaje y trastero descrita en el expositivo segundo el presente contrato.

SEGUNDA. Como precio de la compraventa de la vivienda Don/Doña ... se obliga a pagar la cantidad de ..., más el tipo impositivo vigente de IVA, que serán desembolsados de la siguiente forma:

1.º) A la firma del contrato: La cantidad de ... euros, IVA incluido, son entregadas en este acto por el comprador al vendedor, quien por medio del presente le otorga la más firme carta de pago de la expresada suma.

2.º) Efectos mensuales: ... EFECTOS MENSUALES DE IMPORTE ... euros, IVA incluido, con vencimiento desde ...; los cuales coinciden con el periodo de construcción de las viviendas.

3.º) Préstamo hipotecario: ... euros, que serán abonados en su momento a través de la subrogación del comprador en las obligaciones derivadas del crédito hipotecario que la parte vendedora solicitará para la financiación de esta promoción; por un importe estimado de la mencionada cantidad de capital por vivienda y garaje. En el supuesto de que se concediese una cifra inferior, el comprador deberá abonar a la parte vendedora la diferencia en el momento en que se constate. Si la diferencia fuese superior, la parte vendedora la deducirá de los pagos que queden pendientes. El IVA del préstamo hipotecario será abonado a la firma de la escritura pública de compraventa.

TERCERA. La falta de pago de cualquier cantidad aplazada a su respectivo vencimiento, producirá de pleno derecho la resolución de este contrato, volviendo a la vendedora el inmueble transmitido.

CUARTA. «CONSTRUCCIONES XX, S.L.», repercutirá al comprador el importe del IVA, al tipo impositivo que en cada momento esté vigente por cada entrega de dinero que éste efectúe a cuenta del precio de la vivienda, en la forma y modo dispuestos por la Ley y Reglamento de dicho impuesto. Las letras mencionadas en la estipulación segunda están incrementadas con el IVA correspondiente.

QUINTA. Todos los gastos que en su día originen la elevación a escritura pública del contrato de compraventa, incluso el arbitrio municipal de plusvalía, serán abonados por la parte compradora.

SEXTA. La vivienda se transmite libre de cargas y gravámenes excepto el gravamen hipotecario referido en la estipulación segunda y al corriente en el pago de toda clase de gastos e impuestos, incluidos, en su caso, los derivados del otorgamiento de las escrituras públicas de otra nueva división horizontal y de préstamo hipotecario.

SÉPTIMA. Para todas las cuestiones que pudieran derivarse de la interpretación y aplicación del presente documento, las partes se someten expresamente a los Juzgados y Tribunales de ..., con renuncia expresa al fuero que pudiera corresponderles.

OCTAVA. La parte vendedora pondrá a disposición de la compradora un ejemplar del contrato debidamente visado por el órgano competente, y llevará a cabo todas las actuaciones y gestiones precisas para que el adquirente pueda disfrutar de la subsidiación de préstamos y ayudas de todo tipo que correspondan al comprador según Ley ...

NOVENA. La entrega de la vivienda tendrá lugar el día ..., coincidiendo con el de otorgamiento de la escritura pública de compraventa, en la Notaría que elija el comprador.

Y en prueba de conformidad, firman el presente contrato por duplicado en el lugar y fecha arriba indicados.

El comprador El vendedor

12

Contrato Compraventa Vivienda De Protección Oficial/Vivienda De Precio Tasado

En ..., a ... de ... de ...

REUNIDOS

De una parte, Don ..., mayor de edad, industrial, casado, con domicilio a efectos del presente contrato en ..., calle ..., y con DNI número ...

Y de otra parte, Don/Doña ..., mayor/es de edad, de estado civil ..., vecino/s de ..., con domicilio en ... y DNI número/s ...

INTERVIENEN

Don ..., en nombre y representación, como administrador solidario de la mercantil «CONSTRUCCIONES ..., S.L.», en virtud de la escritura otorgada en ... ante su notario Don/Doña ..., el día ... con número de Protocolo ..., que se inscribió en el Registro Mercantil de ... y domiciliada en ..., calle ..., y con CIF ...

Don/Doña ..., en su propio nombre y derecho.

Ambas partes, en el concepto con que intervienen se reconocen capacidad legal suficiente para obligarse mediante el presente contrato y al efecto

DECLARAN

PRIMERO. «CONSTRUCCIONES XX, S.L.» pretende construir ... viviendas de Protección Oficial con sus respectivas plazas de garaje y trasteros, según proyecto redactado por el arquitecto Don ..., en la calle ... de ... en un solar de su propiedad con una superficie de ... m^2.

SEGUNDO. Don/Doña ... está/n interesado/s en la compra de una vivienda, plaza de garaje y un trastero que se va a construir en la finca descrita y de acuerdo con el proyecto redactado por Don...

La vivienda tiene una superficie aproximada de ... m^2 construidos, ... m^2 útiles, la plaza de garaje aproximadamente ... m^2 construidos y el trastero ... m^2, estando identificados respectivamente con los números:

VIVIENDA:
PLAZA DE GARAJE:
TRASTERO:

TERCERO. Interesando a Don/Doña ... la vivienda, plaza de garaje y trastero anteriormente descritos, las partes contratantes llevan a efecto el presente contrato de COMPRAVENTA con arreglo a las siguientes:

ESTIPULACIONES

PRIMERA. «CONSTRUCCIONES ..., S.L.» vende a Don/Doña ..., que acepta/n en este acto, la vivienda, plaza de garaje y trastero descrita en el expositivo segundo del presente contrato.

SEGUNDA. Como precio de la compraventa de la vivienda, Don/Doña ... se obliga a pagar la cantidad de ..., más el tipo impositivo vigente de IVA, que serán desembolsados de la siguiente forma:

1.º) A la firma del contrato: La cantidad de ... euros, IVA incluido, son entregadas en este acto por el comprador al vendedor, quien por medio del presente le otorga la más firme carta de pago de la expresada suma.

2.º) Efectos mensuales: ... EFECTOS MENSUALES DE IMPORTE ... euros, IVA incluido, con vencimiento desde ...; los cuales coinciden con el periodo de construcción de las viviendas.

3.º) Préstamo hipotecario: ... euros, que serán abonados en su momento a través de la subrogación del comprador en las obligaciones derivadas del crédito hipotecario que la parte vendedora solicitará para la financiación de esta promoción; por un importe estimado de la mencionada cantidad de capital por vivienda y garaje. En el supuesto de que se concediese una cifra inferior, el comprador deberá abonar a la parte vendedora la diferencia en el momento en que se constate. Si la diferencia fuese superior, la parte vendedora la deducirá de los pagos que queden pendientes. El IVA del préstamo hipotecario será abonado a la firma de la escritura pública de compraventa.

TERCERA. La falta de pago de cualquier cantidad aplazada a su respectivo vencimiento, producirá de pleno derecho la resolución de este contrato, volviendo a la vendedora el inmueble transmitido.

CUARTA. «CONSTRUCCIONES ..., S.L.» repercutirá al comprador el importe del IVA, al tipo impositivo que en cada momento esté vigente por cada entrega de dinero que éste efectúe a cuenta del precio de la vivienda, en la forma y modo dispuestos por la Ley y Reglamento de dicho impuesto. Las letras mencionadas en la estipulación segunda están incrementadas con el IVA correspondiente.

QUINTA. Todos los gastos que en su día originen la elevación a escritura pública del contrato de compraventa, incluso el arbitrio municipal de plusvalía, serán abonados por la parte compradora.

SEXTA. La vivienda se transmite libre de cargas y gravámenes, excepto el gravamen hipotecario referido en la estipulación segunda, y al corriente en el pago de toda clase de gastos e impuestos, incluidos, en su caso, los derivados del otorgamiento de las escrituras públicas de otra nueva división horizontal y de préstamo hipotecario.

SÉPTIMA. La entrega de la vivienda tendrá lugar el día ..., coincidiendo con el de otorgamiento de la escritura pública de compraventa, en la Notaría que elija el comprador.

OCTAVA. La parte vendedora pondrá a disposición de la compradora un ejemplar del contrato debidamente visado por el órgano competente, y llevará a cabo todas las actuaciones y gestiones precisas para que el adquirente pueda disfrutar de la subsidiación de préstamos y ayudas de todo tipo que correspondan al comprador según Ley.

NOVENA. A los efectos de poder acceder a financiación cualificada, la parte compradora declara, bajo juramento o promesa de decir verdad, los siguientes extremos:

1.º) No ha recibido a idéntico fin ningún tipo de beneficios de órganos o entidades públicas.

2.º) No es titular del dominio o de un derecho real de uso o disfrute sobre alguna otra vivienda de protección oficial ni, en cualquier caso, sobre una vivienda libre en el mismo municipio en la que se sitúa la vivienda objeto de la actuación protegible, cuando el valor de mercado de dicha vivienda exceda el 20% del precio de aquélla.

3.º) No es ni ha sido titular del dominio de otra vivienda en el caso de primer acceso a la vivienda en propiedad.

4.º) Conoce sus obligaciones y, en cuanto a ellas, se compromete a destinar la vivienda a domicilio habitual y permanente, a ocuparla en los plazos legalmente establecidos y, en todo caso, antes de los tres meses siguientes a su entrega, salvo prórroga justificada por razones de tipo laboral o familiar, previa su autorización por el órgano administrativo competente.

5.º) Asume la obligación de no ceder *inter vivos* la vivienda objeto de financiación cualificada en el plazo de cinco años desde la formalización del préstamo cualificado, salvo su autorización y cancelación del préstamo cualificado y reintegro de los subsidios y subvenciones recibidas, más los intereses legales desde el momento de su percepción.

El incumplimiento de éstas y de cualesquiera otras condiciones y requisitos para acceder a la financiación cualificada determinará, en cualquier caso, la interrupción de la subsidiación otorgada y el reintegro de los importes percibidos como ayudas económicas directas y subvenciones, más los intereses legales desde su percepción.

DÉCIMA. Para todas las cuestiones que pudieran derivarse de la interpretación y aplicación del presente documento, las partes se someten expresamente a los Juzgados y Tribunales de ..., con renuncia expresa al fuero que pudiera corresponderles.

Y en prueba de conformidad, firman el presente contrato por triplicado en el lugar y fecha arriba indicados.

El comprador El vendedor

13

CONTRATO DE COMPRAVENTA DE TRASTERO (NO ELEMENTO ANEJO A VIVIENDA)

En la ciudad de ... a ... de ... de ...

REUNIDOS

De una parte, Don ..., mayor de edad, soltero, industrial, vecino de ..., domiciliado en calle ..., con DNI número ..., en lo sucesivo vendedor o parte vendedora.

Y de otra, Don/Doña ..., casado con Don/Doña ..., con el régimen económico-matrimonial de ..., según ..., mayor/es de edad, vecino/s de ..., con domicilio en ..., y DD.NN.II. número/s ..., y en lo sucesivo comprador/es o parte compradora.

INTERVIENEN

Don ... en su propio nombre y derecho y, además, en nombre y representación de Doña ... y de Doña ..., integrantes todos ellos de la denominada «... y otros, Comunidad de Bienes», representación conferida en virtud de escritura pública de apoderamiento de fecha ... otorgada en ..., por su Notario Don/Doña ... bajo el número ... de Protocolo.

La citada Comunidad de Bienes se encuentra inscrita en el Registro de Entidades Jurídicas del Ministerio de Economía y Hacienda, con el CIF ...

Y Don/Doña ...

DECLARAN

PRIMERO. Don ..., Doña ... y Doña ..., como integrantes de la comunidad de Bienes mencionada, son dueños en pleno dominio por terceras partes indivisas de una finca sita en ..., calle ..., con una superficie total de ... m^2, inscrita a su favor en el Registro de la Propiedad de ... Número ..., Libro ..., Sección ..., Folio ..., finca ..., inscripción.

SEGUNDO. Sobre la finca antes citada están construyendo un edificio integrado por ... viviendas de Protección Oficial (Calificación Provisional concedida por la Dirección General de Arquitectura y Vivienda con fecha ..., según expediente ...), local y sótano.

Título: Escritura pública de declaración de obra nueva en construcción y división horizontal de fecha ..., otorgada en ..., por su Notario Don/Doña ..., bajo el número ... de Protocolo.

TERCERO. Según el referido título el local en planta de sótano, identificado como departamento número uno, está destinado a aparcamientos o plazas de garaje y trasteros, con una superficie construida de ... metros cuadrados, para una útil de ... metros cuadrados, dotado de acceso independiente mediante rampa abierta en la calle ... que constituye el lindero ... del edificio y mediante escalera interior y ascensor que lo comunican con el zaguán abierto en la planta baja del edificio. Se destina a trece plazas de garaje o aparcamientos y ocho trasteros, con sus correspondientes zonas de maniobra y tránsito, respectivamente. Linda, tomando como frente la calle ... : Frente, o Este, dicha calle; derecha o Norte, ...; izquierda o Sur ...; y fondo u Oeste.

Su cuota es de ... por ciento (... %).

Inscrito en el Registro de la Propiedad de ... Número ..., Libro ..., Sección ..., Folio ..., finca ..., inscripción ...

CUARTO. El sótano está integrado en la comunidad de Propietarios del Edificio como uno de sus inmuebles horizontales, rigiéndose por las normas de la Ley de 21 de julio de 1960 y disposiciones complementarias, estableciéndose la posibilidad de que la enajenación se realice por cuotas indivisas, sin que el titular de alguna o algunas de ellas tenga por este solo título derecho de tanteo o retracto en tal supuesto.

QUINTO. La parte compradora conoce el edificio en construcción, ha examinado un plano de la planta y sótano en el que figura su distribución en plazas de garaje y trastero, así como la escritura pública de declaración de obra nueva en construcción y división horizontal, y estando interesado en adquirir uno de los trasteros, lo lleva a efecto bajo las siguientes

ESTIPULACIONES

PRIMERA. Don ..., en la representación en que interviene, vende a Don/Doña ..., que acepta/n en el presente acto, una veintiunava parte indivisa del local en planta de sótano antes mencionado, el que se identifica en el plano de la planta con el trastero número CUATRO, con cuanto le sea accesorio y dependiente, en especial la cuota de participación en los elementos comunes del edificio.

SEGUNDA. La parte vendedora deberá terminar la construcción a su costa, y queda expresamente facultada para introducir en el edificio y en la planta de sótano cualquier modificación de distribución siempre que no afecte de manera directa al trastero objeto de este contrato, de tal forma que la parte compradora no podrá exigir sino que se le entregue el trastero, sin poder reclamar en el caso de que se introduzcan modificaciones en el resto del sótano o en el edificio.

TERCERA. El precio se fija en la cantidad alzada de ... euros más IVA ...

Dicho precio lo abonará el comprador en la forma siguiente:

Expresamente se pacta que el impago total o parcial o el retraso en el pago de cualquiera de los plazos previstos a sus vencimientos, dará lugar a la resolución del contrato sin necesidad de requerimiento o notificación alguna, haciendo suyas la parte vendedora la totalidad de las cantidades que ya hubiesen percibido como cláusula penal e indemnización, sin que evite la resolución del contrato el pago ulterior por la compradora, y quedando por tanto libre la parte vendedora para otorgar nuevo contrato de venta sobre el objeto fijado en el presente.

Sin perjuicio de lo establecido en el párrafo precedente, el pago de la totalidad del precio aplazado es condición suspensiva de la transmisión del dominio, que se lo reserva expresamente el vendedor hasta que se verifique el total pago y, en su consecuencia, la parte compradora no podrá enajenar sin consentimiento de la vendedora.

CUARTA. La parte compradora entrará en posesión de la cosa cuando haya abonado la totalidad del precio pactado y además esté íntegramente terminada la construcción del edificio (lo que se prevé para ...).

QUINTA. Una vez satisfecho en su totalidad el precio pactado, y habiendo entrado en posesión la parte compradora, se procederá al otorgamiento de la escritura pública de compraventa, siendo los gastos e impuestos de ello derivados: ...

SEXTA. El comprador manifiesta que conoce y acepta el régimen de propiedad horizontal en que se sitúa el trastero objeto de este contrato.

Y en prueba de conformidad con el contenido de este documento, lo firman, por duplicado, en el lugar y fecha al principio indicados.

El vendedor El comprador

14

CONTRATO DE COMPRAVENTA DE PLAZA DE GARAJE (NO ELEMENTO ANEJO DE VIVIENDA)

En la ciudad de ..., a ... de ... de ...

REUNIDOS

De una parte, Don ..., mayor de edad, soltero, industrial, vecino de ..., domiciliado en calle ..., con DNI número ..., en lo sucesivo vendedor o parte vendedora.

Y de otra, Don/Doña ..., casado con Don/Doña ..., con el régimen económico-matrimonial de ..., según ..., mayor/es de edad, vecino/s de ..., con domicilio en ..., y DD.NN.II. número/s ..., y en lo sucesivo comprador/es o parte compradora.

INTERVIENEN

Don ... en su propio nombre y derecho y, además, en nombre y representación de Doña ... y de Doña ..., integrantes todos ellos de la denominada «..., Comunidad de Bienes», representación conferida en virtud de escritura pública de apoderamiento de fecha ... otorgada en ... por su Notario Don/Doña ..., bajo el número ... de Protocolo.

La citada Comunidad de Bienes se encuentra inscrita en el Registro de Entidades Jurídicas del Ministerio de Economía y Hacienda, con el CIF ...

Y Don/Doña ...

DECLARAN

PRIMERO. Que los Sres. ..., como integrantes de la Comunidad de Bienes mencionada, son dueños en pleno dominio por terceras partes indivisas de una finca sita en ..., calle ..., con una superficie total de ... m^2, inscrita a su favor en el Registro de la Propiedad de ... Número ..., Libro ..., Sección ..., Folio ..., finca ..., inscripción ...

SEGUNDO. Sobre la finca antes citada están construyendo un edificio integrado por viviendas de Protección Oficial, local y sótano.

Título: Escritura pública de declaración de obra nueva en construcción y división horizontal de fecha ..., otorgada en ... por su Notario Don/Doña ... bajo el número ... de Protocolo.

TERCERO. Según el referido título el local en planta de sótano, identificado como departamento número uno, está destinado a aparcamientos o plazas de garaje y trasteros, con una superficie construida de ... metros cuadrados, para una útil de ... metros cuadrados, dotado de acceso independiente mediante rampa abierta en la calle ... que constituye el lindero Este del edificio y mediante escalera interior y ascensor que lo comunican con el zaguán abierto en la planta baja del edificio. Se destina a trece plazas de garaje o aparcamientos y ocho trasteros, con sus correspondientes zonas de maniobra y tránsito, respectivamente. Linda, tomando como frente la calle ... : Frente, o Este, dicha calle; derecha o Norte, ...; izquierda o Sur, ...; y fondo u Oeste ...

Su cuota es de ... por ciento (... %)
Inscrito en el Registro de la Propiedad de ... Número ..., Libro ...,
Sección ..., Folio ..., finca ..., inscripción.
Referencia catastral: ...[16].

CUARTO. El sótano está integrado en la comunidad de Propietarios del Edificio como uno de sus inmuebles horizontales, rigiéndose por las normas de la Ley de 21 de julio de 1960 y disposiciones complementarias, estableciéndose la posibilidad de que la enajenación se realice por cuotas indivisas, sin que el titular de alguna o algunas de ellas tenga por este solo título derecho de tanteo o retracto en tal supuesto.

QUINTO. El comprador conoce el edificio en construcción, ha examinado un plano de la planta y sótano en el que figura su distribución en plazas de garaje y trastero, así como la escritura pública de declaración de obra nueva en construcción y división horizontal, y estando interesado en adquirir una de dichas plazas, lo llevan a efecto bajo las siguientes

ESTIPULACIONES

PRIMERA. Don ..., en la calidad en que interviene, vende a Don/Doña ... que acepta/n en el presente acto, una veintiunava parte indivisa del local en planta de

[16] Véase nota a pie de página número 3, del formulario 1.

sótano antes mencionado, el que se identifica en el plano de la planta con la plaza de garaje número UNO, con cuanto le sea accesorio y dependiente, en especial la cuota de participación en los elementos comunes del edificio.

SEGUNDA. La parte vendedora deberá terminar la construcción a su costa, y queda expresamente facultada para introducir en el edificio y en la planta de sótano cualquier modificación de distribución siempre que no afecte de manera directa a la plaza de garaje objeto de este contrato, de tal forma que la parte compradora no podrá exigir sino que se le entregue la plaza de garaje, sin poder reclamar en el caso de que se introduzcan modificaciones en el resto del sótano o en el edificio.

TERCERA. El precio se fija en la cantidad alzada de ... euros más IVA ...

Dicho precio lo abonará el comprador en la forma siguiente:

Expresamente se pacta que el impago total o parcial o el retraso en el pago de cualquiera de los plazos previstos a sus vencimientos, dará lugar a la resolución del contrato sin necesidad de requerimiento o notificación alguna, haciendo suyas la parte vendedora la totalidad de las cantidades que ya hubiesen percibido como cláusula penal e indemnización, sin que evite la resolución del contrato el pago ulterior por la compradora, y quedando por tanto libre la parte vendedora para otorgar nuevo contrato de venta sobre el objeto fijado en el presente.

Sin perjuicio de lo establecido en el párrafo precedente, el pago de la totalidad del precio aplazado es condición suspensiva de la transmisión del dominio, que se lo reserva expresamente el vendedor hasta que se verifique el total pago y, en su consecuencia, la parte compradora no podrá enajenar sin consentimiento de la vendedora.

CUARTA. La parte compradora entrará en posesión de la cosa cuando haya abonado la totalidad del precio pactado y además esté íntegramente terminada la construcción del edificio (lo que se prevé para ...).

QUINTA. Una vez satisfecho en su totalidad el precio pactado, y habiendo entrado en posesión la parte compradora, se procederá al otorgamiento de la escritura pública de compraventa, siendo los gastos e impuestos de ello derivados: ...

SEXTA. El comprador manifiesta que conoce y acepta el régimen de propiedad horizontal en que se sitúa el aparcamiento objeto de este contrato.

Y en prueba de conformidad con el contenido de este documento, lo firman, por duplicado, en el lugar y fecha al principio indicados.

El vendedor | El comprador

15

Compraventa De Finca Urbana. Local Comercial. Segregación. Propiedad Horizontal. Pago Aplazado Sin Intereses. Cláusula Penal. Condición Suspensiva. Interpretación Del Silencio En Caso De Requerimiento Por Incumplimiento

En la ciudad de ... a ... de ... de ...

REUNIDOS

En una parte, Don ..., mayor de edad, soltero, vecino de ..., domiciliado en calle ..., con DNI número ..., en lo sucesivo vendedor.

Y de otra, los cónyuges Don ... y Doña ..., ambos mayores de edad, casados bajo el régimen económico-matrimonial de gananciales según manifiestan, vecinos de ..., con domicilio en calle ..., y DD.NN.II. números, respectivamente, ... y ..., y en lo sucesivo compradores.

INTERVIENEN

Don ... en su propio nombre y derecho y, además, en nombre y representación de Doña ... y de Doña ... , integrantes todos ellos de la denominada «... y otros, Comunidad de Bienes», representación conferida en virtud de escritura pública de apoderamiento de fecha ... otorgada en ... ante el Notario Don ... bajo el número ... de Protocolo.

La citada Comunidad de Bienes se encuentra inscrita en el Registro de Entidades Jurídicas del Ministerio de Economía y Hacienda, con el CIF ...

Y Don ... y Doña ..., en su propio nombre y derecho y para su sociedad de gananciales.

Se reconocen recíprocamente capacidad legal bastante para otorgar el presente documento, por lo que de común acuerdo:

DECLARAN

PRIMERO. Que Don ..., Doña ... y Doña ..., como integrantes de la Comunidad de Bienes mencionada, son dueños en pleno dominio por terceras partes indivisas de una finca sita en ... (...), calle ..., con una superficie total de ... m^2, inscrita a su favor en el Registro de la Propiedad de ... Número ..., Libro ..., Sección ..., Folio ..., finca ..., inscripción.

SEGUNDO. Sobre la finca antes citada están construyendo un edificio integrado por ... viviendas de protección oficial (Calificación Provisional concedida por la Dirección General de ... de la Comunidad Autónoma de ..., con fecha ..., según expediente ...), local y sótano.

Título: Escritura pública de declaración de obra nueva en construcción y división horizontal de fecha ..., otorgada en ..., por el Notario Don ..., bajo el número ... de Protocolo.

TERCERO. Según el referido título, la planta baja se destina a un local comercial, identificado como departamento número ..., con una superficie construida de ... metros cuadrados, para una útil de ... metros cuadrados, dotado de acceso independiente por la calle X. Linda, tomando como frente la calle X: Frente o Este, dicha calle, zaguán, cuartos de instalaciones y escalera de acceso a las plantas altas; derecha o Norte, carretera de ...; izquierda o Sur, patio pisable y zaguán de acceso a la planta baja; y fondo u Oeste, Don ...

Su cuota es de ... por ciento (... %).
Inscrito en el Registro de la Propiedad de ... Número ..., Libro ..., Sección ..., Folio ..., finca ..., inscripción.
Cargas: Libre de ellas.
Referencia catastral: ...[17].

CUARTO. El local está integrado en la Comunidad de Propietarios del Edificio como uno de sus inmuebles horizontales, rigiéndose por las normas de la Ley de 21 de julio de 1960 y disposiciones complementarias, estableciéndose, entre otros aspectos, la posibilidad de que su propietario pueda hacer operaciones de segregación, división, agregación o agrupación, así como previsiones en orden a rótulos y anuncios, uso del patio pisable en planta baja y gastos de conservación y mantenimiento del zaguán, ascensor, escalera y pasillos del edificio.

---

[17] Véase nota a pie de página número 3, del formulario 1.

QUINTO. La parte compradora conoce el edificio en construcción, ha examinado un plano de la planta baja del edificio en la que se encuentra el local, así como la escritura pública de declaración de obra nueva en construcción y división horizontal, y estando interesado en adquirir el local en la forma en la que después se dirá, lo lleva a efecto bajo las siguientes

ESTIPULACIONES

PRIMERA. Don ... segrega del local antes mencionado una parte que, en forma rectangular, y de unos quince metros cuadrados construidos, queda comprendida entre los linderos Norte y Oeste de local antes descrito, el cual quedaría como resto de la finca matriz de la que segrega; por lo que el resto de la finca matriz, tras la segregación indicada, quedaría con una superficie construida de unos ... metros cuadrados, lindando también por consiguiente por sus linderos Norte y Oeste con la porción que se segrega, y siendo las cuotas de participación las siguientes: respecto de la finca matriz, la de ... por ciento (... %), y respecto de la finca que se segrega, la de ... por ciento (... %).

Don ... vende a los cónyuges Don ... y Doña ..., que aceptan en el presente acto, el resto de la finca matriz antes mencionado, ... metros cuadrados, con cuanto le sea accesorio y dependiente, en especial la cuota de participación en los elementos comunes del edificio.

Para una mayor identificación de la finca objeto de compraventa, se acompaña, como documento anexo a este contrato, fotocopia firmada por las partes de un plano de la planta baja en el que la zona totalmente sombreada se corresponde a la finca segregada y cuya propiedad conserva la parte vendedora.

SEGUNDA. La parte vendedora deberá terminar la construcción del bajo en obra gruesa y a su costa, y queda expresamente facultada para introducir en el edificio y en la planta baja cualquier modificación de distribución siempre que no afecte de manera directa a la finca objeto de este contrato, de tal forma que la parte compradora no podrá exigir sino que se le entregue el inmueble adquirido, sin poder reclamar en el caso de que se introduzcan modificaciones en el resto de la planta baja o en el edificio.

TERCERA. El precio se fija en la cantidad de ... euros (... euros).

Dicho precio lo abonará la compradora en la forma y plazos siguientes:

1.°) La cantidad de ... euros (... euros), a la firma del presente contrato, en metálico, y sirviendo el presente documento como formal carta de pago por el referido importe.

2.°) Doce entregas mensuales por importe cada una de ... euros (... euros), con vencimiento al día diez de cada mes, desde el día 10 de ... de ... al día 10 de ... de ..., y más concretamente en las siguientes fechas: 10 de ... de ..., 10 de ... de ..., 10 de ... de ..., 10 de ... de ..., 10 de ... de ..., 10 de ... de ..., 10 de ... de ..., 10 de ... de ..., 10 de ... de ..., 10 de ... de ..., 10 de ... de ... y 10 de ... de ...

Para pago de los referidos importes mensuales se entregan en este acto doce pagarés con los vencimientos indicados, contra la cuenta de la parte compradora en el Banco ...

El importe de los citados pagarés podrá ser abonado el día antes de su vencimiento en el domicilio de la parte vendedora.

3.°) El resto, es decir, la cantidad de ... euros (... euros), lo hará efectivo la parte compradora, en metálico, en el acto de otorgamiento de la escritura pública.

Expresamente se pacta que el impago total o parcial o el retraso en el pago de cualquiera de los plazos previstos a sus vencimientos, dará lugar a la resolución del contrato sin necesidad de requerimiento o notificación alguna, pero si la parte vendedora requiriese o notificase a la parte compradora en orden a la resolución, se entenderá que si la compradora nada manifiesta u opone fehacientemente en ese acto de requerimiento o dentro de los dos días hábiles siguientes al mismo, consiente plenamente en la resolución del contrato, haciendo suyas la parte vendedora, en cualquier caso, la totalidad de las cantidades que ya hubiese percibido como cláusula penal e indemnización y sin perjuicio de reclamación de la parte vendedora por indemnización, sin que evite la resolución del contrato el pago ulterior por la compradora y quedando, por tanto, libre la parte vendedora para otorgar nuevo contrato de venta sobre el objeto fijado en el presente.

Sin perjuicio de lo establecido en el párrafo precedente, el pago de la totalidad del precio aplazado es condición suspensiva de la transmisión del dominio, que se lo reserva expresamente el vendedor hasta que se verifique el total pago y, en su consecuencia, la parte compradora no podrá enajenar sin consentimiento de la vendedora.

CUARTA. La parte compradora entrará en posesión de la cosa cuando haya abonado la totalidad del precio pactado y además esté íntegramente terminada la construcción del edificio (lo que se prevé para la fecha ...).

QUINTA. Para el otorgamiento de la escritura pública de compraventa será suficiente el requerimiento a tal fin, aun hecho en forma verbal, por cualquiera de las partes contratantes. La escritura deberá otorgarse como máximo al día ... de ... de ...

Los gastos e impuestos derivados del otorgamiento del presente documento, así como de la escritura pública antes mencionada, serán satisfechos con arreglo a ley.

En el acto de otorgamiento de la escritura la parte compradora también hará efectivo a la vendedora el importe del IVA ...

SEXTA. El comprador manifiesta que conoce y acepta el régimen de propiedad horizontal en que se sitúa el inmueble objeto de este contrato.

Y en prueba de conformidad con el contenido de este documento, lo firman, por duplicado, en el lugar y fecha al principio indicados, quedando un ejemplar en poder de cada parte contratante.

La parte vendedora La parte compradora

16

Compraventa De Local Comercial. Pacto De Retro. Local Construido

En la ciudad de ... a ... de ... de ...

REUNIDOS

En una parte, Don ..., mayor de edad, soltero, vecino de ..., domiciliado en calle ..., con DNI número ..., en lo sucesivo vendedor.

Y de otra, los cónyuges Don ... y Doña ..., ambos mayores de edad, casados bajo el régimen económico-matrimonial de gananciales según manifiestan, vecinos de ..., con domicilio en calle ..., y DD.NN.II. números, respectivamente, ... y ..., y en lo sucesivo compradores.

INTERVIENEN

Don ... en su propio nombre y derecho y, además, en nombre y representación de Doña ... y de Doña ..., integrantes todos ellos de la denominada «... y otros, Comunidad de Bienes», representación conferida en virtud de escritura pública de apoderamiento de fecha ... otorgada en ... ante el Notario Don ..., bajo el número ... de Protocolo.

La citada Comunidad de Bienes se encuentra inscrita en el Registro de Entidades Jurídicas del Ministerio de Economía y Hacienda, con el CIF ...

Y Don ... y Doña ..., en su propio nombre y derecho.

Se reconocen recíprocamente capacidad legal bastante para otorgar el presente documento, por lo que de común acuerdo:

DECLARAN

PRIMERO. Que Don ..., Doña ... y Doña ..., como integrantes de la Comunidad de Bienes mencionada, son dueños en pleno dominio por terceras partes indivisas del siguiente local comercial, sito en ..., calle ...

... (Descripción).

Título: (...).

Cargas y gravámenes: Libre de ellos y al corriente en el pago de impuestos y gastos de comunidad.

Inscripción:.

Referencia catastral: ...[18].

Normas sobre propiedad horizontal y cuota: ...

SEGUNDO. La parte compradora conoce el edificio, ha examinado el local, y estando interesado en adquirirlo en la forma en la que después se dirá, lo llevan a efecto bajo las siguientes

ESTIPULACIONES

PRIMERA. Don ..., en la representación en que interviene, vende a los cónyuges Don ... y Doña ..., que aceptan en el presente acto el local antes descrito, con cuanto le sea accesorio y dependiente, en especial la cuota de participación en los elementos comunes del edificio.

SEGUNDA. El precio se fija en la cantidad de ... euros (... euros).

Dicho precio lo abonará la compradora en la forma y plazos siguientes:

1.º) La cantidad de ... euros (... euros), a la firma del presente contrato, en metálico, y sirviendo el presente documento como formal carta de pago por el referido importe.

2.º) Doce entregas mensuales por importe cada una de ... euros (... euros), con vencimiento al día diez de cada mes, desde el día 10 de ... de ... al día 10 de ... de ..., y más concretamente en las siguientes fechas: 10 de ... de ..., 10 de ... de ..., 10 de ... de ..., 10 de ... de ..., 10 de ... de ..., 10 de ... de ..., 10 de ... de ..., 10 de ... de ..., 10 de ... de ..., 10 de ... de ..., 10 de ... de ... y 10 de ... de ...

Para pago de los referidos importes mensuales se entregan en este acto doce pagarés con los vencimientos indicados, contra la cuenta de la parte compradora en el Banco ...

El importe de los citados pagarés podrá ser abonado el día antes de su vencimiento en el domicilio de la parte vendedora.

---

[18] Véase nota a pie de página número 3, del formulario 1.

3.°) El resto, es decir, la cantidad de ... euros (... euros), lo hará efectivo la parte compradora, en metálico, en el acto de otorgamiento de la escritura pública.

TERCERA (Pacto de retro). La parte vendedora se reserva el derecho a recuperar la cosa vendida reembolsando a la parte compradora el precio de la venta y los gastos necesarios y útiles, incluidos impuestos y demás gastos notariales y registrales, hechos en la cosa vendida, y siendo de cuenta de la parte vendedora todos los gastos que origine la retroventa.

Este derecho podrá ser ejercitado por la parte vendedora en el plazo de ... años a contar desde el máximo en que deba otorgarse la escritura pública de compraventa, debiendo incluirse en la misma como cláusula de tal instrumento.

Transcurrido el indicado plazo sin que por la parte vendedora se haya retraído, la parte compradora adquirirá irrevocablemente el dominio de la finca vendida.

CUARTA. Para el otorgamiento de la escritura pública de compraventa será suficiente el requerimiento a tal fin, aun hecho en forma verbal, por cualquiera de las partes contratantes y escritura que deberá otorgarse como máximo al día ...

Los gastos e impuestos derivados del otorgamiento del presente documento, así como de la escritura pública de compraventa con pacto de retro antes mencionada, serán satisfechos con arreglo a ley.

Y en prueba de conformidad con el contenido de este documento, lo firman, por duplicado, en el lugar y fecha al principio indicados, quedando un ejemplar en poder de cada parte contratante.

La parte vendedora La parte compradora

17

ESCRITURA DE COMPRAVENTA CON PACTO DE RETRO

NÚMERO (Protocolo).

En ..., mi residencia, a ... de ... de ...

Ante mí, ..., Notario del Ilustre Colegio de ...

COMPARECEN

De una parte y para vender, Don ..., mayor de edad, soltero, vecino de ..., domiciliado en calle ..., con DNI número.

Y de otra y para comprar, los cónyuges Don ... y Doña ..., ambos mayores de edad, casados bajo el régimen económico-matrimonial de gananciales según manifiestan, vecinos de ..., con domicilio en calle ..., y DD.NN.II. números, respectivamente, ... y ..., y en lo sucesivo compradores

INTERVIENEN

Don ... en su propio nombre y derecho y, además, en nombre y representación de Doña ... y de Doña ..., integrantes todos ellos de la denominada «... y otros, Comunidad de Bienes», representación conferida en virtud de escritura pública de apoderamiento de fecha ... otorgada en ... ante el Notario Don ... bajo el número ... de Protocolo; copia de la referida escritura me es exhibida.

La citada Comunidad de Bienes se encuentra inscrita en el Registro de Entidades Jurídicas del Ministerio de Economía y Hacienda, con el CIF ...

Y Don ... y Doña ..., en su propio nombre y derecho y en beneficio de su sociedad legal de gananciales.

Tienen a mi juicio, en el concepto en que intervienen, la capacidad legal suficiente para otorgar la presente escritura de COMPRAVENTA CON PACTO DE RETRO, y al efecto

EXPONEN

PRIMERO. Que Don ..., Doña ... y Doña ..., como integrantes de la Comunidad de Bienes mencionada, son dueños en pleno dominio por terceras partes indivisas del siguiente local comercial, sito en ..., calle ...

... (Descripción).
Título: (...).
Cargas y gravámenes: Libre de ellos y al corriente en el pago de impuestos y gastos de comunidad.
Inscripción: ...
Referencia catastral: ...[19].
Normas sobre propiedad horizontal y cuota: ...

SEGUNDO. Los comparecientes, cumpliendo lo convenido,

ESTIPULAN

PRIMERO. Don ..., en la representación en que interviene, vende y transmite a los cónyuges Don ... y Doña ..., que compran y aceptan en el presente acto y para su sociedad legal de gananciales el local antes descrito, con cuanto le sea accesorio y dependiente, en especial la cuota de participación en los elementos comunes del edificio.

SEGUNDO. El precio se fija en la cantidad de ... euros, que la parte vendedora confiesa tener íntegramente recibido de la parte compradora, con anterioridad a este acto.

TERCERO (Pacto de retro). La parte vendedora se reserva el derecho a recuperar la cosa vendida reembolsando a la parte compradora el precio de la venta y los gastos necesarios y útiles, incluidos impuestos y demás gastos notariales y registrales, hechos en la cosa vendida, y siendo de cuenta de la parte vendedora todos los gastos que origine la retroventa.

Este derecho podrá ser ejercitado por la parte vendedora en el plazo de ... años a contar desde el siguiente al de otorgamiento de este instrumento.

Transcurrido el indicado plazo sin que por la parte vendedora se haya retraído, la parte compradora adquirirá irrevocablemente el dominio de la finca vendida, bastando para su constancia acta notarial de la parte compradora.

---

[19] Véase nota a pie de página número 3 del formulario 1, y la número 9 del formulario 5.

CUARTO. Todos los gastos e impuestos que origine este otorgamiento los satisfarán las partes conforme a ley.

OTORGAMIENTO Y AUTORIZACIÓN

Hago las reservas y advertencias legales y fiscales.

En particular y a efectos fiscales advierto de las obligaciones y responsabilidades tributarias que incumben a las partes en su aspecto material, formal y sancionador y de las consecuencias de toda índole que se derivarían de la inexactitud de sus declaraciones.

Por su elección les leo el contenido de esta escritura, advertidos de su derecho a hacerlo por sí, del cual no usan, lo encuentran conforme y firman conmigo, el/la Notario, que doy fe de haberles identificado por sus respectivos documentos de identidad que me exhiben y devuelvo, así como del total contenido de este instrumento público, el cual queda extendido en ... folios de serie ..., números ... el presente y los ... posteriores correlativos.

18

ESCRITURA DE COMPRAVENTA CON PACTO DE RETRO. DERECHO A RETRAER CON CARÁCTER GANANCIAL

NÚMERO (Protocolo).

En ..., mi residencia, a ... de ... de ...

Ante mí, ..., Notario del Ilustre Colegio de ...

COMPARECEN

De una parte y para vender, los cónyuges Don ... y Doña ..., mayores de edad, casados bajo el régimen económico-matrimonial de gananciales según manifiestan vecinos de ..., domiciliados en calle ..., con DD.NN.II. números, respectivamente, ...

Y de otra y para comprar, los cónyuges Don ... y Doña ..., mayores de edad, casados bajo el régimen económico-matrimonial de gananciales según manifiestan, vecinos de ..., con domicilio en calle ..., y DD.NN.II. números, respectivamente, ... y ...

INTERVIENEN

En su propio nombre y derecho, y en beneficio de sus respectivas sociedades legales de gananciales.

Tienen a mi juicio, en el concepto en que intervienen, la capacidad legal suficiente para otorgar la presente escritura de COMPRAVENTA CON PACTO DE RETRO, y al efecto,

EXPONEN

I. Los cónyuges Don ... y Doña ... son dueños del pleno dominio con carácter ganancial, de la siguiente finca:

... (Descripción).

Título: (...).

Cargas y gravámenes: Libre de ellos y al corriente en el pago de impuestos y gastos de comunidad.

Inscripción: ...

Referencia catastral: ...[20].

Normas sobre propiedad horizontal y cuota: ...

II. Los comparecientes, cumpliendo lo convenido,

ESTIPULAN

PRIMERO. Los cónyuges Don ... y Doña ... venden y transmiten a los cónyuges Don ... y Doña ..., que compran y aceptan en el presente acto y para su sociedad legal de gananciales, la finca antes descrita en el apartado I expositivo, con cuanto le sea accesorio y dependiente, en especial la cuota de participación en los elementos comunes del edificio.

SEGUNDO. El precio se fija en la cantidad de ... euros, que la parte vendedora confiesa tener íntegramente recibida de la parte compradora, con anterioridad a este acto.

TERCERO (Pacto de retro). La parte vendedora se reserva el derecho a recuperar la cosa vendida reembolsando a la parte compradora el precio de la venta y los gastos necesarios y útiles, incluidos impuestos y demás gastos notariales y registrales, hechos en la cosa vendida, y siendo de cuenta de la parte vendedora todos los gastos que origine la retroventa.

Este derecho podrá ser ejercitado por la parte vendedora en el plazo de ... años a contar desde el siguiente al de otorgamiento de este instrumento.

Transcurrido el indicado plazo sin que por la parte vendedora se haya retraído, la parte compradora adquirirá irrevocablemente el dominio de la finca vendida, bastando para su constancia acta notarial de la parte compradora.

El derecho a retraer se lo reservan los cónyuges vendedores con carácter ganancial.

CUARTO. Todos los gastos e impuestos que origine este otorgamiento los satisfarán las partes conforme a ley.

---

[20] Véase nota a pie de página número 3 del formulario 1, y la número 9 del formulario 5.

OTORGAMIENTO Y AUTORIZACIÓN

Hago las reservas y advertencias legales y fiscales.

En particular y a efectos fiscales advierto de las obligaciones y responsabilidades tributarias que incumben a las partes en su aspecto material, formal y sancionador, y de las consecuencias de toda índole que se derivarían de la inexactitud de sus declaraciones.

Por su elección les leo el contenido de esta escritura, advertidos de su derecho a hacerlo por sí, del cual no usan, lo encuentran conforme y firman conmigo, el/la Notario, que doy fe de haberles identificado por sus respectivos documentos de identidad que me exhiben y devuelvo, así como del total contenido de este instrumento público, el cual queda extendido en ... folios de serie ..., números ... el presente y los ... posteriores correlativos.

19

ESCRITURA DE COMPRAVENTA CON PACTO DE RETRO. DERECHO A RETRAER CON CARÁCTER PRIVATIVO

NÚMERO (Protocolo).

En ..., mi residencia, a ... de ... de ...

Ante mí, ..., Notario del Ilustre Colegio de ...

COMPARECEN

De una parte y para vender, los cónyuges Don ... y Doña ..., mayores de edad, casados bajo el régimen económico-matrimonial de separación de bienes, en virtud de escritura autorizada en fecha ... en ... por su Notario Don/Doña ... con el número ... de su Protocolo, vecinos de ..., domiciliados en calle ..., con DD.NN.II. números, respectivamente, ... y ...

Y de otra y para comprar, los cónyuges Don ... y Doña ..., mayores de edad, casados bajo el régimen económico-matrimonial gananciales según manifiestan, vecinos de ..., con domicilio en calle ..., y DD.NN.II. números, respectivamente, ... y ...

INTERVIENEN

En su propio nombre y derecho, y además los cónyuges Don ... y Doña ... en beneficio de su sociedad legal de gananciales.

Copia de la escritura de capitulaciones matrimoniales con pacto de separación de bienes de los vendedores tengo a la vista.

Tienen a mi juicio, en el concepto en que intervienen, la capacidad legal suficiente para otorgar la presente escritura de COMPRAVENTA CON PACTO DE RETRO, y al efecto,

EXPONEN

I. Don ... es dueño del pleno dominio con carácter privativo, de la siguiente finca que no constituye domicilio familiar:

... (Descripción).
Título: (...).
Cargas y gravámenes: Libre de ellos y al corriente en el pago de impuestos y gastos de comunidad.
Inscripción: ...
Referencia catastral: ...[21].
Normas sobre propiedad horizontal y cuota: ...

II. Los comparecientes, cumpliendo lo convenido,

ESTIPULAN

PRIMERO. Don ..., con el asentimiento de su cónyuge Doña ... particularmente respecto a no ser la vivienda familiar, venden y transmiten a los cónyuges Don ... y Doña ..., que compran y aceptan en el presente acto y para su sociedad legal de gananciales, la finca antes descrita en el apartado I expositivo, con cuanto le sea accesorio y dependiente, en especial la cuota de participación en los elementos comunes del edificio.

SEGUNDO. El precio se fija en la cantidad de ... euros, que la parte vendedora confiesa tener íntegramente recibido de la parte compradora, con anterioridad a este acto.

TERCERO (Pacto de retro). La parte vendedora se reserva el derecho a recuperar la cosa vendida reembolsando a la parte compradora el precio de la venta y los gastos necesarios y útiles, incluidos impuestos y demás gastos notariales y registrales, hechos en la cosa vendida, y siendo de cuenta de la parte vendedora todos los gastos que origine la retroventa.

Este derecho podrá ser ejercitado por la parte vendedora en el plazo de ... años a contar desde el siguiente al de otorgamiento de este instrumento.

Transcurrido el indicado plazo sin que por la parte vendedora se haya retraído, la parte compradora adquirirá irrevocablemente el dominio de la finca vendida, bastando para su constancia acta notarial de la parte compradora.

---

21 Véase nota a pie de página número 3 del formulario 1, y la número 9 del formulario 5.

El derecho a retraer se lo reserva Don ... con carácter privativo.

CUARTO. Todos los gastos e impuestos que origine este otorgamiento los satisfarán las partes conforme a ley.

OTORGAMIENTO Y AUTORIZACIÓN

Hago las reservas y advertencias legales y fiscales.

En particular y a efectos fiscales advierto de las obligaciones y responsabilidades tributarias que incumben a las partes en su aspecto material, formal y sancionador y de las consecuencias de toda índole que se derivarían de la inexactitud de sus declaraciones.

Por su elección les leo el contenido de esta escritura, advertidos de su derecho a hacerlo por sí, del cual no usan, lo encuentran conforme y firman conmigo, el/la Notario, que doy fe de haberles identificado por sus respectivos documentos de identidad, que me exhiben y devuelvo, así como del total contenido de este instrumento público, el cual queda extendido en ... folios de serie ..., números ..., el presente y los ... posteriores correlativos.

20

ESCRITURA DE RETROVENTA

NÚMERO (Protocolo).

En ..., mi residencia, a ... de ... de ...

Ante mí, ..., Notario del Ilustre Colegio de ...

COMPARECEN

De una parte y para vender, Don ..., mayor de edad, soltero, vecino de ..., domiciliado en calle ..., con DNI número ...

Y de otra y para comprar, los cónyuges Don ... y Doña ..., ambos mayores de edad, casados bajo el régimen económico-matrimonial de gananciales según manifiestan, vecinos de ..., con domicilio en calle ..., y DD.NN.II. números, respectivamente, ... y ..., y en lo sucesivo compradores.

INTERVIENEN

Don ... en su propio nombre y derecho y, además, en nombre y representación de Doña ... y de Doña ..., integrantes todos ellos de la denominada «... y otros, Comunidad de Bienes», representación conferida en virtud de escritura pública de apoderamiento de fecha ... otorgada en ... ante el Notario Don ... bajo el número ... de Protocolo; copia de la referida escritura me es exhibida.

La citada Comunidad de Bienes se encuentra inscrita en el Registro de Entidades Jurídicas del Ministerio de Economía y Hacienda, con el CIF ...

Y Don ... y Doña ..., en su propio nombre y derecho y en beneficio de su sociedad legal de gananciales.

Tienen a mi juicio, en el concepto en que intervienen, la capacidad legal suficiente para otorgar la presente escritura RETROVENTA, y al efecto,

EXPONEN

I. En escritura de fecha ... autorizada en ... por su Notario Don/Doña ..., Don ..., por sí y en representación de Doña ... y de Doña ..., integrantes todos ellos de «... y otros, Comunidad de Bienes», y como dueños del pleno dominio por terceras partes indivisas vendieron, con reserva del derecho a retraer, la finca que a continuación se describe a los cónyuges Don ... y Doña ...

... (Descripción).
Título: (...).
Cargas y gravámenes: Libre de ellos y al corriente en el pago de impuestos y gastos de comunidad.
Inscripción: ...
Referencia catastral: ...[22].
Normas sobre propiedad horizontal y cuota: ...

II. En la citada escritura se pactó el derecho de los vendedores a retraer la finca, pacto que se transcribe literalmente:

«**TERCERO.** La parte vendedora se reserva el derecho a recuperar la cosa vendida reembolsando a la parte compradora el precio de la venta y los gastos necesarios y útiles, incluidos impuestos y demás gastos notariales y registrales, hechos en la cosa vendida, y siendo de cuenta de la parte vendedora todos los gastos que origine la retroventa.

Este derecho podrá ser ejercitado por la parte vendedora en el plazo de ... años a contar desde el siguiente al de otorgamiento de este instrumento.

Transcurrido el indicado plazo sin que por la parte vendedora se haya retraído, la parte compradora adquirirá irrevocablemente el dominio de la finca vendida, bastando para su constancia acta notarial de la parte compradora.»

III. Manifiestan los cónyuges Don ... y Doña ... que continúan siendo propietarios de la finca antes descrita, la que se encuentra libre de cargas y de arrendamientos y no está ocupada.

IV. Los comparecientes, cumpliendo lo convenido:

ESTIPULAN

PRIMERO. Don ..., en la representación en que interviene, y habiendo hecho uso de su derecho de retroventa, recibe y readquiere de los cónyuges Don ... y

[22] Véase nota a pie de página número 3 del formulario 1, y la número 9 del formulario 5.

Doña ..., que le transmiten en este acto, la propiedad de la finca antes descrita con cuanto le sea accesorio y dependiente, en especial la cuota de participación en los elementos comunes del edificio.

SEGUNDO. Los cónyuges Don ... y Doña ... reconocen que, con anterioridad a este acto, han sido reembolsados por el retrayente del precio de la venta y los gastos necesarios y útiles, incluidos impuestos y demás gastos notariales y registrales, hechos en la cosa anteriormente vendida, sin que tengan nada más que reclamar.

TERCERO. Todos los gastos e impuestos que origine este otorgamiento serán satisfechos por el retrayente Don ...

OTORGAMIENTO Y AUTORIZACIÓN

Hago las reservas y advertencias legales y fiscales.

En particular y a efectos fiscales advierto de las obligaciones y responsabilidades tributarias que incumben a las partes en su aspecto material, formal y sancionador, y de las consecuencias de toda índole que se derivarían de la inexactitud de sus declaraciones.

Por su elección les leo el contenido de esta escritura, advertidos de su derecho a hacerlo por sí, del cual no usan, lo encuentran conforme y firman conmigo, el/la Notario, que doy fe de haberles identificado por sus respectivos documentos de identidad que me exhiben y devuelvo, así como del total contenido de este instrumento público, el cual queda extendido en ... folios de serie ..., números ... el presente y los ... posteriores correlativos.

21

Acta De Extinción Del Pacto De Retro O Retracto Convencional

NÚMERO (Protocolo).

En ..., mi residencia, a ... de ... de ...

Ante mí, ..., Notario del Ilustre Colegio de ...

COMPARECEN

Los cónyuges Don ... y Doña ..., ambos mayores de edad, vecinos de ..., con domicilio en calle ..., y DD.NN.II. números, respectivamente, ... y ...

INTERVIENEN

En su propio nombre y derecho y en beneficio de su sociedad legal de gananciales.

Les identifico por sus documentos nacionales de identidad. Tienen a mi juicio la capacidad legal suficiente para otorgar la presente ACTA DE EXTINCIÓN DE RETRACTO CONVENCIONAL, y al efecto

EXPONEN

I. En escritura de fecha ... autorizada en ... por su Notario Don/Doña ..., Don ..., por sí y en representación de Doña ... y de Doña ..., integrantes todos ellos de «... y otros, Comunidad de Bienes», y como dueños del pleno dominio por terceras partes indivisas vendieron, con reserva del derecho a retraer, la finca que a continuación se describe, a los cónyuges Don ... y Doña ...

... (Descripción).
Título: (...).
Cargas y gravámenes: Libre de ellos y al corriente en el pago de impuestos y gastos de comunidad.
Inscripción: ...

Referencia catastral: ...[23].
Normas sobre propiedad horizontal y cuota: ...

II. En la citada escritura se pactó el derecho de los vendedores a retraer la finca, pacto que se transcribe literalmente:

«**TERCERO.** La parte vendedora se reserva el derecho a recuperar la cosa vendida reembolsando a la parte compradora el precio de la venta y los gastos necesarios y útiles, incluidos impuestos y demás gastos notariales y registrales, hechos en la cosa vendida, y siendo de cuenta de la parte vendedora todos los gastos que origine la retroventa.
Este derecho podrá ser ejercitado por la parte vendedora en el plazo de ... años a contar desde el siguiente al de otorgamiento de este instrumento.
Transcurrido el indicado plazo sin que por la parte vendedora se haya retraído, la parte compradora adquirirá irrevocablemente el dominio de la finca vendida, bastando para su constancia acta notarial de la parte compradora.»

III. Manifiestan los cónyuges Don ... y Doña ... que ha transcurrido en exceso el tiempo pactado sin que haya sido ejercitado el derecho a retraer y sin que exista en el Registro de la Propiedad asiento alguno en tal sentido, lo que me acredita por certificación expedida en fecha ... por el Sr. Registrador de la Propiedad número ... de ..., la que dejo unida a la presente matriz.

REQUERIMIENTO

Me requieren a los efectos de recoger las anteriores manifestaciones y su solicitud al Registro de la Propiedad antes citado para la oportuna cancelación del derecho a retraer antes descrito, requerimiento que acepto en este acto.

OTORGAMIENTO Y AUTORIZACIÓN

Hago las reservas y advertencias legales y fiscales.

En particular y a efectos fiscales advierto de las obligaciones y responsabilidades tributarias.

Por su elección les leo el contenido de esta escritura, advertidos de su derecho a hacerlo por sí, del cual no usan, lo encuentran conforme y firman conmigo, el Notario, que doy fe de haberles identificado por sus respectivos documentos de identidad, que me exhiben y devuelvo, así como del total contenido de este instrumento público, el cual queda extendido en ... folios de serie ..., números ... el presente y los ... posteriores correlativos.

[23] Véase nota a pie de página número 3 del formulario 1, y la número 9 del formulario 5.

22

Escritura De Retracto Legal En Cumplimiento Voluntario De Sentencia

NÚMERO (Protocolo).

En ..., mi residencia, a ... de ... de ...

Ante mí, ..., Notario del Ilustre Colegio de ...

COMPARECEN

De una parte y para vender, Don ..., mayor de edad, soltero, vecino de ..., domiciliado en calle ..., con DNI número ...

Y de otra y para comprar, los cónyuges Don ... y Doña ..., ambos mayores de edad, casados bajo el régimen económico-matrimonial de gananciales según manifiestan, vecinos de ..., con domicilio en calle ..., y DD.NN.II. números, respectivamente, ... y ..., y en lo sucesivo compradores.

INTERVIENEN

Don ... en su propio nombre y derecho.

Y Don ... y Doña ..., en su propio nombre y derecho y además en beneficio de su sociedad legal de gananciales.

Tienen a mi juicio la capacidad legal suficiente para otorgar la presente escritura de RETRACTO LEGAL, y al efecto

EXPONEN

I. Don ... adquirió por compra a su padre Don ... la siguiente finca urbana:.

... (Descripción).
Título: (...).

Cargas y gravámenes: Libre de ellos y al corriente en el pago de impuestos y gastos de comunidad.

Inscripción: ...

Referencia catastral: ...[24].

Normas sobre propiedad horizontal y cuota: ...

II. En la fecha de la mencionada compraventa la vivienda se encontraba arrendada a los cónyuges Don ... y Doña ..., a quienes no se notificó la compraventa conforme previene el artículo 25 de la Ley de Arrendamientos Urbanos, por lo que los citados cónyuges dedujeron demanda de juicio de retracto arrendaticio urbano contra Don ..., dándose lugar a los autos número ... del año ... del Juzgado de Primera Instancia número ... de ...

III. En los mencionados autos recayó sentencia de fecha ... por la que se estimaba íntegramente la demanda interpuesta. Testimonio de dicha resolución, con expresión de su firmeza, queda unida a esta matriz.

IV. Los comparecientes, en cumplimiento voluntario de la citada sentencia:

ESTIPULAN

PRIMERO. Don ... transmite a los cónyuges Don ... y Doña ..., que aceptan en el presente acto y para su sociedad legal de gananciales, la vivienda antes descrita, con cuanto le sea accesorio y dependiente, en especial la cuota de participación en los elementos comunes del edificio.

SEGUNDO. Don ... declara haber sido reintegrado, con anterioridad a este acto, del precio de venta en el importe de ... euros, así como de los gastos e impuestos satisfechos en importe de ... euros, de conformidad con lo establecido en el artículo 1518 del Código Civil, sin que nada tenga que reclamar al respecto.

TERCERO. Todos los gastos e impuestos que se deriven del otorgamiento de esta escritura serán satisfechos por los cónyuges retrayentes Don ... y Doña ...

Solicita la exención del Impuesto de Transmisiones Patrimoniales Onerosas y Actos Jurídicos Documentados, conforme a lo establecido en el artículo 45.B.2 del Texto Refundido de la Ley reguladora de los citados impuestos, aprobado por Real Decreto legislativo 1/1993 de 24 de septiembre.

---

[24] Véase nota a pie de página número 3 del formulario 1, y la número 9 del formulario 5.

OTORGAMIENTO Y AUTORIZACIÓN

Hago las reservas y advertencias legales y fiscales.

En particular y a efectos fiscales advierto de las obligaciones y responsabilidades tributarias que incumben a las partes en su aspecto material, formal y sancionador, y de las consecuencias de toda índole que se derivarían de la inexactitud de sus declaraciones.

Por su elección les leo el contenido de esta escritura, advertidos de su derecho a hacerlo por sí, del cual no usan, lo encuentran conforme y firman conmigo, el/la Notario, que doy fe de haberles identificado por sus respectivos documentos de identidad, que me exhiben y devuelvo, así como del total contenido de este instrumento público, el cual queda extendido en ... folios de serie ..., números ... el presente y los ... posteriores correlativos.

23

Escritura De Compraventa Judicial

NÚMERO (Protocolo).

En ..., mi residencia, a ... de ... de ...

Ante mí, ..., Notario del Ilustre Colegio de ...

COMPARECEN

De una parte y para vender, Don ..., mayor de edad, Magistrado-Juez de Primera Instancia Número ... de ..., con domicilio a efectos de este documento en ... con DNI número ...

Y de otra y para comprar, los cónyuges Don ... y Doña ..., ambos mayores de edad, casados bajo el régimen económico-matrimonial de gananciales según manifiestan, vecinos de ..., con domicilio en calle ..., y DD.NN.II. números, respectivamente, ... y ..., y en lo sucesivo compradores.

INTERVIENEN

Don ... en su condición de Magistrado Juez.

Y Don ... y Doña ..., en su propio nombre y derecho y además en beneficio de su sociedad legal de gananciales.

Tienen a mi juicio la capacidad legal suficiente para otorgar la presente escritura de ELEVACIÓN A PÚBLICO DE CONTRATO PRIVADO DE COMPRAVENTA, y al efecto:

EXPONEN

I. Don ..., mediante documento privado de fecha ... que queda unido a esta matriz por fotocopia, acordó con los cónyuges Don ... y Doña ... venderles la finca que en el mismo se expresa, por precio de ... euros entregados a la firma del mismo, finca cuya descripción es la siguiente:

... (Descripción).

Título: (...).

Cargas y gravámenes: Libre de ellos y al corriente en el pago de impuestos y gastos de comunidad.

Inscripción: ...

Referencia catastral: ...[25]

Normas sobre propiedad horizontal y cuota: ...

II. Para el otorgamiento de la escritura de venta los cónyuges Don ... y Doña ... tuvieron que deducir demanda contra Don ..., dándose lugar a los autos número ... del año ... del Juzgado de Primera Instancia Número ... de ...

III. En los mencionados autos recayó sentencia de fecha ... por la que se estimaba íntegramente la demanda interpuesta. Testimonio de dicha resolución, con expresión de su firmeza, queda unida a esta matriz.

IV. No habiéndose cumplido voluntariamente la sentencia por Don ..., lo efectúa en su lugar el Señor Magistrado-Juez Don ..., y al efecto:

ESTIPULAN

PRIMERO. Don ... transmite a los cónyuges Don ... y Doña ..., que aceptan en el presente acto y para su sociedad legal de gananciales, la vivienda antes descrita, con cuanto le sea accesorio y dependiente, en especial la cuota de participación en los elementos comunes del edificio, elevando por tanto a público el documento privado existente con anterioridad a este acto.

SEGUNDO. Los cónyuges Don ... y Doña ... ya abonaron el precio de la transmisión sin que les sea exigible cantidad alguna.

TERCERO. Todos los gastos e impuestos que se deriven del otorgamiento de esta escritura serán satisfechos por los cónyuges Don ... y Doña ...

OTORGAMIENTO Y AUTORIZACIÓN

Hago las reservas y advertencias legales y fiscales.

[25] Véase nota a pie de página número 3 del formulario 1, y la número 9 del formulario 5.

En particular y a efectos fiscales advierto de las obligaciones y responsabilidades tributarias que incumben a las partes en su aspecto material, formal y sancionador, y de las consecuencias de toda índole que se derivarían de la inexactitud de sus declaraciones.

Por su elección les leo el contenido de esta escritura, advertidos de su derecho a hacerlo por sí, del cual no usan, lo encuentran conforme y firman conmigo, el/la Notario, que doy fe de haberles identificado por sus respectivos documentos de identidad que me exhiben y devuelvo, así como del total contenido de este instrumento público, el cual queda extendido en ... folios de serie ..., números ... el presente y los ... posteriores correlativos.

24

Escritura De Compraventa. Precio Confesado Recibido

NÚMERO (Protocolo).

En ..., mi residencia, a ... de ... de ...

Ante mí, ..., Notario del Ilustre Colegio de ...

COMPARECEN

De una parte y para vender, Don ..., mayor de edad, funcionario, soltero, vecino de ..., con domicilio en ..., con DNI número ...

Y de otra y para comprar, los cónyuges Don ... y Doña ..., ambos mayores de edad, casados bajo el régimen económico-matrimonial de gananciales según manifiestan, vecinos de ..., con domicilio en calle ..., y DD.NN.II. números, respectivamente, ... y ..., y en lo sucesivo compradores.

INTERVIENEN

Don ... en su propio nombre y derecho.

Y Don ... y Doña ..., en su propio nombre y derecho y además en beneficio de su sociedad legal de gananciales.

Tienen a mi juicio la capacidad legal suficiente para otorgar la presente escritura de COMPRAVENTA, y al efecto:

EXPONEN

I. Don ... es titular del pleno dominio de la siguiente finca:

... (Descripción).
Título: (...).

Cargas y gravámenes: Libre de ellos y al corriente en el pago de impuestos y gastos de comunidad.

Inscripción: ...

Referencia catastral: ...[26].

Normas sobre propiedad horizontal y cuota: ...

II. Habiendo convenido el otorgamiento de este contrato, al efecto:

ESTIPULAN

PRIMERO. Don ... vende y transmite a los cónyuges Don ... y Doña ..., que compran, aceptan, y reciben en el presente acto y para su sociedad legal de gananciales la vivienda antes descrita, con cuanto le sea accesorio y dependiente, en especial la cuota de participación en los elementos comunes del edificio.

SEGUNDO. El precio de la compraventa es de ... euros que el vendedor confiesa tener recibido con anterioridad a este acto, otorgando a los compradores plena carta de pago.

TERCERO. Todos los gastos e impuestos que se deriven del otorgamiento de esta escritura serán satisfechos por los cónyuges Don ... y Doña ....

OTORGAMIENTO Y AUTORIZACIÓN

Hago las reservas y advertencias legales y fiscales.

En particular y a efectos fiscales advierto de las obligaciones y responsabilidades tributarias que incumben a las partes en su aspecto material, formal y sancionador, y de las consecuencias de toda índole que se derivarían de la inexactitud de sus declaraciones.

Por su elección les leo el contenido de esta escritura advertidos de su derecho a hacerlo por sí, del cual no usan, lo encuentran conforme y firman conmigo, el/la Notario, que doy fe de haberles identificado por sus respectivos documentos de identidad que me exhiben y devuelvo, así como del total contenido de este instrumento público, el cual queda extendido en ... folios de serie ..., números ... el presente y los ... posteriores correlativos.

---

[26] Véase nota a pie de página número 3 del formulario 1, y la número 9 del formulario 5.

25

ESCRITURA DE COMPRAVENTA. PRECIO QUE SE ENTREGA EN EL ACTO DE LA FIRMA DE LA ESCRITURA

NÚMERO (Protocolo).

En ..., mi residencia, a ... de ... de ...

Ante mí, ..., Notario del Ilustre Colegio de ...

COMPARECEN

De una parte y para vender, Don ..., mayor de edad, funcionario, soltero, vecino de ..., con domicilio en ..., con DNI número.

Y de otra y para comprar, los cónyuges Don ... y Doña ..., ambos mayores de edad, casados bajo el régimen económico-matrimonial de gananciales según manifiestan, vecinos de ..., con domicilio en calle ..., y DD.NN.II. números, respectivamente, ... y ..., y en lo sucesivo compradores.

INTERVIENEN

Don ... en su propio nombre y derecho.

Y Don ... y Doña ..., en su propio nombre y derecho y además en beneficio de su sociedad legal de gananciales.

Tienen a mi juicio la capacidad legal suficiente para otorgar la presente escritura de COMPRAVENTA, y al efecto:

EXPONEN

I. Don ... es titular del pleno dominio de la siguiente finca:

... (Descripción).
Título: (...).

Cargas y gravámenes: Libre de ellos y al corriente en el pago de impuestos y gastos de comunidad.

Inscripción: ...

Referencia catastral: ...[27].

Normas sobre propiedad horizontal y cuota:

II. Habiendo convenido el otorgamiento de este contrato, al efecto:.

ESTIPULAN

PRIMERO. Don ... vende y transmite a los cónyuges Don ... y Doña ..., que compran, aceptan, y reciben en el presente acto y para su sociedad legal de gananciales la vivienda antes descrita, con cuanto le sea accesorio y dependiente, en especial la cuota de participación en los elementos comunes del edificio.

SEGUNDO. El precio de la compraventa es de ... euros que el vendedor recibe en este mismo acto, en moneda de curso legal, y otorgando por tanto a los compradores plena carta de pago.

TERCERO. Todos los gastos e impuestos que se deriven del otorgamiento de esta escritura serán satisfechos por los cónyuges Don ... y Doña ...

OTORGAMIENTO Y AUTORIZACIÓN

Hago las reservas y advertencias legales y fiscales.

En particular y a efectos fiscales advierto de las obligaciones y responsabilidades tributarias que incumben a las partes en su aspecto material, formal y sancionador, y de las consecuencias de toda índole que se derivarían de la inexactitud de sus declaraciones.

Por su elección les leo el contenido de esta escritura, advertidos de su derecho a hacerlo por sí, del cual no usan, lo encuentran conforme y firman conmigo, el/la Notario, que doy fe de haberles identificado por sus respectivos documentos de identidad, que me exhiben y devuelvo, así como del total contenido de este instrumento público, el cual queda extendido en ... folios de serie ..., números ... el presente y los ... posteriores correlativos.

---

[27] Véase nota a pie de página número 3 del formulario 1, y la número 9 del formulario 5.

26

ESCRITURA DE COMPRAVENTA. POSPOSICIÓN. HIPOTECA VOLUNTARIA NO CONSTITUIDA

NÚMERO (Protocolo).

En ..., mi residencia, a ... de ... de ...

Ante mí, ..., Notario del Ilustre Colegio de ...

COMPARECEN

De una parte Don ..., mayor de edad, funcionario, soltero, vecino de ..., con domicilio en ..., con DNI número ...

Y de otra, Don ... mayor de edad, casado, interventor, vecino de ..., con domicilio en calle ..., y DNI número ...

INTERVIENEN

Don ... en su propio nombre y derecho.

Y Don ... lo hace en nombre y representación y como apoderado de la mercantil «Banco XX, S.A.», constituida por tiempo indefinido mediante escritura autorizada por el Notario de ... Don ... el día ... de ... de ...; domiciliado en ..., calle ..., inscrita en el Registro Mercantil de ... al Tomo ..., Libro ..., Sección ..., Folio ..., Hoja ..., con CIF ...

Resulta su cargo de la escritura autorizada por mí en fecha ..., número ... de Protocolo de cuya matriz transcribo lo siguiente, sin que en lo omitido haya nada que modifique, contradiga o desvirtúe lo transcrito: ...

Tienen a mi juicio los señores comparecientes, en el concepto en que respectivamente intervienen, la capacidad legal necesaria para formalizar la presente escritura de POSPOSICIÓN DE HIPOTECA, y al efecto:

EXPONEN

I. Don ... es titular del pleno dominio de la siguiente finca:

... (Descripción).
Título: (....).
Inscripción: ...
Referencia catastral: ...[28].
Normas sobre propiedad horizontal y cuota: ...
Cargas: La citada finca se encuentra gravada con una hipoteca constituida a favor de la entidad crediticia en este acto representada por Don ..., en escritura pública de fecha ..., autorizada en ... por su Notario Don/Doña ..., con el número ... de su Protocolo, en garantía de un préstamo de ... euros de principal, ... euros por ... años de intereses, y ... euros para gastos y costas.

Copia autorizada de la citada escritura exhiben en este acto.

II. Manifiesta Don ... que no se ha cancelado el citado crédito hipotecario siendo el saldo deudor actual de ... euros.

III. Don ... manifiesta su propósito de constituir hipoteca voluntaria sobre la finca antes descrita, a favor de Don ... y como consecuencia de una deuda con él contraída, por un principal de ... euros, sus intereses de ... años al ... y ... euros para costas y gastos, por plazo de ... años.

IV. Habiendo convenido el otorgamiento de este contrato, al efecto:.

ESTIPULAN

PRIMERO. Don ... y Don ..., en la calidad en que intervienen, convienen posponer la hipoteca existente sobre la finca antes reseñada, según se hace constar en el apartado I del exponendo, a la que Don ... se propone constituir a favor de Don ... y que deberá inscribirse en el Registro de la Propiedad antes del transcurso del plazo de ... meses a contar desde el otorgamiento de esta escritura.

SEGUNDO. Todos los gastos e impuestos que se deriven del otorgamiento de esta escritura serán satisfechos por Don...

OTORGAMIENTO Y AUTORIZACIÓN

Hago las reservas y advertencias legales y fiscales.

---

[28] Véase nota a pie de página número 3 del formulario 1, y la número 9 del formulario 5.

En particular y a efectos fiscales advierto de las obligaciones y responsabilidades tributarias que incumben a las partes en su aspecto material, formal y sancionador, y de las consecuencias de toda índole que se derivarían de la inexactitud de sus declaraciones.

Por su elección les leo el contenido de esta escritura, advertidos de su derecho a hacerlo por sí, del cual no usan, lo encuentran conforme y firman conmigo, el/la Notario, que doy fe de haberles identificado por sus respectivos documentos de identidad, que me exhiben y devuelvo, así como del total contenido de este instrumento público, el cual queda extendido en ... folios de serie ..., números ... el presente y los ... posteriores correlativos.

27

Escritura De Compraventa. Posposición. Hipoteca Voluntaria Y Préstamo Hipotecario

NÚMERO (Protocolo).

En ..., mi residencia, a ... de ... de ...

Ante mí, ..., Notario del Ilustre Colegio de ...

COMPARECEN

De una parte Don ..., mayor de edad, funcionario, soltero, vecino de ..., con domicilio en ..., con DNI número ...

De otra, Don ... mayor de edad, casado, interventor, vecino de ..., con domicilio en calle ..., y DNI número ...

Y de otra, los cónyuges Don ... y Doña ..., ambos mayores de edad, empresarios, casados bajo el régimen económico-matrimonial de separación de bienes, vecinos de ..., domiciliados en calle ..., con DD.NN.II. números, respectivamente, ... y ...

INTERVIENEN

Don ..., y los cónyuges Don ... y Doña ..., en su propio nombre y derecho.

Y Don ... lo hace en nombre y representación y como apoderado de la mercantil «Banco XX, S.A.», constituida por tiempo indefinido mediante escritura autorizada por el Notario de ... Don ... el día ... de ... de ...; domiciliado en ..., calle ..., inscrita en el Registro Mercantil de ... al Tomo ..., Libro ..., Sección ..., Folio ..., Hoja ... con CIF ...

Resulta su cargo de la escritura autorizada por mí en fecha ..., número ... de Protocolo de cuya matriz transcribo lo siguiente, sin que en lo omitido haya nada que modifique, contradiga o desvirtúe lo transcrito: ...

Tienen a mi juicio los señores comparecientes, en el concepto en que respectivamente intervienen, la capacidad legal necesaria para formalizar la presente escritura de CONSTITUCIÓN DE HIPOTECA VOLUNTARIA Y POSPOSICIÓN DE HIPOTECA, y al efecto:

EXPONEN

I. Don ... es titular del pleno dominio de la siguiente finca:

... (Descripción).

Título: Adquirida por compra a los cónyuges Don ... y Doña ..., en escritura pública de fecha ..., autorizada en ... por su Notario Don/Doña ...

Inscripción: ...

Referencia catastral: ...[29].

Normas sobre propiedad horizontal y cuota: ...

Cargas: La citada finca se encuentra gravada con una hipoteca constituida a favor de la entidad crediticia en este acto representada por Don ..., en escritura pública de fecha ..., autorizada en ... por su Notario Don/Doña ..., con el número ... de su Protocolo, en garantía de un préstamo de ... euros de principal, ... euros por ... años de intereses, y ... euros para gastos y costas.

Copia autorizada de la citada escritura exhiben en este acto.

II. Manifiesta Don ... que no se ha cancelado el citado crédito hipotecario, siendo el saldo deudor actual de ... euros.

III. Don ... manifiesta su propósito de constituir en este acto hipoteca voluntaria sobre la finca antes descrita, a favor de los cónyuges Don ... y Doña ..., como consecuencia de una deuda con ellos contraída, por un principal de ... euros, sus intereses de ... años al ... % y ... euros para costas y gastos, por plazo de ...años.

IV. Habiendo convenido el otorgamiento de este contrato, al efecto:

ESTIPULAN

PRIMERO. Don ... en este acto constituye hipoteca sobre la finca antes descrita en favor de los cónyuges Don ... y Doña ..., como consecuencia de la cantidad que reconoce adeudar a los mismos en importe de ... euros.

La indicada cantidad devengará intereses al tipo del ... % ANUAL.

---

[29] Véase nota a pie de página número 3 del formulario 1, y la número 9 del formulario 5.

La total cantidad prestada más sus intereses se obliga la parte deudora a devolverla a la acreedora mediante el pago de ... cuotas fijas trimestrales vencidas, comprensivas de capital e intereses de ... euros cada una de ellas, a ingresar en la cuenta de la parte acreedora número ... abierta en la Sucursal del Banco ..., sita en ..., calle ..., siendo el primer pago el día ...

Será exigible la obligación y ejercitable la hipoteca que seguidamente se constituirá antes de dicho plazo en los siguientes casos:

a) El impago de una sola de las cuotas trimestrales que para el pago de capital e intereses quedan reflejadas más arriba.

b) Si no se satisficieran puntualmente las contribuciones e impuestos que graven la finca a hipotecar.

c) Si la finca que se hipoteca no fuera asegurada de incendios en compañía de notoria solvencia por cantidad igual o superior a la responsabilidad con que se las grava.

d) Si la parte deudora infringiera cualquiera de los pactos transcritos....

En garantía de la devolución de la indicada cantidad adeudada de ... euros, de los intereses de ... año al tipo dicho que ascienden a la cantidad de ... euros y de ... euros para costas y gastos, Don ... constituye hipoteca voluntaria sobre la finca descrita en el expositivo I.

La anterior garantía acepta la parte acreedora, es decir los cónyuges Don ... y Doña ..., y con sujeción a las siguientes cláusulas:

Primera. La hipoteca constituida se extiende por convenio expreso de las partes a todo cuanto mencionan y autorizan los artículos 109, 110 y 111 de la Ley Hipotecaria y 215 de su Reglamento.

Segunda. Para todos los casos de reclamación judicial y, en general, cuando legalmente proceda, se concede a la parte acreedora el derecho de pedir la administración y posesión interina de los bienes hipotecados, con facultad de cobrar las rentas vencidas y las que fueren venciendo.

Tercera. Para caso de ejecución de hipoteca, la parte acreedora podrá utilizar los procedimientos ejecutivos ordinarios, el sumario de la Ley Hipotecaria en su vertiente judicial o extrajudicial y en general cualquier procedimiento legalmente admisible.

La parte deudora fija como domicilio para la práctica de requerimientos y notificaciones el que figura en la intervención de este instrumento y como precio para su primera subasta, se tasa la finca hipotecada en la cantidad de ... euros.

En caso de ejecución de la hipoteca por el procedimiento extrajudicial, la parte hipotecante autoriza a la acreedora y a sus causahabientes para verificar las oportunas subastas con la tasación antes fijada y para otorgar las correspondientes escrituras.

Cuarta. La parte deudora se obliga a concertar un seguro de incendios de los inmuebles hipotecados por capital igual o superior al de la tasación con compañía española aseguradora de notoria solvencia.

Quinta. La parte deudora renuncia a su derecho a ser notificada en caso de cesión del crédito garantizado con hipoteca.

Sexta. Para caso de litigio, siempre que no esté prohibida la sumisión expresa, la parte deudora renuncia al fuero propio que pudiera corresponderle y se somete, si aquél fuere distinto, a la jurisdicción de los jueces y tribunales de la ciudad de ...

Séptima. La parte acreedora podrá obtener cuantas copias solicite del actual documento, incluso parciales, con valor ejecutivo.

Octava. De acuerdo con lo previsto en el artículo 234.2.º del Reglamento Hipotecario pactan las partes la posibilidad de acogerse al procedimiento de ejecución extrajudicial de la hipoteca, con remisión a lo pactado en las restantes cláusulas de la escritura.

Novena. Son de cuenta de la parte deudora todos los impuestos y gastos que se deriven de la constitución, vigencia y cancelación de esta hipoteca, de los trámites anteriores a su concesión y de los actos previos para su adecuada inscripción; y las costas que se causen por incumplimiento de sus obligaciones.

SEGUNDO. Don ..., los cónyuges Don ... y Doña ... y Don ..., en la calidad en que intervienen, convienen posponer la hipoteca existente antes de este acto y a favor de la entidad crediticia a que representa, sobre la finca antes reseñada, según se hace constar en el apartado I del exponendo, a la que Don ... constituye en este acto a favor de los cónyuges Don ... y Don ... y que deberá inscribirse en el Registro de la Propiedad antes del transcurso del plazo de ... meses a contar desde el otorgamiento de esta escritura.

Si transcurrido el indicado plazo, no se hubiese obtenido la inscripción registral de la hipoteca que en este acto se constituye, se entenderá que caduca la presente posposición y para su constancia registral bastará escritura notarial por comparecencia de Don ... haciendo constar tal extremo y justificándolo por certificación registral, que quedará unida por fotocopia a la escritura de cancelación de la posposición.

TERCERO. Todos los gastos e impuestos que se deriven del otorgamiento de esta escritura, tanto en lo relativo a la constitución de hipoteca voluntaria, como en lo referente a la posposición serán satisfechos por Don...

OTORGAMIENTO Y AUTORIZACIÓN

Hago las reservas y advertencias legales y fiscales.

En particular y a efectos fiscales advierto de las obligaciones y responsabilidades tributarias que incumben a las partes en su aspecto material, formal y sancionador, y de las consecuencias de toda índole que se derivarían de la inexactitud de sus declaraciones.

Por su elección les leo el contenido de esta escritura, advertidos de su derecho a hacerlo por sí, del cual no usan, lo encuentran conforme y firman conmigo, el/la Notario, que doy fe de haberles identificado por sus respectivos documentos de identidad, que me exhiben y devuelvo, así como del total contenido de este instrumento público, el cual queda extendido en ... folios de serie ..., números ... el presente y los ... posteriores correlativos.

28

ESCRITURA HACIENDO CONSTAR LA CADUCIDAD DE LA POSPOSICIÓN

NÚMERO (Protocolo).

En ..., mi residencia, a ... de ... de ...

Ante mí, ..., Notario del Ilustre Colegio de ...

COMPARECE

De otra, Don ... mayor de edad, casado, interventor, vecino de ..., con domicilio en calle ..., y DNI número ...

INTERVIENEN

Lo efectúa en nombre y representación y como apoderado de la mercantil «Banco XX, S.A.», constituida por tiempo indefinido mediante escritura autorizada por el Notario de ... Don ... el día ... de ... de ...; domiciliado en ..., calle ..., inscrita en el Registro Mercantil de ... al Tomo ..., Libro ..., Sección ..., Folio ..., Hoja ... con CIF ...

Resulta su cargo de la escritura autorizada por mí en fecha ..., número ... de Protocolo de cuya matriz transcribo lo siguiente, sin que en lo omitido haya nada que modifique, contradiga o desvirtúe lo transcrito:

Tiene a mi juicio la capacidad legal necesaria para formalizar la presente escritura de CANCELACIÓN POR CADUCIDAD DE POSPOSICIÓN DE HIPOTECA, y al efecto:

EXPONE Y DECLARA

I. Por escritura de fecha ... autorizada en ..., por su Notario Don/Doña ... con el número ... de su Protocolo, Don ... constituyó a favor de la entidad crediticia a que representa el compareciente, escritura de constitución de hipoteca sobre la siguiente finca:

... (Descripción).
Título: Adquirida por compra a los cónyuges Don ... y Doña ..., en escritura pública de fecha ..., autorizada en ... por su Notario Don/Doña ...
Inscripción: ...
Referencia catastral: ...[30].
Normas sobre propiedad horizontal y cuota: ...

Copia autorizada de la escritura de constitución de la hipoteca citada tengo a la vista.

II. Posteriormente, por escritura pública de fecha ..., autorizada en ..., por su Notario Don/Doña ..., con el número ... de su Protocolo, Don ..., Don ... en la misma representación que en este acto interviene, y los cónyuges Don ... y Doña ..., acordaron posponer la hipoteca constituida a favor del «Banco XX, S.A.» y en beneficio a que en ese mismo acto y con carácter voluntario constituía Don ... a favor de los citados cónyuges Don ... y Doña ...

Copia de la citada escritura tengo a la vista y de la que transcribo lo que a continuación inserto:

«SEGUNDO. Don ..., los cónyuges Don ... y Doña ... y Don ..., en la calidad en que intervienen, convienen posponer la hipoteca existente antes de este acto y a favor de la entidad crediticia a que representa, sobre la finca antes reseñada, según se hace constar en el apartado I del exponendo, a la que Don ... constituye en este acto a favor de los cónyuges Don ... y Don ... y que deberá inscribirse en el Registro de la Propiedad antes del transcurso del plazo de ... meses a contar desde el otorgamiento de esta escritura.
Si transcurrido el indicado plazo, no se hubiese obtenido la inscripción registral de la hipoteca que en este acto se constituye, se entenderá que caduca la presente posposición y para su constancia registral bastará escritura notarial por comparecencia de Don ... haciendo constar tal extremo y justificándolo por comparecencia con certificación registral que quedará unida por fotocopia a la escritura de cancelación de la posposición.»

III. Manifiesta el compareciente que la hipoteca voluntariamente constituida no se ha inscrito en el plazo estipulado, lo que me justifica por certificación registral expedida por el Sr. Registrador de la Propiedad Número ... de los de ..., y que dejo unida a la presente por fotocopia.

IV. Habida cuenta lo que antecede, el compareciente solicita la cancelación de la posposición y su constancia en el Registro de la Propiedad.

---

[30] Véase nota a pie de página número 3 del formulario 1, y la número 9 del formulario 5.

OTORGAMIENTO Y AUTORIZACIÓN

Hago las reservas y advertencias legales y fiscales.

En particular y a efectos fiscales advierto de las obligaciones y responsabilidades tributarias que incumben a las partes en su aspecto material, formal y sancionador, y de las consecuencias de toda índole que se derivarían de la inexactitud de sus declaraciones.

Por su elección les leo el contenido de esta escritura, advertidos de su derecho a hacerlo por sí, del cual no usan, lo encuentran conforme y firman conmigo, el/la Notario, que doy fe de haberles identificado por sus respectivos documentos de identidad, que me exhiben y devuelvo, así como del total contenido de este instrumento público, el cual queda extendido en ... folios de serie ..., números ... el presente y los ... posteriores correlativos.

29

Escritura De Compraventa. Posposición: Condición Resolutoria E Hipoteca

NÚMERO (Protocolo).

En ..., mi residencia, a ... de ... de ...

Ante mí, ..., Notario del Ilustre Colegio de ...

COMPARECEN

De una parte Don ..., mayor de edad, funcionario, soltero, vecino de ..., con domicilio en ..., con DNI número ...

De otra, Don ... mayor de edad, casado, interventor, vecino de ..., con domicilio en calle ..., y DNI número ...

Y de otra, los cónyuges Don ... y Doña ..., ambos mayores de edad, empresarios, casados bajo el régimen económico-matrimonial de separación de bienes, vecinos de ..., domiciliados en calle ..., con DD.NN.II. números, respectivamente, ... y ...

INTERVIENEN

Don ..., y los cónyuges Don ... y Doña ..., en su propio nombre y derecho.

Y Don ... lo hace en nombre y representación y como apoderado de la mercantil «Banco XX, S.A.», constituida por tiempo indefinido mediante escritura autorizada por el Notario de ... Don ... el día ... de ... de ...; domiciliado en ..., calle ..., inscrita en el Registro Mercantil de ... al Tomo ..., Libro ..., Sección ..., Folio ..., Hoja ... con CIF ...

Resulta su cargo de la escritura autorizada por mí en fecha ..., número ... de Protocolo de cuya matriz transcribo lo siguiente, sin que en lo omitido haya nada que modifique, contradiga o desvirtúe lo transcrito: ...

Tienen a mi juicio los señores comparecientes, en el concepto en que respectivamente intervienen, la capacidad legal necesaria para formalizar la presente escritura de COMPRAVENTA, CONSTITUCIÓN DE HIPOTECA VOLUNTARIA Y POSPOSICIÓN DE CONDICIÓN RESOLUTORIA EXPRESA, y al efecto:

EXPONEN

I. Los cónyuges Don ... y Doña ... son titulares del pleno dominio de la siguiente vivienda que no constituye el domicilio familiar:.

... (Descripción).
Título: (...).
Inscripción: ...
Referencia catastral: ...[31]
Normas sobre propiedad horizontal y cuota: ...

II. Habiendo convenido los comparecientes el otorgamiento de este instrumento, al efecto:

ESTIPULAN

PRIMERO. Los cónyuges Don ... y Doña ..., venden y transmiten, a Don ..., que compra y acepta en este acto, la vivienda descrita en el apartado I del exponendo, con cuanto le sea accesorio y dependiente, en especial la cuota de participación en los elementos comunes.

SEGUNDO. Precio. El precio de esta compraventa se pacta en la cantidad de ... euros, que el comprador Don ... hará efectivo a los vendedores Don ... y Doña ... en la siguiente forma:

1.º La suma de ... euros, quedan aplazadas y serán abonadas por el comprador antes del día ...

2.º El resto, es decir, la suma de ... euros, la recibirán los vendedores una vez cumplidos por el comprador los requisitos que, para la disposición de fondos, le exige la entidad acreedora representada por Don ... en el préstamo hipotecario que se propone formalizar para financiar esta adquisición, requisitos éstos que las partes declaran conocer y aceptar, quedando tal parte del precio a disposición de los vendedores en la cuenta especial que se abrirá con ocasión del préstamo y una vez cumplidos los repetidos requisitos.

---

[31] Véase nota a pie de página número 3 del formulario 1, y la número 9 del formulario 5.

TERCERO. Condición resolutoria. El precio aplazado queda garantizado con la condición resolutoria explícita a que se refiere el artículo 11 de la Ley Hipotecaria. En caso de impago del plazo reseñado, podrán ejercitar la resolución, cumpliendo lo establecido en el artículo 1504 del Código Civil y concordantes y la doctrina sentada por la Dirección General de los Registros y del Notariado.

Las partes pactan y consienten expresamente que el Derecho de Resolución del artículo 1504 del Código Civil y su garantía real *erga omnes* quede extinguido por el transcurso del plazo de seis meses a partir del vencimiento del plazo reseñado, pudiéndose practicar la cancelación registral de la condición resolutoria, por la mera presentación de este título, y siempre que antes del transcurso del plazo no se haya hecho constar en el Registro la acción de Resolución, o el ejercicio de cualquiera de los demás derechos que asistan a los vendedores por falta de pago del comprador, sirviendo esta misma escritura desde ese momento y para tal supuesto, de carta de pago del total precio aplazado, y de título para hacerlo constar así en el Registro de la Propiedad sin necesidad de nuevo otorgamiento.

CUARTO. Constitución de Hipoteca.
(Véase Capítulo VII.)

QUINTO. Don ..., los cónyuges Don ... y Doña ... y Don ..., en la calidad en que intervienen, convienen posponer la condición resolutoria pactada en la estipulación tercera a la hipoteca que se constituye en la estipulación cuarta precedente, de tal forma que, en caso de resolución, la readquisición del dominio por los cónyuges vendedores Don ... y Doña ... tendrá lugar asumiendo la carga de la hipoteca; y caso de ejecución de hipoteca, se extinguirá la condición resolutoria.

SEXTO. Los gastos e impuestos que se deriven del otorgamiento de esta escritura, tanto en lo relativo a la constitución de hipoteca y condición resolutoria, así como a la posposición, serán satisfechos por Don ...

OTORGAMIENTO Y AUTORIZACIÓN

Hago las reservas y advertencias legales y fiscales.

En particular y a efectos fiscales advierto de las obligaciones y responsabilidades tributarias que incumben a las partes en su aspecto material, formal y sancionador, y de las consecuencias de toda índole que se derivarían de la inexactitud de sus declaraciones.

Por su elección les leo el contenido de esta escritura, advertidos de su derecho a hacerlo por sí, del cual no usan, lo encuentran conforme y firman conmigo, el/la Notario, que doy fe de haberles identificado por sus respectivos documentos de identidad, que me exhiben y devuelvo, así como del total contenido de este instrumento público, el cual queda extendido en ... folios de serie ..., números ... el presente y los ... posteriores correlativos.

30

CESIÓN DE SOLAR A CAMBIO DE OBRA

En la ciudad de ..., a ... de ... de ...

REUNIDOS

De una parte, los cónyuges Don ... y Doña ..., mayores de edad, casados bajo el régimen económico-matrimonial de gananciales, vecinos de ..., domiciliados en calle ..., con DD.NN.II. números, respectivamente, ... y ..., en lo sucesivo cedentes o parte cedente.

Y de otra, Don ..., mayor de edad, industrial, vecino de ..., con domicilio en calle ..., y DNI número ..., y en lo sucesivo cesionario.

INTERVINIENTES

Todos los comparecientes lo efectúan en su propio nombre y derecho y, además, los cónyuges Don ... y Don ... en interés de su sociedad legal de gananciales; y se reconocen recíprocamente capacidad legal bastante para otorgar el presente documento, por lo que de común acuerdo

DECLARAN

PRIMERO. Que los cónyuges cedentes Don ... y Don ... son dueños del pleno dominio de la siguiente finca de carácter ganancial, que constituye un solar:

«... (Descripción)».

Título: Les pertenece por compra, en estado de casados, a Don ..., otorgada en escritura pública de fecha ..., autorizada por el Notario de ..., Don ..., con el número ... de su Protocolo.

Inscripción: Registro de la Propiedad de ... Número ..., Libro ..., Sección ..., Folio ..., finca ..., inscripción ...

Cargas y gravámenes y arrendamientos: Libre de ellos, sin ocupantes y al corriente en el pago de todo tipo de gastos e impuestos.

Referencia catastral: ...[32].

SEGUNDO. Habiendo convenido otorgar el presente contrato de CESIÓN DE SOLAR A CAMBIO DE OBRA, lo llevan a efecto bajo las siguientes:

ESTIPULACIONES

PRIMERA. Don ... y Don ... ceden y admiten, la totalidad y pleno dominio de la finca antes descrita, a Don ..., que acepta en el presente acto, libre de cargas y gravámenes, sin arrendatarios ni ocupantes, y al corriente en el pago de todo tipo de gastos e impuestos, y valorada la cesión en ... euros.

SEGUNDA. Sobre el referido solar el cesionario tiene proyectado construir un edificio conforme al proyecto redactado por el Arquitecto Don ..., y a cuya ejecución se obligan en el plazo de ... a contar desde la fecha de este documento.

TERCERA. En pago de la cesión, el cesionario se obliga a entregar a los cedentes:

1.º) Una vivienda en planta primera, identificada en el proyecto con la Letra A o de tipo A, con una superficie construida de ... m^2

2.º) Una vivienda en planta segunda, identificada en el proyecto con la Letra B o de tipo B, con una superficie construida de ... m^2

3.º) Una vivienda en planta tercera, identificada en el proyecto con la Letra B o tipo B, con una superficie construida de ... m^2

4.º) Las plazas de garaje identificadas en el proyecto con los números uno, seis y doce.

5.º) Los trasteros identificados en el proyecto con los números uno, seis y doce.

6.º) El derecho de opción de compra de otra vivienda sita en planta cuarta, identificada en el proyecto con la Letra C o de tipo C, con una superficie construida de ... m^2 por un valor de ... euros.

Para el ejercicio de dicha opción, el cesionario notificará fehacientemente a los cedentes la certificación de terminación de las obras, y a partir del día hábil siguiente al de la notificación, y conforme al artículo 5 del Código Civil, los cedentes dis-

[32] Véase nota a pie de página número 3 del formulario 1.

pondrán del plazo de treinta días hábiles, según igualmente el cómputo establecido por el artículo 5 del Código Civil, para el ejercicio del derecho de opción. Transcurrido dicho plazo, sin comunicación o contestación alguna, se tendrá por extinguido el derecho de opción.

Si se ejercitase el derecho de opción, los cedentes podrán, con carácter alternativo, solicitar la transmisión del piso contemplado en el número tercero o en el sexto.

CUARTA. Las transmisiones de las viviendas, plazas de garaje y trasteros se efectuarán, en cualquier caso, libre de cargas, gravámenes y con cuantos derechos, usos y servicios les sean inherentes y accesorios.

Las plazas de garaje, trasteros y viviendas se entregarán con la obra y acabado usual y normal exigido para la obtención de la cédula de habitabilidad y con el que se ofrece a cualquier otro adquirente.

Especialmente se reserva la parte cedente la facultad de elegir las calidades y materiales a emplear en las viviendas que adquiere de entre las fijadas en el proyecto para el resto de las viviendas. Si supusiera mayor importe del inicialmente establecido para las viviendas que adquiere, será abonada la diferencia por los cedentes al cesionario.

QUINTA. Como pacto esencial se conviene la condición resolutoria expresa de que el cesionario deberá entregar a los cedentes las viviendas, plazas de garaje y trasteros y en las condiciones expuestas en el plazo de ..., reseñado en la estipulación segunda de este contrato, transcurrido el cual, sin verificarse la entrega, quedará resuelto de pleno derecho, retornando la propiedad a los cedentes, quienes harán suya la obra ejecutada en el solar, todo ello como indemnización y como cláusula penal, en compensación por la posesión detentada por el cesionario.

SEXTA. Todos los gastos e impuestos derivados del otorgamiento de este contrato, así como de la escritura de obra nueva y división horizontal, y cualquier otro derivado del proyecto de construcción, serán de cuenta del cesionario.

Los gastos, incluidos los notariales y registrales, y los impuestos derivados del otorgamiento de la escritura de cesión se satisfarán conforme a ley. Cualquier otro gasto será de cuenta del cesionario.

Y en prueba de conformidad con el contenido de este documento, lo firman, por duplicado, en el lugar y fecha al principio indicados, quedando un ejemplar en poder de cada parte contratante.

La parte cedente La parte cesionaria

31

Compraventa De Solar. Ordenación Urbana. Formas De Pago Diversas. Arras Penitenciales

En ..., a ... de ... de ...

REUNIDOS

De una parte, Don ..., mayor de edad, de estado civil ..., vecino de ..., con domicilio a efectos de este documento sito en ..., calle ..., con DNI número ...

De otra, Don ..., mayor de edad, de estado civil ..., vecino de ..., con domicilio a efectos de este documento sito en ..., calle ..., con DNI número ...

INTERVIENEN

Don ..., en nombre y representación y en su calidad de ... de la mercantil «XZY, S.A.», con domicilio social sito en ..., constituida por tiempo indefinido, en escritura pública de fecha ..., autorizada por el Notario Don ... bajo el número ... de su Protocolo, inscrita en el Registro Mercantil de ..., con código de identificación fiscal ...

Su cargo y facultades resultan de la escritura mencionada.

Don ..., en nombre y representación y en su calidad de ... de la mercantil «YZW, S.A.», con domicilio social sito en ..., constituida por tiempo indefinido, en escritura pública de fecha ..., autorizada por el Notario Don ... bajo el número ... de su Protocolo, inscrita en el Registro Mercantil de ..., con código de identificación fiscal ...

Su cargo y facultades resultan de la escritura mencionada.

Se reconocen recíprocamente capacidad legal bastante para el otorgamiento del presente contrato, por lo que de común acuerdo:

DECLARAN

PRIMERO. Que la mercantil «... , S.A.» es propietaria de las siguientes fincas que constituyen solares edificables:

1) ... Descripción, con extensión y linderos.
Título: ...
Cargas, gravámenes y ocupantes: ...
Inscripción Registral: ...
Referencia catastral: ...[33].

2) ... Descripción, con extensión y linderos.
Título: ...
Cargas, gravámenes y ocupantes: ...
Inscripción Registral: ...
Referencia catastral: ...[34].

3) ... Descripción, con extensión y linderos.
Título: ...
Cargas, gravámenes y ocupantes: ...
Inscripción Registral: ...
Referencia catastral: ...[35].

4) ... Descripción, con extensión y linderos.
Título: ...
Cargas, gravámenes y ocupantes: ...
Inscripción Registral: ...
Referencia catastral: ...[36].

SEGUNDO. Que las fincas 1, 2 y 4 en su totalidad y la finca 3 en cuanto a ... (...) metros cuadrados del total de su superficie, están incluidas en el Plan General de Ordenación Urbanística de ..., desarrollando en lo que afecta a las mencionadas fincas por el Plan Parcial de Ordenación de la Zona ..., aprobado por el Excelentísimo Ayuntamiento de ... el día ...

---

[33] Véase nota a pie de página número 3 del formulario 1, y la número 9 del formulario 5.
[34] Véase nota a pie de página número 3 del formulario 1, y la número 9 del formulario 5.
[35] Véase nota a pie de página número 3 del formulario 1, y la número 9 del formulario 5.
[36] Véase nota a pie de página número 3 del formulario 1, y la número 9 del formulario 5.

TERCERO. Que de conformidad con las normas de los Planes citados, el Plan Parcial se ha de desarrollar por el sistema de compensación, en relación al cual el día ... fueron aprobados provisionalmente las Bases y Estatutos de la Junta de Compensación, de la que ha de formar parte la entidad «... , S.A.», titular de las cuatro fincas antes descritas, fincas que suponen un ... % del total de la superficie afectada por el Plan Parcial de la Zona.

CUARTO. Que la entidad «XZY, S.A.» está interesada en la enajenación de las cuatro citadas fincas, y la entidad «YZW, S.A.» está interesada en su adquisición, cuya compraventa convienen ambas sociedades para que la mercantil adquirente obtenga el aprovechamiento urbanístico mencionado, en desarrollo y ejecución de los Planes General y Parcial de Ordenación Urbana a que se ha hecho referencia, y ahora, en este acto, acuerdan formalizar el contrato con arreglo a las siguientes:

ESTIPULACIONES

PRIMERA. Don ..., en la representación en que interviene de la entidad «XZY, S.A.», vende y transmite en este acto a Don ..., en la representación en que interviene de la mercantil «YZW, S.A.» que acepta, las cuatro fincas anteriormente descritas.

SEGUNDA. El precio de la compraventa es de .... euros (... euros), que la entidad «YZW, S.A.» entregará a la entidad «XZY, S.A.» en la siguiente forma y plazos:

1.º) ... euros (... euros) al contado y a la firma del presente contrato, sirviendo el mismo como formal carta de pago por la referida suma. La citada suma se entrega expresamente en el concepto de arras penitenciales, de forma que, caso de rescisión o incumplimiento del contrato el comprador perderá la suma entregada y el vendedor deberá devolverlas duplicadas, de conformidad con lo dispuesto en el artículo 1454 del Código Civil.

2.º) ... euros (... euros), en el acto de la firma de la escritura pública de compraventa, cuya firma y otorgamiento se entiende que como recibo de la indicada suma.

3.º) ... euros (... euros) mediante letra de cambio, de vencimiento a doce meses desde la fecha del otorgamiento de la escritura pública de compraventa. La cambial se librará sin posibilidad de su negociación, descuento o endoso.

El aplazamiento en el pago no devengará intereses en favor de la entidad vendedora.

TERCERA. Dentro del plazo de los siete días hábiles siguientes a la aprobación definitiva por el Excelentísimo Ayuntamiento de ... de las Bases y Estatutos de la Junta de Compensación, se procederá al otorgamiento de la escritura pública de compraventa. Los gastos que se ocasionen como consecuencia del otorgamiento de la escritura serán con arreglo a la ley.

CUARTA. Otorgada la escritura pública de compraventa, la entidad adquirente se subrogará en la posición jurídica de la vendedora y, particularmente, en cuanto a la ejecución y desarrollo de los Planes General y Parcial de Ordenación Urbana y constitución y actividad de la Junta de Compensación.

En tanto no se produzca dicha subrogación, serán de cuenta y riesgo de la entidad vendedora todos los gastos e indemnizaciones a que hubiere lugar o fuesen exigibles.

QUINTA. La posesión de las fincas se entiende entregada al otorgamiento de la escritura pública de compraventa.

SEXTA. Si por circunstancias o causas ajenas a la entidad compradora, la misma no pudiese ostentar la posición jurídica de la vendedora tras el otorgamiento de la escritura pública de compraventa, este contrato, ya en su formalización actual o en su otorgamiento en escritura pública, podrá la entidad adquirente resolverlo. Para su resolución será suficiente notificación o requerimiento fehaciente a la entidad vendedora, sin que sea preciso contestación alguna por la vendedora y, en todo caso, su silencio se considerará como admisión expresa de la resolución del contrato. La presente cláusula resolutoria formará parte del contenido de la escritura pública de compraventa.

Resuelto el contrato por esta causa, la entidad vendedora devolverá a la compradora la parte de precio que hubiese recibido, y, en su caso, devolverá la letra de cambio que hubiese sido librada a la entidad adquirente.

Y en prueba de conformidad firman el presente documento, por duplicado, en el lugar y fecha al principio indicados.

Por la entidad vendedora | Por la entidad compradora

32

Compraventa De Solar. Participaciones Indivisas. Saneamiento

En ..., a ... de ... de ...

REUNIDOS

De una parte y para comprar, Don ..., mayor de edad, de estado civil ..., vecino de ..., con domicilio a efectos de este documento sito en ..., calle ..., con DNI número ...

De otra y para vender, Don ..., mayor de edad, viudo, vecino de ..., con domicilio sito en calle ..., con DNI número ...

INTERVIENEN

Don ..., en nombre y representación y en su calidad de ... de la mercantil «XZY, S.A.», con domicilio social sito en ..., constituida por tiempo indefinido, en escritura pública de fecha ..., autorizada por el Notario Don ... bajo el número ... de su Protocolo, inscrita en el Registro Mercantil de ..., con código de identificación fiscal ...

Su cargo y facultades resultan de la escritura mencionada.

Don ..., en su propio nombre y derecho.

Se reconocen recíprocamente capacidad legal bastante para el otorgamiento del presente contrato, por lo que de común acuerdo:

DECLARAN

PRIMERO. Don ... es propietario del pleno dominio de la siguiente finca que constituye solar edificable:

... (Descripción, con extensión y linderos).
Título: ...
Cargas, gravámenes y ocupantes: ...

Inscripción Registral: ...
Referencia catastral: ...[37].

SEGUNDO. Habiendo convenido en el otorgamiento del presente contrato de compraventa, lo efectúan bajo las siguientes:

ESTIPULACIONES

PRIMERA. Don ... vende y transmite en este acto Don ..., en la representación en que interviene de la mercantil «YZW, S.A.», que acepta una participación indivisa del referido solar, del ... por ciento.

SEGUNDA. El precio de la compraventa es de ... euros que en este acto entrega la entidad compradora al vendedor, por lo que éste le otorga eficaz y formal carta de pago por el referido importe.

TERCERA (Saneamiento). En orden al saneamiento, ambas partes convienen expresamente lo siguiente:

1.º El vendedor se compromete y obliga al saneamiento de la cosa vendida en los términos regulados en el Código Civil, y particularmente se obliga a:

a) Llevar a cabo cuantos actos sean precisos para pagar y cancelar cualesquiera cargas, gravámenes, gastos o impuestos y limitaciones en su uso que pudiera tener la cosa vendida.
b) Procurar que la compradora pueda inscribir en el Registro de la Propiedad su adquisición.

2.º Caso de evicción de la finca, el vendedor deberá abonar a la compradora la restitución del precio, gastos y costas del proceso judicial y cantidad de ... euros en concepto de daños y perjuicios.

CUARTA. La escritura de compraventa será otorgada el día ..., en el estudio del Notario Don/Doña ..., sito en ..., calle ...

Y en prueba de conformidad firman el presente documento, por duplicado, en el lugar y fecha al principio indicados.

El vendedor   Por la entidad compradora

---

[37] Véase nota a pie de página número 3 del formulario 1, y la número 9 del formulario 5.

33

Compraventa De Solar. Participaciones Indivisas. Pago Aplazado. Reserva De Dominio. Precaristas. Renuncia Al Saneamiento

En ..., a ... de ... de ...

REUNIDOS

De una parte y para vender, Don ..., mayor de edad, viudo, pensionista, vecino de ..., con domicilio en calle ..., con DNI número ...

De otra y para comprar, las siguientes personas:

Don ..., mayor de edad, soltero, arquitecto, vecino de ..., con domicilio sito en calle ..., con DNI número ...

Doña ..., mayor de edad, casada con Don ... bajo el régimen legal de gananciales, médico, vecina de ..., con domicilio sito en calle ..., con DNI número ...

Don ..., mayor de edad, casado con Doña ... bajo el régimen de separación de bienes, Notario, vecino de ..., con domicilio sito en calle ..., con DNI número ...

INTERVIENEN

Todos en su propio nombre y derecho y Doña ..., además, en beneficio de su sociedad legal de gananciales.

Se reconocen recíprocamente capacidad legal bastante para el otorgamiento del presente contrato, por lo que de común acuerdo:

DECLARAN

PRIMERO. Don ... es propietario del pleno dominio de la siguiente finca que constituye solar edificable:

... (Descripción, con extensión y linderos).

Título: ...
Cargas, gravámenes y ocupantes: ...
Inscripción Registral: ...
Referencia catastral: ...[38].

SEGUNDO. Habiendo convenido en el otorgamiento del presente contrato de compraventa, lo efectúan bajo las siguientes:

ESTIPULACIONES

PRIMERA. Don ... vende y transmite en este acto a Don ..., Doña ... y Don ..., que aceptan y compran diez participaciones indivisas de la finca antes referida y por terceras e iguales parte indivisas.

SEGUNDA. El precio de la compraventa es de ... euros, que los compradores harán efectivo del siguiente modo:

1.º ... euros que en este acto entregan al vendedor, por lo que éste les otorga eficaz y formal carta de pago por el referido importe.

2.º El resto, es decir, la suma de ... euros, simultáneamente a la firma de la escritura pública de compraventa.

En el referido precio se incluye la participación de los compradores en los gastos de formalización de escritura, inscripción registral, confección de proyecto técnico, licencias urbanísticas, y dirección de obra.

TERCERA. Reserva de dominio. El vendedor entrega en este acto a los compradores la posesión de la cosa vendida, si bien se reserva su propiedad en tanto no se satisfaga el importe íntegro del precio pactado, y hasta cuyo momento los compradores no podrán llevar a cabo actos de disposición sobre la cosa vendida.

CUARTA. Precarista. La compraventa se efectúa libre de cargas, gravámenes y ocupantes, pues sólo existe el precarista Don ..., a quien la parte vendedora se compromete a desalojar con anterioridad al otorgamiento de la escritura pública de compraventa.

QUINTA. Renuncia al saneamiento. Los compradores, de forma expresa y terminante, formulan renuncia al saneamiento por evicción según el artículo 1477 del Código Civil, de conformidad con el cual declaran conocer cumplida y detalla-

[38] Véase nota a pie de página número 3 del formulario 1, y la número 9 del formulario 5.

damente la situación física y jurídica de la cosa vendida, y los riesgos que de tal evicción se deriven.

SEXTA. La escritura de compraventa será otorgada el día ..., en el estudio del Notario Don/Doña ..., sito en ..., calle.

Los gastos e impuestos derivados del otorgamiento de la escritura de compraventa serán satisfechos por las partes según ley.

Y en prueba de conformidad firman el presente documento, por duplicado, en el lugar y fecha al principio indicados.

El vendedor Los compradores

34

VENTA DEL DERECHO DE VUELO

En ..., a ... de ... de ...

REUNIDOS

De una parte y para vender, Don ..., mayor de edad, viudo, pensionista, vecino de ..., con domicilio en calle ..., con DNI número ...

De otra y para comprar, Don ..., mayor de edad, soltero, arquitecto, vecino de ..., con domicilio sito en calle ..., con DNI número ...

INTERVIENEN

Ambos en su propio nombre y derecho y Doña ...

Se reconocen recíprocamente capacidad legal bastante para el otorgamiento del presente contrato, por lo que de común acuerdo:

DECLARAN

PRIMERO. Don ... es propietario del pleno dominio de la siguiente finca que constituye un edificio:

... (Descripción, con extensión y linderos).
Título: ...
Cargas, gravámenes y ocupantes: ...
Inscripción Registral: ...
Referencia catastral: ...[39].

Según el referido título, la planta de sótano se dedica a garaje, con una superficie construida de ... metros cuadrados, para una útil ... metros cuadrados, dotado de acceso independiente por la calle X, y su cuota es de ... por ciento (... %); la planta baja, se destina a un local comercial, identificado como departamento

[39] Véase nota a pie de página número 3 del formulario 1, y la número 9 del formulario 5.

número ..., con una superficie construida de ... metros cuadrados, para una útil de ... metros cuadrados, dotado de acceso independiente por la calle X, y su cuota es de ... por ciento (... %); y la planta primera se destina a dos viviendas, con una superficie construida cada una de ... metros cuadrados, para una útil ... metros cuadrados, y la cuota de cada una de ellas es de ... por ciento (... %).

Los linderos del edificio son los siguientes: ...

SEGUNDO. Habiendo convenido en el otorgamiento del presente contrato de compraventa, lo efectúan bajo las siguientes:

ESTIPULACIONES

PRIMERA. Don ... vende y transmite en este acto Don ..., que acepta y compra el vuelo de la finca antes descrita, para que sobre la primera planta pueda levantar y edificar las plantas y viviendas que estime oportunas y que permitan las normas urbanísticas.

En concreto, Don ... se propone elevar dos plantas, cada una de ellas con dos viviendas con idéntica superficie a las ya existentes en planta primera, y conforme al proyecto redactado por el Arquitecto Don ..., que ambas partes contratantes declaran expresamente conocer.

SEGUNDA. El precio de la compraventa es de ... euros, que el vendedor recibe en este acto, otorgando por ello al comprador formal y eficaz carta de pago.

TERCERA. Todos los gastos derivados de la realización de las obras serán de cuenta del comprador.

Igualmente el adquirente se compromete a tener en vigor, mientras duren las obras, póliza de responsabilidad civil.

CUARTA. Una vez terminada la obra que Don ... se propone realizar en el vuelo transmitido, ambas partes contratantes otorgarán escrituras públicas de compraventa y de división horizontal de todo el inmueble, fijando las cuotas o porcentajes de participación en los elementos comunes, así como el régimen de propiedad horizontal.

Los gastos notariales y registrales serán satisfechos por mitad; y los derivados del pago de impuestos, según ley.

Y en prueba de conformidad firman el presente documento, por duplicado, en el lugar y fecha al principio indicados.

El vendedor El comprador

35

COMPRAVENTA. PAGO APLAZADO. CRÉDITO AL CONSUMO: LEY 7/1995 DE 23 DE MARZO, DE CRÉDITO AL CONSUMO; NORMAS REGULADORAS[40]

En ..., a ... de ... de ...

REUNIDOS

De una parte, Don ..., mayor de edad, promotor inmobiliario, casado, con domicilio a efectos del presente contrato en ..., calle ..., y con DNI número ...., en lo sucesivo vendedor o parte vendedora.

Y de otra parte, Don/Doña ..., mayor/es de edad, de estado civil ..., vecino/s de ..., con domicilio en ... y DNI número/s ...., en lo sucesivo comprador/es o parte compradora.

INTERVIENEN

Don ..., en nombre y representación, como administrador solidario de la mercantil «CONSTRUCCIONES XX, S.L.», en virtud de la escritura otorgada en ... ante su notario Don/Doña ..., el día ... con número de Protocolo ..., que se inscribió en el Registro Mercantil de ... y domiciliada en ..., calle ..., y con CIF ...

Don/Doña ..., en su propio nombre y derecho.

Ambas partes, en el concepto con que intervienen se reconocen capacidad legal suficiente para obligarse mediante el presente contrato y al efecto.

DECLARAN

PRIMERO. «CONSTRUCCIONES XX, S.L.», pretende construir ... viviendas, así como ... plazas de garaje y ... trasteros, según proyecto redactado por el arquitec-

---

40 *Vid.* Ley 7/1995, *BOE* 25-3-1995, número 72.

Habrá que tener en cuenta que lo aplazado sea o no de cuantía superior a los 180.000 euros.

to Don ..., en la calle ... de ... en un solar de su propiedad con una superficie de ... m^2.

SEGUNDO. Don/Doña ... está/n interesado/s en la compra de una vivienda, que se va a construir en la finca descrita y de acuerdo con el proyecto redactado por Don ...

La vivienda tiene una superficie aproximada de ... m^2 construidos, ... m^2 útiles, la plaza de garaje aproximadamente ... m^2 construidos y el trastero ... m^2, estando identificada con el número ...

TERCERO. Interesando a Don/Doña ... la vivienda descrita, así como un aplazamiento en el pago en cuantía inferior a ... euros, las partes contratantes llevan a efecto el presente contrato de COMPRAVENTA con arreglo a las siguientes:

ESTIPULACIONES

PRIMERA. «CONSTRUCCIONES XX, S.L.» vende a Don/Doña ..., que acepta/n en este acto, la vivienda descrita en el expositivo segundo el presente contrato.

SEGUNDA. Como precio de la compraventa de la vivienda Don/Doña ... se obliga a pagar la cantidad de ... euros, más el tipo impositivo vigente de IVA, que serán desembolsados de la siguiente forma:

1.º) A la firma del contrato: La cantidad de ... euros, IVA incluido, son entregadas en este acto por el comprador al vendedor, quien por medio del presente le otorga la más firme carta de pago de la expresada suma.

2.º) El resto del precio que asciende a ... euros, en unión de los intereses del mismo por aplazamiento al ... por ciento (... %) nominal anual, será abonado (solidariamente) por la parte compradora en .... plazos (mensuales, bimensuales, trimestrales o anuales) de ... euros cada uno de ellos, comprensivos de principal e intereses, del que corresponden ... euros al principal y ... euros a los intereses del modo que figura en el cuadro de amortización firmado por las partes, que se incorpora a este contrato, siendo el primer vencimiento el día ... y los siguientes el mismo día de los meses (cada dos meses, trimestres, semestres y años) consecutivos, hasta el último que tendrá lugar el día ...

Para mayor facilidad en el pago y sin que ello suponga duplicidad de deuda, cada uno de los plazos está representado por letras de cambio libradas por la parte vendedora y aceptadas por la parte compradora, de la clase ..., serie ..., números ...

TERCERA. Condición resolutoria. En garantía del precio aplazado y sus intereses ordinarios, se pacta expresamente que la presente transmisión esté sometida a condición resolutoria expresa, conforme a los artículos 1504 del Código Civil y 11 de la Ley Hipotecaria.

En consonancia con lo anterior, la falta de pago a su vencimiento de uno cualesquiera de los plazos (o letras de cambio reseñadas) facultará a la vendedora para resolver esta compraventa, revirtiendo, incluso frente a terceros, el dominio de la finca, fijándose como domicilio de la compradora a efectos de la preceptiva notificación notarial o judicial de la resolución, la propia finca vendida.

La resolución provocará el desalojo inmediato de la finca por la parte compradora o por quienes de ella deriven su derecho, ya sea éste real o personal, incluido el de arrendamiento.

En caso de resolución por impago del precio aplazado, ambas partes deberán restituirse recíprocamente las prestaciones ya realizadas, salvo que la parte vendedora retenga las siguientes sumas que tiene derecho a deducir:

a) El diez por ciento del importe de los plazos pagados en concepto de indemnización por la tenencia de las cosas por el comprador.

b) Una cantidad igual al desembolso inicial por la depreciación comercial del inmueble vendido, con el límite máximo de la ... parte del precio de venta. Por el deterioro de la cosa vendida, si lo hubiere, podrá exigir el vendedor, además, la indemnización que legalmente proceda.

Expresamente se pacta que la condición resolutoria podrá cancelarse mediante instrumento público en que el Notario dé fe de que las letras reseñadas se encuentran en poder de la parte compradora o de sus causahabientes.

Igualmente se conviene que esta cláusula sea contemplada en la escritura pública que en su día se otorgue.

CUARTA. Menciones obligatorias. De conformidad con lo establecido en la Ley 7/1995 de 23 de Marzo, sobre Créditos al consumo, la parte vendedora hace constar expresamente:

a) Los elementos que componen el coste total del crédito que supone el aplazamiento de pago del precio, con excepción de los gastos de incumplimiento contractual son: el interés nominal del ... por ciento (... %) anual, que no se modificará durante toda la vida del contrato, los honorarios de Notaría y Registro por la constitución y, en su día, cancelación de la condición resolutoria, y el Impuesto de

Actos Jurídicos Documentados por tal constitución y cancelación, que en la actualidad es el ... % sobre el precio aplazado e intereses garantizados en cada uno de dichos actos.

b) Que la tasa anual equivalente definida en la citada Ley es el ... por ciento (....%) anual, para cuyo cálculo sólo se ha considerado el tipo de interés, plazo y periodicidad de los mismos.

QUINTA. Todos los gastos que en su día originen la elevación a escritura pública del contrato de compraventa, incluso el arbitrio municipal de plusvalía, serán abonados por la parte compradora.

SEXTA. Para todas las cuestiones que pudieran derivarse de la interpretación y aplicación del presente documento, las partes se someten expresamente a los Juzgados y Tribunales de ..., con renuncia expresa al fuero que pudiera corresponderles.

SÉPTIMA. La entrega de la vivienda tendrá lugar el día ..., coincidiendo con el de otorgamiento de la escritura pública de compraventa, en la Notaría que elija el comprador, el día ...

Y en prueba de conformidad, firman el presente contrato por duplicado en el lugar y fecha arriba indicados.

El comprador El vendedor

36

COMPRAVENTA FINCA RÚSTICA. SUPERFICIE. PAGO APLAZADO. PACTO DE INTERESES

En ..., a ... de ... de ...

REUNIDOS

De una parte, Doña ..., mayor de edad, sin profesión especial, casada, vecina de ..., domiciliada en calle ..., con DNI número ..., en lo sucesivo vendedora o parte vendedora.

Y de otra, los cónyuges Don ... y Doña ..., mayores de edad, agricultor él, sin profesión especial ella, vecinos de ..., domiciliados en calle ..., con DD.NN.II., respectivamente, números ... y ..., en lo sucesivo compradores o parte compradora.

INTERVIENEN

Todos los comparecientes lo efectúan en su propio nombre y derecho, reconociéndose capacidad legal bastante para otorgar el presente documento por lo que de común acuerdo:

DECLARAN

PRIMERO. Doña ... es dueña en pleno dominio y con carácter privativo de una finca rústica, cuya descripción, según el título, es la siguiente:

«Una parcela de tierra huerta, situada en el término municipal de ..., partido del ... con una cabida de nueve hectáreas, treinta y cuatro áreas, cuarenta y tres centiáreas, equivalentes a setenta y ocho tahúllas, siete octavas, veintisiete brazas. Riega de la acequia Mayor de ..., y toda ella está destinada al cultivo de cáñamo y hortalizas. Esta finca está formada por las parcelas siete a veinte y por parte de la número seis, del plano parcelario realizado por el Perito Agrícola Don ... Sus linderos son: Norte y Oeste, resto de la finca "Lo X", propiedad de Don ...: Sur, carretera de ..., antes camino; y Este tierras de Don ..., Don ... y herederos de Don ..., antes propiedad todas ellas de Doña ..., azarbe de ... en medio. Se halla libre de cargas y gravámenes».

Título: Escritura pública de división material de fincas, de fecha ..., autorizada por el que fue Notario de ... Don ..., bajo el número ... de su Protocolo.

Inscripción: Inscrita en el Registro de la Propiedad de ..., Tomo ..., Libro ..., Folio ..., finca ..., inscripción ...

Cargas: Libre de cargas y gravámenes, y al corriente de impuestos y contribuciones. Sin arrendar, ni dar en aparcería.

Segregaciones: De la citada finca se han efectuado hasta la fecha tres operaciones de segregación, por lo que su extensión, según el título, es de unas cincuenta y tres tahúllas.

Referencia catastral: ...[41].

SEGUNDO. Ambas partes han convenido otorgar el presente contrato de compraventa, lo que efectúan bajo las siguientes

ESTIPULACIONES

PRIMERA. Doña ... segrega y vende a los cónyuges Don ... y Doña ..., que aceptan en el presente acto y para su sociedad de gananciales, una parte de la finca antes descrita y, concretamente, un trozo de tierra de cuarenta y cinco tahúllas, excluido el bancal de forma triangular que linda por el viento Sur con la Carretera de ... que en la actualidad se encuentra sembrada de alfalfa y que quedaría como resto de la finca matriz, por lo que los linderos del inmueble objeto de este contrato, sin perjuicio de la mayor exactitud resultante de las operaciones de medición y deslinde que van a efectuar las partes contratantes, serían los siguientes: Norte, Doña ..., camino por medio; Sur, en pequeña porción resto de la finca de la que se segrega y cuya propiedad conserva la vendedora, Don ..., Don ..., y Don ...; Este, Don ..., otra del comprador Sr. ... y en parte Don ...; Oeste, Doña ..., Don ..., y Don ...

Para una mayor identificación de la finca objeto de segregación y compraventa, se acompaña como documento anexo a este contrato, fotocopia firmada por las partes, de un plano en el que la zona totalmente sombreada, y que tiene forma triangular, se corresponde al resto de la finca cuya propiedad ostenta la vendedora, y la de mayor extensión, y rayada, se corresponde a la que es objeto del presente contrato.

SEGUNDA. De común acuerdo fijan como precio de la compraventa el de ... euros cada tahúlla, lo que supone un precio total de ... euros, precio que se hará efectivo en la forma prevista en la estipulación cuarta, y que devengará el interés que en la misma se menciona.

---

41 Véase nota a pie de página número 3 del formulario 1, y la número 9 del formulario 5.

TERCERA. Las partes contratantes procederán a la medición de la finca, y si hubiere una diferencia de superficie con la aquí expresada de cuarenta y cinco tahúllas, el precio se corregirá, en más o en menos, verificándose los pagos o devoluciones correspondientes conforme a lo establecido en la estipulación cuarta.

CUARTA. El precio total previsto en el presente contrato de ... euros, lo hará efectivo la parte compradora en los siguientes plazos:

1.º) La cantidad de ... euros (... euros), que confiesa haber recibido la vendedora con anterioridad a este acto mediante cheque librado en fecha ... de ... de .., otorgándole carta de pago por el referido importe, salvo buen fin.

2.º) La suma de ... euros (... euros) en fecha ... de ... de ...

3.º) La suma de ... euros (... euros) en fecha ... de ... de ...

4.º) La suma de ... euros (... euros) en fecha ... de ... de ...

5.º) La suma de ... euros (... euros) en fecha ... de ... de ...

En esta última entrega se efectuará la liquidación correspondiente a la diferencia de superficie, en más o en menos, que pueda resultar de la medición prevista en la estipulación tercera, sin devengo de intereses.

De las cantidades aplazadas, sólo devengarán interés, del ... por ciento anual, las correspondientes a los plazos tercero, cuarto y quinto (en un total de principal de ... euros), a computar desde el día ..... de .... de ...., intereses que se irán haciendo efectivos trimestralmente, juntamente en su caso con la parte correspondiente al principal, disminuyendo progresivamente, en los siguientes plazos: ...

Para mayor claridad, se acompaña como documento anexo, firmado por las partes contratantes, un calendario de pagos con expresión de las fechas, importes a satisfacer en concepto de principal y de intereses.

Sin perjuicio de lo establecido en la presente estipulación, la parte compradora podrá anticipar pagos y entregar antes de los plazos fijados en este contrato, cantidades a cuenta del principal, computándose los intereses del ... por ciento anual conforme a las sumas que se vayan entregando y la que quede aplazada en el momento de verificarse la entrega y desde la fecha de ...

QUINTA. La falta de pago de cualquiera de las cantidades, por principal y/o intereses, y en los plazos previstos o que puedan resultar por el anticipo de pagos, facultará a la vendedora a resolver el presente contrato de compraventa, quedando en su poder las sumas que hasta ese momento hubiesen sido entregadas en concepto de cláusula penal e indemnización por daños y perjuicios.

Para la resolución del contrato será suficiente el requerimiento fehaciente efectuado en ese sentido por la vendedora, entendiéndose que si la parte compradora nada manifestase en ese acto de requerimiento o dentro de los dos días hábiles siguientes al mismo, consiente plenamente en la resolución del contrato.

SEXTA. Satisfecho el importe total del precio de la compraventa, tanto en las cantidades correspondientes a principal e intereses, las partes otorgarán escrituras públicas de segregación y compraventa, bastando a tal fin el requerimiento, aun hecho en forma verbal, de cualquiera de ellas.

SÉPTIMA. Todos los gastos e impuestos derivados del otorgamiento de este contrato y de la escritura pública que en su día se otorgue, serán satisfechos por las partes según ley, excepto los gastos notariales de la escritura de segregación y compraventa que será satisfechos por mitad.

Igualmente serán de cuenta de la parte compradora todos los gastos y pagos que desde el día ... se generen como consecuencia de la tenencia y disfrute de la tierra, así como del desarrollo de la actividad agrícola, incluido el pago de mondas.

Y en prueba de conformidad con el contenido de este documento y sus dos anexos, lo firman, por duplicado, en el lugar y fecha al principio indicados, quedando un ejemplar del mismo en poder de cada parte contratante.

La vendedora   Los compradores

DOCUMENTO ANEXO al contrato de compraventa de fecha de ... de ..., suscrito en ... entre Doña ..., como vendedora, y los cónyuges Don ... y Doña ..., como compradores, y relativo a la finca rústica conocida como «Lo X», y por el que extractan el calendario de pagos previsto en la estipulación cuarta del referido contrato.

Entrega Principal	**FECHA**	**Entrega intereses**	**Total entrega**
...	...	...	...
	...	...	...

Y en prueba de conformidad con el contenido del presente documento anexo, lo firman, por duplicado, en ... a ... de ... de ...

En ... , a ... de ... de ...

REUNIDOS

De una parte, Doña ..., mayor de edad, sin profesión especial, casada, vecina de ..., domiciliada en calle ..., con DNI número.

Y de otra, los cónyuges Don ... y Doña ..., mayores de edad, agricultor él, sin profesión ella, vecinos de ..., domiciliados en calle ..., con DD.NN.II., respectivamente, números ... y ...

DECLARAN

PRIMERO. Conforme a lo estipulado en el contrato de compraventa de fecha ... de ... de ..., relativo a parte de la finca rústica denominada «Lo X», los comparecientes han procedido a la medición del inmueble objeto de dicho contrato, resultando que su superficie es de ...

SEGUNDO. Que como consecuencia de lo anterior, el precio previsto en el contrato de fecha ... de ... de ..., se liquidará y hará efectivo en la fecha de ..., coincidiendo con la última entrega prevista en el contrato antes citado o, en su caso, cuando se verifique la última entrega si se anticipasen pagos.

Y en prueba de conformidad con el contenido del presente documento lo firman, por duplicado, en el lugar y fecha al principio indicados, quedando un ejemplar como anexo del contrato a que hace referencia en poder de cada parte contratante.

37

COMPRAVENTA DE FINCA RÚSTICA. PRECIO ALZADO. NO DEVENGO DE INTERESES. RESERVA DE DOMINIO. RECOGIDA DE FRUTOS PENDIENTES

En ..., a ... de ... de ...

REUNIDOS

De una parte, Doña ..., mayor de edad, sin profesión especial, casada, vecina de ..., domiciliada en calle ..., con DNI número ..., en lo sucesivo vendedora o parte vendedora.

Y de otra, los cónyuges Don ... y Doña ..., mayores de edad, agricultor él, sin profesión especial ella, vecinos de ..., domiciliados en calle ..., con DD.NN.II., respectivamente, números ... y ..., en lo sucesivo compradores o parte compradora.

INTERVIENEN

Todos los comparecientes lo efectúan en su propio nombre y derecho, reconociéndose capacidad legal bastante para otorgar el presente documento por lo que de común acuerdo:

DECLARAN

PRIMERO. Doña ... es dueña en pleno dominio y con carácter privativo de una finca rústica, cuya descripción, según el título, es la siguiente:

«Una parcela de tierra huerta, situada en el término municipal de ..., partido de ... con una cabida de nueve hectáreas, treinta y cuatro áreas, cuarenta y tres centiáreas, equivalentes a setenta y ocho tahúllas, siete octavas, veintisiete brazas. Riega de la acequia Mayor de ..., y toda ella está destinada al cultivo de cáñamo y hortalizas. Esta finca está formada por las parcelas siete a veinte y por parte de la número seis, del plano parcelario realizado por el Perito Agrícola Don ... Sus linderos son: Norte y Oeste, resto de la finca «Lo X», propiedad de Don ...; Sur, carretera de ..., antes camino; y Este tierras de Don ..., Don ... y herederos de Don ..., antes propiedad todas ellas de Doña ..., azarbe de ... en medio. Se halla libre de cargas y gravámenes.»

Título: Escritura pública de división material de fincas, de fecha ..., autorizada por el que fue Notario de ... Don ..., bajo el número ... de su Protocolo.

Inscripción: Inscrita en el Registro de la Propiedad de ..., Tomo ..., Libro ..., Folio ..., finca ..., inscripción ...

Cargas: Libre de cargas y gravámenes, y al corriente de impuestos y contribuciones. Sin arrendar, ni dar en aparcería.

Segregaciones: De la citada finca se han efectuado hasta la fecha tres operaciones de segregación, por lo que su extensión, según el título, es de unas cincuenta y tres tahúllas.

Referencia catastral: ...[42].

SEGUNDO. Ambas partes han convenido otorgar el presente contrato de compraventa, lo que efectúan bajo las siguientes

ESTIPULACIONES

PRIMERA. Doña ... segrega y vende a los cónyuges Don ... y Doña ..., que aceptan en el presente acto y para su sociedad de gananciales, una parte de la finca antes descrita y, concretamente, un trozo de tierra de cuarenta y cinco tahúllas, excluido el bancal de forma triangular que linda por el viento Sur con la Carretera de ... que en la actualidad se encuentra sembrada de alfalfa y que quedaría como resto de la finca matriz, por lo que los linderos del inmueble objeto de este contrato, sin perjuicio de la mayor exactitud resultante de las operaciones de medición y deslinde que van a efectuar las partes contratantes, serían los siguientes: Norte, Doña ..., camino por medio; Sur, en pequeña porción resto de la finca de la que se segrega y cuya propiedad conserva la vendedora, Don ..., Don ..., y Don ...; Este, Don ..., otra del comprador Sr. ... y en parte Don ...; Oeste, Doña ..., Don ..., y Don ...

Para una mayor identificación de la finca objeto de segregación y compraventa, se acompaña como documento anexo a este contrato, fotocopia firmada por las partes, de un plano en el que la zona totalmente sombreada, y que tiene forma triangular, se corresponde al resto de la finca cuya propiedad ostenta la vendedora, y la de mayor extensión, y rayada, se corresponde a la que es objeto del presente contrato.

SEGUNDA. De común acuerdo fijan como precio de la compraventa el de ... euros, que se fija como cantidad alzada de conformidad con lo dispuesto en el ar-

[42] Véase nota a pie de página número 3 del formulario 1, y la número 9 del formulario 5.

tículo 1471 del Código Civil, sin que por tanto sea admisible su aumento o disminución por aumento o disminución en la cabida o superficie de la finca vendida.

TERCERA. El precio estipulado lo hace efectivo la parte compradora en la siguiente forma:

1.º) La cantidad de ... euros (... euros), que confiesa haber recibido la vendedora con anterioridad a este acto en metálico otorgándole carta de pago por el referido importe.

2.º) El resto, o sea, la cantidad de ... euros, las hará efectivas en metálico a la firma de la escritura pública de compraventa, la que tendrá lugar el día ..., en el estudio del Notario Don/Doña ..., sito en ..., o de su sustituto legal.

La cantidad aplazada no devengará intereses de ningún tipo.

CUARTA. Reserva de dominio. La vendedora entrega en este acto a los compradores la posesión de la cosa vendida, si bien se reserva su propiedad en tanto no se satisfaga el importe íntegro del precio pactado, y hasta cuyo momento los compradores no podrán llevar a cabo actos de disposición sobre la cosa vendida.

QUINTA. Estando pendiente la recolección de la cosecha de limón a que actualmente está destinada la finca, se autoriza a que la vendedora pueda llevar a cabo las actividades precisas para la recogida de los frutos, empleando los medios materiales y personales que sean precisos, al no estar incluidos los frutos en el precio de la compraventa.

Tales operaciones tendrán que concluir como máximo el día ...

SEXTA. Todos los gastos e impuestos derivados del otorgamiento de este contrato y de la escritura pública que en su día se otorgue, serán satisfechos por las partes según ley, excepto los gastos notariales de la escritura de segregación y compraventa que será satisfechos por mitad.

Igualmente serán de cuenta de la parte compradora todos los gastos y pagos que desde la fecha de este documento se generen como consecuencia de la tenencia y uso de la tierra, así como del desarrollo de la actividad agrícola, incluido el pago de mondas.

Y en prueba de conformidad con contenido de este documento y sus dos anexos, lo firman, por duplicado, en el lugar y fecha al principio indicados, quedando un ejemplar del mismo en poder de cada parte contratante.

La vendedora   Los compradores

38

Elevación A Público De Documento Privado De Compraventa Con Uno De Los Otorgantes Fallecido. Viuda Que Interviene Por Sí Y Como Titular De La Patria Potestad Y Representada Por Apoderado Con Poder Especial. Propiedad Horizontal

NÚMERO (Protocolo).

En ..., mi residencia, a ... de ... de ...

Ante mí, ..., Notario del Ilustre Colegio de ...

COMPARECEN

Doña ..., mayor de edad casada, abogada, vecina de ..., con domicilio en calle ... y con DNI número ...

Y Don ..., mayor de edad, empleado, vecino de ... con domicilio en calle ... y DNI número ...

INTERVIENEN

Don ..., en su propio nombre y derecho, manifestando además y lo acreditará donde proceda, que estuvo casado en primeras nupcias con Doña ..., cuyo matrimonio se disolvió por divorcio en virtud de sentencia de fecha ... dictada por el Juzgado de Primera Instancia Número ... de ... en autos número ..., encontrándose casado en la actualidad bajo régimen de gananciales con Doña ..., de su misma vecindad y domicilio, y estando pendiente de liquidación la sociedad de gananciales de su primer matrimonio.

Y Doña ... lo hace en nombre y representación, como apoderada de Doña ..., mayor de edad, sin profesión especial, casada en segundas nupcias con Don ..., vecina de ..., con domicilio en calle ..., y con DNI número ..., ésta a su vez como única titular de la patria potestad, en nombre y representación legal de su hijo menor de edad Don ..., nacido el día ..., por tanto de ... años de edad, soltero, estudiante y de su misma vecindad y domicilio.

Deriva su representación de la escritura de apoderamiento especial autorizada en ..., por el Notario Don ..., el día ..., copia autorizada de la cual tengo a la vista y de ella transcribo lo siguiente, sin que en lo omitido haya nada que modifique, condicione, amplíe o restrinja lo transcrito:

«... COMPARECE: Doña ..., ... con DNI número ...

INTERVIENE: En su propio nombre y derecho, y además, como única titular de la patria potestad, en nombre y representación legal de su hijo menor de edad Don ..., nacido el día ..., por tanto de ... años de edad, soltero, estudiante y de su misma vecindad y domicilio.

EXPONE:

I. Que Don ..., con DNI número ..., primer esposo de la compareciente y padre del menor de edad, falleció en ..., el día ..., sin haber otorgado disposición testamentaria alguna, por lo que por Instrumento Notarial de Declaración Herederos Abintestato autorizada por el Notario de ... Don ..., de fecha ..., fue nombrado único heredero su único hijo ..., sin perjuicio de la cuota legal usufructuaria a su viuda, la compareciente, Doña ...

II. Que en virtud de escritura autorizada en ..., el día ..., otorgada ante el Notario Doña ..., número ... de Protocolo, la compareciente renunció pura y simplemente a su participación de los gananciales y a su cuota legal usufructuaria en la herencia de su difunto esposo Don ...

III. Que el causante Don ..., en vida, vendió en documento privado suscrito en ... con ... a Don ..., con DNI número ..., una vivienda en la planta ..., letra ..., sita ..., calle ..., finca registral número ... del Registro de la Propiedad de ...

En dicho acto, Don ... entregó a Don ... la cantidad de ... euros, en metálico, y se subrogó en todas las obligaciones que tenía contraídas el vendedor con la empresa constructora y vendedora «XX, Sociedad Anónima», así como en la amortización del préstamo hipotecario, por importe de ... euros, todo ello en la escritura otorgada en ..., ante el Notario de ... Don ..., el día ..., número ... de Protocolo .

IV. El presente documento privado relacionado en el exponendo anterior, tiene actualmente fecha fehaciente, de conformidad con el artículo 1227 del Código Civil.

V. OTORGA: Que confiere a favor de ..., con DNI número ..., para que en nombre y representación de la otorgante, como titular de la patria potestad sobre su hijo Don ..., pueda hacer uso de las siguientes FACULTADES:

Elevar a escritura pública el contrato privado de compraventa a que se refiere el exponendo III, en nombre del menor Don ..., como único heredero de Don ...

Y para ello otorgar y suscribir cuantos documentos públicos y privados sean necesarios o convenientes...»

Y aseverando Doña ... la vigencia de sus facultades representativas, tienen a mi juicio, según intervienen, la capacidad legal suficiente para otorgar esta escritura de ELEVACIÓN A PÚBLICO DE DOCUMENTO PRIVADO DE COMPRAVENTA, y al efecto:

EXPONEN

I. Don ..., primer esposo de Doña ... y padre del menor representado, falleció en ..., siendo vecino de ..., el día ..., sin haber otorgado disposición testamentaria alguna y que por Documento notarial de declaración de herederos de fecha ..., autorizado por el Notario de ... Don ..., fue nombrado heredero abintestato del causante, su único hijo Don ..., sin perjuicio de la cuota legal usufructuaria correspondiente a su viuda Doña ...

II. En virtud de escritura autorizada por mí el ..., número ... de Protocolo, Doña ... renunció pura y simplemente a su participación en los gananciales y a su cuota legal usufructuaria en la herencia de su difunto esposo Don ..., adjudicándose en la misma escritura el único bien relicto el menor Don ... como único heredero del citado Don ...

III. En fecha ..., Don ..., como vendedor, y ..., como comprador, constante su matrimonio con su primer cónyuge ..., suscribieron documento privado de compraventa sobre la finca urbana en propiedad horizontal que a continuación se describe y que, por consiguiente, no se incluyó en el inventario de la escritura citada en el apartado anterior, por no formar parte del caudal hereditario aunque continúe siendo su titular registral el fallecido Don ...

DEPARTAMENTO NÚMERO TREINTA Y SIETE: Vivienda.

... (Descripción).

Cuota: ... por ciento (... %).
Inscripción: ...
Título: Adquirió la descrita finca Don ... por compra en estado de soltero a «XX, S.A.» en escritura de compraventa con subrogación y ampliación de préstamo hipotecario autorizada en ... por el Notario de ... Don ... el día ...

Cargas: La parte adquirente prescinde de la información registral prevenida en el artículo 175 del Reglamento Notarial, por su conocimiento de la situación jurídica del inmueble en base a la información y declaraciones realizadas por la parte transmitente; a los solos efectos de permitir este otorgamiento, y por tanto, con reserva expresa de todos los derechos y acciones, sustantivas y procesales, que le corresponden, en especial el saneamiento por evicción y vicios ocultos.

Advierto a las partes que prevalece sobre la información o manifestación contenidas en los párrafos anterior y posterior, la situación registral existente a la presentación en el Registro de la Propiedad de la copia autorizada de esta escritura.

Manifiestan que la finca descrita se encuentra libre de cargas, sin arrendar y al corriente en gastos de comunidad.

INMUEBLE GENERAL EN QUE SE INTEGRA EN RÉGIMEN DE PROPIEDAD HORIZONTAL. UN EDIFICIO, BLOQUE NÚMERO UNO.

Inscrito al ...

A cada uno de los departamentos en que horizontalmente se dividió el citado Bloque, se le atribuye un derecho de copropiedad sobre los elementos comunes del Bloque en que están integrados, consistente en una cuota igual a la fijada a cada uno de ellos con respecto al valor de su respectivo edificio, y en igual medida participarán en los beneficios y cargas. Dicha cuota también servirá de módulo para la adopción de los acuerdos a que se refiere el artículo 16 de la Ley sobre Propiedad Horizontal.

Los locales comerciales y viviendas podrán ser objeto de división, agrupación, segregación y agregación, realizándolos por sí solos sus titulares, sin necesidad de consentimiento de los dueños de los restantes locales comerciales y viviendas; señalándose las nuevas entidades hipotecarias que resulten de estas operaciones con el mismo número que tuviere la de procedencia, al que se añadirá la palabra duplicado, triplicado, o la que corresponda, y distribuyéndose entre ellas en proporción a la superficie la cuota de participación que tuviere el de origen en el total valor del edificio, quedando sin modificar las cuotas correspondientes a los restantes departamentos —locales comerciales y viviendas— que permanecerán inalterables.

Régimen de comunidad: Se regirá por el artículo 396 del Código Civil y por la Ley de 21 de julio de 1960 sobre Propiedad Horizontal, sin perjuicio de que en su día los propietarios de los distintos departamentos aprueben los pertinentes estatutos, para recibir las relaciones de convivencia y régimen interior, que obligarán a todos dentro de los límites permitidos por la Ley.

Elementos comunes: Se consideran elementos comunes de los distintos departamentos en que quedó dividido el respectivo Edificio o Bloque, los que señala el artículo 396 del Código Civil. Las escaleras de acceso a las viviendas, sus respectivos zaguanes y puertas de entrada sólo serán elementos comunes para las viviendas a las que sirven de acceso, pero no con respecto a otras viviendas, ni a los locales comerciales con relación a los cuales en ningún caso serán elementos comunes. En el caso de que desde un mismo zaguán o entrada en planta baja arranquen dos escaleras que conduzcan a distintas viviendas, la referida entrada o zaguán, con su puerta, se considerará elemento común con referencia a todas las viviendas a las que lleven ambas escaleras; pero cada escalera en sí sólo será elemento común en cuanto a las viviendas a las que especialmente les sirve de acceso. El uso de las terrazas sitas sobre las cubiertas de los bajos comerciales será exclusivo de las viviendas ubicadas en la planta primera de cada Bloque, en cuanto tal derecho le haya sido reconocido expresamente a sus respectivos propietarios en su título adquisitivo. Sobre dichas terrazas no podrán hacerse construcciones de ningún género, con el fin de no dificultar las luces y vistas sobre ellas de las viviendas existentes en las plantas altas.

Protección oficial: Todos los departamentos se encuentran acogidos a la Protección Oficial, Expediente ..., habiéndose expedido Cédula de Calificación Definitiva por ..., con fecha ...

Referencia catastral: ...[43].

IV. Manifiestan los señores comparecientes, según intervienen, que la venta a Don ... se efectuó por un precio de ... euros, de los cuales se confesaron recibidas en el acto de la firma del documento privado ... euros. Y en cuanto al resto del precio, es decir ... euros, igual al importe de la hipoteca que entonces gravaba la finca transmitida y a que luego se aludirá, Don ... asumió la responsabilidad garantizada por dicha hipoteca subrogándose sin novación en la condición jurídica de deudor.

V. Asimismo señalan que al tiempo de tal venta la vivienda descrita estaba afecta a una hipoteca en favor de la entonces CAJA ... por principal de ... euros; de ... euros por intereses de tres años; ... euros por comisión y prestaciones accesorias y de ... euros para costas y gastos, por plazo de ... años a contar desde el vencimiento del primeramente pactado plazo de cinco años contados éstos desde el día ... en virtud de la subrogación operada en la escritura mencionada en el epígrafe «Título» de esta escritura, al interés anual del ... %, todo ello en virtud de escritura autorizada en ..., por el Notario de ... Don ..., el día ..., ampliado en virtud de la misma escritura aludida en el epígrafe «Título» de la presente, por principal ... euros, al interés anual del ..., por plazo de ... años a contar desde el ... y con los demás pactos y condiciones que figuran en la mencionada escritura aludida en el epígrafe «Título» de la presente, que las partes manifiestan conocer. Que asimismo, al momento de la venta, se encontraba libre de otras cargas, sin arrendar y al corriente en el pago de gastos de comunidad.

VI. Igualmente manifiestan que desde el momento de la compraventa Don ... ha destinado la vivienda objeto de la misma a domicilio habitual y permanente, habiendo asumido en el documento privado las obligaciones derivadas del régimen de viviendas de protección oficial.

---

43 Véase nota a pie de página número 3 del formulario 1, y la número 9 del formulario 5.

VII. Me entregan los comparecientes el reseñado documento privado de compraventa que, a su requerimiento, incorporo a esta matriz para su traslado en las copias que de la presente se expidan.

VIII . Y expuesto todo lo anterior:.

ESTIPULAN

PRIMERO. Don ... como único heredero de don ... representado en este acto por Doña ... en virtud del apoderamiento especial conferido por su madre doña ... como titular de la patria potestad de una parte, y Don ..., de otra, ratifican el contenido del referido documento privado que elevan a público.

SEGUNDO. Todos los gastos derivados de este otorgamiento se satisfarán por Don ...

OTORGAMIENTO Y AUTORIZACIÓN

Hago las reservas y advertencias legales y fiscales. En especial y con relación al Impuesto de Transmisiones Patrimoniales y Actos Jurídicos Documentados, les advierto del plazo de treinta días hábiles que tienen para presentar copia de este documento en la Oficina Liquidadora competente, previa su autoliquidación; la afección de los bienes al pago del Impuesto o al de las liquidaciones complementarias en su caso; y responsabilidades en que podrían incurrir como consecuencia del incumplimiento de sus deberes fiscales.

En particular y a efectos fiscales advierto de las obligaciones y responsabilidades tributarias que incumbe a las partes en su aspecto material, formal y sancionador, y de las consecuencias de toda índole que se derivarían de la inexactitud de sus declaraciones.

Igualmente les advierto de que la vivienda transmitida queda sujeta por tanto a las prohibiciones y limitaciones de su régimen propio; el precio de venta o renta no podrá exceder de los limites legales, y se destinará a domicilio habitual y permanente, sin que nadie pueda reservarse o disfrutar por cualquier título más de una vivienda de Protección Oficial.

Por su elección les leo el contenido de esta escritura, lo encuentran conforme y firman conmigo, el Notario, que doy fe de identificarles por el documento exhibido y del contenido de este instrumento extendido en ... folios de serie ... números ... el presente y los ... inmediatos posteriores correlativos.

DOCUMENTO UNIDO (contrato privado de compraventa aludido en la escritura).

39

Compraventa En Documento Privado Por Herederos Testamentarios Sin Haber Otorgado Escritura De Adjudicación De Herencia. Documento Complementario

En ..., a ... de ... de ...

REUNIDOS

De una parte y para vender, las siguientes personas: Don ..., mayor de edad, funcionario, soltero, vecino de ..., con domicilio en ..., con DNI número ...

Don ..., mayor de edad, funcionario, casado con Doña ..., vecino de ..., con domicilio en ..., con DNI número ...

Doña ..., mayor de edad, viuda, sin profesión especial, vecina de ..., domiciliada en ..., con DNI número ...

Y de otra y para comprar, los cónyuges Don ... y Doña ..., ambos mayores de edad, casados bajo el régimen económico-matrimonial de gananciales según manifiestan, vecinos de ..., con domicilio en calle ..., y DD.NN.II. números, respectivamente, ... y ..., y en lo sucesivo compradores.

INTERVIENEN

Don ..., Don ... y Doña ... en su propio nombre y derecho.

Y Don ... y Doña ..., en su propio nombre y derecho y además en beneficio de su sociedad legal de gananciales.

Se reconocen la capacidad legal suficiente para otorgar este contrato de COMPRAVENTA, y al efecto: ...

DECLARAN

PRIMERO. Don ..., padre que fue de Don ... y Don ..., falleció en ..., el día ..., bajo testamento otorgado en fecha ... en ... ante su Notario Don/Doña ..., con el número ... de su Protocolo.

SEGUNDO. Don ... instituyó herederos por iguales partes a Don ... y Don ..., y legando a su cónyuge Doña ... el usufructo universal y vitalicio de todos los bienes de la herencia.

TERCERO. La citada herencia ha sido liquidada del impuesto de sucesiones, pero no ha sido objeto de partición, no existiendo cargas ni deudas de que deba responder ni el caudal hereditario ni la que fue sociedad de gananciales del causante.

CUARTO. Entre los bienes que integran el caudal hereditario y la sociedad de gananciales se encuentra el siguiente inmueble:

(...)

QUINTO. Habiendo convenido el otorgamiento de este contrato, lo efectúan bajo las siguientes:

ESTIPULACIONES

PRIMERA. Don ..., Don ... y Doña ... venden y transmiten a los cónyuges Don ... y Doña ..., que compran aceptan, para su sociedad legal de gananciales, los derechos hereditarios que corresponden a Don ... y Don ... en la herencia de su padre, y a Doña ... como consecuencia del legado y de la liquidación de gananciales, en la finca antes descrita, con cuanto sea accesorio o inherente a la misma, y cuya situación física, jurídica y registral conocen los compradores.

SEGUNDA. El precio de la compraventa es de ... euros que los vendedores reciben en este acto de los compradores, mediante ..., y otorgando por tanto a los compradores plena carta de pago.

TERCERA. Todos los gastos e impuestos que se deriven la escritura pública que en su momento se otorgue, serán satisfechos por los cónyuges Don ... y Doña ...

Y en prueba de conformidad firman el presente documento en el lugar y fecha al principio indicados, por cuadruplicado, quedando tres ejemplares en poder de los vendedores, y otro en poder de los compradores.

Documento complementario ...

En ..., a ... de ... de ...

REUNIDOS

Don ..., mayor de edad, funcionario, soltero, vecino de ..., con domicilio en ..., con DNI número ...

Don ..., mayor de edad, funcionario, casado con Doña ..., vecino de ..., con domicilio en ..., con DNI número ...

Doña ..., mayor de edad, viuda, sin profesión especial, vecina de ..., domiciliada en ..., con DNI número ...

INTERVIENEN

Todos en su propio nombre y derecho.

Se reconocen la capacidad legal suficiente para otorgar este documento, y al efecto:

RECONOCEN, DECLARAN Y ACUERDAN

PRIMERO. Que en esta misma fecha han otorgado contrato de compraventa de la finca registral número ... del Registro de la Propiedad número ... de ..., sita en ..., calle ..., y por el que Don ..., Don ... y Doña ... han vendido y transmitido a los cónyuges Don ... y Doña ..., que han comprado y aceptado, para su sociedad legal de gananciales, los derechos hereditarios que corresponden a Don ... y Don ... en la herencia de su padre y a Doña ... como consecuencia del legado y de la liquidación de gananciales, en la finca antes citada, con cuanto sea accesorio o inherente a la misma, y cuya situación física, jurídica y registral conocen los compradores.

SEGUNDO. Que el presente documento es complementario y no contradictorio del anterior.

TERCERO. Hacen constar que el precio de ... euros confesado recibido ha sido ingresado en la entidad Bancaria ..., Oficina o Sucursal de ..., sita en ..., calle ..., en cuenta ..., y cuyos fondos serán administrados por Don ... para atender a los diversos gastos que vaya generando el resto del caudal hereditario, respondiendo por tal motivo frente a la herencia yacente y a los propios Don ... y Doña ...

Y en prueba de conformidad, firman el presente documento, por triplicado, en el lugar y fecha al principio indicado, quedando un ejemplar en poder de cada compareciente.

40

Contrato De Compraventa De Automóviles Usados

OPERACIÓN ...
FECHA: ... /... /...

COMPRAVENTA DE AUTOMÓVILES USADOS

Don ...
Calle ...
NIF ...

DATOS DEL COMPRADOR (Otros compradores al dorso).

Nombre y apellidos ...
Domicilio: calle/Plaza ..., número ..., localidad ..., CP ...
DNI/CIF n.º ..., expedido el día ..., en ...; teléfono n.º ...
Si fuera sociedad: CIF ..., Escritura de constitución ante el Notario de ... Don/Doña ... de fecha ..., Protocolo número ...
Nombre y apellidos de apoderado/apoderados ... con DNI n.º ... expedido el día ... en ...

VEHÍCULO VENDIDO:.

Marca y modelo: ... ; color: ... ; N.º bastidor: ...
Matrícula: ...

PRECIO Y FORMA DE PAGO:

Precio: ... euros.
Forma de pago: ...

A) En este acto entrega en metálico de ... euros.
B) El resto, mediante ...

Las cantidades entregadas a la firma de este documento son a cuenta del precio estipulado y confirmatorias de la compraventa.

ENTREGA DEL VEHÍCULO:

La entrega del vehículo vendido tendrá lugar en fecha ... en ...

OBSERVACIONES:

1. Multas pendientes: ...

2. Transferencia del vehículo: ...

3. Gestión de impuestos, permiso de circulación e impuesto de circulación: ...

Conforme el cliente.

41

Compraventa De Autos. Vendedor Persona Jurídica. Pago Parcial En Especie Por Entrega De Automóvil Usado

OPERACIÓN ...
FECHA: ... /... /...

COMPRAVENTA DE AUTOMÓVILES

Entidad: ...

CIF ..., Escritura de constitución ante el Notario de ... Don/Doña ... de fecha ..., Protocolo número ...

Nombre y apellidos de apoderado/apoderados ... con DNI n.º ... expedido el día ... en ...

Calle ...

DATOS DEL COMPRADOR (Otros compradores al dorso):

Nombre y apellidos ...

Domicilio: calle/Plaza ..., número ..., localidad ..., CP ...

DNI/CIF n.º ..., expedido el día ..., en ...; teléfono n.º ...

Si fuera sociedad: CIF ..., Escritura de constitución ante el Notario de ... Don/Doña ... de fecha ..., Protocolo número ...

Nombre y apellidos de apoderado/apoderados ... con DNI n.º ... expedido el día ... en ...

VEHÍCULO VENDIDO:

Marca y modelo: ...; color: ... ; N.º bastidor: ...

Matrícula: ...

PRECIO Y FORMA DE PAGO:.

Precio: ... euros.

Forma de pago:

A) En este acto entrega en metálico de ... euros.

B) En especie: entrega el vehículo ..., modelo ..., matrícula ..., con kilómetros ..., bastidor número ..., y fecha de matriculación ..., que de común acuerdo valoran las partes en ... euros.

C) El resto, mediante...

Las cantidades entregadas a la firma de este documento son a cuenta del precio estipulado y confirmatorias de la compraventa.

Si con posterioridad a esta operación se formulase reclamación al vendedor el automóvil nuevo o al adquirente del usado que se entrega en este acto, por multas o impuestos impagados serán de cuenta del adquirente en este documento el pago de tales importes más, en su caso, los gastos que puedan haberse ocasionado a este vendedor o futuro adquirente del automóvil que en este acto entrega.

ENTREGA DEL VEHÍCULO

La entrega del vehículo vendido tendrá lugar en fecha ... en ...

La del vehículo usado que se entrega como parte del precio se efectuará en fecha ... en este establecimiento.

OBSERVACIONES:

1. Transferencia del vehículo: ...

2. Gestión de impuestos, permiso de circulación e impuesto de circulación: ...

Conforme el cliente.

42

Compraventa De Autos. Vendedor Persona Física. Pago Parcial En Especie Por Entrega De Vehículo Usado

OPERACIÓN ...
FECHA: ... /... /...

COMPRAVENTA DE AUTOMÓVILES
Don/Doña: ...
Calle ...
NIF: ...

DATOS DEL COMPRADOR (Otros compradores al dorso):
Nombre y apellidos ...
Domicilio: calle/Plaza ..., número ..., localidad ..., CP ...
DNI/CIF número ..., expedido el día ..., en ...; teléfono n.º ...
Si fuera sociedad: CIF ..., Escritura de constitución ante el Notario de ... Don/Doña ... de fecha ..., Protocolo número ...
Nombre y apellidos de apoderado/apoderados ... con DNI n.º ... expedido el día ... en ...

VEHÍCULO VENDIDO:
Marca y modelo: ...; color: ... ; N.º bastidor ...
Matrícula: ...

PRECIO Y FORMA DE PAGO:
Precio: ... euros.
Forma de pago:

A) En este acto entrega en metálico de ... euros.

B) En especie: entrega el vehículo ..., modelo ..., matrícula ..., con kilómetros ..., bastidor número ..., y fecha de matriculación ..., que de común acuerdo valoran las partes en ... euros.

C) El resto, mediante ...

Las cantidades entregadas a la firma de este documento son a cuenta del precio estipulado y confirmatorias de la compraventa.

Si con posterioridad a esta operación se formulase reclamación al vendedor el automóvil nuevo o al adquirente del usado que se entrega en este acto, por multas o impuestos impagados serán de cuenta del adquirente en este documento el pago de tales importes más, en su caso, los gastos que puedan haberse ocasionado a este vendedor o futuro adquirente del automóvil que en este acto entrega.

ENTREGA DEL VEHÍCULO

La entrega del vehículo vendido tendrá lugar en fecha ... en ...

La del vehículo usado que se entrega como parte del precio se efectuará en fecha ... en este establecimiento.

OBSERVACIONES:

1. Transferencia del vehículo: ...

2. Gestión de impuestos, permiso de circulación e impuesto de circulación: ...

Conforme el cliente.

43

COMPRAVENTA DE BIENES MUEBLES. ORDENADORES. VENDEDOR PERSONA FÍSICA

OPERACIÓN ...
FECHA: ... /... /...

COMPRAVENTA DE MATERIAL INFORMÁTICO
Don ...
Calle ...
NIF ...

DATOS DEL COMPRADOR (Otros compradores al dorso):
Nombre y apellidos ...,
Domicilio: calle/Plaza ..., número ..., localidad ..., CP ...
DNI/CIF número ..., expedido el día ..., en ...; teléfono n.º ...

Si fuera sociedad: CIF ..., Escritura de constitución ante el Notario de ... Don/Doña ... de fecha ..., Protocolo número ...

Nombre y apellidos de apoderado/apoderados ... con DNI n.º ... expedido el día ... en ...

OBJETO VENDIDO:
Ordenador: ...
Marca: ...
Modelo: ...
Otras características o complementos: ...

CONDICIONES DE LA COMPRAVENTA: Las específicas de este documento sobre precio y forma de pago y lugar de instalación, y las generales anexas que firman ambas partes contratantes.

PRECIO Y FORMA DE PAGO:
Precio: ... euros.
Forma de pago:
Valor al contado .... euros.
IVA ... % .... euros.

Importe total al contado ..... euros.
Entrega actual a cuenta ..... euros.
Cantidad aplazada .... euros.
TOTAL DEBIDO .... euros.

La cantidad aplazada será satisfecha a la parte vendedora mediante ... letras de cambio de ... euros cada una, con vencimiento los días ... de cada mes a partir del mes de ... domiciliadas o último tenedor el Banco o Caja ...

ENTREGA DEL OBJETO VENDIDO ... La entrega del ... vendido tendrá lugar en fecha ... para su instalación en .... por cuenta de ...

Por la parte vendedora   Por la parte compradora

CONDICIONES GENERALES DE VENTA

1. Las presentes cláusulas son de aplicación a cualquiera de los modelos de ordenadores, accesorios y demás material informático vendidos por Don ..., los cuales, independientemente de su denominación específica, son nombrados en estas condiciones generales de venta como «aparato».

2. El comprador manifiesta haber escogido bajo su responsabilidad el aparato objeto de este contrato, por lo que declara no responsabilizar a Don ... de su idoneidad y adecuación a la finalidad que va destinada, por haber comprobado previamente su funcionamiento y manifestar conocerlo suficientemente.

3. El vendedor podrá resolver el presente contrato de compraventa antes de la instalación del aparato objeto del mismo, devolviendo al comprador la cantidad entregada en concepto de entrega actual o inicial a cuenta del precio.

4. En el caso de que el comprador desease resolver el contrato antes de la instalación del aparato, el vendedor se reserva el derecho de proceder a las acciones que considere oportunas para defender sus derechos e intereses y, en cualquier caso, el comprador perderá la cantidad entregada a cuenta en concepto de indemnización.

5. El comprador recibirá la posesión del aparato en la fecha de la instalación del mismo, en concepto de depósito.

La propiedad del aparato será del vendedor hasta tanto el comprador no haga el pago total del precio en la forma estipulada.

6. Mientras no adquiera la propiedad, el comprador responde de todos los daños y perjuicios que se ocasionaran en el aparato vendido, incluso fortuitamente.

El vendedor, en todo caso de deterioro del aparato se reserva las acciones legales pertinentes.

7. La falta de pago de alguno de los plazos facultará al vendedor según su libre opción, para exigir del comprador el pago del precio más los intereses legales, gastos ocasionados y daños y perjuicios; o bien la resolución inmediata del contrato con devolución inmediata del aparato y pérdida de las cantidades entregadas al vendedor en concepto de indemnización por daños y perjuicios, sin perjuicio de cualquier otro que pudiera corresponderle conforme a derecho.

Para la resolución del contrato será suficiente el requerimiento en tal sentido hecho por el vendedor al comprador de forma fehaciente, incluso por telegrama con acuse de recibo, incurriendo en mora desde ese momento el comprador respecto de la devolución del aparato y pago o reintegro al vendedor de gastos y otros daños y perjuicios.

Con independencia de lo anterior, la falta de pago del precio o parte del mismo, producirá de pleno derecho la suspensión del contrato de asistencia técnica del aparato.

8. En el caso de que el comprador, hasta que adquiera la propiedad del objeto vendido, se encontrara en declaración de quiebra, suspensión de pagos, concurso de acreedores, procedimientos de quita y/o espera, embargo, intervención o administración judicial, o en cualquier otro supuesto de insolvencia patrimonial y, en su caso, de medida cautelar, en cualquier forma que fuere se compromete a declarar y reconocer en el acto de la diligencia primera que se le practique, la propiedad del vendedor y comunicarle inmediatamente su situación.

Sin perjuicio de lo anterior, en tales supuestos se entenderá resuelto el contrato conforme a lo previsto en la condición siete.

9. Para el cumplimiento de las condiciones generales 6 y 7, el comprador autoriza al vendedor a entrar en sus locales y usar de todos los medios que sean necesarios para efectuar la retirada del aparato.

La recuperación del aparato por parte del vendedor podrá hacerse sin necesidad de ejercicio de acción judicial, por propia y directa decisión de aquél, corriendo por cuenta del comprador todos los gastos que se originen.

10. El vendedor se compromete a instalar por medio de sus distribuidores el aparato en el domicilio que designe el comprador, quien facilitará a su cargo la toma de corriente eléctrica y de tierra en el desplazamiento que asigne a cada aparato.

11. El vendedor se compromete a mantener el aparato en buenas condiciones de funcionamiento, durante la vigencia del correspondiente contrato de asistencia técnica que se ha de suscribir, conjunta e independientemente al de compraventa.

Esto incluirá las reparaciones y sustituciones gratuitas de piezas para el normal funcionamiento del aparato, excepto si la avería o el mal funcionamiento del mismo fuera debido a dolo o negligencia del comprador o cualquiera de sus empleados o usuarios habituales del aparato.

El presente compromiso se extinguirá en el caso de que el aparato fuera manipulado por personas no autorizadas por el vendedor.

12. Durante la vigencia del correspondiente contrato de asistencia técnica, el comprador notificará al vendedor cualquier cambio de emplazamiento del aparato de su lugar original de instalación.

13. Para la resolución de todas las cuestiones que puedan suscitarse con motivo de la ejecución de este contrato, así como en lo relativo al mantenimiento del aparato vendido, ambas partes acuerdan someterse expresamente a los Juzgados y Tribunales de ..., con renuncia clara y terminante al fuero que pudiere corresponderles.

Y en prueba de conformidad, firman el presente documento, por duplicado, en el lugar y fecha al principio indicados, quedando un ejemplar en poder de cada parte contratante.

Por el vendedor   Por el comprador

44

COMPRAVENTA DE BIENES MUEBLES. FOTOCOPIADORA. VENDEDOR PERSONA JURÍDICA

OPERACIÓN ...
FECHA: ... /... /...

COMPRAVENTA DE MÁQUINAS FOTOCOPIADORAS

Entidad: ...

CIF ..., Escritura de constitución ante el Notario de ... Don/Doña ... de fecha ..., Protocolo número.

Nombre y apellidos de apoderado/apoderados ... con DNI n.º ... expedido el día ... en ...

Calle ...

DATOS DEL COMPRADOR (Otros compradores al dorso):
Nombre y apellidos ...
Domicilio: calle/Plaza ..., número ..., localidad ..., CP ...
DNI/CIF número ..., expedido el día ..., en ...; teléfono n.º ...

Si fuera sociedad: CIF ..., Escritura de constitución ante el Notario de ... Don/Doña ... de fecha ..., Protocolo número ...

Nombre y apellidos de apoderado/apoderados ... con DNI n.º ... expedido el día ... en ...

OBJETO VENDIDO:
Fotocopiadora: ...
Marca: ...
Modelo: ...
Otras características o complementos: ...

CONDICIONES DE LA COMPRAVENTA: Las específicas de este documento sobre precio y forma de pago y lugar de instalación, y las generales anexas que firman ambas partes contratantes.

PRECIO Y FORMA DE PAGO:

Precio:................................	euros.
Forma de pago: ...	
Valor al contado	euros.
IVA ... %	euros.
Importe total al contado	euros.
Entrega actual a cuenta	euros.
Cantidad aplazada	euros.
TOTAL DEBIDO..................	euros.

La cantidad aplazada será satisfecha a la parte vendedora mediante ... letras de cambio de ... euros cada una, con vencimiento los días ... de cada mes a partir del mes de ... domiciliadas o último tenedor el Banco o Caja ...

ENTREGA DEL OBJETO VENDIDO ... La entrega del ... vendido tendrá lugar en fecha ... para su instalación en .... por cuenta de ...

Por la parte vendedora

Por la parte compradora

CONDICIONES GENERALES DE VENTA

1. Las presentes cláusulas son de aplicación a cualquiera de los modelos de máquinas fotocopiadoras, accesorios y complementos vendidos por la entidad vendedora.

2. El comprador manifiesta haber escogido bajo su responsabilidad el objeto de este contrato, por lo que declara no responsabilizar a la empresa vendedora de su idoneidad y adecuación a la finalidad que va destinada, por haber comprobado previamente su funcionamiento y manifestar conocerlo suficientemente.

3. El vendedor podrá resolver el presente contrato de compraventa antes de la instalación del objeto del mismo, devolviendo al comprador la cantidad entregada en concepto de entrega actual o inicial a cuenta del precio.

4. En el caso de que el comprador desease resolver el contrato antes de la instalación del aparato objeto del mismo, el vendedor se reserva el derecho de proceder a las acciones que considere oportunas para defender sus derechos e intereses y, en cualquier caso, el comprador perderá la cantidad entregada a cuenta en concepto de indemnización.

5. El comprador recibirá la posesión del aparato o máquina objeto de este contrato en la fecha de la instalación del mismo, en concepto de depósito.

La propiedad de la maquina o aparato será del vendedor hasta tanto el comprador no haga el pago total del precio en la forma estipulada.

6. Mientras no adquiera la propiedad, el comprador responde de todos los daños y perjuicios que se ocasionaran en el aparato o máquina vendida, incluso fortuitamente.

El vendedor, en todo caso de deterioro de la máquina o aparato vendido se reserva las acciones legales pertinentes.

7. La falta de pago de alguno de los plazos facultará al vendedor según su libre opción, para exigir del comprador el pago del precio más los intereses legales, gastos ocasionados y daños y perjuicios; o bien la resolución inmediata del contrato con devolución inmediata del aparato o máquina y pérdida de las cantidades entregadas al vendedor en concepto de indemnización por daños y perjuicios, sin perjuicio de cualquier otro que pudiera corresponderle conforme a derecho.

Para la resolución del contrato será suficiente el requerimiento en tal sentido hecho por el vendedor al comprador de forma fehaciente, incluso por telegrama con acuse de recibo, incurriendo en mora desde ese momento el comprador respecto de la devolución del aparato y pago o reintegro al vendedor de gastos y otros daños y perjuicios.

Con independencia de lo anterior, la falta de pago del precio o parte del mismo, producirá de pleno derecho la suspensión del contrato de asistencia técnica del aparato o máquina.

8. En el caso de que el comprador, hasta que adquiera la propiedad del objeto vendido, se encontrara en declaración de quiebra, suspensión de pagos, concurso de acreedores, procedimientos de quita y/o espera, embargo, intervención o administración judicial, o en cualquier otro supuesto de insolvencia patrimonial y, en su caso, de medida cautelar, en cualquier forma que fuere, se compromete a declarar y reconocer en el acto de la diligencia primera que se le practique, la propiedad del vendedor y comunicarle inmediatamente su situación.

Sin perjuicio de lo anterior, en tales supuestos se entenderá resuelto el contrato conforme a lo previsto en la condición siete.

9. Para el cumplimiento de las condiciones generales 6 y 7, el comprador autoriza al vendedor a entrar en sus locales y usar de todos los medios que sean necesarios para efectuar la retirada del aparato o máquina.

La recuperación del aparato por parte del vendedor podrá hacerse sin necesidad de ejercicio de acción judicial, por propia y directa decisión de aquél, corriendo por cuenta del comprador todos los gastos que se originen.

10. El vendedor se compromete a instalar por medio de sus distribuidores el aparato o máquina en el domicilio que designe el comprador, quien facilitará a su cargo la toma de corriente eléctrica y de tierra.

11. El vendedor se compromete a mantener el aparato o máquina en buenas condiciones de funcionamiento, durante la vigencia del correspondiente contrato de asistencia técnica que se ha de suscribir, conjunta e independientemente al de compraventa.

Esto incluirá las reparaciones y sustituciones gratuitas de piezas para el normal funcionamiento del aparato o máquina, excepto si la avería o el mal funcionamiento del mismo fuera debido a dolo o negligencia del comprador o cualquiera de sus empleados o usuarios habituales del aparato.

El presente compromiso se extinguirá en el caso de que el aparato o máquina fuera manipulado por personas no autorizadas por el vendedor.

12. Durante la vigencia del correspondiente contrato de asistencia técnica, el comprador notificará al vendedor cualquier cambio de emplazamiento del aparato de su lugar original de instalación.

13. Para la resolución de todas las cuestiones que puedan suscitarse con motivo de la ejecución de este contrato, así como en lo relativo al mantenimiento del aparato vendido, ambas partes acuerdan someterse expresamente a los Juzgados y Tribunales de ..., con renuncia clara y terminante al fuero que pudiere corresponderles.

Y en prueba de conformidad, firman el presente documento, por duplicado, en el lugar y fecha al principio indicados, quedando un ejemplar en poder de cada parte contratante.

Por el vendedor Por el comprador

45

Opción De Compra. Ayuntamiento. Persona Jurídica. No Fijación De Precio Al Derecho De Opción

NÚMERO (Protocolo).

En ..., mi residencia, a ... de ... de ...

Ante mí ..., Notario del Ilustre Colegio de ...,

COMPARECEN

De una parte y como optante, Don ..., como Alcalde-Presidente del Excelentísimo Ayuntamiento de ...

Doña ..., Secretaria-Interventora de dicho Ayuntamiento.

Ambos exentos de presentar su DNI por razón del cargo en que respectivamente actúan.

Y de otra parte y como concedente, Don ..., mayor de edad, industrial, casado, vecino de ..., con domicilio en calle ..., y con DNI número ...

INTERVIENEN

El Sr. Alcalde en nombre y representación del Excelentísimo Ayuntamiento de ..., haciéndolo la Sra. Secretaria al solo efecto de asistir al Sr. Alcalde. Por notoriedad me consta que ambos comparecientes continúan en la actualidad en el ejercicio de sus cargos.

Se halla Don ... debidamente facultado para este otorgamiento en virtud de acuerdo del Pleno del Ayuntamiento de fecha ..., según manifiesta y acreditará donde fuere preciso.

Y Don ... en nombre y representación, como Administrador solidario de la Mercantil «..., Sociedad Limitada», constituida por escritura autorizada en ..., por el

Notario Don ..., el día ...; de duración indefinida, cuyo objeto social es la compra y venta de inmuebles rústicos y urbanos, su explotación directa o en régimen de alquiler, o arrendamiento de toda clase; domiciliada en ..., calle ; debidamente inscrita en el Registro Mercantil de ... al Tomo ..., Folio ..., Hoja ..., inscripción 1.ª.; y con CIF ...

Resulta su cargo y sus facultades de la escritura antes citada, copia autorizada de la cual tengo a la vista y de ella transcribo los particulares pertinentes a este otorgamiento:

«... EXPONEN: I. Que la Junta General Universal de la Sociedad, en su reunión del día ..., adoptó entre otros los siguientes acuerdos:
CUARTO: Cesar a los actuales miembros del Consejo de Administración, y nombrar conforme a los Estatutos sociales, ADMINISTRADORES SOLIDARIOS a ... y ... por plazo de cinco años, con las facultades del artículo ... de los Estatutos Sociales...»

De los Estatutos incorporados a la misma:

«ARTÍCULO... FACULTADES DE LOS ADMINISTRADORES:
La representación de la Sociedad, en juicio incluso absolución de posiciones y fuera de él, corresponderá a los administradores en la forma prevista por la Ley y estos Estatutos.
La ejecución de los acuerdos del Consejo, en su caso, corresponderá a cualquiera de sus miembros, a no ser que el propio acuerdo establezca otra cosa.
La representación se extenderá a todos los actos comprendidos en el objeto social, incluidos aquellos en los que, según la legislación civil o mercantil o la práctica comercial o bancaria se exija autorización o mandato expreso.
En todo caso se considerará incluido en el objeto social aquellos actos de carácter complementario, accesorio o preparatorio de aquél, tales como actos de apoderamiento, financieros de cualquier clase, comisión y otros.
La Sociedad quedará obligada frente a terceros, en los términos establecidos en la Ley, por los actos y contratos que en su nombre realicen los Administradores, aun cuando éstos estén fuera o al margen del objeto social, aunque sin perjuicio de la responsabilidad interna en que puedan incurrir dichos Administradores frente a la Sociedad por los perjuicios que le causen...».

Lo omitido por innecesario no modifica, condiciona, amplía o restringe el documento público transcrito, asegurándome Don ... que su cargo y sus facultades continúan vigentes, así como que no ha variado la capacidad de la Sociedad por él representada.

Tienen, a mi juicio, en el concepto en que respectivamente intervienen la capacidad legal suficiente para otorgar la presente escritura OPCIÓN DE COMPRA, y al efecto:

EXPONEN

I. La Mercantil «..., Sociedad Limitada», es titular del pleno dominio de la siguiente finca.

Nave industrial (...) (Descripción).
Título: ...
Inscripción: ...
Cargas, gravámenes y arrendamientos: Libre de ellos.
Referencia catastral: ...[44].

II. Y esto expuesto, los comparecientes, según intervienen, en ejecución de lo acordado:

OTORGAN

PRIMERO. La Mercantil «..., Sociedad Limitada», representada en este acto por Don ..., CONCEDE al Excelentísimo Ayuntamiento de ..., representado aquí por su Alcalde-Presidente, un DERECHO DE OPCIÓN DE COMPRA sobre el pleno dominio de la finca descrita en la exposición de esta escritura, con sujeción a las siguientes características:

A) El precio estipulado para la adquisición de la finca será de ... euros, sin que exista precio para la opción en sí.

B) El plazo de ejercicio de la opción expirará ... días después de la fecha de aprobación definitiva de los Presupuestos del Excelentísimo Ayuntamiento de ... para el año ...

SEGUNDO. Los comparecientes, según intervienen, pactan expresamente la inscripción de la presente opción de compra en el Registro de la Propiedad conforme al artículo 14 del Reglamento Hipotecario, inscripción que solicitan del Sr. Registrador de la Propiedad competente.

TERCERO. A efectos de impuestos se solicita (exención, bonificación...).

---

[44] Véase nota a pie de página número 3 del formulario 1, y la número 9 del formulario 5. Dependerá del carácter real o personal de la opción de compra.

CUARTO. Todos los gastos que origine este otorgamiento los satisfarán las partes de la siguiente forma:

AUTORIZACIÓN

Hago las reservas y advertencias legales y fiscales.

En especial y con relación al Impuesto de Transmisiones Patrimoniales y Actos Jurídicos Documentados, les advierto del plazo de ... días hábiles que tienen para presentar copia de esta escritura en la Oficina Liquidadora competente, previa su autoliquidación; la afección de los bienes al pago del Impuesto o al de las liquidaciones complementarias en su caso; y responsabilidades en que podrían incurrir como consecuencia del incumplimiento de sus deberes fiscales respectivos.

En particular y a efectos fiscales advierto de las obligaciones y responsabilidades tributarias que incumben a las partes en su aspecto material, formal y sancionador, y de las consecuencias de toda índole que se derivarían de la inexactitud de sus declaraciones.

Por su elección les leo el contenido de esta escritura, lo encuentran conforme y firman conmigo, el/la Notario, que doy fe de conocerles y del contenido de este instrumento extendido en ... folios de clase ..., serie ..., números ..., el presente y los ... inmediatos posteriores correlativos.

46

Escritura De Compraventa En Ejecución De Otra Anterior De Opción De Compra. Corporación Pública. Persona Jurídica

NÚMERO (Protocolo ...).

En ..., mi residencia, a ... de ... de ...

Ante mí ..., Notario del Ilustre Colegio de ...,

COMPARECEN

Don ..., como Alcalde-Presidente del Excelentísimo Ayuntamiento de ...

Doña ..., Secretaria-Interventora de dicho Ayuntamiento.

Ambos exentos de presentar su DNI por razón del cargo en que respectivamente actúan.

Y Don ..., mayor de edad, industrial, casado, vecino de ..., con domicilio en calle ..., y con DNI número ...

INTERVIENEN

El Sr. Alcalde en nombre y representación del Excelentísimo Ayuntamiento de ..., haciéndolo la Sra. Secretaria al solo efecto de asistir al Sr. Alcalde. Por notoriedad me consta que ambos comparecientes continúan en la actualidad en el ejercicio de sus cargos.

Y Don ... en nombre y representación, como Administrador solidario de la Mercantil «..., Sociedad Limitada», constituida por escritura autorizada en ..., por el Notario Don ..., el día ...; de duración indefinida, cuyo objeto social es la compra y venta de inmuebles rústicos y urbanos, su explotación directa o en régimen de alquiler, o arrendamiento de toda clase; domiciliada en ..., calle ...; debidamente inscrita en el Registro Mercantil de ... al Tomo ..., Folio ..., Hoja ..., inscripción 1.ª; y con CIF ...

Resulta su cargo y sus facultades de la escritura antes citada, copia autorizada de la cual tengo a la vista y de ella transcribo los particulares pertinentes a este otorgamiento:

«... EXPONEN: I. Que la Junta General Universal de la Sociedad, en su reunión del día ..., adoptó entre otros los siguientes acuerdos:

CUARTO: Cesar a los actuales miembros del Consejo de Administración, y nombrar conforme a los Estatutos sociales, ADMINISTRADORES SOLIDARIOS a ... y ... por plazo de cinco años, con las facultades del artículo ... de los Estatutos Sociales...»

De los Estatutos incorporados a la misma:

«ARTÍCULO .... FACULTADES DE LOS ADMINISTRADORES:

La representación de la Sociedad, en juicio incluso absolución de posiciones y fuera de él, corresponderá a los administradores en la forma prevista por la Ley y estos Estatutos.

La ejecución de los acuerdos del Consejo, en su caso, corresponderá a cualquiera de sus miembros, a no ser que el propio acuerdo establezca otra cosa.

La representación se extenderá a todos los actos comprendidos en el objeto social, incluidos aquellos en los que, según la legislación civil o mercantil o la práctica comercial o bancaria se exija autorización o mandato expreso.

En todo caso se considerará incluido en el objeto social aquellos actos de carácter complementario, accesorio o preparatorio de aquél, tales como actos de apoderamiento, financieros de cualquier clase, comisión y otros.

La Sociedad quedará obligada frente a terceros, en los términos establecidos en la Ley, por los actos y contratos que en su nombre realicen los Administradores, aun cuando éstos estén fuera o al margen del objeto social, aunque sin perjuicio de la responsabilidad interna en que puedan incurrir dichos Administradores frente a la Sociedad por los perjuicios que le causen...»

Lo omitido por innecesario no modifica, condiciona, amplía o restringe el documento público transcrito, asegurándome Don ... que su cargo y sus facultades continúan vigentes, así como que no ha variado la capacidad de la Sociedad por él representada.

Tienen, a mi juicio, en el concepto en que respectivamente intervienen la capacidad legal suficiente para otorgar la presente escritura de COMPRAVENTA EN EJECUCIÓN DE OTRA DE OPCIÓN DE COMPRA, y al efecto:

EXPONEN

I. Que en virtud de escritura de opción de compra autorizada por mí el día ..., con el número ... de Protocolo, la Mercantil «..., Sociedad Limitada», concedió al

Excelentísimo Ayuntamiento de ... un derecho de opción de compra sobre la siguiente finca propiedad de la precitada Mercantil:

Nave industrial (...) (Descripción).
Inscripción del derecho de opción de compra: ...
Referencia catastral: ...[45].

II. En la escritura de opción de compra se estipuló como precio para la adquisición de la finca el de ... euros.

III. Y esto expuesto, los comparecientes, según intervienen, en ejecución de lo acordado en la escritura de opción de compra antedicha: ...

OTORGAN

PRIMERO: Don ..., en la representación que ostenta de la Mercantil «..., Sociedad Limitada», VENDE Y TRANSMITE al Excelentísimo Ayuntamiento de ..., representado aquí por su Alcalde-Presidente, QUE COMPRA Y ADQUIERE, el pleno dominio de la finca descrita en la exposición de esta escritura por precio de ... euros.

SEGUNDO. La finca se transmite con cuanto le es inherente o accesorio, libre de cargas y al corriente en el pago de contribuciones e impuestos.

TERCERO. Confiesa Don ..., en la representación que ostenta tener recibido antes de este acto del Excelentísimo Ayuntamiento de ... la totalidad del precio de venta y le da carta de pago.

CUARTO. A efectos de impuestos se solicita (exención, bonificación ...).

QUINTO. Todos los gastos que origine este otorgamiento los satisfarán las partes siguiente forma: ...

AUTORIZACIÓN

Hago las reservas y advertencias legales y fiscales.

En especial y con relación al Impuesto de Transmisiones Patrimoniales y Actos Jurídicos Documentados, les advierto del plazo de ... días hábiles que tienen para presentar copia de esta escritura en la Oficina Liquidadora competente, previa su autoliquidación; la afección de los bienes al pago del Impuesto o al de las liquida-

[45] Véase nota a pie de página número 44 del formulario 45.

ciones complementarias en su caso; y responsabilidades en que podrían incurrir como consecuencia del incumplimiento de sus deberes fiscales respectivos.

En particular y a efectos fiscales advierto de las obligaciones y responsabilidades tributarias que incumben a las partes en su aspecto material, formal y sancionador, y de las consecuencias de toda índole que se derivarían de la inexactitud de sus declaraciones.

Por su elección les leo el contenido de esta escritura, lo encuentran conforme y firman conmigo, el/la Notario, que doy fe de conocerles y del contenido de este instrumento extendido en ... folios de clase ..., serie ..., números ..., el presente y los ... inmediatos posteriores correlativos.

47

OPCIÓN DE COMPRA PERSONAL. DOCUMENTO PRIVADO

En ..., a ... de ... de ...

REUNIDOS

De una parte, como optante: Don ..., mayor de edad, soltero, industrial, vecino de ..., domiciliado en ..., con DNI número ...

Y de otra, como concedentes: Los cónyuges Don ... y Doña ..., pensionistas, mayores de edad, vecinos de ..., con domicilio en calle ... y con DD.NN.II. , respectivamente, números ... y ...

INTERVIENEN

Todos en su propio nombre y derecho, y los cónyuges concedente además en beneficio de su sociedad de gananciales.

Se reconocen recíprocamente capacidad legal bastante para otorgar este contrato de OPCIÓN DE COMPRA, y al efecto:

DECLARAN

Primero. Don ... es titular para su sociedad conyugal del pleno dominio de la siguiente finca urbana:

... (Descripción).
Inscripción: Tomo ..., Libro ..., Folio ..., finca número ..., inscripción ...
Título:. ...
Cargas: Libre de cargas y sin arrendar, según manifiestan.
Referencia catastral: ...[46].

[46] Véase nota a pie de página número 44 del formulario 45.

Segundo. Y habiendo convenido el otorgamiento del presente documento, lo efectúan conforme a las siguientes:

ESTIPULACIONES

PRIMERA. Don ..., con el consentimiento de su compareciente esposa, CONCEDE A Don ..., que acepta en el presente acto, un DERECHO DE OPCIÓN DE COMPRA sobre la finca antes descrita, con sujeción a las siguientes características:

A) El precio estipulado para la adquisición de la finca será de ... euros, sin que exista precio para la opción en sí.

B) El plazo de ejercicio de la opción es el de ... años[47].

C) Dicho derecho de opción se configura como transmisible o mediatorio en favor de Doña ..., consintiendo expresamente tal extremo los cónyuges concedentes.

SEGUNDA. Todos los gastos e impuestos de este documento, así como la elevación a público del mismo serán de cuenta de Don ...

Y en prueba de conformidad firman el presente documento, por duplicado, en el lugar y fecha al principio indicados.

---

47 Artículo 14 Reglamento Hipotecario: máximo de cuatro años.

48

ESCRITURA PÚBLICA DE OPCIÓN DE COMPRA. PERSONAL

NÚMERO (Protocolo ...).

En ..., mi residencia, a ... de ... de ...

Ante mí, ..., Notario del Ilustre Colegio de ...,

COMPARECEN

De una parte, como optante: Don ..., mayor de edad, soltero, industrial, vecino de ..., domiciliado en ..., con DNI número ...

Y de otra, como concedentes: Los cónyuges Don ... y Doña ..., pensionistas, mayores de edad, vecinos de ..., con domicilio en calle ... y con DD.NN.II. , respectivamente, números ... y ...

INTERVIENEN

Todos en su propio nombre y derecho, y los cónyuges concedentes además en beneficio de su sociedad de gananciales.

Les identifico por su documento nacional de identidad.

Tienen a mi juicio, la capacidad legal suficiente para otorgar la presente escritura de OPCIÓN DE COMPRA, y al efecto:

EXPONEN

I. Don ... es titular para su sociedad conyugal del pleno dominio de la siguiente finca urbana:

(...) Descripción.
Inscripción: Tomo ..., Libro ..., Folio ..., finca número ..., inscripción: ...

Título: ...
Cargas: Libre de cargas y sin arrendar, según manifiestan.
Referencia catastral: ...[48].

Yo, el Notario, hago la advertencia del artículo 175 del Reglamento Notarial.

II. Y expuesto lo anterior:

OTORGAN

PRIMERO. Don ..., con el consentimiento de su compareciente esposa, CONCEDE a Don ..., que acepta en el presente acto, un DERECHO DE OPCIÓN DE COMPRA sobre la finca descrita en la exposición de esta escritura, con sujeción a las siguientes características:

A) El precio estipulado para la adquisición de la finca será de ... euros, sin que exista precio para la opción en sí.

B) El plazo de ejercicio de la opción es el de ... años[49].

C) Dicho derecho de opción se configura como transmisible o mediatorio en favor de Doña ..., consintiendo expresamente tal extremo los cónyuges concedentes.

SEGUNDO. Los comparecientes, según intervienen, pactan expresamente la inscripción de la presente opción de compra en el Registro de la Propiedad conforme al artículo 14 del Reglamento Hipotecario, inscripción que solicitan del Sr. Registrador de la Propiedad competente.

TERCERO. Todos los gastos e impuestos de este instrumento serán de cuenta de Don ...

AUTORIZACIÓN

Hago las reservas y advertencias legales y fiscales.

En especial, y con relación al Impuesto de Transmisiones Patrimoniales y Actos Jurídicos Documentados, les advierto del plazo de treinta días hábiles que tienen para presentar copia de esta escritura en la Oficina Liquidadora competente, pre-

[48] Véase nota a pie de página número 44 del formulario 45.

[49] Artículo 14 Reglamento Hipotecario: máximo de cuatro años.

via su autoliquidación; la afección de los bienes al pago del Impuesto o al de las liquidaciones complementarias en su caso; y responsabilidades en que podrían incurrir como consecuencia del incumplimiento de sus deberes fiscales respectivos.

En particular, y a efectos fiscales, advierto de las obligaciones y responsabilidades tributarias que incumben a las partes en su aspecto material, formal y sancionador, y de las consecuencias de toda índole que se derivarían de la inexactitud de sus declaraciones.

Por su elección les leo el contenido de esta escritura, lo encuentran conforme y firman conmigo, la Notario, que doy fe de identificarles por el documento exigido y del contenido de este instrumento extendido en ... folios de clase ..., serie ..., números ... y los ... inmediatos anteriores correlativos.

49

DOCUMENTO PRIVADO DE OPCIÓN DE COMPRA. UNILATERAL Y REAL

En ..., a ... de ... de ...

REUNIDOS

De una parte, como optante: Don ..., mayor de edad, soltero, industrial, vecino de ..., domiciliado en ..., con DNI número ...

Y de otra, como concedentes: Los cónyuges Don ... y Doña ..., pensionistas, mayores de edad, vecinos de ..., con domicilio en calle ... y con DD.NN.II., respectivamente, números ... y ...

INTERVIENEN

Todos en su propio nombre y derecho, y los cónyuges concedente además en beneficio de su sociedad de gananciales.

Se reconocen recíprocamente capacidad legal bastante para otorgar este contrato de OPCIÓN DE COMPRA, y al efecto:

DECLARAN

Primero. Don ... es titular para su sociedad conyugal del pleno dominio de la siguiente finca urbana:

(...) Descripción.
Inscripción: Tomo ..., Libro ..., Folio ..., finca número ..., inscripción ...
Título:. ...
Cargas: Libre de cargas y sin arrendar, según manifiesta.
Referencia catastral: ...[50].

---

[50] Véase nota a pie de página número 44 del formulario 45.

Segundo. Y habiendo convenido el otorgamiento del presente contrato, lo efectúan conforme a las siguientes:

ESTIPULACIONES

PRIMERA. Don ..., con el consentimiento de su compareciente esposa, CONCEDE a Don ..., que acepta en el presente acto, un DERECHO DE OPCIÓN DE COMPRA sobre la finca antes descrita, con sujeción a las siguientes características:

A) El precio estipulado para la adquisición de la finca será de ... euros, sin que exista precio para la opción en sí.

B) El plazo de ejercicio de la opción es el de ... años[51].

C) Dicho derecho de opción se configura como transmisible o mediatorio en favor de Doña ..., consintiendo expresamente tal extremo los cónyuges concedentes.

D) Pactan expresamente los comparecientes que el optante podrá ejercitar unilateralmente la opción mediante el otorgamiento de la correspondiente escritura pública por el optante, de modo que el título dominical definitivo del adquirente quedará integrado por la escritura de opción de compra que en su momento se otorgue y la escritura de ejercicio de opción, otorgada unilateralmente por el adquirente[52].

De esta forma, se considerará perfeccionada la compraventa y efectuada la *traditio,* debiendo el optante entregar el precio al Notario autorizante, para que por el mismo se haga entrega a los concedentes, respecto de los cuales, y para su notificación, se estará al domicilio que figure en la escritura pública de opción de compra.

SEGUNDA. Todos los gastos e impuestos de este documento, así como la elevación a público del mismo serán de cuenta de Don ...

Y en prueba de conformidad firman el presente documento, por duplicado, en el lugar y fecha al principio indicados.

---

[51] Artículo 14 Reglamento Hipotecario: máximo de cuatro años.

[52] Resolución de la Dirección General de los Registros y del Notariado de 7 de diciembre de 1978.

50

Escritura De Opción De Compra. Real Y Unilateral

NÚMERO (Protocolo ...).

En ..., mi residencia, a ... de ...

Ante mí, ..., Notario del Ilustre Colegio de ...,

COMPARECEN

De una parte, como optante: Don ..., mayor de edad, soltero, industrial, vecino de ..., domiciliado en ..., con DNI número ...

Y de otra, como concedentes: Los cónyuges Don ... y Doña ..., pensionistas, mayores de edad, vecinos de ..., con domicilio en calle ... y con DD.NN.II. , respectivamente, números ... y ...

INTERVIENEN

Todos en su propio nombre y derecho y los cónyuges concedentes además en beneficio de su sociedad de gananciales.

Les identifico por su documento nacional de identidad.

Tienen a mi juicio, la capacidad legal suficiente para otorgar la presente escritura de OPCIÓN DE COMPRA, y al efecto:

EXPONEN

I. Don ... es titular para su sociedad conyugal del pleno dominio de la siguiente finca urbana.

Descripción (...).
Inscripción: Tomo ..., Libro ..., Folio ..., finca número ..., inscripción.
Título: ...

Cargas: Libre de cargas y sin arrendar, según manifiestan.
Referencia catastral: ...[53].

Yo, el Notario, hago la advertencia del artículo 175 del Reglamento Notarial.

II. Y expuesto lo anterior:

OTORGAN

PRIMERO. Don ..., con el consentimiento de su compareciente esposa, CONCEDE a Don ..., que acepta en el presente acto, un DERECHO DE OPCIÓN DE COMPRA sobre la finca descrita en la exposición de esta escritura, con sujeción a las siguientes características:

El precio estipulado para la adquisición de la finca será de ... euros, sin que exista precio para la opción en sí.

B) El plazo de ejercicio de la opción es el de ... años[54].

C) Dicho derecho de opción se configura como transmisible o mediatorio en favor de Doña ..., consintiendo expresamente tal extremo los cónyuges concedentes.

D) Pactan expresamente los comparecientes que el optante podrá ejercitar unilateralmente la opción que en este instrumento público se establece mediante el otorgamiento de la correspondiente escritura pública por el optante, de modo que el título dominical definitivo del adquirente quedará integrado por la presente escritura de opción de compra y la escritura de ejercicio de opción, otorgada unilateralmente por el adquirente[55].

De esta forma se considerará perfeccionada la compraventa y efectuada la *traditio*, debiendo el optante entregar el precio al Notario autorizante, para que por el mismo se haga entrega a los concedentes, respecto de los cuales, y para su notificación, se estará al domicilio que figura en esta escritura.

SEGUNDO. Los comparecientes, según intervienen, pactan expresamente la inscripción de la presente opción de compra en el Registro de la Propiedad conforme al artículo 14 del Reglamento Hipotecario, inscripción que solicitan del Sr. Registrador de la Propiedad competente.

---

[53] Véase nota a pie de página número 44 del formulario 45.

[54] Artículo 14 Reglamento Hipotecario: máximo de cuatro años.

[55] Resolución de la Dirección General de los Registros y del Notariado de 7 de diciembre de 1978.

TERCERO. Todos los gastos e impuestos de este instrumento serán de cuenta de Don ...

AUTORIZACIÓN

Hago las reservas y advertencias legales y fiscales.

En especial, y con relación al Impuesto de Transmisiones Patrimoniales y Actos Jurídicos Documentados, les advierto del plazo de treinta días hábiles que tienen para presentar copia de esta escritura en la Oficina Liquidadora competente, previa su autoliquidación; la afección de los bienes al pago del Impuesto o al de las liquidaciones complementarias en su caso; y responsabilidades en que podrían incurrir como consecuencia del incumplimiento de sus deberes fiscales respectivos.

En particular, y a efectos fiscales, advierto de las obligaciones y responsabilidades tributarias que incumben a las partes en su aspecto material, formal y sancionador, y de las consecuencias de toda índole que se derivarían de la inexactitud de sus declaraciones.

Por su elección les leo el contenido de esta escritura, lo encuentran conforme y firman conmigo, el/la Notario, que doy fe de identificarles por el documento exigido y del contenido de este instrumento extendido en ... folios de clase ..., serie ..., números ... y los ... inmediatos anteriores correlativos.

51

EJERCICIO DE LA OPCIÓN REAL Y UNILATERAL

NÚMERO (Protocolo ...).

En ..., mi residencia, a ... de ... de ...

Ante mí, ..., Notario del Ilustre Colegio de ...,

COMPARECE

Don ..., mayor de edad, soltero, industrial, vecino de ..., domiciliado en ..., con DNI número ..., quien comparece como optante-comprador.

INTERVIENE

En su propio nombre y derecho.

Le identifico por su documento nacional de identidad.

Tiene a mi juicio, la capacidad legal suficiente para otorgar la presente escritura de EJERCICIO DE OPCIÓN DE COMPRA, y al efecto:

EXPONE Y DECLARA

PRIMERO. En escritura pública de fecha ... autorizada en ..., por su Notario Don/Doña ..., Don ..., como optante, y los cónyuges Don ... y Doña ... como concedentes, acordaron la opción de compra sobre la siguiente finca propiedad de la sociedad legal de gananciales formada por los cónyuges Don ... y Doña ...

Descripción (...).
Inscripción: Tomo ..., Libro ..., Folio ..., finca número ..., inscripción: ...
Título: ...
Referencia catastral: ...[56].

56 Véase nota a pie de página número 44 del formulario 45.

Manifiesta el compareciente que la citada finca se encuentra libre de cargas, gravámenes y arrendatarios, lo que me justifica por certificación expedida por el Sr. Registrador de la Propiedad de Número ... de ...

Copia de dicha certificación queda unida a esta matriz.

Igualmente tengo a la vista copia de la escritura de opción de compra.

SEGUNDO. La citada opción de compra se pactó con sujeción a las siguientes características:

«A) El precio estipulado para la adquisición de la finca será de ... euros, sin que exista precio para la opción en sí.

B) El plazo de ejercicio de la opción es el de ... años[57].

C) Dicho derecho de opción se configura como transmisible o mediatorio en favor de Doña ..., consintiendo expresamente tal extremo los cónyuges concedentes.

D) Pactan expresamente los comparecientes que el optante podrá ejercitar unilateralmente la opción que en este instrumento público se establece mediante el otorgamiento de la correspondiente escritura pública por el optante, de modo que el título dominical definitivo del adquirente quedará integrado por la presente escritura de opción de compra y la escritura de ejercicio de opción, otorgada unilateralmente por el adquirente[58]».

De esta forma se considerará perfeccionada la compraventa y efectuada la *traditio*, debiendo el optante entregar el precio al Notario autorizante, para que por el mismo se haga entrega a los concedentes, respecto de cuales, y para su notificación, se estará al domicilio que figura en esta escritura.

TERCERO. El compareciente, en ejercicio del derecho concedido en la precitada escritura pública, da por perfeccionada la compraventa y por efectuada la *traditio*, por el precio de ... euros, que en este acto me entrega y me requiere para la notificación de este instrumento a los cónyuges concedentes, así como el ofrecimiento del precio que, mientras no sea retirado, deberá estar ingresado en cuenta bancaria a disposición de los concedentes. Yo, el Notario, acepto el presente requerimiento.

CUARTO. Todos los gastos e impuestos de este instrumento serán de cuenta de Don ...

---

57 Artículo 14 Reglamento Hipotecario: máximo de cuatro años.

58 Resolución de la Dirección General de los Registros y del Notariado de 7 de diciembre de 1978.

AUTORIZACIÓN

Hago las reservas y advertencias legales y fiscales.

En especial, y con relación al Impuesto de Transmisiones Patrimoniales y Actos Jurídicos Documentados, les advierto del plazo de treinta días hábiles que tienen para presentar copia de esta escritura en la Oficina Liquidadora competente, previa su autoliquidación; la afección de los bienes al pago del Impuesto o al de las liquidaciones complementarias en su caso; y responsabilidades en que podrían incurrir como consecuencia del incumplimiento de sus deberes fiscales respectivos.

En particular, y a efectos fiscales, advierto de las obligaciones y responsabilidades tributarias que incumben a las partes en su aspecto material, formal y sancionador, y de las consecuencias de toda índole que se derivarían de la inexactitud de sus declaraciones.

Por su elección les leo el contenido de esta escritura, lo encuentran conforme y firman conmigo, el Notario, que doy fe de identificarles por el documento exigido y del contenido de este instrumento extendido en ... folios de clase ..., serie ..., números ... y los ... inmediatos anteriores correlativos.

52

CONTRATO PRIVADO DE PERMUTA. BIENES DE IGUAL VALOR

En ..., a ... de ... de ...

REUNIDOS

De una parte, Don ..., mayor de edad, funcionario, soltero, vecino de ..., con domicilio en ..., con DNI número ...

Y de otra, los cónyuges Don ... y Doña ..., ambos mayores de edad, casados bajo el régimen económico-matrimonial de gananciales según manifiestan, vecinos de ..., con domicilio en calle ..., y DD.NN.II. números, respectivamente, ... y ...

INTERVIENEN

Don ... en su propio nombre y derecho.

Y Don ... y Doña ..., en su propio nombre y derecho y además en beneficio de su sociedad legal de gananciales.

Tienen a mi juicio la capacidad legal suficiente para otorgar la presente escritura de PERMUTA, y al efecto:

DECLARAN

PRIMERO. Don ... es titular del pleno dominio de la siguiente finca:

... (Descripción).
Título: (...).
Cargas y gravámenes: Libre de ellos y al corriente en el pago de impuestos y gastos de comunidad.
Inscripción: ...
Referencia catastral: ...[59].
Normas sobre propiedad horizontal y cuota: ...
Valor: ...

[59] Véase nota a pie de página número 3 del formulario 1, y la número 9 del formulario 5.

SEGUNDO. Los cónyuges Don ... y Doña ... son titulares del pleno dominio, y con carácter ganancial, de la siguiente finca:

... (Descripción).
Título: (...).
Cargas y gravámenes: Libre de ellos y al corriente en el pago de impuestos y gastos de comunidad.
Inscripción:. ...
Referencia catastral: ...[60].
Normas sobre propiedad horizontal y cuota: ...
Valor: ...

TERCERO. Habiendo convenido el otorgamiento de este contrato, lo efectúan bajo las siguientes:

ESTIPULACIONES

PRIMERA. Don ... cede y transmite a los cónyuges Don ... y Doña ..., que aceptan y reciben en el presente acto y para su sociedad legal de gananciales, la finca antes descrita en el apartado I del exponendo, con cuanto le sea accesorio y dependiente, en especial la cuota de participación en los elementos comunes del edificio.

E igualmente, los cónyuges Don ... y Doña ... ceden y transmiten a Don ..., que acepta y recibe en el presente acto, la finca antes descrita en el apartado II del exponendo.

La permuta se efectúa libre de cargas y gravámenes.

SEGUNDA. No existiendo diferencia de valor entre los bienes permutados, no procede el abono de cantidad alguna, sin que nada tengan que reclamarse los señores comparecientes.

TERCERA. Todos los gastos e impuestos que en su momento se deriven del otorgamiento de la escritura serán satisfechos por los comparecientes por mitad.

Y en prueba de conformidad, firman el presente documento, por duplicado, en el lugar y fecha al principio indicados, quedando un ejemplar en poder de cada parte contratante.

---

60 Véase nota a pie de página número 3 del formulario 1, y la número 9 del formulario 5.

53

Escritura De Permuta. Bienes De Igual Valor

NÚMERO (Protocolo ...).

En ..., mi residencia, a ... de ... de ...

Ante mí, ..., Notario del Ilustre Colegio de ...

COMPARECEN

De una parte, Don ..., mayor de edad, funcionario, soltero, vecino de ..., con domicilio en ..., con DNI número ...

Y de otra, los cónyuges Don ... y Doña ..., ambos mayores de edad, casados bajo el régimen económico-matrimonial de gananciales según manifiestan, vecinos de ..., con domicilio en calle ..., y DD.NN.II. números, respectivamente, ... y ...

INTERVIENEN

Don ... en su propio nombre y derecho.

Y Don ... y Doña ..., en su propio nombre y derecho y además en beneficio de su sociedad legal de gananciales.

Tienen a mi juicio la capacidad legal suficiente para otorgar la presente escritura de PERMUTA, y al efecto:

EXPONEN

I. Don ... es titular del pleno dominio de la siguiente finca:

... (Descripción).
Título: (...).
Cargas y gravámenes: Libre de ellos y al corriente en el pago de impuestos y gastos de comunidad.
Inscripción: ...

Referencia catastral: ...[61].
Normas sobre propiedad horizontal y cuota: ...
Valor: ...

II. Los cónyuges Don ... y Doña ... son titulares del pleno dominio, y con carácter ganancial, de la siguiente finca:

... (Descripción).
Título: (...).
Cargas y gravámenes: Libre de ellos y al corriente en el pago de impuestos y gastos de comunidad.
Inscripción: ...
Referencia catastral: ...[62].
Normas sobre propiedad horizontal y cuota: ...
Valor: ...

III. Habiendo convenido el otorgamiento de este contrato, al efecto:

ESTIPULAN

PRIMERO. Don ... cede y transmite a los cónyuges Don ... y Doña ..., que aceptan y reciben en el presente acto y para su sociedad legal de gananciales, la finca antes descrita en el apartado I del exponendo, con cuanto le sea accesorio y dependiente, en especial la cuota de participación en los elementos comunes del edificio.

E igualmente, los cónyuges Don ... y Doña ... ceden y transmiten a Don ..., que acepta y recibe en el presente acto, la finca antes descrita en el apartado II del exponendo.

La permuta se efectúa libre de cargas y gravámenes.

SEGUNDO. No existiendo diferencia de valor entre los bienes permutado, no procede el abono de cantidad alguna, sin que nada tengan que reclamarse los señores comparecientes.

TERCERO. Todos los gastos e impuestos que se deriven del otorgamiento de esta escritura serán satisfechos por los comparecientes por mitad.

[61] Véase nota a pie de página número 3 del formulario 1, y la número 9 del formulario 5.
[62] Véase nota a pie de página número 3 del formulario 1, y la número 9 del formulario 5.

OTORGAMIENTO Y AUTORIZACIÓN

Hago las reservas y advertencias legales y fiscales.

En particular y a efectos fiscales advierto de las obligaciones y responsabilidades tributarias que incumben a las partes en su aspecto material, formal y sancionador, y de las consecuencias de toda índole que se derivarían de la inexactitud de sus declaraciones.

Por su elección les leo el contenido de esta escritura, advertidos de su derecho a hacerlo por sí, del cual no usan, lo encuentran conforme y firman conmigo, el/la Notario, que doy fe de haberles identificado por sus respectivos documentos de identidad, que me exhiben y devuelvo, así como del total contenido de este instrumento público el cual queda extendido en ... folios de serie ..., números ... el presente y los ... posteriores correlativos.

54

CONTRATO PRIVADO DE PERMUTA. BIENES DE DIFERENTE VALOR

En ..., a ... de ... de ...

REUNIDOS

De una parte, Don ..., mayor de edad, funcionario, soltero, vecino de ..., con domicilio en ..., con DNI número ...

Y de otra, los cónyuges Don ... y Doña ..., ambos mayores de edad, casados bajo el régimen económico-matrimonial de gananciales según manifiestan, vecinos de ..., con domicilio en calle ..., y DD.NN.II. números, respectivamente, ... y ...

INTERVIENEN

Don ... en su propio nombre y derecho.

Y Don ... y Doña ..., en su propio nombre y derecho y además en beneficio de su sociedad legal de gananciales.

Tienen a mi juicio la capacidad legal suficiente para otorgar la presente escritura de PERMUTA, y al efecto:

DECLARAN

PRIMERO. Don ... es titular del pleno dominio de la siguiente finca:

... (Descripción).
Título: (...).
Cargas y gravámenes: Libre de ellos y al corriente en el pago de impuestos y gastos de comunidad.
Inscripción:. ...
Referencia catastral: ...[63].
Normas sobre propiedad horizontal y cuota: ...
Valor: ...

63 Véase nota a pie de página número 3 del formulario 1, y la número 9 del formulario 5.

SEGUNDO. Los cónyuges Don ... y Doña ... son titulares del pleno dominio, y con carácter ganancial, de la siguiente finca:

... (Descripción).
Título: (...).
Cargas y gravámenes: Libre de ellos y al corriente en el pago de impuestos y gastos de comunidad.
Inscripción: ...
Referencia catastral: ...[64].
Normas sobre propiedad horizontal y cuota: ...
Valor: ...

TERCERO. Habiendo convenido el otorgamiento de este contrato, lo efectúan bajo las siguientes:

ESTIPULACIONES

PRIMERA. Don ... cede y transmite a los cónyuges Don ... y Doña ..., que aceptan y reciben en el presente acto y para su sociedad legal de gananciales la finca antes descrita en el apartado I del exponendo, con cuanto le sea accesorio y dependiente, en especial la cuota de participación en los elementos comunes del edificio.

E igualmente, los cónyuges Don ... y Doña ... ceden y transmiten a Don ..., que acepta y recibe en el presente acto, la finca antes descrita en el apartado II del exponendo.

La permuta se efectúa libre de cargas y gravámenes.

SEGUNDA. Dada la diferencia de valor entre las fincas permutadas y, en concreto, siendo la inicial propiedad de Don ... de unos ... euros a su favor, los cónyuges Don ... y Don ... entregan en este acto el referido importe, otorgándoles Don ... formal y eficaz carta de pago, y sin que por tanto nada tengan que reclamarse ninguno de los comparecientes por la presente permuta.

TERCERA. Todos los gastos e impuestos que en su momento se deriven del otorgamiento de la escritura serán satisfechos por los comparecientes por mitad.

Y en prueba de conformidad, firman el presente documento, por duplicado, en el lugar y fecha al principio indicados, quedando un ejemplar en poder de cada parte contratante.

---

[64] Véase nota a pie de página número 3 del formulario 1, y la número 9 del formulario 5.

55

Escritura De Permuta. Bienes De Diferente Valor

NÚMERO (Protocolo ...).

En ..., mi residencia, a ... de ... de ...

Ante mí, ..., Notario del Ilustre Colegio de ...

COMPARECEN

De una parte, Don ..., mayor de edad, funcionario, soltero, vecino de ..., con domicilio en ..., con DNI número ...

Y de otra, los cónyuges Don ... y Doña ..., ambos mayores de edad, casados bajo el régimen económico-matrimonial de gananciales según manifiestan, vecinos de ..., con domicilio en calle ..., y DD.NN.II. números, respectivamente, ... y ...

INTERVIENEN

Don ... en su propio nombre y derecho.

Y Don ... y Doña ..., en su propio nombre y derecho y además en beneficio de su sociedad legal de gananciales.

Tienen a mi juicio la capacidad legal suficiente para otorgar la presente escritura de PERMUTA, y al efecto:

EXPONEN

I. Don ... es titular del pleno dominio de la siguiente finca:

... (Descripción).
Título: (...).
Cargas y gravámenes: Libre de ellos y al corriente en el pago de impuestos y gastos de comunidad.
Inscripción: ...

Referencia catastral: ...[65].
Normas sobre propiedad horizontal y cuota: ...
Valor: ...

II. Los cónyuges Don ... y Doña ... son titulares del pleno dominio, y con carácter ganancial, de la siguiente finca:

... (Descripción).
Título: (...).
Cargas y gravámenes: Libre de ellos y al corriente en el pago de impuestos y gastos de comunidad ...
Inscripción: ...
Referencia catastral: ...[66].
Normas sobre propiedad horizontal y cuota: ...
Valor: ...

III. Habiendo convenido el otorgamiento de este contrato, al efecto:

ESTIPULAN

PRIMERO. Don ... cede y transmite a los cónyuges Don ... y Doña ..., que aceptan y reciben en el presente acto y para su sociedad legal de gananciales, la finca antes descrita en el apartado I del exponendo, con cuanto le sea accesorio y dependiente, en especial la cuota de participación en los elementos comunes del edificio.

E igualmente, los cónyuges Don ... y Doña ... ceden y transmiten a Don ..., que acepta y recibe en el presente acto la finca antes descrita en el apartado II del exponendo.

SEGUNDO. Dada la diferencia de valor entre las fincas permutadas y, en concreto, siendo la inicial propiedad de Don ... de unos ... euros a su favor, los cónyuges Don ... y Don ... entregan en este acto el referido importe, otorgándoles Don ... formal y eficaz carta de pago, y sin que por tanto nada tengan que reclamarse ninguno de los comparecientes por la presente permuta.

TERCERO. Todos los gastos e impuestos que se deriven del otorgamiento de esta escritura serán satisfechos por los comparecientes por mitad.

---

[65] Véase nota a pie de página número 3 del formulario 1, y la número 9 del formulario 5.

[66] Véase nota a pie de página número 3 del formulario 1, y la número 9 del formulario 5.

OTORGAMIENTO Y AUTORIZACIÓN

Hago las reservas y advertencias legales y fiscales.

En particular y a efectos fiscales advierto de las obligaciones y responsabilidades tributarias que incumben a las partes en su aspecto material, formal y sancionador y de las consecuencias de toda índole que se derivarían de la inexactitud de sus declaraciones.

Por su elección les leo el contenido de esta escritura, advertidos de su derecho a hacerlo por sí, del cual no usan, lo encuentran conforme y firman conmigo, el/la Notario, que doy fe de haberles identificado por sus respectivos documentos de identidad, que me exhiben y devuelvo, así como del total contenido de este instrumento público el cual queda extendido en ... folios de serie ..., números ... el presente y los ... posteriores correlativos.

56

ESCRITURA DE COMPRAVENTA DE DERECHOS HEREDITARIOS

NÚMERO (Protocolo).

En ..., mi residencia, a ... de ... de ...

Ante mí, ..., Notario del Ilustre Colegio de ...

COMPARECEN

De una parte y para vender, Don ..., mayor de edad, funcionario, soltero, vecino de ..., con domicilio en ..., con DNI número ...

Y de otra y para comprar, los cónyuges Don ... y Doña ..., ambos mayores de edad, casados bajo el régimen económico-matrimonial de gananciales según manifiestan, vecinos de ..., con domicilio en calle ..., y DD.NN.II. números, respectivamente, ... y ..., y en lo sucesivo compradores.

INTERVIENEN

Don ... en su propio nombre y derecho.

Y Don ... y Doña ..., en su propio nombre y derecho y además en beneficio de su sociedad legal de gananciales.

Tienen a mi juicio la capacidad legal suficiente para otorgar la presente escritura de COMPRAVENTA, y al efecto:

EXPONEN

I. Don ..., padre que fue de Don ..., falleció en ..., el día ..., bajo testamento otorgado en fecha ... en ... ante su Notario Don/Doña ..., con el número ... de su Protocolo.

II. Don ... instituyó herederos por iguales partes a Don ... y a los hermanos de éste Don/Doña ... y ..., legando a su cónyuge Doña ..., que en la actualidad vive, el usufructo universal y vitalicio de todos los bienes de la herencia.

III. La citada herencia ha sido liquidada del impuesto de sucesiones, pero no ha sido objeto de partición, no existiendo cargas ni deudas de que deba responder ni el caudal hereditario ni la que fue sociedad de gananciales del causante.

IV. Todos los extremos anteriores, los acreditará donde fuere preciso.

V. Habiendo convenido el otorgamiento de este instrumento, al efecto:

ESTIPULAN

PRIMERO. Don ... vende y transmite a los cónyuges Don ... y Doña ..., que compran y aceptan, para su sociedad legal de gananciales, los derechos hereditarios que corresponden a Don ... en la herencia de su padre.

SEGUNDO. El precio de la compraventa es de ... euros que el vendedor confiesa tener recibido con anterioridad a este acto, y otorgando por tanto a los compradores plena carta de pago.

TERCERO. Todos los gastos e impuestos que se deriven del otorgamiento de esta escritura serán satisfechos por los cónyuges Don ... y Doña.

OTORGAMIENTO Y AUTORIZACIÓN

Hago las reservas y advertencias legales y fiscales.

En particular y a efectos fiscales advierto de las obligaciones y responsabilidades tributarias que incumben a las partes en su aspecto material, formal y sancionador, y de las consecuencias de toda índole que se derivarían de la inexactitud de sus declaraciones.

Por su elección les leo el contenido de esta escritura, advertidos de su derecho a hacerlo por sí, del cual no usan, lo encuentran conforme y firman conmigo, el/la Notario, que doy fe de haberles identificado por sus respectivos documentos de identidad, que me exhiben y devuelvo, así como del total contenido de este instrumento público, el cual queda extendido en ... folios de serie ..., números ... el presente y los ... posteriores correlativos.

57

Carta De Pago De Precio Aplazado Y Cancelación De Condición Resolutoria

NÚMERO (Protocolo ...).

En ..., a ... de ... de ...

Ante mí, Don/Doña ..., Notario del Ilustre Colegio de ...

COMPARECEN

Los cónyuges Don ... y Doña ..., mayores de edad, industrial y funcionaria, respectivamente, vecinos de ..., domiciliados en ..., con DD.NN.II., respectivamente, números ... y ...

Les identifico por su documento nacional de identidad.

Tienen a mi juicio capacidad legal necesaria para formalizar esta escritura de CARTA DE PAGO DE PRECIO APLAZADO Y CANCELACIÓN DE CONDICIÓN RESOLUTORIA, y en su virtud:

EXPONEN Y OTORGAN

I. Que por escritura otorgada en ..., en fecha ..., ante el Notario Don/Doña ..., con el número ... de su Protocolo, los señores comparecientes vendieron a Don ... la siguiente finca:

... (Descripción).
Título: (...).
Cargas y gravámenes: ...
Inscripción: ...
Referencia catastral: ...[67].

[67] Véase nota a pie de página número 3 del formulario 1, y la número 9 del formulario 5.

Normas sobre propiedad horizontal y cuota: ...
Valor: ...

II. Que el precio de la venta consistió en la cantidad de ... euros, de las que los vendedores confesaron haber recibido de la parte compradora la cantidad de ... euros, y quedando el resto, es decir, la suma de ... euros, aplazada y garantizada con condición resolutoria.

III. Que habiendo recibido con anterioridad a este acta la cantidad aplazada antes mencionada, confiere a Don ... la más firme y eficaz carta de pago por la cantidad que quedó aplazada en dicha escritura, manifestando que no se les debe nada en este momento, y cancelan también la condición resolutoria que por tal aplazamiento quedó establecida en la referida escritura, queriendo y consintiendo que todo ello se haga constar en el Registro de la Propiedad.

AUTORIZACIÓN

Hago las reservas y advertencias legales y fiscales.

En particular y a efectos fiscales advierto de las obligaciones y responsabilidades tributarias que incumben a las partes en su aspecto material, formal y sancionador, y de las consecuencias de toda índole que se derivarían de la inexactitud de sus declaraciones.

Por su elección les leo el contenido de esta escritura, advertidos de su derecho a hacerlo por sí, del cual no usan, lo encuentran conforme y firman conmigo, el/la Notario, que doy fe de haberles identificado por sus respectivos documentos de identidad, que me exhiben y devuelvo, así como del total contenido de este instrumento público, el cual queda extendido en ... folios de serie ..., números ... el presente y los ... posteriores correlativos.

§2. RELATIVOS AL CUMPLIMIENTO Y DINÁMICA DE LA OBLIGACIÓN

58

DACIÓN EN PAGO. DOCUMENTO PRIVADO

En la ciudad de ..., a ... de ... de ...

REUNIDOS

De una parte, Don ... y Doña ..., ambos mayores de edad y cónyuges, de profesión ..., vecinos de ..., domiciliados en calle ..., con DD.NN.II., respectivamente, números ..., en lo sucesivo transmitentes.

Y de otra, Don ..., mayor de edad, de estado civil soltero[1], de profesión ..., vecino de ..., con domicilio en calle ..., con DNI número ..., en lo sucesivo adquirente.

INTERVIENEN

Todos los comparecientes lo efectúan en su propio nombre y derecho, reconociéndose capacidad legal bastante para otorgar el presente documento, por lo que de común acuerdo:

DECLARAN

PRIMERO. Don ... y Doña ... son dueños, en pleno dominio y con carácter ganancial[2], de las siguientes fincas:

1) RÚSTICA. En término de ..., partido de ..., un trozo de tierra de riego de la acequia de ..., de ... metros de superficie, que linda: Norte ...; Oeste o Poniente, ...; Mediodía o Sur, ...; y Levante o Este, ..., camino por medio.

---

[1] Como se ha hecho constar en otros formularios, conviene hacer constar el estado civil y, en su caso, nombre y apellidos del cónyuge y régimen económico-matrimonial.

[2] O carácter o naturaleza del bien de que se trate.

Título: Adquirida por compra, constante matrimonio, a Don ..., e instrumentalizada en escritura pública de fecha ..., autorizada por el Notario de ..., Don/Doña ..., con el número ... de su Protocolo.

Inscripción: Registro de la Propiedad Número ... de los de ..., Libro ..., Sección ..., Folio ..., finca registral número ...

Referencia catastral: ... [3].

Cargas, situación arrendaticia y posesoria: Según manifiestan los transmitentes, se encuentra libre de cargas, sin arrendar, sin ceder en aparcería y al corriente en el pago de todo tipo de gastos, impuestos y arbitrios.

2) RÚSTICA. En término de ..., partido de ..., un trozo de tierra de riego de la acequia de ..., de ... metros cuadrados de superficie según reciente medición, que linda: Norte ...; Oeste o Poniente, ...; Mediodía o Sur, ...; y Levante o Este, ..., camino por medio.

Título: Adquirida por compra, constante matrimonio, a Don ..., e instrumentalizada en escritura pública de fecha ..., autorizada por el Notario de ..., Don/Doña..., con el número ... de su Protocolo.

Inscripción: Registro de la Propiedad Número ... de los de ..., Libro ..., Sección ..., Folio ..., finca registral número ...

Referencia catastral: ... [4].

Cargas, situación arrendaticia y posesoria: Según manifiestan los transmitentes, se encuentra libre de cargas, sin arrendar, sin ceder en aparcería y al corriente en el pago de todo tipo de gastos, impuestos y arbitrios.

SEGUNDO. Don ... y Doña ... adeudan a Don ... la cantidad de ... euros (... euros), por pagos efectuados por cuenta de los transmitentes en el procedimiento judicial de autos de juicio ... número ... seguidos en el Juzgado de Primera Instancia Número ... de los de ... contra los citados transmitentes y a instancias del Banco ...

TERCERO. Que habiendo convenido en otorgar el presente documento de dación en pago[5], lo efectúan de común acuerdo bajo las siguientes:

---

[3] Véase nota a pie de página número 3 del formulario 1, y la número 9 del formulario 5.

[4] Véase nota a pie de página número 3 del formulario 1, y la número 9 del formulario 5.

[5] La jurisprudencia del Tribunal Supremo conceptúa este contrato como «un acto por virtud del cual el deudor transmite bienes de su propiedad al acreedor a fin de que éste aplique el bien recibido a la extinción del crédito de que aquél era titular, actuando este crédito con igual función que el precio en el contrato de compraventa», o sea, que «la dación en pago se produce cuando el acreedor acepta, para cumplimiento de una obligación anteriormente constituida, la entrega de unos bienes distintos de aquellos en que la prestación consiste»; dicho en otras palabras, dación en pago es todo acto de cumplimiento de una obligación que, con el consentimiento del acreedor, se lleva a cabo mediante la realización de una prestación distinta a la que inicialmente se había establecido; «el acreedor accede a recibir a título de

ESTIPULACIONES

PRIMERA. Don ... y Doña ... ceden y transmiten a Don ..., que acepta y adquiere en el presente acto, las fincas descritas en el apartado anterior, en pleno dominio, como cuerpos ciertos, con cuanto les sea anejo, inherente o accesorio, libres de cargas y gravámenes, sin arrendar, sin ocupantes y al corriente en el pago de todo tipo de gastos, contribuciones, impuestos y arbitrios.

SEGUNDA. La transmisión y adquisición de las referidas fincas la efectúan los señores comparecientes en concepto de CESIÓN PRO SOLUTO o en pago de la deuda hasta ahora existente entre Don ... y Doña ... con Don ..., en importe de ... euros, con íntegra liberación de los deudores y transmitentes en su responsabilidad[6].

TERCERA. Todos los gastos e impuestos derivados y ocasionados como consecuencia del otorgamiento del presente contrato y de la escritura pública en que en su momento se formalice, serán de cuenta del adquirente, incluso el impuesto municipal sobre incremento del valor de los terrenos urbanos, si se devengare.

Y en prueba de conformidad, firman el presente documento, por duplicado, en el lugar y fecha al principio indicados, quedando un ejemplar del mismo en poder de cada parte contratante.

---

pago una prestación distinta a la que constituía el contenido de la obligación debida *aluid pro alio*, con acuerdo para tener por extinguida la obligación dación solutoria». Entre otras, Ss. TS 14.2.1987 (LA LEY, 1989-2, 280); 4.10.1986 (LA LEY, 1990-1, 279); 15.12.1989 (Archivo La Ley, 1989, 1-213); 29.4.1991 (Archivo La Ley, 1991, 2477), 7.10.1992 [LA LEY, 1992-4, 772 (14934.R)], 19.10.1992 (LA LEY, 1993-1, 224); 28.6.1993 (LA LEY, 1985-1, 331); 30.9.1996; 8.2.1996 y 14.7.1997.

En cuanto a su naturaleza jurídica, la jurisprudencia de nuestro Tribunal Supremo tiende a clasificar este contrato como «contrato oneroso de enajenación, que tiene por finalidad la sustitución del pago por esa transmisión, o bien como negocio jurídico complejo que participa de las características del pago o cumplimiento, de la compraventa y de la novación por cambio de objeto, si bien tiene caracteres propios de su finalidad extintiva de las obligaciones como negocio de pago y no para que con la cesión de un bien, se produzca el pago, con su venta». Entre otras, Ss. TS 9.12.1943; 13.3.1953; 14.12.1965; 9.11.1966; 20.2.1967; 26.10.1970; 13.5.1983 (LA LEY, 1983-3,657); 7.12.1983 [LA LEY, 1984-1, 927 (4958-R)]; 18.4.1987 (LA LEY, 1987-3, 92); 5.10.1987 (LA LEY, 1987-4, 509); 13.2.1989 (LA LEY, 1989-2, 280); 15.12.1989 (Archivo La Ley, 1989, 1, 214); 7.6.1990 (LA LEY, 1990-3 428); 27.2.1993 (LA LEY, 1993-2, 351).

[6] Los requisitos o notas esenciales de este contrato son precisamente los reflejados en esta estipulación, es decir: cesión del dominio pleno en concepto total de pago de la deuda con la consiguiente liberación del deudor, consentimiento del acreedor para realización de prestación diferente a la que inicialmente se había establecido *aliud pro alio*, y regulación acomodada a las normas de la compraventa al carecer de normas especificas; por todas, Ss. TS 9.12.1943; 7.12.1983; 4.10.1989 (LA LEY, 1990-1, 279); 29.4.1991 (Archivo La Ley, 1991, 2477); 19.10.1992 (LA LEY, 1003-1, 224); 2.12.1994 [LA LEY, 1994-4, 879 (16504-R)]; 30.9.1996; 8.2.1996 y 14.7.1997.

59

DACIÓN EN PAGO. ESCRITURA PÚBLICA

NÚMERO (Protocolo).

En ..., mi residencia, a ... de ... de ...

Ante mí, ..., Notario del Ilustre Colegio de ...

COMPARECEN

De una parte, Don ... y Doña ..., ambos mayores de edad y cónyuges, de profesión ..., vecinos de ..., domiciliados en calle ..., con DD.NN.II., respectivamente, números ..., en lo sucesivo transmitentes.

Y de otra, Don ..., mayor de edad, de estado civil soltero[7], de profesión ..., vecino de ..., con domicilio en calle ..., con DNI número ..., en lo sucesivo adquirente.

INTERVIENEN

Todos los comparecientes lo efectúan en su propio nombre y derecho.

Les identifico por su documento nacional de identidad.

Les juzgo con capacidad legal bastante para otorgar el presente documento, por lo que de común acuerdo:

EXPONEN

I. Don ... y Doña ... son dueños, en pleno dominio y con carácter ganancial[8], de las siguientes fincas:

---

[7] Como se ha hecho constar en otros formularios, conviene hacer constar el estado civil y, en su caso, nombre y apellidos del cónyuge y régimen económico-matrimonial.

[8] O carácter o naturaleza del bien de que se trate.

1) RÚSTICA. En término de ..., partido de ..., un trozo de tierra de riego de la acequia de ..., de ... metros de superficie, que linda: Norte ...; Oeste o Poniente, ...; Mediodía o Sur, ...; y Levante o Este, ..., camino por medio.

Título: Adquirida por compra, constante matrimonio, a Don ..., e instrumentalizada en escritura pública de fecha ..., autorizada por el Notario de ..., Don/Doña ..., con el número ... de su Protocolo.

Inscripción: Registro de la Propiedad Número ... de los de ..., Libro ..., Sección ..., Folio ..., finca registral número ...

Referencia catastral: ... [9].

Cargas, situación arrendaticia y posesoria: Según manifiestan los transmitentes, se encuentra libre de cargas, sin arrendar, sin ceder en aparcería y al corriente en el pago de todo tipo de gastos, impuestos y arbitrios.

2) RÚSTICA. En término de ..., partido de ..., un trozo de tierra de riego de la acequia de ..., de ... metros cuadrados de superficie según reciente medición, que linda: Norte ...; Oeste o Poniente, ...; Mediodía o Sur, ...; y Levante o Este, ..., camino por medio.

Título: Adquirida por compra, constante matrimonio, a Don ..., e instrumentalizada en escritura pública de fecha ..., autorizada por el Notario de ..., Don/Doña ..., con el número ... de su Protocolo.

Inscripción: Registro de la Propiedad Número ... de los de ..., Libro ..., Sección ..., Folio ..., finca registral número ...

Referencia catastral: ... [10].

Cargas, situación arrendaticia y posesoria: Según manifiestan los transmitentes, se encuentra libre de cargas, sin arrendar, sin ceder en aparcería y al corriente en el pago de todo tipo de gastos, impuestos y arbitrios.

II. Don ... y Doña ... adeudan a Don ... la cantidad de ... euros (... euros), por pagos efectuados por cuenta de los transmitentes en el procedimiento judicial de autos de juicio de ... número ... seguidos en el Juzgado de Primera Instancia Número ... de los de ... contra los citados transmitentes y a instancias del Banco ...

III. Que habiendo convenido en otorgar el presente instrumento de DACIÓN EN PAGO, al efecto:

---

[9] Véase nota a pie de página número 3 del formulario 1, y la número 9 del formulario 5.

[10] Véase nota a pie de página número 3 del formulario 1, y la número 9 del formulario 5.

ESTIPULAN

PRIMERO. Don ... y Doña ... ceden y transmiten a Don ..., que acepta y adquiere en el presente acto, las fincas descritas en el apartado anterior, en pleno dominio, como cuerpos ciertos, con cuanto les sea anejo, inherente o accesorio, libres de cargas y gravámenes, sin arrendar, sin ocupantes y al corriente en el pago de todo tipo de gastos, contribuciones, impuestos y arbitrios.

SEGUNDO. La transmisión y adquisición de las referidas fincas la efectúan los señores comparecientes en concepto de CESIÓN PRO SOLUTO o en pago de la deuda hasta ahora existente entre Don ... y Doña ... con Don ..., en importe de ... euros, con íntegra liberación de los deudores y transmitentes en su responsabilidad.

TERCERO. Todos los gastos e impuestos derivados y ocasionados como consecuencia del otorgamiento del presente instrumento, serán de cuenta del adquirente, incluso el impuesto municipal sobre incremento del valor de los terrenos urbanos, si se devengare.

OTORGAMIENTO Y AUTORIZACIÓN

Hago las reservas y advertencias legales y fiscales.

En particular y a efectos fiscales advierto de las obligaciones y responsabilidades tributarias que incumben a las partes en su aspecto material, formal y sancionador, y de las consecuencias de toda índole que se derivarían de la inexactitud de sus declaraciones.

Por su elección les leo el contenido de esta escritura, advertidos de su derecho a hacerlo por sí, del cual no usan, lo encuentran conforme y firman conmigo, el/la Notario, que doy fe de haberles identificado por sus respectivos documentos de identidad que me exhiben y devuelvo, así como del total contenido de este instrumento público, el cual queda extendido en ... folios de serie ..., números ... el presente y los ... posteriores correlativos.

60

DACIÓN EN PAGO. CONDICIÓN SUSPENSIVA. ADQUISICIÓN DOMINIO. DOCUMENTO PRIVADO

En la ciudad de ..., a ... de ... de ...

REUNIDOS

De una parte, Don ... y Doña ..., ambos mayores de edad y cónyuges, de profesión ..., vecinos de ..., domiciliados en calle ..., con DD.NN.II., respectivamente, números ..., en lo sucesivo transmitentes.

Y de otra, Don ..., mayor de edad, de estado civil soltero, de profesión ..., vecino de ..., con domicilio en calle ..., con DNI número ..., en lo sucesivo adquirente.

INTERVIENEN

Todos los comparecientes lo efectúan en su propio nombre y derecho, reconociéndose capacidad legal bastante para otorgar el presente documento, por lo que de común acuerdo:

DECLARAN

PRIMERO. Don ... y Doña ... son dueños, en pleno dominio y con carácter ganancial, de las siguientes fincas:

1) RÚSTICA. En término de ..., partido de ..., un trozo de tierra de riego de la acequia de ..., de ... metros cuadrados de superficie, que linda: Norte ...; Oeste o Poniente, ...; Mediodía o Sur, ...; y Levante o Este, ..., camino por medio.

Título: Adquirida por compra, constante matrimonio, a Don ..., e instrumentalizada en escritura pública de fecha ..., autorizada por el Notario de ..., Don/Doña ..., con el número ... de su Protocolo.

Inscripción: Registro de la Propiedad Número ... de los de ..., Libro ..., Sección ..., Folio ..., finca registral número...

Régimen catastral: ... [11].

Cargas, situación arrendaticia y posesoria: Según manifiestan los transmitentes, se encuentra libre de cargas, sin arrendar, sin ceder en aparcería y al corriente en el pago de todo tipo de gastos, impuestos y arbitrios.

2) RÚSTICA. En término de ..., partido de ..., un trozo de tierra de riego de la acequia de ..., de ... metros cuadrados de superficie según reciente medición, que linda: Norte ...; Oeste o Poniente, ...; Mediodía o Sur, ...; y Levante o Este, ...

Título: Adquirida por compra, constante matrimonio, a Don ..., e instrumentalizada en escritura pública de fecha ..., autorizada por el Notario de ..., Don/Doña ..., con el número ... de su Protocolo.

Inscripción: Registro de la Propiedad Número ... de los de ..., Libro ..., Sección ..., Folio ..., finca registral número ...

Referencia catastral: ... [12].

Cargas, situación arrendaticia y posesoria: Según manifiestan los transmitentes, se encuentra libre de cargas, sin arrendar, sin ceder en aparcería y al corriente en el pago de todo tipo de gastos, impuestos y arbitrios.

SEGUNDO. Que Don ... y Doña ... adeudan a Don ... la cantidad de ... euros (... euros), por pagos efectuados por cuenta de los transmitentes en el procedimiento judicial de autos de juicio declarativo ordinario de ... número ... seguidos en el Juzgado de Primera Instancia Número ... de los de ..... contra los citados transmitentes y a instancias del Banco ...

TERCERO. Que habiendo convenido en otorgar el presente documento de dación en pago, lo efectúan de común acuerdo bajo las siguientes:

ESTIPULACIONES

PRIMERA. Don ... y Doña ... ceden y transmiten a Don ..., que acepta y adquiere en el presente acto, las fincas descritas en el apartado anterior, en pleno dominio, como cuerpos ciertos, con cuanto les sea anejo, inherente o accesorio, libres de cargas y gravámenes, sin arrendar, sin ocupantes y al corriente en el pago de todo tipo de gastos, contribuciones, impuestos y arbitrios.

SEGUNDA. La transmisión y adquisición de las referidas fincas la efectúan los señores comparecientes en concepto de CESIÓN PRO SOLUTO o en pago de la

[11] Véase nota a pie de página número 3 del formulario 1, y la número 9 del formulario 5.

[12] Véase nota a pie de página número 3 del formulario 1, y la número 9 del formulario 5.

deuda hasta ahora existente entre Don ... y Doña ... con Don ..., en importe de ... euros, con íntegra liberación de los deudores y transmitentes en su responsabilidad.

TERCERA. El presente contrato se formalizará en escritura pública dentro del plazo de los treinta días naturales a contar desde el otorgamiento del presente contrato.

Los comparecientes subordinan la eficacia de todos los pactos anteriores a la condición suspensiva de que el adquirente obtenga la inscripción previa en el Registro de la Propiedad de la escritura que en su momento se otorgue, en el plazo máximo de ... meses, sin carga alguna y excepción hecha de las afecciones legales, quedando cumplida la condición al practicarse la inscripción.

CUARTA. Todos los gastos e impuestos derivados y ocasionados como consecuencia del otorgamiento del presente contrato y de la escritura pública en que en su momento se formalice, serán de cuenta del adquirente, incluso el impuesto municipal sobre incremento del valor de los terrenos urbanos, si se devengare.

Y en prueba de conformidad, firman el presente documento, por duplicado, en el lugar y fecha al principio indicados, quedando un ejemplar del mismo en poder de cada parte contratante.

61

Cesión De Bienes En Pago. Documento Privado

En la ciudad de ..., a ... de ... de ...

REUNIDOS

De una parte, Don ..., mayor de edad, de estado civil ..., de profesión ..., vecino de ..., domiciliado en calle ..., con DNI número ..., en lo sucesivo transmitente y en la representación que después se dirá.

Y de otra, Don ..., mayor de edad, de estado civil ..., vecino de ..., con domicilio en calle ..., con DNI número ..., en lo sucesivo adquirente y en la representación que después se dirá.

INTERVIENEN

El primero de los comparecientes lo efectúa en nombre y representación y como administrador único de la entidad «Construcciones XX, S.L.», constituida en escritura otorgada en ..., ante su Notario Don/Doña ..., en fecha ..., con el número de Protocolo ..., e inscrita en el Registro Mercantil de ..., domiciliada en la citada localidad, calle ..., y con CIF ...

Y el segundo de los comparecientes como apoderado y en nombre y representación del Banco ...S.A., según facultades conferidas en escritura otorgada en ... ante su Notario Don/Doña ..., en fecha ..., con el número de Protocolo ..., e inscrita en el Registro Mercantil de ..., y acuerdo de Consejo de Administración de fecha ...

DECLARAN

PRIMERO. La entidad «Construcciones XX, S.L.» ha llevando a cabo la actividad de promoción-construcción en ..., de un edificio sito en calle ..., compuesto de planta de sótano destinada a garaje y trasteros, planta baja destinada a local comercial, y ... plantas cada una de ellas integrada por ... viviendas con una superficie cada una de ... metros construidos, para una útil de ... metros, y cuya descripción, y a la que se remiten, es la que figura en la escritura de declaración de obra nueva en construcción y división horizontal autorizada por el Notario de ... Don/Doña ..., en fecha ..., con el número ... de su Protocolo, e inscrita en el Registro de la Propiedad Número ... de los de ..., Libro ..., Sección ..., Folio ..., finca registral número ...

SEGUNDO. Del citado inmueble, pertenece en pleno dominio de la mercantil «Construcciones XX, S.L.» el local comercial sito en planta baja antes referido, de unos... metros cuadrados construidos, para una útil de ... libre de cargas, sin arrendar y al corriente del pago de todo tipo de gastos, impuestos y arbitrios.

Según la escritura pública de obra nueva y división horizontal antes mencionada, se identifica como departamento número ..., está dotado de acceso independiente por la calle ..., y linda, tomando como frente la calle ...: frente o este, ..., dicha calle, zaguán, cuartos de instalaciones y escalera de acceso a las plantas altas; derecha o norte, calle ...; izquierda o sur, patio pisable y zaguán de acceso a la planta baja; y fondo u oeste, ...

El local está integrado en la comunidad de propietarios del edificio como uno de sus inmuebles horizontales, rigiéndose por las normas de la Ley de 21 de julio de 1960 y disposiciones complementarias, estableciéndose, entre otros aspectos, la posibilidad de que su propietario pueda hacer operaciones de segregación, división, agregación o agrupación, así como previsiones en orden a rótulos y anuncios, uso del patio pisable en planta baja y gastos de conservación y mantenimiento del zaguán, ascensor, escalera y pasillos del edificio.

Su cuota es de ... (... %).

— Inscrito en el Registro de la Propiedad Número ... de los de ..., Libro ..., Sección ..., Folio ..., finca registral número ...

— *Referencia catastral:* ... [13].

TERCERO. La mercantil «Construcciones XX, S.L.» es deudora del «Banco ... S.A.» de la cantidad vencida y líquida de ... euros (... euros), como consecuencia de sus relaciones comerciales, reflejadas y amparadas en los siguientes prestamos: ...

[13] Véanse nota a pie de página número 3 del formulario 1, y la número 9 del formulario 5.

CUARTO. No disponiendo de metálico la entidad deudora, ambas partes convienen en otorgar el presente documento de cesión de bienes en pago[14], por lo que efectúan de común acuerdo bajo las siguientes:

ESTIPULACIONES

PRIMERA. Don ..., en la cualidad y representación en que interviene, cede y transmite a Don ..., igualmente en la cualidad y representación en que interviene, y que acepta en este acto, el local en planta baja descrito en el punto segundo del apartado precedente, con cuanto le sea anejo, inherente o accesorio, y libre de cargas, gravámenes, sin arrendar y al corriente en el pago de todo tipo de gastos, impuestos y arbitrios, y respondiendo la entidad transmitente de la evicción y saneamiento conforme a derecho.

SEGUNDA. La mercantil deudora apodera irrevocablemente a la acreedora, y tan ampliamente como sea preciso en derecho, para la enajenación y administración del bien inmueble cedido, y siendo el valor de la presente cesión el de ... euros y, en su caso, el que resulte de la venta del referido local si fuera mayor que aquél, circunstancia que se comprobará una vez inscrito el local en el Registro de la Propiedad.

---

14 *Vid.* artículo 1175 del Código Civil. A diferencia de la dación en pago, la cesión de bienes es un negocio *pro solvendo* sin efectos liberatorios o extintivos hasta que se enajenen y liquiden los bienes y con su importe se paguen a los acreedores de modo total o parcial, produciendo entonces la extinción total o parcialmente del crédito; implica pues el abandono de los bienes por el deudor en provecho de los acreedores para que éstos apliquen su importe líquido a la satisfacción de su crédito; y a diferencia también de la dación en pago, en la que se produce una traslación del título real y verdadera transmisión del dominio sin restricción ni cortapisa alguna, en la cesión sólo se atribuye la posesión de los bienes con un poder de carácter personal que permite al acreedor efectuar la venta para cobrarse con su importe, liberándose el deudor de su responsabilidad por el importe de los bienes cedidos, salvo pacto en contrario, si dicho importe no cubre el total de lo debido: entre otras, Ss. TS 1.3.1969; 7.12.1983 [LA LEY, 1984-1, 927 (4958-R)]; 14.9.1987 (Archivo La Ley, 1987, 1-106); 15.12.1989 (Archivo La Ley, 1989, 1, 214); y 14.7.1997. En cuanto a su naturaleza jurídica, el TS entiende que se trata de «un mandato liquidatorio y de pago que se ejecuta mediante el otorgamiento de un poder irrevocable, perfeccionándose la cesión con la entrega de los bienes y..., si no se ha pactado otra cosa, el obligado sólo se libera por el importe de los bienes liquidados, persistiendo su responsabilidad por la parte de deuda que queda sin cubrir»: entre otras, Ss. TS 9.12.1943; 10.6.1946; 13.3.1953; 14.12.1965; 1.3.1969; 3.1.1977; 15.12.1989 (Archivo La Ley, 1989, 1, 214), STS 14.7.1997. En otras Ss., por todas las de 7.10.1992 [LA LEY, 1992-4, 772 (14934-R)], 19.10.1992 (LA LEY, 1993-1, 224) y 14.7.1997 configura la cesión como un «negocio jurídico por virtud del cual el deudor propietario transmite a un tercero, que en realidad actúa por encargo, la posesión de sus bienes y la facultad de proceder a su realización, con mayor o menor amplitud de facultades, pero con la obligación de aplicar el importe obtenido en la enajenación de aquéllos al pago de las deudas contraídas por el cedente, sin extinción del crédito en su totalidad pues que, salvo pacto en contrario, el deudor sigue siéndolo del adjudicatario de la parte del crédito a que no hubiese alcanzado el importe líquido del bien o bienes cedidos en adjudicación toda vez que ésta sólo libera de responsabilidad a tal deudor por el importe liquido de los bienes cedidos, como expresamente previene el meritado artículo 1175 del Código Civil, no generando en consecuencia el alcance de efectiva compraventa, que es atribuible por contrario a la adjudicación en pago de deudas o datio *pro soluto*».

TERCERA. La entidad deudora se libera exclusivamente en sus responsabilidades patrimoniales por el importe a que se alude en la anterior estipulación segunda, si lo obtenido por la enajenación del local fuese inferior al importe de la deuda a que alude este documento.

CUARTA. Todos los gastos e impuestos derivados y ocasionados como consecuencia del presente contrato y de la escritura pública que en su momento pueda ser otorgada, serán de cuenta de la mercantil deudora.

Expresamente se entienden de cuenta de la entidad deudora los gastos relativos a comunidad e impuestos que graven la propiedad del inmueble cedido en tanto no se obtenga su enajenación.

Y en prueba de conformidad, firman el presente documento, por duplicado, en el lugar y fecha al principio indicados, quedando un ejemplar del mismo en poder de cada parte contratante.

62

Cesión De Bienes En Pago. Escritura Pública

NÚMERO (Protocolo)

En ..., mi residencia, a ... de ... de ...

Ante mí, ..., Notario del Ilustre Colegio de ...

COMPARECEN

De una parte, Don ..., mayor de edad, de estado civil ..., de profesión ..., vecino de ..., domiciliado en calle ..., con DNI número ..., en lo sucesivo transmitente y en la representación que después se dirá.

Y de otra, Don ..., mayor de edad, de estado civil ..., vecino de ..., con domicilio en calle ..., con DNI número ..., en lo sucesivo adquirente y en la representación que después se dirá.

INTERVIENEN

El primero de los comparecientes lo efectúa en nombre y representación y como administrador único de la entidad «Construcciones XX, S.L.», constituida en escritura otorgada en ..., ante su Notario Don/Doña ..., en fecha ..., con el número de Protocolo ..., e inscrita en el Registro Mercantil de ..., domiciliada en la citada localidad, calle ..., y con CIF ...

Y el segundo de los comparecientes como apoderado y en nombre y representación del Banco ... S.A., según facultades conferidas en escritura otorgada en ... ante su Notario Don/Doña ..., en fecha ..., con el número de Protocolo ..., e inscrita en el Registro Mercantil de ..., y acuerdo de Consejo de Administración de fecha ...

Tengo a la vista las copias autorizadas de donde resultan las facultades representativas de los citados señores, los cuales además me aseguran que están en vigor.

Les juzgo con capacidad legal bastante para el otorgamiento de este instrumento de CESIÓN DE BIENES EN PAGO, y al efecto:

EXPONEN

I. La entidad «Construcciones XX, S.L.» ha llevando a cabo la actividad de promoción-construcción en ..., de un edificio sito en calle ..., compuesto de planta de sótano destinada a garaje y trasteros, planta baja destinada a local comercial, y ... plantas cada una de ellas integrada por ... viviendas con una superficie cada una de ... metros construidos, para una útil de ... metros , y cuya descripción, y a la que se remiten, es la que figura en la escritura de declaración de obra nueva en construcción y división horizontal autorizada por el Notario de ... Don/Doña ..., en fecha ..., con el número ... de su Protocolo, a inscrita en el Registro de la Propiedad Número ... de los de ..., Libro ..., Sección ..., Folio ..., finca registral número ...

II. Del citado inmueble, pertenece en pleno dominio de la mercantil «Construcciones XX, S.L.» el local comercial sito en planta baja antes referido, de unos ... metros cuadrados construidos, para una útil de ... libre de cargas, sin arrendar y al corriente del pago de todo tipo de gastos, impuestos y arbitrios.

Según la escritura pública de obra nueva y división horizontal antes mencionada, se identifica como departamento número ..., está dotado de acceso independiente por la calle ..., y linda, tomando como frente la calle ...: frente o este, ..., dicha calle, zaguán, cuartos de instalaciones y escalera de acceso a las plantas altas; derecha o norte, calle ...; izquierda o sur, patio pisable y zaguán de acceso a la planta baja; y fondo u oeste, ...

El local está integrado en la comunidad de propietarios del edificio como uno de sus inmuebles horizontales, rigiéndose por las normas de la Ley de 21 de julio de 1960 y disposiciones complementarias, estableciéndose, entre otros aspectos, la posibilidad de que su propietario pueda hacer operaciones de segregación, división, agregación o agrupación, así como previsiones en orden a rótulos y anuncios, uso del patio pisable en planta baja y gastos de conservación y mantenimiento del zaguán, ascensor, escalera y pasillos del edificio.

Su cuota es de ... (%).
Inscrito en el Registro de la Propiedad Número ... de los de ..., Libro ..., Sección ..., Folio ..., finca registral número ...
Referencia catastral:... [15].

[15] Véase nota a pie de página número 3 del formulario 1, y la número 9 del formulario 5.

III. La mercantil «Construcciones XX, S.L.» es deudora del «Banco ... S.A.» de la cantidad vencida y líquida de ... euros (... euros), como consecuencia de sus relaciones comerciales, reflejadas y amparadas en los siguientes préstamos: ...

IV. No disponiendo de metálico la entidad deudora, ambas partes convienen en otorgar el presente instrumento de cesión de bienes en pago, y al efecto:

ESTIPULAN

PRIMERO. Don ..., en la cualidad y representación en que interviene, cede y transmite a Don ..., igualmente en la cualidad y representación en que interviene, y que acepta en este acto, el local en planta baja descrito en el apartado II del exponendo, con cuanto le sea anejo, inherente o accesorio, y libre de cargas, gravámenes, sin arrendar y al corriente en el pago de todo tipo de gastos, impuestos y arbitrios, y respondiendo la entidad transmitente de la evicción y saneamiento conforme a derecho.

SEGUNDO. La mercantil deudora apodera irrevocablemente a la acreedora, y tan ampliamente como sea preciso en derecho, para la enajenación y administración del bien inmueble cedido, y siendo el valor de la presente cesión el de ... euros y, en su caso, el que resulte de la venta del referido local si fuera mayor que aquél, circunstancia que se comprobará una vez inscrito el local en el Registro de la Propiedad.

TERCERO. La entidad deudora se libera exclusivamente en sus responsabilidades patrimoniales por el importe a que se alude en la anterior estipulación segunda, si lo obtenido por la enajenación del local fuese inferior al importe de la deuda a que alude este documento.

CUARTO. Todos los gastos e impuestos derivados y ocasionados como consecuencia del presente instrumento serán de cuenta de la mercantil deudora.

Expresamente se entienden de cuenta de la entidad deudora los gastos relativos a comunidad e impuestos que graven la propiedad del inmueble cedido en tanto no se obtenga su enajenación.

OTORGAMIENTO Y AUTORIZACIÓN

Hago las reservas y advertencias legales y fiscales.

En particular y a efectos fiscales advierto de las obligaciones y responsabilidades tributarias que incumben a las partes en su aspecto material, formal y sancionador, y de las consecuencias de toda índole que se derivarían de la inexactitud de sus declaraciones.

Por su elección les leo el contenido de esta escritura, advertidos de su derecho a hacerlo por sí, del cual no usan, lo encuentran conforme y firman conmigo, el/la Notario, que doy fe de haberles identificado por sus respectivos documentos de identidad que me exhiben y devuelvo, así como del total contenido de este instrumento público, el cual queda extendido en ... folios de serie ..., números ... el presente y los ... posteriores correlativos.

63

Reconocimiento De Deuda. Documento Privado

En la ciudad de ..., a ... de ... de ...

REUNIDOS

De una parte Don ..., mayor de edad, de estado civil ..., quien interviene en su calidad de apoderado de la mercantil «XX, S.A. de Seguros», con Sucursal en ..., calle ..., con DNI número ...

Y de otra, Don ..., mayor de edad, casado con Doña ... bajo el régimen legal de gananciales, Agente de la citada aseguradora, con domicilio en ..., calle ..., con DNI número ...

RECONOCEN, DECLARAN Y ESTIPULAN

PRIMERO. Don ... reconoce expresamente y en este acto adeudar[16], como consecuencia de sus relaciones comerciales mantenidas hasta la fecha de este

[16] La jurisprudencia del TS afirma la naturaleza contractual del reconocimiento de deuda y su doble y posible eficacia, a saber: declarativa, efecto probatorio y realizado con carácter abstracto; y constitutiva, se expresa la causa justificativa del reconocimiento, constituyendo una obligación con sustantividad propia.

Entre otros cabe destacar los siguientes pronunciamientos: «La jurisprudencia de esta Sala reconoce como válida y lícita, permitida por el principio de autonomía privada o de la libertad contractual del artículo 1255 del Código Civil y vinculante para quien lo hace, con efecto probatorio si se hace de manera abstracta y también constitutivo si se expresa su causa justificativa —Ss. de 8.3.1956; 13.6.1959; 3.2.1973; 9.4.1980; 3.3.1981, 28.9.2001—, calificándolo la sentencia de 8 de marzo de 1956 de contrato al decir que "el reconocimiento de deuda es un contrato por el cual se considera como existente, contra el que la reconoce, pudiendo tener por objeto exclusivo dar a la otra parte un medio de prueba, o prometer no exigir prueba alguna de la deuda, o finalmente, querer considerar la deuda como existente contra el que la reconoce"» —Sentencia 29.7.1994 (Archivo La Ley, 1994, 990)—. «El reconocimiento de deuda posee un carácter eminentemente contractual cuya licitud o existencia puede ser validamente impugnado, pero siempre dentro del curso que imprimen los artículos 1275 y 1277 del Código Civil contratos sin causa o con causa ilícita, e inexpresión de la causa con la doble presunción de su existencia y licitud» —Sentencia 15.2.1989 (LA LEY, 1989-2, 297)—. Y la sentencia de 18.10.1985 establece que «según reiterada jurisprudencia, sancionada entre otras en Ss. de 6.5.1950, 14.3.1958, 22.2.1963, 25.6.1969, dado que si, como proclama la de 8.3.1956, el reconocimiento de deuda es un contrato por el cual se considera como existente contra el que la reconoce, bien dando con ello medio de prueba o

documento, a la mercantil «XX, S.A. de Seguros» la cantidad líquida y vencida de ... euros (... euros).

SEGUNDO. Reconocida la deuda anterior, Don ... se compromete a pagar el importe adeudado de ... euros en la siguiente forma:

1. En este acto entrega la cantidad de ... euros (... euros), en metálico, otorgándosele carta de pago por el referido importe.

2. La cantidad restante, o sea, la suma de ... euros (... euros), la hará efectiva en metálico y en el domicilio o Sucursal en ... de la entidad acreedora, y dentro de su horario laboral, en los siguientes plazos e importes:

a) ... euros en fecha ...
b) ... euros en fecha ...
c) ... euros en fecha ...
d) ... euros en fecha ...

TERCERO. El impago de cualquiera de los cuatro plazos contenidos en el apartado segundo precedente, supondrá el vencimiento total de la deuda pendiente en esa fecha y los posteriores pagos, si los hubiere, pudiendo la entidad acreedora «XX, S.A. de Seguros» reclamar a Don ... el importe resultante íntegro.

CUARTO. Todos los gastos e impuestos ocasionados o que se ocasionaren o devengaren como consecuencia del presente contrato serán de cuenta de Don ...

Y en prueba de conformidad firman el presente documento, por duplicado, en el lugar y fecha al principio indicados, quedando un ejemplar del mismo en poder de cada parte contratante.

---

significando promesa de no exigir prueba alguna de la deuda, ora considerando esta como existente, quedando una obligación independiente, con sustantividad propia, habida cuenta que quien declara querer pasar por la existencia de una deuda contra el, declara también, por este solo hecho, querer conducir en esa conformidad, o sea, querer hacer la prestación que se reconoce deber, en razón a que, conforme pone de manifiesto la sentencia de primero de Mayo de mil novecientos cincuenta y dos, es lógico presumir que quien suscribe un documento de reconocimiento de deuda admite la existencia de éste y libra al acreedor de la carga de la prueba».

Y en cuanto a la eficacia probatoria, las Ss. 4.3.1994 (Archivo La Ley, 1989, 1-475), 11.3.1993 (Archivo La Ley, 1993-5, 583) y 20.11.1992 (Archivo La Ley, 1993-5, 268): «El reconocimiento de deuda se rige por lo dispuesto en el artículo 1277 del Código Civil, con el objeto de invertir la carga de la prueba respecto a la existencia de la causa;... prueba que, aun siendo conveniente, no es indispensable, pues las manifestaciones contenidas en el documento de reconocimiento de deuda, hacen prueba y obligan a sus otorgantes, alterando o modificando de igual forma lo pactado en la escritura pública anterior, cuando estos efectos no transcienden a los terceros. Así pues, el contenido y el análisis de los documentos aportados, cuyas manifestaciones vinculan a los otorgantes de los mismos, constituye prueba suficiente para la viabilidad de la acción ejercitada».

64

Reconocimiento De Deuda. Formas De Pago Y Liquidación De La Deuda. Compensación. Sumisión

En la ciudad de ..., a ... de ... de ...

REUNIDOS

De una parte Don ..., mayor de edad, casado, quien interviene en su calidad de apoderado de la mercantil « XX, S.A. de Seguros», con Sucursal en ..., calle ..., con DNI número ...

Y de otra, Don ..., mayor de edad, casado con Doña ... bajo el régimen de absoluta separación de bienes, agente de la citada aseguradora, con domicilio en ..., calle ..., con DNI número ...

RECONOCEN, DECLARAN Y ESTIPULAN

PRIMERO. Don ... reconoce expresamente y en este acto adeudar, como consecuencia de sus relaciones comerciales mantenidas hasta la fecha de este documento, a la mercantil «XX, S.A. de Seguros» a cantidad líquida y vencida de ... euros (... euros).

SEGUNDO. La mercantil «XX, S.A. de Seguros» reconoce expresamente y en este acto adeudar a Don ... la cantidad líquida y vencida de ... euros (... euros), como consecuencia de las comisiones devengadas por Don ... y que al otorgamiento del presente documento no le han sido satisfechas.

TERCERO. Reconocidas las deudas anteriores, y reuniendo ambos contratantes, en parte y recíprocamente, las cualidades de acreedor y deudor, convienen en liquidar su relación en la forma en que a continuación se expresa:

1.º Don ... y «XX, S.A. de Seguros» declaran, reconocen y acuerdan quedar compensada la deuda de Don ... en el importe de ... euros (... euros), o sea, en la suma que la mercantil reconoce adeudar al citado compareciente, otorgándose carta de pago por el referido importe, y renunciando ambas partes a cuantas acciones les competan en su reclamación.

2.º El resto, es decir, la suma de ... euros (... euros), del total cuya deuda ha reconocido Don ... y cuya cuantía no ha resultado compensada, se obliga el citado compareciente a satisfacerla de la manera siguiente:

1. En este acto entrega la cantidad de ... euros (... euros), en metálico, otorgándosele carta de pago por el referido importe.

2. ... euros (... euros), mediante entrega a la mercantil aseguradora de cheque nominativo y a su favor, número ..., contra el Banco ..., de fecha ..., otorgando salvo buen fin carta de pago por el referido importe, sin perjuicio por tanto de lo dispuesto en el artículo 1170 del Código Civil.

3. ... euros (... euros) mediante la cesión y transmisión en pleno dominio por el Sr. .... a la mercantil «XX, S.A. de Seguros», que lo acepta en el presente acto, de la plaza de garaje identificada con el número ..., en el Edificio ..., sito en calle ... de ..., que constituye la finca registral número ... del Registro de la Propiedad Número ... de los de ..., y cuya situación y título dominical conoce suficientemente la mercantil adquirente, y cuya referencia catastral es ... [17].

La citada plaza de garaje se encuentra libre de cargas, sin arrendar y al corriente en el pago de toda clase de gastos e impuestos.

Los gastos e impuestos que se deriven de la escritura pública que, por tal dación se otorgue y a favor de la persona física o jurídica que designe la mercantil acreedora, serán de cuenta de Don ...

4. ... euros en metálico y en el domicilio o Sucursal en ... de la entidad acreedora, dentro de su horario laboral, en fecha ... otorgándose en el momento de la entrega eficaz carta de pago por el referido importe.

5. ... euros mediante la entrega y aceptación de ... letras de cambio, costeadas por el deudor, con vencimientos trimestrales consecutivos a partir de la fecha ..., y de ... euros cada una.

CUARTO. El impago de cualquiera de los pagos establecidos en el apartado tercero precedente, supondrá el vencimiento total de la deuda pendiente en esa fecha y los posteriores pagos, si los hubiere, pudiendo la entidad acreedora «XX, S.A. de Seguros» reclamar a Don ... el importe resultante íntegro.

---

[17] Véase la nota a pie de página número 3 del formulario 1.

QUINTO. Todos los gastos e impuestos ocasionados o que se ocasionaren o devengaren como consecuencia del presente contrato serán de cuenta de Don ...

SEXTO. Ambas partes contratantes, con renuncia expresa a cualquier otro fuero que pudiera corresponderles, se someten expresamente a los Juzgados y Tribunales de la ciudad de ..., coincidente con el partido judicial del mismo nombre, para cualquier cuestión que pudiera derivarse del contenido, interpretación, cumplimiento o incumplimiento del presente contrato.

Y en prueba de conformidad firman el presente documento, por duplicado, en el lugar y fecha al principio indicados, quedando un ejemplar del mismo en poder de cada parte contratante.

65

CARTA DE PAGO[18]

En la ciudad de ..., a ... de ... de ...

REUNIDOS

De una parte Don ..., mayor de edad, casado, quien interviene en su calidad de apoderado de la mercantil «XX, S.A. de Seguros», con Sucursal en ..., calle ..., con DNI número ...

Y de otra, Don ..., mayor de edad, casado con Doña ... bajo el régimen legal de gananciales, agente de la citada aseguradora, con domicilio en ..., calle ..., con DNI número ...

RECONOCEN, DECLARAN Y OTORGAN

PRIMERO. Que en fecha ..., los comparecientes otorgaron documento privado por el que, entre otros extremos, Don ... reconoció la existencia de una deuda a favor de la mercantil aseguradora, y en cuyo apartado segundo se convino la forma y plazos de liquidación de la citada deuda.

SEGUNDO. Que en cumplimiento de lo anterior, Don ... entrega en este acto la cantidad de ... euros (... euros), en metálico, otorgándole la mercantil acreedora carta de pago por el referido importe.

Y en prueba de conformidad firman el presente documento, por duplicado, en el lugar y fecha al principio indicados, quedando un ejemplar del mismo en poder de cada parte contratante.

---

[18] Evidentemente, al igual que la transacción en sí, la carta de pago puede otorgarse en escritura pública. Véase en este sentido el formulario número 57 del capítulo I.

66

TRANSACCIÓN. INDEMNIZACIÓN. LESIONES EN TRÁFICO

En la ciudad de ..., a ... de ... de ...

REUNIDOS

De una parte Don/Doña ..., mayor de edad, casado/a, con domicilio a efectos de este documento en ..., calle ..., con DNI número ...

Y de otra, Don/Doña ..., mayor de edad, de estado civil ..., de profesión ..., vecino/a de ..., con domicilio en calle ..., con DNI número ...

INTERVIENEN

Don/Doña ... en su calidad de apoderado/a de la mercantil «XX, S.A. de Seguros», con Sucursal en ..., calle ..., y con facultades para este acto según escritura de fecha ..., autorizada por el Notario de ..., Don/Doña ..., con el número ... de su Protocolo.

Don/Doña ... en su propio nombre y derecho.

Ambas partes se reconocen recíprocamente capacidad legal bastante para el otorgamiento del presente documento, por lo que de común acuerdo:

DECLARAN

PRIMERO. En fecha ..., el turismo marca ... modelo ..., matrícula ..., propiedad de ... y conducido por ..., se encontraba asegurado por póliza número ... concertada con la mercantil compareciente.

SEGUNDO. En la referida fecha tuvo lugar un accidente de circulación en la carretera ..., a la altura del kilómetro ..., por colisión con:

1.º Turismo marca ... modelo ... matrícula ..., que conducía Don/Doña ..., siendo su propietario ....

2.º ...

Como consecuencia de lo cual ... se instruyeron las diligencias y actuaciones que a continuación se hacen constar[19]:

...

TERCERO. Don/Doña ... viajaba como ocupante[20] en el asiento ... del vehículo asegurado en la entidad «XX, S.L.», y como consecuencia de la colisión sufrió lesiones, recibiendo asistencia médica en el Hospital ..., en cuyo parte de hospitalización se recoge el siguiente diagnóstico: «...».

CUARTO. Don/Doña ... fue intervenido/a quirúrgicamente, habiendo estado hospitalizado/a ... días, encontrándose de alta hospitalaria desde ..., y en situación de baja en la fecha de otorgamiento del presente documento.

Expresamente declara que ... ha sido examinado/a por el médico forense.

QUINTO. No habiendo transcurrido tres meses desde la fecha del siniestro, y reconociendo ambas partes la imposible determinación y concreción del alcance lesivo por causas ajenas a la voluntad de las mismas, convienen el otorgamiento del presente contrato y de común acuerdo:

ESTIPULAN

PRIMERO. Don/Doña ... propone, y la mercantil «XX, S.A. de Seguros» acepta en el presente acto, un acuerdo indemnizatorio en los siguientes términos:

1.º ... euros por cada uno de los ... días de hospitalización.
2.º ... euros por cada uno de los días de curación (impeditivos y, en su caso, no impeditivos), incluidos en su caso lo que Don/Doña ... emplee en tratamiento fisioterapéutico o rehabilitador.

Expresamente como tal se incluye y admite la quiropraxia.

---

19 Atestado, su número y fuerza actuante; diligencias previas penales en su caso, o cualquier otra actuación civil o penal.

20 Posición que ocupaba en el vehículo. También si se trata del vehículo perjudicado y era el conductor.

Igualmente solicita y oferta, y la aseguradora acepta, que el tratamiento médico, quirúrgico y, en su caso, fisioterapéutico o rehabilitador o quiropráctico, se lleve a cabo bajo la dirección, asistencia, control y decisión del Centro Médico ..., sito en ..., calle ..., siendo de cuenta de la aseguradora los gastos que por tal asistencia se ocasionen, incluidos en su caso los de desplazamiento si a juicio del facultativo-director del citado centro el/la lesionado/a lo precisase.

La aseguradora podrá solicitar del citado centro cuantos informes, informaciones o dictámenes considere conveniente sobre el estado y evolución de el/la lesionado/a.

SEGUNDO. Las anteriores cantidades indemnizatorias, serán satisfechas de la siguiente forma[21].

1.º En este acto se le entrega la suma de ... euros, mediante cheque nominativo y a su favor, por los días de hospitalización, otorgando Don/Doña ... eficaz carta de pago por los referidos importe y concepto, y renunciando a cuantas acciones le pudiesen competer al efecto.

2.º La indemnización por el resto de los días, le será satisfecha, por meses vencidos, mediante cheque nominativo que se le entregará en el domicilio o Sucursal en ... de la aseguradora, dentro del horario laboral de ésta. En tal momento se le indemnizará el mes vencido o, en su caso, los días de tal mes de baja, si se produjera el alta antes del vencimiento del mes, o sea, fuese de duración inferior a un mes.

Para proceder al pago será preciso el previo informe del Centro Médico ... antes mencionado, sobre el estado y evolución de la lesionada, para cuya obtención e información se encuentra facultada la aseguradora compareciente.

En cada pago, Don/Doña ... otorga carta de pago al respecto, otorgando documento que así lo justifique.

TERCERO. Para la determinación, en su caso, de las secuelas ambas partes convienen que se lleve a cabo por examen y posterior informe escrito del Centro Médico ..., el que deberá dictaminarlas, tanto en su categoría como en su puntuación, partiendo para ello del sistema de valoración y de las correspondientes tablas contenidas en la Ley ...[22].

---

[21] Si los perjuicios se limitan a daños materiales, entonces debe hacerse constar tal extremo.

[22] En la actualidad, véase el anexo de la Ley 30/1995, de Ordenación y Supervisión de los Seguros Privados

Determinadas las secuelas, se aplicará el valor de puntuación contenido en la referida ley, incluida la regla proporcional en su caso, procediéndose al abono de la cantidad resultante a Don/Doña ... dentro de los ... días hábiles siguientes, mediante cheque nominativo y a su favor y en el domicilio o Sucursal en ... de la aseguradora compareciente.

CUARTO. El día en que se efectúe el último pago, ya por días de baja, ya por secuelas si existieren, Don/Doña ... firmará carta de pago por ese importe, así como escrito de renuncia dirigido al Juzgado en el que se siguen las actuaciones ya mencionadas en este documento.

QUINTO. Consecuentemente con todo lo anterior, Don/Doña ..., renuncia a percibir cualquiera otra cantidad y por concepto no expresamente contemplado en este documento, tanto por vía extrajudicial como judicial, renunciando a cuantas acciones le puedan competer contra la aseguradora en este documento compareciente, conductor y propietario del vehículo como consecuencia del cual sufrió las lesiones.

Y en prueba de conformidad, firman el presente documento, por duplicado, en el lugar y fecha al principio indicados, quedando un ejemplar en poder de cada parte contratante.

67

TRANSACCIÓN. INDEMNIZACIÓN. FINIQUITO DE LIQUIDACIÓN

En la ciudad de ..., a ... de ... de ...

REUNIDOS

De una parte Don/Doña ..., mayor de edad, casado/a, con domicilio a efectos de este documento en ..., calle ..., con DNI número ...

Y de otra, Don/Doña ..., mayor de edad, de estado civil ..., de profesión ..., vecino/a de ... con domicilio en calle ..., con DNI número ...

INTERVIENEN

Don/Doña ... en su calidad de apoderado de la mercantil «XX, S.A. de Seguros», con Sucursal en ..., calle ..., y con facultades para este acto según escritura de fecha ..., autorizada por el Notario de ..., Don/Doña ..., con el número ... de su Protocolo.

Don/Doña ... en su propio nombre y derecho.

Ambas partes se reconocen recíprocamente capacidad legal bastante para el otorgamiento del presente documento, por lo que de común acuerdo:

RECONOCEN, DECLARAN Y OTORGAN

PRIMERO. En fecha ..., los comparecientes otorgaron un documento por el que, a instancias de Don/Doña ... y con la plena aceptación de la mercantil aseguradora, de común acuerdo fijaban los conceptos y cuantías indemnizatorias a percibir por Don/Doña ..., como consecuencia del siniestro número ...

SEGUNDO. En dicho siniestro estaban implicados los siguientes vehículos:

1.º Vehículo marca ..., modelo ..., matrícula ..., propiedad de ..., asegurado por póliza número ... de esta aseguradora.

2.º Vehículo marca ..., modelo ..., matrícula ..., propiedad de ..., asegurado por póliza número ... en ...

3.º ...

TERCERO. De conformidad con lo establecido en la estipulación ... del documento privado antes mencionado, Don/Doña ... recibe en este acto la cantidad de ... euros, mediante cheque nominativo y a su favor, en concepto de ... y, por tanto, dando por recibida íntegramente y a su satisfacción la indemnización pactada, y por liquidado el siniestro, no teniendo nada más que reclamar a la aseguradora «XX, S.A. de Seguros», y reiterando su renuncia a cuantas acciones civiles y penales pudieran corresponderle, subrogando en las mismas a la aseguradora compareciente, de conformidad con lo dispuesto en la legislación vigente.

Y en prueba de conformidad, firman el presente documento, por duplicado, en el lugar y fecha al principio indicados, quedando un ejemplar en poder de cada parte contratante.

68

Transacción. Indemnización. Escrito De Renuncia Dirigido A Juzgado De Instrucción

AL JUZGADO DE INSTRUCCIÓN NÚMERO ... DE ...

Don ..., mayor de edad, de estado civil ..., de profesión ..., vecino/ a de ... con domicilio en calle ..., con DNI número ..., ante el Juzgado de Instrucción Número ..... de ... que de los autos de ... conoce, comparezco y, como mejor proceda en Derecho, **DIGO:**

Que las citadas actuaciones se siguen como consecuencia del accidente de circulación en que el/la compareciente resultó lesionado/a, ocurrido en fecha ..., en ...

Que en la actualidad el/la compareciente se encuentra curado/a de sus lesiones y habiendo sido indemnizado/a por la aseguradora XX, S.A. de Seguros, formula renuncia a cuantas acciones civiles y penales pudieran corresponderle por motivo del citado accidente de circulación, subrogando en las mismas a la aseguradora mencionada.

POR LO EXPUESTO

AL JUZGADO SUPLICO: Que habiendo por presentado este escrito, se sirva admitirlo, acordando su unión a las actuaciones mencionadas y resolviendo de conformidad a lo solicitado en el mismo, teniendo en su consecuencia por formulada la presente renuncia y por apartada del procedimiento a la compareciente, pues así procede y es de hacer en justicia que pido.

..., ... de ... de ...

69

Transacción. Indemnización. Jurisdicción Civil. Desistimiento Y Renuncia Sin Haber Contestado A La Demanda

AL JUZGADO DE PRIMERA INSTANCIA NÚMERO ... DE ...

Don/Doña ..., Procurador de los Tribunales y de Don/Doña ..., conforme consta en los autos de juicio ... del Juzgado de Primera Instancia Número ... de ..., ante el que comparezco y, como mejor proceda en Derecho, **DIGO:**

Que encontrándome apoderado/a especialmente al efecto, y habiendo sido debidamente indemnizado/a mi representado/o por la aseguradora demandada ..., en la representación que ostento formulo renuncia de acciones y me aparto del procedimiento, interesando la terminación anormal del proceso sin imposición de costas a esta parte actora.

Que habiendo sido admitida a trámite la demanda, de la cual, pese a no haber formulado todavía contestación, ha tenido conocimiento antes de este acto la aseguradora demandada, la misma manifiesta su conformidad con la presente renuncia y desistimiento, firmando por ello en prueba de conformidad este escrito Don/Doña ..., como representante de la citada aseguradora y con facultades para ello, según escritura de poder que se acompaña al presente.

POR LO EXPUESTO

AL JUZGADO SUPLICO: Que habiendo por presentado este escrito, y documentos, se sirva admitirlo, acordando su unión a los autos mencionadas y resolviendo de conformidad a lo solicitado en el mismo, teniendo en su consecuencia por formulada la presente renuncia y por apartada del procedimiento a la parte actora con el conocimiento y consentimiento de la demandada y sin imposición de costas, pues así procede y es de hacer en justicia que pido.

..., ... de ... de ...

70

Transacción. Indemnización. Jurisdicción Civil. Desistimiento y Renuncia Después De Haber Contestado A La Demanda

AL JUZGADO DE PRIMERA INSTANCIA NÚMERO ... DE ...

Don/Doña ... y Don/Doña ..., Procuradores de los Tribunales y, respectivamente, de Don/Doña ... y de la mercantil aseguradora ..., conforme ya consta en los autos de juicio ... del Juzgado de Primera Instancia Número ... de ..., ante el que comparecemos y, como mejor proceda en Derecho,

DECIMOS:

Que encontrándonos apoderados especialmente al efecto, y como consecuencia de transacción extrajudicial en la que ha sido debidamente indemnizada la parte actora por la aseguradora demandada ..., en la representación que ostentamos formulamos renuncia a cuantas acciones, derechos, indemnizaciones y excepciones pudieran corresponder a cada parte, las que además se apartan del procedimiento, interesando la terminación anormal del proceso sin imposición de costas.

POR LO EXPUESTO

AL JUZGADO SUPLICAMOS: Que habiendo por presentado este escrito, se sirva admitirlo, acordando su unión a los autos mencionados y resolviendo de conformidad a lo solicitado en el mismo, teniendo en su consecuencia por formulada la presente renuncia y por apartada del procedimiento a las partes y sin imposición de costas, pues así procede y es de hacer en justicia que pedimos.

..., ... de ... de ...

71

TRANSACCIÓN. INDEMNIZACIÓN. MINUTA PARA EL OTORGAMIENTO DE ACTA NOTARIAL (DE MANIFESTACIONES) DE RENUNCIA

OTORGANTE:

Don/Doña ..., mayor de edad, de estado civil, de profesión ..., vecino/a de ... con domicilio en calle ..., con DNI número ...

MANIFIESTA:

Primero. El/La compareciente resultó lesionado/a cuando viajaba como ... del asiento ... del turismo marca ... modelo ..., matrícula ..., propiedad de ... y asegurado en la mercantil ..., con póliza ..., en accidente ocurrido en fecha ..., en ..., y por causa de solución ...

Segundo. En la actualidad el/la compareciente se encuentra curado/a de sus lesiones y habiendo sido indemnizado/a por la aseguradora ..., formula renuncia a cuantas acciones civiles y penales pudieran corresponderle por motivo del citado accidente de circulación, subrogando en las mismas a la aseguradora mencionada.

72

TRANSACCIÓN. INDEMNIZACIÓN. DAÑOS EN TRÁFICO

En la ciudad de ..., a ... de ... de ...

REUNIDOS

De una parte Don/Doña ..., mayor de edad, casado, con domicilio a efectos de este documento en ..., calle ..., con DNI número ...

Y de otra, Don/ Doña ..., mayor de edad, de estado civil ..., de profesión ..., vecino/a de ..., con domicilio en calle ..., con DNI número ...

INTERVIENEN

Don/Doña ... en su calidad de apoderado de la mercantil «XX, S.A. de Seguros», con Sucursal en ..., calle ..., y con facultades para este acto según escritura de fecha ..., autorizada por el Notario de ..., Don/Doña ..., con el número ... de su Protocolo .

Don/Doña ... en su propio nombre y derecho.

Ambas partes se reconocen recíprocamente capacidad legal bastante para el otorgamiento del presente documento, por lo que de común acuerdo:

DECLARAN, RECONOCEN Y ACUERDAN

PRIMERO. En fecha ..., el turismo marca ... modelo ..., matrícula ..., propiedad de ... y conducido por ..., se encontraba asegurado por póliza número ... concertada con la mercantil compareciente.

SEGUNDO. En la referida fecha tuvo lugar un accidente de circulación en la carretera ..., a la altura del kilómetro ..., por colisión con:

1.º Turismo marca ... modelo ... matrícula ..., que conducía Don/Doña ..., siendo su propietario Don/Doña...

2.º ...

Como consecuencia de lo cual, se instruyeron las diligencias y actuaciones que a continuación se hacen constar[23]: ...

TERCERO. El vehículo propiedad de Don/Doña ... sufrió daños materiales en importe de ... euros, determinadas por la opción que a continuación se señala:

1.º Factura de reparación abonada por el propietario del vehículo perjudicado: ...

2.º Factura proforma expedida por el taller reparador y que se abona directamente por la aseguradora a dicho taller: ...

3.º Presupuestados por el Perito Don/Doña ...

Respecto de la forma señalada, ambas partes manifiestan su conformidad.

CUARTO. Consecuentemente con todo lo anterior, Don/Doña ..., renuncia a percibir cualquier otra cantidad y por concepto no expresamente contemplado en este documento, tanto por vía extrajudicial como judicial, renunciando a cuantas acciones le puedan competer contra la aseguradora en este documento compareciente, conductor y propietario del vehículo como consecuencia del cual sufrió las lesiones.

Y en prueba de conformidad, firman el presente documento, por duplicado, en el lugar y fecha al principio indicados, quedando un ejemplar en poder de cada parte contratante.

---

23 Atestado, su número y fuerza actuante; diligencias previas penales en su caso, o cualquier otra actuación civil o penal.

73

Transacción. Reconocimiento De Deuda. Liquidación De Relaciones Comerciales. Devolución De Mercaderías

En la ciudad de ..., a ... de ... de ...

REUNIDOS

De una parte, Don ..., mayor de edad, comerciante, vecino de ..., domiciliado en ..., con DNI número ...

Y de otra, Don ..., mayor de edad, vecino de ..., domiciliado en ..., con DNI número ...

INTERVIENEN

El Sr. ... en su propio nombre y derecho, y el Sr. ... en nombre y representación y como administrador único de la mercantil «XX, S.L.» (la que primero fue comunidad de bienes), con domicilio en calle ... de ...

Ambas partes se reconocen capacidad legal bastante para otorgar el presente documento, conforme a lo cual:

DECLARAN, RECONOCEN Y ACUERDAN

PRIMERO. Entre ambas partes han existido relaciones comerciales, efectuándose por el Sr. ... un pedido en fecha ..., el que fue posterior y unilateralmente modificado por el Sr. ..., por nota por él manuscrita.

Se acompañan por fotocopias y como anexo al presente contrato, que firman ambas partes, tanto la nota de pedido como la nota de modificación.

SEGUNDO. Que como consecuencia de las citadas relaciones contractuales, el Sr. ... adeuda a la entidad que representa el Sr. ... la cantidad de género efectivamente vendida por el mismo, procediendo a la devolución del resto no vendido, por causas conocidas por ambas partes y, entre ellas, que alguno de los productos presentaban fecha de caducidad desde el año ...

TERCERO. La cantidad de género efectivamente vendida es la relativa a los productos e importes que a continuación se indican:

Producto/unidades	Importe/euros
A. Quince cajas de chocolate tipo ... 450 cajas x 30 pastillas = 450 x ... euros = ... euros - 18% descuento pactado = ... euros	.... euros
B. Setenta y dos tarros tipo ... 72 x 275 = ... euros - 18%	... euros
C. Cuatro cajas de tipo ... 4 x 30 = 120 x 125 = ... euros - 18%	... euros
D. Cinco cajas tipo ... 5x 30 = 150 x 145 = ... euros - 18%	... euros
E. Tres cajas tipo ... 3 x 24 = 72 x 175 = ... euros - 18%	... euros
F. Seis cajas tipo ... 6 x 24 = 144 x 180 = ... euros - 18%........	... euros
Total	... euros
IVA ... %	...
....	...

La expresada cantidad de ... euros la abona en este acto el Sr. ... al Sr. ..., en metálico, otorgándole carta de pago por el referido importe y declarando nulas y sin eficacia cuantas facturas, documentos o efectos hubiesen sido librados con anterioridad a la fecha de este documento.

También en este acto procede el Sr. ... a la devolución de la mercancía no vendida y reflejada en los documentos fotocopiados en el anexo de este documento, recibiéndola de conformidad el Sr. ..., y sin que, en consecuencia, tengan nada que reclamarse ninguna de las partes otorgantes de este documento.

Y en prueba de conformidad, firman el presente documento y su anexo, por duplicado, en el lugar y fecha al principio indicados, quedando un ejemplar del mismo en poder de cada compareciente.

74

IMPUTACIÓN DE PAGOS: UNA SOLA DEUDA

En la ciudad de ..., a ... de ... de ...

REUNIDOS

De una parte Don ..., mayor de edad, casado, vecino de ..., con domicilio en la misma, calle ..., con DNI número ...

Y de otra, Don ..., mayor de edad, casado, vecino de ..., con domicilio en la citada localidad, calle ..., con DNI número ...

INTERVIENEN

Don ... en nombre y representación de la mercantil «X, S.L.», con domicilio en ..., calle ..., según facultades conferidas en escritura de fecha ... autorizada por el Notario de ... Don ..., con el número ... de su Protocolo.

Don ... en su propio nombre y derecho.

Ambas partes se reconocen recíprocamente capacidad legal bastante para el otorgamiento del presente documento, por lo que de común acuerdo:

RECONOCEN, DECLARAN Y ACUERDAN

PRIMERO. Don ... es deudor en el importe de .... euros (... euros) de la mercantil «X, S.L.» consecuencia de la compra a la misma de mercaderías, la que se encuentra documentada en los correspondientes albaranes y facturas.

SEGUNDO. En diversas ocasiones la mercantil acreedora ha requerido de pago al Sr. ..., resultando infructuosos tales requerimientos y adeudándose en la actualidad la cantidad de ... euros de principal más otros ... euros de intereses.

TERCERO. En este acto el Sr. ... entrega la cantidad de ...euros, en metálico, importe que el Sr. ... imputa[24], y la entidad acreedora acepta, en concepto de pago de los intereses, de conformidad con lo dispuesto en el artículo 1173 del Código Civil, y sin perjuicio de la liquidación del resto de la deuda.

Y en prueba de conformidad firman el presente documento, por duplicado, en el lugar y fecha al principio indicados, quedando un ejemplar del mismo en poder de cada compareciente.

[24] Sentencia TS de 16.2.1981: «El recurrente no solamente no hizo dicha imputación en el momento del pago, sino porque al entregar los documentos mercantiles hizo tácitamente la imputación a la deuda que hoy se le reclama, ello aparte de que tratándose en el presente caso de una deuda única por venta de mercaderías no le son aplicables los preceptos que se dicen violados según ya declaró esta Sala en Sentencias, entre otras de 8 de julio de 1909 y 13 de marzo de 1910». Sentencia TS 24.10.1994 [LA LEY, 1994-4, 875 (16490-R)]: «El artículo 1173 del Código Civil contiene una norma de carácter interpretativo y limitativa de la voluntad del deudor para el caso de que, teniendo una sola deuda productora de intereses frente a su acreedor, no puede imputar el pago parcial de lo debido al pago del principal sin estar antes satisfechos los intereses, ya que ello supondría convertir por la sola voluntad del deudor una deuda que produce intereses en una simple, en claro perjuicio del acreedor».

75

IMPUTACIÓN DE PAGOS: VARIAS DEUDAS

En la ciudad de ..., a ... de ... de ...

REUNIDOS

De una parte Don ..., mayor de edad, casado, vecino de ..., con domicilio en la misma, calle ..., con DNI número ...

Y de otra, Don ..., mayor de edad, casado, vecino de ..., con domicilio en la citada localidad, calle ..., con DNI número ...

INTERVIENEN

Don ... en nombre y representación del Banco ..., con domicilio en ..., calle ..., según facultades conferidas en escritura de fecha ... autorizada por el Notario de ... Don ..., con el número ... de su Protocolo.

Don ... en su propio nombre y derecho.

Ambas partes se reconocen recíprocamente capacidad legal bastante para el otorgamiento del presente documento, por lo que de común acuerdo:

RECONOCEN, DECLARAN Y ACUERDAN

PRIMERO. Don ... es deudor en el importe global y principal de ... euros (... euros) del Banco ..., deuda documentada en dos pólizas ..., de fechas ... y ..., y por tanto siendo deudas líquidas, vencidas y exigibles.

SEGUNDO. La entidad acreedora inició el ejercicio de acciones contra Don ... y su cónyuge a los efectos del artículo 144 del Reglamento Hipotecario, dándose lugar a los autos de juicio ejecutivo número ... del Juzgado de Primera Instancia de ..., autos en los que se despachó ejecución por la cantidad de ...euros, de principal, más otros ... euros presupuestados para intereses, gastos y costas, sin perjuicio de ulterior liquidación.

TERCERO. En este acto el Sr. ... entrega la cantidad de ... euros, en metálico, importe que el Sr. ... imputa[25] , y la entidad acreedora acepta, en concepto de pago de los intereses y el principal de la póliza de fecha ..., por ser de fecha más antigua y la más onerosa, según lo estipulado en la misma, de conformidad con lo dispuesto en los artículos 1173 y 1174 del Código Civil, y sin perjuicio de la liquidación del resto de la deuda.

Y en prueba de conformidad firman el presente documento, por duplicado, en el lugar y fecha al principio indicados, quedando un ejemplar del mismo en poder de cada compareciente.

---

[25] STS 11.5.1984 (LA LEY, 1984-3, 451) que recogía el posicionamiento de la STS 13 de mayo de 1979, y consolidada con la sentencia de 24 marzo de 1998: «La imputación de pagos, manifestada en una declaración de voluntad receptiva en principio correspondiente al deudor sobre el destino de la prestación que realiza, presupone la existencia de varias deudas contra el mismo obligado y a favor del mismo acreedor, según lo indica el párrafo primero del artículo 1172 del Código Civil que empieza por reconocer la facultad del deudor, al tiempo del pago para declarar a que deuda de las pendientes ha de aplicarse».

STS 25.10.1985, 24.3.1998: «La imputación de pagos no es otra cosa que la designación o el señalamiento de la deuda a la que se haya de aplicar la prestación verificada por el deudor, lo que exige la coexistencia previa de deudor y acreedor y de una pluralidad de deudas derivadas de las relaciones obligacionales mediantes entre los mismos, ante cuya situación el artículo 1172 del Código Civil faculta al deudor para designar o señalar a que deuda de las preexistentes ha de imputarse el pago;... tal señalamiento o designación entraña una declaración de voluntad recepticia, en principio correspondiente al deudor, sobre el destino de la prestación que realiza, entrañando la acreditación de tal extremo una cuestión de orden fáctico-jurídico».

STS 16.5.1989 [LA LEY, 1989-4, 775 (12137-R)]: «por aplicación de lo dispuesto en los artículos 1173 y 1174.1.º del Código Civil, han de imputarse a las garantías más antiguas que por más onerosas, ya que no consta diferencia de intereses, son preferentes en la satisfacción de los adeudos que garantizan, máxime cuando no consta tampoco una disposición específica en contra de ello».

76

Cesión De Crédito[26]

En la ciudad de ..., ... de ... de ...

REUNIDOS

De una parte, Don ..., mayor de edad, casado, vecino de ..., con domicilio en la misma, calle ..., con DNI número ..., en lo sucesivo cesionario.

Y de otra, Don ... y Doña ..., mayores de edad, cónyuges, vecinos de ..., con domicilio en la citada localidad, calle ..., con DD.NN.II., respectivamente, números ... y ..., en lo sucesivo cedentes.

INTERVIENEN

Don ... en nombre y representación del Banco ..., con domicilio en ..., calle ..., según facultades conferidas en escritura de fecha ... autorizada por el Notario de ... Don ..., con el número ... de su Protocolo.

Don ... y Doña ... en su propio nombre y derecho.

Ambas partes se reconocen recíprocamente capacidad legal bastante para el otorgamiento del presente documento, por lo que de común acuerdo:

RECONOCEN, DECLARAN Y ESTIPULAN

PRIMERO. Los cónyuges Don .... y Doña ... son deudores en el importe global y principal de ... euros (... euros) del Banco ..., deuda documentada en póliza ..., de fecha ..., y por tanto siendo deuda líquida, vencida y exigible.

[26] Tanto estos como los siguientes actos, negocios o contratos, son susceptibles de otorgamiento en documento público y en privado. Por ello, los alternamos.

SEGUNDO. Los citados Don ... y Doña ... en fecha ... vendieron a Don ... la vivienda sita en calle ..., piso primero letra D, en escritura pública de fecha ..., autorizada por el Notario Don ..., con el número ... de su Protocolo, enajenación debidamente inscrita en el Registro de la Propiedad Número ... de ...

Como forma de pago de parte del precio los cónyuges Sres. ... estipularon con Don ... el libramiento de una letra de cambio, con vencimiento ... y clase ..., precisamente por importe de ... euros, existiendo por tanto un crédito a favor de los cónyuges señores ... por el referido importe.

TERCERO. Para pago de su deuda, Don ... y Doña ... ceden[27] al Banco ..., que acepta en el presente acto, el crédito de ... euros que ostentan frente a Don ... y que se encuentra documentado en la letra de cambio antes referida.

CUARTO. Los cedentes transmiten el crédito en toda su integridad, extensión y contenido, sin más alteración que el cambio de la persona del acreedor, y de común acuerdo, proceden a la notificación notarial de la cesión al deudor Don ..., a los efectos prevenidos en los artículos 1526 y siguientes del Código Civil, y particularmente para que Don ... quede en lo sucesivo obligado con el Banco ... y se repute como pago legítimo y liberatorio el que, en la fecha de vencimiento, efectué a favor del citado Banco.

Y en prueba de conformidad firman el presente documento, por duplicado, en el lugar y fecha al principio indicados, quedando un ejemplar del mismo en poder de cada compareciente.

---

[27] En cuanto a su concepto, naturaleza jurídica y finalidad, establece nuestro Tribunal Supremo que el contrato de cesión de créditos «representa un negocio bilateral en virtud del cual el acreedor-cedente transfiere por actos *inter vivos* la titularidad de su crédito a un tercero cesionario, con lo que el crédito se le hace circular —arts. 1526 y siguientes del Código Civil—» (STS 17.12.1994, STS 24.3.2000), siendo preciso «reunir la efectiva condición de acreedor» [STS 17.12.1994 (LA LEY, 1995-1, 218), STS 24.3.2000], y siendo, en definitiva, el alcance de esta figura el de «obligar al deudor crediticio con un nuevo acreedor en virtud de un negocio bilateral que vincula a cedente y a cesionario» [STS 5.3.1994 (LA LEY, 1994-2, 455)]. Para su validez y eficacia, la cesión de créditos no necesita ni el consentimiento ni el conocimiento del deudor cedido —Ss. TS 27.2.1891; 28.10.1957; 7.7.1958; 5.11.1974; 11.1.1983 [LA LEY, 1983-2,953 (3966-R)]; 13.2.1988 [LA LEY, 1988-2, 814 (10313-R)]; 27.9.1991 [LA LEY, 1991-4, 910 (14155-R)] 19.2.1993 (Archivo La Ley, 1993-5, 519); 24.9.1993 (LA LEY, 1993-4, 641); 22.2.1994 [LA LEY, 1994-3, 672 (16142-R)]; 20.2.1995 (Archivo La Ley, 1995, 429), STS 24.03.2000—, si bien el conocimiento por el deudor cedido sí influye en el cumplimiento, habida cuenta que si se le notifica sólo se libera de la obligación si paga al cesionario, y si no tiene conocimiento de la cesión y satisface la prestación al primitivo acreedor cedente, queda libre de su obligación y nada puede reclamar el nuevo acreedor cesionario.

En esta misma jurisprudencia se destacan los principales requisitos, consecuencias y peculiaridades de este contrato de cesión de créditos, a saber:

1. La cesión supone una subrogación o sustitución de la persona del acreedor.

2. La obligación permanece invariable e inalterable en su total contenido y características: toda su integridad, extensión y contenido, incluidos los derechos accesorios, como la fianza, hipoteca, prenda o privilegio, sin mas alteración que el cambio de personas.

3. Oponibilidad de las excepciones que el deudor tenía frente al cedente.

«La transferencia o cesión de un crédito, aunque esté representado por el importe de una letra de cambio, no altera ni modifica su naturaleza y carácter, subrogándose el cesionario en el lugar del cedente, por lo que el cesionario civil tiene que soportar todas aquellas excepciones que le pudiera oponer directamente el deudor al crédito cedido» —STS 24.9.93 (LA LEY, 1993-4, 641)—.

77

Escritura De Cesión De Crédito Hipotecario

NÚMERO (de Protocolo)

En ..., mi residencia, a ... de ... de ...

Ante mí, D. ..., Notario del Ilustre Colegio de ...

COMPARECEN

DE UNA PARTE Y COMO CEDENTE: Doña ..., mayor de edad, viuda, funcionaria, vecina de ..., con domicilio en calle ..., y con DNI número ...

DE OTRA Y COMO CESIONARIO: Don ..., mayor de edad, soltero, industrial, vecino de ..., con domicilio en ..., y con DNI número ...

INTERVIENEN

Doña ... en su propio nombre y derecho.

Y Don ... lo hace en nombre y representación y como administrador único de la mercantil «XX, Sociedad Limitada», constituida por tiempo indefinido mediante escritura autorizada por el Notario de ... Don ... el día ... de ... de .....; domiciliada en Barcelona, calle ..., inscrita en el Registro Mercantil de Barcelona al Tomo ..., Libro ..., Sección ..., Folio ..., Hoja .... con CIF ...

Resulta su cargo de la escritura autorizada por mí en fecha ..., número ... de Protocolo, de cese y nombramiento de cargos, de cuya matriz transcribo lo siguiente, sin que en lo omitido haya nada que modifique, contradiga o desvirtúe lo transcrito:

«... PRIMERO: Cesar al actual administrador único y nombrar conforme a los Estatutos Sociales, Administrador Unico en los términos de la certificación unida...»

De la certificación unida:

«... Don ..., Administrador Único de la mercantil «XX, Sociedad Limitada», con N.I.F. ..., CERTIFICO:

Que a las once horas del día ... de ... de 1996 estando presentes en el domicilio social la totalidad de los socios de esta mercantil, ... acuerdan por unanimidad, ... constituirse en Junta General Universal, y ... se adoptaron por UNANIMIDAD los siguientes ACUERDOS: ...

5.º Cesar al actual administrador Don ... y con DNI número ..., y nombrar nuevo administrador a Don ... El designado acepta su nombramiento...»

Y aseverando Don ... la vigencia de sus facultades representativas, tienen a mi juicio, según respectivamente intervienen, la capacidad legal necesaria para otorgar la presente escritura de CESIÓN DE CRÉDITO HIPOTECARIO y a tal fin.

EXPONEN

I. Que en virtud de escritura autorizada por mí el día ... de ... de ..., número ... de Protocolo, Doña ..., en garantía de la cantidad de ... euros que confesó haber recibido en concepto de préstamo mutuo, constituyó hipoteca en favor de Doña ... sobre la nuda propiedad de las siguientes fincas:

1. PISO NÚMERO DOS o vivienda situada a la izquierda entrando en la primera planta alta de la casa sita en ..., calle ... número ... en cuya casa se integra. Es una vivienda de tipo ... con acceso común con las demás viviendas de las plantas altas por entrada, escalera y un ascensor desde la calle de su situación. Ocupa una superficie de ... metros y se distribuye en ... Linda entrando al edificio al frente, calle de su situación, piso número ... y patio; por la derecha, ...; por la izquierda ...; por la espalda, ...; por debajo piso número ... y por encima piso número ...

Cuota: ... por ciento.

Inscripción: No acreditan la inscripción de la hipoteca, de lo que les advierto, citando a efectos de búsqueda el Tomo ..., Libro ..., Folio ..., Finca número ..., inscripción ..., del Registro de la Propiedad Número ... de ...

La descrita finca quedó afecta a responder de ... euros para devolución de la cantidad adeudada; ... euros de un año de intereses al tipo pactado y ... euros para costas y gastos.

2. PISO NÚMERO DOS A). Local comercial situado a la izquierda entrando de la planta baja de la casa sita en ..., calle ... número ... en cuya casa se integra. Ocupa una superficie de ... metros y se distribuye en ... Linda entrando al edificio al fren-

te, calle de su situación, por donde tiene su acceso; por la derecha, ...; por la izquierda ...; y fondo ...

Cuota: ... por ciento.

Inscripción: No acreditan la inscripción de la hipoteca, de lo que les advierto, citando a efectos de búsqueda el Tomo ..., Libro ..., Folio ..., Finca número ..., inscripción ..., del Registro de la Propiedad Número ... de ...

La descrita finca quedó afecta a responder de ... euros para devolución de la cantidad adeudada; ... euros de un año de intereses al tipo pactado y ... euros para costas y gastos.

El interés pactado fue del ... por ciento anual y el plazo hasta el día ... de ... del año ...

Manifiesta la cedente que sigue siendo titular del crédito hipotecario reseñado y que se encuentra libre de cargas.

II. Don/Doña ... adeuda a la sociedad mercantil «XX, Sociedad Limitada» la cantidad de ... euros por haberlas recibido con anterioridad a este acto y en concepto de préstamo sin interés.

III. Y esto expuesto,

OTORGAN

PRIMERO. Doña ... CEDE Y TRANSMITE a la mercantil «XX, Sociedad Limitada», que ADQUIERE, el crédito reseñado en el expositivo I en pago de la deuda aludida en el expositivo II.

SEGUNDO. La transmisión comprende todos los derechos accesorios al crédito cedido, incluido el derecho al cobro de las cuotas de amortización e intereses que en la fecha de hoy estén pendientes de pago, quedando el cesionario subrogado en todos los derechos de la cedente.

Así lo dicen y otorgan los comparecientes, a quienes hago las reservas y advertencias legales, en especial las de carácter fiscal.

En particular y a efectos fiscales advierto de las obligaciones y responsabilidades tributarias que incumben a las partes en su aspecto material, formal y sancionador, y de las consecuencias de toda índole que se derivarían de la inexactitud de sus declaraciones.

Por su elección les leo el contenido de esta escritura, lo encuentran conforme y firman conmigo, el/la Notario, que doy fe de identificarles por el documento exhibido y del contenido de este instrumento, extendido en ... folios de la clase ..., serie ..., números ..., el presente y los ... inmediatos posteriores correlativos.

78

Escritura De Cesión De Crédito (Litigioso)

NÚMERO (de Protocolo)

En ..., mi residencia, a ... de ... de ...

Ante mí, Don/Doña ..., Notario del Ilustre Colegio de ...

COMPARECEN

DE UNA PARTE Y COMO CEDENTE: Don ..., mayor de edad, casado con Doña ..., industrial, vecino de ..., con domicilio en calle ..., y con DNI número ...

DE OTRA Y COMO CESIONARIO: Don ..., mayor de edad, soltera, abogada, vecina de ..., con domicilio en ..., y con DNI número ...

INTERVIENEN

Don ... lo hace en nombre y representación, como Director-Gerente de la mercantil «XX, Sociedad Anónima», constituida por tiempo indefinido mediante escritura autorizada por el Notario de ... Don ... el día ... de ... de ...; domiciliada en ..., calle ..., inscrita en el Registro Mercantil de la Provincia de ... al Tomo ..., Libro ..., Sección ..., Folio ..., Hoja ..., inscripción ..., con CIF ...; cuyo objeto social es la fabricación y venta de artículos de piel, su confección y transformación y cualquier otra actividad mercantil o industrial relacionada con las señaladas.

Dicho cargo lo ostenta, según manifiesta, haciéndole la oportuna advertencia, por designación en la propia escritura de constitución social, manifestando estar vigente dicho cargo y ser suficiente en virtud del artículo ... de los Estatutos Sociales para el presente otorgamiento.

Y Don/Doña ..., a la vez que por sí, lo hace en nombre y representación, COMO MANDATARIA VERBAL de la mercantil «ZZ, S.A.», domiciliada en ..., calle ...; de duración indefinida, constituida en virtud de escritura autorizada por el que fue Notario de ... Don ..., el día ... de ... de ...; debidamente inscrita en el Registro Mercantil de la Provincia de ..., al Tomo ..., Libro ..., Sección ..., Folio ..., Hoja ..., inscripción ..., con CIF ...; advirtiendo yo, el/la Notario, a los comparecientes, que la plena eficacia de este otorgamiento queda supeditada a la posterior ratificación por parte de «ZZ, S.A.».

Tienen a mi juicio, en el concepto en que respectivamente intervienen, la capacidad legal necesaria para otorgar la presente escritura de CESIÓN DE CRÉDITO y a tal fin.

EXPONEN

I. Que la mercantil «XX, Sociedad Anónima», representada en este acto por el compareciente Director-Gerente Don ..., es deudora a esta fecha de las siguientes cantidades:

A) A D./Doña ..., la cantidad de ... euros.

B) A la mercantil «ZZ, S.A.», representada en este acto por Doña ... como mandataria verbal, en virtud de relaciones comerciales habidas entre ambas mercantiles, la cantidad de ... euros.

II. Y esto expuesto

OTORGAN

PRIMERO. Que careciendo de efectivo la mercantil deudora aquí representada por Don ... para hacer frente al pago de dichas deudas, por medio de la presente escritura, formula CESIÓN DE CRÉDITO a favor de ambos acreedores conforme al siguiente detalle:

a) La mercantil deudora «XX, Sociedad Anónima» CEDE Y TRANSMITE a la acreedora Doña ..., que ADQUIERE, en su integridad, los créditos que a su vez dicha otorgante está reclamando a Don ... ante el Juzgado de Primera Instancia Número ... de ... y en autos de juicio declarativo ordinario número ...; y a Doña ... ante el Juzgado de Primera Instancia Número ... y en autos de juicio ejecutivo número ...

b) La mercantil deudora «XX, Sociedad Anónima» CEDE Y TRANSMITE a la acreedora «ZZ, S:A:», que ADQUIERE, aquí representada por la Letrada/o Don/Doña ..., en su integridad, los créditos que a su vez dicha otorgante está reclamando a Don ... ante el Juzgado de Primera Instancia Número ... de ... y en autos de juicio de menor cuantía número ...; y a Doña ... ante el Juzgado de Primera Instancia Número ... y en autos de juicio ejecutivo número ...

SEGUNDO. La transmisión comprende todos los derechos y acciones que sean inherentes al crédito cedido.

TERCERO. La cesionaria, según interviene, PODRÁ SUBROGARSE en la posición jurídica de la mercantil cedente con todos sus derechos y acciones, transmitiendo dicha cedente a los precitados adquirentes su posición jurídica en los procedimientos de referencia.

CUARTO. Si no pudieran hacerse efectivos, por cualquier causa, los créditos cedidos, subsistirán las obligaciones de la mercantil cedente frente a los cesionarios y por los cuales se ceden los créditos objeto de este instrumento.

OTORGAMIENTO Y AUTORIZACIÓN

Así lo dicen y otorgan los comparecientes, a quienes hago las reservas y advertencias legales, en especial las de carácter fiscal.

Por su elección les leo el contenido de esta escritura, lo encuentran conforme y firman conmigo, el/la Notario, que doy fe de identificarles por el documento exhibido y del contenido de este instrumento, extendido en ... folios de la clase ..., serie ..., números ..., el presente y los ... inmediatos posteriores correlativos.

79

Escritura De Venta De Crédito Litigioso

NÚMERO (de Protocolo)

En ..., mi residencia, a ... de ... de ...

Ante mí, Don/Doña ..., Notario del Ilustre Colegio de ...

COMPARECEN

DE UNA PARTE: LOS CÓNYUGES Don ... y Doña ..., ambos mayores de edad, funcionarios, vecinos de ..., con domicilio en calle ..., y con DD.NN.II. números ... y ..., respectivamente.

Y DE OTRA: Don/Doña ..., mayor de edad, soltera, comerciante, vecina de ..., con domicilio en ..., y con DNI número ...

INTERVIENEN

En su propio nombre y derecho y tienen a mi juicio, la capacidad legal necesaria para otorgar la presente escritura de COMPRAVENTA DE CRÉDITO LITIGIOSO y a tal fin.

EXPONEN

I. Que Don .... es titular, con carácter ganancial, de un crédito litigioso por importe de ... euros contra Don .... y su esposa Doña ..., en la actualidad en proceso de ejecución ante el Juzgado de Primera Instancia Número ... de ..., seguido bajo el número ...

II. Y teniendo convenida la compraventa del expresado crédito litigioso, lo llevan a efecto a tenor de las siguientes

ESTIPULACIONES

PRIMERA. Que Don ..., con el consentimiento de su compareciente esposa, VENDE Y TRANSMITE a Doña ..., que COMPRA Y ADQUIERE, el crédito litigioso que ostenta contra Don ... y su esposa Doña ..., en la actualidad en proceso de ejecución ante el Juzgado de Primera Instancia Número ... de ..., ejecutivo número ..., en el estado en que el mismo se encuentra, por precio de ... euros.

SEGUNDA. De dicho precio declaran los vendedores tener recibido ya, antes de este acto, la cantidad de ...euros, recibiendo ahora en mi presencia pero sin mi intervención el resto, esto es, la cantidad de ... euros, en moneda de curso legal, por lo que transfieren todos sus derechos y las acciones que ostentan en el expresado crédito, en el estado en que se encuentra, contra sus deudores Don .... y esposa.

TERCERA. Todos los gastos que la presente cesión pueda originar, tanto de la escritura como de impuestos, serán de cuenta exclusiva de la compradora.

OTORGAMIENTO Y AUTORIZACIÓN

Hago las reservas y advertencias legales y fiscales, en especial les advierto de lo dispuesto en el artículo 1535 del Código Civil y artículo 17 de la Ley de Enjuiciamiento Civil.

Por su elección les leo el contenido de esta escritura, lo encuentran conforme y firman conmigo, el/la Notario, que doy fe de identificarles por el documento exhibido y del contenido de este instrumento, extendido en ... folios de la clase ..., serie ..., números ..., el presente y los ... inmediatos posteriores correlativos.

80

CESIÓN DE CONTRATO

En la ciudad de ..., a ... de ... de ...

REUNIDOS

De una parte Don ..., mayor de edad, casado, vecino de ..., con domicilio en la misma, calle ..., con DNI número ..., en lo sucesivo cedente.

De otra, Don ... y Doña ..., mayores de edad, cónyuges, vecinos de ..., con domicilio en la citada localidad, calle ..., con DD.NN.II., respectivamente, números ... y ..., en lo sucesivo cedidos.

Y de otra, Don ..., mayor de edad, casado, vecino de ..., domiciliado en calle ..., con DNI número ..., en lo sucesivo, cesionario.

INTERVIENEN

Todos los comparecientes lo efectúan en su propio nombre y derecho, y se reconocen, recíprocamente, capacidad legal bastante para el otorgamiento del presente documento, por lo que de común acuerdo:

RECONOCEN, DECLARAN Y ESTIPULAN

PRIMERO. Los cónyuges Don ... y Doña ..., de una parte, y Don ..., de otra, tienen suscrito contrato privado de fecha ..., por el cual, y entre otros extremos, Don ... se comprometió a efectuar los servicios previos de instalación, asistencia técnica y gestión comercial de las máquinas recreativas de su titularidad y cuya explotación se efectuaría en salón propiedad de los citados cónyuges, como efectivamente viene ocurriendo, distribuyéndose al cincuenta por ciento el bruto de las ganancias, y haciéndose responsable el Sr. ... del pago de las tasas de juego y licencias, distribuyéndose entre los contratantes dichos costos por partes iguales, los que, en su caso, habrían de descontarse del bruto de la recaudación anual.

SEGUNDO. Don ... cede a Don ..., que acepta en el presente acto, el contrato[28] antes mencionado cuyo contenido conoce y, por tanto, se subroga en la posición jurídica ocupada por Don ..., en toda su integridad, extensión y contenido.

TERCERO. Los cónyuges Don ... y Doña ..., aceptan de forma expresa en este acto la cesión del contrato operada, quedando obligados en lo sucesivo con Don ..., quien también ha adquirido la maquinaria antes propiedad del cedente, quedando éste, o sea, Don ... totalmente liberado frente a los citados cónyuges.

---

[28] En cuanto al concepto, naturaleza jurídica, efectos y finalidad de este contrato, tiene declarado la jurisprudencia de nuestro Tribunal Supremo lo siguiente:

«Supone un negocio de cesión entre cedente y cesionario, de un contrato de prestaciones recíprocas, pues de ser de prestación única se estaría ante una simple cesión de créditos o asunción de deuda, necesitando en todo caso el concurso del consentimiento por parte del contratante cedido, de tal manera que se exige una necesaria conjunción de tres voluntades contractuales, que se produce por cesión en la titularidad de la relación convencional, conservando siempre el cedido su posición originaria, lo que determina que la situación negocial, existente entre cedido y cedente, al haber aceptado aquél el traspaso del contrato, salvo pacto expreso en contra, queda agotada, con liberación del cedente de sus obligaciones que se traspasan al cesionario, si bien mantiene las que le ligan a este respecto a la existencia, validez y virtualidad del contrato traspasado» —STS 5.3.1994 (LA LEY, 1994-2, 455), manifestándose en este sentido también las sentencias del TS 21.12.2000, 24.3.2000, 9.12.1999, 10.9.1998, 9.12.1997—.

«Tanto en el campo de la doctrina como en el de la jurisprudencia, la cesión de contrato sí está plenamente configurada, tanto en cuanto a su alcance como a sus efectos, y así, doctrinalmente, la cesión del contrato entraña la transmisión a un tercero de la relación contractual en su totalidad unitaria, presuponiendo, por ende, la existencia de obligaciones sinalagmáticas, que en su reciprocidad se mantienen íntegramente vivas por cada una de las partes, de aquí que tenga el carácter de un contrato trilateral, en el que necesariamente han de intervenir —aunque en sus efectos tengan distinta proyección— el cedente, el cesionario y el cedido, cuya presencia es inexcusable, a fin de prestar su aquiescencia o consentimiento a la cesión, de tal manera que si no es así, o sea, si la reciprocidad de obligaciones ha desaparecido, por haber cumplido una de las partes aquello a lo que venía obligada, podrá hacer una cesión del crédito, si cede el cumplir, o una cesión de deuda si cede lo que no ha cumplido, sin que en tales supuestos sea exigible el consentimiento del deudor» —Ss. TS 26.11.1982 y 23.10.1984; que a su vez recogen las de 28.4.1966, 6.3.1973, y 25.4.1965—.

«Figura jurídica no contemplada especialmente en el Código Civil, sin perjuicio de las referencias que por aproximación contienen los arts. 1893, contratos celebrados por el gestor en nombre propio, 1721, sustitución total en el mandato; y 1521, retracto legal, así como el art. 142 de la Ley de Sociedades Anónimas de 17.7.1951, fusión y absorción de sociedades; en todo caso se trata de un pacto válido y posible conforme al precepto civil 1255, en relación al 1091 y con mayor razón cuando el de autos se presenta como de ejecución continuada, por la explotación sucesiva de maquinas y no de ejecución única. De esta manera la primitiva relación contractual se amplía a un tercero vinculado con uno de aquellos contratantes, al que se le van a imputar los efectos y consecuencias del contrato que se cede y en el que se ve relacionado no por vía de auténtica cesión, sino más bien por la de presencia vinculante en el mismo, aunque no le hubiera concertado directamente, pero que asume y queda obligado, ya que la transmisión se efectuó en su totalidad unitaria» —STS 4.2.1993 (LA LEY, 1993-2, 385)—.

«Se produce atribución de los efectos de un contrato a persona distinta de la que lo concluyó, pasando la relación de bilateral a trilateral y produciendo como efecto característico que el cedente resulte desligado del negocio y el cesionario subrogado en su lugar» —STS 4.2.1993 (LA LEY, 1993-2, 385), STS 19.9.98—.

Y en prueba de conformidad firman el presente documento, por triplicado, en el lugar y fecha al principio indicados, quedando un ejemplar del mismo en poder de cada compareciente.

«Figura admitida en el ordenamiento jurídico a la luz de la libertad de pactos proclamada en el artículo 1255 del Código Civil, se consolida con el hecho de que una de las partes contratantes se sustituya por un tercero en las relaciones de un contrato por prestaciones sinalagmáticas, si éstas no han sido todavía cumplidas y existen al tiempo de realizarse la cesión» —STS 14.6.1985 (LA LEY, 1985-4, 167)—.

«Puede una de las partes contratantes hacerse sustituir por un tercero en las relaciones derivadas de un contrato con prestaciones sinalagmáticas si éstas no han sido todavía cumplidas y la otra parte contratante cedido presto consentimiento anterior, coetáneo o posterior al negocio de cesión» —Ss. 28.4.1966; 6.3.1973; 25.4.1975 y 26.11.1982—.

Nuestra jurisprudencia destaca la necesidad de la existencia del consentimiento del cedido (STS 21.12.2000, STS 9.12.1999).

81

CESIÓN DE CONTRATO

En la ciudad de ..., ... de ... de ...

REUNIDOS

De una parte Don ..., mayor de edad, casado, vecino de ..., con domicilio en la misma, calle ..., con DNI número ...

De otra, Don ..., mayor de edad, casado, vecino de ..., con domicilio en la citada localidad, calle ..., con DNI número ...

Y de otra, Don ..., mayor de edad, casado, vecino de ..., domiciliado en calle ..., con DNI número ...

INTERVIENEN

Don ... en su calidad de apoderado de «ZZ, S.A.», y con facultades para este acto según escritura de fecha ..., autorizada por el Notario de ..., Doña ..., con el número ... de su Protocolo, en lo sucesivo entidad cedente.

Don ... en su calidad de apoderado de «XX, S.L.», y con facultades para este acto según escritura de fecha ..., autorizada por el Notario de ..., Doña ..., con el número ... de su Protocolo, en lo sucesivo entidad cesionaria.

Don ... en su calidad de apoderado de «YY, S.A.», y con facultades para este acto según escritura de fecha ..., autorizada por el Notario de ..., Doña ..., con el número ... de su Protocolo, en lo sucesivo entidad cedida.

Todos los comparecientes, en la calidad en que intervienen, se reconocen, recíprocamente, capacidad legal bastante para el otorgamiento del presente documento, por lo que de común acuerdo:

RECONOCEN, DECLARAN Y ESTIPULAN

PRIMERO. La mercantil constructora «ZZ, S.A.» tiene concertado con la mercantil promotora «XX, S.L.» la construcción en solar propiedad de ésta de un bloque de viviendas unifamiliares adosadas, en virtud de contrato privado de fecha ..., por un precio alzado de ... euros (... euros) cuyo contenido y fase de ejecución conoce plenamente la mercantil también constructora «YY, S.A».

Del referido contrato, se encuentra ejecutada obra por valor de ... euros, que tiene percibidos con anterioridad a este acto la mercantil «ZZ, S.A.», quedando por tanto pendiente el resto de la ejecución de la obra a favor de «XX,S.L.» y la existencia del correspondiente crédito en importe de ... euros (... euros) a favor de «ZZ, S.A.».

SEGUNDO. La mercantil «ZZ, S.A.» o entidad cedente, cede a la mercantil «YY, S.A.» o cesionaria, que acepta en el presente acto, el contrato antes mencionado cuyo contenido conoce y, por tanto, se subroga en la posición jurídica ocupada por «ZZ, S.A.», en toda su integridad, extensión y contenido, excepto en las responsabilidades que pudieran dimanar a la recepción provisional y definitiva de las obras como consecuencia de la ejecutada por la cedente.

TERCERO. La mercantil «XX, S.L.», o cedida, presta su consentimiento expreso en este acto, quedando por tanto obligados recíprocamente en lo sucesivo la citada cedida y la mercantil cesionaria «YY, S.A.», con la salvedad hecha en la estipulación precedente.

Y en prueba de conformidad firman el presente documento, por triplicado, en el lugar y fecha al principio indicados, quedando un ejemplar del mismo en poder de cada compareciente.

82

Asunción De Deuda (Liberatoria)

En la ciudad de ..., a ... de ... de ...

REUNIDOS

De una parte Don ..., mayor de edad, casado, vecino de ..., con domicilio en la misma, calle ..., con DNI número ... De otra, Don ..., mayor de edad, casado, vecino de ..., con domicilio en la citada localidad, calle ..., con DNI número ...

Y de otra, Don ..., mayor de edad, casado, vecino de ..., domiciliado en calle ..., con DNI número ...

INTERVIENEN

Don ... en su calidad de apoderado de la mercantil constructora «ZZ, S.A.», y con facultades para este acto según escritura de fecha ..., autorizada por el Notario de ..., Doña ..., con el número ... de su Protocolo.

Y Don ... y Don ... en su propio nombre y derecho.

Todos los comparecientes, en la calidad en que intervienen, se reconocen, recíprocamente, capacidad legal bastante para el otorgamiento del presente documento, por lo que de común acuerdo:

RECONOCEN, DECLARAN Y ESTIPULAN

PRIMERO. La mercantil constructora «ZZ, S.A.» concertó con Don ... la ejecución de las obras de acondicionamiento de un local propiedad del citado Sr. ..., mediante documento privado de fecha ..., y según el proyecto del Arquitecto Don ...

SEGUNDO. Como consecuencia de las citadas relaciones contractuales, se ha generado un crédito a favor de «ZZ, S.A.» por importe de ... euros (... euros), habiendo satisfecho Don ... hasta la fecha del presente documento la cantidad de ... euros (.... euros).

TERCERO. En este acto, Don ..., asume[29] personal y directamente el pago de la deuda antes mencionada en su importe de ... euros (... euros), sustituyendo por tanto al deudor primitivo Don ..., y obligándose al abono de la deuda asumida mediante el pago de ... letra de cambio, de la clase ..., de vencimientos ...

CUARTO. La mercantil «ZZ, S.A.» presta su consentimiento expreso en este acto a la sustitución de la persona del primitivo deudor y la consiguiente asunción de deuda que de ello se deriva, con carácter plenamente liberatorio para el inicial deudor Sr. ...

Y en prueba de conformidad firman el presente documento, por triplicado, en el lugar y fecha al principio indicados, quedando un ejemplar del mismo en poder de cada compareciente.

---

29 De la jurisprudencia del Tribunal Supremo sobre esta figura, podemos destacar los siguientes aspectos:

1. En cuanto al concepto y configuración: el Tribunal Supremo la configura como un contrato o negocio atípico, no regulado expresamente por el Código Civil, pero admisible al amparo de la libertad contractual del artículo 1255 del Código, caracterizado por un cambio en la persona del deudor originario, es decir, un cambio subjetivo en la persona de quien debe pagar, pasando a ser deudor originario, ya liberando al deudor primitivo, ya reforzando su posición.

2. Es imprescindible el consentimiento del acreedor, que no cabe que sea de forma presuntiva o tácita, sino expresa o decidida, no siendo preciso que sea simultáneo al acto asuntivo, ya que puede ser posterior, pero debidamente manifestado.

3. La obligación primitiva permanece inalterable, con todos sus efectos y consecuencias.

4. La asunción de deuda puede ser de dos clases y producir dos efectos, a saber: asunción de deuda liberatoria, en la cual el nuevo deudor sustituye al primitivo, ocupando su posición jurídica y liberándolo de la obligación; o asunción de deuda cumulativa, acumulativa o de refuerzo en la que un tercero se une al deudor originario con vínculo solidario, por lo que no hay novación extintiva, y se diferencia de la fianza en que el que se adhiere a la deuda la asume como propia, queriendo por tanto responder junto al deudor, pero independientemente de la deuda de éste, mientras que el fiador asume en cambio la responsabilidad por deuda ajena y por el cumplimiento del deudor principal.

5. Como negocio atípico que es ha de regirse por los pactos establecidos por las partes y consentidos por el acreedor.

Entre otras, podemos citar las siguientes Sentencias del Tribunal Supremo: 28.3.1913; 29.12.1929; 9.4.1930; 22.2.1946; 10.2.1950; 28.9.1960; 5.6.1961; 24.4.1970; 7.12.1971; 25.4.1975; 7.6.1975; 11.12.1979; 9.6.1981 (LA LEY, 1981-3, 604); 7.6.1982 (LA LEY, 1982-4, 411); 22.11.1982; 10.10.1983; 29.9.1983 (LA LEY, 1983-4, 744); 8.10.1984 (LA LEY, 1984-4, 697), 28.3.1985; 17.6.1985; 7.11.1986 (LA LEY, 1987-1,274); 9.10.1987 (LA LEY, 1987-4, 620); 1.12.1987 (Archivo La Ley, 1987,1-259); 1.12.1989 [LA LEY1990-2, 754 (12691-R)]; 15.12.1989 (Archivo La Ley, 1989, 1, 214); 23.12.1989; 5.11.1990 (LA LEY, 1991-1, 719); 14.11.1990 (LA LEY, 1991-1, 527); 27.11.1990 [LA LEY 1991-2, 810 (13537-R)]; 7.2.1991 (Archivo La Ley, 1991, 2285); 22.3.1991 [LA LEY, 1991-2,874 (13686-R)]; 8.5.1991 (LA LEY, 1991-3, 441); 6.6.1991 (Archivo La Ley, 1991, 2547); 27.6.1991 (LA LEY, 1991-3, 710); 23.12.1992 (LA LEY 1994-3, 406); 26.4.1993 (Archivo La Ley, 1993-5, 720); 4.10.1994 (Archivo La Ley, 1995, 25); 20.2.1995 (Archivo La Ley, 1995, 429); 16.3.1995 (LA LEY, 1995-2, 83); 9.10.1995 [LA LEY, 1995-4, 731 (17088-R)], 29.9.1998, 24.10.2000, 30.7.2001, 29.11.2001.

83

Asunción De Deuda (Cumulativa)

En la ciudad de ..., a ... de ... de ...

REUNIDOS

De una parte Don ..., mayor de edad, casado, vecino de ..., con domicilio en la misma, calle ..., con DNI número ...,

De otra, Don ..., mayor de edad, casado, vecino de ..., con domicilio en la citada localidad, calle ..., con DNI número ...

Y de otra, Don ..., mayor de edad, casado, vecino de ..., domiciliado en calle ..., con DNI número ...

INTERVIENEN

Don ... en su calidad de apoderado de la mercantil constructora «ZZ, S.A.», y con facultades para este acto según escritura de fecha ..., autorizada por el Notario de ..., Doña ..., con el número ... de su Protocolo.

Y Don ... y Don ... en su propio nombre y derecho.

Todos los comparecientes, en la calidad en que intervienen, se reconocen, recíprocamente, capacidad legal bastante para el otorgamiento del presente documento, por lo que de común acuerdo:

RECONOCEN, DECLARAN Y ESTIPULAN

PRIMERO. La mercantil constructora «ZZ, S.A.» concertó con Don ... la ejecución de las obras de acondicionamiento de un local propiedad del citado Sr. ..., mediante documento privado de fecha ..., y según el proyecto del Arquitecto Don ...

SEGUNDO. Como consecuencia de las citadas relaciones contractuales, se ha generado un crédito a favor de «ZZ, S.A.» por importe de ... euros (... euros), habiendo satisfecho Don ... hasta la fecha del presente documento la cantidad de ... euros (... euros), quedando tan sólo pendiente de liquidar la suma de .... euros (... euros).

TERCERO. En este acto, Don ..., asume personal y directamente el pago de la deuda antes mencionada en su importe de ... euros (... euros), acumulativamente al deudor primitivo Don ..., y obligándose al abono de la deuda asumida como propia y con carácter solidario con respecto del citado deudor primitivo, mediante el pago de ... letras de cambio, de la clase ..., de vencimientos ...

CUARTO. La mercantil «ZZ, S.A.» presta su consentimiento expreso en este acto a la existencia de la persona del nuevo deudor y la consiguiente asunción acumulativa o de refuerzo de deuda que de ello se deriva, con carácter plenamente solidario para el inicial deudor Sr. ...

Y en prueba de conformidad firman el presente documento, por triplicado, en el lugar y fecha al principio indicados, quedando un ejemplar del mismo en poder de cada compareciente.

84

Cesión De Derechos Hereditarios

En la ciudad de ..., a ... de ... de ...

REUNIDOS

De una parte, Don ..., casado, mayor de edad, empleado de Banca, vecino de ..., domiciliado en calle ..., con D.N..I número ...

Y de otra, Don ..., mayor de edad, casado con Doña ..., industrial, vecino de ..., con domicilio en calle ..., con DNI número ...

INTERVIENEN

Los comparecientes lo efectúan en su propio nombre y derecho, reconociéndose capacidad legal bastante para otorgar el presente documento, por lo que de común acuerdo:

DECLARAN

PRIMERO. Que el padre de Don ..., Don ..., falleció en ..., el día ... de ... de ..., bajo testamento que había otorgado en ... el día ... de ... de ..., ante el Notario de esta ciudad Don ..., por el cual instituyó heredero al citado Don ... por partes iguales con sus hermanas Doña ... y Doña ..., legando previamente a su madre, que vive en la actualidad, el usufructo universal y vitalicio de todos los bienes de su herencia.

SEGUNDO. Dicha herencia ha sido liquidada del impuesto de Sucesiones, pero no ha sido objeto de partición. Se encuentra libre de cargas y no existen deudas de las que deba responder la sociedad de gananciales del causante ni su caudal hereditario.

TERCERO. Que habiendo convenido en otorgar el presente documento de CESIÓN ONEROSA DE DERECHOS[30] HEREDITARIOS, lo efectúan de común acuerdo bajo las siguientes:

ESTIPULACIONES

PRIMERA. Don ... cede a Don ..., que acepta y adquiere en el presente acto, los derechos hereditarios que aquél corresponden en la herencia de su padre.

SEGUNDA. El precio de esta cesión es la cantidad de .... euros, de las que corresponden: ... euros a los bienes muebles de la herencia; y .... euros a los inmuebles.

TERCERA. El cedente confiesa haber recibido del cesionario el importe del precio antes de este acto, por lo que otorga a su favor carta de pago.

CUARTA. Todos los gastos e impuestos derivados y ocasionados como consecuencia del otorgamiento del presente contrato y de la escritura pública en que en su momento se formalice, serán de cuenta del cedente.

Y en prueba de conformidad, firman el presente documento, por duplicado, en el lugar y fecha al principio indicados, quedando un ejemplar del mismo en poder de cada parte contratante.

---

[30] En relación a la figura de la cesión de derechos, destacamos de nuestra jurisprudencia los siguientes extremos:

1. La configura nuestra jurisprudencia como una compraventa especial, caracterizada por su contenido de cosas incorporales, que matiza de distinta manera que en la compraventa la entrega y saneamiento de lo que cede y de lo que se vende, y, en definitiva, late siempre como nota diferencial de los dos contratos la consideración de que la venta consumada crea una relación jurídica directa entre el comprador y la cosa corporal adquirida, mientras que mediante la cesión no se trasmite directamente al cesionario la cosa corporal, sino el título o derecho a reclamarla a una tercera persona –Ss. TS 1.7.1949; 12.11.1992 (Archivo La Ley, 1993-5, 245)—. La cesión de derechos «por ser de naturaleza incorporal, no es susceptible de posesión, ni de reivindicación según se deduce de los artículos 437 y 348 del Código Civil» (STS 6.5.1998).

2. Es doctrina jurisprudencial reiterada que «la cesión puede realizarse válidamente sin conocimiento previo del deudor y aun contra su voluntad, pues que la notificación a éste no tiene otro alcance que el obligarle con el nuevo acreedor, no reputándose pago legitimo desde tal momento el hecho al cedente artículo 1527 del Código Civil, a lo cual sólo ha de añadirse que por todo lo dicho, la Sentencia de 27 de septiembre de 1991 [LA LEY, 1991-4, 910 (14155-R)], llega a idéntica solución de que no se da situación litisconsorcial en caso de cesión de crédito (o de derechos, añadimos) a favor del actor por el hecho de que no esté presente en la litis el cedente» —Ss. TS. 4.11.1974; 11.1.1983; 23.10.1984—.

85

Cesión De Terrenos A Ayuntamiento

En la ciudad de ..., a ... de ... de ...

REUNIDOS

De una parte, Don ..., Alcalde Presidente del Excelentísimo Ayuntamiento de ..., con domicilio a efectos de este contrato en ..., con DNI número ...

Y de otra, Don ..., mayor de edad, en su calidad de Consejero-Delegado de la mercantil «XX, S.A.», constituida en escritura pública de fecha ..., autorizada por el Notario de ... Don ... con el número ... de su Protocolo, inscrita en el Registro Mercantil, con CIF ..., y con domicilio social en ..., como única propietaria de los terrenos que después se dirán.

Ambas partes se reconocen recíprocamente la capacidad legal bastante para el otorgamiento del presente documento, y a cuyo fin:

DECLARAN Y CONVIENEN

PRIMERO. Que la mercantil «XX, S.A.» es propietaria de los terrenos, cuya descripción es la siguiente:

«...»
Título: ...
Inscripción: ...
Cargas: Libre de ellas.
Referencia catastral: ... [31].

[31] Véase nota a pie de página número 3 del formulario 1, y la número 9 del formulario 5.

SEGUNDO. La Corporación Municipal, en sesión extraordinaria celebrada el día ..., adoptó el acuerdo de aceptar la cesión gratuita de los terrenos antes descritos por parte de la mercantil «XX, S.A.».

TERCERO. A fin de cumplimentar el citado acuerdo, Don ..., en representación de la mercantil «XX, S.A.», cede gratuitamente al Excelentísimo Ayuntamiento de ..., los terrenos descritos en el apartado primero de este documento, que se destinan a ..., y la citada corporación, representada por su Alcalde Presidente, en este acto, acepta de pleno dominio los citados terrenos, libres de cargas y gravámenes, transmisión que se efectúa con la de la plena posesión sin limitación alguna.

CUARTO. Se incorpora al presente documento, como anexo al mismo, certificación del acuerdo adoptado por el Excelentísimo Ayuntamiento, expedido por el Secretario del mismo Don ... y con en visto bueno del Alcalde compareciente.

Y en prueba de conformidad, firman el presente documento, por duplicado, en el lugar y fecha al principio indicados, quedando un ejemplar del mismo en poder de cada parte compareciente.

86

CESIÓN DEL DERECHO DE VUELO

En la ciudad de ..., a ... de ... de ...

REUNIDOS

De una parte, Don ..., soltero, mayor de edad, pensionista, vecino de ..., domiciliado en calle ..., con DNI número ..., en lo sucesivo, cedente.

Y de otra, Don ..., mayor de edad, casado con Doña ..., industrial, vecino de ..., con domicilio en calle ..., con DNI número ..., en lo sucesivo cesionario.

INTERVIENEN

Los comparecientes lo efectúan en su propio nombre y derecho, reconociéndose capacidad legal bastante para otorgar el presente documento, por lo que de común acuerdo:

DECLARAN

PRIMERO. Don ... es titular del pleno dominio de la vivienda en planta baja sita en ..., con una superficie de ... metros cuadrados construidos, cuya descripción, según el título, es la siguiente:

«...»
Título: ...
Inscripción: ...
Cargas: Libre de ellas.
Referencia catastral:...[32]

[32] Véase nota a pie de página numero 3 del formulario 1, y la número 9 del formulario 5.

SEGUNDO. Don ... tiene el propósito de construir sobre la citada planta, dos viviendas de ... metros cuadrados cada una de ellas, según el proyecto redactado por el Arquitecto Don ..., y que el cedente conoce suficientemente.

TERCERO. Que habiendo convenido en otorgar el presente documento de CESIÓN DEL DERECHO DE VUELO, lo efectúan de común acuerdo bajo las siguientes:

ESTIPULACIONES

PRIMERA. Don ... cede a Don ..., que acepta y adquiere en el presente acto, el derecho de vuelo o derecho a edificar una nueva planta, compuesta de dos viviendas, sobre la finca antes descrita, y con sujeción a lo establecido en el proyecto del Arquitecto Don ...

SEGUNDA. El precio de esta cesión es la cantidad de ... euros, que el cesionario hace efectivos en este acto al cedente, otorgándole éste carta de pago.

TERCERA. El cesionario se compromete a llevar a cabo las obras en el plazo de dos años a partir de la fecha de otorgamiento del presente contrato, así como a mantener en vigor y al corriente en el pago de la prima, una póliza de responsabilidad civil por los daños que se puedan causar a la persona o bienes del cedente o a la de terceros.

Igualmente serán de cuenta del cedente todas las actuaciones y desembolsos para la obtención de las correspondientes licencias y cédulas administrativas, cuya denegación no será causa de resolución de este contrato.

CUARTA. El cedente transmite el derecho, y el cesionario lo adquiere, libre de cargas y gravámenes, y con cuantos derechos, usos y servidumbres le correspondan, obligándose el primero de saneamiento y evicción conforme a derecho.

QUINTA. Todos los gastos e impuestos derivados y ocasionados como consecuencia del otorgamiento del presente contrato y de la escritura pública en que en su momento se formalice, serán de cuenta del cesionario.

Y en prueba de conformidad, firman el presente documento, por duplicado, en el lugar y fecha al principio indicados, quedando un ejemplar del mismo en poder de cada parte contratante.

87

CESIÓN DEL DERECHO DE SUPERFICIE

En la ciudad de ..., a ... de ... de ...

REUNIDOS

De una parte, Don ..., soltero, mayor de edad, pensionista, vecino de ..., domiciliado en calle ..., con DNI número ..., en lo sucesivo, cedente.

Y de otra, Don ..., mayor de edad, casado con Doña ..., industrial, vecino de ..., con domicilio en calle ..., con DNI número ..., en lo sucesivo cesionario.

INTERVIENEN

Los comparecientes lo efectúan en su propio nombre y derecho, reconociéndose capacidad legal bastante para otorgar el presente documento, por lo que de común acuerdo:

DECLARAN

PRIMERO. Don ... es titular del pleno dominio de un solar sito en calle ..., con una superficie de ... metros cuadrados construidos, cuya descripción, según el título, es la siguiente:

«...»
Título: ...
Inscripción: ...
Cargas: Libre de ellas.
Referencia catastral: ... [33].

[33] Véase nota a pie de página número 3 del formulario 1, y la número 9 del formulario 5.

SEGUNDO. Don ... tiene el propósito de construir sobre el citado solar un edificio compuesto de cinco plantas sobre la de tierra, cada una de ellas integrada de cuatro viviendas, la quinta destinada a planta de ático, y una planta de sótano destinada garaje, con un total de diecisiete plazas de garaje vinculadas cada una de ellas a una vivienda, todo ello según el proyecto redactado por el arquitecto Don ..., y que el cedente conoce suficientemente.

TERCERO. Que habiendo convenido en otorgar el presente documento de CESIÓN DEL DERECHO DE SUPERFICIE, lo efectúan de común acuerdo bajo las siguientes:

ESTIPULACIONES

PRIMERA. Don ... cede a Don ..., que acepta y adquiere en el presente acto, el derecho de superficie sobre la finca antes descrita, para la construcción del inmueble antes mencionado y con sujeción a lo establecido en el proyecto del Arquitecto Don ...

SEGUNDA. El plazo de duración del presente contrato es el de ..., dentro del cual el cesionario deberá haber finalizado la construcción del inmueble y haber obtenido la cédula de habitabilidad de las viviendas.

El cesionario se compromete a mantener en vigor y al corriente en el pago de la prima, una póliza de responsabilidad civil por los daños que se puedan causar a la persona o bienes del cedente o a la de terceros.

TERCERA. El precio de esta cesión es la cantidad de ... euros, para cuyo pago se adjudica al cedente el pleno dominio de las viviendas y plazas de garaje que a continuación se relacionan y por el valor que también se expresa:

...

CUARTA. Una vez iniciadas materialmente las obras, el cesionario podrá otorgar escritura de declaración de obra nueva en construcción y división horizontal, así como actos e instrumentos de gravamen de las viviendas y plazas de garaje.

A los efectos del régimen de propiedad horizontal, se establece el sometimiento a lo establecido en la Ley de Propiedad Horizontal de 21 de julio de 1960, fijándose las cuotas correspondientes a cada inmueble de la siguiente forma:

...

Si para la financiación de la construcción del inmueble se constituyese préstamo hipotecario o cualquier otro gravamen, las fincas cuyo dominio se adjudica para pago al cedente se entregarán libres de cargas y gravámenes, y particularmente de préstamo hipotecario.

Igualmente serán de cuenta del cedente todas las actuaciones y desembolsos para la obtención de las correspondientes licencias y cédulas administrativas.

QUINTA. Expresamente se pacta como causa de resolución del presente contrato, la denegación o revocación al cesionario de las licencias, permisos y cédulas de carácter administrativo, que le impidan la total edificación o entrega de las viviendas, y si hubiese llevado en parte o totalmente la edificación pasará a propiedad del cedente. Si hubiese que proceder a la demolición de lo edificado, se hará a costa del cesionario.

SEXTA. Todos los gastos e impuestos derivados y ocasionados como consecuencia del otorgamiento del presente contrato y de la escritura pública en que en su momento se formalice, serán de cuenta del cesionario.

Y en prueba de conformidad, firman el presente documento, por duplicado, en el lugar y fecha al principio indicados, quedando un ejemplar del mismo en poder de cada parte contratante.

88

Cesión De Derechos (Contrato)

En la ciudad de ..., a ... de ... de ...

REUNIDOS

De una parte, Don/Doña ... soltero/a, mayor de edad, de profesión..., vecino de..., domiciliado en calle .... con DNI número .... en lo sucesivo, cedente.

Y de otra, Don/Doña ..., mayor de edad, casado con Doña/Don ..., de profesión ..., vecino de ..., con domicilio en calle ..., con DNI número ..., en lo sucesivo cesionario.

INTERVIENEN

Los comparecientes lo efectúan en su propio nombre y derecho, reconociéndose capacidad legal bastante para otorgar el presente documento, por lo que de común acuerdo:

DECLARAN

PRIMERO. Don/Doña ... es titular del pleno dominio de una vivienda en construcción, sita en calle ..., con una superficie de ... metros cuadrados construidos, cuya descripción, según escritura de declaración de obra nueva en construcción y división horizontal de fecha ... autorizada por el Notario de ... Don/Doña ..., es la siguiente:

«...»

La citada vivienda la adquirió por compra a la mercantil «XX, S.A.», según documento privado de fecha ..., por un precio de ... euros.

SEGUNDO. Don/Doña ... conoce suficientemente la escritura de declaración de obra nueva en construcción y división horizontal, así como el documento privado de compraventa antes mencionado.

TERCERO. Que habiendo convenido en otorgar el presente documento de CESIÓN DE DERECHOS, lo efectúan de común acuerdo bajo las siguientes:

ESTIPULACIONES

PRIMERA. Don/Doña ... cede a Don/Doña ..., que acepta y adquiere en el presente acto, todos los derechos que le corresponden sobre la vivienda antes descrita, y cuanto le sea accesorio o dependiente, y cuya situación física, jurídica, registral y especialmente de cargas conoce el cesionario.

SEGUNDA. El precio de esta cesión es la cantidad de ... euros, que el cedente recibe en este acto otorgándole carta de pago.

TERCERA. El cedente queda liberado de cualquier obligación en relación al citado inmueble, y particularmente la de entrega del mismo.

CUARTA. Todos los gastos e impuestos derivados y ocasionados como consecuencia del otorgamiento del presente contrato y de la escritura pública en que su momento se formalice, serán de cuenta del cesionario.

Y en prueba de conformidad, firman el presente documento, por duplicado, en el lugar y fecha al principio indicados, quedando un ejemplar del mismo en poder de cada contratante.

§3. RELATIVOS A FAMILIA Y SUCESIONES

89

CONVENIO REGULADOR DE SEPARACIÓN SIN LIQUIDACIÓN DE RÉGIMEN ECONÓMICO-MATRIMONIAL. EXISTENCIA DE HIJOS MENORES DE EDAD. PENSIÓN COMPENSATORIA

En la ciudad de ..., a ... de ... de ...

REUNIDOS

De una parte, Doña ..., mayor de edad, de profesión ..., vecina de ..., domiciliada en ..., con DNI número ...

Y de otra, Don ..., mayor de edad, de profesión ..., vecino de ..., domiciliado en ..., con DNI número ...

INTERVIENEN

Ambos comparecientes lo efectúan en su propio nombre y derecho, reconociéndose recíprocamente la capacidad legal bastante para otorgar el presente convenio, por lo que de común acuerdo:

DECLARAN

A) Que contrajeron matrimonio canónico[1] en la ciudad de ..., el día ... de ... de ..., el que se encuentra inscrito en el Registro Civil de la citada localidad al ...

B) De dicho matrimonio han nacido y viven ... hijos, llamados ... (nacido en ..., el día ... de ... de ..., e inscrito su nacimiento en el Registro Civil de ..., al ...) y ... (nacido en ..., el día ... de ... de ..., e inscrito su nacimiento en el Registro Civil de ..., al ...), por lo que ambos hijos son menores de edad.

[1] O forma de celebración del matrimonio

C) Han convenido en solicitar la **separación judicial de común acuerdo,** prestando ambos el consentimiento a tal fin en este acto y a la consiguiente cesación de la convivencia conyugal, facultándose recíprocamente para que incluso cada compareciente pueda solicitar la separación judicial con el consentimiento del otro.

D) Habida cuenta lo anteriormente expuesto, otorgan y firman el presente convenio para que en lo sucesivo sus relaciones económico-matrimoniales se regulen con arreglo a las siguientes:

ESTIPULACIONES

PRIMERA. Cada uno de los comparecientes se compromete a no interferir en la vida y actividades del otro, y, asimismo, se autorizan recíprocamente a que cada cual pueda establecer o cambiar de domicilio o residencia sin más obligación que preavisarlo o comunicarlo al otro con suficiente antelación y de forma fehaciente.

El uso del que ha sido el domicilio conyugal, sito en ..., calle ..., piso ..., se atribuye a Doña ...., sin perjuicio del carácter de bien ganancial del mismo.

De la citada vivienda ha retirado Don ..., antes de este acto, sus bienes y enseres de uso personal, e igualmente ha entregado su copia de las llaves de la vivienda a Doña ...

SEGUNDA. Los hijos del matrimonio ... y ..., permanecerán bajo la guarda y custodia de la madre y en el domicilio de ésta, sin perjuicio de la patria potestad compartida.

Respecto del padre, se establece el siguiente régimen de comunicación y visitas:

El padre podrá tener consigo a los hijos:

A) Los fines de semana alternos desde las ... horas de la tarde (... horas) del viernes o desde que los hijos en el indicado día terminen su jornada escolar o académica o actividades culturales o extra-académicas, hasta las ... horas de la noche (... horas) del domingo, debiendo recogerlos en el domicilio de la madre y reintegrarlos en el mismo en los indicados días y horas.

Para el cómputo de los fines de semana alternos, la madre pasará con los hijos el primero que corresponda según la fecha de este documento, y el padre el siguiente, y así sucesivamente.

Si por alguna razón el padre no pudiera recoger a los menores a la hora y día indicado, deberá avisarlo a la madre con veinticuatro horas de antelación, y caso de no avisarlo, se le concederá una espera de ... minutos y se entenderá que desde las ... horas del viernes la madre y/ o los menores podrán llevar a cabo los planes o actividades que estimen oportunas.

B) La mitad de los periodos vacacionales escolares o académicos de los menores en Navidad y Semana Santa, para cuyo cómputo se tendrán en cuenta los periodos que así lo sean en el lugar de residencia o domicilio de los menores, sobre todo para el supuesto de que los padres residieran en distintas localidades. Para la determinación de la mitad correspondiente a cada progenitor, éstos procurarán llevarlo de común acuerdo y, en su defecto, la madre decidirá los años impares y el padre los pares.

Si en su cómputo total por días, en este periodo resultase que son impares, se entenderá que el periodo se subdivide en dos idénticos, y el día impar será justo el que separe los dos periodos, de forma que si en el primer periodo subdividido han permanecido con uno de los padres, desde las catorce horas (14 horas) de ese día impar y divisorio de los dos periodos, podrá estar con el otro cónyuge.

El padre deberá recoger y reintegrar a los menores en el domicilio de la madre.

C) La mitad de los periodos vacacionales de verano.Tal periodo se concreta a los meses de julio y agosto o, lo que es lo mismo, un progenitor permanecerá con los hijos durante el mes de julio, y el otro durante el mes de agosto. Para la elección del periodo correspondiente, ambos progenitores procurarán llevarlo a cabo de común acuerdo y, en defecto de acuerdo, la madre decidirá los años impares y el padre los pares.

La permanencia durante el mes de julio se entiende que se inicia a las ... horas de la mañana (.... horas) del día primero del mes, y expira a las ... horas de la tarde (... horas) del último día del mes. Y la permanencia durante el mes de agosto, se inicia a las ... horas y quince minutos de la tarde del último día del mes de julio, y expira a las ... horas de la tarde del último día del mes, a partir de cuyo momento se reanudará el régimen de comunicación y visitas previsto para los fines de semana.

El padre recogerá y reintegrará a los menores en las horas y domicilio o residencia en que se encuentren con la madre, para el cumplimiento del periodo vacacional de verano que corresponda.

El progenitor con el que los hijos no convivan en el mes de verano concreto de que se trate, podrá visitarlos y tenerlos en su compañía dos fines de semana alternos de dicho mes, desde las ... horas (... horas) de la mañana del sábado a las ... horas (... horas) de la tarde del domingo, previo aviso con ... días de antelación al progenitor con el que estén conviviendo, y debiendo recogerlos y reintegrarlos al domicilio del progenitor con el que en tal mes se encuentren los hijos.

D) El presente régimen de comunicación y visitas se entenderá sin perjuicio de la asistencia de los hijos a campamentos, cursos de verano o en el extranjero o similar.

E) El padre podrá comunicarse telefónicamente con los hijos cuando lo estime conveniente, en horas oportunas al normal y cotidiano desarrollo de la vida de los menores.

TERCERA. Como contribución a las cargas del matrimonio y alimentos a los hijos, Don ... se obliga a entregar la cantidad de ... euros (... euros) mensuales, que hará efectivas, dentro de los ... primeros días de cada mes, mediante ingreso o transferencia a la cuenta o libreta abierta a tal fin con el número ... en la entidad ..., oficina ..., sita en ...

Dicha cantidad se revisará anualmente, tomando cada año como fecha desde la cual opera la revisión la de otorgamiento del presente convenio. Como base se establece el IPC fijado por el Instituto Nacional de Estadística u organismo que le sustituya, para año natural inmediatamente anterior y ya extinguido a aquel en que opere la revisión.

Don ... también contribuirá abonando o haciendo frente por mitad a los siguientes gastos y desembolsos relativos a los hijos:

1.º Los extraordinarios médico-sanitarios y farmacéuticos no cubiertos por la Seguridad Social ni por cualquier otra Mutualidad o entidad u organismo al que pudiesen estar asociados o afiliados cualquiera de los cónyuges.

2.º Los gastos correspondientes al material escolar que sea necesario o establezca con carácter general el centro donde cursen sus estudios los hijos.

Todas las obligaciones de carácter económico contenidas en la presente estipulación, serán mantenidas por Don ... pese a que los hijos alcancen la mayoría de edad, y siempre según el supuesto previsto en el artículo 92 del Código Civil.

CUARTA. Don ... abonará a Doña ... la cantidad de ... euros (... euros) mensuales, dentro de los ... primeros días de cada mes, en concepto de pensión compensatoria, en la cuenta y entidad bancaria antes mencionada en la estipulación tercera precedente.

El importe fijado como pensión compensatoria será igualmente revisable, en la misma forma, tiempo y con idéntica base que los previstos en la estipulación tercera precedente.

Y en prueba de conformidad con todo lo expuesto, firman el presente documento, por triplicado, en el lugar y fecha al principio indicados, quedando un ejemplar en poder de cada cónyuge, y otro a los efectos de su aportación al Juzgado.

90

Convenio Regulador De Separación Con Liquidación De Régimen Económico-Matrimonial. Existencia De Hijos Menores De Edad. Renuncia A Pensión Compensatoria. Suspensión De La Efectividad Del Convenio

En la ciudad de ..., a ... de ... de ...

REUNIDOS

De una parte, Doña ..., mayor de edad, de profesión ..., vecina de ..., domiciliada en ..., con DNI número ...

Y de otra, Don ..., mayor de edad, de profesión ..., vecino de ..., domiciliado en ..., con DNI número ...

INTERVIENEN

Ambos comparecientes lo efectúan en su propio nombre y derecho, reconociéndose recíprocamente la capacidad legal bastante para otorgar el presente convenio, por lo que de común acuerdo:

DECLARAN

A) Que contrajeron matrimonio ... en la ciudad o localidad de ..., el día ... de ... de ..., el que se encuentra inscrito en el Registro Civil de la citada localidad, al ...

B) De dicho matrimonio han nacido y viven ... hijos, todos menores de edad, y cuyos nombres, fechas de nacimiento y datos de inscripción en el Registro Civil son los que a continuación se indican: ..., nacido/a en ..., el día ... de ... de ..., e inscrito su nacimiento en el Registro Civil de ..., al ..., nacido/a en ... , el día ... de ... de ..., e inscrito su nacimiento en el Registro Civil de ..., al ...

C) Han convenido en solicitar la **separación judicial de común acuerdo,** prestando ambos el consentimiento a tal fin en este acto y a la consiguiente cesación de la convivencia conyugal, facultándose recíprocamente para que incluso cada compareciente pueda solicitar la separación judicial con el consentimiento del otro.

D) Habida cuenta lo anteriormente expuesto, otorgan y firman el presente convenio para que en lo sucesivo sus relaciones económico-matrimoniales se regulen con arreglo a las siguientes:

ESTIPULACIONES

PRIMERA. Cada uno de los comparecientes se compromete a no interferir en la vida y actividades del otro, y, asimismo, se autorizan recíprocamente a que cada cual pueda establecer o cambiar de domicilio o residencia sin más obligación que preavisarlo o comunicarlo al otro con suficiente antelación y de forma fehaciente.

El uso del que ha sido el domicilio conyugal, sito en ..., calle ..., piso ..., se atribuye de Doña ...., sin perjuicio además de lo previsto en orden a la liquidación de gananciales.

Del citado domicilio saldrá el esposo conforme se establece en la estipulación sexta de este convenio, pudiendo retirar sus bienes y enseres de uso personal a partir del día de otorgamiento de este documento.

SEGUNDA. Los hijos del matrimonio ... y ..., permanecerán bajo la guarda y custodia de la madre y en el domicilio de ésta, sin perjuicio de la patria potestad compartida.

Respecto del padre, se establece el siguiente régimen de comunicación y visitas: El padre podrá tener consigo a los hijos:

A) Los fines de semana alternos desde las ocho y media de la tarde (20,30 horas) del viernes o desde que los hijos en el indicado día terminen su jornada escolar o académica o actividades culturales o extra-académicas, hasta las nueve de la noche (21 horas) del domingo, debiendo recogerlos en el domicilio de la madre y reintegrarlos en el mismo en los indicados días y horas.

Para el cómputo de los fines de semana alternos, la madre pasará con los hijos el primero que corresponda según la fecha de este documento, y el padre el siguiente, y así sucesivamente.

Si por alguna razón el padre no pudiera recoger a los menores a la hora y día indicado, deberá avisarlo a la madre con veinticuatro horas de antelación, y caso de no avisarlo, se entenderá que desde las 20,45 horas del viernes la madre y/ o los menores podrán llevar a cabo los planes o actividades que estimen oportunas.

B) La mitad de los periodos vacacionales escolares o académicos de los menores en Navidad y Semana Santa, para cuyo cómputo se tendrán en cuenta los periodos que así lo sean en el lugar de residencia o domicilio de los menores, sobre todo para el supuesto de que los padres residieran en distintas localidades. Para la determinación de la mitad correspondiente a cada progenitor, estos procurarán llevarlo de común acuerdo y, en su defecto, la madre decidirá los años impares y el padre los pares.

Si en su cómputo total por días, en este periodo resultase que son impares, se entenderá que el periodo se subdivide en dos idénticos, y el día impar será justo el que separe los dos periodos, de forma que si en el primer periodo subdividido han permanecido con uno de los padres, desde las catorce horas (14 horas) de ese día impar y divisorio de los dos periodos, podrá estar con el otro cónyuge.

El padre deberá recoger y reintegrar a los menores en el domicilio de la madre.

C) La mitad de los periodos vacacionales de verano. Tal periodo se concreta a los meses de julio y agosto o, lo que es lo mismo, un progenitor permanecerá con los hijos durante el mes de julio, y el otro durante el mes de agosto. Para la elección del periodo correspondiente, ambos progenitores procurarán llevarlo a cabo de común acuerdo y, en defecto de acuerdo, la madre decidirá los años impares y el padre los pares.

La permanencia durante el mes de julio se entiende que se inicia a las diez de la mañana (10 horas) del día primero del mes, y expira a las ocho de la tarde (20 horas) del último día del mes. Y la permanencia durante el mes de agosto, se inicia a las ocho y quince minutos de la tarde del último día del mes de julio, y expira a las ocho de la tarde del último día del mes, a partir de cuyo momento se reanudará el régimen de comunicación y visitas previsto para los fines de semana.

El padre recogerá y reintegrará a los menores en las horas y domicilio o residencia en que se encuentren con la madre, para el cumplimiento del periodo vacacional de verano que corresponda.

El progenitor con el que los hijos no convivan en el mes de verano concreto de que se trate, podrá visitarlos y tenerlos en su compañía dos fines de semana alternos de dicho mes, desde las diez horas (10 horas) del sábado a las ocho y treinta minutos (20,30 horas) del domingo, previo aviso con tres días de antelación al progenitor con el que estén conviviendo, y debiendo recogerlos y reintegrarlos al domicilio del progenitor con el que en tal mes se encuentren los hijos.

D) El presente régimen de comunicación y visitas se entenderá sin perjuicio de la asistencia de los hijos a campamentos, cursos de verano o en el extranjero o similar.

E) El padre podrá comunicarse telefónicamente con los hijos cuando lo estime conveniente, en horas oportunas al normal y cotidiano desarrollo de la vida de los menores.

TERCERA. Como contribución a las cargas del matrimonio y alimentos a los hijos, Don ... se obliga a entregar la cantidad de ... euros (... euros) mensuales, que hará efectivas, dentro de los cinco primeros días de cada mes, mediante ingreso o transferencia a la cuenta o libreta abierta a tal fin con el número ... en la entidad ..., oficina ..., sita en ...

Dicha cantidad se revisará anualmente, tomando cada año como fecha desde la cual opera la revisión la de otorgamiento del presente convenio. Como base se establece el porcentaje en que aumenten o disminuyan los emolumentos, salario o sueldo de Don ... en el año en que opere la revisión.

Don ... también contribuirá abonando o haciendo frente por mitad a los siguientes gastos y desembolsos relativos a los hijos:

1.º Los extraordinarios médico-sanitarios y farmacéuticos no cubiertos por la Seguridad Social ni por cualquier otra Mutualidad o entidad u organismo al que pudiesen estar asociados o afiliados cualquiera de los cónyuges.

2.º Los gastos correspondientes al material escolar que sea necesario o establezca con carácter general el centro donde cursen sus estudios los hijos.

Las obligaciones de carácter económico contenidas en la presente estipulación, serán mantenidas por Don ... pese a que los hijos alcancen la mayoría de edad, y siempre según el supuesto previsto en el artículo 92 del Código Civil.

CUARTA. Ambos cónyuges renuncian expresamente a pensión compensatoria.

QUINTA. El sistema económico-matrimonial vigente es el legal de gananciales, el que disuelven y liquidan en este acto, y a tal fin hacen constar que el activo y el pasivo de la sociedad de gananciales lo integran, respectivamente, los siguientes bienes y deudas:

A) Bienes que integran la sociedad de gananciales:

1. Vivienda sita en ..., calle ..., piso ..., la que constituye el domicilio conyugal.

Referencia catastral: ...[2].
2. Turismo marca ..., modelo ..., matrícula ...
3. Ajuar doméstico.

B) Deudas de la sociedad de gananciales.

1. Préstamo ... concertado con la entidad ..., oficina o sucursal ..., sita en ..., del que manifiestan queda pendiente de reintegro la cantidad de ... euros.

2. Préstamo ... concertado con la entidad ..., oficina o sucursal ..., sita en ..., del que manifiestan queda pendiente de reintegro la cantidad de ... euros.

Teniendo en cuenta lo que antecede, liquidan la sociedad de gananciales de la siguiente forma:

1. A Doña ... se adjudica el pleno dominio de la que ha sido la vivienda familiar, así como la condición de deudora exclusiva y la obligación de pago del préstamo concertado con la entidad ..., siendo por tanto de su exclusiva cuenta el pago de cualesquiera impuestos y gastos que se generasen o se pudieran generar como consecuencia de la adjudicación del inmueble.

Igualmente se compromete a realizar cuantas gestiones y firmar cuantos documentos públicos y privados sean precisos para la comunicación a la entidad crediticia antes citada de la efectiva asunción de deudas, con todas sus consecuencias, y especialmente la obligación de pago.

2. A Don ... se adjudica la cantidad de ... euros y el turismo antes reseñado, así como la condición de deudor exclusivo y la obligación de pago del préstamo concertado con la entidad ...

Igualmente se compromete a realizar cuantas gestiones y firmar cuantos documentos públicos y privados sean precisos para la comunicación a la entidad crediticia antes citada y efectiva asunción de deudas, con todas sus consecuencias, y especialmente la obligación de pago.

El referido importe de ... euros habrá de ser abonado al mismo por Doña ..., dentro de los seis días hábiles siguientes a la firma de este documento y, en cualquier caso, es condición suspensiva y en su caso resolutoria para la efectividad de lo convenido en este documento.

---

[2] Véase nota a pie de página número 3 del formulario 1, y la número 9 del formulario 5.

En cuanto al ajuar doméstico, ambos comparecientes hacen constar que el mismo se encuentra liquidado con anterioridad a este acto, por simple reparto de hecho.

SEXTA. Ambas partes expresamente reconocen:

1.º Pese a la existencia de auto de medidas provisionales, al haberse iniciado el procedimiento de forma contenciosa, y con amparo en el artículo 87 del Código Civil, dada la difícil situación económica actual de Don ..., el mismo ha seguido habitando el domicilio conyugal.

2.º La liquidación y efectividad del presente convenio, incluida la de gananciales con las consiguientes adjudicaciones de bienes, así como la salida de Don ... de la vivienda familiar, sobre todo teniendo en cuenta la difícil situación económica del mismo, queda supeditada al abono por Doña ... de la cantidad de ... euros, a partir de cuyo momento serán de íntegra aplicación las cláusulas contendidas en este documento. La entrega del citado importe, en metálico, se hará constar mediante documento anexo al presente convenio regulador, que deberán firmar las partes a la entrega del numerario.

Y en prueba de conformidad con todo lo expuesto, firman el presente documento, por triplicado, en el lugar y fecha al principio indicados, quedando un ejemplar en poder de cada cónyuge, y otro a los efectos de su aportación al Juzgado.

91

Convenio Regulador De Separación: Inexistencia De Hijos. Modificación Del Régimen Matrimonial Con Liquidación De La Sociedad Legal De Gananciales, En La Que Lo Único Inventariado Es Un Crédito A Favor De La Sociedad De Gananciales Y En Contra De Uno De Los Cónyuges, Con Extinción Parcial Del Mismo Por Confusión

En la ciudad de ..., a ... de ... de ...

REUNIDOS

De una parte, Doña ..., mayor de edad, de profesión ..., vecina de ..., domiciliada en ..., con DNI número ...

Y de otra, Don ..., mayor de edad, de profesión ..., vecino de ..., domiciliado en ..., con DNI número ...

INTERVIENEN

Ambos comparecientes lo efectúan en su propio nombre y derecho, reconociéndose recíprocamente la capacidad legal bastante para otorgar el presente convenio, por lo que de común acuerdo:

DECLARAN

A) Que contrajeron matrimonio civil en ..., el día ... de ... de ..., el que se encuentra inscrito en el Registro Civil de la citada localidad, al ...

B) De dicho matrimonio no existen hijos.

C) Han convenido en solicitar la **separación judicial de común acuerdo,** prestando ambos el consentimiento a tal fin en este acto y a la consiguiente cesación de la convivencia conyugal, facultándose recíprocamente para que incluso cada compareciente pueda solicitar la separación judicial con el consentimiento del otro.

D) Habida cuenta lo anteriormente expuesto, otorgan y firman el presente convenio para que en lo sucesivo sus relaciones económico-matrimoniales se regulen con arreglo a las siguientes:

ESTIPULACIONES

PRIMERA. Cada uno de los comparecientes se compromete a no interferir en la vida y actividades del otro, y, asimismo, se autorizan recíprocamente a que cada cual pueda establecer o cambiar de domicilio o residencia libremente.

El uso del que ha sido el domicilio conyugal, sito en ..., calle ..., piso ..., se atribuye a Doña ...., a quien pertenece con carácter privativo, al haberla adquirido antes del matrimonio.

De la citada vivienda ha retirado Don ..., antes de este acto, sus bienes y enseres de uso personal, e igualmente ha entregado su copia de las llaves de la vivienda a Doña ...

SEGUNDA. Que ambos esposos han tenido siempre vecindad civil en territorio de derecho común y no han otorgado capitulaciones matrimoniales, ni antes ni después de contraer matrimonio, por lo cual conforme al Código Civil su matrimonio se rige en cuanto a los bienes por las normas de la sociedad legal de gananciales, la que proceden a disolver y a liquidar en este acto, reconociendo que el único derecho de carácter ganancial de su matrimonio es el siguiente:

Crédito que ostenta la sociedad de gananciales, por importe de ... euros, contra el compareciente Don ... por las cantidades invertidas en la edificación sita en término municipal de ..., finca registral número ..., inscrita al libro ..., folio ..., del Registro de la Propiedad Número ... de ..., habiendo sido adquirido por Don ... el solar sobre el que se levanta por compra, en estado de soltero a Don ... y cónyuge en escritura autorizada por el Notario de ..., Don ... el día ... de ... de ... con el número ... de su Protocolo, y siendo declarada la obra nueva en construcción en escritura autorizada en ... por el Notario de ..., Don ... el día ... de ...de ..., con el número ... de su Protocolo.

El referido importe del crédito es igual al importe satisfecho desde la celebración del matrimonio hasta la fecha de hoy del préstamo con garantía hipotecaria, destinado a financiar la construcción de la misma finca registral antes citada, concedido por el Banco ..., en escritura autorizada en ..., por el Notario Don ..., el día ... de ... de ..., con el número ... de Protocolo.

Siendo dicho crédito en favor de la sociedad de gananciales, la mitad de su importe, es decir, ... euros, despreciados céntimos, correspondería a cada uno de los cónyuges.

No obstante, concurriendo en el compareciente Don ... la doble condición de acreedor y deudor, el mencionado crédito, en la parte a dicho compareciente afectante, queda extinguido por confusión, reconociéndolo así ambos cónyuges.

Extinguida dicha parte del crédito en la forma indicada, queda como acreedora Doña ... por la expresada cantidad de ... euros, cantidad que ha sido ya satisfecha a la misma por su cónyuge.

TERCERA. Habida cuenta la suficiencia de medios económicos de cada uno de los comparecientes, no proceden a fijar contribución a las cargas del matrimonio y alimentos, y renuncian ambos expresamente a pensión compensatoria.

Y en prueba de conformidad con todo lo expuesto, firman el presente documento, por triplicado, en el lugar y fecha al principio indicados, quedando un ejemplar en poder de cada cónyuge, y otro a los efectos de su aportación al Juzgado.

92

Convenio Regulador De Separación Con Previa Disolución Y Liquidación Del Régimen Económico-Matrimonial. Existencia De Hijos Menores De Edad

En la ciudad de ..., a ... de ... de ...

REUNIDOS

De una parte, Doña ..., mayor de edad, de profesión ..., vecina de ..., domiciliada en ..., con DNI número ....

Y de otra, Don ..., mayor de edad, de profesión ..., vecino de ..., domiciliado en ..., con DNI número ...

INTERVIENEN

Ambos comparecientes lo efectúan en su propio nombre y derecho, reconociéndose recíprocamente la capacidad legal bastante para otorgar el presente convenio, por lo que de común acuerdo:

DECLARAN

A) Que contrajeron matrimonio ... en la ciudad o localidad de ..., el día ... de ... de ..., el que se encuentra inscrito en el Registro Civil de la citada localidad, al ...

B) De dicho matrimonio han nacido y viven ... hijos, todos menores de edad, y cuyos nombres, fechas de nacimiento y datos de inscripción en el Registro Civil son los que a continuación se indican:, nacido/a en ..., el día ... de ... de ..., e inscrito su nacimiento en el Registro Civil de ..., al ..., nacido/a en ..., el día ... de ... de ..., e inscrito su nacimiento en el Registro Civil de ...., al ...

C) Han convenido en solicitar la **separación judicial de común acuerdo,** prestando ambos el consentimiento a tal fin en este acto y a la consiguiente cesación de la convivencia conyugal, facultándose recíprocamente para que incluso cada compareciente pueda solicitar la separación judicial con el consentimiento del otro.

D) Habida cuenta lo anteriormente expuesto, otorgan y firman el presente convenio para que en lo sucesivo sus relaciones económico-matrimoniales se regulen con arreglo a las siguientes:

ESTIPULACIONES

PRIMERA. Cada uno de los comparecientes se compromete a no interferir en la vida y actividades del otro, y, asimismo, se autorizan recíprocamente a que cada cual pueda establecer o cambiar de domicilio o residencia sin más obligación que preavisarlo o comunicarlo al otro con suficiente antelación y de forma fehaciente.

El uso del que ha sido el domicilio conyugal, sito en ..., calle ..., piso ..., se atribuye a Doña ...., y del mismo ha salido ya su cónyuge, habiendo retirado sus bienes y enseres personales.

Ambos comparecientes hacen constar que con anterioridad a este acto han otorgado escritura de capitulaciones matrimoniales con modificación del sistema legal de gananciales hasta entonces existente y pactando en su lugar el de absoluta separación de bienes. Así consta en escritura autorizada por el Notario de ... Don/Doña ..., en fecha ..., con el número ... de su Protocolo, la que se encuentra debidamente anotada en los Registros Civil y de la Propiedad.

En los citados capítulos, entre otros extremos, se adjudica la propiedad del que ha sido el domicilio conyugal a la señora compareciente.

SEGUNDA. Los hijos del matrimonio ... y ... permanecerán bajo la guarda y custodia de la madre y en el domicilio de ésta, sin perjuicio de la patria potestad compartida.

Respecto del padre, se establece el siguiente régimen de comunicación y visitas: El padre podrá tener consigo a los hijos:

A) Los fines de semana alternos desde las ocho y media de la tarde (20,30 horas) del viernes o desde que los hijos en el indicado día terminen su jornada escolar o académica o actividades culturales o extra-académicas, hasta las nueve de la noche (21 horas) del domingo, debiendo recogerlos en el domicilio de la madre y reintegrarlos en el mismo en los indicados días y horas.

Para el cómputo de los fines de semana alternos, la madre pasará con los hijos el primero que corresponda según la fecha de este documento, y el padre el siguiente, y así sucesivamente.

Si por alguna razón el padre no pudiera recoger a los menores a la hora y día indicado, deberá avisarlo a la madre con veinticuatro horas de antelación, y caso de no avisarlo, se entenderá que desde las 20,45 horas del viernes la madre y/ o los menores podrán llevar a cabo los planes o actividades que estimen oportunas.

B) La mitad de los periodos vacacionales escolares o académicos de los menores en Navidad y Semana Santa, para cuyo cómputo se tendrán en cuenta los periodos que así lo sean en el lugar de residencia o domicilio de los menores, sobre todo para el supuesto de que los padres residieran en distintas localidades. Para la determinación de la mitad correspondiente a cada progenitor, éstos procurarán llevarlo de común acuerdo y, en su defecto, la madre decidirá los años impares y el padre los pares.

Si en su cómputo total por días, en este periodo resultase que son impares, se entenderá que el periodo se subdivide en dos idénticos, y el día impar será justo el que separe los dos periodos, de forma que si en el primer periodo subdividido han permanecido con uno de los padres, desde las catorce horas (14 horas) de ese día impar y divisorio de los dos periodos, podrá estar con el otro cónyuge.

El padre deberá recoger y reintegrar a los menores en el domicilio de la madre.

En los días de Navidad y Reyes se permitirá la visita de los menores al padre o madre o del padre o madre a los menores, durante un espacio de tiempo prudencial, para la recogida de juguetes o regalos.

En el primer periodo de los dos de vacaciones de Navidad, se incluirá el día de Nochebuena, y en el segundo el de Reyes, alternándose cada año la estancia de los hijos en cada fecha con cada progenitor.

C) La mitad de los periodos vacacionales de verano. Tal periodo se concreta a los meses de julio y agosto o, lo que es lo mismo, un progenitor permanecerá con los hijos durante el mes de julio, y el otro durante el mes de agosto. Para la elección del periodo correspondiente, ambos progenitores procurarán llevarlo a cabo de común acuerdo y, en defecto de acuerdo, la madre decidirá los años impares y el padre los pares.

La permanencia durante el mes de julio se entiende que se inicia a las diez de la mañana (10 horas) del día primero del mes, y expira a las ocho de la tarde (20 horas) del último día del mes. Y la permanencia durante el mes de agosto, se inicia a las ocho y quince minutos (20,15 horas) de la tarde del último día del mes de julio, y expira a las ocho de la tarde del último día del mes, a partir de cuyo momento se reanudará el régimen de comunicación y visitas previsto para los fines de semana.

El padre recogerá y reintegrará a los menores en las horas y domicilio o residencia en que se encuentren con la madre, para el cumplimiento del periodo vacacional de verano que corresponda.

El progenitor con el que los hijos no convivan en el mes de verano concreto de que se trate, podrá visitarlos y tenerlos en su compañía dos fines de semana alternos de dicho mes, desde las diez horas (10 horas) del sábado a las ocho y treinta minutos (20,30 horas) del domingo, previo aviso con tres días de antelación al progenitor con el que estén conviviendo, y debiendo recogerlos y reintegrarlos al domicilio del progenitor con el que en tal mes se encuentren los hijos.

D) El presente régimen de comunicación y visitas se entenderá sin perjuicio de la asistencia de los hijos a campamentos, cursos de verano o en el extranjero o similar.

E) El padre podrá comunicarse telefónicamente con los hijos cuando lo estime conveniente, en horas oportunas al normal y cotidiano desarrollo de la vida de los menores.

TERCERA. Como contribución a las cargas del matrimonio y alimentos a los hijos, Don ... se obliga a entregar la cantidad de ... euros (... euros) mensuales, que hará efectivas, dentro de los cinco primeros días de cada mes, mediante ingreso o transferencia a la cuenta o libreta abierta a tal fin con el número ... en la entidad ..., oficina ..., sita en ...

Dicha cantidad se revisará anualmente, tomando cada año como fecha desde la cual opera la revisión la de otorgamiento del presente convenio. Como base se establece el porcentaje en que aumenten o disminuyan los emolumentos, salario o sueldo de Don ... en el año en que opere la revisión.

Don ... también contribuirá abonando o haciendo frente por mitad a los siguientes gastos y desembolsos relativos a los hijos:

1.º Los extraordinarios médico-sanitarios y farmacéuticos no cubiertos por la Seguridad Social ni por cualquier otra Mutualidad o entidad u organismo al que pudiesen estar asociados o afiliados cualquiera de los cónyuges.

2.º Los gastos correspondientes al material escolar que sea necesario o establezca con carácter general el centro donde cursen sus estudios los hijos.

Las obligaciones de carácter económico contenidas en la presente estipulación, serán mantenidas por Don ... pese a que los hijos alcancen la mayoría de edad, y siempre según el supuesto previsto en el artículo 92 del Código Civil.

CUARTA. Ambos cónyuges renuncian expresamente a pensión compensatoria.

Y en prueba de conformidad con todo lo expuesto, firman el presente documento, por triplicado, en el lugar y fecha al principio indicados, quedando un ejemplar en poder de cada cónyuge, y otro a los efectos de su aportación al Juzgado.

93

Convenio Regulador De Divorcio Con Previa Liquidación De Régimen Económico-Matrimonial. Existencia De Hijos Mayores De Edad

En la ciudad de ..., a ... de ... de ...

REUNIDOS

De una parte, Doña ..., mayor de edad, de profesión ..., vecina de ..., domiciliada en ..., con DNI número ...

Y de otra, Don ..., mayor de edad, de profesión ... , vecino de ..., domiciliado en ..., con DNI número ...

INTERVIENEN

Ambos comparecientes lo efectúan en su propio nombre y derecho, reconociéndose recíprocamente la capacidad legal bastante para otorgar el presente convenio, por lo que de común acuerdo:

DECLARAN

A) Que contrajeron matrimonio ... en ..., el día ... de ... de ..., el que se encuentra inscrito en el Registro Civil de la citada localidad, al ...

B) De dicho matrimonio han nacido y viven ... hijos, llamados ... y ..., siendo ambos mayores de edad y ... de estado civil, por lo que forman sus respectivas unidades familiares y/o económicas.

C) Se encuentran separados judicialmente en virtud de sentencia de fecha ... dictada en autos de separación número ... por el Juzgado de Primera Instancia Número ... de Familia de ...

D) Habiendo convenido en proceder al divorcio, otorgan y firman el presente convenio para que en lo sucesivo sus relaciones económico-matrimoniales se regulen con arreglo a las siguientes:

ESTIPULACIONES

PRIMERA. Cada uno de los comparecientes se compromete a no interferir en la vida y actividades del otro y, asimismo, se autorizan recíprocamente a que cada cual pueda establecer o cambiar de domicilio o residencia.

No procede la adopción de ninguna estipulación sobre la vivienda familiar, al no existir la misma.

SEGUNDA. Tampoco procede estipulación alguna sobre los hijos, al ser mayores de edad y/o casados, ni tampoco sobre contribución económica ni bienes o deudas gananciales, al no existir, dado que la sociedad legal de gananciales fue disuelta en virtud de escritura de fecha ... autorizada por el Notario de ... Don ... con el número ... de su Protocolo, y los bienes que en la misma se relacionan fueron posteriormente enajenados.

TERCERA. Ambos cónyuges renuncian expresamente a pensión compensatoria.

Y en prueba de conformidad con todo lo expuesto, firman el presente documento, por triplicado, en el lugar y fecha al principio indicados, quedando un ejemplar en poder de cada cónyuge, y otro a los efectos de su aportación al Juzgado.

94

Convenio Regulador De Divorcio. Régimen De Comunicación Y Visitas Amplio. Reparto De Gastos Y Demás Contribuciones Al Cincuenta Por Ciento. Previsión De Custodia Para El Caso De Enfermedad Del Progenitor Con El Que Se Encuentren. Hijo Menor De Muy Corta Edad

En la ciudad de ..., a ... de ... de ...

REUNIDOS

De una parte, Doña ..., mayor de edad, de profesión ..., vecina de ..., domiciliada en ..., con DNI número ...

Y de otra, Don ..., mayor de edad, de profesión ..., vecino de ..., domiciliado en ..., con DNI número ...

INTERVIENEN

Ambos comparecientes lo efectúan en su propio nombre y derecho, reconociéndose recíprocamente la capacidad legal bastante para otorgar el presente convenio, por lo que de común acuerdo:

DECLARAN

A) Que contrajeron matrimonio ... en la ciudad o localidad de ..., el día ... de ... de ..., el que se encuentra inscrito en el Registro Civil de la citada localidad, al ...

B) De dicho matrimonio han nacido y viven ... hijos, todos menores de edad, y cuyos nombres, fechas de nacimiento y datos de inscripción en el Registro Civil son los que a continuación se indican:

..., nacido/a en ..., el día ... de ... de ..., e inscrito su nacimiento en el Registro Civil de ..., al ...
..., nacido/a en ..., el día ... de ... de ..., e inscrito su nacimiento en el Registro Civil de ..., al ...

..., nacido/a en ..., el día ... de ... de ..., e inscrito su nacimiento en el Registro Civil de ..., al ...

C) Han convenido en solicitar el **divorcio de común acuerdo,** prestando ambos el consentimiento en este acto y facultándose recíprocamente para que incluso cada compareciente pueda solicitar el divorcio con el consentimiento del otro.

D) Habida cuenta lo anteriormente expuesto, otorgan y firman el presente convenio para que en lo sucesivo sus relaciones económico-matrimoniales se regulen con arreglo a las siguientes:

ESTIPULACIONES

PRIMERA. Cada uno de los comparecientes se compromete a no interferir en la vida y actividades del otro, y, asimismo, se autorizan recíprocamente a que cada cual pueda establecer o cambiar de domicilio o residencia sin más obligación que preavisarlo o comunicarlo al otro con suficiente antelación y de forma fehaciente.

El uso del que ha sido el domicilio conyugal, sito en ..., calle ..., piso ..., se atribuye a Doña/Don ..., y del mismo ha salido ya su cónyuge, habiendo retirado sus bienes y enseres personales.

SEGUNDA. Los hijos del matrimonio ... y ..., permanecerán bajo la guarda y custodia de la madre y en el domicilio de ésta, sin perjuicio de la patria potestad compartida; si bien, para el supuesto de enfermedad física o psíquica de difícil curación o de larga evolución o por concurrencia de cualquier otra circunstancia que impida el normal desarrollo de la custodia, los menores pasarán a la guarda y custodia paterna, no permitiéndose por tanto la de cualquier otro familiar o, en su caso, cónyuge o persona a la que se esté unida por análoga relación sentimental o de afecto.

Respecto del padre, se establece el siguiente régimen de comunicación y visitas: El padre podrá tener consigo a los hijos:

A) Diariamente los dos menores de más edad comerán con el padre, encargándose éste o persona de su familia o confianza de recoger y reintegrar a los menores al Colegio o centro en que cursen sus estudios.

B) Los fines de semana alternos desde las ocho y media de la tarde (20,30 horas) del viernes o desde que los hijos en el indicado día terminen su jornada escolar o académica o actividades culturales o extra-académicas, hasta las nueve de la noche (21 horas) del domingo, debiendo recogerlos en el domicilio de la madre y reintegrarlos en el mismo en los indicados días y horas.

Para el cómputo de los fines de semana alternos, la madre pasará con los hijos el primero que corresponda según la fecha de este documento, y el padre el siguiente, y así sucesivamente.

Si por alguna razón el padre no pudiera recoger a los menores a la hora y día indicado, deberá avisarlo a la madre con veinticuatro horas de antelación, y caso de no avisarlo, se entenderá que desde las 20,45 horas del viernes la madre y/ o los menores podrán llevar a cabo los planes o actividades que estimen oportunas.

C) La mitad de los periodos vacacionales escolares o académicos de los menores en Navidad y Semana Santa, para cuyo cómputo se tendrán en cuenta los periodos que así lo sean en el lugar de residencia o domicilio de los menores, sobre todo para el supuesto de que los padres residieran en distintas localidades.

Para la determinación de la mitad correspondiente a cada progenitor, éstos procurarán llevarlo de común acuerdo y, en su defecto, la madre decidirá los años impares y el padre los pares.

Si en su cómputo total por días, en este periodo resultase que son impares, se entenderá que el periodo se subdivide en dos idénticos, y el día impar será justo el que separe los dos periodos, de forma que si en el primer periodo subdividido han permanecido con uno de los padres, desde las catorce horas (14 horas) de ese día impar y divisorio de los dos periodos, podrá estar con el otro cónyuge.

El padre deberá recoger y reintegrar a los menores en el domicilio de la madre.

En los días de Navidad y Reyes se permitirá la visita de los menores al padre o madre o del padre o madre a los menores, durante un espacio de tiempo prudencial, para la recogida de juguetes o regalos.

En el primer periodo de los dos de vacaciones de Navidad, se incluirá el día de Nochebuena, y en el segundo el de Reyes, alternándose cada año la estancia de los hijos en cada fecha con cada progenitor.

D) La mitad de los periodos vacacionales de verano. Tal periodo se concreta a los meses de julio y agosto o, lo que es lo mismo, un progenitor permanecerá con los hijos durante el mes de julio, y el otro durante el mes de agosto. Para la elección del periodo correspondiente, ambos progenitores procurarán llevarlo a cabo de común acuerdo y, en defecto de acuerdo, la madre decidirá los años impares y el padre los pares.

La permanencia durante el mes de julio se entiende que se inicia a las diez de la mañana (10 horas) del día primero del mes, y expira a las ocho de la tarde (20 horas) del último día del mes. Y la permanencia durante el mes de agosto, se inicia a las ocho y quince minutos de la tarde (20,15 horas) del último día del mes de julio, y expira a las ocho de la tarde del último día del mes, a partir de cuyo momento se reanudará el régimen de comunicación y visitas previsto para los fines de semana.

El padre recogerá y reintegrará a los menores en las horas y domicilio o residencia en que se encuentren con la madre, para el cumplimiento del periodo vacacional de verano que corresponda.

El progenitor con el que los hijos no convivan en el mes de verano concreto de que se trate, podrá visitarlos y tenerlos en su compañía dos fines de semana alternos de dicho mes, desde las diez horas (10 horas) del sábado a las ocho y treinta minutos (20,30 horas) del domingo, previo aviso con tres días de antelación al progenitor con el que estén conviviendo, y debiendo recogerlos y reintegrarlos al domicilio del progenitor con el que en tal mes se encuentren los hijos.

E) El presente régimen de comunicación y visitas se entenderá sin perjuicio de la asistencia de los hijos a campamentos, cursos de verano o en el extranjero o similar.

F) En cuanto a cualquier otro día festivo, ya nacional, de Comunidad Autónoma, local o escolar, serán repartidos entre los progenitores para su estancia con los menores.

En el caso de las festividades conocidas como «puentes», se repartirán en su cómputo anual entre los progenitores, y se decidirá su estancia entre los mismos de común acuerdo y, en su defecto, la madre decidirá los años impares y el padre los pares.

G) El padre podrá comunicarse telefónicamente con los hijos cuando lo estime conveniente, en horas oportunas al normal y cotidiano desarrollo de la vida de los menores.

H) Los días de los santos y cumpleaños de los menores se alternarán para su estancia con cada progenitor.

El denominado «Día del padre», así como el santo y cumpleaños del mismo, lo pasarán los menores en compañía del mismo, desde las ... horas de la mañana y hasta las ... horas de la tarde si coincidiese con día festivo o, en otro caso, desde la salida del colegio o centro para poder comer con el padre y esa misma tarde.

Lo mismo se observará respecto del día de la madre, santo y cumpleaños de la madre.

I) Respecto del menor de todos los hijos, llamado ..., se tendrán en cuenta las siguientes matizaciones dada su edad y las circunstancias excepcionales concurrentes en este caso:

a. Hasta que cumpla ... años: visitas y salidas diarias, incluidos los fines de semana, y los periodos de Navidad, Semana Santa y Verano.

b. Posteriormente, se aplicará el mismo régimen que a los demás hermanos.

TERCERA. Como contribución a las cargas del matrimonio y alimentos ambos comparecientes convienen en que se efectuará de la siguiente forma:

Cada uno de los comparecientes se obliga a abonar el cincuenta por ciento de los siguientes gastos y desembolsos:

1. Gastos por enfermedad, y, particularmente, médico-farmacéuticos no cubiertos por la Seguridad Social ni por cualquier otra Mutualidad u organismo al que pudieran estar asociados o afiliados cualquiera de los progenitores.
2. Matrícula escolar o académica.
3. Mensualidad escolar o académica.
4. Libros y material escolar o académico.
5. Actividades extraescolares actuales y las de futuro que se decidan de común acuerdo por ambos progenitores.

A principio de cada curso escolar se hará una previsión de gastos mensuales y se irán liquidando entre los progenitores en la misma forma en que se hagan efectivos al centro o entidad a que se satisfagan.

Además, el padre y con carácter anual, comprará ropa a los menores por importe total de ... euros, cantidad presupuestada a tal fin que se revisará anualmente al inicio del año y conforme al IPC.

CUARTA. Ambos cónyuges renuncian expresamente a pensión compensatoria.

Y en prueba de conformidad con todo lo expuesto, firman el presente documento, por triplicado, en el lugar y fecha al principio indicados, quedando un ejemplar en poder de cada cónyuge, y otro a los efectos de su aportación al Juzgado.

95

Convenio Regulador De Divorcio. Liquidación De Gananciales: Vehículos, Metálico, Inmuebles, Industria, Arrendamiento. Cargas. Inexistencia De Hijos

En la ciudad de ..., a ... de ... de ...

REUNIDOS

De una parte, Doña ..., mayor de edad, de profesión ..., vecina de ..., domiciliada en ..., con DNI número ...

Y de otra, Don ..., mayor de edad, de profesión ..., vecino de ..., domiciliado en ..., con DNI número ...

INTERVIENEN

Ambos comparecientes lo efectúan en su propio nombre y derecho, reconociéndose recíprocamente la capacidad legal bastante para otorgar el presente convenio, por lo que de común acuerdo:

DECLARAN

A) Que contrajeron matrimonio ... en ..., el día ... de ... de ..., el que se encuentra inscrito en el Registro Civil de la citada localidad, al ...

B) De dicho matrimonio no existen hijos.

C) Se encuentran separados judicialmente en virtud de sentencia de fecha ... dictada en autos de separación número ... por el Juzgado de Primera Instancia Número ... de Familia de ...

D) Habiendo convenido proceder al divorcio, otorgan y firman el presente convenio para que en lo sucesivo sus relaciones económico-matrimoniales se regulen con arreglo a las siguientes:

ESTIPULACIONES

PRIMERA. Cada uno de los comparecientes se compromete a no interferir en la vida y actividades del otro, y, asimismo, se autorizan recíprocamente a que cada cual pueda establecer o cambiar de domicilio o residencia.

No procede la adopción de ninguna estipulación sobre la vivienda familiar, al no existir la misma.

SEGUNDA. El sistema económico-matrimonial vigente es el legal de gananciales, el que disuelven y liquidan en este acto, y a tal fin hacen constar que el activo y el pasivo de la sociedad de gananciales lo integran los siguientes bienes y deudas:

1. Vivienda sita en ..., calle ..., piso ...,
Título: escritura de compra a Don ... de fecha ..., autorizada por el Notario de ... Doña ..., con el número ... de su Protocolo.
Inscripción: Inscrita en el Registro de la Propiedad Número ... de los de ..., Libro ... Sección ..., folio ..., inscripción ...
Cargas: Está gravada con una hipoteca a favor del Banco ... por un principal de ... euros, con los demás pactos, cláusulas y condiciones que ampliamente se reflejaron en escritura de fecha ... otorgada ante el Notario de ... Don ... con el número ... de su Protocolo. Por razón de amortización la referida hipoteca ha quedado reducida a la suma de ... euros de principal.
Valor de la finca, una vez deducida la hipoteca: ... euros.
Referencia catastral: ...[3].

2. Turismo marca ..., modelo ..., matrícula ..., valorado en ... euros.

3. Turismo marca ..., modelo ..., matrícula ..., valorado en ... euros.

4. Industria situada en el local sito en la calle ... número ... de la localidad de ..., destinada a la venta de prendas de vestir y complementos, valorados actualmente todo el género existente en ... euros, existiendo pendiente de pago por los citados géneros a la entidad ... la cantidad de ... euros.
Valorada pues la industria, una vez deducida dicha deuda, en ... euros.

5. Contrato de arrendamiento del local donde se encuentra instalada la industria, valorado en ... euros.
6. Metálico existente: ... euros.

---

[3] Véase nota a pie de página número 3 del formulario 1, y la número 9 del formulario 5.

Así pues, el total del caudal inventariado asciende a la suma de ... euros.

Y en pago de sus respectivos derechos y haberes en la sociedad de gananciales que liquidan, se adjudican los bienes inventariados en pleno dominio de la siguiente forma:

1. A Don ...:

a. La finca descrita en el apartado uno por su valor, una vez deducida la carga en la que el adjudicatario se subroga, de ... euros.
b. El vehículo marca ..., matrícula ..., por su valor de ... euros.
c. El metálico existente reseñado bajo el número seis, por ... euros.

TOTAL ADJUDICADO: ... euros.

2. A Doña ...:

a. El turismo marca ..., matrícula ..., por su valor de ... euros.
b. La industria ubicada en el local sito en la calle ... número ... de ..., valorada una vez deducida la deuda que la grava en cuya obligación de pago se subroga, en ... euros.
c. El contrato de arrendamiento del local reseñado bajo el número 5, valorado en ... euros.

TOTAL ADJUDICADO: ... euros.

TERCERA. Ambos comparecientes renuncian expresamente a pensión compensatoria.

Y en prueba de conformidad con todo lo expuesto, firman el presente documento, por triplicado, en el lugar y fecha al principio indicados, quedando un ejemplar en poder de cada cónyuge, y otro a los efectos de su aportación al Juzgado.

96

Capitulaciones Previas Al Matrimonio Con Pacto De Separación De Bienes

NÚMERO (Protocolo)

En ..., mi residencia, a ... de ... de ...

Ante mí, ..., Notario del Ilustre Colegio de ...

COMPARECEN

Don ..., mayor de edad, soltero, vecino de ..., con domicilio en calle ..., y con DNI número ...

Y Doña ..., mayor de edad, soltera, vecina de ..., con domicilio en ..., y con DNI número ...

INTERVIENEN:

En su propio nombre y derecho y tienen a mi juicio, la capacidad legal necesaria para otorgar la presente escritura de CAPITULACIONES MATRIMONIALES, y a tal efecto:

EXPONEN

Que tienen convenido contraer matrimonio y ordenan el régimen económico del mismo, con exclusión de cualquier otra regulación legal, conforme a los siguientes:

PACTOS

PRIMERO. El régimen económico del matrimonio es el de **absoluta separación de bienes,** teniendo y conservando cada cónyuge el dominio, administración y disfrute de aquellos cuya titularidad ostente, y haciendo suyos los frutos y rentas de sus bienes y los que obtenga de su trabajo o por cualquier título o consecuencia de su actividad personal.

SEGUNDO. Los bienes que cada cónyuge adquiera le pertenecerán en propiedad exclusiva y su titularidad vendrá determinada sin necesidad de otro requisito ni posibilidad de prueba en contrario, por lo que resulte de la escritura notarial, de la póliza de contratación de valores, del documento privado en defecto del público, de la cuenta corriente, depósito o libreta de ahorro o cualquier otra operación o documento bancario, y, en definitiva, del contrato o documento que, conforme a la legislación o a la práctica usual, confiera la titularidad con independencia de si se expresa o no la relación matrimonial. Si adquieren conjuntamente ambos cónyuges algún bien de su titularidad se determinará por lo convenido al tiempo de su adquisición, y a falta de ello, se entenderá que les pertenece por mitad y proindiviso.

TERCERO. En ningún caso los bienes de uno de los cónyuges responderán de las deudas, obligaciones y responsabilidades contraídas por el otro ni derivadas de cualquier actividad del mismo, aunque ésta redundare en beneficio de la familia, salvo el caso de que expresamente uno de ellos avale o afiance al otro.

CUARTO. Todas las cargas del matrimonio serán satisfechas por ambos cónyuges en proporción a sus respectivos ingresos.

QUINTO. Cualquiera de los cónyuges por sí solo podrá pedir y obtener la inscripción o constancia de los presentes capítulos en los Registros Civil, Mercantil, de la Propiedad o en cualquier otro Registro, Oficina pública o privada, otorgando, a tal efecto, los documentos aclaratorios, descriptivos de bienes o complementarios que se necesiten sin precisar para todo ello la intervención del otro cónyuge.

HAGO las advertencias legales y especialmente las relativas al Registro Civil y las fiscales.

LEO cuanto antecede a los señores comparecientes en alta voz e íntegramente, por su opción, lo aprueban, consienten y firman conmigo.

DOY FE: De haberles identificado por el DNI exhibido y reseñado en esta comparecencia, y del contenido de este instrumento, extendido en ... folios de la clase ..., serie ..., números ... el presente y los ... inmediatos posteriores correlativos.

97

Capitulaciones Posteriores A La Celebración Del Matrimonio: Modificación Del Régimen Legal Existente, Disolviéndolo Pero No Liquidándolo, Y Pactando La Separación De Bienes

NÚMERO (Protocolo)

En ..., mi residencia, a ... de ... de ...

Ante mí, ..., Notario del Ilustre Colegio de ...

COMPARECEN

Los cónyuges Don ... y Doña ..., ambos mayores de edad, vecinos de ..., con domicilio en calle ..., y con DD.NN.II. números ... y ... respectivamente.

INTERVIENEN

En su propio nombre y derecho y tienen a mi juicio, la capacidad legal necesaria para otorgar la presente escritura de CAPITULACIONES MATRIMONIALES, y a tal efecto:

EXPONEN

A. Que contrajeron matrimonio canónico en ... el día ... de ... de ... que se inscribió en el Registro Civil de ..., Tomo ... Página ..., sin haber otorgado capítulos, por lo que el régimen económico-conyugal es el legal de gananciales, de conformidad con el artículo 1316 del Código Civil.

B. Que haciendo uso de la facultad que les confiere el artículo 1325 del Código Civil han decidido modificar su régimen económico conyugal, lo que llevan a efecto con arreglo a los siguientes:

PACTOS

PRIMERO. El régimen económico del matrimonio es el de **absoluta separación de bienes,** teniendo y conservando cada cónyuge el dominio, administración y disfrute de aquellos cuya titularidad ostente, y haciendo suyos los frutos y rentas de sus bienes y los que obtenga de su trabajo o por cualquier título o consecuencia de su actividad personal.

SEGUNDO. Los bienes que cada cónyuge adquiera le pertenecerán en propiedad exclusiva y su titularidad vendrá determinada, sin necesidad de otro requisito ni posibilidad de prueba en contrario, por lo que resulte de la escritura notarial, de la póliza de contratación de valores, del documento privado en defecto del público, de la cuenta corriente, depósito o libreta de ahorro o cualquier otra operación o documento bancario, y, en definitiva, del contrato o documento que, conforme a la legislación o a la práctica usual, confiera la titularidad con independencia de si se expresa o no la relación matrimonial. Si adquieren conjuntamente ambos cónyuges algún bien, su titularidad se determinará por lo convenido al tiempo de su adquisición, y a falta de ello, se entenderá que les pertenece por mitad y proindiviso.

TERCERO. En ningún caso los bienes de uno de los cónyuges responderán de las deudas, obligaciones y responsabilidades contraídas por el otro ni derivadas de cualquier actividad del mismo, aunque ésta redundare en beneficio de la familia, salvo el caso de que expresamente uno de ellos avale o afiance al otro.

CUARTO. Todas las cargas del matrimonio serán satisfechas por ambos cónyuges en proporción a sus respectivos ingresos.

QUINTO. Cualquiera de los cónyuges por sí solo podrá pedir y obtener la inscripción o constancia de los presentes capítulos en los Registros Civil, Mercantil, de la Propiedad o en cualquier otro Registro, Oficina pública o privada, otorgando, a tal efecto, los documentos aclaratorios, descriptivos de bienes o complementarios que se necesiten sin precisar para todo ello la intervención del otro cónyuge.

OTORGAMIENTO Y AUTORIZACIÓN

HAGO las advertencias legales, y especialmente las relativas al Registro Civil y las fiscales.

LEO cuanto antecede a los señores comparecientes en alta voz e íntegramente, por su opción, lo aprueban, consienten y firman conmigo.

DOY FE: De haberles identificado por el DNI exhibido y reseñado en esta comparecencia, y del contenido de este instrumento, extendido en ... folios de la clase ..., serie ..., números ... el presente y los ... inmediatos posteriores correlativos.

98

Capitulaciones Posteriores A La Celebración Del Matrimonio: Modificación Del Régimen Y Pacto De Separación De Bienes; Disolución Y Liquidación De Bienes

NÚMERO (Protocolo)

En ..., mi residencia, a ... de ... de ...

Ante mí, ..., Notario del Ilustre Colegio de ...

COMPARECEN

Los cónyuges Don ... y Doña ..., ambos mayores de edad, vecinos de ..., con domicilio en calle ..., y con DD.NN.II. números ... y ... respectivamente.

INTERVIENEN

En su propio nombre y derecho y tienen a mi juicio, la capacidad legal necesaria para otorgar la presente escritura de CAPITULACIONES CON MODIFICACIÓN DEL RÉGIMEN ECONÓMICO MATRIMONIAL Y LIQUIDACIÓN DE LA SOCIEDAD DE GANANCIALES, y a tal efecto:

EXPONEN

A. Que contrajeron matrimonio canónico en ... el día ... de ... de ... que se inscribió en el Registro Civil de ..., Tomo ... Página ...

B. Ambos esposos han tenido siempre vecindad civil en territorio de derecho común, sin haber otorgado capítulos, por lo que el régimen económico-conyugal es el legal de gananciales, de conformidad con el artículo 1316 del Código Civil.

C. Durante el matrimonio, los comparecientes han adquirido los siguientes bienes, que tienen todos ellos el carácter de ganancial:

INVENTARIO

A) ACTIVO.

1) Vivienda sita en ..., calle ..., piso ..., con una superficie construida de ... metros cuadrados y una útil de ..., distribuida en ..., Linda: ...

Valor: ... euros.

Inscripción: Registro de la Propiedad de ... Número ..., Libro ..., Sección ..., Página ..., finca ..., inscripción ...

Título: Adquirida constante matrimonio por compra a ..., en escritura pública de fecha ..., autorizada por el Notario de ... Doña ..., con el número ... de Protocolo.

Referencia catastral: ...[4].

Cargas: Según manifiestan está gravada con los dos préstamos hipotecarios siguientes, constituidos a favor del Banco ... de ..., sin acreditarlo fehacientemente, ni determinar los títulos de su constitución, de lo que les advierto: Préstamo número ..., pendiente de amortizar ... euros; y préstamo número ..., pendiente de amortizar ... euros.

Valor neto, deducidas las cargas citadas: ... euros.

2) Local comercial sito en ..., calle ... número ..., que consta de una nave diáfana y servicios, y con una superficie de ... metros cuadrados. Linda ...

Valor: ... euros.

Inscripción: Registro de la Propiedad de ... Número ..., Libro ..., Sección ..., Página ..., finca ..., inscripción ...

Título: Adquirida constante matrimonio por compra a ..., en escritura pública de fecha ..., autorizada por el Notario de ... Doña ..., con el número ... de Protocolo.

Referencia catastral: ...[5].

Cargas: Libre de ellas, según manifiestan.

3) Turismo marca ..., modelo ..., matrícula ...

Valor: ... euros.

Libre de cargas.

4) Turismo marca ..., modelo ..., matrícula ...

Valor: ... euros.

Libre de cargas.

5) Ajuar doméstico sito en la vivienda mencionada en el número 1.

Valor: ... euros.

---

[4] Véase nota a pie de página número 3 del formulario 1, y la número 9 del formulario 5.

[5] Véase nota a pie de página número 3 del formulario 1, y la número 9 del formulario 5.

B) PASIVO.

Además de lo citado para el bien descrito con el número 1), integra el pasivo lo siguiente:

6) Préstamo personal número ... concertado con el Banco ..., con un valor de ... euros.

7) Préstamo personal número ... concertado con el Banco ..., con un valor de ... euros.

8) Préstamo personal número ... concertado con el Banco ..., con un valor de ... euros.

Asciende en suma el valor de estos bienes inventariados una vez descontadas las cargas y los préstamos personales, a ... euros.

Y llevando a efecto lo convenido, los comparecientes:

OTORGAN

PRIMERO. Liquidan la sociedad de gananciales haciendo al efecto las siguientes adjudicaciones:

A) A Doña ... en pleno dominio los bienes descritos bajo los números 2), 4) y 5) por su valor de ... euros.

Como contrapartida a dicha adjudicación, asume de forma personal y exclusiva la responsabilidad derivada del préstamo inventariado en el pasivo bajo el número 8) por importe de ... euros, liberando a su cónyuge de toda responsabilidad derivada de dicho préstamo y señalando como domicilio para notificaciones y requerimientos el que figura en la comparecencia.

Asciende por consiguiente el valor neto de su adjudicación a la cantidad de ... euros.

B) A Don ... en pleno dominio los bienes descritos bajo los números 1) y 3) por su valor neto, deducidas las cargas citadas para el bien número 1), de ... euros.

Como contrapartida a dicha adjudicación, asume de forma personal y exclusiva la responsabilidad derivada de los préstamos personales inventariados en el pasivo bajo los números 6) y 7) por importe total de ... euros, liberando a su cónyuge de toda responsabilidad derivada de dicho préstamo y señalando como domicilio para notificaciones y requerimientos el que figura en la comparecencia.

Asimismo Don ... asume de forma exclusiva la responsabilidad personal de las hipotecas que gravan la finca descrita con el número uno del inventario, subrogándose sin novación en la condición jurídica de deudor exclusivo de los préstamos que gravan dicha finca en los términos pactados en la escritura de su constitución y quedando su cónyuge, por consiguiente, libre de toda responsabilidad en razón de los mencionados préstamos. A esos efectos señala como domicilio para notificaciones y requerimientos el que figura en la comparecencia.

Asciende por consiguiente el valor neto de su adjudicación a la cantidad de ... euros.

SEGUNDO. Lo inventariado y adjudicado son los únicos bienes gananciales; si existieren otros de cualquiera de los cónyuges, aunque aparecieren como presuntamente gananciales, siempre que tuvieren la condición de muebles o semovientes se entenderán privativos de aquel que su titularidad ostente y así expresamente lo reconocen ambos.

TERCERO. Cesan en el régimen de la sociedad de gananciales y establecen para el futuro el de absoluta separación de bienes, con sujeción a las disposiciones legales y a las siguientes reglas:

1. Cada cónyuge tendrá con total independencia del otro, el dominio, administración, disfrute y libre disposición de aquellos bienes cuya titularidad ostente, y haciendo suyos los frutos y rentas de sus bienes y los que obtenga de su trabajo o por cualquier título o consecuencia de su actividad personal.

2. Los bienes que cada cónyuge adquiera le pertenecerán en propiedad exclusiva y su titularidad vendrá determinada sin necesidad de otro requisito ni posibilidad de prueba en contrario, por lo que resulte de la escritura notarial, de la póliza de contratación de valores, del documento privado en defecto del público, de la cuenta corriente, depósito o libreta de ahorro o cualquier otra operación o documento bancario y, en definitiva, del contrato o documento que, conforme a la legislación o a la práctica usual, confiera la titularidad con independencia de si se expresa o no la relación matrimonial. Si adquieren conjuntamente ambos cónyuges algún bien de su titularidad, se determinará por lo convenido al tiempo de su adquisición, y a falta de ello, se entenderá que les pertenece por mitad y proindiviso.

3. En ningún caso los bienes de uno de los cónyuges responderán de las deudas, obligaciones y responsabilidades contraídas por el otro ni derivadas de cualquier actividad del mismo, aunque ésta redundare en beneficio de la familia, salvo el caso de que expresamente uno de ellos avale o afiance al otro.

4. Todas las cargas del matrimonio serán satisfechas por ambos cónyuges en proporción a sus respectivos ingresos.

En lo no previsto se aplicarán las normas de los artículos 1435 y siguientes del Código Civil sobre separación de bienes.

CUARTO. Cualquiera de los cónyuges por sí solo podrá pedir y obtener la inscripción o constancia de los presentes capítulos en los Registros Civil, Mercantil, de la Propiedad o en cualquier otro Registro, Oficina pública o privada, otorgando, a tal efecto, los documentos aclaratorios, descriptivos de bienes o complementarios que se necesiten sin precisar para todo ello la intervención del otro cónyuge.

Se solicitan los beneficios fiscales pertinentes.

AUTORIZACIÓN Y OTORGAMIENTO

HAGO las advertencias legales, y especialmente las relativas al Registro Civil y las fiscales. Así como las derivadas de la necesidad de toma de razón de estos capítulos en el Registro Civil previa a la inscripción en el Registro de la Propiedad y para que surtan efectos respecto a terceros.

En especial y con relación al Impuesto de Transmisiones y Actos Jurídicos Documentados, les advierto del plazo de treinta días hábiles que tienen para presentar copia de este documento en la oficina liquidadora competente, previa su autoliquidación; la afección de los bienes al pago del impuesto o al de las liquidaciones complementarias en su caso; y responsabilidad en que podrían incurrir como consecuencia del incumplimiento de sus deberes fiscales.

LEO cuanto antecede a los señores comparecientes en alta voz e íntegramente, por su opción, lo aprueban, consienten y firman conmigo.

DOY FE: De haberles identificado por el DNI exhibido y reseñado en esta comparecencia, y del contenido de este instrumento, extendido en ... folios de la clase ..., serie ..., números ... el presente y los ... inmediatos posteriores correlativos.

99

Capitulaciones Matrimoniales: Régimen De Comunidad Universal De Bienes. Modificación Del Anterior De Gananciales

NÚMERO (Protocolo)

En ..., mi residencia, a ... de ... de ...

Ante mí, ..., Notario del Ilustre Colegio de ...

COMPARECEN

Los cónyuges Don ... y Doña ..., ambos mayores de edad, vecinos de ..., con domicilio en calle ..., y con DD.NN.II. números ... y ... respectivamente.

INTERVIENEN

En su propio nombre y derecho y tienen a mi juicio, la capacidad legal necesaria para otorgar la presente escritura de CAPITULACIONES CON MODIFICACIÓN DEL RÉGIMEN ECONÓMICO MATRIMONIAL y a tal efecto:

EXPONEN

A. Que contrajeron matrimonio canónico en ... el día ... de ... de ... que se inscribió en el Registro Civil de ..., Tomo ... Página ...

B. Ambos esposos han tenido siempre vecindad civil en territorio de derecho común, sin haber otorgado capítulos, por lo que el régimen económico-conyugal es el legal de gananciales, de conformidad con el artículo 1316 del Código Civil.

C. Y al efecto:

OTORGAN

A) NUEVO RÉGIMEN: A partir de este otorgamiento, su matrimonio se regirá, en cuanto a los bienes, por el régimen de comunidad universal de bienes presentes y futuros cualquiera que fuese el título de su adquisición, oneroso o lucrativo, *inter vivos* o *mortis causa,* de manera que sean bienes comunes del matrimonio no sólo los que el Código Civil defina como gananciales sino también los considerados como privativos o que hasta ahora tenían ese carácter.

Respecto de la administración y disposición de bienes comunes se aplicarán las reglas establecidas en el Código Civil para la sociedad de gananciales, que asimismo regirán con carácter supletorio en todo lo que no se halle expresamente previsto en esta escritura.

B) DISOLUCIÓN DEL RÉGIMEN ANTERIOR: Como consecuencia del nuevo régimen pactado, declaran disuelta su sociedad de gananciales quedando pendiente la liquidación de la misma.

C) SOLICITUD DE INSCRIPCIÓN: Ambos comparecientes solicitan la indicación de estas Capitulaciones en el Registro Civil conforme al artículo 266 del Reglamento del Registro Civil y en los demás que procedan, a cuyo efecto cualquiera de ellos podrá presentar copia autorizada de esta escritura, para lo cual se apoderan recíprocamente en este acto.

AUTORIZACIÓN

Así lo dicen y otorgan; hechas las reservas y advertencias legales y fiscales. Así como las derivadas de la necesidad de toma de razón de estos capítulos en el Registro Civil previo a la inscripción en el Registro de la Propiedad y para que surtan efectos respecto a terceros.

Y leída por mí, el/la Notario, esta escritura a los señores comparecientes, advertidos de su derecho, al que renuncian, la consienten y firman conmigo, que doy fe de identificarles por el documento exhibido y del contenido de este instrumento extendido en ... folios de serie ..., números ... el presente y los ... inmediatos posteriores correlativos.

100

Reconocimiento De Filiación Extramatrimonial, Fijación De Alimentos Y Rectificación De Registro Civil

NÚMERO (Protocolo)

En ..., mi residencia, a ... de ... de ...

Ante mí, ..., Notario del Ilustre Colegio de ...

COMPARECEN

Don ..., mayor de edad, de profesión ..., de estado civil ..., vecino de ..., con domicilio en calle ..., y con DNI número ...

Y Doña ..., mayor de edad, de estado civil ..., de profesión ..., vecina de ..., con domicilio en ..., y con DNI número ...

INTERVIENEN

En su propio nombre y derecho y tienen a mi juicio, la capacidad legal necesaria para otorgar la presente escritura de RECONOCIMIENTO DE FILIACIÓN PATERNA NO MATRIMONIAL y otros extremos, y a tal fin

DICEN Y OTORGAN

PRIMERO. Que como consecuencia de las relaciones mantenidas por los comparecientes existe un/una hijo/hija, nacido/a en ... el día ... de ... de ..., llamado/a ... e inscrito/a el nacimiento en el Registro Civil de la ciudad de ..., al Tomo ..., página ..., figurando a efectos identificadores como nombre del padre el de ..., certificación literal de nacimiento del Registro Civil de ... que me entregan y yo, el/la Notario, dejo unida a esta matriz.

SEGUNDO. Don ... en este acto reconoce que el/la mencionado/a niño/a es hijo/a suyo/a y, por tanto, la filiación paterna no matrimonial, y Doña ... presta su consentimiento para que se lleven a cabo cuantos actos o actuaciones sean precisos para la constancia y modificación, incluso en Registro Civil, de la referida filiación paterna no matrimonial, apoderándose recíprocamente a tal fin.

TERCERO. Como consecuencia de todo lo anterior y desde el otorgamiento de la presente escritura, Don ... se obliga a entregar en concepto de alimentos la cantidad de ... euros (... euros) mensuales, la que hará efectiva, dentro de los cinco primeros días de cada mes en la cuenta número ... abierta a tal fin en la entidad ..., oficina o sucursal ..., sita en ..., calle ...

Dicha cantidad se revisará anualmente, tomando como fecha a partir de la cual operará la primera revisión, la de primero de enero de ... Como índice de actualización se fija el índice de precios al consumo fijado por el Instituto Nacional de Estadística u organismo que pueda sustituirle y relativo al año natural, ya extinguido y anterior a aquel en el que se proceda a la revisión.

AUTORIZACIÓN

LEO cuanto antecede a los señores comparecientes en alta voz e íntegramente, por su opción, lo aprueban, consienten y firman conmigo.

DOY FE: De haberles identificado por el DNI exhibido y reseñado en esta comparecencia, y del contenido de este instrumento, extendido en ... folios de la clase ..., serie ..., números ... el presente y los ... inmediatos posteriores correlativos.

(Documento unido: copia de certificación literal de inscripción de nacimiento.)

101

EMANCIPACIÓN

NÚMERO (Protocolo)

En ..., mi residencia, a ... de ... de ...

Ante mí, ..., Notario del Ilustre Colegio de ...

COMPARECEN

De una parte, los cónyuges Don ... y Doña ..., ambos mayores de edad, de profesión, respectivamente, ... y ..., vecinos de ..., con domicilio en calle ..., y con DD.NN.II. números ... y ...

Y de otra, su hijo: Don ..., de dieciséis años de edad, soltero, estudiante, vecino de ... con domicilio en calle ..., y con DNI número ...

INTERVIENEN

En su propio nombre y derecho y tienen a mi juicio, la capacidad legal necesaria, para formalizar la presente escritura de **EMANCIPACIÓN** y al efecto,

OTORGAN

PRIMERO. Los cónyuges comparecientes, conceden a su hijo Don ..., cuyo nacimiento consta inscrito en el Registro Civil de ..., al Tomo ..., página ..., la emancipación a que se refiere el número 3.º del artículo 314 del Código Civil, para que pueda regir su persona y bienes como si fuera mayor de edad, con las limitaciones establecidas en el artículo 323 de dicho texto legal.

SEGUNDO. Don ... consiente y acepta la anterior emancipación.

AUTORIZACIÓN

Así lo dicen y otorgan; hechas las reservas y advertencias legales pertinentes.

Y leída por mí esta escritura a los señores comparecientes, advertidos de su derecho a hacerlo por sí mismos, al que renuncian, la consienten y firman conmigo, que doy fe de conocerles y del contenido de este instrumento extendido en dos folios de la clase ..., serie ..., números ...

102

CUADERNO PARTICIONAL. HERENCIA INTESTADA. HERMANOS QUE HEREDAN A OTRO SOLTERO

En la ciudad de ..., a ... de ... de ...

REUNIDOS

De una parte, Don ..., mayor de edad, jubilado, casado con Doña ..., vecino de ..., domiciliado en calle ..., con DNI número ...

Y de otra, su hermano Don ..., mayor de edad, funcionario, casado con Doña ..., vecino de ..., domiciliado en calle ..., con DNI número ...

Reconociéndose recíprocamente la capacidad legal necesaria para la formalización del CUADERNO PARTICIONAL correspondiente a la herencia causada por el fallecimiento de Doña ..., hermana de ambos, llevan a efecto las operaciones divisorias del caudal hereditario, que articulan en las siguientes:

BASES

1.ª Clase de sucesión e inventario:

a) Doña ... falleció en ..., el día ... de ... de ..., en estado de soltera y sin haber otorgado testamento, por lo que los reunidos han llevado a efecto la correspondiente declaración de herederos, como únicos existentes y por partes iguales.

b) El INVENTARIO y AVALÚO de los bienes que componen el caudal hereditario se formaliza así:

I. DINERO.

1. Saldo de la cuenta de ahorro a plazo fijo a nombre de la causante en la entidad ..., Sucursal u oficina ..., sita en ..., calle ..., cuenta número ...
... euros.

2. Saldo en cuenta a la vista, en la misma entidad y sucursal antes citada, cuenta número ..., de ...... euros.

II. INMUEBLES.

1. PISO QUINTO DERECHA entrando, sito en ..., calle ..., del Edificio ..., de ... metros construidos y para una superficie útil de ... metros cuadrados, distribuido en; lindante: ...

Valorada catastralmente la finca descrita en .... euros.

Título: Compra a Don ... en escritura de fecha ..., autorizada por el Notario de ..., Don ..., con el número ... de Protocolo.

Inscripción: Registro de la Propiedad de ... Número ..., Tomo ..., Libro ..., Sección ..., folio ..., finca ..., inscripción ...

Referencia catastral: ...[6].

Cargas: Libre de ellas.

2. UNA OCTAVA PARTE INDIVISA, de una heredad, en término municipal de ..., denominada ..., con una cabida de veintinueve hectáreas, treinta y un áreas, dieciséis centiáreas y cuarenta y cinco decímetros cuadrados.

Está destinada a ensanches de la casa que después se dirá, cereales, cereal rozas, olivos, leñas bajas, pastizal, pinar, cereal riego y viña. Forma una entidad orgánica de explotación dependiente del edificio que se mencionará, estando integrada por las dos parcelas siguientes:

A. PARCELA denominada de la ERA, descrita en el primer título de que los que se relacionarán, con una superficie aproximada de diecisiete hectáreas, cuatro áreas y sesenta y tres centiáreas; Linda Norte, ...; Sur ...; Este, ...; y Oeste ...

En la parte sur de esta parcela está enclavada la casa que da nombre a la heredad, compuesta de planta baja, integrada por ...; un primer piso alto destinado a ...; y un último piso desván con cambra y pajar; ocupa la edificación ... metros cuadrados, con un corral anejo comunicado con ella por una puerta y con una superficie de ... metros cuadrados.

B. Otra PARCELA, que mide unas doce hectáreas, treinta y seis áreas y cincuenta y cuatro centiáreas, y lindan: Norte, ...; Sur, ...; Este ...; y Oeste ... .

---

[6] Véase nota a pie de página número 3 del formulario 1, y la número 9 del formulario 5.

Valor de la octava parte indivisa de las parcelas A y B, según se describen, ... euros.

Título: Compra a Don ... en escritura de fecha ..., autorizada por el Notario de ..., Don ..., con el número ... de Protocolo.
Inscripción: Registro de la Propiedad de ... Número ..., Tomo ..., Libro ..., Sección ..., folio ..., finca ..., inscripción ... .
Referencia catastral: ...[7].
Cargas: Libre de ellas.

3. UNA OCTAVA PARTE INDIVISA, de un trozo de tierra en término municipal de ..., destinado a cereales de secano, con una cabida de ochenta y cuatro áreas, que linda: Norte ...; Sur, ...; Este ...; y Oeste ... .

Valor de esta octava parte indivisa según el título, ... euros.

Título: Compra a Don ... en escritura de fecha ..., autorizada por el Notario de ..., Don ..., con el número ... de Protocolo.
Inscripción: Registro de la Propiedad de ..., Tomo ..., Libro ..., Sección ..., folio ..., finca ..., inscripción ... .
Referencia catastral: ...[8].
Cargas: Libre de ellas.

4. UNA OCTAVA PARTE INDIVISA, de un trozo de tierra en término municipal de ... (...), destinado a cereales de secano, con una cabida de ochenta áreas, que linda: Norte ...; Sur, ...; Este ...; y Oeste ...

Valor de esta octava parte indivisa según el título, ... euros.

Título: Compra a Don ... en escritura de fecha ..., autorizada por el Notario de ..., Don ..., con el número ... de Protocolo.
Inscripción: Registro de la Propiedad de ... Número ..., Tomo ..., Libro ..., Sección ..., folio ..., finca ..., inscripción ... .
Referencia catastral: ...[9].
Cargas: Libre de ellas.

---

7 *Idem* nota anterior.

8 *Idem* notas 5 y 6 de este formulario número 102.

9 *Idem* notas 5 y 6 de este formulario número 102.

5. UNA OCTAVA PARTE INDIVISA, de un trozo de tierra en término municipal de ..., destinado a cereales de secano y monte, con una cabida de dos hectáreas y cuarenta y nueve áreas, treinta centiáreas, que linda: Norte ...; Sur, ...; Este ...; y Oeste ...

Valor de esta octava parte indivisa según el título, ... euros.

Título: Compra a Don ... en escritura de fecha ..., autorizada por el Notario de ..., Don ..., con el número ... de Protocolo.
Inscripción: Registro de la Propiedad de ... Número ..., Tomo ..., Libro ..., Sección ..., folio ..., finca ..., inscripción ... .
Referencia catastral: ...[10].
Cargas: Libre de ellas.

2.ª Liquidación de la herencia.

1. Importa el caudal hereditario ... euros.

2. Distribución del caudal.

a) Corresponde al heredero XXX, mitad del caudal hereditario, por su importe de ... euros.
b) Corresponde al heredero YYY, mitad del caudal hereditario, por su importe de ... euros

3.ª Adjudicaciones.

En pago de sus respectivas cuotas, se adjudica:

A XXX:
a) Los inmuebles descritos en el apartado II, ordinales 2, 3, 4 y 5 del inventario, por su valor de ... euros.
b) Dinero efectivo, en cuenta descrita en apartado I, ordinal 2 del inventario, por su importe de ... euros.
c) Dinero efectivo, en cuenta descrita en apartado I, ordinal 1 del inventario, por importe de ... euros.

Suman los bienes adjudicados al heredero XXX ... euros, con lo que queda pagada su cuota hereditaria.

10 *Idem* notas 5 y 6 de este formulario número 102.

2) A YYY:

a) El inmueble descrito en el apartado II, ordinal 1 del inventario, por su valor de ... euros.
b) Dinero efectivo, en cuenta descrita en apartado I, ordinal 1 del inventario, por importe de ... euros.

Suman los bienes adjudicados al heredero YYY ... euros, con lo que también queda pagada su cuota hereditaria.

4.ª Comprobación:

INVENTARIO.

I. Dinero ... euros.

II. Inmuebles:

Urbano ... euros.
Rústicos ... euros.

TOTAL INVENTARIADO ... euros.

ADJUDICACIONES.

Al heredero XXX: ... euros.
Al heredero YYY: ... euros.

Comprobada la coincidencia de las adjudicaciones con el importe total del caudal hereditario, los herederos dan por finalizadas y aprueban las operaciones de liquidación y partición efectuadas, aceptan la división por partes iguales de cualesquiera otros bienes que pudieran ser encontrados y acuerdan protocolizar en la Notaría de ... el presente cuaderno particional, quedando comisionado el heredero XXX para que tramite la correspondiente escritura, gestione, por sí o por persona que designe, las liquidaciones tributarias pertinentes, perciba los saldos efectivos totales de las cuentas bancarias inventariadas hasta su liquidación, tanto en la parte que a él se adjudica como a su hermano YYY.

De conformidad con todo ello, firman el presente cuaderno particional en el lugar y fecha indicados.

103

CUADERNO PARTICIONAL: VIUDA E HIJOS. HERENCIA TESTADA. RÉGIMEN ECONÓMICO-MATRIMONIAL DE GANANCIALES

En la ciudad de ..., a ... de ... de ...

REUNIDOS

Doña ..., mayor de edad, viuda, sin profesión especial , vecina de ..., domiciliada en calle ..., de ... años, con DNI número ...

Don ..., mayor de edad, casado, vecino de ..., domiciliado en calle ..., con DNI número ...

Don ..., mayor de edad, casado, vecino de ..., domiciliado en calle ..., con DNI número ...

Doña ..., mayor de edad, soltera, vecina de ..., domiciliada en calle ..., con DNI número ...

Doña ..., mayor de edad, casada, vecina de ..., domiciliada en calle ..., con DNI número ...

Reconociéndose recíprocamente la capacidad legal necesaria para la formalización del CUADERNO PARTICIONAL correspondiente a la herencia causada por el fallecimiento de Don ..., cónyuge de Doña ... y padre de los demás comparecientes, llevan a efecto las operaciones divisorias del caudal hereditario, que articulan en las siguientes:

BASES

1.ª Clase de sucesión e inventario:

a) Don ... falleció en ..., el día ... de ... de ..., en estado de casado en primeras nupcias con Doña ..., y de cuyo matrimonio dejó para sucederle a sus cuatro citados hijos Don ..., Don ..., Doña ... y Doña ...

b) El causante otorgó testamento abierto el día ..., ante el Notario de ... Doña ..., bajo el número ... de su Protocolo, y en el cual legó a su esposa el usufructo universal de su herencia; legó el usufructo sucesivo al del cónyuge de lo que al testador correspondiera como ganancial en la vivienda que tenía en ..., calle ..., con sus muebles, ropas y enseres, a la hija o hijos que permaneciesen solteros al fallecimiento del que más viviere del testador y su esposa; legó una quinta parte de su herencia a quien de sus cuatro hijos cuidare al testador y su esposa y al que más viviere de ellos, entendiéndose por cuidar vivir en su compañía y atenderle en sus necesidades; y en el resto de sus bienes instituyó herederos por partes iguales a sus cuatro citados hijos; y nombró Albaceas Comisarios Contadores Partidores solidarios con plenitud de facultades a Doña ... y Don ..., pero sólo entrarían en el desempeño de tales cargos cuando lo pidiere fehacientemente algún interesado en la sucesión.

c) El INVENTARIO y AVALÚO de los bienes que componen el caudal hereditario se formaliza así:

La herencia del causante está constituida solamente por la finca que a continuación se describe, de carácter ganancial de su matrimonio con su hoy viuda, y libre de arrendatarios:

Un trozo de terreno secano inculto, destinado a solar, situado en término de ... sitio de ..., de unos ... metros de fachada por unos ... de fondo, o sea, una superficie de ... metros cuadrados. Linda: Norte, ...; Sur, ...; Este, ...; Oeste, ...

Título: Compra a Don ... en escritura de fecha ..., autorizada por el Notario de ..., Don ..., con el número ... de Protocolo.
Inscripción: Registro de la Propiedad de ... Número ..., Tomo ..., Libro ..., Sección ..., folio ..., finca ..., inscripción ... .
Referencia catastral: ...[11].
Cargas: Libre de ellas.
Valor: ... euros.

2.ª Liquidación de la herencia.

1. Importa el caudal hereditario ... euros.
2. Distribución del caudal.

a) Corresponde A LA VIUDA:

[11] Véase nota a pie de página número 3 del formulario 1, y la número 9 del formulario 5.

1. Por su mitad de gananciales, ... euros.
2. Por su legado en usufructo vitalicio, ... euros.

Total ... euros.

b) Remanente en la herencia, ... euros.

Y dividido entre los cuatro hijos y herederos del causante, dará un haber para cada uno de ellos, de ... euros.

3.ª Adjudicaciones.

En pago de sus respectivas cuotas, se adjudica:

1) A la viuda Doña AAA:

a) Cuatro octavas partes indivisas, en pleno dominio, de la finca antes descrita, por su valor de ... euros.

b) Cuatro octavas partes indivisas, en usufructo vitalicio, de la finca antes descrita, por su valor de ... euros.

Suma el TOTAL adjudicado a la viuda Doña ... ... euros, igual a su haber, el que con la presente adjudicación se da totalmente por pagada en cuantos derechos le correspondieran en esta partición, sin que tenga que hacer reclamación alguna.

2) Al hijo Don BBB: Una octava parte indivisa, en nuda propiedad, de la finca antes descrita, por su valor de ... euros.

3) Al hijo Don CCC: Una octava parte indivisa, en nuda propiedad, de la finca antes descrita, por su valor de ... euros.

4) A la hija Doña DDD: Una octava parte indivisa, en nuda propiedad, de la finca antes descrita, por su valor de ... euros.

5) A la hija Doña EEE: Una octava parte indivisa, en nuda propiedad, de la finca antes descrita, por su valor de ... euros.

Suman los bienes adjudicados a los cuatro citados herederos Don ..., Don ..., Doña ... y Doña ..., ... euros, con lo que queda también queda pagada su cuota hereditaria y cuantos derechos les corresponden en la presente partición, sin que tengan que hacerse reclamación alguna entre sí, por ningún concepto.

Comprobada la coincidencia de las adjudicaciones con el importe total del caudal hereditario, los comparecientes dan por finalizadas y aprueban las operaciones de liquidación y partición efectuadas, y acuerdan protocolizar en la Notaría de ... el presente cuaderno particional, quedando comisionado el heredero Don BBB para que tramite la correspondiente escritura, gestione, por sí o por persona que designe, las liquidaciones tributarias pertinentes, tanto en la parte que a él se adjudica como al resto de los comparecientes.

De conformidad con todo ello, firman el presente cuaderno particional en el lugar y fecha indicados.

104

PODER ESPECIAL PARA ACEPTAR UNA HERENCIA

NÚMERO (Protocolo)

En ..., mi residencia, a ... de ... de ...

Ante mí, ..., Notario del Ilustre Colegio de ...

COMPARECE

Doña ..., mayor de edad, viuda, de profesión ... vecina de ..., con domicilio en calle ..., y con DNI número ...

Tiene a mi juicio la compareciente la capacidad legal necesaria para otorgar esta escritura de PODER, y al efecto,

DISPONE

Que confiere poder especial tan amplio y bastante como en Derecho se requiera, a favor de Doña ..., mayor de edad, abogado, vecina de ..., domiciliada en ..., calle ..., con DNI número ..., para que en nombre y representación de la compareciente, pueda realizar los actos siguientes con plenitud de competencias, atribuciones y facultades, y con libertad para fijar pactos, cláusulas, disposiciones, determinaciones y declaraciones, de suerte que la apoderada ostente la plena representación de la poderdante sin traba, limitación ni excepción alguna.

FACULTADES

I. Aceptar la herencia testada o intestada en que tenga interés la poderdante, y de un modo especial la de su madre Doña ..., fallecida en ..., el día ...; solicitar, en su caso, declaraciones de herederos, copias de testamentos, aprobar inventario y avalúo, liquidación, división y adjudicación de bienes hereditarios, practicar cuanto proceda hasta la terminación de las operaciones particionales e inscripción de las mismas en el Registro de la Propiedad correspondiente.

II. Cobrar cuantas cantidades resulten percibir con respecto de dicha herencia, de cualquier persona, ya sea física o jurídica.

III. Vender lo adjudicado a la persona o personas con que a bien tenga concertar la operación, por previo, pactos y condiciones que libremente estipule, pudiendo cobrar dicho precio al contado, a plazos o anticipadamente y, en caso de aplazamiento, aceptar las garantías oportunas, incluso hipotecaria, condición resolutoria que cancelará en su día, previo cobro de la cantidad aplazada.

Y a tales efectos otorgar y firmar las escrituras públicas o documentos privados que fueren necesarios o convenientes, aun cuando se dé la figura jurídica de la autocontratación.

ASÍ LO OTORGA

Ratifica y firma, después de haberle permitido la lectura de esta escritura, previamente advertida por mí de su derecho a leerla, del que me manifiesta haber hecho uso, y de explicarle yo, el Notario, su contenido del que me declara hallarse enterada.

De conocer a la compareciente y de todo lo demás consignado en este instrumento público, que ha sido redactado conforme a minuta que me ha sido presentada y que queda extendido en ... folios de la clase ..., serie ..., números ..., el presente y el siguiente en orden, doy fe.

105

Aceptación De Herencia Y Adjudicación De Bienes

NÚMERO (...)

En ..., mi residencia, a ... de ... de ...

Ante mí, ..., Notario del Ilustre Colegio de ...

COMPARECEN

Don ..., mayor de edad, viudo, jubilado, vecino de ..., con domicilio en calle ..., y con DNI número ...

Doña ..., mayor de edad, jubilada, vecina de ..., con domicilio en calle ..., y DNI número ...

Doña ..., mayor de edad, abogado, vecina de ..., con domicilio en calle ..., y DNI número ...

INTERVIENEN

Doña ..., por su propio nombre y derecho.

Don ..., además de por sí, como apoderado en nombre y representación de:

— Don ..., mayor de edad, funcionario, vecino de ..., calle ..., con DNI número ..., en virtud de poder que le tiene conferido mediante escritura otorgada en ..., el día ... de ... de ..., ante el Notario Don ...

Copia autorizada de dicho poder que me asegura vigente, tengo a la vista y la cual acompañará a las copias que de la presente se expidan donde fuere menester.

— Y de Doña ... y Doña ..., mayores de edad, solteras, estudiantes, ambas vecinas de ..., calle ..., DNI respectivamente, números ... y ...; en virtud del poder que le tienen conferido mediante escritura otorgada en ..., el día ... de ... de ..., ante el Notario Don ...

Copia autorizada de dicho poder que me asegura vigente, tengo a la vista y la cual acompañará a las copias que de la presente se expidan donde fuere menester.

Y Doña ..., como apoderada, en nombre y representación de Doña ..., mayor de edad, funcionaria, viuda, vecina de ... calle ..., con DNI número ...; en virtud de poder que le tiene conferido mediante escritura otorgada en ..., el día ... de ... de ..., ante el Notario Don ...

Copia autorizada de dicho poder que me asegura vigente, tengo a la vista y la cual acompañará a las copias que de la presente se expidan donde fuere menester.

Tienen a mi juicio los comparecientes según intervienen la capacidad legal necesaria para otorgar esta escritura de ACEPTACIÓN DE HERENCIA Y ADJUDICACIÓN DE BIENES, y al efecto,

EXPONEN

I. Que Doña ... falleció en ..., el día ... de ... de ...

La citada causante había otorgado testamento en ..., el día ... de ... de ..., ante el Notario Don ...., por el cual manifestaba haber estado casada en primeras nupcias con Don ..., de cuyo matrimonio nacieron cuatro hijos, los citados Doña ..., Don ..., Doña ... y Doña ..., esta última fallecida y de la cual viven dos hijas y nietas de la causante, las nombradas Doña ... y Doña ...; que estaba casada en segundas nupcias con Don ..., de cuyo matrimonio no existe descendencia. Legaba a su esposo el usufructo universal y vitalicio de cuantos bienes quedaran a su fallecimiento, y en el remanente de todos sus bienes instituyó por sus únicos y universales herederos a sus tres hijos y sus dos nietas antes citados, heredando los primeros por cabeza y los segundos por estirpe.

Los anteriores extremos serán acreditados y copia de dicho testamento se acompañará juntamente con las que de la presente se expidan donde fuere menester.

II. El patrimonio sucesorio de la causante está constituido únicamente por las siguientes FINCAS DE CARÁCTER GANANCIAL:

1. NÚMERO ... : Piso primero letra A, sito en la planta primera, que es la segunda general, del edificio sito en calle ... Tiene una superficie construida de ... metros cuadrados, y una útil de ... Distribuido en ...; y Linda ...

Cuota: ...

Inscripción: Registro de la Propiedad Número ... de ..., Libro ..., Sección ..., Folio ..., inscripción ...

Referencia catastral: ...[12].

Valor: ... euros.

2. DOS MIL CUATROCIENTAS VEINTIOCHO DIEZMILÉSIMAS POR CIENTO DE la finca NÚMERO ..., local en planta baja sito en el mismo edificio, con una superficie construida de ...; y linda ...

Cuota: ...

Inscripción: Registro de la Propiedad Número ... de ..., Libro ..., Sección ..., Folio ..., inscripción ...

Referencia catastral: ...[13].

Valor: ... euros.

3. NÚMERO ..., o plaza de garaje sita en el mismo edificio, con una superficie construida de ...; y linda, ...

Cuota: ...

Inscripción: Registro de la Propiedad Número ... de ..., Libro ..., Sección ..., Folio ..., inscripción ...

Referencia catastral: ...[14].

Valor: ... euros.

Las tres fincas antes descritas forman parte de un Edificio denominado ..., sito en término de ..., calle ..., construido sobre un solar de ... metros cuadrados.

TÍTULO: El de adjudicación en régimen de propiedad horizontal, constante matrimonio con Don ..., mediante escritura otorgada en ..., el día ... de ... de ..., ante el Notario Don ..., con el número ... de Protocolo.

CALIFICACIÓN: Tiene la definitiva de viviendas de protección oficial, expediente número ...

[12] Véase nota a pie de página número 3 del formulario 1, y la número 9 del formulario 5.

[13] Véase nota a pie de página número 3 del formulario 1, y la número 9 del formulario 5.

[14] Véase nota a pie de página número 3 del formulario 1, y la número 9 del formulario 5.

OTORGAN

Primero. Don ... acepta el legado con que fue favorecido por su esposa Doña ... en su testamento; y Doña ... presente en este acto, Doña ... por medio de su representante Doña ..., y Don ... por medio de su representante Don ..., aceptan la herencia de su madre; y Doña ... y Doña ..., por medio de su representante Don ..., aceptan la herencia de su abuela.

Segundo. Habiendo aceptado cuantos derechos les corresponden en la herencia de la causante, los señores comparecientes, de común acuerdo, se ADJUDICAN el patrimonio sucesorio de la siguiente forma:

A Don ... se le adjudican cuatro octavas partes en pleno dominio y cuatro octavas partes en usufructo de todas y cada una de las fincas descritas en el exponendo II de esta escritura, en pago del legado y de la mitad de gananciales.

A Don ..., Doña ... y Doña ..., se les adjudica a cada uno de ellos una octava parte indivisa en pleno dominio de todas y cada una de las fincas descritas en el exponendo II de esta escritura, en pago de sus derechos en la sucesión.

A Doña ... y Doña ..., se les adjudica de por mitad y proindiviso una octava parte indivisa en pleno dominio de todas y cada una de las fincas descritas en el exponendo II de esta escritura, en pago de sus derechos en la sucesión.

Tercero. Los señores comparecientes según intervienen, con las adjudicaciones efectuadas se dan por pagados de cuantos derechos pudieran corresponderles en la sucesión, obligándose a no reclamar nada por dicho concepto.

Cuarto. Manifiestan los comparecientes bajo su responsabilidad que la causante no figuraba como titular de operación alguna de forma indistinta que no haya sido comprendida en el inventario de esta herencia, ni se han retirado en virtud de endoso, poder o autorización, a partir de dicho día, bienes o valores depositados en cualquier forma a su nombre que no hayan sido comprendidos.

AUTORIZACIÓN

Hechas las reservas y advertencias legales y en especial las relativas a la Ley de Tasas y Precios Públicos, y las fiscales en general.

Leo a los comparecientes por su opción esta escritura, la encuentran conforme y firman conmigo, el Notario, que de conocerles por medio de sus respectivos DD.NN.II., y del total contenido de este instrumento público, extendido en... folios de la clase ..., serie ..., números ... el presente y los siguientes en orden, doy fe.

106

Aceptación De Herencia Y Adjudicación De Bienes. Viudo E Hijos Mayores De Edad. Elevación A Público De Documento Privado. Liquidación De Sociedad De Gananciales

NÚMERO (...)

En ..., mi residencia, a ... de ... de ...

Ante mí, ..., Notario del Ilustre Colegio de ...

COMPARECEN

Don ..., mayor de edad, viudo, jubilado, de setenta y dos años de edad, vecino de ..., con domicilio en calle ..., y con DNI número ...

Don ..., mayor de edad, industrial, casado bajo el régimen legal de gananciales con Doña ..., vecinos de ..., con domicilio en calle ..., y DNI número ...

Don ..., mayor de edad, abogado, casado bajo el régimen legal de gananciales con Doña ..., vecinos de ..., con domicilio en calle ..., y DNI número ...

Don ..., mayor de edad, soltero, industrial, vecino de ..., domiciliado en calle ..., y con DNI número ...

INTERVIENEN

Todos en su propio nombre y derecho, excepto Don ..., que lo hace en nombre y representación, como apoderado, de Don ..., en virtud de escritura de poder autorizada en ... el día ..., por el Notario Don ..., con el número ... de su Protocolo; copia autorizada de la cual tengo a la vista y me asevera la vigencia de las facultades representativas.

Tienen a mi juicio, según intervienen, capacidad legal necesaria para otorgar la presente escritura de ACEPTACIÓN Y ADJUDICACIÓN DE HERENCIA CON ELEVACIÓN A PÚBLICO DE DOCUMENTO PRIVADO DE COMPRAVENTA, y al efecto:

EXPONEN

I. Que Doña ..., esposa del primer compareciente y madre de Don ...y de Don ..., falleció en ..., de donde era vecina, el día ... de ... de ..., en estado de casada en únicas nupcias con Don ... y bajo testamento abierto autorizado en ... por el Notario de ... Don ..., el día ... de ... de ...

En el mencionado testamento legaba a su citado esposo Don ... el usufructo universal y vitalicio de su herencia, e instituía herederos por iguales partes a sus dos hijos Don ...y Don ..., todos aquí comparecientes.

Copia autorizada de dicho testamento, así como partida de defunción y certificación del registro General de Actos de Última Voluntad tengo a la vista y se acompañarán junto con las copias que de la presente se expidan.

II. Que al fallecimiento de la causante, los bienes que integraban su patrimonio hereditario son los que se relacionan en el siguiente:

INVENTARIO

A) BIENES CON CARÁCTER PRIVATIVO DE LA CAUSANTE:

1. Finca rústica (descripción; título; inscripción) ...
VALOR: ... euros.
Referencia catastral: ...[15].

2. Finca rústica (descripción; título; inscripción) ...
VALOR: ... euros.
Referencia catastral: ...

3. Finca rústica (descripción; título; inscripción) ...
VALOR: ... euros.
Referencia catastral: ...

---

[15] En cada finca, ya rústica como urbana, y privativa como ganancial, se hará constar la referencia catastral.

Véase la nota a pie de página número 3 del formulario 1, y la número 9 del formulario 5.

4. Finca rústica (descripción; título; inscripción) ...
VALOR ... euros.
Referencia catastral: ...

5. Finca rústica (descripción; título; inscripción) ...
VALOR: ... euros.
Referencia catastral: ...

6. Finca rústica (descripción; título; inscripción) ...
VALOR: ... euros.
Referencia catastral: ...

7. Finca rústica (descripción; título; inscripción) ...
VALOR: ... euros.
Referencia catastral: ...

SUMAN LOS BIENES PRIVATIVOS DE LA CAUSANTE: ... euros.

B) BIENES CON CARÁCTER GANANCIAL DE LA CAUSANTE:

8. Finca rústica (descripción; título; inscripción) ...
VALOR: ... euros.
Referencia catastral: ...

9. Finca rústica (descripción; título; inscripción) ...
VALOR: ... euros.
Referencia catastral: ...

10. Piso ..., letra ..., sito en la planta ..., excluidas la baja y la entreplanta, del edificio sito en calle ... Tiene una superficie construida de ... metros cuadrados, y una útil de ... Distribuido en ...; y linda ... Servicios: portería (sin vivienda de portero) y ascensores.

Cuota en relación con el total del edificio del que forma parte:

Inscripción: Registro de la Propiedad Número ... de ..., Libro ..., Sección ..., Folio ..., inscripción ...

Valor: ... euros.

TÍTULO: Compra a Don ..., representado por Don ..., por el cónyuge viudo Don ..., constante su matrimonio con la causante, según documento privado de fecha ...; estando liquidado de impuesto dicho documento con fecha ..., número de presentación ..., carta de pago serie ..., número ... y teniendo en consecuencia fecha fehaciente conforme al artículo 1227 del Código Civil.

En cuanto al título de adquisición de Don ..., se indicará en el apartado siguiente.

CARGAS: La parte adquirente prescinde de la información registral prevenida en el artículo 175 del Reglamento Notarial, por su conocimiento de la situación jurídica del inmueble en base a la información y declaraciones realizadas por la parte transmitente; a los solos efectos de permitir este otorgamiento, y por tanto, con reserva expresa de todos los derechos y acciones, sustantivas y procesales, que le corresponden, en especial el saneamiento por evicción y vicios ocultos.

Advierto a las partes que prevalece, sobre la información o manifestación contenida en los párrafos anterior y posterior, la situación registral existente a la presentación en el Registro de la Propiedad de la copia autorizada de esta escritura.

Manifiestan que la vivienda descrita se encuentra libre de cargas, sin arrendar y al corriente de gastos de comunidad.

RÉGIMEN DE PROPIEDAD HORIZONTAL: La comunidad de propietarios del edificio se regirá por la vigente Ley de Propiedad Horizontal y por las siguientes reglas:

1.ª ...

2.ª ...

3.ª ...

SUMAN LOS BIENES GANANCIALES DE LA CAUSANTE: ... euros.

III. Que la finca descrita en el exponendo anterior con el número diez y que fue objeto de venta por el documento privado reseñado en el epígrafe «título» relativo a dicha finca, pertenecía a Don ... en virtud de escritura de agrupación, declaración de obra nueva y constitución de edificio en régimen de propiedad horizontal, autorizada en ... por el Notario Don ... el día ... de ... de ..., con el número ... de su Protocolo, y copia autorizada de la misma tengo a la vista.

IV. Que la venta a Don ... de la finca a que se alude en el expositivo anterior se efectuó por un precio de ... euros, confesadas recibidas y otorgando en consecuencia carta de pago.

Asimismo señalan que al tiempo de tal venta la finca objeto de la misma se encontraba libre de cargas, sin arrendar y al corriente en gastos de comunidad.

Me entregan los comparecientes el reseñado documento privado de compraventa, comprensivo de cuatro folios mecanografiados sólo por su anverso, el que a requerimiento de los comparecientes incorporo a la matriz.

V. Que una vez incluida la finca número diez del inventario a que se alude en los dos expositivos anteriores, **SUMAN LOS BIENES INVENTARIADOS LA CANTIDAD DE** ... euros correspondientes a bienes privativos de la causante y ... euros a los gananciales.

De esta última cantidad, la mitad, es decir, ... euros corresponden al viudo por sus derechos en la sociedad de gananciales, en tanto que la otra mitad más el valor de los bienes privativos, esto es, ... euros integra la herencia de la causante.

De dicha herencia, corresponde al viudo por su legado de usufructo universal, dada su edad, la cantidad de ... euros, en tanto que el resto, es decir, ... euros corresponde a los herederos Don ... y Don ... por partes iguales, lo que hace un haber individual de ... euros.

VI. Y en virtud de lo expuesto:

OTORGAN

Primero. Don ..., Don ... y Don ... ACEPTAN la herencia causada por su esposa y madre, respectivamente, Doña ...

Segundo. Don ..., según interviene, y Don ..., así como los restantes comparecientes en su condición de herederos de Doña ..., ratifican el contendido del documento privado de compraventa de la finca descrita en este instrumento con el número diez, que elevan a público, reiterando Don ... el hecho de estar totalmente satisfecho el precio de la compraventa.

Tercero. Habiendo aceptado cuantos derechos les corresponden en la herencia de la causante, los señores comparecientes, de común acuerdo, se ADJUDICAN el patrimonio sucesorio de la siguiente forma:

A Don ...

a) Por sus derechos en la sociedad de gananciales, el pleno dominio de una mitad indivisa de cada una de las fincas descritas con los números 8, 9, y 10 del inventario por su valor de ... euros.

b) Por su legado de usufructo, el usufructo vitalicio de todas las fincas descritas en el inventario con los números 1 al 7, ambos inclusive, y de la mitad indivisa de las descritas con los números 8, 9 y 10, todos inclusive, por su valor de ... euros.

A Don ...

La nuda propiedad de la mitad indivisa de la finca descrita en el número diez del inventario, por su valor de ... euros.

Y a Don ...

La nuda propiedad de las fincas descritas en el inventario con los números 1 a 7, ambos inclusive y la nuda propiedad de la mitad indivisa de las fincas descritas con los números 8 y 9 del inventario por su valor de ... euros.

Cuarto. Los señores comparecientes según intervienen, con las adjudicaciones efectuadas se dan por pagados de cuantos derechos pudieran corresponderles en la sucesión, obligándose a no reclamar nada por dicho concepto.

Quinto. Manifiestan los comparecientes bajo su responsabilidad que la causante no figuraba como titular de operación alguna de forma indistinta o colectiva que no haya sido comprendida en el inventario de esta herencia, ni se han retirado en virtud de endoso, poder o autorización, a partir de dicho día, bienes o valores depositados en cualquier forma a su nombre que no hayan sido comprendidos en el referido inventario.

Sexto. A efectos fiscales se hace constar la inclusión del presente instrumento en el supuesto del artículo 20, párrafo 2.a) grupo segundo, de la Ley del Impuesto Sobre sucesiones y Donaciones, y asimismo que el patrimonio preexistente de la causahabiente es inferior a ... euros[16].

AUTORIZACIÓN

Hechas las reservas y advertencias legales y en especial las relativas a la Ley de Tasas y Precios Públicos.

En particular y a efectos fiscales advierto de las obligaciones y responsabilidades tributarias que incumben a las partes en su aspecto material, formal y sancionador, y de las consecuencias de toda índole que se derivarían de la inexactitud de sus declaraciones.

Leo a los comparecientes por su opción esta escritura, la encuentran conforme y firman conmigo, el Notario, que de conocerles por medio de sus respectivos D.N.I., y del total contenido de este instrumento público, extendido en... folios de la clase ..., serie ..., números ... el presente y los siguientes en orden, doy fe.

(Documento unido)

---

[16] Véase artículo 24 de la Ley del Impuesto sobre Sucesiones y Donaciones.

107

Renuncia, Aceptación Y Partición De Herencia. Extranjeros. Incapaz. Defensor Judicial Y Tutor

NÚMERO (...)

En ..., mi residencia, a ... de ... de ...

Ante mí, ..., Notario del Ilustre Colegio de ...

COMPARECEN

Doña ..., mayor de edad, sin profesión especial, casada en régimen de gananciales con Don ...., vecina de ..., con domicilio en calle ..., y con DNI número ...

Doña ..., mayor de edad, soltera, vecina de ..., con domicilio en calle ..., con DNI número ...

Doña ..., mayor de edad, abogado, casada, vecina de ..., con domicilio en calle ..., y DNI número ...

INTERVIENEN

Doña ..., además de por sí, en nombre y representación, como apoderada, de Doña ..., mayor de edad, cuyos apellidos de casada son ..., de nacionalidad ..., casada bajo el régimen legal supletorio de su nacionalidad con Don ..., de igual nacionalidad, domicilio y residencia, residentes en ..., con domicilio en ..., con tarjeta de identidad de su nacionalidad número ...

Deriva su representación de escritura de poder general para herencias, administración y disposición de bienes autorizada en ... el día ..., por Don ..., Cónsul General de España en esa ciudad, copia auténtica de la cual me exhibe y de la que transcribo lo siguiente sin que en lo omitido haya nada que restrinja, desvirtúe o limite lo inserto:

«... COMPARECE: Doña ... mayor de edad, cuyos apellidos de casada son ..., de nacionalidad ..., casada con Don ..., de igual nacionalidad, domicilio y residencia, residentes en ..., con domicilio en ..., con tarjeta de identidad de su nacionalidad número ... y OTORGA:

Que confiere poder, tan amplio y bastante como fuese preciso en Derecho, a favor de Doña ..., mayor de edad, española, con DNI número ..., aunque existan intereses comunes o contrapuestos, o incluso se incurra en la figura jurídica de la autocontratación, para en su nombre y representación ejercitar las siguientes facultades:

Primera: Intervenir, judicial o extrajudicialmente, en herencias testadas o intestadas, y especialmente en la de su madre Doña ..., aceptar legados, donaciones y herencias, éstas simplemente a beneficio de inventario o con derecho a deliberar o renunciarlos;... practicar cuantos actos y actuaciones procedan hasta la terminación de las operaciones particionales;... y otorgar las escrituras públicas o documentos privados que a los fines expresados fueren necesarios.

Última: Sustituir en todo o en parte este poder, revocar las sustituciones y otorgar cuantas veces sea oportuno, incluidos los documentos públicos o privados que al efecto se precisen.»

Doña ..., interviene en nombre y representación, como apoderada, de Doña ... mayor de edad, cuyos apellidos de casada son ..., de nacionalidad ..., casada bajo el régimen legal supletorio de su nacionalidad con Don ..., de igual nacionalidad, domicilio y residencia, residentes en ..., con domicilio en ..., con tarjeta de identidad de su nacionalidad número ...

Deriva su representación de escritura de poder general para herencias, administración y disposición de bienes autorizada en ... el día ..., por Don ..., Cónsul General de España en esa ciudad, copia auténtica de la cual me exhibe y de la que transcribo lo siguiente sin que en lo omitido haya nada que restrinja, desvirtúe o limite lo inserto:

«... COMPARECE: Doña ... mayor de edad, cuyos apellidos de casada son ..., de nacionalidad francesa, casada con Don ..., de igual nacionalidad, domicilio y residencia, residentes en Francia, con domicilio en ..., con tarjeta de identidad de su nacionalidad número ... y OTORGA:

Que confiere poder, tan amplio y bastante como fuese preciso en Derecho, a favor de Doña ..., mayor de edad, española, con DNI número ..., aunque existan intereses comunes o contrapuestos, o incluso se incurra en la figura jurídica de la autocontratación, para en su nombre y representación ejercitar las siguientes facultades:

Primera: Intervenir, judicial o extrajudicialmente, en herencias testadas o intestadas, y especialmente en la de su madre Doña ..., aceptar legados, donaciones y herencias, éstas simplemente, a beneficio de inventario o con derecho a deliberar o renunciarlos;... practicar cuantos actos y actuaciones procedan hasta la terminación de las operaciones particionales;... y otorgar las escrituras públicas o documentos privados que a los fines expresados fueren necesarios.

Última: Sustituir en todo o en parte este poder, revocar las sustituciones y otorgar cuantas veces sea oportuno, incluidos los documentos públicos o privados que al efecto se precisen.»

Y Doña ... interviene en nombre y representación de Doña ..., mayor de edad, soltera, incapacitada por sentencia firme dictada en autos de juicio declarativo ordinario de menor cuantía número ... del año ... del Juzgado de Primera Instancia de ..., vecina de ..., domiciliada en calle ..., con DNI número ...

Le viene conferida la citada representación como consecuencia de su nombramiento como defensor judicial y con facultades concretas para realizar esta partición, en virtud de auto de fecha ... dictado por el Juzgado de Primera Instancia de ..., en expediente de jurisdicción voluntaria número ... del año ...

Testimonio del citado auto me exhibe, constando en el mismo la firmeza de la resolución.

Aseverando las comparecientes la vigencia de sus facultades representativas, tienen a mi juicio, según intervienen, la capacidad legal necesaria para otorgar esta escritura de **RENUNCIA, ACEPTACIÓN Y PARTICIÓN DE HERENCIA,** y al efecto,

EXPONEN

I. Que Doña ... falleció en ..., de donde era vecina, el día ..., en estado de viuda de las únicas nupcias contraídas con Don ..., de cuyo matrimonio tuvo dos hijas, llamadas Doña ... y Doña ..., teniendo además dos hijas extramatrimoniales llamadas Doña ... y Doña ...

II. La citada causante otorgó testamento abierto en fecha ... ante el Notario de ... Don ..., con el número ... de su Protocolo.

En el citado testamento, la otorgante ordenó sus últimas voluntades de la siguiente forma: Legaba a sus hijas ..., ... y ..., por terceras partes indivisas, el piso de la testadora sito en ..., calle ... ; y a sus hijas ... y ..., por mitad y proindiviso, el piso sito en ..., calle ... ; e instituía herederas a sus cuatro hijas.

Me exhiben copia autorizada del testamento, así como certificados de defunción y del Registro General de Actos de Últimas Voluntades.

III. La testadora enajenó el piso sito en ..., calle ..., extinguiéndose por tanto el legado constituido en relación al mismo, de conformidad con lo dispuesto en el artículo 869.2.º del Código Civil, y constituyendo la masa hereditaria los siguientes bienes:

1. Vivienda (descripción) ...
Cuota en relación con el total del edificio del que forma parte: ...
Inscripción: Registro de la Propiedad Número ... de ..., Libro ..., Sección ..., Folio ..., inscripción ...
Valor: ... euros
Título: ...
Cargas y arrendamientos: Libre de toda carga, sin arrendar y al corriente en el pago de gastos de comunidad.
Referencia catastral: ...[17].
Régimen de propiedad horizontal: La comunidad de propietarios del edificio se regirá por la vigente Ley de Propiedad Horizontal y por las siguientes reglas:
1.ª ...
2.ª ...
3.ª ...

2. Vivienda (descripción) ...
Cuota en relación con el total del edificio del que forma parte:
Inscripción: Registro de la Propiedad Número ... de ..., Libro ..., Sección ..., Folio ..., inscripción ...
Valor: ... euros
Título: ...
Cargas y arrendamientos: Gravada con una hipoteca a favor de ..., constituida en escritura de fecha ... autorizada por el Notario de ... Doña ... con el número ... de su Protocolo, por un plazo de ... años y al interés inicial del ... anual, siendo la responsabilidad hipotecaria de la finca la siguiente: de principal, ... por intereses de tres años, ... para prestaciones accesorias, y ... para costas y gastos, lo que supone un total de ... euros. Libre de toda carga, sin arrendar y al corriente en el pago de gastos de comunidad.
Referencia catastral: ...[18].
Régimen de propiedad horizontal: La comunidad de propietarios del edificio se regirá por la vigente Ley de Propiedad Horizontal y por las siguientes reglas:
1.ª ...
2.ª ...
3.ª ...

---

[17] Véase nota a pie de página número 3 del formulario 1, y la número 9 del formulario 5.

[18] Véase nota a pie de página número 3 del formulario 1, y la número 9 del formulario 5.

3. Plaza de garaje (descripción) ...

Cuota en relación con el total del edificio del que forma parte: ...

Inscripción: Registro de la Propiedad Número ... de ..., Libro ..., Sección ..., Folio ..., inscripción ...

Valor: ... euros

Título: ...

Cargas y arrendamientos: Libre de cargas y sin arrendar y al corriente en el pago de gastos de comunidad.

Referencia catastral: ...[19].

Régimen de propiedad horizontal: La comunidad de propietarios del edificio se regirá por la vigente Ley de Propiedad Horizontal y por las siguientes reglas:

1.ª ...

2.ª ...

3.ª ...

IV. Los bienes inventariados, una vez descontada la carga citada de la finca número 2, ascienden a la suma de ... euros.

De dicha herencia corresponde a las legatarias Doña ... y Doña ..., por el legado subsistente y regla de imputación contenidos en el testamento, un valor de ... euros, lo que determina un haber individual de ... euros, de los cuales ... euros corresponden a la parte de cada uno de los legatarios en el tercio de libre disposición y el resto a su participación en el tercio de mejora, en tanto que el restante valor de los bienes hereditarios, deducida la carga en su importe de ... euros , es decir el importe de ... euros, correspondería por partes iguales a las herederas Doña ... y Doña ... y Doña ... y Doña ...

Dado el propósito de las herederas Doña ... y Doña ... de repudiar la herencia, la mencionada cantidad de ... euros corresponde por iguales partes a Doña ... y a Doña ..., lo que hace un haber individual de ... euros.

V. En atención y cumplimiento de todo lo anteriormente expuesto:

OTORGAN

Primero. Doña ... y Doña ..., según están representados en este acto, RENUNCIAN pura y simplemente a la herencia causada por su madre Doña ...

Segundo. Doña ... y Doña ..., ésta según está representada, ACEPTAN la herencia causada por su madre Doña ... y, en pago de sus respectivos haberes, se

---

[19] Véase nota a pie de página número 3 del formulario 1, y la número 9 del formulario 5.

adjudican por mitad y proindiviso la totalidad de los bienes inventariados, correspondiendo la adjudicación del descrito con el número UNO al legado subsistente según el contenido del testamento, y la de los restantes bienes a su haber como herederas, por su valor neto de ... euros, lo que hace un haber individual de ... euros.

Dada la condición de incapaz de Doña ..., y a fin de evitar una asunción de responsabilidad personal por parte de la misma, Doña ... asume de manera exclusiva la obligación personal garantizada con la hipoteca que grava la finca descrita con el número DOS del inventario, subrogándose sin novación en la condición jurídica de deudora del préstamo y aceptando el íntegro contenido de la escritura de constitución, la cual manifiesta conocer.

Tercero. Manifiestan las comparecientes que la causante no figuraba como titular de operación alguna de forma indistinta o colectiva que no haya sido comprendida en el inventario de esta herencia, ni se han retirado en virtud de endoso, poder o autorización, a partir de dicho día, bienes o valores depositados en cualquier forma a su nombre que no hayan sido comprendidos en el referido inventario.

Cuarto. A efectos fiscales se hace constar la inclusión del presente instrumento en el supuesto del artículo 20, párrafo 2.a) grupo segundo, de la Ley del Impuesto sobre Sucesiones y Donaciones, y asimismo que el patrimonio preexistente de la causahabiente es inferior a ... euros[20].

Quinto. Los comparecientes, según obran, autorizan a Doña ... para que, en unión del defensor judicial, pueda otorgar cuantos documentos de subsanación, aclaración o integración de la presente fueren precisos hasta lograr la inscripción de esta escritura en el Registro de la Propiedad, de conformidad con la calificación oral o escrita del Registrador, así como para efectuar todos los trámites de aprobación de esta partición.

AUTORIZACIÓN

Hechas las reservas y advertencias legales y en especial las relativas a la Ley de Tasas y Precios Públicos.

En particular y a efectos fiscales advierto de las obligaciones y responsabilidades tributarias que incumben a las partes en su aspecto material, formal y sancio-

20 Véase artículo 24 de la Ley del Impuesto sobre Sucesiones y Donaciones.

nador y de las consecuencias de toda índole que se derivarían de la inexactitud de sus declaraciones.

Advierto a los otorgantes de la posibilidad de efectuar asiento de presentación de este instrumento en los Registros de la Propiedad competentes por medio de telefax, a tenor de lo establecido en el artículo 249.2 del Reglamento Notarial, manifestándome expresamente a mí, el Notario, su voluntad de que no sea presentada a dichos Registros por el sistema indicado.

Leo a los comparecientes por su opción, esta escritura, la encuentran conforme y firman conmigo, el Notario, que de conocerles por medio de sus respectivos DD.NN.II., y del total contenido de este instrumento público, extendido en ... folios de la clase ..., serie ..., números ... el presente y los siguientes en orden, doy fe.

108

Testamento. Matrimonio. Hijos Menores. Nombramiento De Contador-Partidor Y De Tutor

NÚMERO (Protocolo)

En ..., mi residencia, a ... de ... de ...

Ante mí, ..., Notario del Ilustre Colegio de ...

COMPARECE

Doña/Don ..., mayor de edad, casada/o , nacida/o el día ... de ... de ..., de profesión ... , natural de ..., y vecina/o de ..., con domicilio en calle ..., y con DNI número ...

Tiene a mi juicio la/el compareciente la capacidad legal necesaria para otorgar TESTAMENTO ABIERTO, y al efecto,

DICE

A) Que es hija/o de los consortes Don ..., fallecido, y Doña ..., que vive; estando casada en únicas nupcias con Don/Doña ..., de cuyo matrimonio tiene ... hijas/os, llamadas/os ... y ...

B) Que ordena su última voluntad a tenor de las siguientes:

CLÁUSULAS

PRIMERA. Lega a su cónyuge el usufructo universal y vitalicio de su herencia, relevándole de la obligación de prestar fianza y hacer inventario. Si alguno de sus descendientes legitimarios no estuviese conforme con esta disposición, quedará reducido a su legítima estricta, acreciendo su parte en los tercios de mejora y libre disposición a los que lo estuvieren; y si ninguno fuese conforme, lega a su cónyuge el tercio de libre disposición en pleno dominio, además de su cuota legal usufructuaria.

SEGUNDA. Instituye por sus únicos universales herederos por partes iguales a sus antes mencionados hijas/os, y a los demás hijos que puedan tener en el futuro, con sustitución vulgar, en caso de premoriencia o incapacidad de los mismos, en favor de sus respectivos descendientes.

TERCERA. Manifiesta que quiere que este testamento valga íntegramente aun en caso de preterición, aunque sea errónea y total, sin perjuicio de la legítima más reducida y estricta que le corresponda al preterido o preteridos.

CUARTA. Nombra tutor y en su caso curador de sus citadas hijas/os a su cuñada/o Doña/Don ...

QUINTA. Para el solo caso de que hubiere menores o incapaces al tiempo de la partición, nombra Contador-Partidor a su hermana/o Doña/Don ..., con las más amplias facultades legales y en especial con la facultad de liquidar junto con el cónyuge viudo la sociedad conyugal, entregar legados y conmutar el usufructo del cónyuge viudo de acuerdo con éste, señalando como plazo para el ejercicio de su cargo el legal establecido.

Así lo dice y otorga, siendo las ... horas y ... minutos.

Leo en alta voz el contenido de este testamento, por elección de su otorgante, advertida por mí de su derecho a leerlo por sí, y de explicarle yo, el Notario, su contenido del que me manifiesta su conformidad, por ser fiel y exacta expresión de su voluntad, y se ratifica y firma conmigo.

De conocer a la compareciente y, en general, de haberse observado las formalidades legales en un solo acto y de todo lo demás consignado en este instrumento público, que queda extendido en ... folios de la clase ..., serie ..., números ... el presente y el siguiente en orden, doy fe.

109

TESTAMENTO. SUSTITUCIÓN EJEMPLAR Y VULGAR

NÚMERO (Protocolo)

En ..., mi residencia, a ... de ... de ...

Ante mí, ..., Notario del Ilustre Colegio de ...

COMPARECE

Don/Doña ..., nacido/a el ... de ... de ..., de profesión ..., natural y vecino/a de ..., con domicilio en calle ... y con DNI número ...

Tiene a mi juicio la capacidad legal necesaria para otorgar **TESTAMENTO ABIERTO** y al efecto:

DICE

Que es hijo/a de los consortes Don ... y Doña ..., ambos viven; y que está casado/a en únicas nupcias con Doña/Don ..., de cuyo matrimonio tiene tres hijos llamados A, B, y C; y que ordena su última voluntad a tenor de las siguientes:

CLÁUSULAS

PRIMERA. Lega a su citado cónyuge el usufructo universal y vitalicio de su herencia, relevándole de la obligación de prestar fianza y hacer inventario. Si alguno de sus descendientes legitimarios no estuviese conforme con esta disposición, quedará reducido a su legítima estricta, acreciendo su parte en los tercios de mejora y libre disposición a los que lo estuvieren; y si ninguno fuese conforme, lega a su cónyuge el tercio de libre disposición en pleno dominio, además de su cuota legal usufructuaria.

SEGUNDA. Instituye por sus únicos y universales herederos por partes iguales a sus antes mencionados hijos, Don A , Don B y Don C.

TERCERA. Sustituye vulgarmente a sus hijos, Don A y Don B, para los casos de premoriencia o incapacidad de los mismos, por sus respectivos descendientes.

CUARTA. Sustituye ejemplarmente y, en su caso, vulgarmente para el supuesto de premoriencia, a su hijo Don C, por sus hijos Don A y Don B, quedando sujeta la sustitución ejemplar a la condición de que los sustitutos Don A y Don B atiendan al sustento, habitación, vestido y asistencia médica del sustituido, su hermano Don C, durante toda la vida de éste. En caso de no cumplirse tal condición, sustituye ejemplarmente a su hijo Don C, por la Asociación ..., con domicilio en ..., ..., con CIF ...

QUINTA. Nombra tutores de su hijo Don C, a sus dos hijos Don A y Don B, para que ejerzan las facultades de la tutela conjuntamente conforme al artículo 236.4 del Código Civil. En el supuesto de que por cualquier causa cese uno de los tutores nombrados, de conformidad con el artículo 238 del Código Civil y al efecto de que siempre sean dos las personas que desempeñen el cargo de tutor de forma conjunta, nombra como tales, por orden de prelación, a los siguientes: Doña ..., sobrina de la testadora; Doña ..., esposa de su hijo A; a su hermana Doña ...; y a su hermano Don ...

SEXTA. Manifiesta que quiere que este testamento valga íntegramente aun en caso de preterición, aunque sea errónea y total, sin perjuicio de la legítima más reducida y estricta que le corresponda al preterido o preteridos.

Así lo dice y otorga, siendo las ... horas.

Leo en alta voz el contenido de este testamento, por elección de su otorgante, advertido de su derecho a leerlo por sí, me manifiesta su conformidad, por ser fiel y exacta expresión de su voluntad, se ratifica y firma conmigo.

Y yo, el Notario, de todo lo cual, de identificar al otorgante por el documento exhibido y, en general, de haberse observado las formalidades legales en un solo acto y demás consignado en este instrumento público que redacto en dos folios de serie números ... el presente y el inmediato posterior correlativo, DOY FE.

110

TESTAMENTO ABIERTO. LEGADO AL CÓNYUGE DEL TERCIO DE LIBRE DISPOSICIÓN, ADEMÁS DE SU CUOTA LEGAL USUFRUCTUARIA

NÚMERO (Protocolo).

En ..., mi residencia, a ... de ... de ...

Ante mí, ..., Notario del Ilustre Colegio de ...

COMPARECE

Don/Doña ..., nacido/a el día ... de ... de ..., de profesión ..., natural y vecino/a de ..., con domicilio en calle ... y con DNI número ...

Tiene a mi juicio la capacidad legal necesaria para otorgar **TESTAMENTO ABIERTO** y al efecto:

DICE

Que es hijo/a de los consortes Don ... y Doña ..., ambos fallecidos, y que está casado/a en únicas nupcias con Doña/Don ..., de cuyo matrimonio tiene cuatro hijos llamados A, B, C y D; y que ordena su última voluntad a tenor de las siguientes:

CLÁUSULAS

PRIMERA. Lega a su cónyuge el tercio de libre disposición en pleno dominio, además de su cuota legal usufructuaria.

SEGUNDA. Instituye herederos por partes iguales a sus cuatro hijos, con sustitución vulgar caso de premoriencia o incapacidad de los mismos en favor de sus respectivos descendientes y, en defecto de descendientes, habrá derecho de acrecer entre los coherederos.

TERCERA. Manifiesta que quiere que este testamento valga íntegramente aun en caso de preterición, aunque sea errónea y total, sin perjuicio de la legítima más reducida y estricta que le corresponda al preterido o preteridos.

Así lo dice y otorga, siendo las ... horas.

Leo en alta voz el contenido de este testamento, por elección de su otorgante, advertido de su derecho a leerlo por sí, me manifiesta su conformidad, por ser fiel y exacta expresión de su voluntad, se ratifica y firma conmigo.

Y yo, el Notario, de todo lo cual, de identificar al otorgante por el documento exhibido y, en general, de haberse observado las formalidades legales en un sólo acto y demás consignado en este instrumento público que redacto en ... dos folios de serie ..., números, ... el presente y el inmediato posterior correlativo, DOY FE.

111

TESTAMENTO DE PERSONA SOLTERA QUE CARECE DE TODA CLASE DE LEGITIMARIOS

NÚMERO (Protocolo)

En ..., mi residencia, a ... de ... de ...

Ante mí, ..., Notario del Ilustre Colegio de ...

COMPARECE

Doña/Don ..., nacida/o el día ... de ... de ..., soltera/o, vecina/o de ..., domiciliada en calle ..., con DNI número ...

Tiene a mi juicio la capacidad legal necesaria para otorgar **TESTAMENTO ABIERTO** y al efecto:

DICE

Que es hija/o de los consortes Don ... y Doña ..., ambos fallecidos; que se halla soltera/o y carece de toda clase de legitimarios; y que ordena su última voluntad a tenor de las siguientes:

CLÁUSULAS

PRIMERA. Instituye heredera/o de todos sus bienes, derechos y acciones, a su sobrina/o Doña/Don ..., hijo/a de su hermana/o ...

SEGUNDA. Revoca expresamente cualquier otro testamento anterior.

Así lo dice y otorga, siendo las ... horas.

Leo en alta voz el contenido de este testamento, por elección de su otorgante, advertido de su derecho a leerlo por sí, me manifiesta su conformidad, por ser fiel y exacta expresión de su voluntad, se ratifica y firma conmigo.

Y yo, el Notario, de todo lo cual, de identificar al otorgante por el documento exhibido y, en general, de haberse observado las formalidades legales en un solo acto y demás consignado en este instrumento público que redacto en ... folios de serie ..., números ... el presente y el inmediato posterior correlativo, DOY FE.

112

Testamento Abierto. Inexistencia De Descendientes. Sustitución Fideicomisaria

NÚMERO (Protocolo)

En ..., mi residencia, a ... de ... de ...

Ante mí, ..., Notario del Ilustre Colegio de ...

COMPARECE

Doña/Don ..., nacida/o el día ... de ... de ..., de profesión ..., natural y vecina/o de ..., con domicilio en calle ... y con DNI número ...

Tiene a mi juicio la capacidad legal necesaria para otorgar **TESTAMENTO ABIERTO** y al efecto:

DICE

Que es hija/o de los consortes Don ... y Doña ..., ambos fallecidos y que está casada/o en únicas nupcias con Don/Doña ..., careciendo de descendencia; y que ordena su última voluntad a tenor de las siguientes:

CLÁUSULAS

PRIMERA. Instituye heredero a su citado/a cónyuge y ordena sustitución fideicomisaria de residuo, por partes iguales, en favor de sus sobrinas/os Doña/Don ... y Doña/Don ...

SEGUNDA. El fiduciario podrá disponer de los bienes fideicomitidos en caso de necesidad sin que tenga que justificar la causa de la misma.

TERCERA. Revoca expresamente cualquier otro testamento anterior.

Así lo dice y otorga, siendo las ... horas.

Leo en alta voz el contenido de este testamento, por elección del otorgante, advertido de su derecho a leerlo por sí, me manifiesta éste su conformidad, por ser fiel y exacta expresión de su voluntad, se ratifica y firma conmigo.

Y yo, el Notario, de todo lo cual, de identificar al otorgante por el documento exhibido y, en general, de haberse observado las formalidades legales en un solo acto y demás consignado en este instrumento público que redacto en dos folios de clase ..., serie ..., números ...

113

DECLARACIÓN DE HEREDEROS ABINTESTATO

NÚMERO (Protocolo).

ACTA DE NOTORIEDAD DE DECLARACIÓN DE HEREDEROS ABINTESTATO

Se inicia este acta, en ..., mi residencia, a ... de ... de ...

Ante mí, ..., Notario del Ilustre Colegio de ...

COMPARECE

Don/Doña ..., mayor de edad, de estado civil ..., vecino/a de ..., domiciliado/a en calle ..., con DNI número ...

INTERVIENE

En su propio nombre y derecho, le identifico por su documento de identidad, la juzgo con capacidad e interés legítimo suficiente para este ACTA, y al efecto EXPONE los siguientes:

HECHOS

I. Don ..., vecino que fue de ..., en calle ..., falleció en ... el día ... de ... de ..., sin haber otorgado disposición de última voluntad alguna.

Certificaciones literales de defunción y del Registro General de Actos de Última Voluntad que acreditan su aserto y Documento Nacional de Identidad del causante (o certificado de empadronamiento u otro documento que acredite el último domicilio del causante) me entrega la persona requirente y yo, el Notario, dejo unidos a esta matriz a todos los efectos mediante testimonio por fotocopia que concuerda con su original.

II. El/la causante mencionado en el apartado anterior falleció en estado de casado/a y de su único matrimonio contraído con Doña/Don ..., tuvo y le sobreviven los siguientes descendientes: sus hijos Don ..., Don ... y Doña ...

III. Me asevera bajo pena de falsedad en documento público la certeza de los hechos expuestos, propone como pruebas para su demostración la documental y la testifical a practicar por mí, sin perjuicio de otras que yo estimare necesarias o convenientes; y me requiere para que compruebe y declare la notoriedad de los hechos narrados y, por tanto, herederos abintestato del causante a sus indicados descendientes ...

Como prueba documental me exhibe el Libro de Familia de los cónyuges Don ... y Doña ..., y certificados literales de matrimonio de el/la causante y su citada/o cónyuge, también literales de nacimiento de sus hijos Don ..., Don ... y Doña ... , y del Registro General de Actos de Última Voluntad, certificados que devuelvo.

Testimonio por fotocopia de las páginas del Libro de Familia, que concuerda con su original, incorporo a esta matriz para que forme parte de ella a todos los efectos, así como de los certificados literales del registro Civil citados.

Acepto el requerimiento cuyo resultado haré constar en diligencias a continuación de la presente.

AUTORIZACIÓN

Hago las reservas y advertencias legales.

Por su elección leo al compareciente este acta, la encuentra conforme y firma conmigo el Notario que de su contenido extendido en folios de serie ..., números ... el presente y ... inmediatos posteriores correlativos.

PRUEBA TESTIFICAL. DILIGENCIA: Siendo las ... horas del día ... de ... de ..., comparecen ante mí Don/Doña ..., mayor de edad, de estado civil ..., de profesión ..., vecino de ..., domiciliado en ..., con DNI número ...; y Don/Doña ..., mayor de edad, de estado civil ..., de profesión ..., vecina de ..., domiciliado/a en ..., con DNI número ...

INTERVIENEN

En calidad de testigos en su propio nombre y derecho. Les identifico por sus documentos nacionales de identidad y, en relación con este acta, previamente advertidos por mí el Notario de que pueden incurrir en la pena de falsedad en documento público si desvirtúan la verdad, libre y espontáneamente aseveran que de ciencia propia les consta la certeza y veracidad de los hechos cuya declaración de notoriedad se pretende en virtud de esta acta.

Sin nada más que hacer constar doy por concluida esta diligencia que por su acuerdo y renuncia leo a los comparecientes la encuentran conforme y firman conmigo el Notario, que doy fe de su contenido extendido en ...

JUICIO DE NOTORIEDAD Y DECLARACIÓN DE HEREDEROS:

Yo, el Notario, con base en las pruebas practicadas, **declaro:** justificada la notoriedad pretendida de los hechos narrados y, en consecuencia, conforme a los artículos 209 y 210 del Reglamento Notarial, al resultar evidente por aplicación directa de los artículos 930, 932, 943 y 944 del Código Civil **formalmente HEREDEROS de Don ... a sus hijos** Don ..., Don ... y Doña ..., sin perjuicio de la cuota legal usufructuaria que conforme al artículo 834 del mismo cuerpo legal corresponde al cónyuge viudo Doña ...

Y sin nada más que hacer constar, doy por concluida esta acta de notoriedad, tramitada conforme a las vigentes disposiciones procesales y notariales extendida en ... folios de serie ..., números ..., el día ... de ... de ... bajo el número ... de mi Protocolo Ordinario de Instrumentos Públicos.

§4. EJECUCIÓN DE OBRA: CONTRATA Y SUBCONTRATA

114

Ejecución De Obra Con Suministro De Materiales. Sistema De Ajuste O Precio Alzado. Sumisión Expresa. Constructor, Persona Física. Propiedad, Comunidad De Bienes. Construcción De Viviendas De Protección Oficial Y Otras Fincas Libres

En la ciudad de ..., a ... de ... de ...

REUNIDOS

De una parte, Don/Doña ..., Doña/Don ... y Doña/Don ..., todos mayores de edad, de estado civil ...[1], vecinos de ..., domiciliados en calle ..., con DD.NN.II. ..., ... y ..., respectivamente.

Y de otra, Doña/Don DDD, mayor de edad, de estado civil ..., industrial, vecina/o de ..., domiciliada/o en ..., con DNI número ...

INTERVIENEN

Los tres primeros señores en su propio nombre y derecho, y como únicos partícipes de la denominada «ABC, Comunidad de Bienes», inscrita en el Registro de Entidades Jurídicas del Ministerio de Economía y Hacienda, con CIF ..., en lo sucesivo propiedad.

Y Doña/Don ..., en su propio nombre y derecho, y en lo sucesivo contratista o contrata.

---

[1] Evidentemente, como en cualquier otro contrato, conviene hacer constar el estado civil y, en su caso, el régimen económico-matrimonial.

Tanto en éste como en el formulario siguiente se contemplan las distintas posibilidades de intervención por persona física, entidad mercantil o comunidad de bienes.

Ambas partes se reconocen recíprocamente capacidad legal bastante para otorgar el presente documento, conforme al cual:

DECLARAN

PRIMERO. Los señores ..., ... y ... son dueños en pleno dominio de una finca sita en ..., con una superficie total de ... metros cuadrados, inscrita a su favor en el Registro de la Propiedad de ... Número ..., Libro ..., Sección ..., Folio ..., finca número ..., inscripción ...

Título: ...
Cargas: ...
Situación urbanística: ...

SEGUNDO. En relación a la finca mencionada, los señores ..., ... y ... han otorgado escritura de declaración de obra nueva en construcción y división horizontal, de fecha ... autorizada por el Notario de ... Don/Doña ... con el número ... de su Protocolo, con el fin de realizar la construcción de ... viviendas de protección oficial, local y sótano, según el proyecto del arquitecto Don ..., habiendo obtenido las oportunas licencias municipales de edificación y la cédula de calificación provisional de viviendas de protección oficial, todos cuyos datos y documentos son conocidos por la entidad contratista.

TERCERO. Ambas partes han convenido otorgar el presente contrato de ejecución de obra con suministro de materiales, a cuyo fin la contratista manifiesta que ha tomado los conocimientos necesarios para la ejecución de los trabajos contratados, tales como la situación de la obra, la Memoria, los planos, las mediciones, las especificaciones técnicas y en general toda la documentación relativa a la misma, considerándola suficiente para llevarla a buen fin.

CUARTO. De común acuerdo otorgan el presente contrato, conforme a las siguientes:

ESTIPULACIONES

PRIMERA. OBJETO DEL CONTRATO. Los señores AA, BB y CC, como propiedad, encargan a Doña ..., que acepta en el presente acto, la ejecución de las obras antes descritas con suministro de materiales, con estricta sujeción al proyecto del arquitecto Don ..., que declaran conocer, a lo pactado en este contrato, a las reglas del arte de la buena construcción, y bajo la dirección técnica del mencionado arquitecto y del arquitecto técnico Don ...

La obra y los materiales se ajustarán a la memoria de calidades del citado proyecto, así como a las especificaciones que figuran en los planos, estado de mediciones, memoria y pliego de condiciones del referido proyecto, cuyo ejemplar por duplicado, suscrito y rubricado por las partes, se une al presente documento como anexo número ...

SEGUNDA. PRECIO. El importe de las obras se estipula por el sistema de ajuste o precio alzado en la cantidad de ... euros, y según presupuesto valorado y detallado presentado por el contratista que, firmado por las partes, se une al presente contrato como anexo número ..., formando parte integrante del mismo.

Dicho precio, por ser alzado, no podrá ser objeto de aumento ni de revisión, aunque experimenten una subida de precios los materiales, salarios, exceso de medición, repercusión de tributos, por no haber sido estudiados correctamente los componentes de los precios unitarios, o cualquier otro coste de la obra de conformidad a lo dispuesto en el artículo 1593 del Código Civil.

Sobre el importe de cada factura-certificación, conforme se dirá después, se cargará el impuesto sobre el valor añadido (IVA) o tributo que le sustituya, que le corresponda y no estando incluido en el precio alzado del que se habla en la presente estipulación segunda.

TERCERA. FORMA DE PAGO Y RETENCIONES. La forma de pago del precio estipulado será la siguiente:

A) La empresa contratista confeccionará y entregará facturas-certificaciones por el importe de la obra realmente ejecutada al día veinte[2] de cada mes.

B) Dichas facturas-certificaciones se entregarán al director técnico de la obra el día siguiente al de la certificación o el inmediato hábil posterior.

C) El director técnico de la obra dispondrá de un plazo de cinco[3] días hábiles, a contar desde el día siguiente al de la recepción de la factura-certificación, para dar su conformidad o comunicar por escrito al contratista los reparos que encuentre en la misma.

D) Conformada la factura-certificación por la dirección técnica, se entregará a la propiedad y esta última, dentro de los ... días hábiles siguientes a la fecha de

---

[2] O día que en cada caso quiera pactarse.

[3] *Idem* respecto del plazo.

cierre de la factura-certificación abonará al contratista el noventa y cinco[4] por ciento de su importe en metálico o mediante el libramiento de efectos aceptados y domiciliados a noventa días a partir desde la fecha de entrega de la correspondiente factura-certificación a la propiedad, siendo por cuenta de ésta los gastos de negociación.

E) La cantidad restante, es decir, el importe del cinco por ciento[5] de cada factura-certificación, lo retendrá la propiedad en concepto de fianza para la garantía del fiel cumplimiento de las obligaciones contraídas por la contratista.

Se exceptúan las retenciones del cinco por ciento relativas a cimentación y estructura, es decir, las correspondientes a los capítulos ... del presupuesto anexo, las que se abonará por la propiedad una vez terminadas efectivamente dichas partidas, y confeccionada, conformada y entregada a la propiedad la última factura-certificación correspondiente a dichos conceptos, en metálico o mediante el libramiento de efectos aceptados y domiciliados a noventa días, conforme a lo pactado en el apartado precedente de esta estipulación.

F) La factura de fin de obra, con el importe total retenido, se abonará una vez totalmente terminadas las obras, firmada el acta de recepción definitiva de las mismas y recibida por la propiedad la cédula de calificación definitiva de viviendas de protección oficial, en metálico o mediante el libramiento de una letra de cambio con vencimiento a noventa días.

Esta certificación-liquidación tendrá el carácter de finiquito, y deberá estar firmada por la empresa contratista.

Todos los pagos efectuados con anterioridad a la liquidación definitiva tienen el carácter de pagos a cuenta y como anticipos de la citada liquidación.

G) El importe de cada certificación se incrementará desglosándolo y expresando el tipo impositivo, la cantidad que resulte por aplicación del IVA o tributo que le sustituya, en la forma y con los requisitos que determinen las leyes fiscales sobre la materia.

En caso de que al tiempo de expedir alguna certificación, la empresa contratista tuviera deudas contraídas de esta obra, la propiedad podrá retener también tales importes y hacerlos efectivos directamente a los acreedores, con la condición de

[4] *Idem* respecto del porcentaje a entregar.

[5] *Idem* respecto del porcentaje a retener por fianza.

que la deuda sea reconocida por la contrata y notificada fehacientemente a ésta por la propiedad con cinco días de antelación.

La dirección técnica de la obra podrá rechazar los materiales que a su juicio no reúnan las condiciones necesarias.

CUARTA. PLAZO DE EJECUCIÓN DE LAS OBRAS. El plazo de ejecución de las obras se fija en doce meses[6] a contar desde la fecha en que la propiedad pueda disponer de los fondos relativos al préstamo con garantía hipotecaria cuyas gestiones y aprobación del mismo serán comunicadas al contratista, y firmada el acta de comprobación de replanteo. No obstante, llegado el día de vencimiento, la contratista podrá disponer de un plazo adicional de cortesía de quince[7] días naturales.

La no ejecución o terminación de las obras en el plazo pactado, incluido en su caso el plazo adicional de quince días naturales, así como la paralización de las obras por causa imputable a la empresa contratista y con la consiguiente demora en el plazo de terminación, dará derecho a la propiedad a exigirle cantidad de ... euros diarios, sin perjuicio de lo establecido en la estipulación novena.

QUINTA. RECEPCIÓN DE LAS OBRAS. Al final de los trabajos de construcción objeto de este contrato, la contrata pasará a la dirección técnica y a la propiedad comunicación escrita en la que hará constar que han sido terminados dichos trabajos, solicitando la recepción provisional de las obras. Dentro de los siete[8] días hábiles siguientes a la recepción de dicha comunicación, se recibirán provisionalmente las obras y se redactará y firmará la correspondiente acta en la que se hará constar cuantos problemas de construcción o corrección correspondan al contratista y por tanto a su cargo.

Si el acta de recepción provisional no se levantase en el plazo indicado y ello fuera por causas ajenas al contratista, se considerará verificada tal recepción en la fecha de treinta[9] días naturales después de la notificación de la terminación de las obras.

A partir de la fecha de la firma del acta de recepción provisional, se contará con un plazo de tres meses[10] de duración, durante el cual la empresa contratista hará a su cargo cuantas reparaciones sean precisas llevar a cabo, como consecuencia

[6] O plazo que se estipule.
[7] O plazo que se estipule.
[8] O plazo que se estipule.
[9] O plazo que se estipule.
[10] O plazo que se estipule.

de los defectos de construcción o corrección que sean observados, siempre que éstos no se deban al desgaste normal o mal uso de las obras o sus componentes.

Transcurrido el plazo de tres meses, o antes si en más breve plazo se hubiesen solventado las deficiencias comprobadas, se procederá a la recepción definitiva de las obras, expidiéndose la correspondiente acta en la que se darán por recibidas las obras ejecutadas. Simultáneamente se abonará la certificación-liquidación. Transcurrido el plazo de tres meses, y solventadas las deficiencias comprobadas, sin que se hubiese recepcionado definitivamente la obra con la firma del acta, se entenderá efectuada como si aquélla se hubiese llevado a cabo.

La empresa contratista garantiza durante el plazo de un año[11], contado desde el día siguiente al de la recepción por la propiedad de la cédula de calificación definitiva, todos y cada uno de los elementos de la obra contra cualquier defecto en la construcción que no sea imputable al desgaste normal o mal uso, y sin perjuicio de la responsabilidad decenal a que alude el artículo 1591 del Código Civil.

SEXTA. LIBRO DE ÓRDENES. NUEVAS UNIDADES DE OBRA, MEJORAS Y REFORMAS.

Libro de órdenes. La propiedad se obliga a tener en la obra un libro de visitas y órdenes. En él se anotarán por la dirección técnica las órdenes, instrucciones y comunicaciones que se estimen oportunas, autorizándolas con su firma.

El dictamen de la Dirección facultativa de las obras tendrá carácter decisorio en cuanto a la definición del estado de los trabajos en calidad y ritmo de desarrollo, aptitud para la recepción, medición, liquidación y en general todas aquellas cuestiones cuya determinación les corresponda por su condición técnica.

Sus órdenes y decisiones vincularán a la contratista, la que se obliga a demoler lo mal hecho a juicio del Director y efectuar las reparaciones o modificaciones que los mismos decidan, para subsanar posibles defectos de ejecución y a sustituir los materiales utilizados de calidad distinta de los presupuestados por el contratista, sin aumento de los precios de la contrata.

La contrata comunicará por escrito a la Dirección facultativa cuantas dudas, consultas o falta de datos para la ejecución de la obra necesiten ser aclarados.

---

[11] O plazo que se estipule.

Durante la ejecución de la obra, la Dirección facultativa expresamente está autorizada para ordenar por escrito:

1.º La retirada del emplazamiento, dentro de los plazos que se indiquen en la orden, de cualquier material que en su opinión no estuviera de acuerdo en el presente contrato.
2.º La sustitución por materiales adecuados y convenientes, de acuerdo con el presupuesto de la contrata.
3.º La demolición y correcta construcción de cualquier obra o trabajo que, a juicio de la Dirección facultativa, no estuviera de acuerdo con el contrato con respecto a materiales de calidad de ejecución.

Nuevas unidades de obra, mejoras y reformas. En los casos en que fuese necesario ejecutar unidades de obra no contempladas en el presupuesto elaborado por la contratista, o cuando la propiedad decidiese la ejecución de unidades de obra igualmente no contempladas en el presupuesto citado, la contratista no iniciará su ejecución sin la aprobación previa y por escrito de la propiedad o de la dirección técnica. En tal escrito se especificará si supone una ampliación en el plazo de ejecución previsto en la estipulación cuarta.

Dichas nuevas unidades de obra serán abonadas por el mismo sistema pactado en la estipulación tercera de este contrato, consignándose en las facturas-certificaciones correspondientes al mes en que se realicen y valorándose con los mismos precios unitarios del presupuesto elaborado por la empresa contratista.

En caso de que la dirección técnica desee mejorar las calidades funcionales o estéticas de las obras, la contratista deberá presentar detalle de todo ello a la propiedad para su aprobación, sin cuyo requisito la contratista no podrá ejecutar ninguna de estas mejoras.

La propiedad se reserva el derecho a eliminar cualquiera de las unidades de obra contenidas en el presupuesto presentado por la contrata, comunicándolo a ésta por escrito y con quince días hábiles[12] de antelación.

Si se hubiese ejecutado alguna obra o parte de ella, que no se ajuste a las condiciones fijadas en el contrato o proyecto, pero que, sin embargo, aunque defectuosa, fuese admisible a juicio de la Dirección facultativa, ésta podrá proponer a la propiedad la aceptación de la obra defectuosa con la rebaja del precio que considere justa, y si la propiedad resolviese, siempre por escrito, admitir la obra, el con-

[12] O plazo que se estipule.

tratista estará obligado a aceptar la rebaja acordada, a no ser que prefiera demoler a su costa la obra y rehacerla con arreglo a las condiciones de este contrato, sin que por ello afecte al plazo de ejecución.

SÉPTIMA. RESPONSABILIDAD Y OBLIGACIONES DEL CONTRATISTA.
El contratista ejecutará la obra en el plazo previsto, utilizando la mano de obra que sea necesaria, los materiales, maquinaria o equipos precisos.

Realizará a su costa todas las construcciones e instalaciones para el desarrollo de las obras, almacenaje de materiales, equipos de oficinas etc. siendo responsable de la vigilancia y custodia de todos los materiales, equipos o maquinaria de que dispongan para la ejecución de la obra.

También habrá de tener permanentemente a pie de obra un representante con titulación de grado medio o superior con facultades para recibir y ejecutar, con plena responsabilidad, cuantas órdenes e indicaciones reciba de la Dirección facultativa, quien se reserva el derecho a recusar a dicho representante por causas justificadas.

Igualmente, el contratista se obliga a la vigilancia y conservación de las obras hasta su total terminación y entrega, siendo de su cuenta todos los daños y perjuicios que se causen a terceras personas o a sus bienes, tanto en el interior como en el exterior de las obras, como consecuencia del acopio de materiales, de la ejecución de las obras por empleo de materiales de calidad inferior a la prevista o por incumplimiento de las órdenes recibidas, y, en definitiva, ya por acción u omisión, interviniendo culpa o negligencia del contratista, de sus operarios o del personal subcontratado, en los términos previstos en el Código Civil (artículo 1591) y demás legislación civil especial y en el Código Penal; obligándose expresamente a reembolsar a la propiedad de los importes que esta última, por cualquier circunstancia, hubiese abonado directamente al perjudicado.

También responderá la contratista frente a la propiedad de daños que por sí, por sus dependientes o por la subcontrata, en su caso, causare a las instalaciones y demás enseres de este último.

Conforme con lo expuesto, se obliga a la empresa contratista a la contratación y pago de prima de póliza de seguro de responsabilidad civil a terceros, por cuantía ilimitada, manteniéndola en vigor hasta la terminación de las presentes relaciones contractuales; eximiéndose la propiedad de cualquiera de estas responsabilidades, que son de cuenta exclusiva y cargo del contratista.

Fotocopia de la mencionada póliza será entregada a la propiedad.

Asimismo, el contratista está obligado al cumplimiento de las disposiciones vigentes o que se puedan dictar en materia laboral, de Seguridad Social, de seguridad e higiene en el trabajo; eximiéndose a la propiedad de cualquiera de estas responsabilidades, que son de cuenta exclusiva y cargo del contratista. Especialmente es obligación del contratista el pago de los haberes (nóminas), seguros sociales y de accidentes de todo su personal empleado en la realización de estas obras.

El contratista manifiesta expresamente que se halla en alta en el impuesto de actividades económicas para el caso que legalmente le fuera exigible y Seguridad Social, y totalmente al corriente de sus obligaciones fiscales y sociales, así como no hallarse incursa en cláusula, condición o incompatibilidad alguna que le impida o restrinja efectuar la contratación objeto del presente documento.

También se obliga expresamente al contratista a:

1.º Realizar todos los trámites y gestiones que sean necesarios para la obtención de los permisos precisos y de los dictámenes oficiales de alumbrado, agua, y de todos aquellos servicios e instalaciones imprescindibles para la entrega de las unidades de obra totalmente acabadas y autorizadas, entregando la documentación y permisos oficiales al tiempo de la recepción provisional.

2.º Pago de los derechos de acometidas tanto provisionales como definitivos de agua, electricidad y alcantarillado, gasto de consumo durante las obras, así como los ocasionados para llevar a cabo dichos servicios a pie de obra.

3.º Tener incluidos en los precios unitarios establecidos, todos los gastos que supongan al contratista la realización de la obra que se contrata, incluso su beneficio industrial.

4.º Pagar todos los tributos, arbitrios, cánones, tasas o impuestos de cualquier tipo que se devenguen con ocasión de este contrato o de la ejecución de la obra objeto del mismo, con excepción del Impuesto Sobre el Valor Añadido (IVA).

5.º Limpiar, con la periodicidad que marque la Dirección facultativa, la obra que se ejecute, así como retirar todo el material sobrante.

6.º Que las unidades contratadas se entiendan totalmente terminadas, a juicio de la Dirección facultativa de la obra, siendo de cuenta del contratista todo lo necesario a tal fin, reponiendo incluso pavimentos y acerados y reparando cualquier desperfecto ocasionado tanto en zonas de competencia municipal como privadas.

OCTAVA. OBLIGACIONES DE LA PROPIEDAD. La propiedad manifiesta expresamente que se halla en posesión de la preceptiva licencia municipal de obras, en plazo vigente, así como que se compromete a facilitar cualquier otro requisito preciso y exigible por la normativa legal en la materia y que le corresponda.

NOVENA. RESOLUCIÓN DEL CONTRATO E INDEMNIZACIONES. Son causas de resolución del presente contrato:

1.º El incumplimiento total o parcial de todas o algunas de las cláusulas contenidas en el mismo, y, especialmente, la falta de pago de la obra ejecutada dentro de los plazos y formas estipulados, así como el incumplimiento del plazo pactado para su ejecución.

2.º La suspensión definitiva de las obras, así como su paralización o demora en el *planning* de obra por tiempo superior a dos meses.

3.º La muerte o, en su caso, extinción de la personalidad jurídica de la propiedad o del contratista.

4.º La quiebra, suspensión de pagos o insolvencia de cualquiera de las partes contratantes, sin perjuicio de los derechos y acciones que a cada uno puedan corresponder.

5.º El mutuo acuerdo de las partes, con los efectos que en el mismo se establezcan.

6.º Cuando el contratista no hubiese adoptado las medidas de seguridad que la legalidad vigente exige para el desarrollo de las obras.

7.º Causas de fuerza mayor y catástrofes naturales.

Para la resolución de este contrato por cualquiera de las causas expuestas en el apartado anterior, bastará la notificación fehaciente efectuada a la parte que incurra en cualquiera de las causas citadas, y si en el plazo de diez días hábiles[13] la parte requerida no contestara fehacientemente aceptando la resolución y abonando las cantidades que fuesen procedentes, quedará libre y expedita la correspondiente vía judicial.

En el supuesto de que sea imputable al contratista, podrá la propiedad contratar la terminación de las obras con otra empresa constructora sin más trámites ni requisitos, debiendo la contratista proceder al inmediato desalojo de las obras con todo el personal, equipo y materiales, recogiendo todo desperdicio, escombro o suciedad que hubiera producido durante su trabajo, al no ostentar el contratista ni la posesión natural ni la civil, sino tan sólo una mera ocupación de los terrenos con el fin de la construcción de la obra que en ellos se realiza, y sin perjuicio de las acciones que pudieran corresponderle frente a la propiedad.

---

[13] O plazo que se estipule.

De producirse la resolución de este contrato por cualquiera de las causas expuestas, se estará a lo dispuesto en la presente estipulación a efectos de indemnización de daños y perjuicios:

— Si la resolución se produce por causa imputable a la contratista, ésta perderá en concepto de cláusula penal las retenciones que por fianza se hubiesen practicado, y vendrá obligada además a indemnizar a la propiedad en los daños y perjuicios causados, y entre ellos el mayor costo que la obra supusiese como consecuencia de la nueva contratación.

— Si la resolución se produce por causa atribuible a la propiedad, o si las obras se paralizasen por causa imputable a ésta y por un periodo superior a seis meses[14], podrá igualmente instar la resolución del contrato con las indemnizaciones de daños y perjuicios procedentes, que se determinarán del siguiente modo: materiales acopiados valorados a su coste de adquisición; contratos de suministro de obra, que hubiesen sido pagados en parte, o sobre los que existen compromisos de pago ineludibles; costo de desmontaje de las instalaciones auxiliares al servicio de la obra.

Cualesquiera otros daños y perjuicios que puedan producirse por incumplimiento de las partes a lo pactado en este contrato se evaluarán conforme a las normas generales del Derecho, excluyéndose el régimen especial pactado en puntos anteriores.

DÉCIMA. SUMISIÓN EXPRESA. Ambas partes, con renuncia expresa al fuero propio, se someten a los Juzgados y Tribunales del Partido Judicial de ...

Y en prueba de conformidad, firman el presente documento, por duplicado, en el lugar y fecha al principio indicados, quedando un ejemplar del mismo en poder de cada parte contratante.

---

[14] O plazo que se estipule.

115

EJECUCIÓN DE OBRA CON SUMINISTRO DE MATERIALES. SISTEMA DE PRECIO CERRADO. AVAL. ARBITRAJE. CONSTRUCTORA, ENTIDAD MERCANTIL. CONSTRUCCIÓN DE VIVIENDAS DE PROTECCIÓN OFICIAL Y FINCAS LIBRES

En la ciudad de ..., a ... de ... de ...

REUNIDOS

De una parte, Don/Doña ..., Doña/Don ... y Doña/Don ..., todos mayores de edad, de estado civil ...[15], vecinos de ..., domiciliados en calle ..., con DD.NN.II., ... y ..., respectivamente.

Y de otra, Doña/Don ..., mayor de edad, de estado civil ..., industrial, vecina/o de ...., domiciliada/o en ..., con DNI número ...

INTERVIENEN

Los tres primeros señores en su propio nombre y derecho, y como únicos partícipes de la denominada «ABC, Comunidad de Bienes», inscrita en el Registro de Entidades Jurídicas del Ministerio de Economía y Hacienda, con CIF ..., en lo sucesivo propiedad.

Y Doña/Don ..., en nombre y representación de la mercantil «XX, S.A.», constituida en virtud de escritura de fecha ..., autorizada por el Notario de ... Don ... con el número ... de su Protocolo, con domicilio social en ..., e inscrita en el Registro Mercantil de ... al ..., con CIF número ..., y en lo sucesivo contratista o contrata.

Ambas partes, según la cualidad con la que intervienen, se reconocen recíprocamente capacidad legal bastante para otorgar el presente documento, conforme al cual:

---

[15] *Vid.* notas a pie de página del formulario anterior: identificación de las partes, estado civil, intervención, plazos, porcentajes, etc.

DECLARAN

PRIMERO. Los señores ..., ... y ... son dueños en pleno dominio de una finca sita en ..., con una superficie total de ... metros cuadrados, inscrita a su favor en el Registro de la Propiedad de ... Número ..., Libro ..., Sección ..., Folio ..., finca número ..., inscripción ...

Título: ...
Cargas: ...
Situación urbanística: ...

SEGUNDO. En relación a la finca mencionada, los señores ..., ... y ... han otorgado escritura de declaración de obra nueva en construcción y división horizontal, de fecha ..., ante el Notario de ... Don/Doña ... con el número ... de su Protocolo, con el fin de realizar la construcción de ... viviendas de protección oficial, local y sótano, según el proyecto del arquitecto Don ..., habiendo obtenido las oportunas licencias municipales de edificación y la cédula de calificación provisional de viviendas de protección oficial, todos cuyos datos y documentos son conocidos por la entidad contratista.

TERCERO. Ambas partes han convenido otorgar el presente contrato de ejecución de obra con suministro de materiales, a cuyo fin la contratista manifiesta que ha tomado los conocimientos necesarios para la ejecución de los trabajos contratados, tales como la situación de la obra, la Memoria, los planos, las mediciones, las especificaciones técnicas y en general toda la documentación relativa a la misma, considerándola suficiente para llevarla a buen fin.

CUARTO. De común acuerdo otorgan el presente contrato, conforme a las siguientes:

ESTIPULACIONES

PRIMERA. OBJETO DEL CONTRATO. Los señores AA, BB y CC, como propiedad, encargan a Doña ..., como representante legal de «XX, S.A.» que acepta en el presente acto, la ejecución de las obras antes descritas con suministro de materiales, con estricta sujeción al proyecto del arquitecto Don ..., que declaran conocer, a lo pactado en este contrato, a las reglas del arte de la buena construcción, y bajo la dirección técnica del mencionado arquitecto y del arquitecto técnico Don ...

La obra y los materiales se ajustarán a la memoria de calidades del citado proyecto, así como a las especificaciones que figuran en los planos, estado de mediciones, memoria y pliego de condiciones del referido proyecto, cuyo ejemplar por duplicado, suscrito y rubricado por las partes, se une al presente documento como anexo número ...

SEGUNDA. PRECIO. El importe de las obras se estipula según presupuesto valorado y detallado presentado por el contratista que, firmado por las partes, se une al presente contrato como anexo número ..., formando parte integrante del mismo. El citado presupuesto en cualquier caso tiene carácter indicativo, toda vez que el precio de la obra será el que resulte de aplicar a las unidades de obra contempladas en el proyecto, realmente ejecutadas y medidas por la Dirección facultativa, los precios unitarios y descompuestos que figuran en el tan citado presupuesto que integra el anexo número ...

Los precios unitarios descompuestos son fijos y cerrados y no estarán sometidos, en ningún caso, a revisión ni por diferencia en el costo de los materiales, ni por el aumento de la mano de obra, ni por repercusión de tributos de ningún tipo, ni por no haber sido estudiados correctamente los componentes de los precios unitarios, ni por haberse realizado mal las operaciones aritméticas, reconociendo la contrata haber estudiado y analizado el proyecto que sirve de base a la ejecución de la obra contratada.

En todas las unidades que se midan por metros cuadrados, se deducirán siempre los huecos, sin excepción de clase ni de superficie, no abonándose por ellos canon alguno. Los que se midan por metros cúbicos, y solamente para las que hagan por debajo de la cota cero, se medirán ajustándose como máximo a la medición del proyecto. En el resto de las unidades, y si surgieren dudas en cuanto a la forma de medición, se estará a lo dispuesto en las normas tecnológicas de la edificación.

La obra proyectada no experimentará variación bajo ningún concepto, excepto que la propiedad, según facultad que se reserva expresamente, reduzca o suprima una o más unidades del proyecto, en cuyo caso no deberá la propiedad abonar las unidades no ejecutadas.

Concretamente, la propiedad, a través de la Dirección facultativa, podrá introducir durante el curso de la ejecución de las obras las modificaciones, variantes, reducciones y supresiones que estime convenientes. En todos estos casos, siempre que se produjera ampliación de la obra o mejora de las calidades con respecto a lo contemplado en el presupuesto elaborado por la contrata (anexo ...) se fijarán los nuevos precios contradictoriamente en la forma que se fija en la estipulación sexta.

La propiedad no estará obligada a satisfacer cantidad alguna en pago de nuevas unidades de obras no previstas en el proyecto, ejecutadas total o parcialmente, que no hayan sido expresamente aceptadas por escrito por ella, aun cuando hubieran sido ordenadas por la Dirección facultativa en el Libro de órdenes.

En consecuencia, y al tratarse de un contrato con precios unitarios descompuestos cerrados, fijos e invariables, cualquier variación en los precios unitarios descompuestos, por mejora o modificación de calidades a solicitud de la propiedad, deberá ser establecida en documento aparte, firmado por los contratantes, el cual quedará unido a este documento.

No se abonarán aquellas modificaciones que introduzca en la obra el contratista sin haber cumplido el trámite señalado, aún cuando hubieren sido pedidas por la Dirección facultativa.

TERCERA. FORMA DE PAGO Y RETENCIONES. La propiedad abonará al contratista el importe de las certificaciones extendidas mensualmente y aprobadas por la Dirección facultativa, previa medición de las unidades de obra realmente ejecutadas, en metálico o mediante el libramiento de efectos aceptados y domiciliados a noventa días a partir de la fecha de entrega de la correspondiente factura-certificación a la propiedad, siendo por cuenta de ésta los gastos de negociación.

Para el abono de la certificación es requisito y condición imprescindible la inexistencia de retraso en ritmo o *planning* de ejecución de la obra, de forma que no se aceptará ninguna certificación por la propiedad hasta que no se haya recuperado el ritmo de la obra previsto en el *planning*.

En cuanto a la valoración de las obras y redacción de las certificaciones, se tendrán en cuenta los siguientes extremos:

A) La empresa contratista confeccionará y entregará facturas-certificaciones por el importe de la obra realmente ejecutada durante los siete primeros días del mes siguiente, previa toma de datos necesarios en obra, que se efectuará conjuntamente con la Dirección facultativa.

B) Dichas facturas-certificaciones se entregarán al Aparejador-director técnico de la obra el día siguiente al de la certificación o el inmediato hábil posterior.

C) El director técnico de la obra dispondrá de un plazo de cinco días hábiles, a contar desde el día siguiente al de la recepción de la factura-certificación, para dar su conformidad o comunicar por escrito al contratista los reparos que encuentre en la misma. En cualquier caso, la factura-certificación deberá llevar la firma del Aparejador-Director.

La Dirección facultativa rechazará las facturas-certificaciones en la que pusiera reparos que supusieran más de un cinco por ciento del importe de la obra realizada ese mes, debiendo entonces la contrata presentar otra nueva debidamente corregida.

Los errores que en su caso supusieran menos desviación de la que se expresa en el punto anterior, serán objeto de subsanación en la certificación siguiente sin que pudiese por este motivo demorarse la aceptación técnica de la certificación. No obstante, la Dirección facultativa tiene la facultad de devolver una certificación para su subsanación, estando ésta incluida en el caso que nos ocupa, si apreciara errores sistemáticos, mes a mes, al objeto de aumentar la certificación de lo realmente ejecutado por parte de la contrata.

D) Conformada la factura-certificación por la dirección técnica, se entregará a la propiedad y esta última, dentro de los tres días hábiles siguientes a la fecha de cierre de la factura-certificación abonará al contratista el noventa y cinco por ciento de su importe en metálico o mediante el libramiento de efectos aceptados y domiciliados a noventa días a partir de la fecha de entrega de la correspondiente factura-certificación a la propiedad, siendo por cuenta de ésta los gastos de negociación.

E) La cantidad restante, es decir, el importe del cinco por ciento de cada factura-certificación, lo retendrá la propiedad en concepto de fianza para la garantía del fiel cumplimiento de las obligaciones contraídas por la contratista.

Se exceptúan las retenciones del cinco por ciento relativas a cimentación y estructura, es decir, las correspondientes a los capítulos ... del presupuesto anexo, las que se abonarán por la propiedad una vez terminadas efectivamente dichas partidas, y confeccionada, conformada y entregada a la propiedad la última factura-certificación correspondiente a dichos conceptos, en metálico o mediante el libramiento de efectos aceptados y domiciliados a noventa días, conforme a lo pactado en el apartado precedente de esta estipulación.

F) La factura de fin de obra, con el importe total retenido, se abonará una vez totalmente terminadas las obras, firmada el acta de recepción definitiva de las mismas y recibida por la propiedad la cédula de calificación definitiva de viviendas de protección oficial, en metálico o mediante el libramiento de una letra de cambio con vencimiento a noventa días.

Esta certificación-liquidación tendrá el carácter de finiquito, y deberá estar firmada por la empresa contratista.

Todos los pagos efectuados con anterioridad a la liquidación definitiva tienen el carácter de pagos a cuenta y como anticipos de la citada liquidación.

Terminada la ejecución de la obra y simultáneamente a la recepción provisional de la misma, se procederá la liquidación final de su importe, determinándose el saldo en función:

a. Del valor de lo proyectado según los precios unitarios descompuestos.

b. De los aumentos derivados de las modificaciones del proyecto, nuevas calidades, ampliaciones de obra, etc.

c. Las penalizaciones e indemnizaciones a que hubiese lugar.

d. Del valor de lo suprimido o ejecutado directamente por la propiedad, o por encargo de ésta por terceros y contenido en el presupuesto aprobado.

G) El importe de cada certificación se incrementará desglosándolo y expresando el tipo impositivo, la cantidad que resulte por aplicación del IVA, en la forma y con los requisitos que determinen las leyes fiscales sobre la materia.

En caso de que al tiempo de expedir alguna certificación, la empresa contratista tuviera deudas contraídas de esta obra, la propiedad podrá retener también tales importes y hacerlos efectivos directamente a los acreedores, con la condición de que la deuda sea reconocida por la contrata y notificada fehacientemente a ésta por la propiedad con cinco días de antelación.

La dirección técnica de la obra podrá rechazar los materiales que a su juicio no reúnan las condiciones necesarias.

CUARTA. PLAZO DE EJECUCIÓN DE LAS OBRAS. El plazo de ejecución de las obras se fija en doce meses a contar desde el día ... y siendo el de terminación el día ..., todo ello según el plan convenido conjuntamente entre la contrata y la Dirección facultativa de las obras, y expresamente aceptado por la propiedad.

Igualmente, el *planning* de obra establece el ritmo de las mismas durante su ejecución, y ha sido también convenido entre la contratista y la Dirección facultativa y aceptado expresamente por la propiedad.

No obstante, llegado el día de vencimiento, la contratista podrá disponer de un plazo adicional de cortesía de quince días naturales.

La no ejecución o terminación de las obras en el plazo pactado, incluido en su caso el plazo adicional de quince días naturales, así como la paralización de las obras por causa imputable a la empresa contratista y con la consiguiente demora en el plazo de terminación, dará derecho a la propiedad a exigirle cantidad de ... euros diarios, sin perjuicio de lo establecido en la estipulación novena.

QUINTA. RECEPCIÓN DE LAS OBRAS.

Recepción provisional de las obras.

Al final de los trabajos de construcción objeto de este contrato, la contrata pasará a la dirección técnica y a la propiedad comunicación escrita en la que hará constar que han sido terminados dichos trabajos, solicitando la recepción provisional de las obras, acompañando certificación de la Delegación de Industria y compañías suministradoras en orden a las instalaciones eléctricas, de aguas potables, alcantarillado, etc., así como los Boletines de instaladores necesarios.

Cualquier costo derivado de la obtención de la documentación anteriormente reseñada, por cualquier concepto, tales como honorarios de proyectos, tasas, gastos de tramitación de pólizas etc., serán de cargo de la contrata sin que ésta pueda repercutirlo a la propiedad.

Dentro de los quince días hábiles siguientes a la recepción de dicha comunicación, o de la resolución del contrato, cualquiera que fuera su causa, se recibirán provisionalmente las obras por la Dirección facultativa y la propiedad, y se redactará por la citada Dirección facultativa, y se firmará por la misma y además por la propiedad y la contrata, la correspondiente acta en la que se harán constar cuantos defectos o problemas de construcción o corrección correspondan al contratista y por tanto a su cargo y en el plazo que fije la Dirección facultativa.

Si el acta de recepción provisional no se levantase en el plazo indicado y ello fuera por causas ajenas al contratista, se considerará verificada tal recepción en la fecha de treinta días naturales después de la notificación de la terminación de las obras.

Previamente a la recepción provisional y entrega de la obra, la Dirección facultativa procederá a la realización de la certificación-liquidación, que deberá suscribirse por la propiedad, la contrata y la Dirección facultativa citada. A partir de ese momento se procederá a redactar acta de recepción provisional y entrega de la obra, dentro de los plazos previstos en el apartado anterior, y que necesariamente coincidirá con el abono, acuerdo con las condiciones de pago pactadas en la estipulación tercera.

Durante dos años desde el acta de recepción provisional, la empresa contratista garantiza todos y cada uno de los elementos de la obra contra cualquier defecto en la construcción que no sea imputable al desgaste normal o mal uso, y sin perjuicio de la responsabilidad decenal a que alude el artículo 1591 del Código Civil.

Recepción definitiva.

Transcurrido el plazo de garantía de dos años, se procederá a la recepción definitiva de las obras, expidiéndose la correspondiente acta, redactada por la dirección facultativa, en la que se darán por recibidas las obras ejecutadas, y que será firmada por aquélla y por la contrata y la propiedad, quedando así terminadas las relaciones contractuales entre las partes firmantes de este contrato, sin perjuicio de los posibles vicios ocultos y reparaciones oportunas. El acta se firmará dentro del plazo de los treinta días hábiles siguientes al transcurso del plazo de los dos años. Si transcurridos los indicados treinta días hábiles no se hubiese contestado a la petición de recepción definitiva que deberá cursar la contrata, fehacientemente, se entenderá automáticamente recibida la obra con carácter definitivo como si la firma del acta se hubiese llevado a cabo.

Realizada en una u otra forma la recepción definitiva, la contrata quedará liberada de toda obligación y responsabilidad a salvo de lo dispuesto en el Código Civil para la ejecución de obras.

En el mismo momento de la suscripción del acta de recepción definitiva, la propiedad devolverá a la contrata la cantidad retenida en concepto de garantía en metálico o mediante el libramiento de una letra de cambio con vencimiento a noventa días.

SEXTA. LIBRO DE ÓRDENES. NUEVAS UNIDADES DE OBRA, MEJORAS Y REFORMAS.

Libro de órdenes. La propiedad se obliga atener en la obra un libro de visitas y órdenes. En él se anotarán por la dirección técnica las órdenes, instrucciones y comunicaciones que se estimen oportunas, autorizándolas con su firma.

El dictamen de la Dirección facultativa de las obras tendrá carácter decisorio en cuanto a la definición del estado de los trabajos en calidad y ritmo de desarrollo, aptitud para la recepción, medición, liquidación y en general todas aquellas cuestiones cuya determinación les corresponda por su condición técnica.

Sus órdenes y decisiones vincularán a la contratista, la que se obliga a demoler lo mal hecho a juicio del Director y efectuar las reparaciones o modificaciones que los mismos decidan, para subsanar posibles defectos de ejecución y a sustituir los materiales utilizados de calidad distinta de los presupuestados por el contratista, sin aumento de los precios de la contrata.

La contrata comunicará por escrito a la Dirección facultativa cuantas dudas, consultas o falta de datos para la ejecución de la obra necesiten ser aclarados.

Durante la ejecución de la obra, la Dirección facultativa expresamente está autorizada para ordenar por escrito:

1.º La retirada del emplazamiento, dentro de los plazos que se indiquen en la orden de cualquier material que en su opinión no estuviera de acuerdo en el presente contrato.

2.º La sustitución por materiales adecuados y convenientes, de acuerdo con el presupuesto de la contrata.

3.º La demolición y correcta construcción de cualquier obra o trabajo que, a juicio de la Dirección facultativa, no estuviera de acuerdo con el contrato con respecto a materiales de calidad de ejecución.

Nuevas unidades de obra, mejoras y reformas. En los casos en que fuese necesario ejecutar unidades de obra no contempladas en el presupuesto elaborado por la contratista, o cuando la propiedad decidiese la ejecución de unidades de obra igualmente no contempladas en el presupuesto citado, la contratista no iniciará su ejecución sin la aprobación previa y por escrito de la propiedad o de la dirección técnica. En tal escrito se especificará si supone una ampliación en el plazo de ejecución previsto en la estipulación cuarta.

Los precios unitarios descompuestos de las nuevas unidades se fijarán de acuerdo con los que figuran en el presupuesto, siendo de obligado cumplimiento para la constructora la ejecución de las nuevas unidades en el plazo que marque la Dirección facultativa.

Si no existieran los precios unitarios en el presupuesto aprobado, se fijarán entonces contradictoriamente entre la Dirección facultativa y la contratista, con la aprobación por escrito de la propiedad que deberá decidir en el plazo de cinco días, quedando en tal caso incorporados a la relación de precios existente.

De no existir acuerdo, la empresa contratista queda relevada de ejecutar las nuevas unidades de obra, y la propiedad se reserva expresamente, aceptándolo aquélla, el derecho de contratar las nuevas unidades con terceros, permitiendo la contrata que las nuevas unidades puedan realizarse simultáneamente, así como la circulación del personal, materiales y medios auxiliares del tercero, aceptando en tal sentido el arbitraje de la Dirección facultativa, que se ocupará de la coordinación de los trabajos y de que no se produzca lesión en los intereses de ninguna de las partes.

A tal fin la contrata se compromete expresamente a permitir las conexiones de agua y electricidad al tercero en sus acometidas y cuadros, cuidando la Dirección facultativa de que ello se haga con todas las condiciones de seguridad previstas en cualquier reglamentación vigente.

Dichas nuevas unidades de obra serán abonadas por el mismo sistema pactado en la estipulación tercera de este contrato, consignándose en las facturas-certificaciones correspondientes al mes en que se realicen.

En caso de que la dirección técnica desee mejorar las calidades funcionales o estéticas de la obra, la contratista deberá presentar detalle de todo ello a la propiedad para su aprobación, sin cuyo requisito la contratista no podrá ejecutar ninguna de estas mejoras.

La propiedad se reserva el derecho a eliminar cualquiera de las unidades de obra contenidas en el presupuesto presentado por la contrata, comunicándolo a ésta por escrito y con quince días hábiles de antelación.

Si se hubiese ejecutado alguna obra o parte de ella, que no se ajuste a las condiciones fijadas en el contrato o proyecto, pero que sin embargo, aunque defectuosa, fuese admisible a juicio de la Dirección facultativa, ésta podrá proponer a la propiedad la aceptación de la obra defectuosa con la rebaja del precio que considere justa, y si la propiedad resolviese, siempre por escrito, admitir la obra, el contratista estará obligado a aceptar la rebaja acordada, a no ser que prefiera demoler a su costa la obra y rehacerla con arreglo a las condiciones de este contrato, sin que por ello afecte al plazo de ejecución.

SÉPTIMA. RESPONSABILIDAD Y OBLIGACIONES DEL CONTRATISTA. El contratista ejecutará la obra en el plazo previsto, utilizando la mano de obra que sea necesaria, los materiales, maquinaria o equipos precisos.

Realizará a su costa todas las construcciones e instalaciones para el desarrollo de las obras, almacenaje de materiales, equipos de oficinas, etc., siendo responsable de la vigilancia y custodia de todos los materiales, equipos o maquinaria de que dispongan para la ejecución de la obra.

También habrá de tener permanentemente a pie de obra un representante con titulación de grado medio o superior con facultades para recibir y ejecutar, con plena responsabilidad, cuantas órdenes e indicaciones reciba de la Dirección facultativa, quien se reserva el derecho a recusar a dicho representante por causas justificadas.

Igualmente, el contratista se obliga a la vigilancia y conservación de las obras hasta su total terminación y entrega, siendo de su cuenta todos los daños y perjuicios que se causen a terceras personas o a sus bienes, tanto en el interior como en el exterior de las obras, como consecuencia del acopio de materiales, de la ejecución de las obras por empleo de materiales de calidad inferior a la prevista o por incumplimiento de las órdenes recibidas, y, en definitiva, ya por acción u omisión, interviniendo culpa o negligencia del contratista, de sus operarios o del personal subcontratado, en los términos previstos en el Código Civil (artículo 1591) y demás legislación civil especial, y en el Código Penal, obligándose expresamente a reembolsar a la propiedad de los importes que esta última, por cualquier circunstancia, hubiese abonado directamente al perjudicado.

También responderá la contratista frente a la propiedad de daños que por sí, por sus dependientes o por la subcontrata, en su caso, causare a las instalaciones y demás enseres de este último.

Conforme con lo expuesto, se obliga a la empresa contratista a la contratación y pago de prima de póliza de seguro de responsabilidad civil a terceros, por cuantía ilimitada, manteniéndola en vigor hasta la terminación de las presentes relaciones contractuales; eximiéndose la propiedad de cualquiera de estas responsabilidades, que son de cuenta exclusiva y cargo del contratista.

Fotocopia de la mencionada póliza será entregada a la propiedad.

Asimismo, el contratista está obligado al cumplimiento de las disposiciones vigentes o que se puedan dictar en materia laboral, de Seguridad Social, de seguridad e higiene en el trabajo; eximiéndose a la propiedad de cualquiera de estas responsabilidades, que son de cuenta exclusiva y cargo del contratista. Especialmente es obligación del contratista el pago de los haberes (nóminas), seguros sociales y de accidentes de todo su personal empleado en la realización de estas obras.

El contratista manifiesta expresamente que se halla en alta en el impuesto de actividades económicas (caso de serle exigible) y Seguridad Social, y totalmente al corriente de sus obligaciones fiscales y sociales, así como no hallarse incursa en cláusula, condición o incompatibilidad alguna que le impida o restrinja efectuar la contratación objeto del presente documento.

También se obliga expresamente la contratista a: ...[16].

---

16 Otras obligaciones de la contratista:

1.º Realizar todos los trámites y gestiones que sean necesarios para la obtención de los permisos precisos y de los dictámenes oficiales de alumbrado, agua y de todos aquellos servicios e instalaciones imprescindibles para la entrega de las unidades de obra totalmente acabadas y autorizadas, entregando la documentación y permisos oficiales al tiempo de la recepción provisional.

2.º Pago de los derechos de acometidas tanto provisionales como definitivas de agua, electricidad y alcantarillado, gasto de consumo durante las obras, así como los ocasionados para llevar a cabo dichos servicios a pie de obra.

3.º Tener incluidos en los precios unitarios establecidos todos los gastos que supongan al contratista la realización de la obra que se contrata, incluso su beneficio industrial.

4.º Pagar todos los tributos, arbitrios, cánones, tasas o impuestos de cualquier tipo que se devenguen con ocasión de este contrato o de la ejecución de la obra objeto del mismo, con excepción del Impuesto sobre el Valor Añadido (IVA).

5.º Limpiar, con la periodicidad que marque la Dirección facultativa, la obra que se ejecute, así como retirar todo el material sobrante.

6.º Que las unidades contratadas se entiendan totalmente terminadas, a juicio de la Dirección facultativa de la obra, siendo de cuenta del contratista todo lo necesario a tal fin, reponiendo incluso pavimentos y acerados y reparando cualquier desperfecto ocasionado tanto en zonas de competencia municipal como privadas.

OCTAVA. OBLIGACIONES DE LA PROPIEDAD. La propiedad manifiesta expresamente que se halla en posesión de la preceptiva licencia municipal de obras, en plazo vigente, así como que se compromete a facilitar cualquier otro requisito preciso y exigible por la normativa legal en la materia y que le corresponda.

NOVENA. RESOLUCIÓN DEL CONTRATO E INDEMNIZACIONES[17].

DÉCIMA. SUBCONTRATACIÓN. Se prohíbe a la contrata subcontratar con terceros la ejecución de más de un sesenta por ciento del total de la obra, sin autorización expresa y escrita de la propiedad.

7.º Facilitar a la propiedad, juntamente con cada facturación de obra, los modelos de cotización a la Seguridad Social, justificante de estar vigente la póliza de seguro de cobertura de siniestros por accidentes, y de cualquier otra documentación que se le interese, sin cuyos requisitos quedarán retenidos los importes de las facturaciones por la propiedad, hasta que se presenten para su comprobación. Para el supuesto de que transcurrido un mes la contrata no hubiese dado cumplimiento a lo referido en el presente párrafo y a la acreditación de estar al corriente en el pago de las cuotas mensuales de la Seguridad Social, la propiedad, con cargo a las cantidades retenidas, podrá hacerlas efectivas directamente ante las entidades acreedoras de las mismas.

[17] Son causas de resolución del presente contrato:

1.º El incumplimiento total o parcial de todas o algunas de las cláusulas contenidas en el mismo, y, especialmente, la falta de pago de la obra ejecutada dentro de los plazos y formas estipulados, así como el incumplimiento del plazo pactado para su ejecución.

2.º La suspensión definitiva de las obras, así como su paralización o demora en el *planning* de obra por tiempo superior a dos meses.

3.º La muerte o, en su caso, extinción de la personalidad jurídica de la propiedad o del contratista.

4.º La quiebra, suspensión de pagos o insolvencia de cualquiera de las partes contratantes, sin perjuicio de los derechos y acciones que a cada uno puedan corresponder.

5.º El mutuo acuerdo de las partes, con los efectos que en el mismo se establezcan.

6.º Cuando el contratista no hubiese adoptado las medidas de seguridad que la legalidad vigente exige para el desarrollo de las obras.

7.º Causas de fuerza mayor, catástrofes naturales.

Para la resolución de este contrato por cualquiera de las causas expuestas en el apartado anterior, bastará la notificación fehaciente efectuada a la parte que incurra en cualquiera de las causas citadas, y si en el plazo de diez días hábiles la parte requerida no contestara fehacientemente aceptando la resolución y abonando las cantidades que fuesen procedentes, se someterá la cuestión a arbitraje de equidad conforme se prevé en la estipulación undécima.

En el supuesto de que sea imputable al contratista, podrá la propiedad contratar la terminación de las obras con otra empresa constructora sin más trámite ni requisitos, debiendo la contratista proceder al inmediato desalojo de las obras con todo el personal, equipo y materiales, recogiendo todo desperdicio, escombro o suciedad que hubiera producido durante su trabajo, al no ostentar el contratista ni la posesión natural ni la civil, sino tan sólo una mera ocupación de los terrenos con el fin de la construcción de la obra que en ellos se realiza, y sin perjuicio de las acciones que pudieran corresponderle frente a la propiedad.

De producirse la resolución de este contrato por cualquiera de las causas expuestas, se estará a lo dispuesto en la presente estipulación a efectos de indemnización de daños y perjuicios:

— Si la resolución se produce por causa imputable a la contratista, ésta perderá en concepto de cláusula penal las retenciones que por fianza se hubiesen practicado, además de un diez por ciento del valor de la obra pendiente de ejecutar, y en su caso abonará las penalizaciones que procedieran por retraso en la ejecución total o parcial de la obra, y vendrá obligada además a indemnizar a la propiedad en los

Caso de que el contratista subcontratase algún trabajo, se compromete a que las obligaciones a su cargo derivadas de este contrato se cumplan por dicho subcontratista sin que ello suponga que haya relación directa entre la propiedad y los subcontratistas. La propiedad podrá exigir, en todo caso, del subcontratista el cumplimiento de las obligaciones a cargo del contratista.

La propiedad se reserva la facultad, en cada caso, de elegir, de la terna de subcontratistas que le presente la contrata, al que efectivamente ejecute la obra subcontratada.

UNDÉCIMA. ARBITRAJE. Para cualquier duda, cuestión o divergencia que pudiera plantearse con la interpretación o ejecución de este contrato, las partes acuerdan, con renuncia a su propio fuero si lo hubiere, y jurisdicción, someterlas al arbitraje de equidad a que se refiere la Ley 36/1988 de 5 de diciembre, aceptando ambas partes de manera formal y expresa que la actuación arbitral se lleve a cabo en español y en la capital de la provincia en que se encuentre situada la obra objeto de ejecución, dejando a salvo lo establecido en el artículo 24, punto uno *in fine*, de la Ley 36/1988, a cuyo efecto establecen los pactos que se recogen en el anexo número ... del presente contrato.

Y en prueba de conformidad, firman el presente documento, por duplicado, en el lugar y fecha al principio indicados, quedando un ejemplar del mismo en poder de cada parte contratante.

ANEXO: Pactos arbitrales[18]

---

daños y perjuicios causados, y entre ellos el mayor costo que la obra supusiese como consecuencia de la nueva contratación.

— Si la resolución se produce por causa atribuible a la propiedad, o si las obras se paralizasen por causa imputable a ésta y por un periodo superior a seis meses, podrá igualmente instar la resolución del contrato con las indemnizaciones de daños y perjuicios procedentes, que se determinarán del siguiente modo: materiales acopiados valorados a su coste de adquisición; contratos de suministro de obra, que hubiesen sido pagados en parte, o sobre los que existen compromisos de pago ineludibles; costo de desmontaje de las instalaciones auxiliares al servicio de la obra, así como el derecho a percibir un diez por ciento del valor de la obra pendiente de ejecutar.

Cualesquiera otros daños y perjuicios que puedan producirse por incumplimiento de las partes a lo pactado en este contrato, se evaluarán conforme a las normas generales del Derecho, excluyéndose el régimen especial pactado en puntos anteriores.

[18] **PACTOS ARBITRALES**

PRIMERO. Árbitro.

Ambas partes de común acuerdo, y para la resolución de la controversia que se dirá, nombran árbitro a:

1.º Don...

2.º En defecto del anterior o si no aceptara, a Don ...

3.º En defecto de los anteriores, el Presidente del Colegio Oficial de Arquitectos de la provincia en la que radique la obra y, su vez, en su defecto, si no aceptase el nombramiento designará, de entre los Arquitectos colegiados con más de diez años de experiencia, el que ejercerá el arbitraje.

SEGUNDO. Notificación y aceptación de los árbitros.

Cualquiera de las partes en controversia podrá comunicar fehacientemente al designado su nombramiento, haciéndolo saber a la otra parte.

Si el designado no comunicase fehacientemente su aceptación en el plazo de siete días desde la recepción de su nombramiento, las partes podrán designar fehacientemente al segundo y sucesivos de los instituidos, por el orden y condiciones del pacto primero y para que en la misma forma pueda aceptar el nombramiento.

En los supuestos en que se acudiese a la notificación por conducto notarial de la designación, ambas partes convienen y admiten que en la misma acta se requiera al fedatario a que notifique al primero designado, con la previsión de que pueda proceder a las siguientes notificaciones para el supuesto de no aceptación de cada uno de los que hayan de ser notificados por su orden.

TERCERO. Comunicación de controversia que se somete al fallo arbitral y garantías.

La controversia que se suscite y que se somete a árbitro, habrá de ser comunicada notarialmente al árbitro y a la contraparte, con la advertencia de que el laudo habrá de dictarse por escrito, protocolizado notarialmente, y en el mismo se habrá de cifrar el importe total que deba abonar, en su caso, una a otra de las partes, teniendo en cuenta los conceptos y partidas controvertidas, incluido el IVA en los casos que proceda.

Igualmente se habrá de notificar al árbitro el tipo de arbitraje, la forma, procedimiento y plazos para llevarlo a cabo según lo establecido en el presente documento.

En garantía del pago de las cantidades que se reclamen o puedan reclamarse, las partes deberán constituir, dentro de los quince días siguientes a la recepción de la notificación de la controversia o reclamación de la contraparte, aval bancario que garantice el pago de las sumas reclamadas más los intereses legales que se devenguen hasta la total ejecución del laudo o sentencia que en su caso se dicte, y hasta cuyo momento habrá de permanecer en vigor. A los efectos de la ejecución del aval, y lo que se hará constar en el texto del mismo, bastará la notificación fehaciente del laudo a la entidad avalista, desde cuyo momento vendrá obligada al pago de la cantidad garantizada que se consigne en el laudo y a favor de quien el mismo dictamine.

CUARTO. Equidad.

El árbitro dictará su laudo fallando conforme a equidad, según su saber y entender y lo establecido en este documento.

QUINTO. Lugar del arbitraje y laudo.

El arbitraje se desarrollará en la capital de la provincia del lugar en que se encuentre situada la obra objeto de ejecución. No obstante, el árbitro podrá designar el lugar en que deban realizar alguna actuación concreta, debiendo, en tal caso, notificarlo a las partes para que puedan acudir por sí o representadas por su Abogados.

SEXTO. Plazo de dictado del laudo.

El plazo para dictar el laudo será de noventa días naturales e improrrogables, contados desde el día siguiente de la fecha de aceptación del árbitro, declarándose inhábil el mes de agosto.

SÉPTIMO. Desarrollo de la actividad del árbitro. Procedimiento arbitral.

El árbitro realizará su actividad en la forma que considere más conveniente, de acuerdo con este documento y con la Ley, oyendo a las partes, a quienes permitirá la presentación de alegaciones y pruebas que estime necesarias, y escrito de conclusiones.

Igualmente, el árbitro podrá solicitar de las partes cuantas declaraciones e informes considere convenientes, examinando antecedentes, libros y documentos de todo tipo, y realizando todo cuanto estime necesario o considere imprescindible para la mejor realización de su función, pudiendo interesar incluso informes periciales de todo tipo.

En consonancia con todo lo anterior, las partes se obligan a facilitar al árbitro cuantos datos y antecedentes les solicitare, y a suministrarle toda la documentación que obrare en su poder, prestando asimismo cuantas declaraciones e informaciones les fueren solicitadas, colaborando en todo momento con el árbitro para el buen fin de la función de éste.

Más concretamente, una vez aceptado el nombramiento, el árbitro notificará fehacientemente en los domicilios que se expresan en el contrato de ejecución de obra los siguientes extremos: inicio del procedimiento arbitral, despacho o lugar que ha de funcionar como sede arbitral y su horario, así como que al mismo habrán de remitir las partes las alegaciones, escritos y conclusiones que estimen procedentes.

Alegaciones de las partes: la parte que inste la actuación arbitral podrá presentar alegaciones dentro de los diez días siguientes a la comunicación del inicio del procedimiento arbitral. En los cinco días siguientes, el árbitro dará traslado a la otra parte para que en el plazo de diez días pueda presentar a su vez contestación y, en su caso, reconvención. Si se planteara esta última, a su vez se dará traslado a la parte proponente para que conteste a la reconvención en el plazo de diez días, y de este escrito se dará copia a la parte reconviniente.

El árbitro podrá entrar en fase probatoria si lo solicita cualquiera de las partes en su escrito de alegaciones o si lo considera oportuno, durante un plazo de treinta días. Del resultado de las pruebas se dará copia a las partes.

Si ninguna de las partes solicita prueba, se entiende que renuncian a la misma.

Concluida la fase de prueba, se notificará a las partes, quienes podrán presentar escrito de conclusiones. Dentro de los catorce días siguientes el árbitro dictará el laudo.

OCTAVO. Forma del laudo. Notificación. Acatamiento de las partes. Impugnación.

El árbitro dictará el laudo por escrito y, previa su protocolización, lo notificará notarialmente a las partes dentro de los cinco días siguientes a su dictado.

Las partes se obligan a acatar y cumplir la decisión del árbitro emitida conforme a lo establecido en este documento y en la vigente legislación de arbitraje.

De conformidad con lo establecido en la Ley 36/1988, las partes podrán recurrir o impugnar en laudo a través de dos cauces:

a. Recurso de anulación, dentro de los diez días siguientes a la notificación del laudo.

b. Recurso de revisión, según lo establecido en la legislación procesal respecto de las sentencias firmes, en el plazo de treinta días siguientes a la preclusión del plazo para interposición del recurso de anulación o de la notificación a las partes de la sentencia recaída en tal recurso de anulación.

NOVENO. Gastos. Escritura pública.

Los gastos derivados del procedimiento arbitral, salvo expresa condena a su abono, serán satisfechos por mitad.

Cualquiera de las partes, en cualquier momento y, especialmente, una vez surgida la controversia, podrá exigir a la otra la elevación a público del presente convenio arbitral, siendo satisfechos por mitad los gastos de su otorgamiento.

DÉCIMO. Devolución del aval.

La parte a la que el laudo o la sentencia no reconozca cantidad alguna de las reclamadas, devolverá a la otra el aval bancario prestado en garantía de las mismas conforme a lo establecido en el pacto tercero, debiendo abonar además a la otra la cantidad de ... euros por día natural de retraso en su devolución.

UNDÉCIMO. Penalizaciones.

La falta de prestación del aval (pacto tercero) o de elevación a público de este documento, si así lo solicitare cualquiera de las partes (pacto noveno), determinará una penalización a cargo del incumplidor del ... por ciento de la mayor cantidad reclamada por cualquiera de las partes, aunque su pretensión no hubiese sido reconocida.

DUODÉCIMO. Cómputo de los plazos.

Los plazos a que se refiere el presente documento se entienden en su cómputo civil o como días naturales, es decir, que serán computados según lo establecido en el artículo 5 del Código Civil.

Y en prueba de conformidad, firman el presente documento anexo, por duplicado, en el lugar y fecha al principio indicados, quedando un ejemplar del mismo en poder de cada parte contratante.

116

SUBCONTRATA

En la ciudad de ..., a ... de ... de ...

REUNIDOS

De una parte, Doña/Don ..., mayor de edad, de estado civil ..., industrial, vecina/o de ..., domiciliada en ..., con DNI número ...[19].

Y de otra, Doña/Don ..., mayor de edad, de estado civil ..., industrial, vecina/o de ... , domiciliada/o en ..., con DNI número ...

INTERVIENEN

Doña/Don ..., en nombre y representación de la mercantil «XX, S.A.», constituida en virtud de escritura de fecha ..., autorizada por el Notario de ... Don ... con el número ... de su Protocolo, con domicilio social en ..., e inscrita en el Registro Mercantil de ... al ..., con CIF número ..., y en lo sucesivo contratista.

Y Doña/Don ..., en su propio nombre y derecho, y en lo sucesivo subcontratista.

Ambas partes, según la cualidad con la que intervienen, se reconocen recíprocamente capacidad legal bastante para otorgar el presente documento, conforme al cual:

[19] Véase nota a pie de página número 1 del formulario 114.

DECLARAN

PRIMERO. La mercantil «XX, S.A.» ha asumido la ejecución de las obras de un aparcamiento subterráneo sito en ..., calle ..., según proyecto redactado por el Arquitecto Don ... quien actuará como Dirección facultativa de las obras o trabajos a que aluden este contrato, y a cuyo fin ha solicitado la colaboración de Doña/ Don ...

SEGUNDO. Doña/Don ... ha presentado presupuesto-oferta con fecha ..., el que se une al presente contrato como anexo número dos, y que se entiende forma parte de su contenido, y habiendo convenido otorgar el presente contrato, lo efectúan conforme a las cláusulas generales que se unen como anexo número uno a este documento y de cuyo clausulado se entiende forma parte, y conforme también a las siguientes:

CLÁUSULAS PARTICULARES

PRIMERA. Objeto del contrato.
El contratista encarga al subcontratista, que acepta en el presente acto, la ejecución de los trabajos de desvíos de agua de alcantarillados y jardinería de acuerdo con las especificaciones del proyecto, pliegos de condiciones de las obras que el subcontratista declara conocer, así como de acuerdo con las normas tecnológicas y disposiciones aplicables en la materia.

SEGUNDA. Aceptación de la propiedad.
La validez y efectos de este contrato se supeditan a la aceptación por parte de la propiedad tanto de las obras como de los equipos de trabajo de la subcontratista. La aceptación se entiende producida si nada en contra se comunica por la contrata a la subcontratista en el plazo de diez días hábiles desde la firma de este documento.

TERCERA. Condiciones de ejecución.
El contratista se obliga a suministrar todos los permisos pertinentes.
Son de cuenta del subcontratista los materiales, mano de obra, medios técnicos o auxiliares y equipos que precise.

CUARTA. Precios unitarios- Presupuesto de la obra.
El presupuesto de la obra es de ... euros, especificándose los precios unitarios en el presupuesto-oferta anexo de este contrato.

QUINTA. Plazo de ejecución.
Un mes a partir del décimo día hábil desde la firma de este contrato.

SEXTA. Penalizaciones por incumplimiento de los plazos.

SÉPTIMA. Mediciones de obra.

OCTAVA. Condiciones de pago.
Sesenta días naturales desde la terminación de las obras, en metálico o mediante el libramiento de efectos.

NOVENA. Garantías y retenciones.

DÉCIMA. Plazo de garantía.

UNDÉCIMA. Otras cláusulas.
Las cláusulas generales que figuran como anexo número uno de este contrato y como parte integrante del mismo. Las cláusulas generales serán de aplicación en lo específicamente no previsto en las particulares o especiales y en defecto de previsión de las mismas.

Y en prueba de conformidad, firman el presente documento, por duplicado, en el lugar y fecha al principio indicados, quedando un ejemplar del mismo en poder de cada parte contratante.

ANEXO NÚMERO UNO: CLÁUSULAS GENERALES

PRIMERA. Objeto del contrato.
El objeto de este contrato es la ejecución de los trabajos descritos en las cláusulas particulares, y según el presupuesto-oferta que en las mismas se menciona.

Se entiende nulas y sin efecto las cláusulas o condiciones del presupuesto-oferta que sean contrarias a las cláusulas generales o particulares de este contrato.

Los trabajos se realizarán de acuerdo con el plan de obra definido por el contratista, el proyecto que se mencionada en el apartado de declaraciones, las normas del pliego general de arquitectura y cualesquiera otra vigentes en los diferentes Ministerios u Organismos competentes que se refieran a edificaciones, instalaciones y construcciones en general.

El subcontratista:

1.º No podrá subcontratar ninguno de los trabajos son la previa autorización fehaciente del contratista.

2.º Cumplirá las órdenes e instrucciones del Jefe de obra, y de la Dirección facultativa y propiedad de las obras.

El contratista se reserva el derecho a ejecutar total o parcialmente las obras objeto de este contrato.

3.º Deberá obtener la conformidad de la contrata antes de proceder a la ejecución de cada una de as partidas o trabajos de este contrato. La contrata le indicará el orden a seguir.

4.º Presentará en la obra con antelación suficiente al inicio de cada partida o trabajo a realizar y para su aprobación por la contrata, una muestra de todos los elementos a instalar con los correspondientes accesorios. Cualquier demora producida en la obra por la presentación de las muestras será imputable al subcontratista.

SEGUNDA. Validez del contrato.

La validez y eficacia de este contrato se supedita a la aceptación por la propiedad del subcontratista y sus medios de ejecución, según lo previsto en las cláusulas particulares.

TERCERA. Importe de los trabajos. Precios contradictorios.

Los precios aceptados se consideran fijos e inmodificables por causa alguna.

En los precios están incluidos la total ejecución de los trabajos, así como materiales, maquinaria, mano de obra y cuantos medios auxiliares sean necesarios para la ejecución de aquéllos.

No obstante, el precio definitivo será el resultado de aplicar a las unidades de obra realmente realizadas, los precios establecidos para cada una en el cuadro de precios de la oferta-presupuesto anexa y, en su caso, los descuentos correspondientes, así como los que sin figurar incluidos en la oferta-presupuesto, se deriven de lo previsto en el presente contrato.

En el caso de instalaciones, serán de cuenta del subcontratista todos los proyectos, permisos, licencias, visados, tasas o cánones necesarios, preceptivos o exigibles para la puesta en marcha de las mismas.

Cuando fuese necesario ejecutar unidades de obra nuevas, será necesaria la autorización y aprobación escrita de la contratista de las mismas y de los precios contradictorios.

CUARTA. Plazo y forma de ejecución. Penalizaciones por incumplimiento de plazos.

El plazo es el fijado en las cláusulas particulares. Si excepcionalmente en las mismas no se indicara, entonces será el deducido del plazo del contrato principal en la parte que corresponda ejecutar al subcontratista.

Si el subcontratista no realizara los trabajos en el plazo o condiciones previstas, el contratista podrá ejecutarlos directamente o por encargo a un tercero, abonando su importe con cargo a la fianza o contra las cantidades que en ese momento adeudare contratista a subcontratista, sin perjuicio de las demás acciones que pudieran corresponder al contratista.

La obra se realizará de acuerdo al programa de trabajos establecidos, que deberá ser aceptado expresamente por la subcontratista previamente a la facturación.

El contratista podrá reformar o reajustar el programa de ejecución si lo estimase oportuno para la buena marcha de las obras. Cualquier reajuste que suponga que los trabajos no puedan comenzar en las fechas previstas o una dilatación en su ejecución, darán derecho al subcontratista a una prórroga de plazo de ejecución igual a la demora.

El retraso en el incumplimiento de los plazos por la subcontratista, dará lugar a la aplicación a la misma de las siguientes penalizaciones:

1.º Si el incumplimiento fuese de plazos parciales, deberá abonar a la contratista la cantidad de ... euros por día de retraso.

2.º Si el incumplimiento fuese del plazo final, podrá la contratista pedir la resolución del contrato en los términos que después se dirán en la estipulación decimocuarta.

QUINTA. Mediciones de obra.
Mensualmente el subcontratista realizará una medición al origen de unidades de obra realmente ejecutadas y terminadas, expresando claramente su localización en la obra, y se someterán a la aprobación de la Dirección facultativa de la obra. No se incluirán acopios.

SEXTA. Facturación y forma de pago.
Mensualmente la subcontratista pasará factura por triplicado de los trabajos realmente realizados y ejecutados desde el origen, deduciendo la retención correspondiente, especificando de forma clara y concisa los datos necesarios para la identificación y localización de las distintas unidades.

La factura se entregará a la Dirección facultativa de la obra, estableciendo como días de vencimiento los 1 y 16 de cada mes.

Todas las facturas, excepto la de liquidación, se considerarán como pagos a cuenta.

El contratista procederá al abono de la factura en metálico o mediante efectos librados con vencimiento a ... días. Para ello es preciso que la Dirección facultativa, al recibir la factura, no haya rechazado por escrito los trabajos realizados por no ajustarse a la calidad contratada o no responder a las condiciones y especificaciones del proyecto de las obras.

SÉPTIMA. Garantías.
La subcontratista garantiza la perfecta ejecución de los trabajos y cumplimiento de los plazos. A tal fin acepta una retención del diez por ciento a deducir de cada facturación parcial y que le será devuelto un cinco por ciento a la recepción provisional y medición general de las obras, y el otro cinco por ciento a la recepción definitiva, en metálico o mediante el libramiento de efectos con vencimiento a ... días, siempre que los trabajos objeto de este contrato hayan sido terminados a plena satisfacción del contratista y de la Dirección facultativa de la obra.

OCTAVA. Deficiencias y desperfectos.
Serán de cuenta del subcontratista todos los daños y perjuicios que se causen al contratista o a terceros como consecuencia de la mala ejecución de las obras, o por empleo de materiales de calidad inferior a la prevista en el proyecto o por incumplimiento de las órdenes recibidas.

El subcontratista se obliga a corregir a su costa, o demoler o rehacer sin abono alguno por parte del contratista, cuantos trabajos haya ejecutado sin aprobación o deficientemente a juicio del contratista o de la Dirección facultativa, así como los desperfectos que causen en la obra.

NOVENA. Terminación de las obras, recepción y liquidación provisional.
El subcontratista comunicará por escrito al contratista la terminación de sus trabajos, dentro de los tres días siguientes a aquel en que realmente se produzcan, procediendo a su vez, dentro de los quince días siguientes contados desde la misma fecha a levantar acta de recepción provisional, que firmarán el contratista, subcontratista y Dirección facultativa.

Si la recepción provisional no se produjera en el plazo indicado y ello fuera por causas imputables al contratista, se entenderá igualmente producida la recepción provisional a los quince días siguientes a la certificación de la terminación de las obras.

En el caso de instalaciones, será requisito imprescindible para proceder a la recepción provisional, la entrega por parte del subcontratista de una colección completa de planos con todo detalle sobre la instalación realizada, así como las normas de mantenimiento y conservación.

DÉCIMA. Plazo de garantía.
Efectuada la recepción provisional, se iniciará un plazo de garantía hasta la recepción definitiva de las obras por parte de la propiedad, durante el cual el subcontratista se obliga a reparar los defectos de construcción a él imputables, con arreglo a las especificaciones e instrucciones del contratista y Dirección facultativa.

UNDÉCIMA. Medición general de las obras.
Durante los dos primeros meses del plazo de garantía se procederá de común acuerdo a la medición general de las obras. La medición de las partes ocultas de la obra podrá realizase durante el desarrollo de los trabajos.

Dentro de los quince días siguientes a la firma del acta de conformidad sobre la medición general efectuada, el subcontratista entregará al contratista relación valorada de la obra realizada. Desde la citada entrega, el contratista dispondrá igualmente de otro plazo de quince días, dentro del cual examinará la valoración y comunicará a la subcontratista su conformidad o disconformidad y consiguientes observaciones o reparos.

La parte contratista hará efectiva a la subcontratista el saldo, en su caso, resultante de la relación valorada, una vez efectuada las retenciones correspondientes según lo establecido en la cláusula decimosexta.

DUODÉCIMA. Recepción y liquidación definitiva de las obras.
El primer día hábil siguiente a la terminación del plazo de garantía, se levantará acta de recepción definitiva con los mismos requisitos que la de recepción provisional, quedando relevada la subcontratista a partir de dicho momento de toda responsabilidad respecto de ella, excepto la establecida en el artículo 1591 del Código Civil. De no formalizarse tal recepción en la fecha indicada y si ello fuera por causas ajenas al subcontratista, se tendrá por verificada en aquélla la recepción definitiva.

Dentro de los diez días siguientes a la fecha de recepción definitiva, se valorarán los trabajos efectuados dentro del plazo de garantía, siempre que no fuesen consecuencia de imperfecciones habidas en la ejecución de las obras imputables al subcontratista y se practicará la liquidación definitiva de toda la obra, dentro de los veinte días siguientes a la valoración anterior, abonándose al subcontratista el saldo, en su caso, y con devolución de las retenciones conforme a lo previsto en las cláusulas sexta y séptima.

DECIMOTERCERA. Obligaciones sociales y laborales del subcontratista.
El subcontratista está obligado al cumplimiento de las disposiciones vigentes en materia laboral, de Seguridad Social, y demás de seguridad e higiene en el traba-

jo, de acuerdo con la Reglamentación, convenio o norma que le sea de aplicación, y, especialmente, teniendo a todo el personal que participe en las obras objeto e este contrato de alta en Seguridad Social y amparado por póliza de seguro de accidentes de trabajo.

En relación a este apartado se obliga, además:

1.º A justificar documentalmente en cuanto se lo requiera la contrata el fiel y puntual cumplimiento de sus obligaciones en materia laboral y de seguridad social. Caso de no hacerlo, el contratista podrá suspender el abono de la facturación de los trabajos hasta tanto no se lleve a efecto tal justificación.

2.º Responderá especialmente de las infracciones cometidas por sus operarios en materia de seguridad e higiene.

3.º A mantener en vigor y hasta la terminación de este contrato, un seguro temporal de accidentes y el riesgo de incapacidad permanente y muerte con la entidad aseguradora ... con número de póliza ...

4.º A mantener igualmente en vigor y hasta la terminación de este contrato, un seguro que cubra los riesgos de responsabilidad civil y penal, con la entidad aseguradora ... con número de póliza ...

Se faculta al contratista a retener de las facturas las cantidades precisas para el abono de las cargas sociales y de los salarios devengados y cuando estime que el subcontratista no los ha satisfecho o pagado.

DECIMOCUARTA. Resolución del contrato.
Son causas de resolución de este contrato:

1.º El incumplimiento total o parcial de todas o algunas de las cláusulas convenidas en el mismo.

2.º El incumplimiento del inicio de las obras en la fecha pactada por parte del subcontratista.

3.º El abandono de la obra sin causa justificada o la negligencia en la ejecución de los trabajos por parte del subcontratista, todo ello a juicio de la Dirección facultativa.

4.º La resolución del contrato principal o de ejecución de obra.

5.º La muerte o, en su caso, la extinción de la personalidad jurídica de cualquiera de las partes contratantes, si los herederos o sucesores no quieren que se continúen las obras.

6.º La quiebra, suspensión de pago o concurso de acreedores de cualquiera de las partes contratantes, sin perjuicio de los derechos y acciones que a cada uno pueda corresponder.

7.º El mutuo acuerdo de las partes con los efectos que en el mismo se establezcan.

8.º La falta de capacidad laboral o técnica del subcontratista observada durante la ejecución de las obras.

En este sentido, la contratista se reserva expresamente, dada su responsabilidad frente a la propiedad, la facultad de resolver este contrato en cualquier momento, si a juicio de propiedad, y previo informe de la Dirección facultativa, si el desarrollo de las obras por el contratista no se ajusta al ritmo, calidad, diligencia o forma convenida.

En caso de resolución del contrato por causa imputable al subcontratista, perderá ésta las retenciones, las que se aplicarán los daños y perjuicios ocasionados al contratista, sin perjuicio de los derechos y acciones que le correspondiesen al contratista.

DECIMOQUINTA. Paralización de las obras.
Tal paralización suspenderá la ejecución de este contrato, salvo que exceda de tres meses, en cuyo caso se procederá a la liquidación de las obras según lo prevenido en las cláusulas novena, undécima, duodécima y decimosexta.

DECIMOSEXTA. Finiquito.
A la terminación de los trabajos y para el abono resultante de la medición general de las obras, el subcontratista firmará el correspondiente recibo finiquito y acreditará que no queda pendiente de abono alguno de materiales, mano de obra, pago e impuestos, seguros y cargas sociales o reclamaciones laborales respecto del personal empleado en estas obras.

DECIMOSÉPTIMA. Impuestos.
Todos los impuestos y tributos, excepto el IVA, que puedan afectar al presente contrato o ejecución de los trabajos a que el mismo se refiere, así como los gastos que en su caso pudieran derivarse de su elevación a escritura pública, serán de cuenta del subcontratista.

DECIMOCTAVA. Plazos.
Los plazos aludidos en el presente contrato se entenderán según el cómputo civil establecido en el artículo 5 del Código Civil.

DECIMONOVENA. Sumisión expresa.
Ambas partes, con renuncia expresa al fuero propio, se someten a los Juzgados y Tribunales del Partido Judicial de ...

Y en prueba de conformidad, firman el presente documento anexo, por duplicado, en el lugar y fecha al principio indicados, quedando un ejemplar del mismo en poder de cada parte contratante.

§5. ENTES JURÍDICOS: COMUNIDAD DE BIENES, SOCIEDAD CIVIL Y ASOCIACIONES

117

Comunidad De Bienes. Empresa

En la ciudad de ..., a ... de ... de ...

REUNIDOS

Don/Doña ..., mayor de edad, de estado civil[1]: ... 1.º soltero/a o separado/a o divorciado/a; 2.º casado/a bajo el régimen económico-matrimonial de ... con Doña/Don ..., vecino/a de ..., domiciliado/a en ..., con DNI número ...

Don/Doña ..., mayor de edad, de estado civil: ... 1.º soltero/a o separado/a o divorciado/a; 2.º casado/a bajo el régimen económico-matrimonial de ... con Doña/Don ..., vecino/a de ..., domiciliado/a en ..., con DNI número ...

Don/Doña ..., mayor de edad, de estado civil: ... 1.º soltero/a o separado/a o divorciado/a ; 2.º casado/a bajo el régimen económico-matrimonial de ... con Doña/Don ..., vecino/a de ..., domiciliado/a en ..., con DNI número ...

Don/Doña ..., mayor de edad, de estado civil: ... 1.º soltero/a o separado/a o divorciado/a ; 2.º casado/a bajo el régimen económico-matrimonial de ... con Doña/Don ..., vecino/a de ..., domiciliado/a en ..., con DNI número ...

INTERVIENEN

Todos lo efectúan en su propio nombre y derecho, y se reconocen recíprocamente capacidad legal bastante para otorgar el presente documento, conforme al cual:

[1] Entendemos conveniente la constancia de todos esos datos y/o alternativas, dado que la comunidad de bienes carece de personalidad jurídica propia, y el Código Civil proclama la responsabilidad patrimonial universal en su artículo 1911.

DECLARAN

PRIMERO. Los comparecientes han decidido iniciar su actividad por cuenta propia para la realización de trabajos de albañilería y todo tipo de pequeñas reparaciones domésticas.

SEGUNDO. Han decidido ejercer dicha actividad bajo el régimen de COMUNIDAD DE BIENES, lo que llevan a efecto bajo las siguientes:

ESTIPULACIONES

PRIMERA. Los comparecientes Don ..., Don ..., Don ... y Don ..., inician en el día de hoy la actividad por cuenta propia de trabajos de albañilería y todo tipo de pequeñas reparaciones domésticas, constituyendo al efecto la presente comunidad de bienes, que se regirá por las estipulaciones de este documento y por los preceptos del Código Civil en lo no previsto expresamente en aquéllas.

SEGUNDA. La denominación de la comunidad de bienes es la de ..., si bien, comercialmente se utilizará la denominación de «..., C.B.».

TERCERA. El domicilio de la comunidad se ubica en ..., calle ... .

CUARTA. La duración de la comunidad será indefinida.

QUINTA. El capital de la comunidad es de ... euros, importe total de las aportaciones que cada uno de los comuneros pone a disposición de la comunidad.

SEXTA. Aportaciones que cada comunero pone a disposición de la comunidad:

Don ..., el local en planta baja de su propiedad, sito en ..., calle ..., planta baja, con un valor de ... euros.

Don ..., las herramientas y maquinaria precisa para el desarrollo de la actividad de la comunidad, las que se relacionan en inventario anexo a este documento, y por un valor total de ... euros.

Don ..., la furgoneta marca y modelo ..., matrícula ..., y por un valor de ... euros.

Don ..., la cantidad en metálico de ... euros que en el día de hoy ingresa en cuenta corriente conjunta de los cuatro comuneros abierta con el número ... en la entidad ..., sita en ... calle ...

Las aportaciones de cada comunero suponen en relación al total del negocio u objeto de la comunidad el 25% del mismo, siendo por tanto igual la participación de cada uno de ellos en dicho objeto.

Los comuneros se comprometen y obligan a efectuar las aportaciones que requiera el normal desarrollo del objeto de la comunidad, así como al abono de todos los gastos de conservación o mantenimiento que fueran precisos.

SÉPTIMA. Cada comunero participa en las ganancias y contribuye a los gastos en proporción igual al valor de la cuota aportada.

OCTAVA. La gestión y administración de la comunidad corresponderá a los cuatro comuneros, quienes recíprocamente deberán darse cuenta de las gestiones realizadas.

Todos los encargos, trabajos o peticiones que se cursen a la comunidad se registrarán en un «Libro de trabajos», y en él se especificarán los datos relativos al cliente, al comienzo y terminación del mismo y el importe facturado.

Cada importe facturado deberá ser ingresado en la cuenta corriente conjunta de que dispone la comunidad.

Por meses vencidos se efectuará la liquidación de ingresos y gastos y el reparto de beneficios.

NOVENA. La dirección de la comunidad se ejercitará por cada comunero con carácter rotatorio y por un plazo de un año a contar desde la fecha de este documento.

DÉCIMA. Causas de disolución de la comunidad:

1.º Mutuo acuerdo.
2.º A petición de cualquier comunero, una vez transcurridos diez años desde el inicio de la comunidad.
3.º Situación de insolvencia patrimonial y procedimiento judicial al respecto.
4.º No rentabilidad de la explotación del negocio a partir de los cinco años de vigencia de la comunidad. Se entenderá que existe falta de rentabilidad cuando, deducidos gastos, los beneficios fueran inferiores al ... por ciento del capital inicial invertido.

UNDÉCIMA. Fallecimiento de uno de los comuneros.
El fallecimiento de uno de los comuneros no extingue la comunidad, sin perjuicio del derecho de su cónyuge supérstite y/o heredero o herederos a continuar en

la comunidad, con la cuota, derechos y obligaciones que hubiesen correspondido al causante, o sea, asumiendo la posición jurídica del causante.

A tal fin, producido el fallecimiento de uno de los comuneros, los otros restantes deben comunicar de inmediato y de forma fehaciente a su cónyuge supérstite y/o heredero o herederos del fallecido, la posibilidad de subrogarse en la posición jurídica del fallecido.

Si el cónyuge supérstite y/o sus herederos nada contestaran fehacientemente en el plazo de tres meses a contar desde el día siguiente al de la recepción de la comunicación, la comunidad continuará con los comuneros vivos sin perjuicio de la liquidación de los beneficios pendientes del fallecido.

Si la comunidad continuara sólo con los comuneros vivos, entonces:

a. Se procederá a liquidar al cónyuge supérstite y/o herederos del fallecido la participación del mismo que estuviera pendiente de liquidar al producirse el fallecimiento.
b. El valor de la cuota de participación de los comuneros vivos será entonces susceptible de revisión o adaptación, procediéndose a dividir por iguales partes la cuota del fallecido en defecto de acuerdo en contra.

DUODÉCIMA. Disuelta la comunidad por cualquier causa, se llevará a cabo su liquidación por gestión conjunta de los comuneros, fijándose las partidas de activo y de pasivo, y repartiendo el capital resultante en proporción a sus respectivas cuotas.

Para la resolución de cualquier cuestión o controversia que se suscitara en la liquidación de la comunidad, los comuneros deciden encomendar la decisión de la misma a un árbitro y de conformidad con lo establecido en la Ley 36/1988, de 5 de diciembre , de Arbitraje.

DECIMOTERCERA. El presente documento podrá ser elevado a público u otorgada la correspondiente escritura pública, siendo los gastos e impuestos que de ello se deriven en proporción a la cuota o porcentaje de cada comunero.

Y en prueba de conformidad, firman el presente documento por quintuplicado, en el lugar y fecha al principio indicados.

118

Comunidad De Bienes. Comercialización De Productos

En la ciudad de ..., a ... de ... de ...

REUNIDOS

Don/Doña ..., mayor de edad, de estado civil[2]: 1.º soltero/a o separado/a o divorciado/a ; 2.º casado/a bajo el régimen económico-matrimonial de ... con Doña/Don ..., vecino/a de ..., domiciliado/a en ..., con DNI número ...

Don/Doña ..., mayor de edad, de estado civil: ... 1.º soltero/a o separado/a o divorciado/a ; 2.º casado/a bajo el régimen económico-matrimonial de ... con Doña/Don ..., vecino/a de ..., domiciliado/a en ..., con DNI número ...

Don/Doña ..., mayor de edad, de estado civil: ... 1.º soltero/a o separado/a o divorciado/a ; 2.º casado/a bajo el régimen económico-matrimonial de ... con Doña/Don ..., vecino/a de ..., domiciliado/a en ..., con DNI número ...

INTERVIENEN

Todos lo efectúan en su propio nombre y derecho, y se reconocen recíprocamente capacidad legal bastante para otorgar el presente documento, conforme al cual:

DECLARAN

PRIMERO. Los comparecientes han decidido iniciar su actividad por cuenta propia para la comercialización, venta y reparación de máquinas y demás material de oficina.

---

2 *Vid.* nota formulario 117.

SEGUNDO. Han decidido ejercer dicha actividad bajo el régimen de COMUNIDAD DE BIENES, lo que llevan a efecto bajo las siguientes:

ESTIPULACIONES

PRIMERA. Los comparecientes Don/Doña ..., Don/Doña ... y Don/Doña ..., inician en el día de hoy la actividad por cuenta propia para la comercialización, venta y reparación de máquinas y demás material de oficina, constituyendo al efecto en este acto la presente comunidad de bienes, que se regirá por las estipulaciones de este documento y por los preceptos del Código Civil en lo no previsto expresamente en aquéllas.

SEGUNDA. La denominación de la comunidad de bienes es la de ..., si bien, comercialmente se utilizará la denominación de «..., C.B.».

TERCERA. El domicilio de la comunidad se ubica en ..., calle ...

CUARTA. La duración de la comunidad será indefinida.

QUINTA. El capital de la comunidad es de ... euros, a razón de ... euros por cada uno de los comuneros, participando de la comunidad cada comunero por terceras partes indivisas.

SEXTA. La gestión y administración de la comunidad corresponderá a los tres cotitulares, debiendo dar cuenta recíprocamente de las gestiones realizadas.

SÉPTIMA. Serán causas de disolución de la comunidad las establecidas en la Ley. Caso de fallecimiento de uno, podrá ser sustituido por sus herederos, quienes deberán designar un representante que será quien ejerza la actividad laboral que correspondía al fallecido.

OCTAVA. Cada comunero ha causado el alta correspondiente en la Seguridad Social.

Y en prueba de conformidad, firman el presente documento en el lugar y fecha al principio indicados.

119

COMUNIDAD DE BIENES. APROVECHAMIENTO DE SOLAR. EDIFICACIÓN Y VENTA DE VIVIENDAS

En la ciudad de ..., a ... de ... de ...

REUNIDOS

Don/Doña ..., mayor de edad, de estado civil[3]: ... 1.º soltero/a o separado/a o divorciado/a; 2.º casado/a bajo el régimen económico-matrimonial de ... con Doña/Don ..., vecino/a de ..., domiciliado/a en ..., con DNI número ...

Don/Doña ..., mayor de edad, de estado civil: ... 1.º soltero/a o separado/a o divorciado/a; 2.º casado/a bajo el régimen económico-matrimonial de ... con Doña/Don ..., vecino/a de ..., domiciliado/a en ..., con DNI número ...

Don/Doña ..., mayor de edad, de estado civil: ... 1.º soltero/a o separado/a o divorciado/a; 2.º casado/a bajo el régimen económico-matrimonial de ... con Doña/Don ..., vecino/a de ..., domiciliado/a en ..., con DNI número ...

INTERVIENEN

Todos lo efectúan en su propio nombre y derecho, y se reconocen recíprocamente capacidad legal bastante para otorgar el presente documento, conforme al cual ...

DECLARAN

PRIMERO. Los comparecientes son dueños por terceras partes indivisas de un solar sito en ..., término municipal de ..., calle ..., de unos ... metros cuadrados, que constituye la finca registral número ... del Registro de la Propiedad Número ... de ...

---

3 *Vid.* nota formulario 117.

SEGUNDO. Habiendo convenido otorgar el presente documento para constitución de COMUNIDAD DE BIENES, lo que llevan a efecto en este acto y bajo las siguientes:

ESTIPULACIONES

PRIMERA. Los comparecientes crean en este acto la comunidad de bienes con la denominación de ...

SEGUNDA. El objeto de la comunidad es la construcción y posterior venta de un edificio de viviendas y, en su caso, locales comerciales, garajes y trasteros.

TERCERA. El domicilio de la comunidad se ubica en ..., calle ...

CUARTA. La duración de la comunidad será hasta la venta de la última vivienda o finca del edificio a construir.

QUINTA. El capital de la comunidad es de ... euros, a razón de ... euros por cada uno de los comuneros, participando de la comunidad cada comunero por terceras partes indivisas.

SEXTA. El reparto de beneficios será por terceras e iguales partes.

SÉPTIMA. La gestión y administración de la comunidad corresponderá a los tres cotitulares, debiendo dar cuenta recíprocamente de las gestiones realizadas.

Los comuneros se comprometen a llevar contabilidad conjunta a efectos fiscales, realizando a su vez en sus contabilidades individuales mención expresa a aquélla, que servirá de soporte a éstas.

OCTAVA. La dirección de la comunidad se ejercitará por cada uno con carácter rotatorio, y por plazo de un año.

NOVENA. La comunidad de bienes podrá ser resuelta por común acuerdo, a cuyo fin bastará que cualquiera de los comuneros lo solicite a los demás de forma fehaciente, procediendo a liquidar las cuentas de proveedores, cobros a clientes etc., cobrando por iguales partes el resultado líquido, o desembolsando en la misma proporción las cantidades que se adeuden.

Y en prueba de conformidad, firman el presente documento en el lugar y fecha al principio indicados.

120

SOCIEDAD CIVIL. DOCUMENTO PRIVADO

En ..., a ... de ... de ...

REUNIDOS

De una parte, Don/Doña ..., mayor de edad, de estado civil ..., de profesión ..., vecino/a de ..., con domicilio en calle ..., y DNI número ...

Y de otra, Don/Doña ..., mayor de edad, de estado civil ..., de profesión ..., vecino/a de ..., y DNI número ...

INTERVIENEN

Ambos comparecientes en su propio nombre y derecho, y reconociéndose recíprocamente la capacidad legal bastante para el otorgamiento de este contrato de sociedad civil[4], es por lo que de común acuerdo:

---

[4] *Vid.* artículos 1665, 1667, 1668, 1669 y 1678 del Código Civil.

De la jurisprudencia de nuestro Tribunal Supremo podemos destacar, entre otros, los siguientes extremos:

1. Forma: Nuestro Tribunal Supremo configura el contrato de sociedad como esencialmente consensual, y aplicable al mismo los principios de libertad de forma consagrados en los artículos 1278, 1279 y 1280 del Código Civil, por lo que entiende válido el contrato verbal de sociedad, todo ello sin perjuicio de las consecuencias internas y para con terceros.

Así pues, el contrato de sociedad va a ser válido aunque sea verbal o conste por documento privado, en cuyo caso, es decir, de ausencia de escritura pública aun en el caso de aportación de bienes inmuebles o derechos reales, tendrá plena eficacia entre las partes (sociedad irregular o de hecho), quienes se regirán por las normas de comunidad de bienes, pero no frente a terceros, pues la sociedad no tendrá una personalidad jurídica distinta a la de sus socios.

Entre otras, citamos las siguientes sentencias : 7.3.1927; 5.7.1940; 15.10.1940; 20.3.1943; 12.6.1950; 28.6.1950; 12.12.1955; 28.1.1957; 3.3.1960; 21.5.1960; 19.4.1972; 5.11.1978; 10.11.1978; 5.7.1982 (LA LEY, 1982-4, 396); 15.6.1984; 5.5.1986 (LA LEY, 1986-3, 155); 22.12.1986 (LA LEY, 1987-1, 588); 9.10.1987 [LA LEY, 1988-1, 722 (9750-R)]; 13.3.1989 (Archivo La Ley, 1989, 1-475); 21.6.1990 [LA LEY, 1990-4, 752 (13119-R)]; 6.11.1991 (LA LEY, 1992-1, 398); 24.7.1993 (LA LEY, 1993-4, 377); 5.2.1994 (Archivo La Ley, 1994, 391); 9.10.1995 [LA LEY, 1995-4, 731 (17088-R)], 29.9.2997, 13.2.1998, 12.4.2000, 4.6.2001.

DECLARAN Y CONVIENEN

PRIMERO. Don/Doña ..., como administrador único de la entidad mercantil ...., ha instalado en ... una sucursal de la misma, cuyos gastos de estructura y montaje han sido de su exclusiva cuenta.

SEGUNDO. Para la explotación de la oficina montada en ..., a que se refiere la cláusula anterior, los comparecientes han llegado a un acuerdo para la colaboración en el desenvolvimiento de las gestiones, estableciendo una sociedad de carácter civil, que se refiere exclusivamente al funcionamiento de la oficina de ... antes mencionada.

La colaboración de Don/Doña ... se efectuará de forma y modo que dedique el tiempo necesario para el desenvolvimiento de su trabajo, teniendo plena libertad para prestar su colaboración, en la forma y modo que estime más convenientes,

---

2. Personalidad jurídica:

STS 30.4.1982 (LA LEY, 1982-3, 394): «Este contrato constituye una persona jurídica distinta de la de los socios, salvo en el supuesto de sociedad irregular (artículo 1669 del Código Civil)» (entre otras también 4.6.2001).

STS 20.7.1989 (LA LEY, 1989-4, 624): La personalidad jurídica de la sociedad subsiste hasta el fin de las operaciones liquidadoras.

3. Socios: derechos, obligaciones y responsabilidad.

Derechos: Estudia por ejemplo, la jurisprudencia, el derecho que tienen los herederos del socio fallecido a percibir los beneficios a que tuviese derecho en la sociedad su causante, así como el derecho de esos herederos a la restitución de los bienes aportados por el causante a su valor al tiempo del fallecimiento del socio-causante (STSJ Cataluña 3.4.1995).

Obligaciones: Entre otras, nuestro Tribunal Supremo considera las siguientes:

1. Aportar aquello a lo que se hubiese comprometido el socio al tiempo de constituir la sociedad, y, si no lo efectúa, la sociedad nace, pero el socio se convierte en deudor de la sociedad (STS 2.6.1981).
2. Fidelidad al interés común y prevalencia de éste: «El interés particular ha de respetar el interés social, libremente asumido por el socio, y ha de estar limitado por la subordinación del interés personal del socio al interés social, que debe ser preferido» [STS 6.3.1992 (LA LEY, 1993-1, 303)].

Responsabilidad: Subsidiaria y mancomunada por las deudas de la sociedad [STS 3.4.1995 (LA LEY, 1995-2, 189)].

4. Administración. Destacamos los siguientes particulares:

1. El socio administrador, cuyo nombramiento se efectúa en el contrato social y directamente vinculado con la *affectio societatis,* no puede ser removido o destituido si no media causa legítima —STS. 26.2.1990 [LA LEY, 1990-2, 803 (12820-R]—, STS 24.12.1997.
2. Pérdidas y ganancias: para su reparto habrá que estar, en primer lugar, a lo pactado, y, en segundo lugar y ante la inexistencia de pacto, el reparto será por igual —STS. 2.6.1981 [LA LEY, 1981-4, 703 (1851-R)] y 29.1.1983 (LA LEY, 1983-2, 619)—.

5. Extinción de la sociedad. Nuestro Tribunal Supremo estudia como causas de extinción las siguientes:

1. Por finalización del objeto social o negocio que servía de objeto.
2. Por voluntad de los socios.
3. Por voluntad o renuncia de uno o varios socios.
4. Por imposibilidad de cumplimiento del objeto social.
5. Parcial, si se retira un socio.

Al respecto citamos, entre otras, las siguientes Sentencias 11431-R, 15.3.1989, 931.

para obtener el mejor resultado que, a los fines mercantiles de ambos comparecientes interesan.

TERCERO. Ambos comparecientes se informarán mutuamente de las iniciativas y resultado, que sean necesarias para el mejor desarrollo de las actividades de la oficina en ..., y en caso de discrepancia será el Don/Doña ... quien decida las directrices más convenientes para el desenvolvimiento de los fines que se estimen más correctos para las operaciones a realizar, que se ajustarán a las normas de seriedad, formalidad y responsabilidad que caracteriza a la empresa de Don/Doña ....

CUARTO. Don/Doña ..., tendrá una participación en esta sociedad particular de carácter civil, que forman mediante este documento, consistente en el ... % de los beneficios netos obtenidos en las operaciones, cuyos beneficios le serán liquidados por años naturales.

Hasta tanto no se liquiden los beneficios correspondientes al presente año, Don/Doña ..., podrá retirar a cuenta de los mismos la cantidad de ... euros mensuales, en concepto de anticipo a sus beneficios, siendo computadas las cantidades que retire al efectuarse la liquidación de éstos.

QUINTO. Todos los gastos que se puedan producir por el desarrollo de las actividades de Don/Doña ..., tales como desplazamientos, manutención en los mismos, teléfono fuera del despacho de la Sucursal de la mercantil, y atenciones, serán por cuenta de la citada mercantil, a efectos de cómputo en los gastos generales, y siempre que se justifique debidamente.

SEXTO. La duración de la presente asociación, será por tiempo indefinido, pudiéndose dar por terminada cuando así conviniera a cualquiera de los comparecientes, avisándose mutuamente con tres meses como mínimo de antelación. Una vez finalizado el presente contrato de sociedad, se liquidarían los beneficios y cantidades recibidas a cuenta en la forma acordada en el punto cuarto, dentro del mes siguiente a la disolución de estos acuerdos.

SÉPTIMO. Don/Doña ..., se compromete a prestar sus conocimientos profesionales en la forma y modo que sean necesarios, para el mejor desenvolvimiento de esta sociedad, y por su parte Don/Doña ... no podrá contratar a persona alguna para que colabore en la oficina, a que se refiere el presente contrato de asociación, sin el previo conocimiento y consentimiento de aquél, al objeto de que no se graven los gastos generales en detrimento de la participación en beneficios que al mismo corresponde.

Y en prueba de conformidad, firman el presente documento, por duplicado, en el lugar y fecha al principio consignados, quedando un ejemplar en poder de cada parte contratante.

121

Sociedad Civil. Desarrollo De Profesión. Documento Privado

En ..., a ... de ... de ...

REUNIDOS

De una parte, Don/Doña ..., mayor de edad, de estado civil ..., de profesión veterinario[5], vecino/a de ..., con domicilio en calle ..., y DNI número ...

Y de otra, Don/Doña ..., mayor de edad, de estado civil ..., de profesión veterinario, vecino/a de ..., y DNI número ...

INTERVIENEN

Ambos comparecientes en su propio nombre y derecho, y reconociéndose recíprocamente la capacidad legal bastante para el otorgamiento de este contrato de sociedad civil, es por lo que de común acuerdo la constituyen en este acto, conforme a las siguientes:

ESTIPULACIONES

PRIMERA. Objeto social.
El objeto de la sociedad es la explotación de un negocio de consultorio canino y clínica veterinaria en general[6].

SEGUNDA. Duración de la sociedad.
Se fija con carácter indefinido, si bien se fija como mínimo y obligatorio el plazo de ... años a contar desde la fecha de este documento, en que comienzan sus operaciones.

---

[5] O profesión u oficio de que se trate.

[6] Negocio o desarrollo de profesión de que se trate.

TERCERA. Denominación de la sociedad.
La sociedad se denominará ...

CUARTA. Domicilio de la sociedad.
La sociedad se ubica en ..., calle ...

QUINTA. Aportaciones de los socios. Régimen económico.
Don/Doña ... aporta la propiedad[7] del local comercial sito en planta baja, en calle ... de ..., por un valor de ... euros, así como la cantidad en metálico de ... euros que entrega en este acto.

Don/Doña ... aporta la propiedad del local comercial sito en planta baja, en calle ... de ..., contiguo por tanto al anterior citado, por su valor de ... euros, así como el mobiliario, enseres e instrumental preciso para el desarrollo de la profesión y que se valora en la cantidad de ... euros.

Además, cada socio contribuirá con su trabajo personal, si bien la dirección, gerencia y atención estará a cargo exclusivo de Don/Doña ...

Las ganancias o ingresos y las pérdidas o gastos se dividirán y sufrirán, respectivamente, por mitad.

Como gastos a cargo de la sociedad se incluyen entre otros los siguientes:

1.º ...
2.º Los de mantenimiento de los locales en que se desarrolla el negocio.
3.º Los de adquisición de todo tipo de material veterinario, incluido el sanitario, farmacológico y de instrumental.
4.º Los de todo tipo de impuestos que graven la propiedad de los locales y el desarrollo en sí de la profesión y explotación del negocio, a excepción del impuesto sobre la renta personal de cada socio como persona física.
5.º Los de alta y cuotas en el correspondiente régimen de la Seguridad Social de cada socio.
6.º Cualquier otro que con tal carácter se acuerde por unanimidad de los socios. Se considerará como ganancia ingresada en metálico y/o en especie durante el ejercicio económico, y después de deducidos todos los gastos.

Como el ejercicio económico se entiende se inicia el día 1 de enero y termina el día 31 de diciembre, o sea, por años naturales, mensualmente se practicarán liquidaciones provisionales de ganancias entre los socios, sin perjuicio de lo que resul-

[7] Especificar si se aporta la propiedad o el uso.

te del total desarrollo del ejercicio económico y, por tanto, con los reajustes que a tal fin procedan.

La contabilidad se llevará en libros ..., debidamente foliados, que podrán ser examinados por cualquiera de los socios.

SEXTA. Extinción y disolución de la sociedad.
Sólo se producirá por las siguientes causas:

1.ª Por renuncia o acuerdo de todos los socios.
2.ª Por imposibilidad de cumplimiento del objeto social.
3.ª A petición de cualquier de los socios, transcurridos ... años desde su constitución.

SÉPTIMA. En lo no previsto expresamente en este contrato, se aplicarán las normas del Código Civil y del Código de Comercio y demás leyes mercantiles que le sean de aplicación.

Y en prueba de conformidad firman el presente documento, por duplicado, en el lugar y fecha al principio indicados, quedando un ejemplar en poder de cada parte contratante.

122

SOCIEDAD CIVIL. DESARROLLO DE PROFESIÓN. ESCRITURA PÚBLICA

NÚMERO (Protocolo)

En ..., a ... de ... de ...

Ante mí, Don/Doña ..., Notario del Ilustre Colegio de ...

COMPARECEN

De una parte, Don/Doña ..., mayor de edad, de estado civil ..., de profesión veterinario[8], vecino/a de ..., con domicilio en calle ..., y DNI número ... Y de otra, Don/Doña ..., mayor de edad, de estado civil ..., de profesión veterinario, vecino/a de ..., y DNI número ...

INTERVIENEN

Ambos comparecientes en su propio nombre y derecho.

Le identifico por su documento nacional de identidad.

Les juzgo con la capacidad legal bastante para el otorgamiento de esta escritura de CONSTITUCIÓN DE SOCIEDAD CIVIL, y al efecto:

EXPONEN

I. Que ambos comparecientes son titulados en veterinaria.

II. Habiendo convenido el otorgamiento de este instrumento, constituyen la sociedad civil conforme a las estipulaciones que a continuación se pactan, que servirán como estatutos de la presente sociedad, así como conforme a la relación o inventario de bienes inmuebles y derechos reales firmada por los comparecientes

[8] O profesión u oficio de que se trate.

y que figura en el documento que se une a esta matriz, y que queda incorporada a la misma para ser facilitada en la expedición de las copias que de la misma se solicitaren.

III. Y dicho todo lo anterior.

ESTIPULAN

PRIMERO. Objeto social.
El objeto de la sociedad es la explotación de un negocio de consultorio canino y clínica veterinaria en general[9].

SEGUNDO. Duración de la sociedad.
Se fija con carácter indefinido, si bien se fija como mínimo y obligatorio el plazo de ... años a contar desde la fecha de este instrumento, fecha que coincide con la de inicio sus operaciones o actividades.

TERCERO. Denominación de la sociedad.
La sociedad se denominará ...

CUARTO. Domicilio de la sociedad.
La sociedad se ubica en ..., calle ...

QUINTO. Aportaciones de los socios. Régimen económico.
Don/Doña ... aporta la propiedad[10] del local comercial sito en planta baja, en calle ... de ..., por un valor de ...euros, así como la cantidad en metálico de ... euros que entrega en este acto.

Don/Doña ... aporta la propiedad del local comercial sito en planta baja, en calle ... de ..., contiguo por tanto al anterior citado, por su valor de ... euros, así como el mobiliario, enseres e instrumental preciso para el desarrollo de la profesión y que se valora en la cantidad de ... euros.

Además, cada socio contribuirá con su trabajo personal, si bien la dirección, gerencia y atención estará a cargo exclusivo de Don/Doña ...

Las ganancias o ingresos y las pérdidas o gastos se dividirán y sufrirán, respectivamente, por mitad.

---

[9] Negocio o desarrollo de profesión de que se trate.

[10] Especificar si se aporta la propiedad o el uso.

Como gastos a cargo de la sociedad se incluyen entre otros los siguientes:

1.º ...
2.º Los de mantenimiento de los locales en que se desarrolla el negocio.
3.º Los de adquisición de todo tipo de material veterinario, incluido el sanitario, farmacológico y de instrumental.
4.º Los de todo tipo de impuestos que graven la propiedad de los locales y el desarrollo en sí de la profesión y explotación del negocio, a excepción del impuesto sobre la renta personal de cada socio como persona física.
5.º Los de alta y cuotas en el correspondiente régimen de la Seguridad Social de cada socio.
6.º Cualquier otro que con tal carácter se acuerde por unanimidad de los socios.

Se considerará como ganancia ingresada en metálico y/o en especie durante el ejercicio económico, y después de deducidos todos los gastos.

Como el ejercicio económico se entiende se inicia el día 1 de enero y termina el día 31 de diciembre, o sea, por años naturales, mensualmente se practicarán liquidaciones provisionales de ganancias entre los socios, sin perjuicio de lo que resulte del total desarrollo del ejercicio económico y, por tanto, con los reajustes que a tal fin procedan.

La contabilidad se llevará en libros ..., debidamente foliados, que podrán ser examinados por cualquiera de los socios.

SEXTA. Extinción y disolución de la sociedad.
Sólo se producirá por las siguientes causas:

1.ª Por renuncia o acuerdo de todos los socios.
2.ª Por imposibilidad de cumplimiento del objeto social.
3.ª A petición de cualquiera de los socios, transcurridos ... años desde su constitución.

SÉPTIMA. En lo no previsto expresamente en este instrumento, se aplicarán las normas del Código Civil y del Código de Comercio y demás leyes mercantiles que le sean de aplicación.

OTORGAMIENTO Y AUTORIZACIÓN

Hago las reservas y advertencias legales y fiscales.

En particular y a efectos fiscales advierto de las obligaciones y responsabilidades tributarias que incumben a las partes en su aspecto material, formal y sancionador, y de las consecuencias de toda índole que se derivarían de la inexactitud de sus declaraciones.

Por su elección les leo el contenido de esta escritura, advertidos de su derecho a hacerlo por sí, del cual no usan, lo encuentran conforme y firman conmigo, el/la Notario, que doy fe de haberles identificado por sus respectivos documentos de identidad que me exhiben y devuelvo, así como del total contenido de este instrumento público, el cual queda extendido en ... folios de serie ..., números ... el presente y los ... posteriores correlativos.

(Documento unido: inventario.)

123

SOCIEDAD CIVIL. EXPLOTACIÓN DE UN NEGOCIO. DOCUMENTO PRIVADO

En ..., a ... de ... de ...

REUNIDOS

Don/Doña ..., mayor de edad, de estado civil: ... 1.º soltero/a o separado/a o divorciado/a; 2.º casado/a bajo el régimen económico-matrimonial de ... con Doña/Don ..., vecino/a de ..., domiciliado/a en ..., con DNI número ...

Don/Doña ..., mayor de edad, de estado civil: ... 1.º soltero/a o separado/a o divorciado/a; 2.º casado/a bajo el régimen económico-matrimonial de ... con Doña/Don ..., vecino/a de ..., domiciliado/a en ..., con DNI número ...

Don/Doña ..., mayor de edad, de estado civil: ... 1.º soltero/a o separado/a o divorciado/a; 2.º casado/a bajo el régimen económico-matrimonial de ... con Doña/Don ..., vecino/a de ..., domiciliado/a en ..., con DNI número ...

Don/Doña ..., mayor de edad, de estado civil: ... 1.º soltero/a o separado/a o divorciado/a; 2.º casado/a bajo el régimen económico-matrimonial de ... con Doña/Don ..., vecino/a de ..., domiciliado/a en ..., con DNI número ...

Don/Doña ..., mayor de edad, de estado civil: ... 1.º soltero/a o separado/a o divorciado/a ; 2.º casado/a bajo el régimen económico-matrimonial de ... con Doña/Don ..., vecino/a de ..., domiciliado/a en ..., con DNI número ...

INTERVIENEN

Todos los comparecientes lo efectúan en su propio nombre y derecho, y reconociéndose recíprocamente la capacidad legal bastante para el otorgamiento de este contrato de sociedad civil , es por lo que de común acuerdo la constituyen en este acto, conforme a las siguientes:

ESTIPULACIONES

PRIMERA. Objeto social.
El objeto de la sociedad es la promoción de la construcción y posterior venta de viviendas en un solar sito en ...

SEGUNDA. Duración de la sociedad.
La duración de la sociedad se fija en ... años a contar desde la fecha de este documento, en que comienza su actividad; plazo que se considera suficiente para el desarrollo del objeto social.

TERCERA. Denominación de la sociedad.
La sociedad se denominará ...

CUARTA. Domicilio de la sociedad.
La sociedad se ubica en ..., calle ...

QUINTA. Aportaciones de los socios. Régimen económico.
La sociedad se constituye con un capital social de ... euros, como consecuencia de la aportación y desembolso por cada socio de ... euros, lo que fija la valoración de la participación de cada uno en el total de la sociedad en el ... % del volumen total.

Dicho porcentaje será el tenido en cuenta para la partición entre los socios de los beneficios y pérdidas.

Las ganancias partibles se concretarán en razón de la diferencia existente entre el real costo de la obra ejecutada y el precio que como valor en venta sea atribuible a la misma.

Como gastos a cargo de la sociedad se incluyen entre otros los siguientes:

1.º ...
2.º Los de todo tipo de impuestos que graven el desarrollo y explotación del negocio, a excepción del impuesto sobre la renta personal de cada socio como persona física.
3.º Cualquier otro que con tal carácter se acuerde por unanimidad de los socios.

El ejercicio económico se entiende se inicia el día 1 de enero y termina el día 31 de diciembre.

La contabilidad se llevará en libros ..., debidamente foliados, que podrán ser examinados por cualquiera de los socios.

SEXTA. Gobierno y representación de la sociedad.

El órgano de gobierno es la «Junta de Socios», integrada por todos ellos, y que se reunirá con carácter obligatorio una vez cada seis meses desde la fecha de su constitución para examinar la gestión social y el balance.

Sin perjuicio de ello, los socios podrán reunirse cuantas veces estimen conveniente. A la Junta corresponde deliberar y decidir todo lo relativo a la organización y cumplimiento de los fines sociales y, por tanto, la ampliación de capital social y modificación del régimen social.

Para la válida celebración de reuniones, deberá citarse a los socios con al menos quince días naturales de antelación al día fijado para la reunión.

Los acuerdos serán tomados por mayoría de socios, y extendidos en un libro de actas que llevarán los socios administradores y firmarán todos los asistentes.

La gestión, administración y representación de la sociedad se confiere anualmente a dos socios, elegidos por la Junta y a quienes especialmente se les confiere:

1.º Intervención, representación y gestión en todo tipo de actividades, y expresamente civiles, mercantiles y administrativas.
2.º Celebrar todo tipo de actos, negocios o contratos relativos al objeto social, sin perjuicio de dar cuenta a la Junta de socios.
3.º Comparecer en nombre de la sociedad ante cualquier tipo o clase de autoridad, funcionario, agente, establecimientos y entidades, ya públicos o privados.
4.º Representar a la sociedad en todo tipo de procedimiento y jurisdicciones, incluida la constitucional.

En este acto de constitución, se nombra socios administradores a Don/Doña ... y a Don/Doña ...

OCTAVA. Prohibición de concurrencia.

Se prohíbe a los socios llevar a cabo operaciones por sí o por medio de otra persona o entidad con igual actividad u objeto social que la sociedad que en este acto se constituye.

NOVENA. Extinción de la cualidad de socio.

Son causas de extinción, voluntaria o no, de la cualidad de socio, las siguientes:

1.ª Infracción de la prohibición de concurrencia, que se entenderá expresamente como falta de lealtad a la sociedad.

2.ª Cualquier situación de insolvencia patrimonial, provisional o definitiva del socio, y en especial, su quiebra o suspensión de pagos.

3.ª El embargo o, en general, la realización forzosa, del patrimonio del socio o de su cuota o porcentaje o participación social.

4.ª Voluntaria o a petición del socio, siendo receptivo el transcurso del tiempo de .... desde la constitución de la sociedad.

5.ª Por fallecimiento del socio, sin perjuicio de la transmisión de su cualidad o posición a su cónyuge supérstite y/o heredero.

DÉCIMA. Extinción y disolución de la sociedad.

Sólo se producirá por las siguientes causas:

1.ª Por renuncia o acuerdo de todos los socios.

2.ª Por imposibilidad de cumplimiento del objeto social.

3.ª Por cumplimiento del objeto social.

4.ª Por cualquier situación de insolvencia patrimonial, provisional o definitiva de la sociedad.

UNDÉCIMA. En lo no previsto expresamente en este contrato, se aplicarán las normas del Código Civil y del Código de Comercio y demás leyes mercantiles que le sean de aplicación.

Y en prueba de conformidad firman el presente documento, en el lugar y fecha al principio indicados, quedando un ejemplar en poder de cada parte contratante.

124

SOCIEDAD CIVIL. EXPLOTACIÓN DE UN NEGOCIO. ESCRITURA PÚBLICA

NÚMERO (Protocolo)

En ..., a ... de ... de ... y ...

Ante mí, Don/Doña ..., Notario del Ilustre Colegio de ...

COMPARECEN

Don/Doña ..., mayor de edad, de estado civil: ... 1.º soltero/a o separado/a o divorciado/a; 2.º casado/a bajo el régimen económico-matrimonial de ... con Doña/Don ..., vecino/a de ..., domiciliado/a en ..., con DNI número ...

Don/Doña ..., mayor de edad, de estado civil: ... 1.º soltero/a o separado/a o divorciado/a; 2.º casado/a bajo el régimen económico-matrimonial de ... con Doña/Don ..., vecino/a de ..., domiciliado/a en ..., con DNI número ...

Don/Doña ..., mayor de edad, de estado civil: ... 1.º soltero/a o separado/a o divorciado/a; 2.º casado/a bajo el régimen económico-matrimonial de ... con Doña/Don ..., vecino/a de ..., domiciliado/a en ..., con DNI número ...

Don/Doña ..., mayor de edad, de estado civil: ... 1.º soltero/a o separado/a o divorciado/a; 2.º casado/a bajo el régimen económico-matrimonial de ... con Doña/Don ..., vecino/a de ..., domiciliado/a en ..., con DNI número ...

Don/Doña ..., mayor de edad, de estado civil: ... 1.º soltero/a o separado/a o divorciado/a; 2.º casado/a bajo el régimen económico-matrimonial de ... con Doña/Don ..., vecino/a de ..., domiciliado/a en ..., con DNI número ...

INTERVIENEN

Todos los comparecientes en su propio nombre y derecho.

Les identifico por su documento nacional de identidad.

Les juzgo con la capacidad legal bastante para el otorgamiento de esta escritura de CONSTITUCIÓN DE SOCIEDAD CIVIL, y al efecto:

EXPONEN Y OTORGAN

Primero. Que los comparecientes han convenido otorgar el presente instrumento para constituir la sociedad civil conforme a los estatutos que a continuación se incorporan, extendidos en ... folios de papel común y por una sola cara y que los comparecientes firman a mi presencia constando las firmas en el último de esos folios.

Como fedatario, rubrico y sello todos los folios y legitimo las firmas de los comparecientes.

Segundo. En lo no previsto expresamente en los Estatutos, se estará a las normas del Código Civil y del Código de Comercio y demás leyes mercantiles que le sean de aplicación.

Tercero. De conformidad con lo establecido en el artículo ... de los Estatutos, nombran socios-administradores a Don ... y Don ..., en los términos, plazo y condiciones que figuran en el citado artículo, y quienes estando presentes aceptan en este acto.

AUTORIZACIÓN

Hago las reservas y advertencias legales y fiscales.

En particular y a efectos fiscales advierto de las obligaciones y responsabilidades tributarias que incumben a las partes en su aspecto material, formal y sancionador, y de las consecuencias de toda índole que se derivarían de la inexactitud de sus declaraciones.

Por su elección les leo el contenido de esta escritura, advertidos de su derecho a hacerlo por sí, del cual no usan, lo encuentran conforme y firman conmigo, el/la Notario, que doy fe de haberles identificado por sus respectivos documentos de identidad que me exhiben y devuelvo, así como del total contenido de este instrumento público, el cual queda extendido en ... folios de serie ..., números ... el presente y los ... posteriores correlativos.

DOCUMENTO UNIDO Y PROTOCOLIZADO

ESTATUTOS

Artículo 1.º Objeto social y personalidad jurídica.

El objeto de la sociedad es la promoción de la construcción y posterior venta de viviendas en un solar sito en ...

La presente sociedad tiene personalidad jurídica propia de conformidad con lo establecido en el artículo 35 del Código Civil, y a los efectos prevenidos en los artículos 6 y 7 de la Ley de Enjuiciamiento Civil.

Artículo 2.º Duración de la sociedad.

La duración de la sociedad se fija en ... años a contar desde la fecha de este documento, en que comienzan sus operaciones actividad; plazo que se considera suficiente para el desarrollo del objeto social.

Artículo 3.º Denominación de la sociedad.

La sociedad se denominará ...

Artículo 4.º Domicilio de la sociedad.

La sociedad se ubica en ..., calle ...

Artículo 5.º Aportaciones de los socios. Régimen económico.

La sociedad se constituye con un capital social de ... euros, como consecuencia de la aportación y desembolso por cada socio de ... euros, lo que fija la valoración de la participación o cuota de cada uno en el total de la sociedad en el ...% del volumen total.

Dicho porcentaje será el tenido en cuenta para la partición entre los socios de los beneficios y pérdidas ... Las ganancias partibles se concretarán en razón de la diferencia existente entre el real costo de la obra ejecutada y el precio que como valor en venta sea atribuible a la misma.

Como gastos a cargo de la sociedad se incluyen entre otros los siguientes:

1.º ...

2.º Los de todo tipo de impuestos que graven el desarrollo y explotación del negocio, a excepción del impuesto sobre la renta personal de cada socio como persona física.

3.º Cualquier otro que con tal carácter se acuerde por unanimidad de los socios.

El ejercicio económico se entiende se inicia el día 1 de enero y termina el día 31 de diciembre.

La contabilidad se levará en libros ..., debidamente foliados, que podrán ser examinados por cualquiera de los socios.

Artículo 6.º Gobierno y representación de la sociedad.

El órgano de gobierno es la «Junta de Socios», integrada por todos ellos, y que se reunirá con carácter obligatorio una vez cada seis meses desde la fecha de su constitución para examinar la gestión social y el balance.

Sin perjuicio de ello, los socios podrán reunirse cuantas veces estimen conveniente.

A la Junta corresponde deliberar y decidir todo lo relativo a la organización y cumplimiento de los fines sociales y, por tanto, la ampliación de capital social y modificación del régimen social.

Para la válida celebración de reuniones, deberá citarse a los socios con al menos quince días naturales de antelación al día fijado para la reunión.

Los acuerdos serán tomados por mayoría de socios, y extendidos en un libro de actas que llevarán los socios administradores y firmarán todos los asistentes.

La gestión y administración y representación de la sociedad se confiere anualmente a dos socios, elegidos por la Junta y a quienes especialmente se les confiere:

1.º Intervención, representación y gestión en todo tipo de actividades, y expresamente civiles, mercantiles y administrativas.

2.º Celebrar todo tipo de actos, negocios o contratos relativos al objeto social, sin perjuicio de dar cuenta a la Junta de socios.

3.º Comparecer en nombre de la sociedad ante cualquier tipo o clase de autoridad, funcionario, agente, establecimientos y entidades, ya públicos o privados.

4.º Representar a la sociedad en todo tipo de procedimiento y jurisdicciones, incluida la constitucional.

En este acto de constitución, se nombra socios administradores a Don/Doña ... y a Don/Doña ...

Artículo 8.º Prohibición de concurrencia.

Se prohíbe a los socios llevar a cabo operaciones por sí o por medio de otra persona o entidad con igual actividad u objeto social que la sociedad que en este acto se constituye.

Artículo 9.º Extinción de la cualidad de socio.

Son causas de extinción, voluntaria o no, de la cualidad de socio, las siguientes:

1.ª Infracción de la prohibición de concurrencia, que se entenderá expresamente como falta de lealtad a la sociedad.

2.ª Cualquier situación de insolvencia patrimonial, provisional o definitiva del socio, y en especial, su quiebra o suspensión de pagos.

3.ª El embargo o, en general, la realización forzosa, del patrimonio del socio o de su cuota o porcentaje o participación social.

4.ª Voluntaria o a petición del socio, siendo receptivo el transcurso del tiempo de ... desde la constitución de la sociedad.

5.ª Por fallecimiento del socio, sin perjuicio de la transmisión de su cualidad o posición a su cónyuge supérstite y/o heredero.

Artículo 10.º Extinción y disolución de la sociedad.
Sólo se producirá por las siguientes causas:
1.ª Por renuncia o acuerdo de todos los socios.
2.ª Por imposibilidad de cumplimiento del objeto social.
3.ª Por cumplimiento del objeto social.
4.ª Por cualquier situación de insolvencia patrimonial, provisional o definitiva de la sociedad.

(Firmas de los socios)

125

Asociación. Aprovechamiento Urbanístico. Constitución

(Acta)

En la ciudad de ..., a ... de ... de ...

REUNIDOS

Las personas que a continuación se mencionan, que intervienen en la representación que también se indica:

1. Don/Doña ..., con DNI número ..., domiciliado/a en ..., calle ..., actuando en nombre y representación de las entidades mercantiles que se citan y domiciliadas en los lugares que también se indican:

a. ...
b. ...

Resulta la representación de los siguientes instrumentos o documentos:
...
...
...

2. Don/Doña ..., con DNI número ..., domiciliado/a en ..., calle ..., actuando en nombre y representación de las entidades mercantiles que se citan y domiciliadas en los lugares que también se indican:

a. ...
b. ...

Resulta la representación de los siguientes instrumentos o documentos:
...
...
...

3. Don/Doña ..., de estado civil ..., con DNI, vecino/a de ..., domiciliado/a en ..., actuando en nombre y representación de las siguientes personas:

a. Don/Doña ..., de estado civil ..., vecino/a de ..., domiciliado en ..., con DNI ...
b. Don/Doña ..., de estado civil ..., vecino/a de ..., domiciliado en ..., con DNI ...
c. Don/Doña ..., de estado civil ..., vecino/a de ..., domiciliado en ..., con DNI ...

Resultan sus facultades de representación de los siguientes instrumentos o documentos:

...
...
...

4. Don/Doña ..., de estado civil ..., con DNI, vecino/a de ..., domiciliado/a en ..., actuando en su propio nombre y derecho y además en representación de las siguientes personas:

a. Don/Doña ..., de estado civil ..., vecino/a de ..., domiciliado en ..., con DNI
b. Don/Doña ..., de estado civil ..., vecino/a de ..., domiciliado en ..., con DNI ...
c. Don/Doña ..., de estado civil ..., vecino/a de ..., domiciliado en ..., con DNI ...

Resultan sus facultades de representación de los siguientes instrumentos o documentos:

...
...
...

5. Don/Doña ..., de estado civil ..., con DNI, vecino/a de ..., domiciliado/a en ..., actuando en su propio nombre y derecho y además en representación de las siguientes personas y entidades:

a. Don/Doña ..., de estado civil ..., vecino/a de ..., domiciliado en ..., con DNI ...
b. Don/Doña ..., de estado civil ..., vecino/a de ..., domiciliado en ..., con DNI ...
c. Don/Doña ..., de estado civil ..., vecino/a de ..., domiciliado en ..., con DNI ...
d. Entidad ...
e. ...

Resultan sus facultades de representación de los siguientes instrumentos o documentos ...

...
...
...

6. Las personas que a continuación se mencionan, actuando en su propio nombre y derecho:

a. Don/Doña ..., de estado civil ..., vecino/a de ..., domiciliado en ..., con DNI ...
b. Don/Doña ..., de estado civil ..., vecino/a de ..., domiciliado en ..., con DNI ...
c. Don/Doña ..., de estado civil ..., vecino/a de ..., domiciliado en ..., con DNI ...

EXPONEN

Todos los comparecientes son mayores de edad, se encuentran presentes en este acto y reunidos en la calle ... de esta ciudad en la fecha de este documento, a los efectos de constituir la ASOCIACIÓN[11] sobre la que se ha tratado en esta reunión, y en concreto se hace constar:

1.º Que para el mejor orden de la presente sesión, quedan elegidos por unanimidad para presidirla Don/Doña ...; y para actuar de Secretario Don/Doña ...
2.º Que se da lectura a los Estatutos Sociales por los que ha de regirse la Asociación y que han sido redactados previamente.
3.º Que por unanimidad se adoptan los siguientes:

ACUERDOS

PRIMERO. Constituir en la ciudad de ... una asociación que se denominará «ASOCIACIÓN ...» y que tendrá como objeto el que a continuación se expresa:

«Obtener de la Administración o Entidad Urbanística Actuante sobre los terrenos sitos en ..., el máximo aprovechamiento urbanístico posible, resolviendo los problemas surgidos o que puedan aparecer en el futuro, estudiando las cuestiones jurídicas y económicas que atañan a los propietarios del suelo por cualquier actuación urbanística relacionada con dichos terrenos, realizando, en todo caso, las gestiones conducentes a aminorar los perjuicios económicos, y ejercitando cuantas acciones y recursos sean necesarios para llevar a cabo la gestión y defensa de los derechos de los socios. Llevar las negociaciones que procedan con la Administración y con terceros a los fines antedichos.»

SEGUNDO. Aprobar los Estatutos Sociales por los que se ha de regir esta Asociación.

---

11 Además del Código Civil, véase la Ley 191/1964, de 24 de diciembre.

TERCERO. En cumplimiento de la legislación vigente, remitir al órgano competente ejemplar de este Acta y de los Estatutos, para su oportuna inscripción, facultándose en este acto a los señores comparecientes designados como Presidente y Secretario de esta reunión para que suscriban cuantos documentos sean necesarios y lleven a cabo cuantas gestiones sean precisas, necesarias o convenientes a los expresados fines.

CUARTO. Se designan las siguientes personas para ocupar los puestos de la Junta Directiva, que aceptan: ...

PRESIDENTE DE LA JUNTA DIRECTIVA Y DE LA ASOCIACIÓN: Don/Doña en representación de ...

VOCAL 1: Don/Doña que interviene en su propio nombre y derecho.

VOCAL 2: Don/Doña que igualmente interviene en su propio nombre y derecho.

VOCAL 3: Don/Doña, en representación de ...

SECRETARIO: Don/Doña ...

Y no habiendo más asuntos de que tratar, se levanta esta sesión de la que se extiende la presente acta funcional, que es firmada, en señal de aprobación, por todos los asistentes.

126

ASOCIACIÓN. APROVECHAMIENTO URBANÍSTICO. ESTATUTOS

ESTATUTOS

Los presentes Estatutos se integran de los siguientes Títulos:

1.º De la Asociación en general.
2.º Órganos de Gobierno y administración de la asociación.
3.º Socios: Derechos y obligaciones; adquisición y pérdida de la condición de socio.
4.º Régimen económico de la asociación: fondo común.
5.º Disolución y liquidación de la asociación.

TÍTULO PRIMERO

De la asociación en general

ARTÍCULO 1.º Denominación y duración.

Con la denominación de «Asociación ...» se constituye en ... sin ánimo de lucro, con sujeción a lo establecido en la legislación vigente y en estos estatutos, tendente a la cooperación entre los socios de la misma en las relaciones comunes y con terceros fundamentalmente con el Excelentísimo Ayuntamiento de ... y con la Comunidad Autónoma, con una duración por tiempo indefinido.

Las operaciones de la asociación comienzan en el mismo día de su constitución.

Sin perjuicio de la duración indefinida que se establece, se disolverá la asociación una vez haya alcanzado el cumplimiento de sus fines, y se hayan satisfecho todas las obligaciones pendientes, sin perjuicio de los casos de disolución o de prórroga previstos en la legislación aplicable o en los presentes estatutos.

ARTÍCULO 2.º Domicilio y ámbito territorial.

La presente asociación tiene su domicilio en ..., calle ..., siendo su ámbito territorial el de la ciudad de ... y su provincia.

No obstante, la Junta Directiva tendrá atribuciones para cambiar el domicilio, dentro del término municipal, o abrir locales en el mismo.

ARTÍCULO 3.º Objeto.

Promover y obtener de la administración o entidad urbanística actuante sobre los terrenos sitos en ..., el máximo aprovechamiento urbanístico posible, resolviendo los problemas surgidos o que puedan aparecer en el futuro, estudiando las cuestiones jurídicas y económicas que atañan a los propietarios del suelo por cualquier actuación urbanística relacionada con dichos terrenos, realizando, en todo caso, las gestiones conducentes a aminorar los perjuicios económicos, y ejercitando cuantas acciones y recursos sean necesarios para llevar a cabo la gestión y defensa de los derechos de los socios. Llevar las negociaciones que procedan con la Administración y con terceros a los fines antedichos.

La finalidad de la asociación no excluye las acciones que individualmente cada socio pueda ejercitar.

TÍTULO SEGUNDO

Órganos de gobierno y administración de la asociación

ARTÍCULO 4.º Órganos.

Los órganos de gobierno, dirección y administración de la asociación son los siguientes:

La Asamblea General.

La Junta Directiva.

El Presidente.

A) Asamblea general

ARTÍCULO 5.º Formación de la asamblea general. Asambleas ordinarias y extraordinarias.

La Asamblea General está formada o integrada por todos los socios, y es el órgano supremo de la asociación y se reunirá siempre que lo acuerde la Junta Directiva, por propia iniciativa o por que lo solicite la ... parte de los socios.

Obligatoriamente la Asamblea General deberá ser convocada en sesión ordinaria una vez al año, dentro del mes de ..., para aprobar el plan general de actuación, censurar la gestión de la Junta Directiva, aprobar, en su caso, los presupuestos anuales de ingresos y gastos, así como el estado de cuentas correspondientes al año anterior.

No obstante, la Asamblea se reunirá en sesión extraordinaria cuando lo exijan las disposiciones vigentes o así lo acuerde la Junta Directiva, en atención a los asuntos que deban tratarse, y, en todo caso, para conocer de las siguientes materias:

1. Venta, disposición o enajenación de bienes.
2. Modificación de Estatutos.
3. Disolución de la asociación.
4. Nombramiento de la Junta Directiva.
5. ...

ARTÍCULO 6.º Convocatorias de la asamblea general.

Todas, es decir, tanto ordinarias como extraordinarias, serán hechas por escrito, por correo certificado con acuse de recibo o telegrama igualmente con acuse de recibo o servicio de mensajería que permita o aporte fehaciencia, expresando el lugar, fecha y hora de la reunión, así como el orden del día. Entre la convocatoria y el día señalado para la celebración de la Asamblea General en primera convocatoria, habrán de mediar, al menos, ... días naturales, pudiendo asimismo hacerse constar la fecha en la que, si procediera, se reuniría la Asamblea General en segunda convocatoria, reunión que podrá tener lugar, incluso en el mismo día, siempre que haya transcurrido un intervalo mínimo de ... horas y que hubiera sido convocada previamente. En el supuesto de que no se hubiese previsto en el anuncio la fecha de la segunda convocatoria, deberá ser ésta hecha con cuatro días de antelación a la fecha de reunión.

Caso de que un mismo socio intervenga en representación de otros, la citación podrá entenderse válidamente con el representante, sin perjuicio de las responsabilidades de aquél para con su representado o representados.

ARTÍCULO 7.º Requisitos de validez de constitución de la asamblea.

Las Asambleas Generales, tanto ordinarias como extraordinarias, quedarán válidamente constituidas en primera convocatoria cuando concurran a ellas, presentes o representados, la mayoría de los asociados que presenten la mayoría de las cuotas, y, en segunda convocatoria, cualquiera que sea el número de asociados concurrentes y el número de cuotas representadas. Cada socio tendrá tantas cuotas como de múltiplos de ... m^2 resulte titular en el ámbito de actuación de la asociación. Los defectos de esa superficie podrán agruparse hasta alcanzar la superficie que constituye una cuota.

ARTÍCULO 8.º Adopción de acuerdos.

Los acuerdos de las Asambleas Generales se adoptarán por mayoría de votos. Cada cuota, calculada en la forma descrita en el anterior artículo, da derecho a un voto.

Régimen especial en materia de decisiones susceptibles de acuerdo en Junta o Asamblea General Extraordinaria: Serán necesarias las ... partes de los votos favorables, presentes o representados, para adoptar dichos acuerdos.

B) Junta Directiva

ARTÍCULO 9.º Formación de la Junta Directiva; duración y carácter gratuito de los cargos.

La integran las siguientes personas: Presidente, tres Vocales y un Secretario.

Los cargos deberán recaer en socios.

Los cargos serán gratuitos, se elegirán por la Asamblea General y durarán un período de ... años, aunque pueden ser objeto de reelección indefinidamente.

Los cargos se renovarán cada ... años.

El personal de secretaría, si lo hubiere, será nombrado por la Junta Directiva, que acordará, además, su retribución.

Cada uno de los componentes de la Junta Directiva tendrá los deberes propios de su cargo, así como los que nazcan de las delegaciones o comisiones que la propia Junta les encomiende.

...

ARTÍCULO 10.º Facultades de la Junta Directiva.

Son las siguientes:

1.º Programar y dirigir las actividades sociales y llevar la gestión administrativa y económica de la asociación.

2.º Someter a la aprobación de la Asamblea General el presupuesto anual de ingresos y gastos, así como el estado de cuentas del año anterior.

3.º ...

ARTÍCULO 11.º Reuniones de la Junta Directiva.

Se reunirá cuantas veces lo determine o considere conveniente el Presidente, a iniciativa propia o a petición de cualquiera de sus miembros de la Junta.

Será presidida por el Presidente y, en su defecto, por el Secretario.

Para que los acuerdos de la Junta Directiva sean válidos deberán ser adoptados por mayoría de votos de los asistentes, siendo necesaria la concurrencia, al menos, de tres miembros.

En caso de empate decidirá el voto del Presidente.

De cada sesión el Secretario o, en caso de ausencia, a quien se elija para ejercer esa función levantará acta, que se transcribirá al libro de actas, haciéndose constar, en su caso, el motivo de la suplencia del Secretario.

ARTÍCULO 12.º En particular, el Secretario.

Le corresponde:

1.º Velar por el cumplimiento de las disposiciones legales vigentes en materia de asociaciones, custodiando la documentación oficial de la asociación y haciendo que se cursen al órgano administrativo o ejecutivo correspondiente las comunicaciones sobre designación de Junta Directiva, celebración de Asambleas Generales, cambios de domicilios, formalización de estado de cuentas y aprobación de los presupuestos anuales.

2.º Recibir y tramitar las solicitudes de ingreso.

3.º Llevar el fichero y el libro registro de socios.

4.º Dirigir los trabajos administrativos de la asociación.

5.º ...

C) El Presidente

ARTÍCULO 13.º Representación de la asociación y duración del cargo.

El Presidente es el representante legal de la asociación y a quien compete la ejecución de los acuerdos adoptados por la Junta Directiva y la Asamblea General, presidiendo las sesiones que celebre una y otra.

Es designado por la Asamblea General y su mandato durará ... años, pudiendo ser reelegido una o más veces, por períodos de igual duración.

Sin perjuicio de lo anterior, el Presidente podrá ser removido en cualquier momento por la Asamblea General.

ARTÍCULO 14.º Facultades o funciones del Presidente.

Le corresponden en general todas las facultades de representación, dirección y administración de la asociación, y se extenderán a todos los actos comprendidos en el objeto social delimitado en estos Estatutos y, particularmente, las siguientes facultades:

1.º Representar a la asociación, en juicio y fuera de él, ante todo tipo de oficinas, organismos, entidades, corporaciones, Juzgados y Tribunales de cualquier clase y jurisdicción, incluso el Constitucional; ante la Administración Pública Estatal, autonómica, provincial, local o institucional; y ante toda clase de personas físicas o jurídicas, incluidas las entidades bancarias o crediticias o depositarias públicas o privadas, pudiendo abrir, disponer y cancelar cuentas corrientes, libretas, depósitos, imposiciones y cualesquiera otras operaciones en dichas entidades bancarias.

2.º Ejercer o ejercitar cualquier clase de derechos, acciones, excepciones y motivos de oposición , beneficios o recursos que asistan a la asociación, pudiendo seguir los correspondientes procedimientos por todos sus trámites, apartarse y desistir de ellos, allanarse, renunciar y transigir; formular denuncias y querellas; interponer y mantener recursos de toda índole, incluso el de casación y el constitucional de amparo, y otorgar convenios para someter cuestiones a arbitraje de derecho o de equidad, todo ello por sí o por medio de apoderados, en especial Procuradores de los Tribunales y Letrados, a los que podrá facultar incluso para la absolución de posiciones en nombre de la asociación.

3.º Convocar la Asamblea General de socios, fijando el orden del día y preparando las correspondientes propuestas de acuerdos; ejecutar los acuerdos de la Asamblea General; y ejercer las facultades que expresamente le delegue ésta, con los límites y condiciones que fije la propia Asamblea General.

4.º Formular y presentar anualmente a la Asamblea General de socios, en su sesión ordinaria del mes de ..., las cuentas y memoria del ejercicio anterior y el plan de gastos e ingresos previsibles para el ejercicio siguiente.

5.º Otorgar, formalizar y suscribir los documentos públicos y privados, o los de subsanación o rectificación o complemento de los mismos, que fuesen precisos en relación con las facultades que le corresponden.

6.º Convocar y levantar las sesiones que celebre la Junta Directiva y la Asamblea General, dirigir las deliberaciones de una y otra, decidiendo con voto de calidad, en caso de empate.

7.º Proponer el plan de actividades o actuaciones de la asociación a la Junta Directiva, impulsando y dirigiendo sus tareas.

8.º Ordenar los pagos acordados válidamente.

TÍTULO TERCERO

Socios: Derechos y obligaciones; adquisición y pérdida de la condición de socio

ARTÍCULO 15.º Cualidad de socio; su adquisición.

Serán socios las personas físicas mayores de edad y con capacidad de obrar o menores y debidamente representados al efecto, y las personas o entes jurídicos admitidos en Derecho, propietarios de terrenos dentro del sector o zona que constituye el ámbito de actuación de la asociación, así como cualquier otra con intereses sobre los mismos.

Quien pretenda adquirir la condición de socio, lo solicitará por escrito dirigido al Secretario, el cual dará cuenta a la Junta Directiva, que resolverá sobre la admisión o inadmisión del socio, sin ningún recurso contra su acuerdo.

No se adquiere la condición de socio mientras no se satisfaga la cuota de entrada en la cuantía y forma que establezca la Junta Directiva.

ARTÍCULO 16.º De la baja o pérdida de la condición de socio.

Son causas al efecto las siguientes:

1.º La renuncia voluntaria o solicitud de baja del socio, pero ello no se les eximirá de satisfacer las obligaciones que tengan pendientes para con la asociación.

2.º La separación o expulsión del socio por la Junta Directiva, por causa legítima y, especialmente, por infracción de los deberes estatutarios.

Previamente se instruirá un expediente en el que deberá ser oído el interesado, y contra el acuerdo de la Junta Directiva cabrá recurso ante la primera Asamblea General que se celebre.

Igualmente el socio cesado por esta vía vendrá obligado a sufragar los gastos de la entidad, que se hubieran devengado, y los que se devenguen hasta la publicación de la aprobación definitiva del correspondiente plan o actuación de ordenación urbana, en la proporción que le corresponda y atendidas las circunstancias de cada caso.

ARTÍCULO 17.º Derechos de los socios.

Serán los siguientes:

1.º Ejercitar el derecho de voz y voto en las Asambleas Generales.

2.º Ser nombrado miembro de la Junta Directiva en la forma que prevén estos Estatutos.

3.º Poseer un ejemplar de estos Estatutos y tener conocimiento de los acuerdos adoptados por los órganos directivos.

4.º Que se les ponga de manifiesto el estado de cuentas de los ingresos y gastos de la asociación todos los años, pudiendo solicitar su exhibición e inspeccionarlos cuantas veces considere necesario.

5.º No perder la condición de socio si no es por causa legítima y previo el procedimiento fijado al efecto.

6.º ...

ARTÍCULO 18.º Obligaciones de los socios.

Serán las siguientes:

1.º Respetar y asumir estos Estatutos y los acuerdos válidamente adoptados por la Asamblea General y por la Junta directiva.

2.º Abonar las cuotas iniciales y las periódicas que acuerde la Junta Directiva.

3.º Desempeñar fielmente las obligaciones inherentes al cargo que desempeñen.

4.º Fidelidad para con la asociación y los fines de ésta.

5.º ...

TÍTULO CUARTO

Régimen económico de la asociación: fondo común

ARTÍCULO 19.º Patrimonio de la asociación.

Carece al constituirse.

ARTÍCULO 20.º Fondo común.

Se creará con los recursos económicos previstos para el desarrollo de las actividades de la asociación.

Dichos recursos serán los siguientes:

1.º Las cuotas iniciales o por adquisición de la condición de socio, que señale la Junta Directiva.

2.º Las cuotas periódicas que acuerde la misma.

3.º Los productos de los bienes y derechos que les correspondan, así como las subvenciones, legados, y donaciones que pueda recibir de forma legal.

4.º Los ingresos que obtenga la asociación mediante las actividades lícitas que acuerde realizar la Junta Directiva, siempre dentro de los fines estatutarios.

ARTÍCULO 21.º Administración del fondo.

La administración de los fondos de la asociación se llevará a cabo sometida a la correspondiente intervención y con la publicidad suficiente, a fin de que los socios puedan tener conocimiento periódicamente del destino de los fondos, sin perjuicio del derecho consignado a este respecto en el artículo 17.4.º de estos Estatutos.

TÍTULO QUINTO

Disolución y liquidación de la asociación

ARTÍCULO 22.º Disolución.

La asociación se disolverá por cumplimiento de su objeto y fines, así como por cualquier otra causa o motivo válidamente admitido en Derecho.

ARTÍCULO 23.º Liquidación.

La Asamblea General que acuerde la disolución nombrará una comisión liquidadora, compuesta por ... miembros extraídos de la misma, la cual se hará cargo de los fondos que existan, para que, una vez satisfechas las obligaciones, el remanente, si lo hubiere, sea entregado a cualquier entidad legalmente constituida con domicilio en esta provincia que se dedique a iguales, o en su defecto, análogos fines a los de la asociación.

127

ASOCIACIÓN DEPORTIVA (CLUB). CONSTITUCIÓN Y ESTATUTOS

NÚMERO (Protocolo)

En ..., a ... de ... de ...

Ante mí, ..., Notario del Ilustre Colegio de ...

COMPARECEN

Don/Doña ... mayor de edad, de estado civil ..., vecino/a de ..., con domicilio en calle ... y con DNI número ...

Don/Doña ... mayor de edad, de estado civil ..., vecino/a de ..., con domicilio en calle ... y con DNI número ...

Don/Doña ... mayor de edad, de estado civil ..., vecino/a de ..., con domicilio en calle ... y con DNI número ...

Don/Doña ... mayor de edad, de estado civil ..., vecino/a de ..., con domicilio en calle ... y con DNI número ...

Don/Doña ... mayor de edad, de estado civil ..., vecino/a de ..., con domicilio en calle ... y con DNI número ...

Don/Doña ... mayor de edad, de estado civil ..., vecino/a de ..., con domicilio en calle ... y con DNI número ...

INTERVIENEN

Todos en su propio nombre y derecho.

Tienen a mi juicio capacidad e interés legitimo para promover la presente **ACTA DE FUNDACIÓN DE UN CLUB**, y a tal efecto.

EXPONEN Y OTORGAN

PRIMERO. Que los comparecientes se proponen constituir un Club con el fin exclusivo de fomentar y practicar actividades físicas y deportivas, todo ello de conformidad con lo dispuesto en la legislación vigente[12].

SEGUNDO. Que en consecuencia, los comparecientes fundan el Club «CLUB ...», que tiene por objeto exclusivo la enseñanza y práctica de deportes náuticos, sin ánimo de lucro, dentro del territorio ...[13] y que tendrá su domicilio en ..., calle ...

TERCERO. El Club se regirá por los Estatutos que extendidos en ... folios de papel común a una sola cara y que los comparecientes firman en mi presencia, me entregan para legitimar sus firmas —que constan en el último de tales folios y que yo como fedatario rubrico y sello todos ellos—, y además, en todo lo no consignado en los mismos, por lo dispuesto en la legislación estatal y de Comunidad Autónoma que sea de aplicación.

CUARTO. Que estando presentes todos los fundadores de la Asociación, en este acto nombran los componentes de la Junta Directiva de la misma, cuyos nombramientos son los siguientes:

PRESIDENTE: ...
SECRETARIO:...
TESORERO: ...
VOCAL: ...
VOCAL: ...

Los nombrados aquí presentes, aceptan los cargos para los que han sido elegidos, manifestando que no existe incompatibilidad alguna para su fiel desempeño.

QUINTO. Los señores comparecientes aprueban sus respectivas manifestaciones y disposiciones y el contenido íntegro de esta escritura.

---

[12] Habrá que tener en cuenta las Leyes estatales y, en su caso, las de cada Comunidad Autónoma, sin perjuicio además del desarrollo reglamentario.

[13] Comunidad Autónoma, Provincia, etc.

SEXTO. Se acuerda presentar este Acta Fundacional y los Estatutos del Club ante el Registro de Entidades Deportivas competente en el plazo de ... días con el objeto de obtener el reconocimiento legal de la Asociación.

AUTORIZACIÓN

Hago a los comparecientes las reservas y advertencias legales, y en especial las de carácter fiscal y sancionador.

Leo este acta a los señores comparecientes, después de renunciar a su derecho a leerla, del que les advierto. Y, enterados, la encuentran conforme y firman conmigo el/la Notario que doy fe de haberles identificado por sus respectivos Documentos Nacionales de Identidad que me exhiben y devuelvo, así como de todo lo consignado en este instrumento público extendido en ... folios de serie ..., números ... el presente y los ... inmediatos correlativos.

DOCUMENTO PROTOCOLIZADO Y UNIDO

«Club ...»[14]

---

[14] **ESTATUTOS**

CAPÍTULO PRIMERO: NORMAS GENERALES

Artículo 1.º Personalidad jurídica, duración, ámbito territorial, régimen aplicable, y capital.

La presente entidad es una Asociación privada con personalidad jurídica y capacidad de obrar, cuyo objeto exclusivo será el fomento y la práctica de la actividad física deportiva sin ánimo de lucro, y con duración indefinida, dentro del territorio de ..., y constituida y regulada al amparo de los presentes estatutos y de las siguientes normas: ...

La asociación se constituye sin capital propio al no ser entidad mercantil y al carecer de ánimo de lucro.

Artículo 2.º La actividad deportiva a practicar y fomentar será la de ...

Artículo 3.º El domicilio social se fija en ..., Calle ..., debiendo, en caso de variación, dar cuenta al organismo competente del estado o de la Comunidad Autónoma de que se trate.

CAPÍTULO SEGUNDO: DEL SOCIO

Artículo 4.º Son socios las personas física y, excepcionalmente, las personas jurídicas, que satisfagan su cuota inicial y las sucesivas o periódicas.

Los socios podrán ser de las siguientes clases: numerarios, juveniles, familiares y eventuales o de honor.

Para ser socio en general se precisa:

1.º Cumplir los requisitos específicos que para cada tipo de socio establecen los estatutos.

2.º Aprobación de su incorporación por la Asamblea General, previa su solicitud por escrito dirigida a la Junta Directiva.

3.º Satisfacer la cuota inicial o de ingreso.

Por la Junta Directiva se llevará un Libro-registro de socios, con expresión del orden cronológico de cada uno y del tipo de socio de que se trate.

La transmisión de la cuota social no otorga al adquirente el número del socio transmitente, sino que el adquirente recibirá el número que le corresponda al tiempo de su incorporación.

Artículo 5.º Son socios numerarios todas las personas físicas de uno u otro sexo y mayores de edad que satisfagan la cuota establecida, disfrutando por tanto de la titularidad de una cuota social.

Los socios numerarios tienen derecho a:

1.º Contribuir al cumplimiento de los fines específicos de la asociación.

2.º Exigir que la asociación se ajuste a lo dispuesto en la normativa aplicable sobre la materia, incluidas las normas estatales, de Comunidad Autónoma, Estatutos y, en su caso, Reglamento de Régimen Interior.

3.º Separarse libremente de la Asociación.

4.º Conocer las actividades de la Asociación y su situación económica. A tal efecto, el socio podrá solicitar de forma motivada que se le expida, por la Junta Directiva, copia certificada de aquellos documentos del Club que considere oportunos, o simplemente interesar su exhibición en el domicilio social.

5.º Ejercer su voz y voto en las Asambleas.

6.º Disfrutar de los servicios e instalaciones sociales de la Asociación.

7.º Ostentar públicamente las insignias o escudos de la asociación.

Los socios numerarios tienen las siguientes obligaciones:

1.º Abonar las cuotas que apruebe la Asamblea General.

2.º Contribuir al sostenimiento y difusión del deporte o deportes de la asociación.

3.º Respetar las normas sobre conservación y funcionamiento de las instalaciones y servicios del Club.

4.º Asumir cuantas disposiciones dicte la Asamblea General, la Junta Directiva o los miembros de la misma, para el buen gobierno de la Asociación.

5.º Responder solidariamente del pago de la cuota adicional por uso de las instalaciones de los socios familiares.

Artículo 6.º Son socios juveniles los menores de 18 años, de uno y otro sexo.

Tienen derecho al uso de las instalaciones y servicios del Club, y pasarán automáticamente a ser socios numerarios al cumplir los 18 años.

Han de abonar a través de sus padres o representantes legales la cuota que fije la Asamblea general.

Se entenderá directamente responsables del pago de la citada cuota a los padres o representantes del socio juvenil.

Artículo 7.º Serán socios eventuales o de honor aquellas personas físicas o jurídica a quienes la Asamblea General confiera esta distinción, y especialmente con motivo o eventualidad de estar disputando campeonatos en el ámbito territorial de este Club.

Podrán hacer uso de las instalaciones y servicios del club en los términos en que para cada caso establezca la Asamblea.

Son socios familiares todas aquellas personas que dependan económicamente de un socio de número y convivan con él en el mismo domicilio.

Artículo 8.º Son socios familiares el cónyuge del socio numerario o persona unida al mismo por análoga relación, así como los hijos comunes de ambos.

Tendrán derecho a usar de las instalaciones y servicios del Club, con la obligación de pago de una cuota adicional que fijará la Asamblea, y respecto de cuyo pago responde solidariamente el socio numérico.

En los supuestos de nulidad, separación o divorcio, si el cónyuge numerario manifestase su voluntad de causar baja, entonces la Junta ofertará al socio familiar la posibilidad de adquirir la cuota social del numerario y pasar así a ostentar tal cualidad, sin perjuicio de que los hijos comunes sigan siendo socios familiares.

Los hijos-socios familiares podrán, al alcanzar los 18 años, adquirir la cualidad de socio preferentemente a otros aspirantes.

Articulo 9.º La condición de socio se pierde:

1.º Por voluntad propia.

2.º Por falta de pago de las cuotas sociales durante tres meses consecutivos.

3.º Por acuerdo de la Asamblea General fundado en faltas de carácter grave, y previa la tramitación del oportuno expediente con audiencia al interesado.

4.º ...

CAPÍTULO TERCERO: ÓRGANOS DE REPRESENTACIÓN, GOBIERNO Y ADMINISTRACIÓN

Artículo 10.º Son órganos rectores del Club:

1.º La Asamblea General.

2.º La Junta Directiva.

3.º El Presidente.

a) La Asamblea General:

Artículo 11.º La Asamblea General es el órgano supremo de gobierno del Club. ...

Estará integrada por todos los socios de número, los cuales podrán intervenir directamente cuando su número no exceda de dos mil. En otro caso, deberán establecerlo por medio de representante.

Artículo 12.º Corresponde a la Asamblea General:

a) Convocar las elecciones a Presidente y resto de la Junta Directiva.

b) Discutir y aprobar, si procede, la memoria anual, la liquidación del ejercicio social, el balance y la rendición de cuentas.

c) Aprobar el presupuesto de ingresos y gastos.

d) Conocer, discutir y aprobar, en su caso, las propuestas de la Junta Directiva o las que le formulen los socios, debiendo, en este último caso ir firmadas como mínimo por ...... por ciento de los socios.

e) Señalar las condiciones y formas de admisión de nuevos socios, y acordar la cuantía de la cuota que han de satisfacer los asociados, incluidos los supuestos de adquisición de la cualidad de socio numerario en los casos de nulidad, separación y divorcio.

f) Aprobar los Reglamentos de régimen interior de la Asociación, así como las modificaciones de los mismos y de los presentes estatutos.

g) Aprobar el Reglamento de elecciones.

h) Disponer y enajenar los bienes del Club, tomar dinero a préstamo y emitir títulos transmisibles representativos de deudas o de parte alícuota patrimonial.

i) Crear servicios en beneficio de los asociados.

j) Conocer y ratificar las altas y bajas de los asociados.

k) Aprobación de la propuesta de resolución, que contemple la expulsión de un socio, emitida por el órgano disciplinario competente.

l) Debatir las mociones de censura que se presenten contra el Presidente o algún miembro de la Junta Directiva.

Artículo 13.º Las Asambleas Generales pueden ser ordinarias y extraordinarias:

A) ORDINARIAS.

Se celebrará anualmente antes del día ..., para tratar de las materias comprendidas en el artículo 12.

B) EXTRAORDINARIAS.

Podrá ser convocada a iniciativa del Presidente, de la Junta Directiva o del ... por ciento, al menos, de los socios, debiendo expresarse en su convocatoria el objeto de la misma.

Especialmente se constituirá para la provisión temporal de vacantes en los órganos rectores del Club.

Artículo 14.º La convocatoria de la Asamblea se hará pública con quince días naturales de antelación a la fecha de celebración, en el tablón de anuncios del Club, sin perjuicio de la notificación a cada uno de los miembros. En caso de urgencia apreciada por la Junta Directiva, podrá convocarse Asamblea General Extraordinaria, con diez días naturales de antelación.

Las Asambleas Generales, tanto ordinarias como extraordinarias, quedarán válidamente constituidas en primera convocatoria cuando concurran a ellas, presentes o representados, la mayoría de sus asociados. En segunda convocatoria será suficiente la concurrencia de una cuarta parte de los asociados.

Las deliberaciones y acuerdos de la Asamblea, ordinaria o extraordinaria, se hará constar en un libro de actas, que firmarán el Presidente y el Secretario.

Los acuerdos adoptados se notificarán a todos los asociados con voto no presentes en la Asamblea.

b) El presidente:

Artículo 15.º

1) El Presidente es el órgano ejecutivo del Club, ostenta su representación legal, convoca y preside sus órganos superiores de gobierno y representación y ejecuta los acuerdos de los mismos.

2) El Presidente será elegido, cada ... años, mediante sufragio libre, igual y secreto, de todos los socios con derecho a voto.

c) La Junta Directiva:

Artículo 16.º La Junta Directiva, como órgano de gobierno del Club, ejecutará los acuerdos adoptados por la Asamblea General y ejercerá las siguientes funciones:

a) Dirigir la gestión del Club, velando por el cumplimiento de su objeto social.

b) Crear las comisiones o grupos de trabajo que considere necesarias.

c) Nombrar las personas que hayan de dirigir las distintas comisiones o áreas de participación, así como organizar todas las actividades deportivas del Club.

d) Formular el inventario, balance y memoria anual que hayan de ser sometidas a la aprobación de la Asamblea.

e) Redactar o reformar las normas de uso de las instalaciones y cuotas.

f) Y en general, cuantas funciones y actividades no estén expresamente atribuidas a la Asamblea General.

Artículo 17.º La Junta Directiva estará formada por:

1.º Presidente, que lo es también del Club.

2.º Secretario.

3.º Tesorero.

4.º Vocales: en número no inferior a ... y no superior a ..., concretándose el número por la Asamblea General a propuesta de la Junta directiva.

Todos los cargos de la Junta Directiva serán elegidos mediante sufragio libre, igual y secreto de todos los socios con derecho a voto, en el mismo acto de elección del Presidente.

Son cargos gratuitos y de igual duración que el de Presidente.

Artículo 18.º En cuanto a la convocatoria y constitución de la Junta Directiva:

1) La Junta Directiva quedará válidamente constituida en primera convocatoria cuando concurran a ella la mayoría de sus miembros. En segunda convocatoria será suficiente la concurrencia, al menos, de ... de sus miembros y, en todo caso, el Presidente o el Secretario.

2) La Junta Directiva será convocada por su Presidente con dos días de antelación, como mínimo, a la fecha de celebración. También podrá ser convocada a petición de tres o más de sus miembros.

3) La Junta Directiva también quedará válidamente constituida cuando estén presentes todos sus miembros aunque no hubiese mediado convocatoria previa.

Artículo 19.º El Secretario cuidará del archivo, redactará cuantos documentos afecten a la marcha administrativa del Club y llevará el Libro de Registro de socios y el Libro de Actas.

Artículo 20.º El Tesorero será el depositario del Club, firmará los recibos, autorizará los pagos y llevará los libros de contabilidad. Durante el primer mes de cada año, formalizará un balance de situación y las cuentas de ingresos y gastos, que se pondrán en conocimiento de todos los asociados.

CAPÍTULO CUARTO: ELECCIÓN DEL PRESIDENTE Y RESTO DE LA JUNTA DIRECTIVA

Artículo 21.º La elección del Presidente y resto de la Junta Directiva se llevará a efecto, mediante sufragio personal, directo y secreto, entre todos los socios mayores de 18 años y con una antigüedad de ... años, en candidatura abierta o cerrada.

Para ser elector es necesario que el socio tenga plena capacidad para obrar y esté al corriente en el pago de la cuota social.

Si la candidatura es cerrada, habrá de figurar ella la lista o relación de sus componentes, con la designación del cargo que cada uno haya de ostentar, debiendo de estar formada por un número de miembros no inferior a ... ni superior a ..., al frente de la cual habrá un Presidente y de la cual formarán parte un Secretario y un Tesorero, además de ... Vocales.

Las candidaturas deberán estar avaladas, como mínimo, por el ... % de los miembros de la Asamblea, debiendo constar los nombres y apellidos tanto del Presidente que encabece la candidatura como de los demás componentes de la misma, su número de asociado y la aceptación de los interesados.

Los miembros de la Asamblea que avalen las candidaturas, habrán de hacer constar debajo de sus firmas, su nombre y apellidos, su número de asociado y de documento nacional de identidad y la aceptación de que no podrán presentar ni avalar más de una candidatura.

En caso de no presentarse candidatura alguna, o que las formuladas no reuniesen los requisitos establecidos, la Junta Directiva continuará en sus funciones y se convocarán nuevas elecciones en un plazo máximo de ... meses.

Artículo 22.º Supuestos en los que tendrá lugar la elección:

a) Por la expiración del mandato de la Junta Directiva.

b) Cuando por dimisiones, renuncias, fallecimiento o incapacidad física haya quedado la Junta Directiva reducida o modificada, de forma que no pueda ejercer debidamente sus funciones.

c) Por dimisión, renuncia, fallecimiento o incapacidad del Presidente que haya encabezado la candidatura.

Artículo 23.º Convocatoria y otros extremos.

La Junta Directiva, mediante comunicación escrita a todos los integrantes de la Asamblea General, convocará ésta en sesión extraordinaria, especificándose en la convocatoria como puntos del orden del día los siguientes:

1.º Calendario electoral, en el que habrán de figurar las fechas y plazos de los siguientes actos:

a) Convocatoria.

b) Presentación de candidaturas, especificando si son abiertas o cerradas.

c) Estudio y aceptación de las mismas.

d) Divulgación e impugnaciones.

e) Resolución de impugnaciones.

f) Votación.

g) Impugnaciones.

h) Resolución de impugnaciones y proclamación de candidaturas.

2.º Sorteo de los miembros componentes de la Junta Electoral.

3.º Elección y nombramiento de los componentes de la Mesa Electoral.

4.º Elección, en su caso, de la Junta Gestora.

En el calendario electoral deberán figurar claramente todas las fechas y plazos en que se desenvolverá el período electoral.

La convocatoria electoral permanecerá expuesta en la sede del Club, tanto en la Secretaría como en los Tablones de anuncios, durante el período mínimo de ... días, en el que figurará la lista de socios con derecho a voto para que los interesados formulen las reclamaciones oportunas a este respecto.

En el caso de que existiera una sola candidatura, es decir, que reúna todos y cada uno de los requisitos establecidos, no procederá la constitución de la Asamblea, y sus componentes serán proclamados por la Junta Electoral como miembros de la nueva Junta Directiva.

Si fueran más de una las candidaturas válidas, se celebrarán las elecciones en la forma prevista. En caso de empate, se dará como ganadora a la candidatura encabezada por quien tenga el número de asociado más antiguo.

Artículo 24.º Votación.

La duración de la Asamblea en la que se llevará a cabo la votación será la que en su día se haya escogido en el calendario electoral, en la que deberá hacerse constar las horas de comienzo y finalización de la misma. La votación se efectuará mediante papeleta previamente confeccionada por la Junta Electoral, que será facilitada a los socios, quienes deberán cumplimentarla en la forma que se determine. No se admitirán tachaduras ni enmiendas.

Los integrantes de la Junta Electoral y de la Mesa Electoral ejercitarán su derecho a voto, si lo tuvieran, en último lugar.

Las reclamaciones que se produzcan con motivo de la votación deberán formularse dentro de los ... días siguientes ante la Junta Electoral siempre y cuando los interesados lo hubieran hecho constar en el acta de la Asamblea.

La Junta Electoral, deberá resolver las impugnaciones que se presenten en el plazo de ... días, finalizado el cual se expondrá debidamente en la sede del Club la proclamación de la candidatura que haya resultado elegida.

Artículo 25.º Mesas electorales.

Las mesas electorales oportunas se constituirán con una hora de antelación a la prevista para el comienzo de la Asamblea General. Estarán integradas, en el caso de ser sólo una, por:

a) El miembro de más edad de la Asamblea que no forme parte de ninguna candidatura, y que actuará como Presidente de la Mesa.

b) Dos representantes de los asambleístas, elegidos por sorteo.

c) En su caso, un representante designado para cada una de las candidaturas que se presenten a la elección. Dicha representación habrá de estar debidamente acreditada por quien encabece la candidatura. De ser más de una mesa, se designarán sus miembros por sorteo entre todos los socios con derecho a voto.

A las mesas incumben las siguientes funciones:

a) Comprobar la identidad de los votantes.

b) Recoger las papeletas de voto y depositarlas en la urna preparada al efecto, que deberá estar debidamente cerrada.

c) Redactar, por medio de su Secretario, el acta correspondiente, en la que deberá constar el número de electores, votos válidos emitidos, votos nulos, el resultado de la votación y las incidencias que se produzcan.

d) Remitir copia del acta, dentro de las 24 horas siguientes a la Junta Electoral.

Artículo 26.º Junta electoral:

La Junta Electoral se constituirá en la Sede del Club, y estará integrada por cinco miembros que serán elegidos por sorteo entre los componentes de la Asamblea, quienes elegirán por votación entre ellos al Presidente de la Junta, de la cual será Secretario el que lo es del Club.

Serán sus funciones las siguientes:

a) Admitir y proclamar las candidaturas.

b) Resolver las impugnaciones que, en su caso, se presentasen, relativas a las candidaturas, a los candidatos, plazos y otras incidencias del proceso electoral, así como las que se originen durante la votación.

c) Decidir sobre cualquier cuestión que afecte directamente a la celebración de las elecciones y a los resultados de las mismas.

Contra las resoluciones de la Junta Electoral, se podrá recurrir ante ... y en el plazo de ...

Artículo 27.º Junta gestora:

Aceptadas las candidaturas, la Junta Directiva se constituirá en Junta Gestora, solamente autorizada para asuntos de trámite.

Los miembros de la Junta que se presenten a la reelección deberán ser sustituidos por la Junta Electoral mediante designación por sorteo entre todos los socios con derecho a voto. La designación se hará el mismo día en que se acepten las candidaturas.

CAPÍTULO QUINTO: RÉGIMEN ECONÓMICO Y FINANCIERO

Artículo 28.º En el momento de creación de esta Asociación Deportiva, el Patrimonio fundacional es ... y en el futuro estará integrado por:

a) Las aportaciones económicas de los socios que apruebe la Asamblea General.

b) Las donaciones o subvenciones que reciba.

c) Los resultados económicos que puedan producir los actos que organice.

d) Las rentas, frutos o intereses de su patrimonio.

El presupuesto inicial del Club es de ... euros.

La totalidad de sus ingresos deberá aplicarse al cumplimiento de sus fines sociales.

Cuando se trate de ingresos procedentes de competiciones o manifestaciones deportivas dirigidas al público, estos beneficios deberán aplicarse exclusivamente al fomento y desarrollo de las actividades físico-deportivas de los socios. Cuando los ingresos procedan de subvenciones recibidas con cargo a los presupuestos estatales, de comunidad autónoma o municipales, el control de los gastos imputables a esos fondos corresponde a este Organismo.

Artículo 29.º Podrán gravar y enajenar sus bienes inmuebles, tomar dinero a préstamo y emitir títulos transmisibles representativos de deuda o parte alícuota patrimonial, siempre que cumplan los siguientes requisitos:

a) Que sean acordadas tales operaciones por mayoría de ... en Asamblea General Extraordinaria.

b) Que con las mismas no se comprometan, de modo irreversible, el Patrimonio de la Asociación Deportiva o la actividad deportiva que constituya su objeto social.

c) El producto obtenido de la enajenación de instalaciones deportivas o de los terrenos en que se encuentren deberá invertirse íntegramente en la adquisición, construcción o mejora de bienes de la misma naturaleza.

Artículo 30.º Los títulos de deuda o de parte alícuota patrimonial que emita el Club serán nominativos.

Los títulos se inscribirán en un libro que llevará al efecto el Club, en el cual se anotarán las sucesivas transferencias.

En todos los títulos constará el valor nominal, la fecha de emisión y, en su caso, el interés y plazo de amortización.

Los títulos de deuda sólo podrán ser suscritos por los socios, y su posesión no conferirá derecho alguno especial, salvo la percepción de los intereses establecidos conforme a la legislación vigente.

Los títulos de parte alícuota patrimonial, serán, asimismo, suscritos por los socios.

En ningún caso estos títulos darán derecho a la percepción de dividendos o beneficios.

Los títulos de deuda o parte alícuota patrimonial serán transferibles de acuerdo con los requisitos y condiciones que, en cada caso, establezca la Asamblea General.

CAPÍTULO SEXTO: DISOLUCIÓN DEL CLUB

Artículo 31.º El Club se extinguirá o disolverá a propuesta de la Junta Directiva, por unanimidad de todos sus miembros, mediante acuerdo adoptado por las ... partes de la Asamblea General Extraordinaria que se celebre a tal fin y en la que se discutirá en destino de los bienes resultantes.

128

Acta De Constitución De Asociación En General. Documento Privado

(Acta)

En la ciudad de ..., a ... de ...de ...

REUNIDOS

Las personas que a continuación se mencionan, que intervienen en la representación que también se indica:

1. Don/Doña ..., de estado civil ..., con DNI número ..., domiciliado/a en ..., calle ..., actuando en su propio nombre y derecho, y, en su caso, en nombre y representación de las personas o de las entidades mercantiles, que se citan y domiciliadas en los lugares que también se indican:

a. ...
b. ...
...

Resulta la representación de los siguientes instrumentos o documentos:
...
...
...

2. Don/Doña ..., de estado civil ..., con DNI número ..., domiciliado/a en ..., calle ..., actuando en su propio nombre y derecho, y, en su caso, en nombre y representación de las personas o de las entidades mercantiles, que se citan y domiciliadas en los lugares que también se indican:

a. ...
b. ...
...

Resulta la representación de los siguientes instrumentos o documentos:

...

...

...

3. ...

EXPONEN

Todos los comparecientes son mayores de edad, se encuentran presentes en este acto y reunidos en la calle ... de esta ciudad en la fecha de este documento, a los efectos de constituir la ASOCIACIÓN[15] sobre la que se ha tratado en esta reunión, y en concreto se hace constar:

1.º Que para el mejor orden de la presente sesión, quedan elegidos por unanimidad para presidirla Don/Doña ...; y para actuar de Secretario Don/Doña ...

2.º Que se da lectura a los Estatutos Sociales por los que ha de regirse la Asociación y que han sido redactados previamente.

3.º Que por unanimidad se adoptan los siguientes:

ACUERDOS

PRIMERO. Constituir en la ciudad de ... una asociación que se denominará «ASOCIACIÓN ...» y que tendrá como objeto el que a continuación se expresa:

«...»

SEGUNDO. Aprobar los Estatutos Sociales por los que se ha de regir esta Asociación.

TERCERO. En cumplimiento de la legislación vigente, remitir al órgano competente ejemplar de este Acta y de los Estatutos, para su oportuna inscripción, facultándose en este acto a los señores comparecientes designados como Presidente y Secretario de esta reunión para que suscriban cuantos documentos sean necesarios y lleven a cabo cuantas gestiones sean precisas, necesarias o convenientes a los expresados fines.

CUARTO. Se designan las siguientes personas para ocupar los puestos de la Junta Directiva, que aceptan:

[15] Además del Código Civil, véase la Ley 191/1964, de 24 de diciembre.

PRESIDENTE DE LA JUNTA DIRECTIVA Y DE LA ASOCIACIÓN:
Don/Doña en representación de ...

VOCAL 1: Don/Doña ... que interviene en su propio nombre y derecho.

VOCAL 2: Don/Doña ... que igualmente interviene en su propio nombre y derecho.

VOCAL 3: Don/Doña ..., en representación de ...

SECRETARIO: Don/Doña ...

Y no habiendo más asuntos de que tratar, se levanta esta sesión de la que se extiende la presente acta funcional, que es firmada, en señal de aprobación, por todos los asistentes.

129

Acta De Constitución De Asociación En General. Documento Público

Documento público. NÚMERO (Protocolo)

En ..., a ... de ... de ...

Ante mí, ..., Notario del Ilustre Colegio de ...

COMPARECEN

Don/Doña ... mayor de edad, de estado civil ..., vecino/a de ..., con domicilio en calle ... y con DNI número ...

Don/Doña ... mayor de edad, de estado civil ..., vecino/a de ..., con domicilio en calle ... y con DNI número ...

Don/Doña ... mayor de edad, de estado civil ..., vecino/a de ..., con domicilio en calle ... y con DNI número ...

Don/Doña ... mayor de edad, de estado civil ..., vecino/a de ..., con domicilio en calle ... y con DNI número ...

Don/Doña ... mayor de edad, de estado civil ..., vecino/a de ..., con domicilio en calle ... y con DNI número ...

Don/Doña ... mayor de edad, de estado civil ..., vecino/a de ..., con domicilio en calle ... y con DNI número ...

INTERVIENEN

Todos en su propio nombre y derecho.

Tienen a mi juicio capacidad e interés legítimo para promover la presente ACTA DE FUNDACIÓN ..., y a tal efecto

EXPONEN Y OTORGAN

PRIMERO. Que los comparecientes se proponen constituir un Club o asociación con el fin exclusivo de ..., todo ello de conformidad con lo dispuesto en la legislación vigente.

SEGUNDO. Que en consecuencia, los comparecientes fundan el ente llamado «...», que tiene por objeto exclusivo ..., sin ánimo de lucro, dentro del territorio ...[16] y que tendrá su domicilio en ..., calle ...

TERCERO. Esta asociación se regirá por los Estatutos que extendidos en ... folios de papel común a una sola cara y que los comparecientes firman en mi presencia, me entregan para legitimar sus firmas —que constan en el último de tales folios y que yo como fedatario rubrico y sello todos ellos—, y además, en todo lo no consignado en los mismos, por lo dispuesto en la legislación estatal y de Comunidad Autónoma que, en su caso, sea de aplicación.

CUARTO. Que estando presentes todos los fundadores de la Asociación, en este acto, nombran los componentes de la Junta Directiva de la misma, cuyos nombramientos son los siguientes.

PRESIDENTE: ...
SECRETARIO: ...
TESORERO: ...
VOCAL/ES: ...

Los nombrados aquí presentes, aceptan los cargos para los que han sido elegidos, manifestando que no existe incompatibilidad alguna para su fiel desempeño.

QUINTO. Los señores comparecientes aprueban sus respectivas manifestaciones y disposiciones y el contenido íntegro de esta escritura.

SEXTO. Se acuerda presentar este Acta Fundacional y los Estatutos del Club ante el Registro competente en el plazo de ... días, con el objeto de obtener el reconocimiento legal de la Asociación.

AUTORIZACIÓN

Hago a los comparecientes las reservas y advertencias legales, y en especial las de carácter fiscal y sancionador.

[16] Comunidad Autónoma, Provincia, etc.

Leo este acta a los señores comparecientes, después de renunciar a su derecho a leerla, del que les advierto. Y, enterados, la encuentran conforme y firman conmigo el/la Notario que doy fe de haberles identificado por sus respectivos Documentos Nacionales de Identidad que me exhiben y devuelvo, así como de todo lo consignado en este instrumento público extendido en ... folios de serie ..., números, ... el presente y los ... inmediatos correlativos.

DOCUMENTO PROTOCOLIZADO Y UNIDO

§6. CONTRATOS ARRENDATICIOS

130

Arrendamiento De Servicios. Letrado (Particular Y Letrado)

... y ... abogados.
Fecha: ... de ... de ...
Lugar: ...

ARRENDADOR: Persona o entidad que encarga los servicios:

1.º Don/Doña ..., mayor de edad, de estado civil ..., vecino/a de ..., domiciliado/a en ..., con DNI número ...

Teléfono y/o fax: ...

2.º Don/Doña ..., mayor de edad, vecino/a de ..., con domicilio en ..., con DNI número, como representante de la entidad ..., domiciliada en ..., con CIF ...

Teléfono y/o fax: ...

3.º ...

ARRENDATARIO/A: Persona/s que presta/n los servicios:

1.º Letrado/a Don/Doña ..., vecino/a de ..., domiciliado/a a efectos de este contrato en ..., Calle ..., con DNI número ...

2.º ...

OBJETO DEL CONTRATO: Realización de los siguientes trabajos:

1.º Asesoramiento sobre:
...
...

2.º Defensa jurídica y dirección letrada en:

2.º A. Procedimiento/s administrativo/s:

...

...

2.º B. Procedimientos jurisdiccionales civiles, penales, contencioso-administrativo y/o laborales:

...

...

2.º C. Procedimientos de la jurisdicción constitucional:

...

...

2.º D. Otros encargos:

...

...

RÉGIMEN JURÍDICO: Arrendamiento de servicios de conformidad a lo pactado y a lo establecido en los artículos 1544 y 1583 y siguientes del Código Civil y artículo 436 de la Ley Orgánica del Poder Judicial.

HONORARIOS:

El Letrado/a percibirá sus **honorarios** conforme a:

1.º Mínimos fijados por el Colegio de Abogados de ... del año ...

2.º Mínimos fijados por el Colegio de Abogados de ..., con las actualizaciones permitidas por el mismo según ...

3.º ...

Presupuesto de honorarios: Con carácter indicativo, al margen de incidencias que pueda plantearse y sin incluir los honorarios de otros profesionales que deban intervenir, como notarios, peritos, etc., y gastos de desplazamientos o de otra naturaleza y suplidos que pueda ocasionarse en el desarrollo de los servicios objeto de este contrato:

...

...

Provisión de fondos:

1.º Inicial o a la firma de este contrato:

1.º.1. No se efectúa.

1.º.2. Se efectúa por importe de ...

2.º Sucesivas:

...

...

...

Régimen fiscal:

La Minuta de honorarios definitiva estará sujeta al régimen fiscal de retenciones e I.V.A. o tributo que le sustituya, legalmente exigible y vigente.

En la actualidad suponen los siguientes conceptos y cuantías:

...

...

Acciones y fuero:

Caso de disconformidad del arrendador con el total importe de los honorarios devengados, podrá ejercitar las acciones judiciales que le asistan.

Para cualquier reclamación tanto por arrendador como por arrendatario a consecuencia de este contrato, ambas partes, con renuncia al fuero que le es propio, se someten expresamente a los Juzgados y Tribunales de ...[1].

ARRENDADOR ARRENDATARIO

[1] De la doctrina del Tribunal Supremo, podemos destacar los siguientes extremos:

1.º Caracterización general del contrato:

— La regulación del Código Civil respecto del arrendamiento de servicios es muy parca y ha quedado absolutamente obsoleta. El Código Civil simplemente establece una sección que denomina *Del servicio de criados y trabajadores asalariados*, dando a entender que únicamente pueden ser objeto de arrendamiento de servicios los de trabajadores asalariados, y como sabemos la prestación de servicios de los trabajadores por cuenta ajena ha quedado incluida dentro del contrato de trabajo y por tanto de la disciplina del Derecho del Trabajo, muy lejos ya del Código Civil.

Es así, y según reiterada jurisprudencia, que actualmente dentro del concepto y ámbito del arrendamiento de servicios se incluye a las personas que ejercen profesionales liberales (abogados, médicos, arquitectos etc.), pudiéndose definir el mismo como aquel contrato en virtud del cual una persona se obliga con respecto de otra a la prestación de un servicio a cambio de un precio que no es esencial esté fijado o concretado al tiempo de realizarse el contrato pero sí que sea susceptible de precisión (STS. 10.11.44; 15.2.1961; 21.11.1970; 6.6.1983).

Respecto de la exigencia de precio cierto, la Sentencia del Tribunal Supremo de 19 de enero de 1957 señala que, en todo caso, aun cuando no se pacte en el contrato, por la prestación de servicios cabe esperar una contraprestación, una retribución.

— Es un contrato *intuitu personae*, en el que es posible la duración indefinida, sin que por ello signifique «duración de por vida, así como es posible también su resolución por voluntad unilateral de una de las partes» —Ss. TS 14.3.1986 [LA LEY, 1986-3, 683 (7677-R)]; 30.3.1992 (Archivo LA LEY, 1992, 3117); 20.7.1995 [LA LEY, 1995-3, 621 (17005-R)]—.

La resolución unilateral «podrá hacer surgir la obligación de indemnizar si se produce en contra de lo pactado o cuando en el propio pacto se prevea indemnización por cese» [STS 30.3.1992 (Archivo La Ley, 1992, 3117)].

— Rige la libertad de forma: STS 24.10.1990 (LA LEY, 1991-1, 438); 15.4.1991 (Archivo la Ley, 1991, 2439).

— Régimen jurídico: lo pactado y, en su defecto, los artículos 1544 y 1583 y siguientes del Código Civil [STS 30.3.1992 (Archivo La Ley, 1992,3117)].

— Diferencias con el contrato de mandato: Criterio de la sustituibilidad (contrato *intuitu personae*) [STS 14.3.1986 (LA LEY, 1986-3, 683 (7677-R)]: Para distinguirlos es básico el «criterio de la sustituibilidad, no confundible con el de la representación, de tal manera que sólo puedan ser objeto de posible mandato aquellos actos en que quepa la sustitución, o sea, los que el demandante realizaría normalmente por sí mismo, que pertenecen a la esfera propia de su misma actividad, y que nada impide poderlos realizar por medio de otra persona, pues cuando no es así, o lo que es lo mismo, cuando se encomienda a otra persona la prestación de servicios que normalmente no pueden ser realizados ni son de la propia actividad de la persona que los encomienda a otro, que precisamente necesita acudir a él para que lleve a cabo la actividad que aquél no podía utilizar..., es conducente a la situación de arrendamiento de servicios desde el momento en que en su perfección es influido una consideración *intuitu personae* ...».

En el mismo sentido se pronuncian las STS de 25.3.88 y 27.11.92: distinción entre sustituibilidad e insustituibilidad, existiendo mandato en el primer caso y arrendamiento de servicios en el segundo.

— Diferencias con el arrendamiento de obra: la diferencia entre el arrendamiento de servicios y el contrato de locación de obra es fundamental por las consecuencias prácticas que conlleva, máxime si tenemos en cuenta que las relaciones jurídicas que entablan los profesionales liberales pueden calificarse, según los casos, como arrendamiento de servicios o como locación de obra, o bien como una relación contractual mixta.

La diferenciación entre una y otra figura parte de la distinción doctrinal y jurisprudencial entre obligación de medios y obligación de resultados. En el arrendamiento de servicios el arrendatario asume obligaciones mediales, es decir, de poner todos los medios que estén a su alcance según su *lex artis* para la obtención del resultado deseado; mientras que en el contrato de ejecución de obra, el arrendatario se obliga a la obtención de un resultado concreto y definido, con el consiguiente incumplimiento del contrato si no obtiene el mismo (STS. 10.06.75; 7.02.90; 25.04.94; 11.02.97; 25.05.98; 28.06.99).

2.º Algunos supuestos concretos, siempre teniendo en cuenta que en función del tipo de obligación que asuman estos profesionales liberales, nos encontraremos ante una locación de obra o arrendamiento de industria, o bien ante un arrendamiento de servicios:

— **Director General de Entidad.** Respecto de esta figura hay que distinguir, en atención a los artículos 1 y 2 de la Ley 8/80, de 10 de marzo, del Estatuto de los Trabajadores, entre el Consejero o miembro del órgano de dirección de la sociedad que se limita al cumplimiento de funciones inherentes a dicho cargo, y el personal de alta dirección cuya relación contractual es calificada por dicho Estatuto como relación laboral de carácter especial y se encuentra regulada por el Real Decreto 1382/85, de 1 de agosto, por el que se regula la Relación Laboral de carácter Especial del Personal de Alta Dirección: STS. 14.3.1986 [LA LEY, 1986-3, 683 (7677-R)], STS. 4.11.1988; STS 20.7.89; STS 21.2.91; STS 16.4.91; STS 5.12.92; STS 8.06.94.

— **Abogado**: STS. 21.11.1970; 6.6.1983; 7.3.1988 (LA LEY 1988-2, 446); 6.10.1989 (LA LEY, 1990-3, 433); 20.5.1992 (Archivo La Ley, 1992, 3249); 25.5.1992 [La Ley, 1992-3, 718 (14793-R)]; 15.12.1994 [LA LEY, 1995-1, 710 (166577-R)]; STSJ de Navarra de 5.7.1995; STS 15.2.96; STS 10.11.97; STS 8.6.2000.

— **Arquitecto**. En el caso del arquitecto es reiterada la jurisprudencia que alude al supuesto que más se da en la práctica, encargo de redacción del proyecto de obra nueva y dirección de las obras de edificación, figura contractual que tiene una naturaleza jurídica mixta entre la locación de obra y el arrendamiento de servicios. La STS de 25.5.98 dice expresamente que «el artículo 1544 del Código Civil engloba dos tipos contractuales de arrendamientos, y sin duda la parte recurrente cuando habla de inaplicación de dicho precepto se refiere, en primer lugar, al de obra, pues como tiene dicho, esta Sala, si un arquitecto se obliga a redactar un proyecto el contrato es de obra y así lo especifica, por todas, la sentencia de esta Sala de 26 de septiembre de 1986, cuando en ella se dice que la relación del arquitecto y cliente es de obra, en cuanto que el profesional, mediante remuneración se obliga a prestar al comitente mas que una actividad, el resultado de la misma prestación ligada a la finalidad perseguida por los contratantes, consistente en el *opus* constituido por el proyecto que siempre ha de estar revestido de las condiciones o cualidades de viabilidad para que la obra pueda ser ejecutada. Así mismo se refiere también al de servicios, que lo será, según la sentencia de 25 de mayo de 1988, cuando en el contrato del Arquitecto se conviniere la prestación de un trabajo o actividad en sí misma considerada y con independencia del resultado, circunstancia que también se da en el presente caso»; otras sentencias que aluden a una u otra faceta de la mencionada relación contractual entre arquitecto y cliente son, STS 10.06.75; STS 30.5.87; STS 24.10.1990 (LA LEY, 1991-1, 438); 15.4.1991 (Archivo la Ley, 1991, 2539).

— **Médico:** La STS 28.6.1999 dice textualmente: «si bien es cierto que la relación contractual entre médico y paciente deriva normalmente de contrato de prestación de servicios y el médico tiene la obligación de actividad (o de medios) de prestar sus servicios profesionales en orden a la salud del paciente, sin obligarse al resultado de curación que no siempre está dentro de sus posibilidades, hay casos en que se trata de obligación de resultado en que el médico se obliga a producir un resultado: son los casos, entre otros, de cirugía estética, vasectomía y odontología» (en similares términos se pronuncia la STS 11.2.1997 y 25.4.94). Otras sentencias referidas a la prestación de servicios de médicos son, STS 28.12.1979; STS 21.5.1984; STS 10.11.1999;

— **Periodista**: STAP de Madrid sección 10.ª. de 28.2.2000.

— **Limpieza (empleada del hogar):** STS. 18.12.1993 (Archivo la LEY, 1994, 269).

131

ARRENDAMIENTO DE SERVICIOS. LETRADO. ASEGURADORA Y ASEGURADO

DEFENSA JURÍDICA

ENTIDAD ASEGURADORA: ...
Oficina o sucursal de ...

En su nombre y representación: Don/Doña ..., mayor de edad, con domicilio a efectos de este contrato en ..., Calle ...; facultades de representación en virtud de escritura autorizada por el Notario de ... Don/Doña ..., en fecha ..., con el número ... de su Protocolo.

PÓLIZA número: ...

ASEGURADO/A: Don/Doña ..., mayor de edad, vecino/a de ..., con domicilio en ...., con DNI número ...

Caso de ser entidad: nombre de la entidad ...; representación que ostenta en virtud de ...; domicilio social en ...

SINIESTRO: Número ...
Fecha ...
Lugar: ...
Vehículo: marca ..., modelo ..., matrícula ...
Tipo de siniestro o sobre: ...

Otros datos: ...
FECHA Y LUGAR DE ESTA HOJA DE ENCARGO:

El asegurado/a, a través en su caso de su representante legal, manifiesta su deseo de encargar profesionalmente **defensa jurídica, ya judicial como extrajudicial,** con relación al siniestro arriba referenciado, a Letrado/a que presta sus servicios para esta entidad y, en concreto al Letrado/a que a continuación se expresa, quien/es firma/n la presente hoja de encargo como muestra de su aceptación y conformidad:

Don/Doña ..., mayor de edad, vecino/a de ..., domiciliado/a a efectos de este contrato en ..., Calle ..., con DNI número ...

HONORARIOS:

El Letrado/a percibir sus **honorarios** conforme a: ...

La minuta de honorarios definitiva estará sujeta al régimen fiscal de retenciones e I.V.A. o tributo que le sustituya, legalmente exigible y vigente.

En la actualidad suponen los siguientes conceptos y cuantías:
...
...

La minuta de honorarios ser satisfecha por la entidad aseguradora, en virtud del contrato de seguro con número de póliza reflejado en este documento.

ASEGURADO/A ASEGURADORA LETRADO/A

132

Arrendamiento De Servicios. Letrado. Entidad Y/O Colegio

... y ... abogados.
Fecha: ... de ... de ...
Lugar: ...

ARRENDADOR: Persona o entidad que encarga los servicios:
Entidad y/o Colegio: ...
Domiciliado en ...
Con CIF número ...
En su representación: Don/Doña ..., con DNI número ..., representación que resulta de ...

ARRENDATARIO/A: Persona/s que presta/n los servicios:
1.º Letrado/a Don/Doña ..., vecino/a de ..., domiciliado/a a efectos de este contrato en ..., Calle ..., con DNI número ...

2.º ...

OBJETO DEL CONTRATO: Realización de los siguientes trabajos:

1.º Asesoramiento sobre:
...

2.º Defensa jurídica y dirección letrada en:
Toda clase de procedimientos administrativos, judiciales y /o constitucionales.

RÉGIMEN JURÍDICO: Arrendamiento de servicios de conformidad a lo pactado y a lo establecido en los artículos 1544 y 1583 y siguientes del Código Civil y artículo 436 de la Ley Orgánica del Poder Judicial.

HONORARIOS:
El Letrado/a percibirá sus **honorarios** conforme a: ...

Régimen fiscal:

La Minuta de honorarios definitiva estará sujeta al régimen fiscal de retenciones e I.V.A. o tributo que le sustituya, legalmente exigible y vigente.

En la actualidad suponen los siguientes conceptos y cuantías:

...

ARRENDADOR ARRENDATARIO

133

ARRENDAMIENTO DE SERVICIOS. MÉDICO. COLEGIO Y/O ENTIDAD

CENTRO MÉDICO: ...
Fecha: ... de ... de ...
Lugar: ...

ARRENDADOR: Persona o entidad que encarga los servicios:

Entidad y/o Colegio: ...
Domiciliado en ...
Con CIF número ...
En su representación: Don/Doña ...; con DNI número ...; representación que resulta de ...

ARRENDATARIO/A: Persona/s que presta/n los servicios:
Centro Médico ... a través de sus profesionales y demás medios.

En su nombre y representación Don/Doña ..., mayor de edad, con domicilio en ...; resultando sus facultades de ...

OBJETO DEL CONTRATO: Realización de los siguientes trabajos:

1.º Reconocimientos médicos, control y valoración de enfermedades y/o lesiones:

...

...

2.º Además:

...

RÉGIMEN JURÍDICO: Arrendamiento de servicios de conformidad a lo pactado y a lo establecido en los artículos 1544 y 1583 y siguientes del Código Civil.

HONORARIOS:

El Centro Médico percibirá sus **honorarios** conforme a:

1.º Cuota mensual de ... euros.

2.º ...

3.º Gastos médicos farmacéuticos y quirúrgicos: ...

Régimen fiscal:

La Minuta de honorarios definitiva estará sujeta al régimen fiscal de retenciones e I.V.A. o tributo que le sustituya, legalmente exigible y vigente.

En la actualidad suponen los siguientes conceptos y cuantías:

...

...

ARRENDADOR ARRENDATARIO

134

Arrendamiento De Servicios. Médico. Aseguradora

Fecha: ... de ... de ...
Lugar: ...

ARRENDADOR: Persona o entidad que encarga los servicios:
Entidad: ...
Domiciliado en ...
Con CIF número ...
En su representación: Don/Doña ...; con DNI número ...; representación que resulta de ...

ARRENDATARIO/A: Persona/s que presta/n los servicios:
Centro Médico ... a través de sus profesionales y demás medios.

En su nombre y representación Don/Doña ..., mayor de edad, con domicilio en ...; resultando sus facultades de ...

OBJETO DEL CONTRATO: Realización de los siguientes trabajos:

1.º Reconocimiento y asistencia médica, control y valoración de enfermedades y/o lesiones y particularmente del daño personal a efectos de incapacidades y, en su caso, con determinación y valoración de secuelas:
...

2.º Informes periódicos a la entidad arrendadora sobre las situaciones y evoluciones de las situaciones anteriores:
...

3.º Intervenciones quirúrgicas:
...

4.º Rehabilitación, tratamientos ortopédicos y/o quiroprácticos:
...

RÉGIMEN JURÍDICO: Arrendamiento de servicios de conformidad a lo pactado y a lo establecido en los artículos 1544 y 1583 y siguientes del Código Civil.

HONORARIOS:
El Centro Médico percibirá sus **honorarios** conforme a:

1.º Cuota por ... de ... euros.
2.º ...
3.º Gastos médico farmacéuticos y quirúrgicos: ...

Régimen fiscal:
La Minuta de honorarios definitiva estará sujeta al régimen fiscal de retenciones e I.V.A. o tributo que le sustituya, legalmente exigible y vigente.

En la actualidad suponen los siguientes conceptos y cuantías:
...
...

ARRENDADOR ARRENDATARIO

135

ARRENDAMIENTO DE SERVICIOS. MÉDICO. ASEGURADORA. PERJUDICADO

ASISTENCIA MÉDICA Y REHABILITADORA

LOCALIDAD: ...
FECHA: ...

ENTIDAD ASEGURADORA: ...
Oficina o sucursal de ...
En su nombre y representación: Don/Doña ..., mayor de edad, con domicilio a efectos de este contrato en ..., calle ...; facultades de representación en virtud de escritura autorizada por el Notario de ... Don/Doña ..., en fecha ..., con el número ... de su Protocolo.

PÓLIZA número: ...

ASEGURADO/A: Don/Doña ..., mayor de edad, vecino/a de ..., con domicilio en ..., con DNI número ...

Caso de ser entidad: nombre de la entidad ...; representación que ostenta en virtud de ...; domicilio social en ...

SINIESTRO: Número ...
Fecha ...
Lugar: ...
Vehículo: marca ..., modelo ..., matrícula ...
Tipo de siniestro o sobre: ...

PERJUDICADO:
Interviene en su propio nombre y/o en representación de ..., lo que acredita por ... y con DNI en su caso ...

Edad: ...
Vecino/a de ...
Domiciliado en ...
Con DNI número ...

Otros datos: ...

El perjudicado/a, a través en su caso de su representante legal, manifiesta su deseo de encargar profesionalmente asistencia y control médico y rehabilitador y de determinación y valoración de incapacidad, lesiones y secuelas en su caso, con relación al siniestro arriba referenciado, a los profesionales médicos que a continuación se expresan, quienes firman la presente hoja de encargo como muestra de su aceptación y conformidad:

Centro Médico ..., a través de sus profesionales y medios, con domicilio en ..., Calle ..., CIF ...

Y en su nombre y representación:

Don/Doña ..., mayor de edad, vecino/a de ..., domiciliado/a a efectos de este contrato en ..., calle ..., con DNI número ...

En concreto los servicios incluirán:

1.º En cuanto a asistencia médica: ...

2.º En cuanto a tratamiento rehabilitador, fisioterapéutico o quiropráctico: ...

3.º En cuanto a intervenciones quirúrgicas: ...

4.º Informes médicos periódicos a la entidad aseguradora: ...

HONORARIOS:
El Centro Médico percibirá sus **honorarios** conforme a:
...

La minuta de honorarios definitiva estará sujeta al régimen fiscal de retenciones e I.V.A. o tributo que le sustituya, legalmente exigible y vigente.

En la actualidad suponen los siguientes conceptos y cuantías:
...
...

La minuta de honorarios será satisfecha por la entidad aseguradora, en virtud del contrato de seguro con número de póliza reflejado en este documento.

ASEGURADO/A ASEGURADORA PERJUDICADO

136

Arrendamiento De Servicios. Perito. Aseguradora

Fecha: ... de ... de ...
Lugar: ...

ARRENDADOR: Persona o entidad que encarga los servicios:
Entidad: ...
Domiciliado en ...
Con CIF número ...
En su representación: Don/Doña ..., con DNI número ..., representación que resulta de ...

ARRENDATARIO/A: Persona/s que presta/n los servicios:
Perito Tasador de Seguros, y en concreto: ...

Don/Doña ..., Colegiado número ..., vecino de ..., domiciliado en ..., con DNI número ...
La entidad ..., y en su nombre y representación Don/Doña ..., mayor de edad, con domicilio en ...; resultando sus facultades de ...

OBJETO DEL CONTRATO: Realización de los siguientes trabajos:

1.º Peritación y valoración de todo tipo de daños materiales y en todo tipo de siniestros:
...
...

2.º Informes periódicos a la entidad arrendadora sobre las situaciones y evoluciones de las situaciones anteriores:
...
...

RÉGIMEN JURÍDICO: Arrendamiento de servicios de conformidad a lo pactado y a lo establecido en los artículos 1544 y 1583 y siguientes del Código Civil.

HONORARIOS:

La parte arrendataria percibirá sus **honorarios** conforme a:

1.º Cuota por ... de ... euros.
2.º ...
3.º Gastos de desplazamiento y locomoción ...

Régimen fiscal:

La Minuta de honorarios definitiva estará sujeta al régimen fiscal de retenciones e I.V.A. o tributo que le sustituya, legalmente exigible y vigente.

En la actualidad suponen los siguientes conceptos y cuantías:

...

...

ARRENDADOR ARRENDATARIO

137

Arrendamiento De Servicios. Servicios De Limpieza. Comunidad De Propietarios

Fecha: ... de ... de ...
Lugar: ...

ARRENDADOR: Persona o entidad que encarga los servicios:

Comunidad de Propietarios: ...
Domiciliada en ...
Con CIF número ...
En su representación: Don/Doña ..., con DNI número ..., como Presidente de la Comunidad de Propietarios y representación que resulta de ...

ARRENDATARIO/A: Persona/s que presta/n los servicios:

La empresa de limpieza «...» a través de su personal y medios, y en su nombre y representación Don/Doña ..., mayor de edad, con domicilio en ...; resultando sus facultades de ...

OBJETO DEL CONTRATO: Realización de los siguientes trabajos:

Limpieza en el Edificio «...», y en concreto los que se especifican a continuación en cuanto a zonas, forma y días:

1.º Escalera/s: ...
2.º Terraza/s: ...
3.º Patio/s: ...
4.º Garaje: ...

RÉGIMEN JURÍDICO: Arrendamiento de servicios de conformidad a lo pactado y a lo establecido en los artículos 1544 y 1583 y siguientes del Código Civil.

HONORARIOS:
La parte arrendataria percibirá sus **honorarios** conforme a:

1.º Cuota de ... euros al mes.
2.º ...

En el citado importe se incluye los gastos de materiales y utensilios de limpieza.

Régimen fiscal:
La minuta de honorarios definitiva estará sujeta al régimen fiscal de retenciones e I.V.A. o tributo que le sustituya, legalmente exigible y vigente.

En la actualidad suponen los siguientes conceptos y cuantías:
...
...

ARRENDADOR ARRENDATARIO

138

ARRENDAMIENTO DE SERVICIOS. ARQUITECTO. EMPRESA PROMOTORA Y/O CONSTRUCTORA

Fecha: ... de ... de ...
Lugar: ...

ARRENDADOR: Persona o entidad que encarga los servicios:

Entidad promotora y/o constructora: ...
Domiciliada en ...
Con CIF número ...
En su representación: Don/Doña ..., con DNI número ..., representación que resulta de ...

ARRENDATARIO/A: Persona/s que presta/n los servicios:

1.º El estudio de Arquitectos ..., a través de sus profesionales y medios, y en su nombre y representación Don/Doña ..., mayor de edad, con domicilio en ...; resultando sus facultades de ...

2.º El Arquitecto Don/Doña ..., colegiado número ... del Ilustre Colegio de Arquitectos de ..., vecino de ... domiciliado en ..., con DNI número ...

OBJETO DEL CONTRATO: Realización de los siguientes trabajos:

1.º Proyectos de edificación: ...

2.º Dirección facultativa de obras: ...

3.º Otros: ...

RÉGIMEN JURÍDICO: Arrendamiento de servicios de conformidad a lo pactado y a lo establecido en los artículos 1544 y 1583 y siguientes del Código Civil.

Además, será de aplicación la legislación específica del desarrollo de la profesión del arrendatario y el cumplimiento de las demás formalidades administrativas y de todo tipo.

HONORARIOS:

La parte arrendataria percibirá sus **honorarios** conforme a:

1.º ...
2.º ...

Régimen fiscal:
La minuta de honorarios definitiva estará sujeta al régimen fiscal de retenciones e I.V.A. o tributo que le sustituya, legalmente exigible y vigente.

En la actualidad suponen los siguientes conceptos y cuantías:
...
...

ARRENDADOR ARRENDATARIO

139

ARRENDAMIENTO DE SERVICIOS. ARQUITECTO. EMPRESARIO/A PROMOTOR Y/O CONSTRUCTOR

Fecha: ... de ... de ...
Lugar: ...

ARRENDADOR: Persona o entidad que encarga los servicios:

Promotor y/o constructor: ...
Don/Doña: ...
Domiciliado/a en ...
Con NIF número ...

ARRENDATARIO/A: Persona/s que presta/n los servicios:

1.º El estudio de Arquitectos ..., a través de sus profesionales y medios, y en su nombre y representación Don/Doña ..., mayor de edad, con domicilio en ...; resultando sus facultades de ...

2.º El Arquitecto Don/Doña ..., colegiado número ... del Ilustre Colegio de Arquitectos de ..., vecino de ... domiciliado en ..., con DNI número ...

OBJETO DEL CONTRATO: Realización de los siguientes trabajos:

1.º Proyectos de edificación: ...

2.º Dirección facultativa de obras: ...

3.º Otros: ...

RÉGIMEN JURÍDICO: Arrendamiento de servicios de conformidad a lo pactado y a lo establecido en los artículos 1544 y 1583 y siguientes del Código Civil.

Además será de aplicación, la legislación específica del desarrollo de la profesión del arrendatario, y el cumplimiento de las demás formalidades administrativas y de todo tipo.

HONORARIOS:

La parte arrendataria percibirá sus **honorarios** conforme a:

1.º ...
2.º ...

Régimen fiscal:
La Minuta de honorarios definitiva estará sujeta al régimen fiscal de retenciones e I.V.A. o tributo que le sustituya, legalmente exigible y vigente.

En la actualidad suponen los siguientes conceptos y cuantías:
...
...

ARRENDADOR ARRENDATARIO

140

ARRENDAMIENTO DE SERVICIOS. CONTRATO DE MANTENIMIENTO

CONTRATO DE MANTENIMIENTO

Fecha: ...de ... de ...
Lugar: ...

ARRENDADOR: Persona o entidad que encarga los servicios:

Don/Doña: , mayor de edad, vecino de ..., domiciliado en ..., con DNI número ... Teléfono y/o fax: ...

Caso de ser entidad: Empresa o mercantil ..., domiciliada en ..., con CIF ..., y en su nombre y representación Don/Doña ..., con igual domicilio a los efectos de este contrato, con DNI número ..., y cuya representación resulta de ...

Teléfono y/o fax: ...

ARRENDATARIO/A: Persona/s que presta/n los servicios:
LA ENTIDAD ..., a través de sus profesionales y medios, y en su nombre y representación Don/Doña ..., mayor de edad, con domicilio en ...; resultando sus facultades de ...

OBJETO DEL CONTRATO: Mantenimiento en perfectas condiciones de uso y funcionamiento de todos los aparatos y demás material informático y unidades y complementos que han sido adquiridos, en su caso, al arrendatario y que se especifican en este contrato, y, particularmente:

1.º Suministro de consumibles.
2.º Reparación de averías o mal funcionamiento, con exclusión de las causadas por accidente, fuerza mayor o uso incorrecto o indebido de los aparatos y demás objetos tanto por el arrendador como por sus empleados o personas de él dependientes.

La avería o mal funcionamiento se reparará o solventará antes de las veinticuatro horas desde su comunicación por el arrendador al arrendatario.

3.º Sustitución de piezas necesarias.

4.º Mano de obra técnica y desplazamientos.

5.º Garantía de las reparaciones de averías o mal funcionamiento por un plazo de ...

RETRIBUCIÓN:

La parte arrendataria percibirá su **retribución** conforme a:

1.º Cuota mensual de ... euros.

2.º ...

Si se abonara por cuota mensual, la misma será actualizada al año de la firma del contrato, conforme al índice de precios al consumo.

Régimen fiscal:

La minuta de honorarios definitiva estará sujeta al régimen fiscal de retenciones e I.V.A. o tributo que le sustituya, legalmente exigible y vigente.

En la actualidad suponen los siguientes conceptos y cuantías:

...

...

DURACIÓN DEL CONTRATO: Indefinida, pudiendo ser resuelta unilateralmente por cualquiera de las partes con ... mes/es de antelación.

OBJETO/S ADQUIRIDO/S DE LA PARTE ARRENDATARIA DE ESTE CONTRATO:

1.º Objeto/ marca/ modelo: ...

2.º Objeto/ marca/ modelo: ...

ARRENDADOR ARRENDATARIO

141

ARRENDAMIENTO DE SERVICIOS. ENGORDE DE ANIMALES

Fecha: ... de ... de ...
Lugar: ...

ARRENDADOR: Persona o entidad que encarga los servicios:

Don/Doña: ..., mayor de edad, vecino de ..., domiciliado en ..., con DNI número ... Teléfono y/o fax: ...

Caso de ser entidad: Empresa o mercantil ..., domiciliada en ..., con CIF ..., y en su nombre y representación Don/Doña ..., con igual domicilio a los efectos de este contrato, con DNI número ....., y cuya representación resulta de ...
Teléfono y/o fax: ...

ARRENDATARIO/A: Persona/s que presta/n los servicios y que a los efectos de este contrato se le denomina criador:

1.º Si se trata de entidad mercantil: LA ENTIDAD ..., a través de sus profesionales y medios, y en su nombre y representación Don/Doña ..., mayor de edad, con domicilio en ...; resultando sus facultades de ...
Teléfono y/o fax:

2.º Si se trata de persona física: Don/Doña ..., mayor de edad, de estado civil ..., vecino de ..., con DNI número ...
Teléfono y/o fax ...

OBJETO DEL CONTRATO: Servicio de engorde y crianza de polluelos por parte del criador, para producir pollos cebados para carne, para la parte arrendadora, siendo ésta la que suministrará a la arrendataria a tal fin polluelos antes de las veinticuatro horas de vida.

Concretamente, y salvo casos de fuerza mayor, se pacta la crianza de un mínimo de ... camadas anuales, entregando a tales fines la parte arrendadora una camada cada ...

El criador trabajará como empresa independiente, con sus medios, instalaciones y personal, siendo de su cuenta los riesgos de las aves, así como los suministros de agua, piensos, medicamentos, vacunas y en general todo lo que sea preciso para la crianza y engorde de los animales, así como sobre higiene y demás condiciones a observar en los locales donde se preste el servicio.

La parte arrendadora habrá de retirar los animales cuando su peso sea de ... gramos y de acuerdo con la programación de suministro a matadero, que se avisará a la parte arrendataria con un mínimo de ...

La parte arrendataria facilitará a la arrendadora para la retirada de pollos, la guía sanitaria.

RETRIBUCIÓN:
El criador percibirá por todos los conceptos:

1.º La cantidad de ... euros ... por pollo apto salido y ... euros por Kg. de carne apta para el consumo.

2.º ... euros por pollo apto salido, si el número de bajas es inferior al ...%.

3.º Una bonificación de ... euros por kg de pienso ahorrado, o un cargo de ... euros por pienso consumido de más, según el baremo que se incluye como anexo de este contrato.

El baremo se podrá modificar avisando con una crianza de antelación cuando, a juicio de la parte arrendadora, deban variarse las características del pienso (proteínas, energía, etc.) existentes a la firma de este contrato.

4.º Se abonará la cantidad de ... euros por pollo apto salido para el consumo, en concepto de calefacción, ventilación o aireación, siempre que a juicio de la parte arrendadora haya sido correcta y que la granja disponga de las condiciones adecuadas para su capacidad y al respecto.

5.º La cantidad de ... euros por pollo apto salido en concepto de guías y básculas.

DURACIÓN DEL CONTRATO: Indefinida, pudiendo ser resuelta unilateralmente por cualquiera de las partes con ... mes/es de antelación.

ARRENDADOR ARRENDATARIO

142

ARRENDAMIENTO DE VIVIENDAS

En la ciudad de ... , a ... de ... de ...

REUNIDOS

De una parte, D ...., mayor de edad, casado, vecino de ..., domiciliado en calle ..., número ..., con DNI número ... en lo sucesivo arrendador.

Y de otra, Don ..., mayor de edad, casado, vecino de ..., domiciliado en calle ..., número..., con DNI número ... en lo sucesivo arrendatario.

INTERVIENEN

En su propio nombre y derecho. Ambas partes se reconocen recíprocamente la capacidad legal bastante para celebrar el contrato y otorgar este documento, por lo que de común acuerdo[2]:

---

[2] Destacaremos los aspectos más importantes respecto del régimen jurídico del Arrendamiento de vivienda contenido en la Ley 29/94, de 24 de noviembre, sobre Arrendamientos Urbanos:

Antes de comenzar con el concreto régimen jurídico del arrendamiento de vivienda, es conveniente delimitar el ámbito de aplicación de la Ley 29/94: la nueva Ley de Arrendamientos Urbanos abandona la distinción tradicional entre arrendamientos de viviendas y arrendamientos de locales de negocios a que se refería la legislación anterior y diferencia ahora entre arrendamientos de viviendas y arrendamientos para usos distintos al de vivienda.

Como dice el Preámbulo de la Ley de Arrendamientos Urbanos, *«este nuevo categorismo se asienta en la idea de conceder medidas de protección al arrendatario sólo allí donde la finalidad del arrendamiento sea la satisfacción de vivienda del individuo y de su familia, pero no en otros supuestos en los que se satisfagan necesidades económicas, recreativas o administrativas»*.

Comenzando ya con el arrendamiento de viviendas, destacaremos:

— **Concepto:** Son aquellos que tienen por objeto una edificación habitable destinada a satisfacer la necesidad permanente de vivienda del arrendatario, su cónyuge o pareja de hecho y sus hijos dependientes.

— **Formalización del contrato:** El contrato de arrendamiento puede celebrarse verbalmente o por escrito, pero las partes pueden compelerse recíprocamente a su formalización escrita.

— Exclusiones: Quedan excluidas las viviendas cedidas a los porteros, guardas, empleados, funcionarios y militares por razón del cargo o servicio que presten; los contratos de aprovechamiento agrícola, pecuario o forestal que incluyan casa-habitación y las viviendas universitarias.

— **Cesión y subarriendo:** No es posible ceder el contrato o subarrendar la vivienda sin el consentimiento escrito del arrendador. El subarriendo, además, sólo puede ser parcial, el precio no puede ser superior al del arrendamiento y se extingue cuando lo hace el arrendamiento.

— **Duración del contrato:** El plazo mínimo del contrato es de CINCO AÑOS. Este plazo se articula sobre el libre pacto de las partes, pero si éstas contratan por un plazo inferior, el plazo se prorroga obligatoriamente hasta alcanzar tal término, salvo que el arrendatario manifieste al arrendador con 30 días de antelación a la fecha de terminación o de cualquiera de sus prórrogas su voluntad de no renovarlo.

No procederá la prorroga legal obligatoria cuando al tiempo de la celebración del contrato se haya previsto la necesidad del arrendador de ocupar la vivienda arrendada antes del transcurso de los cinco años para destinarla a vivienda propia. Pero de no ocuparla en el plazo de tres meses, se establece el derecho del arrendatario a retornar a la vivienda por un nuevo período de 5 años y a ser indemnizado conforme establece la Ley.

También se contempla que, una vez transcurridos los cinco años de duración mínima, si una de las partes no notifica a la otra, al menos con un mes de antelación, su voluntad de no renovarlo, el contrato se prorroga, de nuevo obligatoriamente, por plazos anuales hasta un máximo de tres años.

En caso de que la duración pactada en el contrato sea superior a los cinco años, una vez transcurridos dicho plazo, el arrendatario puede desistir del contrato preavisando al arrendador con dos meses de antelación. Las partes pueden pactar en el contrato, para este supuesto, una indemnización a favor del arrendador de un mes por año sin cumplir, o cantidad proporcional para los plazos inferiores.

El arrendamiento podrá continuar a favor del cónyuge del arrendatario que no hubiere prestado su conformidad al desistimiento o a la no renovación del contrato. A estos efectos, se equipara al cónyuge a la persona conviviente con él en análoga relación de afectividad, al menos durante los dos años anteriores, con independencia de su orientación sexual.

En caso de que el derecho del arrendador se resuelva por retracto convencional, sustitución fideicomisaria, ejecución judicial o por ejercicio de un derecho de opción de compra, el arrendatario tiene derecho a continuar en el arrendamiento hasta que se cumpla el plazo legal mínimo de 5 años. En los contratos de plazo superior, el contrato se resuelve pasados los 5 años, salvo que conste inscrito en el Registro de la Propiedad al tiempo de la resolución.

Igual tratamiento da la Ley para el supuesto de enajenación voluntaria de la vivienda. Ahora bien, el enajenante, en este caso, deberá indemnizar al arrendatario con una mensualidad de renta por año que reste por cumplir, si el adquirente, por tratarse de un arrendamiento de mas de 5 años, resuelve el contrato antes del cumplimiento del plazo contractual.

En supuestos de separación, divorcio o nulidad matrimonial del arrendatario, el cónyuge no arrendatario, con comunicación al arrendador, podrá continuar en el uso de la vivienda cuando le sea atribuida por resolución judicial o así se pacte en el convenio regulador suscrito al efecto.

En caso de muerte del arrendatario podrán subrogarse en el contrato personas que vivan con él según el siguiente orden prelativo: cónyuge o compañero *more uxorio*, descendientes, ascendientes, hermanos y familiares hasta el tercer grado colateral con minusvalías del 65%, previa notificación al arrendador en el plazo de tres meses, pues en otro caso el arrendamiento se extingue, del mismo modo que si no existe ninguna de estas personas.

— **Renta:** Rige la libertad de pactos y por tanto las partes pueden establecer libremente la que estimen oportuna, así como su periodicidad, forma y lugar para hacerla efectiva. En caso de no estipulación expresa la ley establece que el pago sea mensual y se satisfaga dentro de los 7 primeros días del mes, en metálico y en la vivienda arrendada sin que pueda exigirse el pago anticipado de más de una mensualidad y con obligación del arrendador de entregar recibo salvo que de otra forma quede constancia efectiva del cumplimiento de la obligación, recibo que deberá contener separado el importe de la renta de cualesquiera otros conceptos.

La renta se actualiza anualmente, pero durante los 5 primeros años sólo es revisable conforme a IPC. A partir del sexto año, en su caso, libertad de pactos, y en su defecto también conforme a IPC. La renta actualizada es exigible a partir del mes siguiente de la notificación a la contraparte.

En caso de que el arrendador realice obras de mejora en la vivienda, transcurridos cinco años de duración del contrato, y salvo que se haya pactado lo contrario, es posible elevar la renta hasta en un 20% de la vigente en aquel momento.

— **Gastos generales y servicios individuales:** Los gastos por servicios con que cuente la vivienda que se individualicen mediante aparatos contadores serán siempre de cuenta del arrendatario (normalmente, energía eléctrica, teléfono, gas, etc.).

Las partes pueden pactar que los demás gastos generales que correspondan a la vivienda y no sean susceptibles de individualización, incluso tributos, sean a cargo del arrendatario, pero para que este pacto sea válido ha de constar necesariamente por escrito.

— **Obras en la vivienda:** El arrendatario no puede realizar obras que modifiquen la configuración de la vivienda o provoquen disminución de su estabilidad o seguridad, salvo consentimiento escrito del arrendador. En otro caso éste puede resolver el contrato o exigir a su conclusión que se repongan las cosas a su estado anterior.

Sí puede realizar, sin sanción alguna, las pequeñas reparaciones por el uso ordinario de la vivienda, que además serán de su cargo.

Puede, sin embargo, el arrendatario efectuar obras de adaptación de la vivienda a su condición de minusválido o de las personas que con él convivan, previa notificación al arrendador, y con obligación de reponer la vivienda a su estado anterior al término del contrato.

Las reparaciones necesarias para conservar la vivienda en condiciones de habitabilidad son de cargo del arrendador y está obligado a realizarlas sin derecho a elevación de la renta, salvo que el deterioro sea imputable al arrendatario. El arrendatario ha de soportar las obras, pero tiene derecho a una reducción de la renta si las obras duran mas de 20 días y queda privado de parte de la vivienda.

Con mayor motivo, las obras de mejora también son de cuenta del arrendador, pero si quiere llevarlas a cabo durante la vigencia del contrato habrá de preavisar al arrendatario con tres meses de antelación y éste, a su vez, en el plazo de un mes, puede desistir del contrato. Si no lo hace habrá de soportarlas pero tiene derecho a una reducción de la renta proporcional a la parte de vivienda afectada y a una indemnización por los gastos que la obra pueda ocasionarle.

— **Derecho de adquisición preferente**: En caso de venta de la vivienda, el arrendatario tiene derecho de adquisición preferente, en las siguientes condiciones:

a) **Derecho de Tanteo:** En el plazo de 30 días desde que el arrendador le notifique fehacientemente la decisión de la venta, el precio y demás condiciones de la transmisión.

b) **Derecho de Retracto**: En el plazo de 30 días desde que el adquirente le notifique fehacientemente las condiciones esenciales de la compraventa, mediante entrega de escritura o documento suscrito al respecto, en el supuesto de que el arrendador no cumpla con su obligación de notificación o esta sea inveraz.

Estos derechos son preferentes sobre cualquier otro similar, excepto el retracto de comuneros o el convencional inscrito en el Registro de la Propiedad.

Para poder inscribir los títulos de la transmisión en el Registro de la Propiedad deberá justificarse el cumplimiento de las notificaciones anteriores. Si la vivienda no está arrendada, el vendedor habrá de declararlo así en la escritura, con sanción de falsedad en documento público.

No habrá lugar a los derechos de tanteo y retracto cuando la vivienda arrendada se venda junto con las demás que integra un mismo inmueble.

Los derechos de tanteo y retracto son renunciables en arrendamientos de duración superior a cinco años.

— **Resolución y extinción del contrato:** La parte que haya cumplido con sus obligaciones contractuales puede optar ante el incumplimiento de la contraria, entre promover la resolución del contrato o exigir su cumplimiento, conforme a la normativa general de las obligaciones recíprocas.

Además de la resolución, la pérdida de la finca arrendada y la declaración de ruina, son causas de extinción del arrendamiento.

— **Fianza:** Es obligatoria la exigencia y prestación de fianza al tiempo de celebrar el contrato. Su cuantía es equivalente a una mensualidad de renta, y no variará durante los cinco primeros años de vigencia del contrato. A partir del sexto año podrá actualizarse al compás de la renta. Se devuelve al término del arriendo.

DECLARAN

Que D. ... es dueño de una vivienda situada en ... calle ..., número ..., piso ..., letra ..., de una superficie aproximada de ... metros cuadrados[3]. Que habiendo convenido otorgar el contrato de arrendamiento de vivienda, lo efectúan de acuerdo con las siguientes

ESTIPULACIONES

PRIMERA. Don ..., arrienda a D. ... la vivienda antes mencionada, con muebles que constan en el inventario, que se une como anexo al presente documento, firmado, asimismo, por las partes.

SEGUNDA. El plazo de duración del contrato será de CINCO AÑOS, contados desde la fecha de celebración del mismo. Si llegada la fecha del vencimiento del contrato, una vez transcurridos los cinco años pactados, ninguna de las partes hubiese notificado a la otra, al menos con un mes de antelación a aquella fecha, su voluntad de no renovarlo, el contrato se prorrogará obligatoriamente por plazos anuales hasta un máximo de tres años más, salvo que el arrendatario manifieste al arrendador, con un mes de antelación a la fecha de terminación de cualquiera de las anualidades, su voluntad de no renovar el contrato.

Las notificaciones a que se hace referencia en esta cláusula deberán realizarse por escrito.

Finalizado el plazo de duración del arrendamiento, el arrendatario deberá devolver las llaves de la vivienda al arrendador el día del término del contrato o en la mañana del inmediato posterior. La devolución tendrá lugar en el domicilio del arrendador. En el supuesto de cambio de domicilio, se compromete el arrendador a notificárselo por escrito al arrendatario.

Si transcurrido el día del vencimiento del contrato, el arrendatario no hubiese desocupado la vivienda y entregado las llaves de la misma, de acuerdo con lo anteriormente estipulado, el arrendador podrá exigir la cantidad de ... euros diarios como cláusula penal.

TERCERA. La RENTA se fija de común acuerdo en el importe de ... mil euros MENSUALES, que el arrendatario habrá de efectuar anticipadamente en los siete primeros días del mes, en metálico, y en el domicilio del arrendador o en el de la

[3] En cuanto a la referencia catastral, véase nota a pie de página número 3 del formulario 1, y la número 9 del formulario 5.

persona natural o jurídica que el mismo designe, pudiendo modificarse en cualquier momento el lugar de pago, previa comunicación por escrito al arrendatario.

La renta se actualizará durante los cinco primeros años de duración del contrato en la fecha en que se cumpla cada año la vigencia del contrato, aplicando a la renta correspondiente a la anualidad anterior la variación porcentual experimentada por el Índice General Nacional del Sistema de Índices de Precios al Consumo en el periodo de doce meses inmediatamente anteriores a la fecha de cada actualización, tomando como mes de referencia para la primera actualización el que corresponda al último índice que estuviera publicado en la fecha de celebración del contrato, y en las sucesivas el que corresponda al último aplicado.

Transcurridos los cinco años de duración del contrato, en los tres siguientes la renta que se esté pagando se incrementará anualmente en un ... por ciento cada año, aplicable siempre sobre la anualidad anterior.

CUARTA. El arrendador está obligado a realizar, sin derecho a elevar la renta, todas las reparaciones que sean necesarias para conservar la vivienda en las condiciones de habitabilidad para servir al uso convenido, salvo cuando el deterioro de cuya reparación se trate sea imputable al arrendatario o a las personas de su casa.

El arrendatario está obligado a soportar las obras de conservación cuando éstas no puedan razonablemente diferirse hasta la conclusión del arrendamiento, aunque le sea muy molesta o durante ella se vea privado de una parte de la vivienda. Si la obra durase más de veinte días, habrá de disminuirse la renta en proporción a la parte de la vivienda de la que el arrendatario se vea privado.

El arrendatario deberá poner en conocimiento del arrendador, en el plazo más breve posible, la necesidad de las reparaciones a las que se refiere esta estipulación, a cuyo efecto deberá facilitar al arrendador la verificación directa, por sí mismo o por los técnicos que designe, del estado de la vivienda.

El arrendatario, previa comunicación al arrendador por el medio más rápido posible, podrá realizar las obras que sean urgentes para evitar un daño inminente o una incomodidad grave, y exigir de inmediato su importe al arrendador. A tal efecto, deberá aportar copia de los documentos de los que resulte el coste de las obras realizadas.

Las pequeñas reparaciones que se deriven del normal uso de la vivienda arrendada serán de cuenta del arrendatario.

QUINTA. El arrendatario estará obligado a soportar la realización por el arrendador de obras de mejora cuya ejecución no pueda razonablemente diferirse hasta la conclusión del arrendamiento. El arrendador deberá notificar por escrito al arrendatario, al menos con tres meses de antelación, su naturaleza, comienzo, duración y coste previsible. Durante el plazo de un mes desde dicha notificación, el arrendatario podrá desistir del contrato, salvo que las obras no afecten o afecten de modo irrelevante a la vivienda arrendada. En este caso, el arrendamiento se extinguirá en el plazo de dos meses a contar desde el desistimiento, durante los cuales no podrán comenzar las obras. El arrendatario que soporte las obras tendrá derecho a una reducción de la renta en proporción a la parte de la vivienda de que se vea privado por causa de aquéllas, así como a la indemnización de los gastos que las obras le obliguen a efectuar.

SEXTA. Transcurridos cinco años de duración del contrato, la realización de obras de mejora le dará derecho al arrendador a elevar la renta anual en la cuantía que resulte de aplicar al capital invertido en la mejora —descontadas las subvenciones públicas obtenidas para la realización de la obra— el tipo de interés legal del dinero en el momento de la terminación de las obras incrementado en tres puntos, sin que pueda exceder el aumento del veinte por ciento de la renta vigente en aquel momento.

SÉPTIMA. Los gastos generales para el adecuado sostenimiento del inmueble —que estando éste en régimen de propiedad horizontal serán los que se hayan asignado a la vivienda en función de su superficie—, sus servicios, tributos, cargas y responsabilidades que no sean susceptibles de individualización y que correspondan a la vivienda arrendada o a sus accesorios correrán a cargo del arrendador/arrendatario. Estos gastos ascienden a un total anual a la fecha de este contrato de ... euros. Pasados los cinco primeros años de vigencia del contrato, el arrendatario asumirá el importe de los incrementos de estos gastos, sin la limitación a que hace referencia el artículo 20.2 de la Ley de Arrendamientos Urbanos de 1994.

OCTAVA. Los gastos por servicios que se individualizan mediante aparatos contadores (agua, luz, teléfono, gas, etc.) serán en todo caso de cuenta del arrendatario. El arrendador asume el costo de los recibos que se encuentren pendientes de cobro en el momento de la celebración del contrato. En el supuesto de que el próximo recibo de estos suministros abarque un periodo de tiempo superior a la celebración del presente contrato, el arrendador asumirá el pago de la parte proporcional del mismo. Asimismo, son de cuenta del arrendatario los gastos de recogida de basura y demás servicios que se presten en razón de la vivienda. Correrán a costa del arrendatario los gastos de comunidad, tanto en su momento actual como los incrementos que se produzcan posteriormente, alcanzando dicha obligación incluso al mantenimiento de las instalaciones y servicios de que disfruta la vivienda.

NOVENA. El arrendatario se obliga a:

1.º Conservar y cuidar el inmueble y el mobiliario con la debida diligencia y a dejarlo al término del contrato en las mismas condiciones en que lo recibió. A tal fin, declara se le entrega la vivienda, el mobiliario y utensilios en perfectas condiciones de uso y conservación. Las roturas o pérdidas de piezas del mobiliario y utensilios, incluidos los electrodomésticos, serán de cuenta del arrendatario. En caso de mal funcionamiento o averías, el arrendatario solicitará de inmediato los servicios técnicos correspondientes, siendo de su cuenta el importe de los gastos de reparación.

2.º Destinar el piso objeto del arrendamiento exclusivamente a vivienda u hogar familiar. A estos efectos, declara el arrendatario que con él conviven las siguientes personas:

No se podrá destinar el piso a cualquier otra actividad.

3.º Satisfacer el pago de los daños y perjuicios que por negligencia o por uso inadecuado del inmueble, sus instalaciones, servicios, mobiliario y utensilios se pudiesen causar en el piso o en cualquier otro vecino del edificio.

4.º Permitir el acceso a la vivienda, previa comunicación, al dueño de la misma o a la persona que lo represente, a fin de inspeccionar cualquier servicio o instalación, o comprobar el cumplimiento de las obligaciones contractuales.

DÉCIMA. Pasados los cinco primeros años de duración del contrato, el arrendatario renuncia (o no renuncia) a los derechos de tanteo y retracto reconocidos en la Ley de Arrendamientos Urbanos de 1994.

UNDÉCIMA. El arrendador podrá resolver el contrato por las siguientes causas:

1.ª Falta de pago de la renta o, en su caso, de cualquiera de las cantidades cuyo pago haya asumido o corresponda al arrendatario.

2.ª Falta de pago del importe de la fianza o de su actualización. El arrendatario se compromete a constituir la correspondiente fianza en metálico en cantidad equivalente a una mensualidad. En el plazo del arrendamiento que exceda de cinco años, la fianza se actualizará de acuerdo con lo previsto para la actualización de la renta.

3.ª La cesión o subarriendo de la vivienda arrendada.

4.ª La realización de daños causados dolosamente en la finca.

5.ª La realización de obras no consentidas por el arrendador cuando el consentimiento de éste no sea necesario.

6.ª Cuando en la vivienda tengan lugar actividades molestas, insalubres, nocivas, peligrosas o ilícitas.

7.ª Cuando la vivienda permanezca deshabitada más de seis meses sin causa justificada o deje de estar destinada de forma primordial a satisfacer la necesidad primaria y permanente de vivienda del arrendatario.

DUODÉCIMA. El arrendatario podrá resolver el contrato por las siguientes causas:

1.º Cuando el arrendador no realice las reparaciones que sean necesarias para conservar la vivienda en condiciones de habitabilidad para servir al uso convenido.

2.º Cuando el arrendador perturbe la utilización de la vivienda de hecho o de derecho.

DECIMOTERCERA. El arrendatario en ningún caso podrá realizar obras que modifiquen la configuración o estructura del inmueble sin consentimiento o autorización por escrito del arrendador.

Dicho consentimiento o autorización escrita es, asimismo, necesaria para realizar mejoras útiles o voluntarias. Estas obras permanecerían en beneficio de la finca con/sin derecho a indemnización. El arrendador podría, alternativamente, exigir que el piso recobrase el estado anterior a las obras.

DECIMOCUARTA. El arrendatario se somete al régimen de propiedad horizontal del inmueble donde se encuentra situada la vivienda. Declara conocer y se compromete a observar los estatutos y normas de régimen interior de la comunidad de propietarios existente.

Y en prueba de conformidad con todo lo expuesto, firman el presente contrato, por duplicado, en el lugar y fecha al principio indicados.

EL ARRENDADOR | EL ARRENDATARIO

143

Arrendamiento Para Usos Distintos Al De Vivienda

En la ciudad de ..., a ... de ... de ...

REUNIDOS

De una parte Don ..., mayor de edad, casado, vecino de ..., domiciliado en calle ..., número ..., con DNI número ..., en lo sucesivo arrendador.

Y de otra Don ..., mayor de edad, casado, vecino de ..., domiciliado en calle ..., número ..., con DNI número ..., en lo sucesivo arrendatario.

INTERVIENEN

En su propio nombre y derecho. Ambas partes se reconocen recíprocamente la capacidad legal bastante para celebrar el contrato y otorgar este documento, por lo que de común acuerdo[4]:

---

[4] Destacaremos algunos aspectos del régimen jurídico del Arrendamiento para uso distinto de la vivienda, que se encuentra en la Ley 29/94, de 24 de noviembre, de Arrendamientos Urbanos:

— **Concepto:** Son aquellos que tienen por objeto una edificación que vaya a ser destinada a uso distinto al de vivienda permanente del arrendatario o su familia. Dentro de esta categoría quedan englobados los arrendamientos de segunda residencia, los de temporada, los tradicionales de local de negocio y los asimilados a éstos.

— **Forma del contrato y fianza:** Rigen los mismos criterios que para el arrendamiento de vivienda. *Vid.* nota a pie de página número 2 del presente capítulo.

— Para el resto de cuestiones los arrendamientos para uso distinto del de vivienda se rigen por la voluntad de las partes, en su defecto por lo dispuesto en el Titulo III de la LAU y, supletoriamente, por las disposiciones del Código Civil. Los aspectos que tienen tratamiento dentro de la Ley Especial y que son aplicables en defecto de pacto de las partes son las siguientes:

— **Enajenación de la finca arrendada:** El adquirente se subroga en la posición del arrendador, salvo que en el mismo concurran las condiciones del artículo 34 de la Ley Hipotecaria, es decir, que se trate de una adquisición a título oneroso y de buena fe, o lo que es lo mismo, que desconozca que la finca estaba arrendada al tiempo de su adquisición. La inscripción previa del arrendamiento en el Registro de la Propiedad excluye, pues, la posibilidad de que concurra buena fe.

DECLARAN

Que D. ... es dueño de un local comercial , sito en ... de ... metros cuadrados[5].

Ambas partes han convenido otorgar el presente contrato de arrendamiento, lo que llevan a cabo con las siguientes

ESTIPULACIONES

PRIMERA. D. ... arrienda a D. ... el local antes mencionado, cuya situación y estado es conocido y aceptado por ambas partes contratantes.

SEGUNDA. El plazo de duración del contrato será de ... años, contados desde la fecha de celebración del contrato. Una vez transcurrido el plazo pactado, las par-

---

— **Obras**: Rige el mismo criterio que para el arrendamiento de vivienda *(vid.* nota a pie de página número 2 del presenta capítulo), excepto que no existe previsión para el caso de arrendatarios con minusvalías, por lo que nos remitimos a los comentarios allí efectuados, con la salvedad indicada.

— **Derecho de adquisición preferente:** Rige el mismo criterio que para el arrendamiento de vivienda. *Vid.* nota a pie de página número 2 de presente capítulo.

— **Cesión del contrato o subarriendo:** Cuando el arrendatario ejerza en la finca arrendada una actividad empresarial o profesional cabe el subarriendo o la cesión del contrato sin necesidad de que lo autorice el arrendador. En ambos casos es preciso notificación fehaciente al arrendador en el plazo de un mes, quien podrá elevar la renta hasta un 10% en caso de subarriendo parcial o hasta un 20% caso de que el subarriendo sea total o se trate de un supuesto de cesión. No tienen consideración de cesión la fusión, transformación o escisión de sociedades.

— **Muerte del arrendatario:** Cuando el arrendatario ejerza en la finca arrendada una actividad empresarial o profesional, su heredero o legatario que continúe la actividad puede subrogarse en el contrato, con notificación escrita al arrendador dentro de los dos meses siguientes al fallecimiento.

— **Indemnización al arrendatario:** En caso de que en la finca arrendada se haya venido ejerciendo una actividad comercial de venta al público, y el arriendo haya durado al menos cinco años, el arrendatario que haya notificado con 4 meses de antelación a la conclusión del contrato su voluntad de renovarlo por un mínimo de otros cinco años más y por una renta de mercado, tiene derecho a una indemnización a cargo del arrendador, cuya cuantía variará en función de las siguientes circunstancias: a) Si, dentro de los seis meses siguientes a la expiración del contrato, el arrendatario iniciase la misma actividad en otra finca del mismo municipio, la indemnización alcanzará los gastos de traslado y los perjuicios por pérdida de clientela. b) Si, dentro del plazo indicado, el arrendatario iniciase una actividad diferente o no iniciase actividad alguna y el arrendador o un tercero, en el mismo plazo, inician en la finca arrendada la misma actividad o una afín a la que venía ejerciendo el arrendatario, la indemnización será entonces de una mensualidad por año de duración del contrato, con un máximo de 18 mensualidades. Se consideran afines las actividades que permitan aprovechar la clientela captada por el arrendatario. Si las partes no se ponen de acuerdo sobre la cuantía de la indemnización, ésta se determina por el árbitro que ellas designen.

— **Resolución de pleno derecho:** La Ley concede al arrendador la facultad de resolver el contrato de pleno derecho, cuando se incumplan las condiciones del subarriendo y de la cesión del contrato y se remite a la regulación del arrendamiento de vivienda en lo que respecta a las causas consistentes en impago de la renta, de la fianza y por desarrollo de actividades molesta, insalubres, nocivas, peligrosas o ilícitas.

[5] Véase nota a pie de página número 3 del formulario 142.

tes podrán, de mutuo acuerdo, proceder a la renovación del mismo por el plazo que libremente establezcan.

Terminado el plazo de duración del arrendamiento, el arrendatario deberá devolver las llaves del local al arrendador el día del término del contrato o en la mañana del inmediato posterior. La devolución tendrá lugar en el domicilio del arrendador. En el supuesto de cambio de domicilio, se compromete el arrendador a notificárselo por escrito al arrendatario.

Si transcurrido el día del vencimiento del contrato, el arrendatario no hubiese desocupado el local y entregado las llaves del mismo, de acuerdo con lo anteriormente estipulado, el arrendador podrá exigir la cantidad de ... euros diarios, como cláusula penal.

TERCERA. La renta se fija de común acuerdo en ... euros mensuales, más IVA, que el arrendatario habrá de pagar anticipadamente en los siete primeros días del mes, en metálico, y en el domicilio del arrendador o en el de la persona natural o jurídica que el mismo designe, pudiendo modificarse en cualquier momento el lugar del pago, previa comunicación por escrito al arrendatario.

La renta pactada se incrementará anualmente en un ... por ciento, más IVA.

CUARTA. Los gastos generales para el adecuado sostenimiento del inmueble —que estando en régimen de propiedad horizontal serán los que se hayan asignado a la vivienda en función de su superficie—, sus servicios, tributos, cargas y responsabilidades, que no sean susceptibles de individualización y que correspondan al local arrendado o a sus accesorios, correrán a cargo del arrendador (arrendatario). Estos gastos ascienden a un total anual de ... euros.

QUINTA. Los gastos por servicios que se individualizan mediante aparatos contadores (agua, luz, teléfono, gas, etc.) serán, en todo caso, de cuenta del arrendatario. El arrendador asume el costo de los recibos que se encuentren pendientes de cobro en el momento de la celebración del contrato. En el supuesto de que el próximo recibo de estos suministros abarque un periodo de tiempo superior a la celebración del presente contrato, el arrendador asumirá el pago de la parte proporcional del mismo.

Serán de cuenta del arrendatario los gastos de recogida de basura y demás servicios que se presten en razón del local.

Correrán a cargo del arrendatario los gastos de comunidad, tanto en su monto actual como los incrementos que se produzcan posteriormente, alcanzando dicha obligación incluso al mantenimiento de las instalaciones y servicios de que disfruta la vivienda.

SEXTA. El local se destina a ... , sin que los arrendatarios puedan variarlo o ampliarlo si no es con autorización expresa por escrito del arrendador (alternativamente: el arrendatario podrá cambiar libremente la actividad que desarrolla en el local). Los arrendatarios se obligan a solicitar las licencias y autorizaciones necesarias para la actividad a la que van a dedicar el local, en cuantos organismos fuesen competentes, sin que la denegación, anulación o posterior revocación les dé derecho a exigir indemnización alguna del arrendador.

SÉPTIMA. El arrendatario empresario o profesional podrá subarrendar la finca o ceder el contrato de arrendamiento sin necesidad de contar con el consentimiento del arrendador (Alternativamente: El empresario o profesional renuncia a sus derechos de subarriendo o de cesión del contrato de arrendamiento). El arrendador tiene derecho a una elevación de renta del diez por ciento de la renta en vigor en el caso de producirse un subarriendo parcial, y del veinte en el caso de producirse la cesión del contrato o el subarriendo total del local arrendado. No se reputa cesión el cambio producido en la persona del arrendatario por consecuencia de la fusión, transformación o escisión de la sociedad arrendataria, pero el arrendador tendrá derecho a la elevación de la renta a la que se ha hecho referencia anteriormente. Tanto la cesión como el subarriendo deberán notificarse de forma fehaciente al arrendador en el plazo de un mes desde que aquélla se hubiera concertado.

OCTAVA. Se autoriza a los arrendatarios que puedan llevar a cabo al inicio de la vigencia del contrato las obras de adaptación que estimen pertinentes, siempre que no afecten a la seguridad del inmueble en el que se encuentra ubicado el local. Las obras se deberán realizar en el plazo de ... meses. Será precisa la presentación del proyecto técnico correspondiente.

Para sucesivas obras de adaptación o mejora será preciso el consentimiento expreso por escrito del arrendador, siempre que esas obras impliquen una alteración de la configuración o estructura del local, o que provoquen una disminución en la estabilidad o seguridad del mismo. Sin perjuicio de la facultad de resolver el contrato, el arrendador que no haya autorizado la realización de las obras, podrá exigir, al concluir el contrato, que el arrendatario reponga las cosas al estado anterior o conservar la modificación efectuada, sin que éste pueda reclamar indemnización alguna.

NOVENA. Todas las obras de conservación o reparaciones ordinarias que se hayan de efectuar en el local, sus servicios e instalaciones serán de cargo del arrendatario.

El arrendador podrá realizar obras de mejora desde el comienzo del arrendamiento. Ello le dará derecho, salvo pacto en contrario, a elevar la renta anual en la cuantía que resulte de aplicar al capital invertido en la mejora el tipo de interés legal del dinero en el momento de la terminación de las obras incrementado en tres puntos, sin que pueda exceder del veinte por ciento de la renta vigente en aquel momento. Para el cálculo del capital invertido deberán descontarse las subvenciones públicas obtenidas para la realización de la obra.

La elevación de la renta se producirá desde el mes siguiente a aquel en que, ya finalizadas las obras, el arrendador notifique por escrito al arrendatario la cuantía de aquélla detallando los cálculos que conducen a su determinación y aportando copias de los documentos de los que resulte el coste de las obras realizadas.

El arrendatario estará obligado a soportar la realización por el arrendador de las obras de mejora cuya ejecución no pueda razonablemente diferirse hasta la conclusión del arrendamiento. El arrendador que se proponga realizar una de tales obras deberá notificar por escrito al arrendatario, al menos con tres meses de antelación, su naturaleza, comienzo, duración y coste previsible. Durante el plazo de un mes desde dicha notificación, el arrendatario podrá desistir del contrato, salvo que las obras no afecten o afecten de modo irrelevante al local arrendador. El arrendamiento se extinguirá en el plazo de dos meses a contar desde el desistimiento, durante los cuales no podrán comenzar las obras.

El arrendatario que soporte las obras tendrá derecho a una reducción de la renta en proporción a la parte del local de que se vea privado por causa de aquéllas, así como a la indemnización de los gastos que las obras le obliguen a efectuar.

DÉCIMA. El arrendador está obligado a realizar, sin derecho a elevar por ello la renta, todas las reparaciones que sean necesarias para conservar el local en las condiciones de habitabilidad para servir al uso convenido, salvo cuando el deterioro de cuya reparación se trate sea imputable al arrendatario a tenor de lo dispuesto en los artículos 1563 y 1564 del Código Civil.

La obligación de reparación tiene su límite en la destrucción de la vivienda por causa no imputable al arrendador.

Cuando la ejecución de una obra de conservación no pueda razonablemente diferirse hasta la conclusión del arrendamiento, el arrendatario estará obligado a soportarla, aunque le sea muy molesta o durante ella se vea privado de una parte del local. Si la obra durase más de veinte días, habrá de disminuirse la renta en proporción a la parte del local de la que el arrendatario se vea privado.

El arrendatario deberá poner en conocimiento del arrendador, en el plazo más breve posible, la necesidad de las reparaciones a las que se hace referencia al inicio de esta cláusula, a cuyos efectos deberá facilitar al arrendador la verificación directa, por sí mismo o por los técnicos que designe, del estado del local.

UNDÉCIMA. El arrendatario renuncia (o no renuncia) a los derechos de tanteo y retracto reconocidos en la Ley de Arrendamientos Urbanos de 1994.

DUODÉCIMA. El arrendatario se compromete a constituir la correspondiente fianza en metálico en cantidad equivalente a dos mensualidades. La fianza se podrá actualizar de conformidad con lo dispuesto en el artículo 36 de la Ley de Arrendamientos Urbanos de 1994.

DECIMOTERCERA. El arrendador podrá resolver de pleno derecho el contrato por las siguientes causas:

1.ª La falta de pago de la renta, o en su caso, de cualquiera de las cantidades cuyo pago haya asumido o corresponda al arrendatario.
2.ª La falta de pago del importe de la fianza o de su actualización.
3.ª La realización en el local de actividades molestas, insalubres, nocivas, peligrosas o ilícitas.
4.ª La cesión o subarriendo del local (en el caso de que se haya prohibido)

DECIMOCUARTA. El arrendatario podrá resolver el contrato por las siguientes causas:

1.ª Cuando el arrendador no realice las reparaciones que sean necesarias para conservar el local en las condiciones de habitabilidad para servir al uso convenido.
2.ª Cuando el arrendador perturbe la utilización del local de hecho o de derecho.

DECIMOQUINTA. El arrendatario se somete al régimen de propiedad horizontal de inmueble donde se encuentra situado el local. Declara conocer y se compromete a observar los estatutos y normas de régimen interior de la comunidad de propietarios existente.

Y en prueba de conformidad con todo lo expuesto, firman el presente contrato, por duplicado, en el lugar y fecha al principio indicados.

EL ARRENDADOR EL ARRENDATARIO

144

CONTRATO DE PRECARIO

En la ciudad de ..., a ... de ... de ...

REUNIDOS

De una parte, Don ..., mayor de edad, casado, vecino de ..., domiciliado en calle ..., número ..., con DNI número ...

Y, de otra, Don ..., mayor de edad, casado, vecino de ..., domiciliado en calle ..., número ..., con DNI número ...

INTERVIENEN

En su propio nombre y derecho. Ambas partes se reconocen recíprocamente la capacidad legal bastante para celebrar el contrato y otorgar este documento, por lo que de común acuerdo.

DECLARAN

Que D. ... es dueño de una finca situada en ... de ... metros cuadrados. Que habiendo convenido celebrar el contrato de precario, lo efectúan de acuerdo con las siguientes[6]

ESTIPULACIONES

PRIMERA. D. ...., cede la finca descrita anteriormente a D. ... en condición de precario, por lo tanto sin pagar renta ni merced alguna por la misma.

SEGUNDA. No se pacta plazo alguno de duración del precario. No obstante, cuando el propietario desee recuperar la finca cedida en precario lo deberá notificar con un mes de anticipación. Si transcurrido dicho plazo el precarista no ha

[6] Véase nota a pie de página número 3 del formulario 142.

desocupado la finca, deberá abonar la cantidad de ... euros diarios, como cláusula penal por cada uno de los días que persista o continúe en la ocupación.

TERCERA. El precarista se obliga a:

1.º Conservar la finca con la debida diligencia, declarando a tal fin que la recibe en perfectas condiciones de uso y conservación.

2.º Abonar los gastos de mantenimiento y conservación de la finca, así como el pago de todos los suministros que la misma recibe. En caso de mal funcionamiento o avería solicitar de inmediato su reparación, siendo de su cuenta el importe total de la reparación.

3.º Satisfacer el pago de los daños y perjuicios que por negligencia o por uso inadecuado de la finca, sus servicios e instalaciones, se pudieren causar en la misma finca o en cualquiera de las vecinas.

4.º Permitir al dueño, o a cualquier persona que lo represente, el acceso a la finca, a fin de inspeccionar cualquier servicio o instalación, o comprobar el cumplimiento de las obligaciones contractuales.

CUARTA. El precarista podrá realizar mejoras en la finca si previamente obtiene el consentimiento expreso y por escrito del dueño. Dichas obras de mejora quedarán, al finalizar el contrato, en la finca sin que ello le dé derecho a pedir del dueño el importe de las mismas.

QUINTA. El precarista pagará las primas de seguro, impuestos y contribuciones mientras se encuentre en la efectiva ocupación de la finca.

Y en prueba de conformidad con todo lo expuesto, firman el presente contrato, por duplicado, en el lugar y fecha antes indicados[7,8].

EL PROPIETARIO EL PRECARISTA

---

[7] De la doctrina del Tribunal Supremo, en cuanto a las diferentes posiciones respecto a la naturaleza jurídica del precario se puede destacar:

— La STS de 30.10.86, que lleva a cabo un análisis de la referida figura, creada por la jurisprudencia, en torno al número 3 del artículo 1565 de la ya derogada Ley de Enjuiciamiento Civil y que dice textualmente: «en sentencia de 13 de febrero de 1958, que conforme a repetida jurisprudencia el concepto de precarista a que alude el número 3.º del artículo 1565 de la Ley de Enjuiciamiento Civil no se refiere a la graciosa concesión a su ruego del uso de una cosa mientras lo permite el dueño concedente, en el sentido que a la institución del precario le atribuyó el Digesto, sino que se extiende a cuantos sin pagar merced utilizan la posesión de un inmueble sin título para ello, " ... " , y, como ha declarado la sentencia de 28 de junio de 1926, tomando el precario en el apropiado y amplio sentido que le ha dado la jurisprudencia, es aplicabe al disfrute o simple tenencia de una cosa sin título y sin pagar merced, por voluntad de su poseedor, o sin ella, pues si bien es cierto que la oposición del propietario pone término, naturalmente, a su tolerancia, la resistente contraria del tenedor u ocupante no puede mejorar su posición ni enervar la acción del dueño para hacer efectiva su voluntad de rescatar la cosa, pues según lo también declarado por la jurisprudencia, ésta ha ido paulatinamente ampliando el concepto del precario hasta comprender no solamente los supuestos en que se detenta una cosa con la tolerancia o por cuenta de su dueño, sino también todos aquellos en que la tenencia del demandado no se apoya en ningún título y presenta caracteres de abusiva; así que como síntesis de la doctrina jurisprudencial elaborada en torno al concepto de precario, merece ese calificativo, para todos los efectos civiles *"una situación de hecho que implica la utilización gratuita de un bien ajeno, cuya posesión jurídica no nos corresponde, aunque nos hallemos en la tenencia del mismo y, por tanto, la falta de título que justifique el goce de la posesión, ya porque no se haya tenido nunca, ya porque habiéndola tenido se pierda o también porque nos otorgue una situación de preferencia, respecto a un poseedor de peor derecho"*; el hecho de pagar merced que excluya la condición de precarista no está constituido por la mera entrega de una cantidad de dinero, sino que ha de ser esa entrega por cuenta propia y a título de merced o de alquiler por el arrendamiento constituido o presunto a nombre del que paga, "siendo acatada la entrega" en tal concepto, sin que equivalga a la renta los gastos o pagos que sobre el ocupante de los bienes pesen en su propia utilidad como los de luz, gas, calefacción y conservación (sentencia de 10 de enero de 1964), " ... "».

— La STS de 22.10.87 —cuyo precedente más remoto es la STS 21.6.1934— que dice textualmente que *«el antiguo precario no es sino un comodato con duración al arbitrio del comodante».*

— Fruto de ambas posiciones es la STS 31.12.1992, que afirma textualmente que «el contrato de precario que aunque diferenciado en el Derecho romano del comodato, a causa, entre otras razones, de la indefinición del uso concedido o tolerado, en los Códigos modernos se equipara al comodato si en éste no se pactó la duración del contrato ni el uso a que ha de destinarse la cosa pactada (art. 1749 CC), en cuyo caso el comodante puede reclamar la cosa a voluntad, incumbiendo en caso de duda la prueba al comodatario, del precario *stricto sensu* que extiende los casos de precario, fuera del ámbito contractual, a todos aquellos supuestos en que una persona posee alguna cosa sin derecho para ello. La concepción amplia del precario comprende, por ello, los supuestos de posesión concedida o tolerada o simplemente las situaciones posesorias de puro hecho».

La STS 31.12.92, también hace referencia al ***«precario procesal»***, en el sentido de que las situaciones anteriormente referidas de precario son reconducibles al «precario procesal», pues en ellas «para obtener la reintegración de la cosa poseída puede utilizarse el juicio de desahucio por precario».

La STS de 5.9.96 afirma que no altera la calificación de precario el hecho de que los poseedores paguen los suministros.

[8] Véase nota 1 del formulario número 156 sobre diferencia entre contrato de comodato y precario.

§7. MUTUO O SIMPLE PRÉSTAMO-HIPOTECA

145

PRÉSTAMO DE DINERO ENTRE PARTICULARES. NO DEVENGO DE INTERESES. REINTEGRO MEDIANTE CONTRAPRESTACIÓN DE OTRA OBLIGACIÓN

En la ciudad de ..., a ... de ... de ...

REUNIDOS

De una parte, Don ..., mayor de edad, casado con Doña ..., vecino de ..., domiciliados en calle ..., con DNI ..., en lo sucesivo prestatario.

Y de otra, Doña ..., mayor de edad, de estado civil ..., de profesión ..., vecina de ..., domiciliada en ..., con DNI número ..., en lo sucesivo prestamista.

INTERVIENEN

El primero en su propio nombre y derecho, y Doña ..., en nombre y representación de la mercantil «XX, S.A.», constituida en virtud de escritura de fecha ..., autorizada por el Notario de ... Don/Doña ... con el número ... de su Protocolo, con domicilio social en ..., e inscrita en el Registro Mercantil de ... al ..., con CIF número ...

Ambas partes, según la cualidad con la que intervienen, se reconocen recíprocamente capacidad legal bastante para otorgar el presente documento, conforme al cual:

DECLARAN

PRIMERO. Doña ..., en la representación que ostenta, y Don ..., tienen convenido el otorgamiento de préstamo que asciende a la suma de ... euros (... euros), que Don ... tiene solicitado a «XX, S.A.».

SEGUNDO. Igualmente tienen convenida la instalación de máquinas recreativas de los tipos ..., en local del negocio de hostelería «Restaurante ...», sito en ..., calle ..., del que es titular Don ...

TERCERO. De común acuerdo otorgan el presente contrato, conforme a las siguientes:

ESTIPULACIONES

PRIMERA. Doña ..., en la representación en que interviene, entrega en concepto de préstamo, a Don ..., que acepta en el presente acto, la suma de ... euros (... euros).

Expresamente se acuerda que la suma prestada no devengará interés alguno.

SEGUNDA. Don ... se obliga a reintegrar a «XX, S.A.» la cantidad que se le presta en el plazo de ... años a contar desde la fecha de este documento, y según el cómputo de plazos establecidos en el artículo 5 del Código Civil.

TERCERA. Don ... se obliga a reintegrar el préstamo recibido mediante entregas semanales a liquidar del cuarenta por ciento, todos los viernes —o sábado si fuera festivo—, de la recaudación obtenida en las máquinas recreativas instaladas en el citado «Restaurante ...» y a las que se alude en la estipulación quinta.

Si al término del contrato no se hubiese reintegrado la totalidad de la suma prestada, Don ... se compromete a la devolución del importe pendiente mediante su pago en metálico o el libramiento de letra a ... días.

CUARTA. Don ... se obliga al reintegro del total de la suma prestada o del resto pendiente, cuando concurriera cualquiera de los casos siguientes:

1.º Impago de algún plazo o liquidación del préstamo.

2.º Enajenación o gravamen de cualquier clase, incluido el embargo preventivo de los bienes del prestatario, salvo que el prestamista admitiera garantía de la deuda.

3.º Incumplimiento de cualquiera de las cláusulas de este contrato.

QUINTA. La concesión del préstamo estipulado lleva aparejado, por voluntad de ambas partes, un pacto de exclusiva de instalación de máquinas recreativas de tipo ... propiedad de «XX, S.A.», en el local «Restaurante ...», cuyo propietario es el prestatario.

Como consecuencia del presente pacto, Don ... se compromete a que «XX, S.A.» sea la entidad que con exclusividad instale máquinas recreativas en el negocio de su propiedad. Las condiciones de la instalación son las siguientes:

1.º «XX, S.A.», recibe por la instalación de las máquinas, a Don ..., el cuarenta por ciento (incluido IVA), de la recaudación bruta que se obtenga.

2.º La instalación de las máquinas se hace por plazo de tiempo igual al del contrato de préstamo, o sea, ... años desde la fecha de este documento, transcurridos los cuales podrá ser prorrogado por las partes, si así lo convinieren, aunque se hubiese extinguido o cumplido el contrato de préstamo.

3.º Don ... se obliga a no ceder, vender o traspasar el local o el negocio, durante tres años, plazo de vencimiento del préstamo. El incumplimiento de esta condición supondrá la inmediata resolución del contrato de instalación de máquinas en exclusiva, con la obligación de Don ... de indemnizar a «XX, S.A.» con una cantidad de dinero igual a la recaudación bruta efectuada por las máquinas recreativas en los ... meses anteriores al incumplimiento.

SEXTA. El presente documento, tanto en lo relativo al préstamo como a la instalación de máquinas, podrá ser elevado a público a petición de cualquiera de las partes, siendo en tal caso los gastos e impuestos derivados de su otorgamiento de cuenta y cargo del prestatario.

Y en prueba de conformidad, firman el presente documento, por duplicado, en el lugar y fecha al principio indicados, quedando un ejemplar del mismo en poder de cada parte contratante.

146

Préstamo De Dinero Entre Particulares. Devengo De Intereses

En la ciudad de ..., a ... de ... de ...

REUNIDOS

De una parte, Don ..., mayor de edad, casado con Doña ..., vecino de ..., domiciliados en calle ..., con DNI número ..., en lo sucesivo prestatario.

Y de otra, Doña ..., mayor de edad, de estado civil ..., de profesión ..., vecina de ..., domiciliada en ..., con DNI número ..., en lo sucesivo prestamista.

INTERVIENEN

El primero en su propio nombre y derecho, y Doña ..., en nombre y representación de la mercantil «XX, S.A.», constituida en virtud de escritura de fecha ..., autorizada por el Notario de ... Don/Doña ... con el número ... de su Protocolo, con domicilio social en ..., e inscrita en el Registro Mercantil de ... al ..., con CIF número ...

Ambas partes, según la cualidad con la que intervienen, se reconocen recíprocamente capacidad legal bastante para otorgar el presente documento, conforme al cual:

DECLARAN

PRIMERO. Doña ..., en la representación que ostenta, y Don ..., tienen convenido el otorgamiento de préstamo que asciende a la suma de ... euros (... euros), que Don ... tiene solicitado a «XX, S.A.».

SEGUNDO. De común acuerdo otorgan el presente contrato, conforme a las siguientes:

ESTIPULACIONES

PRIMERA. Doña ..., en la representación en que interviene, entrega en concepto de préstamo, a Don ..., que acepta en el presente acto, la suma de ... euros (... euros).

SEGUNDA. El préstamo se pacta por el plazo de ... año/s a contar desde la fecha de este documento, y según el cómputo de plazos establecidos en el artículo 5 del Código Civil.

El plazo de devolución de la suma prestada será automáticamente prorrogado por años, salvo que, al vencimiento del año, el prestamista requiera fehacientemente al pago del principal más los intereses a que se alude en este contrato.

Caso de prorrogarse la devolución de la suma prestada al vencimiento de cada año, el capital del préstamo para la anualidad siguiente será revisado conforme al Índice de Precios al Consumo fijado por el Instituto Nacional de Estadística u organismo que le sustituya.

TERCERA. Se pacta un interés del ... por ciento anual. En caso de mora, el interés será del ... por ciento anual.

Los intereses se irán liquidando trimestralmente al día último hábil de cada trimestre, mediante ingreso o transferencia en la cuenta corriente número ..., de la entidad ..., Oficina o Sucursal ..., sita en ...

CUARTA. El prestatario podrá reintegrar el capital prestado antes de su vencimiento. En caso de entregas parciales a cuenta, sólo le serán admisibles si estuviere al corriente en el pago de los intereses.

QUINTA. La devolución y liquidación definitiva de la suma prestada más los intereses se hará en el domicilio del acreedor o en de la persona física o jurídica que designe.

SEXTA. A fin de garantizar el cumplimiento de las obligaciones contraídas en el presente contrato, Don ... las garantiza con los siguientes bienes: ...

A requerimiento del prestamista, el prestatario prestará además cualesquiera otras garantías personales o reales que el primero considere convenientes, o sustituirá las ya constituidas.

SÉPTIMA. El presente documento podrá ser elevado a público a petición de cualquiera de las partes, e incluso a reconocer sus firmas ante fedatario público, ya sea Notario o Corredor de Comercio Colegiado, para otorgar carácter ejecutivo al documento.

En cualquiera de los supuestos, los gastos e impuestos derivados de su otorgamiento serán de cuenta y cargo del prestatario.

Y en prueba de conformidad, firman el presente documento, por duplicado, en el lugar y fecha al principio indicados, quedando un ejemplar del mismo en poder de cada parte contratante.

147

MUTUO (GRATUITO)

En la ciudad de ..., a ... de ... de ...

REUNIDOS

De una parte, Don ..., mayor de edad, floricultor, casado, vecino de ..., domiciliados en calle ..., con DNI número ...

Y de otra, Don ..., mayor de edad, casado, floricultor, vecino de ..., domiciliado en ..., con DNI número ...

INTERVIENEN

Ambos comparecientes lo efectúan en su propio nombre y derecho, y se reconocen recíprocamente capacidad legal bastante para otorgar el presente documento, conforme al cual:

DECLARAN, RECONOCEN Y ACUERDAN

PRIMERO. Don ... presta a Don ..., que acepta y recibe en el presente acto ... unidades de flores frescas de la especie ... variedad ...

SEGUNDO. Como contraprestación, transcurridos tres meses desde la fecha del presente contrato, Don ... devolverá igual número de unidades de la misma especie y variedad de flores, y de idéntica calidad, aunque sufra alteración de su precio en el mercado.

TERCERO. Si transcurrido el plazo Don ... no devolviera la contraprestación a la que se ha comprometido, incurrirá en mora y Don ... podrá exigirle el interés de ... por ciento sobre el precio oficial de mercado de lo dado en mutuo a la fecha de la entrega.

Y en prueba de conformidad, firman el presente documento, por duplicado, en el lugar y fecha al principio indicados, quedando un ejemplar del mismo en poder de cada parte contratante.

148

Préstamo Sin Interés Y Con Garantía Hipotecaria

En la ciudad de ..., a ... de ... de ...

REUNIDOS

De una parte, Don ..., mayor de edad, de profesión ..., de estado civil ..., vecino de ..., domiciliado en calle ..., con DNI número ...

Y de otra, Don ..., mayor de edad, de profesión ..., de estado civil ..., vecino de ..., domiciliado en ..., con DNI número ...

INTERVIENEN

Ambos comparecientes lo efectúan en su propio nombre y derecho, y se reconocen recíprocamente capacidad legal bastante para otorgar el presente documento, conforme al cual:

DECLARAN

PRIMERO. Que Don ... es dueño de una mitad indivisa de cada una de las siguientes fincas urbanas en régimen de propiedad horizontal:

1. ...
Cuota: ...
Inscripción: ...
Valor a efectos de subasta: ... euros
Referencia catastral: ...[1].

2. ...
Cuota: ...

[1] Véase nota a pie de página número 3 del formulario 1, y la número 9 del formulario 5.

Inscripción: ...
Valor a efectos de subasta: ... euros.
Referencia catastral: ...[2].
Título: Pertenecen las participaciones indivisas de las fincas descritas a Don ... por compra a .... en fecha .... , autorizada por el Notario de ... Don/Doña .... con el número .... de su Protocolo.
Cargas: ...

SEGUNDO. Don ... reconoce adeudar a Don ... la cantidad de ... euros (... euros), que tiene recibidas con anterioridad a este acto y en concepto de préstamo mutuo sin interés, y habiendo convenido formalizar el referido contrato los efectúan conforme a las siguientes:

ESTIPULACIONES

PRIMERA. Plazo. Don ... satisfará la cantidad adeudada dentro del plazo de ... años a contar desde el día de hoy, obligándose a abonar el total importe del principal adeudado el día del vencimiento, es decir, el día ...

Los pagos se realizarán en el domicilio de la parte acreedora y se acreditarán mediante recibos.

SEGUNDA. Garantía real del préstamo. Sin perjuicio de la garantía personal e ilimitada de la parte deudora, quedará constituida y concretada al final de esta escritura la garantía hipotecaria que, directamente, asegure las distintas obligaciones pecuniarias derivadas de este contrato.

TERCERA. Extensión objetiva. La hipoteca que será constituida se extenderá a las accesiones, mejoras e indemnizaciones comprendidas en los artículos 109 y 110 de la Ley Hipotecaria y, por pacto expreso, a los objetos muebles, frutos y rentas mencionados en el artículo 111.

CUARTA. Administración y posesión interina. Para todos los casos de reclamación judicial y, en general, cuando legalmente proceda, se concede a la parte acreedora el derecho de pedir la administración y posesión interina de los bienes hipotecados, con facultad de cobrar las rentas vencidas y las que fueren venciendo.

QUINTA. Vencimiento anticipado. Aunque no haya concluido el plazo de duración pactado, podrá la parte acreedora exigir por anticipado el pago de la tota-

---

2 Véase nota a pie de página número 3 del formulario 1, y la número 9 del formulario 5.

lidad del capital pendiente de amortizar, gastos y costas y declarar vencida la obligación en su totalidad, por cualquiera de las siguientes causas, sin perjuicio de las causas legales:

1. Por arrendar las fincas en una cantidad anual inferior al ... por ciento del capital pendiente.

2. Por la falta de pago de cualquier impuesto, arbitrio, contribución o gasto de comunidad.

3. Por no quedar inscrita en el Registro de la Propiedad, cualquiera que sea la causa, la primera copia de la elevación a escritura pública del presente contrato, que llevarán a cabo las partes el día ..., dentro del plazo de seis meses a partir del día de hoy, o si al producirse la inscripción aparecen en el Registro cargas anteriores a ésta no recogidas en este documento.

4. En caso de que se solicite o inste procedimiento concursal (quiebra, concurso de acreedores, suspensión de pagos, quita y espera) de la parte deudora e hipotecante o se inicie contra la misma procedimiento de cualquier clase en reclamación de cantidad.

5. Si las fincas hipotecadas sufrieran total o parcialmente en cualquier momento menoscabo o depreciación que llegase a un ... por ciento de la responsabilidad que se les atribuye en esta escritura según el informe del perito que designe la parte acreedora y la parte hipotecante no aumentara la garantía a satisfacción de la parte acreedora en el término que ésta señalara.

En todos estos casos, previa notificación fehaciente del vencimiento anticipado a la parte deudora en el domicilio indicado a efectos de ejecución hipotecaria, podrá la parte acreedora proceder contra dicha parte deudora por acción personal o por acción real contra las fincas hipotecadas en esta escritura.

SEXTA. Presupuestos procesales. Vencida la obligación, fuera por la causa que fuese, podrá la entidad acreedora ejercitar las acciones judiciales que procedan derivadas de este contrato con las formalidades exigidas en la Ley, en su caso las que se requieran especialmente a efectos de seguir la acción ejecutiva, bien sea la ordinaria o especial sobre los bienes hipotecados, regulada en los artículos 681 y siguientes de la Ley de Enjuiciamiento Civil, de llegar a darse los requisitos de ellas, en especial al amparo de los artículos 1279 y 1280 del Código Civil, y por ello se pacta expresamente por los contratantes:

a) Se tasan las fincas hipotecadas por las cantidades indicadas al pie de su respectiva descripción, que será el valor a efectos de subasta.

b) Se fija como domicilio de la parte deudora para la práctica de requerimientos y notificaciones el determinado en la comparecencia de este documento.

c) La parte deudora e hipotecante confiere desde ahora para entonces a la parte acreedora la posesión y administración interina de las fincas gravadas, una vez que hayan transcurrido diez días después de hecho sin resultado el requerimiento de pago; e igualmente, para el supuesto de venta extrajudicial, designan como mandatario suyo para que les represente en la propia venta a la entidad acreedora, concurriendo a las subastas que se celebren persona con representación bastante de la misma.

d) Los intereses por el capital no amortizado que estén vencidos y no se hayan satisfecho a la fecha de la demanda, así como los que devengue la cantidad total objeto de reclamación principal por ambos conceptos desde dicha fecha hasta el día en que el pago se realice, serán reclamables en el proceso judicial al tipo de demora del ... por ciento anual.

SÉPTIMA. Venta extrajudicial. A los efectos de lo dispuesto en el artículo 129 de la Ley Hipotecaria, las partes estipulan la posibilidad de proceder a la venta extrajudicial de la finca hipotecada conforme al artículo 1858 del Código Civil, para el caso de falta de cumplimiento de la obligación garantizada. Dicha venta extrajudicial se realizará ante Notario en los términos previstos en el Reglamento Hipotecario. A estos efectos se hace especial remisión a lo pactado en las cláusulas de esta escritura, en cuanto al valor de tasación de la finca, domicilio para notificaciones y requerimientos y persona que ha de representar al hipotecante en la escritura de venta.

OCTAVA. Sumisión jurisdiccional. Para todos los supuestos en que no esté legalmente prohibida la sumisión expresa, las partes, con renuncia al fuero propio que pudiera corresponderles, se someten, si aquél fuere distinto, a la jurisdicción de los jueces y tribunales de la ciudad de ...

NOVENA. Impuestos, gastos y costas. Son de cuenta de la parte deudora todos los impuestos y gastos que se deriven de la constitución, vigencia y cancelación de esta hipoteca, de los trámites anteriores a su concesión y de los actos previos para su adecuada elevación a escritura pública e inscripción, sin cargas preferentes, que la parte acreedora podrá gestionar como tenga por conveniente; y las costas que se causen por incumplimiento de sus obligaciones.

DÉCIMA. Constitución de hipoteca. Tal y como se previene en la estipulación segunda, Don ... constituye a favor de Don ..., que acepta, hipoteca sobre la mitad indivisa a él perteneciente en las dos fincas descritas en este documento en garantía de la citada cantidad adeudada de ... euros (... euros) y del ... por ciento de dicha cantidad, esto es ... euros para costas y gastos, garantía la cual se distribuye entre las dos fincas de la siguiente forma:

1. La finca descrita con el número 1 responde de ... euros de principal y de ... euros para costas y gastos.

2. La finca descrita con el número 2 responde de ... euros de principal y de ... euros para costas y gastos.

Y en prueba de conformidad, firman el presente documento, por duplicado, en el lugar y fecha al principio indicados, quedando un ejemplar del mismo en poder de cada parte contratante.

149

CONSTITUCIÓN DE HIPOTECA INMOBILIARIA ENTRE PARTICULARES (ESCRITURA)

NÚMERO (Protocolo)

En ..., mi residencia, a ... de ... de ...

Ante mí, ..., Notario del Ilustre Colegio de ...

COMPARECEN

De una parte y como deudor: Don ..., mayor de edad, de profesión ..., de estado civil ..., vecino de ..., domiciliado en calle ..., con DNI número ...

Y de otra y como acreedor: Don ..., mayor de edad, de profesión ..., de estado civil ..., vecino de ..., domiciliado en ..., con DNI número ...

INTERVIENEN

Don ..., en nombre y representación de la mercantil «XX, S.A.», constituida en virtud de escritura de fecha ..., autorizada por el Notario de ... Don/Doña ... con el número ... de su Protocolo, con domicilio social en ..., e inscrita en el Registro Mercantil de ... al ..., con CIF número ...

Y Don ..., en nombre y representación de la mercantil «ZZ, S.A.», constituida en virtud de escritura de fecha ..., autorizada por el Notario de ... Don/Doña ... con el número ... de su Protocolo, con domicilio social en ..., e inscrita en el Registro Mercantil de ... al ..., con CIF número ...

Y aseverando los comparecientes la vigencia de sus respectivas facultades representativas, tienen a mi juicio, según intervienen, la capacidad legal suficiente para formalizar la presente escritura de **CONSTITUCIÓN DE HIPOTECA,** y, al efecto:

EXPONEN

I. Que la mercantil «XX, S.A.» es dueña del pleno dominio de la siguiente finca urbana:

... (Descripción).
Inscripción: ...
Cargas: ...
Arrendamientos: ...
Titulo: ...
Referencia catastral: ...[3].

II. Y esto expuesto:

ESTIPULAN

PRIMERO. Que la Mercantil «XX, S.A.» reconoce adeudar a la mercantil «ZZ, S.A.» la cantidad de ... euros que confiesa haber recibido con anterioridad al acto de otorgamiento de este contrato y en calidad de préstamo mutuo.

La indicada cantidad devengará intereses al tipo del ... por ciento anual.

La total cantidad prestada más sus intereses se obliga la parte deudora a devolverla a la acreedora mediante el pago de ... cuotas fijas trimestrales vencidas comprensivas de capital e intereses de ... euros cada una de ellas, a ingresar en la cuenta de la parte acreedora numero abierta en la Sucursal del Banco ... sita en ..., calle ..., siendo el primer pago el día ...

Será exigible la obligación y ejercitable la hipoteca que seguidamente se constituirá antes de dicho plazo en los siguientes casos:

a) El impago de una sola de las cuotas trimestrales que para el pago de capital e intereses quedan reflejadas más arriba.

b) Si no se satisficieran puntualmente las contribuciones e impuestos que graven las fincas a hipotecar.

---

[3] Véase nota a pie de página número 3 del formulario 1, y la número 9 del formulario 5.

c) Si las fincas que se hipotecan no fueren aseguradas de incendios en compañía de notoria solvencia por cantidad igual o superior a la responsabilidad con que se las grava.

d) Si la parte deudora infringiera cualquiera de los pactos transcritos.

SEGUNDO. En garantía de la devolución de la indicada cantidad prestada de ... euros, de los intereses de ... año/s al tipo dicho que ascienden a la cantidad de ... euros y de ... euros para costas y gastos, la mercantil «XX, S.A.», según está representada, constituye hipoteca sobre la finca descrita en el expositivo I.

La anterior garantía acepta la parte acreedora.

TERCERO. La hipoteca constituida se extiende por convenio expreso de las partes a todo cuanto mencionan y autorizan los artículos 109, 110 y 111 de la Ley Hipotecaria y 215 de su Reglamento.

CUARTO. Para todos los casos de reclamación judicial y, en general, cuando legalmente proceda, se concede a la parte acreedora el derecho de pedir la administración y posesión interina de los bienes hipotecados, con facultad de cobrar las rentas vencidas y las que fueren venciendo.

QUINTO. Presupuestos procesales. Vencida la obligación, fuera por la causa que fuese, la parte acreedora podrá ejercitar las acciones judiciales que procedan derivadas de este contrato con las formalidades exigidas en la Ley, en su caso las que se requieran especialmente a efectos de seguir la acción ejecutiva, bien sea la ordinaria o especial sobre los bienes hipotecados, regulada en los artículos 681 y siguientes de la Ley de Enjuiciamiento Civil, y para ello se pacta expresamente por los contratantes:

a) Se tasan las fincas hipotecadas por las cantidades indicadas al pie de su respectiva descripción, que será el valor a efectos de subasta.

b) Se fija como domicilio de la parte deudora para la práctica de requerimientos y notificaciones el determinado en la comparecencia de este documento.

c) La parte deudora e hipotecante confiere desde ahora para entonces a la parte acreedora la posesión y administración interina de las fincas gravadas, una vez que hayan transcurrido diez días después de hecho sin resultado el requerimiento de pago; e igualmente, para el supuesto de venta extrajudicial, designan como mandatario suyo para que les represente en la propia venta a la entidad acreedora, concurriendo a las subastas que se celebren persona con representación bastante de la misma.

d) La parte deudora, a fin de que en todo momento pueda disponer la acreedora de título ejecutivo de sus créditos, confiere poder irrevocable a la acreedora para que, cuando lo precise, pueda obtener primeras copias, incluso parciales de la presente escritura y presta su consentimiento a que las segundas copias que de la misma pueda solicitar la parte acreedora tengan carácter ejecutivo y así se hagan constar por el Notario autorizante en el pie y nota de su expedición.

e) Los intereses por el capital no amortizado que estén vencidos y no se hayan satisfecho a la fecha de la demanda, así como los que devengue la cantidad total objeto de reclamación principal por ambos conceptos desde dicha fecha hasta el día en que el pago se realice, serán reclamables en el proceso judicial al tipo de demora del ... % anual.

f) La cantidad líquida y vencida exigible en juicio será la que refleje la contabilidad de la acreedora acreditada conforme al artículo 527 de la Ley de Enjuiciamiento Civil, mediante acta notarial a la que se incorporará una certificación de saldo expedida por la acreedora y en la que el fedatario dejará constancia de la conformidad de dicho saldo con el que arroja la contabilidad de la citada acreedora, así como que la liquidación ha sido efectuada de acuerdo con lo pactado en este contrato.

SEXTO. Venta extrajudicial. A los efectos de lo dispuesto en el artículo 129 de la Ley Hipotecaria, las partes estipulan la posibilidad de proceder a la venta extrajudicial de la finca hipotecada conforme al artículo 1858 del Código Civil, para el caso de falta de cumplimiento de la obligación garantizada. Dicha venta extrajudicial se realizará ante Notario en los términos previstos en el Reglamento Hipotecario. A estos efectos se hace especial remisión a lo pactado en las cláusulas de esta escritura, en cuanto al valor de tasación de la finca, domicilio para notificaciones y requerimientos y persona que ha de representar al hipotecante en la escritura de venta.

SÉPTIMO. La parte deudora se obliga a concertar un seguro de incendios de los inmuebles hipotecados por capital igual o superior al de la tasación con compañía española aseguradora de notoria solvencia.

OCTAVO. La parte deudora renuncia a su derecho a ser notificada en caso de cesión del crédito garantizado con hipoteca.

NOVENO. Para caso de litigio, siempre que no esté prohibida la sumisión expresa, la parte deudora renuncia al fuero propio que pudiera corresponderle y se somete, si aquél fuere distinto, a la jurisdicción de los jueces y tribunales de ...

DÉCIMO. Son de cuenta de la parte deudora todos los impuestos y gastos que se deriven de la constitución, vigencia y cancelación de ésta hipoteca, de los trámites anteriores a su concesión y de los actos previos para su adecuada inscripción; y las costas que se causen por incumplimiento de sus obligaciones.

Las partes aceptan esta escritura en todos sus extremos.

OTORGAMIENTO Y AUTORIZACIÓN

Hago las reservas y advertencias legales y fiscales.

En especial y con relación, en su caso, al Impuesto de Transmisiones Patrimoniales y Actos Jurídicos Documentados, les advierto del plazo de ... días hábiles que tienen para presentar copia de este documento en la Oficina Liquidadora competente, previa su autoliquidación; la afección de los bienes al pago del Impuesto o al de las liquidaciones complementarias en su caso; y responsabilidades en que podrían incurrir como consecuencia del incumplimiento de sus deberes fiscales.

En particular y a efectos fiscales advierto de las obligaciones y responsabilidades tributarias que incumben a las partes en su aspecto material, formal y sancionador, y de las consecuencias de toda índole que se derivarían de la inexactitud de sus declaraciones.

Por su elección les leo el contenido de esta escritura lo encuentran conforme y firman conmigo el/la Notario, que doy fe de identificarles por el documento nacional de identidad exhibido y del contenido de este instrumento extendido en ... folios de serie ... números, ... el presente y los ... inmediatos posteriores correlativos.

150

Préstamo Hipotecario (Entidad Bancaria): Tipo Variable De Interés. Entrega De Principal En Una Sola Vez

NÚMERO (Protocolo)

En ..., mi residencia, a ... de ... de ...

Ante mí, ..., Notario del Ilustre Colegio de ...

COMPARECEN

Los cónyuges Don ... y Doña ..., mayores de edad de profesión ..., respectivamente, vecinos de ..., domiciliados en calle ..., con DD.NN.II., respectivamente, ... y ...

Don ..., mayor de edad, de estado civil ..., de profesión ..., vecino de ... domiciliado en ..., con DNI número ...

INTERVIENEN

Los primeros en su propio nombre y derecho.

Y Don ... lo hace en nombre y representación y como apoderado de la mercantil «Banco XX, S.A.», constituida por tiempo indefinido mediante escritura autorizada por el Notario de ... Don/Doña ... el día ... de ... de ...; domiciliado en ..., calle ..., inscrita en el Registro Mercantil de ... al Tomo ..., Libro ..., Sección ..., Folio ..., Hoja ... con CIF ...

Resulta su cargo de la escritura autorizada por mí en fecha ..., número ... de Protocolo de cuya matriz transcribo lo siguiente, sin que en lo omitido haya nada que modifique, contradiga o desvirtúe lo transcrito:

«...»

Tienen a mi juicio los señores comparecientes, en el concepto en que respectivamente intervienen, la capacidad legal necesaria para formalizar la presente escritura de PRÉSTAMO CON HIPOTECA, y en su virtud la otorgan con sujeción a las siguientes:

ESTIPULACIONES

PRIMERA. Importe del préstamo. La mercantil «Banco XX, S.A.» , en lo sucesivo Banco, concede a los cónyuges Don ... y Doña ..., que aceptan, un préstamo por la cantidad de ... euros que recibe en este acto en metálico y a su entera satisfacción.

SEGUNDA. Amortización. Los cónyuges prestatarios se obligan, solidariamente, a devolver el principal del préstamo y a satisfacer los intereses pactados en la estipulación tercera, en el plazo de ... años, a contar desde esta fecha, mediante el pago de cuotas fijas mensuales vencidas comprensivas de capital e intereses por importe de ... euros las primeras y hasta la revisión de intereses, calculadas al tipo inicialmente previsto y de conformidad con el cuadro matemático de amortización convenido por las partes para ese primer periodo, cuyo proceso de cálculo será idéntico para el resto de las cuotas, pero aplicando en cada momento el tipo de interés que resulte vigente en virtud de la cláusula de revisión. El importe de cada cuota se aplicará en primer lugar al pago de intereses y el resto a amortización de capital.

El primer vencimiento es de fecha ..., y el último de fecha ..., con un número total de ... cuotas.

No obstante, la parte deudora podrá en cualquier momento anticipar total o parcialmente el pago de la cantidad adeudada e incluso efectuar en cualquier vencimiento el pago anticipado de:

1. Del capital de las cuotas más lejanas en el tiempo.

2. En el supuesto de ser expresamente solicitado por el prestatario, se aplicaría:

a. Al capital de las amortizaciones más próximas en el tiempo, conservando el plazo inicialmente pactado.

b. A la disminución del capital adeudado, conservando el préstamo el plazo inicialmente previsto, y siendo en consecuencia las cuotas reducidas y recalculadas nuevamente de acuerdo con el importe de la amortización anticipada satisfecha.

La acción por el Banco de estos pagos totales o parciales, se supedita a que, con carácter previo, queden íntegramente satisfechos los posibles intereses pendientes de pago, y en su caso los de demora y demás suplidos, por ser éstos preferenciales sobre el capital.

En estos supuestos de amortización anticipada, el Banco podrá aplicar la comisión establecida en la estipulación quinta sobre el principal anticipado.

TERCERA. Intereses. La suma prestada producirá en favor del Banco, desde esta fecha, el interés nominal inicial del ... por ciento (... %) anual, devengable por días sobre la base de cálculo de 360 días/año y pagadero en la forma que se ha indicado en la estipulación segunda.

Para obtener el importe de los intereses devengados, se utiliza, a partir del interés nominal, la fórmula que a continuación se indica:

...

CUARTA. Tipo de interés variable. La parte prestataria pagará el interés pactado en la estipulación precedente hasta la fecha ..., y a partir de cuyo momento el interés a pagar por aquélla será revisado para su aumento o disminución, tomándose como referencia los tipos de referencia del mercado hipotecario que se publican en el BOE.

Para el ajuste de interés, la fracción inferior a ... puntos se estimará por defecto y la igual o superior por exceso. El tipo de interés resultante será el tipo nominal a aplicar, sin decodificar, adicionando un diferencial de ... puntos.

Si se dejara de publicar en dicho Boletín la anterior referencia, y en defecto de convenio sobre la aplicabilidad de cualquier otra que también se publique en el BOE, el tipo de interés aplicable al préstamo hasta su cancelación, sería el de la última revisión practicada.

Será suficiente la simple notificación formal a la parte prestataria de la alteración del tipo de interés.

QUINTA. Tabla de pagos y tipo de interés anual equivalente. La cuota total inicial a satisfacer por la parte prestataria a cada vencimiento y hasta que entre en juego la cláusula de revisión será de ... euros, conforme al cuadro de amortización convenido entre las partes y que se une al presente instrumento.

En dicho cuadro se hace constar, a efectos informativos, la forma de calcular la TAE, así como las Circulares del Banco de España sobre el particular.

SEXTA. Comisiones. Serán de cargo de la parte prestataria, y en beneficio del Banco, las siguientes comisiones:

1. Apertura: ... por ciento (... %) sobre el principal prestado, y pagadera de una sola vez en el momento de realizar la disposición de capital.

Mínimo ... euros.

2. Amortización (total o parcial) anticipada: ... por ciento (... %) sobre el principal anticipado, pagadera en el momento de hacer efectiva la amortización.

3. Por reclamación de recibos de préstamos vencidos: ... euros por recibo vencido.

4. Por subrogación: ... por ciento (... %) sobre el principal subrogado.

5. ... por ...

SÉPTIMA. Gastos. Serán de cuenta exclusiva de la parte deudora todos cuantos arbitrios, impuestos o gastos graven la finca o puedan crearse durante la vigencia de este contrato, así como los gastos, tales como tasación, aranceles notariales y registrales de la constitución, modificación o cancelación de la hipoteca, los derivados de la tramitación de la escritura ante el Registro de la Propiedad y tributos ocasionados por esta escritura hasta su total inscripción en el citado Registro, e incluso los que puedan girarse después con carácter complementario, y las primas derivadas por el pago de la pólizas de seguro contra incendios y de vida, cuyos conceptos podrá satisfacer el banco por cuenta de la parte prestataria si ésta no lo hiciere, garantizándose tales sumas con la cantidad consignada en la estipulación undécima para prestaciones accesorias.

Igualmente serán de cuenta de la parte deudora, los gastos de cancelación de la hipoteca y todos cuantos se produzcan al Banco si para conseguir la efectividad del pago de lo adeudado hubiese de ejercitarse cualquier tipo de acción y procedimiento judicial, incluidos los honorarios de Abogado y Procurador, aún cuando su intervención fuese voluntaria y no preceptiva.

OCTAVA. Intereses de demora. Sin perjuicio de lo establecido en la estipulación novena, las cantidades por cuotas comprensivas de capital e intereses que no sean satisfechas por la parte prestataria a su vencimiento, devengarán desde dicho vencimiento en favor del Banco el interés de demora del ... por ciento (... %) anual, sin necesidad de requerimiento alguno y pagadero en su caso al hacerse efectivo cualquier concepto vencido e impagado, gozando este devengo de preferencia sobre los demás.

Si resultase que el interés de demora fuera inferior al interés ordinario revisado, se aplicará entonces éste.

NOVENA. Resolución anticipada. Pese al plazo inicialmente pactado para este contrato, el Banco podrá declarar vencida la obligación y proceder contra la finca hipotecada, y simultáneamente contra la parte prestataria si se incumplieran por la misma cualquiera de las obligaciones contraídas en este documento y, especialmente, en los siguientes casos:

1. Si a juicio de perito que designe el banco, el inmueble se depreciara en un ... del valor asignado en escritura, y la parte deudora no aumentara la garantía a satisfacción y requerimiento de la parte acreedora.

2. La falta de pago a su vencimiento de una cuota.

3. La falta de pago por el hipotecante del impuesto de bienes inmuebles, así como sus recargos, en su caso, establecidos o que se establezcan por el Estado, la Comunidad autónoma, municipio o provincia, sobre la finca hipotecada, o se negare a justificar, a requerimiento de la parte acreedora, el pago de tales gastos o de los de primas de seguro de incendios y de vida.

4. La declaración de la parte prestataria en suspensión de pagos, quiebra o concurso de acreedores, y la solicitud de quita y/o espera, así como el embargo de bienes por un tercero, incluida la Hacienda Pública y la Seguridad Social.

5. El incumplimiento de lo pactado en las estipulaciones duodécima y decimotercera.

6. El impago de los gastos de otorgamiento y formalización y tributos que lleve consigo esta escritura hasta su inscripción en el Registro de la Propiedad, y ello pese a que los supliese el Banco con cargo a la cantidad consignada para prestaciones accesorias.

DÉCIMA. Domicilio de pago. Para el pago de todas y cada una de las cantidades o conceptos reflejados en este documento y que haya de entregar la parte prestataria, se fija en el de la Oficina ... de este Banco, sita en ..., de forma tal que cualquier otro ingreso efectuado por mediación de cualquier otra oficina de esta entidad bancaria, no tendrá efectos liberatorios hasta tanto no se haya aceptado y contabilizado con abono a la cuenta de esta operación por la oficina fijada como domicilio de pago.

UNDÉCIMA. Garantía hipotecaria. Para garantizar la devolución del capital prestado de ... euros, de intereses de ... años al tipo de ... por ciento, que asciende a la suma de ... euros, de ... euros para prestaciones accesoria, y de ... euros que se fijan como ampliación eventual para costas y gastos, siendo pues la total responsabilidad hipotecaria de ... y respondiendo además la parte prestataria, los cónyuges Don ... y Doña ..., con todos sus bienes presentes y futuros, de acuerdo con lo prevenido en el artículo 227 del Reglamento Hipotecario, constituyen hipoteca a favor del Banco, que la acepta, sobre la siguiente finca:

... (Descripción).
Título: ...
Cargas: ...
Inscripción: ...
Referencia catastral: ...[4].
Valor a efectos de subasta: ...
Valor a efectos de seguro: ...

La presente hipoteca se extiende a cuanto determinan los artículos 110 y 111 de la Ley Hipotecaria y, en virtud de pacto expreso, a todo lo demás que según dichos artículos no sería objeto de extensión si no mediase este convenio, en especial a las nuevas construcciones e instalaciones que puedan llevarse a cabo o realizarse en lo sucesivo sobre la finca gravada o que existiendo en la realidad no hayan sido incluidas aún como obra nueva en sus respectivas descripciones, salvo que la finca hubiese pasado a un tercer poseedor y hayan sido costeadas aquéllas por el nuevo dueño.

DUODÉCIMA. Seguros. La parte deudora se obliga durante la vigencia de este contrato, a tener asegurada la finca hipotecada contra el riesgo de incendio, así como un seguro de vida para amortización del préstamo hipotecario, en cualquier entidad aseguradora legalmente establecida en España y con solvencia a juicio del Banco, por un capital que fije el mismo y que no será inferior a ... euros, consintiendo la parte prestataria, si no lo hiciere, a que lo efectúe el Banco por cuenta de la misma, consignándose en caso de incendio la cláusula de cesión al Banco de la indemnización por siniestro y hasta el importe de todos los conceptos que en ese momento adeude por razón del préstamo.

La parte prestataria se obliga a acreditar el pago de las primas y a no rescindir los contratos de seguro sin autorización expresa del Banco y nunca mientras subsista el presente contrato.

[4] Véase nota a pie de página número 3 del formulario 1, y la número 9 del formulario 5.

DECIMOTERCERA. Conservación de los bienes. Derecho de inspección. La parte prestataria se obliga a conservar la finca dada en garantía con toda diligencia, y a efectuar en ella las reparaciones necesarias ordinarias y extraordinarias.

Igualmente se obliga a comunicar al Banco la ocurrencia de cualquier evento que menoscabe el valor o estado de la finca.

El Banco se reserva el derecho de inspeccionar la finca en cualquier momento a través de persona perita en la materia, para comprobar el estado de la finca y comprobar el cumplimiento de las obligaciones relativas a la misma.

DECIMOCUARTA. Reclamaciones judiciales. Presupuestos procesales. Vencida la obligación, fuera por la causa que fuese, podrá la entidad acreedora ejercitar las acciones judiciales que procedan derivadas de este contrato con las formalidades exigidas en la Ley, en su caso las que se requieran especialmente a efectos de seguir la acción ejecutiva, bien sea la ordinaria o especial sobre los bienes hipotecados, regulada en los artículos 681 y siguientes de la Ley de Enjuiciamiento Civil, y para ello se pacta expresamente por los contratantes:

a) Se tasan las fincas hipotecadas por las cantidades indicadas al pie de su respectiva descripción, que será el valor a efectos de subasta.

b) Se fija como domicilio de la parte deudora para la práctica de requerimientos y notificaciones el determinado en la comparecencia de este documento.

c) La parte deudora e hipotecante confiere desde ahora para entonces a la parte acreedora la posesión y administración interina de las fincas gravadas, una vez que hayan transcurrido diez días después de hecho sin resultado el requerimiento de pago; e igualmente, para el supuesto de venta extrajudicial, designan como mandatario suyo para que les represente en la propia venta a la entidad acreedora, concurriendo a las subastas que se celebren persona con representación bastante de la misma.

d) La parte deudora, a fin de que en todo momento pueda disponer la acreedora de título ejecutivo de sus créditos, confiere poder irrevocable a la acreedora para que, cuando lo precise, pueda obtener primeras copias, incluso parciales de la presente escritura y presta su consentimiento a que las segundas copias que de la misma pueda solicitar la parte acreedora tengan carácter ejecutivo y así se hagan constar por el Notario autorizante en el pie y nota de su expedición.

e) Los intereses por el capital no amortizado que estén vencidos y no se hayan satisfecho a la fecha de la demanda, así como los que devengue la cantidad total objeto de reclamación principal por ambos conceptos desde dicha fecha hasta el día en que el pago se realice, serán reclamables en el proceso judicial al tipo de demora del ....% anual.

f) La cantidad líquida y vencida exigible en juicio será la que refleje la contabilidad de la acreedora acreditada conforme al artículo 527 de la Ley de Enjuiciamiento Civil, mediante acta notarial a la que se incorporará una certificación de saldo expedida por la acreedora y en la que el fedatario dejará constancia de la conformidad de dicho saldo con el que arroja la contabilidad de la citada acreedora, así como que la liquidación ha sido efectuada de acuerdo con lo pactado en este contrato.

DECIMOQUINTA. Venta extrajudicial. A los efectos de lo dispuesto en el artículo 129 de la Ley Hipotecaria, las partes estipulan la posibilidad de proceder a la venta extrajudicial de la finca hipotecada conforme al artículo 1858 del Código Civil, para el caso de falta de cumplimiento de la obligación garantizada. Dicha venta extrajudicial se realizará ante Notario en los términos previstos en el Reglamento Hipotecario. A estos efectos se hace especial remisión a lo pactado en las cláusulas de esta escritura, en cuanto al valor de tasación de la finca, domicilio para notificaciones y requerimientos y persona que ha de representar al hipotecante en la escritura de venta.

AUTORIZACIÓN Y OTORGAMIENTO

Así lo dicen y otorgan los comparecientes, a quienes hago las reservas y advertencias legales.

En particular y a efectos fiscales advierto de las obligaciones y responsabilidades tributarias que incumben a las partes en su aspecto material, formal y sancionador, y de las consecuencias de toda índole que se derivarían de la inexactitud de sus declaraciones.

Por su elección, les leo esta escritura, la encuentran conforme y firman conmigo el/la Notario, que doy fe de identificarles por el documento exhibido y del total contenido de este instrumento extendido en ... folios de la serie ..., números ... el presente y los ... inmediatos posteriores correlativos.

151

PRÉSTAMO HIPOTECARIO (ENTIDAD BANCARIA): TIPO VARIABLE DE INTERÉS. ENTREGA DE PRINCIPAL EN UNA SOLA VEZ. PERIODO DE CARENCIA. HIPOTECA DE FINCA RÚSTICA. FIADORES SOLIDARIOS

NÚMERO (Protocolo)

En ..., mi residencia, a ... de ... de ...

Ante mí, ..., Notario del Ilustre Colegio de ...

COMPARECEN

Los cónyuges Don ... y Doña ..., mayores de edad, de profesión ..., respectivamente, vecinos de ..., domiciliados en calle ..., con DD.NN.II., respectivamente, ... y ..., como deudores prestatarios.

Los cónyuges Don ... y Doña ..., mayores edad, de profesión ..., domiciliados en ..., con DD.NN.II., respectivamente, ... y ..., como fiadores solidarios.

Don ..., mayor de edad, de estado civil ..., de profesión ..., vecino de ..., domiciliado en ..., con DNI número ...., como acreedor prestamista.

INTERVIENEN

Los cónyuges deudores prestatarios y los fiadores en su propio nombre y derecho.

Y Don ... lo hace en nombre y representación y como apoderado de la mercantil «Banco XX, S.A.», constituida por tiempo indefinido mediante escritura autorizada por el Notario de ... Don/Doña ... el día ... de ... de ...; domiciliado en ..., calle ..., inscrita en el Registro Mercantil de ... al Tomo ..., Libro ..., Sección ..., Folio ..., Hoja ... con CIF ...

Resulta su cargo de la escritura autorizada por mí en fecha ..., número ... de Protocolo de cuya matriz transcribo lo siguiente, sin que en lo omitido haya nada que modifique, contradiga o desvirtúe lo transcrito:

Tienen a mi juicio los señores comparecientes, en el concepto en que respectivamente intervienen, la capacidad legal necesaria para formalizar la presente escritura de PRÉSTAMO CON HIPOTECA, y en su virtud la otorgan con sujeción a las siguientes:

ESTIPULACIONES

PRIMERA. Importe del préstamo. La mercantil «Banco XX, S.A.» , en lo sucesivo Banco, concede a los cónyuges Don ... y Doña ..., que aceptan, un préstamo por la cantidad de ... euros que reciben en este acto en metálico y a su entera satisfacción.

SEGUNDA. Amortización. Se conviene un periodo de carencia del capital hasta el día ...

Se inicia pues la amortización a partir del día siguiente de la indicada fecha.

Los deudores prestatarios se obligan solidariamente a devolver el principal del préstamo y a satisfacer los intereses pactados en la estipulación tercera, en el plazo de ... años, a contar desde esta fecha, mediante el pago de cuotas fijas de periodicidad ... y vencidas comprensivas de capital e intereses por importe de ... euros las primeras y hasta la revisión de intereses, calculadas al tipo inicialmente previsto y de conformidad con el cuadro matemático de amortización convenido por las partes para ese primer periodo, cuyo proceso de cálculo será idéntico para el resto de las cuotas, pero aplicando en cada momento el tipo de interés que resulte vigente en virtud de la cláusula de revisión.

El importe de cada cuota se aplicará lo primero al pago de intereses, y el resto a amortización de capital.

El primer vencimiento es de fecha ..., y el último de fecha ..., con un número total de ... cuotas.

No obstante, la parte deudora podrá en cualquier momento anticipar total o parcialmente el pago de la cantidad adeudada e incluso efectuar en cualquier vencimiento el pago anticipado de:

1. Del capital de las cuotas más lejanas en el tiempo.

2. En el supuesto de ser expresamente solicitado por el prestatario, se aplicaría:

a. Al capital de las amortizaciones más próximas en el tiempo, conservando el plazo inicialmente pactado.

b. A la disminución del capital adeudado, conservando el préstamo el plazo inicialmente previsto, y siendo en consecuencia las cuotas reducidas y recalculadas nuevamente de acuerdo con el importe de la amortización anticipada satisfecha.

La aceptación por el Banco de estos pagos totales o parciales, se supedita a que, con carácter previo, queden íntegramente satisfechos los posibles intereses pendientes de pago, y en su caso los de demora y demás suplidos, por ser éstos preferenciales sobre el capital.

En estos supuestos de amortización anticipada, el Banco podrá aplicar la comisión establecida en la estipulación quinta sobre el principal anticipado.

TERCERA. Intereses. La suma prestada producirá en favor del Banco, desde esta fecha, el interés nominal inicial del ... por ciento (... %) anual, devengable por días sobre la base de cálculo de 360 días/año y pagadero en la forma que se ha indicado en la estipulación segunda.

Para obtener el importe de los intereses devengados, se utiliza, a partir del interés nominal, la fórmula que a continuación se indica.

...

CUARTA. Tipo de interés variable. La parte prestataria pagará el interés pactado en la estipulación precedente hasta la fecha...

A partir de la indicada fecha, el interés a pagar por aquélla será revisado para su aumento o disminución, tomándose como referencia los tipos de referencia del mercado hipotecario que se publican en el BOE: ...

Para el ajuste de interés, la fracción inferior a ... puntos se estimará por defecto y la igual o superior por exceso. El tipo de interés resultante será el tipo nominal a aplicar, sin decodificar, adicionando un diferencial de ... puntos.

Si se dejara de publicar en dicho Boletín la anterior referencia, y en defecto de convenio sobre la aplicabilidad de cualquier otra que también se publique en el BOE, el tipo de interés aplicable al préstamo hasta su cancelación, sería el de la última revisión practicada.

Será suficiente la simple notificación formal a la parte prestataria de la alteración del tipo de interés.

QUINTA. Tabla de pagos y tipo de interés anual equivalente. La cuota total inicial a satisfacer por la parte prestataria a cada vencimiento y hasta que entre en juego la cláusula de revisión será de ... euros, conforme al cuadro de amortización convenido entre las partes, que se une al presente instrumento y en el que se hace constar, a efectos informativos, la forma de calcular la TAE, así como las Circulares del Banco de España sobre el particular.

SEXTA. Comisiones. Serán de cargo de la parte prestataria, y en beneficio del Banco, las siguientes comisiones:

1. Apertura: ...

2. Amortización (total o parcial) anticipada ... por ciento.

3. ...

SÉPTIMA. Gastos. Serán de cuenta exclusiva de la parte deudora todos cuantos arbitrios, impuestos o gastos graven la finca o puedan crearse durante la vigencia de este contrato, así como los gastos, tales como tasación, aranceles notariales y registrales de la constitución, modificación o cancelación de la hipoteca, los derivados de la tramitación de la escritura ante el Registro de la Propiedad y tributos ocasionados por esta escritura hasta su total inscripción en el citado Registro, e incluso los que puedan girarse después con carácter complementario, y las primas derivadas por el pago de la pólizas de seguro contra incendios y de vida, cuyos conceptos podrá satisfacer el banco por cuenta de la parte prestataria si ésta no lo hiciere, garantizándose tales sumas con la cantidad consignada en la estipulación undécima para prestaciones accesorias.

Igualmente serán de cuenta de la parte deudora, los gastos de cancelación de la hipoteca y todos cuantos se produzcan al Banco si para conseguir la efectividad del pago de lo adeudado hubiese de ejercitarse cualquier tipo de acción y procedimiento judicial, incluidos los honorarios de Abogado y Procurador, aún cuando fuese voluntaria y no preceptiva su intervención.

OCTAVA. Intereses de demora. Sin perjuicio de lo establecido en la estipulación novena, las cantidades por cuotas comprensivas de capital e intereses que no sean satisfechas por la parte prestataria a su vencimiento, devengarán desde dicho vencimiento en favor del Banco el interés de demora del ... por ciento (... %) anual, sin necesidad de requerimiento alguno y pagadero en su caso al hacerse efectivo cualquier concepto vencido e impagado, gozando este devengo de preferencia sobre los demás.

Si resultase que el interés de demora fuera inferior al interés ordinario revisado, se aplicará entonces éste.

NOVENA. Resolución anticipada. Pese al plazo inicialmente pactado para este contrato, el Banco podrá declarar vencida la obligación y proceder contra la finca hipotecada, y simultáneamente contra la parte prestataria si se incumplieran por la misma cualquiera de las obligaciones contraídas en este documento y, especialmente, en los siguientes casos:

1. Si a juicio de perito que designe el banco, el inmueble se depreciara en un ... del valor asignado en escritura, y la parte deudora no aumentara la garantía a satisfacción y requerimiento de la parte acreedora.

2. La falta de pago a su vencimiento de una cuota.

3. La falta de pago por el hipotecante del impuesto de bienes inmuebles, así como sus recargos, en su caso, establecidos o que se establezcan por el Estado, la Comunidad autónoma, municipio o provincia, sobre la finca hipotecada, o se negare a justificar, a requerimiento de la parte acreedora, el pago de tales gastos o de los de primas de seguro de incendios y de vida.

4. La declaración de la parte prestataria en suspensión de pagos, quiebra o concurso de acreedores, y la solicitud de quita y/o espera, así como el embargo de bienes por un tercero, incluida la Hacienda Pública y la Seguridad Social.

5. El incumplimiento de lo pactado en las estipulaciones duodécima y decimotercera.

6. El impago de los gastos de otorgamiento y formalización y tributos que lleve consigo esta escritura hasta su inscripción en el Registro de la Propiedad, y ello pese a que los supliese el Banco con cargo a la cantidad consignada para prestaciones accesorias.

DÉCIMA. Domicilio de pago. Para el pago de todas y cada una de las cantidades o conceptos reflejados en este documento y que haya de entregar la parte prestataria, se fija en el de la Oficina ... de este Banco, sita en ..., de forma tal que cualquier otro ingreso efectuado por mediación de cualquier otra oficina de esta entidad bancaria, no tendrá efectos liberatorios hasta tanto no se haya aceptado y contabilizado con abono a la cuenta de esta operación por la oficina fijada como domicilio de pago.

UNDÉCIMA. Garantía hipotecaria. Para garantizar la devolución de:

1.º El capital prestado de ... euros.

2.º De intereses de ... años al tipo de ... por ciento, que asciende a la suma de ... euros.

3.º De ... euros para prestaciones accesorias y para costas y gastos.

La total responsabilidad hipotecaria es pues ... euros.

Por ese total responde la parte prestataria con todos sus bienes presentes y futuros y además constituyen hipoteca a favor del Banco, que la acepta, sobre la siguiente finca:

... (Descripción).

Título: ...
Cargas: ...
Inscripción: ...
Referencia catastral: ... [5].
Valor a efectos de subasta: ...
Valor a efectos de seguro: ...

La presente hipoteca se extiende a cuanto determinan los artículos 110 y 111 de la Ley Hipotecaria y, en virtud de pacto expreso, a todo lo demás que según dichos artículos no sería objeto de extensión si no mediase este convenio, en especial a las nuevas construcciones e instalaciones que puedan llevarse a cabo o realizarse en lo sucesivo sobre la finca gravada o que existiendo en la realidad no hayan sido incluidas aún como obra nueva en sus respectivas descripciones, salvo que la finca hubiese pasado a un tercer poseedor y hayan sido costeadas aquéllas por el nuevo dueño.

DUODÉCIMA. Seguros. La parte deudora se obliga durante la vigencia de este contrato, a tener asegurada la finca hipotecada contra el riesgo de incendio, así como un seguro de vida para amortización del préstamo hipotecario, en cualquier entidad aseguradora legalmente establecida en España y con solvencia a juicio del Banco y sin perjuicio de la libre designación de aseguradora por la parte prestataria, por un capital que fije el mismo y que no será inferior a ... euros, consintiendo la parte prestataria, si no lo hiciere, a que lo efectúe el Banco por cuen-

[5] Véase nota a pie de página número 3 del formulario 1, y la número 9 del formulario 5.

ta de la misma, consignándose en caso de incendio la cláusula de cesión al Banco de la indemnización por siniestro y hasta el importe de todos los conceptos que en ese momento adeude por razón del préstamo.

La parte prestataria se obliga a acreditar el pago de las primas y a no rescindir los contratos de seguro sin autorización expresa del Banco y nunca mientras subsista el presente contrato.

DECIMOTERCERA. Conservación de los bienes. Derecho de inspección. La parte prestataria se obliga a conservar la finca dada en garantía con toda diligencia, y a efectuar en ella las reparaciones necesarias ordinarias y extraordinarias.

Igualmente se obliga a comunicar al Banco la ocurrencia de cualquier evento que menoscabe el valor o estado de la finca, y realizará en las tierras las labores necesarias, precisas o convenientes para su mejor producción a fin de no menguar su capacidad de renta.

Manifiestan los prestatarios que la finca no está dada en arriendo ni aparcería, y, a efectos de tercero, expresamente convienen los otorgantes que si la parte deudora o quien le sucediera *inter vivos* o *mortis causa* en el dominio, decidieran arrendar, dar en aparcería o ceder de cualquier otra forma la explotación de la finca, se reconoce en favor del acreedor el derecho preferente para explotarlas en las mismas condiciones que un tercero, con facultad especial para subarrendar y ceder la explotación a persona que le convenga.

Para el cumplimiento de lo pactado, la parte deudora se obliga a notificar fehacientemente a la parte acreedora con treinta días naturales de antelación, su decisión de arrendar, dar en aparcería o ceder en cualquier otra forma la explotación de la finca, a la entidad acreedora, sin que sea válida la celebración, verbal o escrita, de cualquier contrato sin el cumplimiento previo de este requisito.

El Banco se reserva el derecho de inspeccionar la finca en cualquier momento a través de persona perita en la materia, para comprobar el estado de la finca y comprobar el cumplimiento de las obligaciones relativas a la misma.

DECIMOCUARTA. Reclamaciones judiciales. Presupuestos procesales. Vencida la obligación, fuera por la causa que fuese, la parte acreedora podrá ejercitar las acciones judiciales que procedan derivadas de este contrato con las formalidades exigidas en la Ley, en su caso las que se requieran especialmente a efectos de seguir la acción ejecutiva, bien sea la ordinaria o especial sobre los bienes hipotecados, regulada en los artículos 681 y siguientes de la Ley de Enjuiciamiento Civil, y para ello se pacta expresamente por los contratantes:

a) Se tasan las fincas hipotecadas por las cantidades indicadas al pie de su respectiva descripción, que será el valor a efectos de subasta.

b) Se fija como domicilio de la parte deudora para la práctica de requerimientos y notificaciones el determinado en la comparecencia de este documento.

c) La parte deudora e hipotecante confiere desde ahora para entonces a la parte acreedora la posesión y administración interina de las fincas gravadas, una vez que hayan transcurrido diez días después de hecho sin resultado el requerimiento de pago; e igualmente, para el supuesto de venta extrajudicial, designan como mandatario suyo para que les represente en la propia venta a la entidad acreedora, concurriendo a las subastas que se celebren persona con representación bastante de la misma.

d) La parte deudora, a fin de que en todo momento pueda disponer la acreedora de título ejecutivo de sus créditos, confiere poder irrevocable a la acreedora para que, cuando lo precise, pueda obtener primeras copias, incluso parciales de la presente escritura y presta su consentimiento a que las segundas copias que de la misma pueda solicitar la parte acreedora tengan carácter ejecutivo y así se hagan constar por el Notario autorizante en el pie y nota de su expedición.

e) Los intereses por el capital no amortizado que estén vencidos y no se hayan satisfecho a la fecha de la demanda, así como los que devengue la cantidad total objeto de reclamación principal por ambos conceptos desde dicha fecha hasta el día en que el pago se realice, serán reclamables en el proceso judicial al tipo de demora del ....% anual.

f) La cantidad líquida y vencida exigible en juicio será la que refleje la contabilidad de la acreedora acreditada conforme al artículo 527 de la Ley de Enjuiciamiento Civil, mediante acta notarial a la que se incorporará una certificación de saldo expedida por la acreedora y en la que el fedatario dejará constancia de la conformidad de dicho saldo con el que arroja la contabilidad de la citada acreedora, así como que la liquidación ha sido efectuada de acuerdo con lo pactado en este contrato.

DECIMOQUINTA. Venta extrajudicial. A los efectos de lo dispuesto en el artículo 129 de la Ley Hipotecaria, las partes estipulan la posibilidad de proceder a la venta extrajudicial de la finca hipotecada conforme al artículo 1858 del Código Civil, para el caso de falta de cumplimiento de la obligación garantizada. Dicha venta extrajudicial se realizará ante Notario en los términos previstos en el Reglamento Hipotecario. A estos efectos se hace especial remisión a lo pactado en las cláusulas de esta escritura, en cuanto al valor de tasación de la finca, domicilio para notificaciones y requerimientos y persona que ha de representar al hipotecante en la escritura de venta.

AUTORIZACIÓN Y OTORGAMIENTO

Así lo dicen y otorgan los comparecientes, a quienes hago las reservas y advertencias legales.

En particular y a efectos fiscales advierto de las obligaciones y responsabilidades tributarias que incumben a las partes en su aspecto material, formal y sancionador, y de las consecuencias de toda índole que se derivarían de la inexactitud de sus declaraciones.

Por su elección, les leo esta escritura, la encuentran conforme y firman conmigo el/la Notario, que doy fe de identificarles por el documento exhibido y del total contenido de este instrumento extendido en ... folios de la serie ..., números ... el presente y los ... inmediatos posteriores correlativos.

152

Hipoteca De Máximo

NÚMERO (Protocolo)

En, mi residencia, a ... de ... de ...

Ante mí, ..., Notario del Ilustre Colegio de ...

COMPARECEN

De una parte:. Don ..., mayor de edad, de profesión ..., de estado civil ..., vecino de ..., domiciliado en calle ..., con DNI ...; y Don ..., mayor de edad, de profesión ..., de estado civil ..., vecino de ..., domiciliado en calle ..., con DNI número ...

Y de otra; Los cónyuges Don ... y Doña ... mayores de edad, de profesión ..., vecinos de ...., domiciliados en ..., con DD.NN.II. números, respectivamente, ... y ...

INTERVIENEN

En su propio nombre y derecho. Tienen a mi juicio la capacidad legal necesaria para formalizar la presente escritura de **CONSTITUCIÓN DE HIPOTECA DE MÁXIMO,** y al efecto:

EXPONEN

I. Que los cónyuges Don ... y Doña ..., son dueños con carácter gananciales del pleno dominio de la siguiente finca urbana en régimen de propiedad horizontal:

... (Descripción).
Título: ...
Cargas: ...
Inscripción: ...
Referencia catastral: ...[6].
Valor a efectos de subasta: ...

[6] Véase nota a pie de página número 3 del formulario 1, y la número 9 del formulario 5.

II. Que en el día de hoy, ante mí y con el número ... anterior de Protocolo, los citados titulares de la anterior finca han concertado con el Banco ... un préstamo con garantía hipotecaria para asegurar la devolución de las siguientes cantidades y por los conceptos que a continuación se mencionan:

1. ... euros de principal.
2. ... euros de sus intereses al tipo del ... por ciento.
3. ... euros, para prestaciones accesorias.
4. ... euros, que se fijan como ampliación eventual para costas y gastos.

La total responsabilidad hipotecaria es pues de ... (1 + 2 + 3 + 4) euros, por un plazo de ... años a contar desde el otorgamiento de la referida escritura y hasta el día ..., en que tendrá lugar el vencimiento de la última cuota, y con los demás pactos y condiciones que figuran en dicha escritura, que se dan por reproducidos, y que Don ... y Don ... conocen suficientemente.

III. Que Don ... y Don ... han afianzado solidariamente entre sí y con respecto a la parte prestataria el cumplimiento de la totalidad de las obligaciones asumidas por dicha parte prestataria en la escritura a que se ha hecho referencia en el expositivo II.

IV. Que en garantía de las obligaciones de pago asumidas por los fiadores solidarios, los cónyuges Don ... y Doña ... han ofrecido a los mismos la constitución de hipoteca de máximo sobre la finca descrita en el expositivo I, la que formalizan con arreglo a las siguientes:

ESTIPULACIONES

PRIMERA. Los cónyuges Don ... y Doña ... constituyen hipoteca sobre la finca descrita a favor de Don ... y de Don ..., que la aceptan, y por el importe máximo de ... euros que se distribuye de la siguiente forma:

1. ... euros de principal.
2. ... euros de sus intereses al tipo del ... por ciento.
3. ... euros, para prestaciones accesorias.
4. ... euros, que se fijan como ampliación eventual para costas y gastos.

SEGUNDA. El importe de la obligación asegurada podrá determinarse por el documento que acredite que por Don ... y/o Don ... se ha efectuado el pago al Banco ...

Expresamente se pacta la solidaridad de Don ... y Don ... e igualmente la responsabilidad solidaria de los cónyuges frente a los citados Don ... y Don ..., de forma que cualquiera de ellos podrá reclamar íntegramente de la parte hipotecante.

TERCERA. La presente garantía cubrirá todos los riesgos derivados de las obligaciones asumidas por los fiadores solidarios, durante el plazo de ... años, es decir, desde la fecha de otorgamiento de la escritura de préstamo hipotecario mencionada en el exponendo y hasta el día ..., durante cuyo plazo no podrá cancelarse la hipoteca constituida en este acto, salvo acreditación fehaciente por los cónyuges Don ... y Doña ... de la inexistencia de saldo deudor a favor del Banco ... y de la cancelación de la hipoteca constituida en su garantía en el número ... anterior de este Protocolo.

CUARTA. La hipoteca constituida en este acto se extiende objetivamente a cuanto establecen los artículos 110 y 111 de la Ley Hipotecaria y, por pacto expreso, a todo aquello que según dichos preceptos no sería objeto de extensión sino mediante este convenio, en especial a las nuevas construcciones que puedan llevarse a cabo sobre la finca hipotecada o que existiendo en la realidad no hayan sido incluidas aún como obra nueva en su descripción, salvo que la finca hubiera pasado a tercer poseedor y hayan sido costeadas aquéllas por el nuevo dueño.

QUINTA. Los cónyuges hipotecantes en este acto, se obligan a:

1. Conservar la finca hipotecada con toda diligencia, haciendo en ella las reparaciones ordinarias o extraordinarias necesarias.

2. Al pago de cuantos impuestos, contribuciones y demás tributos recaigan sobre la finca hipotecada.

3. Al pago de los gastos e impuestos derivados del otorgamiento de esta escritura hasta su inscripción en el Registro de la Propiedad, así como los de cancelación en su día.

SEXTA. Don ... y Don ... podrán declarar vencida la obligación anticipadamente y proceder contra la finca hipotecada y simultáneamente contra la parte hipotecante en cualquiera de los siguientes casos:

1.º Vencimiento anticipado del préstamo garantizado con hipoteca a favor del Banco ... ya mencionado, y por cualquiera de las causas pactadas en la escritura de su constitución.

2.º Por no estar inscrita en el Registro de la Propiedad la primera copia de esta escritura en el plazo de ... meses a contar desde el día siguiente al de expedición de la citada copia; y el impago de cualquiera de los gastos que conlleve esta escritura hasta su inscripción y que sean de cuenta de los cónyuges Don ... y Doña ...

3.º Por reclamación judicial o extrajudicial de la deuda garantizada con hipoteca a que se refiere el caso primero de este apartado, siendo suficiente al efecto el requerimiento notarial o mediante telegrama con acuse de recibo hecho a Don ... y/o Don ... en su condición de fiadores solidarios de tal operación.

4.º El incumplimiento de cualquiera de las obligaciones que en la presente escritura contrae la parte hipotecante.

Podrá acreditarse el vencimiento anticipado por cualesquiera medios admitidos en Derecho y, especialmente, mediante justificación de haberse efectuado el requerimiento de pago a los deudores o a los fiadores a los efectos del procedimiento que el Banco ... emplease para ejecución de la hipoteca a su favor constituida; así como también mediante nota simple registral en que conste la expedición de certificado de cargas y gravámenes.

SÉPTIMA. Reclamaciones judiciales. Presupuestos procesales. Vencida la obligación, fuera por la causa que fuese, podrá la entidad acreedora ejercitar las acciones judiciales que procedan derivadas de este contrato con las formalidades exigidas en la Ley, en su caso las que se requieran especialmente a efectos de seguir la acción ejecutiva, bien sea la ordinaria o especial sobre los bienes hipotecados, regulada en los artículos 681 y siguientes de la Ley de Enjuiciamiento Civil, y para ello se pacta expresamente por los contratantes:

a) Se tasan las fincas hipotecadas por las cantidades indicadas al pie de su respectiva descripción, que será el valor a efectos de subasta.

b) Se fija como domicilio de la parte deudora para la práctica de requerimientos y notificaciones el determinado en la comparecencia de este documento.

c) La parte deudora e hipotecante confiere desde ahora para entonces a la parte acreedora la posesión y administración interina de las fincas gravadas, una vez que hayan transcurrido diez días después de hecho sin resultado el requerimiento de pago; e igualmente, para el supuesto de venta extrajudicial, designan como mandatario suyo para que les represente en la propia venta a la entidad acreedora, concurriendo a las subastas que se celebren persona con representación bastante de la misma.

d) La parte deudora, a fin de que en todo momento pueda disponer la acreedora de título ejecutivo de sus créditos, confiere poder irrevocable a la acreedora para que, cuando lo precise, pueda obtener primeras copias, incluso parciales de la presente escritura y presta su consentimiento a que las segundas copias que de la misma pueda solicitar la parte acreedora tengan carácter ejecutivo y así se hagan constar por el Notario autorizante en el pie y nota de su expedición.

e) Los intereses por el capital no amortizado que estén vencidos y no se hayan satisfecho a la fecha de la demanda, así como los que devengue la cantidad total objeto de reclamación principal por ambos conceptos desde dicha fecha hasta el día en que el pago se realice, serán reclamables en el proceso judicial al tipo de demora del ....% anual.

f) La cantidad líquida y vencida exigible en juicio será la que refleje la contabilidad de la acreedora acreditada conforme al artículo 527 de la Ley de Enjuiciamiento Civil, mediante acta notarial a la que se incorporará una certificación de saldo expedida por la acreedora y en la que el fedatario dejará constancia de la conformidad de dicho saldo con el que arroja la contabilidad de la citada acreedora, así como que la liquidación ha sido efectuada de acuerdo con lo pactado en este contrato.

OCTAVA. Venta extrajudicial. A los efectos de lo dispuesto en el artículo 129 de la Ley Hipotecaria, las partes estipulan la posibilidad de proceder a la venta extrajudicial de la finca hipotecada conforme al artículo 1858 del Código Civil, para el caso de falta de cumplimiento de la obligación garantizada. Dicha venta extrajudicial se realizará ante Notario en los términos previstos en el Reglamento Hipotecario. A estos efectos se hace especial remisión a lo pactado en las cláusulas de esta escritura, en cuanto al valor de tasación de la finca, domicilio para notificaciones y requerimientos y persona que ha de representar al hipotecante en la escritura de venta.

NOVENA. La parte deudora renuncia a su derecho a ser notificada en caso de cesión del crédito garantizado con hipoteca.

AUTORIZACIÓN Y OTORGAMIENTO

Así lo dicen y otorgan los comparecientes, los que aceptan esta escritura en todos sus términos, y a quienes hago las reservas y advertencias legales.

En particular y a efectos fiscales advierto de las obligaciones y responsabilidades tributarias que incumben a las partes en su aspecto material, formal y sancionador, y de las consecuencias de toda índole que se derivarían de la inexactitud de sus declaraciones.

Por su elección, les leo esta escritura, la encuentran conforme y firman conmigo el/la Notario, que doy fe de identificarles por el documento exhibido y del total contenido de este instrumento extendido en ... folios de la serie ..., números ... el presente y los ... inmediatos posteriores correlativos.

153

HIPOTECA DE MEJOR SEGURIDAD: HIPOTECA CAMBIARIA BILATERAL CON INTERESES REMUNERATORIOS

NÚMERO (Protocolo)

En ..., mi residencia, a ... de ... de ...

Ante mí, ..., Notario del Ilustre Colegio de ...

COMPARECEN

De una parte: Don ..., mayor de edad, de profesión ..., de estado civil ..., vecino de ..., domiciliado en calle ..., con DNI número ...

Y de otra: Los cónyuges Don ... y Doña ... mayores de edad, de profesión ..., vecinos de ..., domiciliados en ..., con DD.NN.II. números, respectivamente, ... y ...

INTERVIENEN

En su propio nombre y derecho.

Tienen a mi juicio la capacidad legal necesaria para formalizar la presente escritura de **CONSTITUCIÓN DE HIPOTECA DE MEJOR SEGURIDAD** y a tal fin:

EXPONEN

I. Que los cónyuges comparecientes son dueños en pleno dominio y con carácter ganancial de la siguiente finca urbana constituida en régimen de propiedad horizontal:

... (Descripción).

Título: ...
Cargas: ...
Inscripción: ...
Normas de propiedad horizontal: ...
Referencia catastral: ...[7].

II. Los comparecientes me exhiben cuatro letras de cambio, de clase ..., serie ..., números ....., todas con fecha de libramiento ... y vencimientos la primera de ellas, el día ..., la segunda, ..., la tercera, ... y la cuarta y última, ...; por importe, cada una de ellas, de ... euros.

Dichas letras están libradas a la propia orden por Don ... y aceptadas por los cónyuges Don ... y Doña ... en el día de hoy a mi presencia, de lo que doy fe.

III. Que para la mayor seguridad del pago de dichas letras de cambio, los comparecientes:

OTORGAN

PRIMERO. En garantía de la obligación de pago asumida por la aceptación de las letras de cambio que se citan en el apartado expositivo II de esta escritura, por su importe nominal total de ... euros, más la cantidad de ... euros que se fijan para atender a las costas y gastos que se causen en la reclamación judicial de la obligación, y de ... años de intereses remuneratorios al tipo del ... por ciento anual que ascienden a ... euros, Don ..., con el consentimiento de su compareciente esposa Doña ..., constituye hipoteca sobre la finca descrita en el exponendo I de esta escritura, a favor del actual tomador de dichas letras de cambio que la acepta para sí y también en favor de los sucesivos tomadores, tenedores o endosatarios.

SEGUNDO. Como condiciones de la hipoteca que por esta escritura se constituye se estipulan las siguientes:

A) Vencida una cualquiera de las letras de cambio relacionadas, cuyo pago se garantiza con esta hipoteca e impagada la misma, lo que se acreditará con la correspondiente acta de protesto, o declaración equivalente, podrá la persona en ella designada como tomador, o cualquiera de los posteriores endosatarios, reclamar el cumplimiento de la presente hipoteca, bien en sólo el importe de la letra o letras impagadas, o bien, a opción del ejecutante, en la totalidad del importe de la hipoteca, estimando vencidas y exigibles en este caso las restantes cambiales, pese a los plazos en ellas consignados, siempre que se hallen en poder del ejecutante,

[7] Véase nota a pie de página número 3 del formulario 1, y la número 9 del formulario 5.

sea persona física o jurídica, todas las cambiales impagadas o de vencimiento posterior.

A este fin se entenderá que la hipoteca que por la presente escritura se constituye, garantiza, en cuanto a su principal, el pago del nominal de cada una de las letras de cambio reseñadas, y en cuanto a la cantidad señalada para costas y gastos, la totalidad de los previstos para este concepto, cuando se considere vencida anticipadamente la hipoteca, o la fracción proporcional de costas y gastos que corresponda al número de letras ejecutadas en el procedimiento judicial que se inicie.

En consecuencia, el tenedor de cada letra podrá ejercitar su acción por el importe de su nominal y por el total fijado en esta escritura para costas y gastos o la fracción que corresponda al número de letras ejecutadas por el tenedor, así como por los intereses de aquel capital o nominal, al tipo pactado del ... por ciento anual hasta el máximo de tres años fijados al determinar la responsabilidad hipotecaria.

B) Se extiende la hipoteca que se constituye en esta escritura a cuanto determinan los artículos 109 y 110 de la Ley Hipotecaria, y además por pacto expreso, a las rentas vencidas y no satisfechas al tiempo de exigir el cumplimiento de la obligación, y a los objetos muebles colocados permanentemente en la misma para su explotación, o adorno, y a las modificaciones y en especial a las nuevas construcciones que puedan llevarse a cabo sobre todo o parte de la finca hipotecada o que existiendo en la realidad no hayan sido incluidas aún como obra nueva en su descripción.

C) La parte hipotecante se obliga a conservar la finca hipotecada con la diligencia debida, haciendo en ella las obras necesarias para su buena conservación, a fin de que sus productos y rentas por esta causa no disminuyan, y a satisfacer con toda puntualidad las contribuciones, impuestos y arbitrios que graven o gravaren en el futuro la finca hipotecada.

La expropiación de todo o parte de dicha finca, producirá en lo que a la cantidad que se refiere, la subrogación en lugar del preceptor del o los respectivos acreedores, acreditados en la forma prevista por la legislación cambiaria, en la suma que a cada uno corresponda.

TERCERO. La transmisión de cualquiera de las letras de cambio reseñadas, producirá de pleno derecho la transmisión del crédito hipotecario, sin que ello comporte obligación de dar conocimiento al deudor hipotecante ni hacerse constar la transferencia misma en el correspondiente asiento registral, en la forma prevista en el artículo 242 del Reglamento de la Ley Hipotecaria.

Al dorso de las letras reseñadas he consignado la característica de que está asegurado su pago con hipoteca en la forma más apropiada a lo dispuesto en el último párrafo del artículo 154 de la Ley Hipotecaria, a efectos de que cualquier tenedor pueda tener conocimiento de la hipoteca de seguridad respecto al cobro.

CUARTO. Si la parte deudora hipotecante no cumpliere cualquiera de las condiciones que quedan establecidas, así como si esta escritura y la hipoteca que en ella se constituye no fuere inscrita en el Registro de la Propiedad correspondiente, dentro del plazo de ... meses a contar desde hoy, cualquiera que fuere la causa de su no inscripción, podrá el tenedor, tomador o endosatario de las letras de cambio que se garantizan, considerar vencida la obligación, reclamando judicialmente su cumplimiento, una vez que transcurran ... días hábiles contados desde el siguiente al del requerimiento de pago.

QUINTO. Serán de cuenta de la parte deudora todos los gastos y tributos que directa o indirectamente origine la presente escritura, incluso el de una primera copia de la misma, los tributos de toda índole, que, en su caso, deberán abonarse por capital, y los de cancelación, en su día, de la carga hipotecaria, bastando para el otorgamiento de ésta última, la exhibición de las expresadas letras de cambio por la parte deudora o de sus derechohabientes a un Notario de su elección, sin que precise la intervención del acreedor, o bien de certificación bancaria acreditativa de la misma circunstancia, o de carta de pago otorgada notarialmente por el tenedor legítimo de todas y cada una de las cambiales.

SEXTO. Para el caso de que el tenedor o tenedores de cualquiera de las letras de cambio garantizadas hubiere o hubieren de reclamar en su día la ejecución de la presente hipoteca, se dispone expresamente:

A) NORMAL VENCIMIENTO DE LA HIPOTECA. A efectos de la acción hipotecaria, se señala como vencimiento el de las letras de cambio y como domicilio de pago el señalado en la comparecencia de esta escritura para la parte hipotecante.

B) VENCIMIENTO ANTICIPADO: El tenedor o tenedores de las cambiales reseñadas, podrá ejercitar la acción judicial correspondiente, antes de los expresados términos, por estipularse expresamente que quedará vencida la hipoteca en cualquiera de los casos siguientes:

A) Si las cambiales o cualquiera de ellas no fueran satisfechas a su vencimiento y protestadas por falta de pago o declaración equivalente, lo cual dará lugar al vencimiento anticipado de las otras, siempre y cuando el tenedor de todas las restantes cambiales de vencimiento posterior a la que hubiere resultado impagada, fuera la misma persona física o jurídica.

B) Si la parte hipotecante no asegurase contra incendios o destrucción, el inmueble hipotecado, y por un valor no inferior a la suma que garantiza, en su caso.

C) Si la finca hipotecada sufriese en cualquier momento y por cualquier causa, menoscabo, depreciación, que llegara a alcanzar un ... por ciento del valor que se le atribuye en esta escritura, según informe del perito que designen los tenedores y la parte deudora no aumentase la garantía a satisfacción de los mismos, en el término que éstos señalasen.

D) Si la parte hipotecante o cualquier adquirente de la finca hipotecada, dejase de pagar puntualmente alguno de los impuestos que la grave, o el seguro de incendios en su caso, o incumpliese los deberes de conservación.

E) Por infringir la parte hipotecante cualquiera de las estipulaciones pactadas en esta escritura.

SÉPTIMO. El tenedor o tenedores de las letras de cambio, podrán ejercitar las acciones judiciales que procedan derivadas de este contrato con las formalidades exigidas en la Ley, en su caso las que se requieran especialmente a efectos de seguir la acción ejecutiva, bien sea la ordinaria o especial sobre los bienes hipotecados, regulada en los artículos 681 y siguientes de la Ley de Enjuiciamiento Civil, y para ello se pacta expresamente por los contratantes:

a) Se tasan las fincas hipotecadas por las cantidades indicadas al pie de su respectiva descripción, que será el valor a efectos de subasta.

b) Se fija como domicilio de la parte deudora para la práctica de requerimientos y notificaciones el determinado en la comparecencia de este documento.

c) La parte deudora e hipotecante confiere desde ahora para entonces a la parte acreedora la posesión y administración interina de las fincas gravadas, una vez que hayan transcurrido diez días después de hecho sin resultado el requerimiento de pago; e igualmente, para el supuesto de venta extrajudicial, designan como mandatario suyo para que les represente en la propia venta a la entidad acreedora, concurriendo a las subastas que se celebren persona con representación bastante de la misma.

d) La parte deudora, a fin de que en todo momento pueda disponer la acreedora de título ejecutivo de sus créditos, confiere poder irrevocable a la acreedora para que, cuando lo precise, pueda obtener primeras copias, incluso parciales de la presente escritura y presta su consentimiento a que las segundas copias que de la misma pueda solicitar la parte acreedora tengan carácter ejecutivo y así se hagan constar por el Notario autorizante en el pie y nota de su expedición.

e) La cantidad líquida y vencida exigible en juicio será la que refleje la contabilidad de la acreedora acreditada conforme al artículo 527 de la Ley de Enjuiciamiento Civil, mediante acta notarial a la que se incorporará una certificación de saldo expedida por la acreedora y en la que el fedatario dejará constancia de la conformidad de dicho saldo con el que arroja la contabilidad de la citada acreedora, así como que la liquidación ha sido efectuada de acuerdo con lo pactado en este contrato.

OCTAVA. Venta extrajudicial. A los efectos de lo dispuesto en el artículo 129 de la Ley Hipotecaria, las partes estipulan la posibilidad de proceder a la venta extrajudicial de la finca hipotecada conforme al artículo 1858 del Código Civil, para el caso de falta de cumplimiento de la obligación garantizada. Dicha venta extrajudicial se realizará ante Notario en los términos previstos en el Reglamento Hipotecario. A estos efectos se hace especial remisión a lo pactado en las cláusulas de esta escritura, en cuanto al valor de tasación de la finca, domicilio para notificaciones y requerimientos y persona que ha de representar al hipotecante en la escritura de venta.

NOVENO. Igualmente, en caso de ejecución, serán de cuenta de la parte deudora, todos los gastos judiciales o extrajudiciales, que ello dé lugar, así como los honorarios y derechos de Letrado y Procurador de que la parte acreedora se valiere para la efectividad de su derecho.

DÉCIMO. Sin perjuicio de la garantía constituida en la presente escritura, el tenedor legítimo de las letras, podrá ejercitar cualquier otra acción judicial, y en especial la acción cambiaria.

UNDÉCIMO. La parte deudora designa como mandatario de forma expresa para que pueda subsanar, rectificar o complementar la presente escritura en los términos que de su calificación, bien sea oral o escrita, hasta que la misma quede debidamente inscrita en el Registro de la Propiedad a Don ...

OTORGAMIENTO Y AUTORIZACIÓN

Hago las reservas y advertencias legales y fiscales.

En especial y con relación al Impuesto de Transmisiones Patrimoniales y Actos Jurídicos Documentados, les advierto del plazo de ... días hábiles que tienen para presentar copia de este documento en la Oficina Liquidadora competente, previa su autoliquidación; la afección de los bienes al pago del Impuesto o al de las liquidaciones complementarias en su caso; y responsabilidades en que podrían incurrir como consecuencia del incumplimiento de sus deberes fiscales.

Por su elección les leo el contenido de esta escritura lo encuentran conforme y firman conmigo el/la Notario, que doy fe de conocerles y del contenido de este instrumento extendido en ... folios de serie ..., números ... el presente y los ... inmediatos posteriores correlativos.

154

Cancelación De Hipoteca (Entre Particulares)

NÚMERO (Protocolo)

En ..., mi residencia, a ... de ... de ...

Ante mí, ..., Notario del Ilustre Colegio de ...

COMPARECE

Don ..., mayor de edad, de profesión ..., de estado civil ..., vecino de ..., domiciliado en calle ..., con DNI número ...

INTERVIENE

En nombre y representación de la mercantil «ZZ, S.A.», constituida en virtud de escritura de fecha ..., autorizada por el Notario de ... Don/Doña ... con el número ... de su Protocolo, con domicilio social en ..., e inscrita en el Registro Mercantil de ... al ..., con CIF número ...

Y aseverando el compareciente la vigencia de sus facultades representativas, tiene a mi juicio la capacidad legal suficiente para formalizar la presente escritura de **CARTA DE PAGO Y CANCELACIÓN DE HIPOTECA**, y, al efecto:

EXPONE Y OTORGA

I. Mediante escritura pública de fecha ..., autorizada ante mí con el número ... de Protocolo, la mercantil «XX, S.A.» reconoció adeudar a la mercantil «ZZ, S.A.» la cantidad de ... euros que confesó haber recibido con anterioridad devengando la citada suma el interés del tipo del ... por ciento anual.

En la citada escritura, la total cantidad prestada más sus intereses se obligó la parte deudora a devolverla a la acreedora mediante el pago de ... cuotas fijas trimestrales vencidas comprensivas de capital e intereses de ... euros cada una de ellas, a ingresar en la cuenta de la parte acreedora número ... abierta en la Sucursal del Banco ... sito en ..., calle ..., siendo el primer pago el día ...

Igualmente, en el citado instrumento y en garantía de la devolución de la indicada cantidad prestada de ... euros, de los intereses de ... año/s al tipo dicho que ascienden a la cantidad de ... euros y ... euros para costas y gastos, la mercantil «XX, S.A.», constituyó hipoteca sobre la siguiente finca:

... (Descripción).
Inscripción: ...
Cargas: ...
Arrendamientos: ...
Título: ...
Normas sobre propiedad horizontal: ...
Referencia catastral: ...

II. Habiendo recibido la mercantil acreedora de la deudora el importe total de la referida deuda, y no habiéndose causado gasto ni costa alguna, la primera otorga a la segunda la más solemne y eficaz carta de pago, y cancela totalmente la hipoteca constituida sobre la finca descrita, la cual deja libre de toda responsabilidad, por razón de la deuda relacionada.

OTORGAMIENTO Y AUTORIZACIÓN

Hago las reservas y advertencias legales y fiscales.

En especial y con relación al Impuesto de Transmisiones Patrimoniales y Actos Jurídicos Documentados, le advierto del plazo de ... días hábiles que tienen para presentar copia de este documento en la Oficina Liquidadora competente, previa su autoliquidación; la afección de los bienes al pago del Impuesto o al de las liquidaciones complementarias en su caso; y responsabilidades en que podría incurrir como consecuencia del incumplimiento de sus deberes fiscales.

Por su elección le leo el contenido de esta escritura lo encuentra conforme y firma conmigo el/la Notario, que doy fe de identificarle por el documento nacional de identidad exhibido y del contenido de este instrumento extendido en ... folios de serie ..., números ... el presente y los ... inmediatos posteriores correlativos.

155

CANCELACIÓN DE DEUDA E HIPOTECA (ENTIDAD BANCARIA)

NÚMERO (Protocolo)

En ..., mi residencia, a ... de ... de ...

Ante mí, ..., Notario del Ilustre Colegio de ...

COMPARECE

Don ..., mayor de edad, empleado del Banco ZZ, S.A., vecino de ..., domiciliado en calle ..., con DNI ...

INTERVIENE

En nombre y representación del Banco «ZZ, S.A.», constituido en virtud de escritura de fecha ..., autorizada por el Notario de ... Don/Doña ... con el número ... de su Protocolo, con domicilio social en ..., e inscrita en el Registro Mercantil de ... al ..., con CIF número ...

Se encuentra debidamente autorizado para este acto en virtud de escritura de apoderamiento otorgada en fecha ..., ante el Notario de ... Don/Doña ... con el número ... de su Protocolo, e inscrita en el Registro Mercantil de ... al ..., instrumento que considero suficiente para este otorgamiento, y que me exhibe y devuelvo al otorgante para que la presente donde proceda.

Y aseverando el compareciente la vigencia de sus facultades representativas, tiene a mi juicio, según interviene, la capacidad legal suficiente para formalizar la presente escritura de **CARTA DE PAGO Y CANCELACIÓN DE HIPOTECA,** y, al efecto:

EXPONE Y OTORGA

I. Mediante escritura pública de fecha ..., autorizada ante mí con el número ... de Protocolo, se concertó sobre la finca que luego se dirá un préstamo hipotecario, concedido por el Banco «ZZ, S.A.», a favor de Don ..., de ... euros de principal, ... euros de intereses de ... años, y ... euros por prestaciones accesorias, costas y gastos; Don ... hipotecó a favor del Banco «ZZ, S.A.» la siguiente finca urbana:

... (Descripción).
Inscripción: ...
Cargas: ...
Arrendamientos: ...
Título: ...
Normas sobre propiedad horizontal: ...
Referencia catastral: ...

II. Habiendo recibido la mercantil acreedora de la parte deudora el importe total de la referida deuda, y no habiéndose causado gasto ni costa alguna, la primera otorga a la segunda la más solemne y eficaz carta de pago, y cancela totalmente la hipoteca constituida sobre la finca descrita, la cual deja libre de toda responsabilidad, por razón de la deuda relacionada, y solicita la cancelación del gravamen, siendo los gastos e impuestos que origine la presente escritura hasta su inscripción en el Registro de la Propiedad por cuenta y cargo de deudor.

OTORGAMIENTO Y AUTORIZACIÓN

Hago las reservas y advertencias legales y fiscales.

En especial y con relación al Impuesto de Transmisiones Patrimoniales y Actos Jurídicos Documentados, le advierto del plazo de ... días hábiles que tienen para presentar copia de este documento en la Oficina Liquidadora competente, previa su autoliquidación; la afección de los bienes al pago del Impuesto o al de las liquidaciones complementarias en su caso; y responsabilidades en que podría incurrir como consecuencia del incumplimiento de sus deberes fiscales.

Por su elección le leo el contenido de esta escritura lo encuentra conforme y firma conmigo el/la Notario, que doy fe de identificarle por el documento nacional de identidad exhibido y del contenido de este instrumento extendido en ... folios de serie ... números, ... el presente y los ... inmediatos posteriores correlativos.

§8. DEPÓSITO-COMODATO

156

CONTRATO DE COMODATO

En la ciudad de ..., a ..., de ... de ...

REUNIDOS

De una parte, Don ..., mayor de edad, casado, vecino de ..., domiciliado en c/ ..., número ..., con DNI número ..., en lo sucesivo comodante.

Y de otra, Don ..., mayor de edad, soltero, vecino de ..., domiciliado en c/ ..., número ..., con DNI número ..., en lo sucesivo comodatario.

INTERVIENEN

Cada uno en su propio nombre y derecho. Ambas partes se reconocen recíprocamente la capacidad legal bastante para celebrar el contrato y otorgar este documento, por lo que de común acuerdo

DECLARAN

Que Don ... es dueño de ..., valorada en ... euros, que entrega gratuitamente a Don ... de acuerdo con las siguientes

ESTIPULACIONES

PRIMERA. Don ... presta gratuitamente a Don .... anteriormente descrita por el plazo de ... meses, contados a partir de la entrega. La cosa se encuentra en perfecto estado de conservación y funcionamiento.

SEGUNDA. El comodatario se obliga a:

1.º Restituir la cosa al vencimiento del plazo, a no ser que el comodante la reclame previamente por tener urgente necesidad usar de ella.

2.º Conservar la cosa con la diligencia de un buen padre de familia y destinarla al uso de ... Si la destina a uso distinto, o la conserva en su poder por más tiempo del convenido, será responsable de su pérdida aunque ésta sobrevenga por caso fortuito.

3.º Satisfacer los gastos ordinarios que sean de necesidad para el uso y conservación de la cosa prestada, incluidos los impuestos y seguros.

4.º Responder de los deterioros que se produzcan en la cosa por culpa suya.

TERCERA. El comodante se obliga a:

1.º No reclamar la cosa prestada sino después de concluido el plazo para el que se la prestó, aunque si antes tuviere urgente necesidad de ella, podrá reclamar la restitución.

2.º Abonar los gastos extraordinarios causados durante el contrato para la conservación de la cosa prestada, cuando el comodatario lo ponga en su conocimiento antes de hacerlos, salvo cuando fueren tan urgentes que no pueda esperarse el resultado del aviso sin peligro.

Y en prueba de conformidad con todo lo expuesto, firman el presente contrato, por duplicado, en el lugar y fecha antes indicados[1].

EL COMODANTE EL COMODATARIO

[1] **Concepto:** según el artículo 1740 del Código Civil, el comodato es un contrato esencialmente gratuito por el que una de las partes entrega a la otra alguna cosa no fungible para que use de ella por cierto tiempo y se la devuelva. Por tanto el comodato es un contrato que se caracteriza como préstamo de uso, por su gratuidad (artículo 1741 CC: si interviniere algún emolumento que haya de pagar el que adquiere el uso, la convención deja de ser comodato), por su temporalidad (se puede determinar fijando un plazo de duración por las partes, o bien fijando el uso al que ha de destinarse la cosa objeto del préstamo, en cuyo caso el comodante puede reclamar la cosa después de concluido dicho uso: artículos 1749, 1750, 1744 del CC, STS 31.12.92, 2.12.92), y por ser un contrato real (igual que el simple préstamo), pues se perfecciona con la entrega de la cosa.

Régimen jurídico: artículos 1740 a 1752 del Código Civil. Obligaciones fundamentales de las partes: 1.º. Comodatario: Debe devolver la cosa cuando expire el plazo de duración del contrato o bien concluya el uso que se pactó como destino de la cosa (artículo 1749 y 1750 del Código Civil y STS 31.12.92, 2.12.92); debe satisfacer los gastos ordinarios que sean de necesidad para el uso y conservación de la cosa prestada (artículo 1743 CC, STS 31.12.92, STS 12.6.93); debe destinar la cosa al uso pactado; los artículos 1744, 1745, 1746 y 1748 del CC regulan la responsabilidad del comodatario; el artículo 1747 niega al comodatario el derecho de retención. 2.º. Comodante: el comodante debe abonar los gastos extraordinarios causados durante el contrato para la conservación de la cosa prestada, siempre que el comodatario lo ponga en su conocimiento antes de hacerlos, salvo cuando fueren tan urgentes que no pueda esperarse el resultado del aviso sin peligro (artículo 1751 CC y STS 12.6.93); no puede reclamar la cosa sino cuando expire el plazo de duración del contrato o bien se concluya el uso para el que se prestó (STS 31.12.92, STS 2.12.92), salvo que antes de cumplirse estos plazos tuviere el comodante urgente necesidad de la cosa (artículo 1749 CC, STS 2.12.92); el comodante que, conociendo los vicios de la cosa prestada no los hubiere hecho saber al comodatario, responderá a éste de los daños que por aquella causa hubiese sufrido (artículo 1752 CC).

Diferencia con el precario: a este respecto, en la jurisprudencia han existido dos posiciones en torno a la figura del precario: 1.ª. El precario no tiene su origen en un contrato sino que se trata de una simple situación posesoria (STS 30.10.86, *vid.* nota 5 al capítulo 6); 2.ª. Ya la STS 21.6.1934 vio que en el artículo 1750 del CC se establecía el precario dentro del régimen jurídico del comodato, por la circunstancia de que el comodante puede reclamar la cosa prestada a su sola voluntad cuando no se ha pactado la duración del contrato ni el uso, ni se puede fijar por la costumbre del lugar. La STS 22.10.87 establece que el antiguo precario no es sino un comodato con duración al arbitrio del comodante.

La STS 31.12.1992 confirma la consideración jurisprudencial del precario como una situación, bien surgida contractualmente, o bien meramente posesoria, afirmando textualmente que «el contrato de precario que aunque diferenciado en el Derecho romano del comodato, a causa, entre otras razones, de la indefinición del uso concedido o tolerado, en los Códigos modernos se equipara al comodato si en éste no se pactó la duración del contrato ni el uso a que ha de destinarse la cosa pactada (art. 1749 CC), en cuyo caso el comodante puede reclamar la cosa a voluntad, incumbiendo en caso de duda la prueba al comodatario, del precario *stricto sensu* que extiende los casos de precario, fuera del ámbito contractual, a todos aquellos supuestos en que una persona posee alguna cosa sin derecho para ello. La concepción amplia del precario comprende, por ello, los supuestos de posesión concedida o tolerada o simplemente las situaciones posesorias de puro hecho».

Esa misma sentencia afirma que «todas estas figuras tienen de común su coincidencia con el concepto genérico del llamado por algún sector de la doctrina **"precario procesal"**, o, en otras palabras que para obtener la reintegración de la cosa poseída puede utilizarse el juicio de desahucio por precario, no obstante, en algunos casos ocurra, en función de lo debatido, de la complejidad del asunto y del propio acotamiento de la actividad judicial decisora, que la cosa juzgada se limita al precario *stricto sensu* como sinónimo de simple situación posesoria, y haya que dilucidar otras vertientes del asunto por medio de la acción reivindicatoria y dentro del juicio declarativo ordinario».

157

Contrato de Depósito

En la ciudad de ..., a ..., de ... de ...

REUNIDOS

De una parte, Don ..., mayor de edad, casado, vecino de ..., domiciliado en c/ ..., número ..., con DNI número ..., en lo sucesivo depositante.

Y de otra, Don ..., mayor de edad, soltero, vecino de ..., domiciliado en c/ ..., número ..., con D.N.I número ... , en lo sucesivo depositario.

INTERVIENEN

En su propio nombre y derecho. Ambas partes se reconocen recíprocamente la capacidad legal bastante para celebrar el contrato y otorgar este documento, por lo que de común acuerdo

DECLARAN

Que Don ... es dueño de ..., que entrega en este momento a Don ... que declara recibirla en perfecto estado de conservación. Habiendo convenido otorgar el contrato de depósito lo efectúan de acuerdo con las siguientes

ESTIPULACIONES

PRIMERA. El depositario se obliga a:

1.º Guardar la cosa con la diligencia de un buen padre de familia, con el cuidado necesario para que conserve todas sus cualidades.

2.º No utilizarla. En caso de utilización responderá de los daños y perjuicios causados.

3.º Restituir la cosa con todos sus productos y accesiones.

4.º Devolverla en el mismo lugar donde se hace la entrega.

SEGUNDA. El depositante se obliga a:

1.º Reembolsar al depositario los gastos que haya hecho para la conservación de la cosa depositada y a indemnizarle de todos los perjuicios que se le hayan seguido del depósito.

2.º A pagar (en caso de que sea retribuido) la cantidad de ... euros.

Y en prueba de conformidad con todo lo expuesto, firman el presente documento, por duplicado, en el lugar y fecha antes indicado.

EL DEPOSITANTE | EL DEPOSITARIO

§9. NEGOCIO FIDUCIARIO

158

FIDUCIA *CUM CREDITORE*

En la ciudad de ..., a ... de ... de ...

REUNIDOS

De una parte, Don/Doña ..., mayor de edad, casado/a con Doña/Don ... bajo el régimen de absoluta separación de bienes[1], de profesión ...., vecino de ...., domiciliado en calle ..., con DNI número ...

Y de otra, Don/Doña ..., mayor de edad, casado con Doña/Don .....[2], de profesión ....., vecino de ..., con domicilio en calle ..., con DNI número ...

INTERVIENEN

Los comparecientes lo efectúan en su propio nombre y derecho, reconociéndose capacidad legal bastante para otorgar el presente documento, por lo que de común acuerdo:

DECLARAN

PRIMERO. Don/Doña ... es titular, con carácter de privativo[3], del pleno dominio de la siguiente finca urbana:

... (Descripción).
Título: ...
Cargas y arrendamientos: Libre de cargas y arrendamientos, ocupada por ... su titular, y al corriente en el pago de toda clase de gastos e impuestos.
Inscripción: ...

---

[1] Como ya se ha hecho constar en otros formularios, conviene que se recoja el estado civil y, en su caso, el nombre del cónyuge y el régimen económico-matrimonial.

[2] *Idem.*

[3] O ganancial o, en su caso, de la clase de que se trate.

Referencia catastral: ...[4].
Normas sobre propiedad horizontal: ...

SEGUNDO. Como consecuencia de las relaciones comerciales mantenidas entre ambos comparecientes, Don/Doña ... adeuda a Don/Doña ... la cantidad de ... euros, según tienen reconocido en documento privado de esta misma fecha, y en el que se pacta la forma y plazos para su pago.

TERCERO. Habiendo convenido en otorgar el presente documento de FIDUCIA *CUM CREDITORE* [5], lo efectúan de común acuerdo bajo las siguientes:

---

[4] Véase nota a pie de página número 3 del formulario 1, y la número 9 del formulario 5.

[5] La más reciente Jurisprudencia del TS define el negocio fiduciario, incluyendo por tanto los dos tipos esenciales del mismo, fiducia *cum amico* y fiducia *cum creditore*, de la siguiente manera: «El negocio fiduciario consiste en la atribución patrimonial que uno de los contratantes, llamado fiduciante, realiza en favor del otro, llamado fiduciario, para que éste utilice la cosa o el derecho adquirido, mediante la referida asignación, para la finalidad que ambos pactaron, con la obligación de retransmitirlos al fiduciante o a un tercero cuando se hubiera cumplido la finalidad prevista» (STS 2.12.96, STS 4.7.98, STS 5.03.2001).

Teniendo siempre presente la complejidad del tema en sí y de la forma de tratarlo por la jurisprudencia podemos decir que mayoritariamente las sentencias de nuestro TS entienden que el negocio fiduciario no es un negocio simulado, y así se lega a afirmar que «el fiduciario no es un negocio ficticio, aparente o ni siquiera relativamente simulado, sino real, existente y querido por las partes» [entre otras, las Ss. TS 28.1.1946; 23.2.1951; 28.12.1955; 10.11.1958; 8.3.1963; 14.3.1964; 11.6.1.1964; 18.12.1965; 4.4.1972; 9.12.1981; 19.5.1982; 2.6.1982 (LA LEY, 1982-4, 180); 6.4.1987 (LA LEY, 1987-3, 134); 3.3.1988 (LA LEY, 1988-2, 428); 28.10.1988 (LA LEY, 1988-4, 573); 7.3.1990 (LA LEY, 1990-2, 562); 30.1.1991 (Archivo La Ley, 1991, 2268); 6.7.1992 —LA LEY, 1992-4, 741 (14859-R)—; y la de 9.2.1994 del TSJ de Navarra].

No obstante, alguna concreta sentencia apunta al hecho de que el negocio fiduciario supone la existencia de una simulación, en la que hay un contrato externo simulado que encubre o disimula a otro interno (Ss. TS 25.9.1956; 18.11.1969). Y en la sentencia de 18.4.1988 en relación a un contrato de compraventa, se llega a afirmar que «más bien encubría a un negocio fiduciario, por el cual el Sr. P. V., bajo la apariencia de una compraventa, instrumentada en dicha escritura pública, transmitía al Sr. C y su esposa las casas objeto de litis como garantía del pago de una deuda, que una vez saldada por el primero al segundo, había de determinar la devolución o retrocesión de tales casas a su verdadero y único propietario».

Las diferencias entre el negocio fiduciario y el simulado, se explican de la siguiente forma:

1.º Se parte de un diferente concepto [STS 20.5.1986; 6.4.1987 (LA LEY, 1987-3, 134); 28.10.1988 (LA LEY, 1988-4, 573); 7.3.1990 (LA LEY, 1990-2, 562)].

— **Negocio fiduciario:** Negocios en los que existe una divergencia entre el fin económico perseguido y el medio jurídico empleado, de manera que las partes se proponen obtener un efecto distinto y más restringido del que es propio del medio jurídico puesto en juego.

La sentencia de 4.12.1976 caracteriza al negocio fiduciario como convenio anómalo en el que concurren dos contratos independientes: uno real, el de transmisión plena del dominio, eficaz *erga omnes* y otro, obligacional, válido *inter partes,* destinado a compeler al adquirente a actuar de forma que no impida el rescate de los bienes cuando se dé el supuesto obligacional pactado. (en los mismos términos la reciente STS 19.6.1997, STS 16.11.1999)

— **Negocio simulado:** Negocio en los que concurre una declaración de voluntad no real, emitida conscientemente y con acuerdo de las partes para producir, con fines de engaño, la apariencia de un negocio inexistente o distinto del verdaderamente realizado.

2.º Notas o caracteres diferenciadores: [STS. 28.1.1946; 23.2.1951; 18.2.1965; 28.10.1988 (LA LEY, 1988-4, 573); 30.1.1991 (Archivo La Ley, 1991, 2268)].

a. Irrealidad/realidad. El negocio simulado es ficticio, no real, aunque en algún caso pueda ocultar un negocio verdadero. Implica una apariencia falaz, en que con la declaración fingida se agota todo el intento de engaño a terceros.

El fiduciario es un negocio serio, querido en todas sus consecuencias jurídicas, aun sirviendo a finalidad económica distinta de lo normal.

b. Nulidad/Validez. El negocio simulado es absolutamente nulo y no comporta transferencia de derechos, y el fiduciario es válido. El simulado es nulo por carencia de causa. El fiduciario lleva ínsita la causa fiducia.

c. Negocio simple/complejo. El simulado es un negocio simple; el fiduciario es complejo pues resulta de la combinación de dos negocios distintos (transferencia y garantía).

En cuanto a los efectos de titularidad en el negocio fiduciario, la STSJ Navarra de 3.3.1994 explica la teoría del doble efecto y la evolución en la jurisprudencia y la doctrina. Nos dice que tanto la doctrina, como la jurisprudencia como la Dirección General de los Registros y del Notariado, aceptaron en orden a la determinación de la naturaleza y efectos del negocio fiduciario la tesis del doble efecto: negocio de naturaleza compleja producto de dos contratos independientes, real el uno con transmisión plena del dominio, eficaz frente a todos, obligacional el otro, válido entre las partes, por el que el adquirente había de actuar sujeto a lo convenido de forma que no impide el rescate de los bienes por el transmitente.

Y añade la sentencia que «si bien es de advertir que el Tribunal Supremo, que aplicó en muy pocos casos, como en la sentencia 1965/882, esa doctrina con los enérgicos efectos que de ella lógicamente derivan, ha evolucionado en un sentido que viene a descartar aquella concepción de la fiducia que, en sistema, como el de nuestro ordenamiento jurídico, resulta de difícil adecuación dada la relevancia de la causa en los contratos, de forma que se ha llegado, no sin críticas de orden conceptual, a entender que el fiduciario ostenta sobre los bienes una titularidad formal, o una titularidad que se califica de división del dominio en una parte formal y otra material, conservando el fiduciante la titularidad real y material de los bienes, quedando aquel título formal del fiduciario en estricta dependencia de los pactos que la originan y con el alcance de ellos derivado». En este sentido las sentencias de 28.12.1973, 6.4.1987 (LA LEY, 1987-3, 134), 12.2.1988 (Archivo La Ley, 1988, 1-364), 25.2.1988 (LA LEY, 1988-2, 338), 19.5.1989 (Archivo La Ley, 1989, 1-602), 5.7.1989 (LA LEY, 1990-1, 193), 6.7.1992 [LA LEY, 1992-4, 741 (14859-R)] y 5.7.1993 (LA LEY, 1993-4, 786 (15608-R)), «vienen a sentar en esencia la conclusión ya indicada, en el negocio fiduciario se transmite la titularidad formal y aparente, válida y eficaz frente a terceros de buena fe y por título oneroso, con una limitada eficacia real que "no puede oponerse el fiduciante por no haberse producido una verdadera transmisión del dominio", quedando el fiduciario, en la fiducia con acreedor, asistido de un derecho o título de retención en tanto se da cumplimiento a la obligación garantizada, pero que entre las partes obliga a reconocer la titularidad real que conserva el fiduciante, pues entre ellas no puede prevalecer la apariencia creada por el negocio indirecto (...), y claro es que en la fiducia con amigo o hijo, la dependencia del fiduciario hacia el fiduciante se manifiesta con más agudos caracteres que en la estipulada con acreedor, en cuanto en aquélla difícilmente puede haber lugar a aquel derecho o título de retención dimanante de la existencia de una obligación pendiente de cumplimiento, por lo que su eficacia sólo está en relación con lo al efecto convenido».

En cuanto a la *fiducia cum creditore*, la STS 30.1.1991 (Archivo La Ley, 1991, 2268), recogiendo otras sentencias anteriores [p.e. de 2.6.1982, 25.2.1988 (LA LEY, 1988-2, 338) y 8.3.1988 (LA LEY, 1988-2, 363)] nos dice que no es una dación en pago sino una venta en garantía *pactum de fiducia cum creditore,* que la STS de 19.5.1982 definió como «negocio en virtud del cual una persona (fiduciante) transmite en plena propiedad un determinado bien o derecho a otra distinta (fiduciario) para garantizarle el pago de una deuda, con obligación por parte de éste de transmitirlo a su anterior propietario, cuando la obligación asignada se haya cumplido (*pactum fiduciae*), sin que por tanto pueda motejarse de contrato ficticio, aparente o simulado o disimulado, sino real y existente y querido por las partes contratantes que lo elaboran mediante un acto formal mixto o integrado por dos independientes, como enseña la Sentencia de 8 de marzo de 1963, pero de finalidad unitaria, uno de naturaleza real, por el se transmite el dominio, y otro de carácter obligacional, que constriñe la devolución de lo adquirido para cuando la obligación crediticia que el primero asegura, se haya saldado, constituyéndose en un conjunto en su contrato causal, conforme al artículo 1274 del Código Civil, en el que la *causa fiduciae* no consiste en la enajenación propiamente, sino en la garantía o afianzamiento del débito a que la relación obligatoria res-

ESTIPULACIONES

PRIMERA. Don/Doña ... transmite a Don/Doña ..., que acepta en este acto, la finca antes descrita, con cuanto le sea accesorio o dependiente.

SEGUNDA. La presente transmisión se efectúa en garantía del reintegro de la deuda antes citada y de la que es acreedor Don/Doña ..., sin que por tanto Don/Doña ... perciba precio alguno, y con la obligación de Don/Doña ... de otorgar escritura de venta a favor de Don/Doña ..., una vez que por éste se haya satisfecho su deuda.

TERCERA. Todos los gastos e impuestos derivados y ocasionados como consecuencia del otorgamiento del presente contrato y de la escritura pública en que en su momento se formalice la compraventa de la finca descrita a favor de Don/Doña ..., serán de cuenta del transmitente; al mismo incumbirán los gastos e impuestos de otorgamiento de escritura de compraventa a su favor, una vez que por el mismo se haya satisfecho la deuda.

Y en prueba de conformidad, firman el presente documento, por duplicado, en el lugar y fecha al principio indicados, quedando un ejemplar del mismo en poder de cada parte contratante.

---

ponde, siendo justamente en la causa del contrato fiduciario donde hay que alojar la limitada eficacia real de la venta en garantía que, no pudiendo oponerse al fiduciante por no haberse operado una verdadera transmisión del dominio *inter partes* se revela de cara o frente a terceros, de todo lo cual se concluye que el fiduciario-comprador, propietario formal, no puede obtener más que la devolución de lo garantizado, pero sin que acceda a su patrimonio de modo definitivo el derecho de propiedad, al no ser ésa la finalidad perseguida, que sólo quiso la garantía, sin voluntad de comprar o vender (Ss. TS 2.6.1982 y 8.3.1988). Figura pues distinta de la compraventa con pacto de retro y cuyas diferencias se destacan en las Ss. TS. 3.5.1955, 23.5.1957, y 14.12.1966».

La STS de 19.5.89 expresamente dice «el negocio base de fiducia, garantía primitiva semejante a la prenda, confiere al acreedor una titularidad formal de bienes, nunca oponible, como derecho de dominio, al deudor dueño aunque la recuperación, por éste, de tal titularidad, esté subordinada al cumplimiento de las obligaciones garantizadas, sin que, en ningún caso, pueda prevalecer, entre partes, la apariencia creada por el negocio indirecto (transmisión de dominio [...]), sobre el negocio real directo, de garantía».

Otra sentencia a destacar es la STS 22.02.95 que dice expresamente: «un negocio fiduciario por el que quien recibe la titularidad de los bienes se obliga a emplear las facultades dispositivas que la adquisición le confiere en el cumplimiento de las finalidades de la fiducia. No puede integrar en su patrimonio el objeto sobre el que recae como si la titularidad fuese suya y no del fiduciante. El instrumento jurídico que se utiliza suele ser el de una compraventa ficticia que no por eso dejará de tener su causa, que se halla en la concesión de facultades dispositivas al fiduciario para alcanzar una determinada y prevista finalidad, con el riesgo inherente en estos negocios de que el fiduciario abuse de su posición jurídica y emplee aquellas facultades no en utilidad o beneficio del fiduciario».

159

FIDUCIA *CUM AMICO*

En la ciudad de ..., a ... de ... de ...

REUNIDOS

De una parte, Don/Doña ..., mayor de edad, casado con Doña ... bajo el régimen de absoluta separación de bienes[6], de profesión ..., vecino de ..., domiciliado en calle ..., con DNI número ...

Y de otra, su hijo Don/Doña ..., mayor de edad, casado con Doña ...[7], de profesión ..., vecino de ..., con domicilio en calle ..., con DNI número ...

INTERVIENEN

Los comparecientes lo efectúan en su propio nombre y derecho, reconociéndose capacidad legal bastante para otorgar el presente documento, por lo que de común acuerdo:

DECLARAN

PRIMERO. Don/Doña ... es titular, con carácter de privativo[8], del pleno dominio de la siguiente finca urbana: ...

... (Descripción).
Título: ...
Cargas y arrendamientos: Libre de cargas y arrendamientos, ocupada por su titular, y al corriente en el pago de toda clase de gastos e impuestos.
Inscripción: ...

---

6 Véase nota a pie de página número 1 del formulario anterior.

7 *Idem.*

8 *Idem* respecto de la nota 3 del formulario anterior.

Referencia catastral: ...[9].
Normas sobre propiedad horizontal: ...

SEGUNDO. En el inmueble antes citado se hace preciso realizar las obras que se especifican en el proyecto y memoria que se acompaña como anexo del presente documento.

TERCERO. Habiendo convenido en otorgar el presente documento de FIDUCIA *CUM AMICO*[10], lo efectúan de común acuerdo bajo las siguientes:

ESTIPULACIONES

PRIMERA. Don/Doña ... transmite a Don/Doña ..., que acepta en este acto, la finca antes descrita, con cuanto le sea accesorio o dependiente, transmisión que efectúa como donación pura y simple y a cuyo fin con esta misma fecha se otorga escritura pública ante el Notario de ... Don/Doña ...

SEGUNDA. La presente transmisión se efectúa con el fin de sustituir a Don/Doña ... en la gestión y realización de las obras mencionadas, y computándose como mejora la donación efectuada.

---

[9] Véase nota a pie de página número 3 del formulario 1, y la número 9 del formulario 5.

[10] *Vid.* STS. 14.7.1994 (Archivo La Ley, 1994, 924): Otro supuesto es el contemplado en la STS de 30.4.1992 (LA LEY, 1992-3, 688 (14721-R): Hipoteca constituida por hermanos en garantía de préstamo otorgado por un Banco a la sociedad que actuó como prestataria para obtener los beneficios del crédito oficial; trasvase del importe del préstamo a otra sociedad para pago de las aportaciones igualitarias de los hermanos en la misma.

Un supuesto a destacar es el contemplado en la STS 14.10.1994, en la que la sala mantiene la existencia de *fiducia cum amico*, en el caso en que el demandado adquirió con fondos de la sociedad unas acciones, comprometiendose a mantenerlas a su nombre hasta que el actor, verdadero adquirente, obtuviese las autorizaciones administrativas necesarias para ostentarlas a su nombre. Afirmando expresamente la sala en dicha sentencia que «el demandado (fiduciario) está obligado a transmitir a la actora fiduciante las acciones compradas con dinero de la misma, una vez finalizadas las momentáneas dificultades administrativas que impidieron rotularlas directamente a nombre de la verdadera adquirente».

La STS 2.12.1996 recoge otro supuesto de *fiducia cum amico*. El actor (fiduciante) ejercita acción reivindicatoria en reclamación de la cosa que enajenó al demandado (fiduciario) concurriendo los requisitos jurisprudenciales de propiedad en el actor, posesión en el demandado e identificación de la cosa. La propiedad en el actor y por tanto su legitimación para ejercitar la acción reivindicatoria, queda acreditada, pues en realidad nunca perdió el dominio al realizarse un negocio de *fiducia cum amico*. Una vez cumplida la finalidad pactada entre fiduciente y fiduciario puede aquél reclamar la cosa que le pertenece.

En cuanto a los efectos, nos remitimos a lo ya comentado en el anterior formulario. Por su parte la STSJ de Navarra de 3.3.1994 contempla y alude a la conservación por el fiduciante de la titularidad real de los bienes y transmisión al fiduciado de una titularidad meramente formal o aparente, así como de la inoponibilidad de la transmisión al fiduciante y la integración del valor de los bienes transmitidos en fiducia a un heredero en el caudal relicto del fiduciante para la determinación del importe de la legítima.

TERCERA. Todos los gastos e impuestos derivados y ocasionados como consecuencia del otorgamiento del presente contrato y de la escritura pública en que en su momento se formalice la compraventa de la finca descrita a favor de Don/Doña ..., serán de cuenta del transmitente; al mismo incumbirán los gastos e impuestos de otorgamiento de escritura de compraventa a su favor, una vez que por el mismo se haya satisfecho la deuda.

Y en prueba de conformidad, firman el presente documento, por duplicado, en el lugar y fecha al principio indicados, quedando un ejemplar del mismo en poder de cada parte contratante.

§10. RENTAS Y PENSIONES

160

RENTA VITALICIA. CLÁUSULA RESOLUTORIA. CLÁUSULA PENAL

En la ciudad de ..., a ... de ... de ...

REUNIDOS

De una parte, Don/Doña ..., mayor de edad, viudo, jubilado, vecino de ..., domiciliado en calle ..., con DNI número ...

Y de otra, Don/Doña ..., mayor de edad, casado/a con Doña/Don ..., de profesión ..., vecino de ..., con domicilio en calle ..., con DNI número ...

INTERVIENEN

Los comparecientes lo efectúan en su propio nombre y derecho, y Don ... además en beneficio de su sociedad de gananciales, reconociéndose capacidad legal bastante para otorgar el presente documento, por lo que de común acuerdo:

DECLARAN

PRIMERO. Don/Doña ... es titular del pleno dominio de la siguiente finca urbana:

... (Descripción).
Título: ...
Cargas y arrendamientos: Libre de cargas y arrendamientos, ocupada por su titular, y al corriente en el pago de toda clase de gastos e impuestos.
Inscripción: ...
Referencia catastral: ...[1].
Normas sobre propiedad horizontal: ...

---

[1] Véase nota a pie de página número 3 del formulario 1, y la número 9 del formulario 5.

SEGUNDO. Que habiendo convenido en otorgar el presente documento de RENTA VITALICIA[2], lo efectúan de común acuerdo bajo las siguientes:

ESTIPULACIONES

PRIMERA. Don/Doña ... transmite a Don/Doña ..., que la adquiere y acepta en el presente acto para su sociedad de gananciales, la finca antes descrita, y cuanto le sea accesorio o dependiente, y cuya situación física, jurídica y registral conoce el adquirente.

---

[2] Sobre la materia destacamos los siguientes aspectos de nuestra jurisprudencia:

— En cuanto a su concepto: el contrato de renta vitalicia es un contrato consensual, oneroso, sinalagmático, y aleatorio en virtud del cual el deudor se obliga a pagar una pensión durante la vida de una o varias personas determinadas (acreedores) a cambio de la adquisición del dominio o cualquier otro derecho real o personal sobre determinados bienes muebles o inmuebles desde el momento en que surge la obligación de pagar la pensión.

— El de renta vitalicia es un «contrato *aleatorio* (artículo 1802 del Código Civil), lo que significa que depende del azar tanto el tiempo de su eficacia (durante la vida del pensionista) como el número de rentas a pagar, y por tanto si la pensionista fallece pronto no puede decirse que haya en esta circunstancia enriquecimiento injusto para el deudor de la renta» (STS 9.2.1990, 5.6.1991 y 18.1.1996). No obstante la doctrina manifiesta que debe darse en el momento de la estipulación del contrato la llamada *equivalencia del riesgo entre las partes*, es decir, que ambas partes deben tener igual posibilidad de pérdida o ganancia a la conclusión del contrato. Manifestación de este principio es el artículo 1804 del CC, que, aparte de establecer la nulidad del contrato de renta vitalicia constituida sobre la vida de una persona muerta (la vida de la persona que se tiene en cuenta al constituir la renta es la esencia de la aleatoriedad del contrato), establece también la nulidad del contrato de renta vitalicia que recae sobre la vida de una persona que sufre una enfermedad que le cause la muerte dentro de los veinte días siguientes a la conclusión del contrato.

La STS de 11.7.1997 destaca del contrato de renta vitalicia su *carácter oneroso* (así como aleatorio), siendo las obligaciones que derivan de él de carácter personal y no real (en el mismo sentido STS 8 mayo 1992): para el pagador «tiene la esencial de pagar la renta durante la vida que se determine, que la normal es la del propio rentista» (...), y para el rentista «tiene la esencial de la entrega y transmisión dominical de un capital en bienes muebles o inmuebles, como dice literalmente dicho artículo 1802 pero que se interpreta en un sentido amplio que comprende no sólo la transmisión del derecho de propiedad de cosa mueble o inmueble, sino también la de cualquier otro derecho real que no sea el de propiedad o incluso un derecho personal; entenderlo así se corresponde a una interpretación progresiva del articulado de un más que centenario código, adaptándolo a la siempre cambiante realidad social (artículo 3.1 CC) y entenderlo de otra forma sería admitir el contrato como utópico, en base al principio de autonomía de la voluntad (artículo 1255 CC) y aplicar por analogía las mismas normas del contrato de renta vitalicia».

— La STS 2.3.1956 establece que «la transmisión del dominio es requisito indispensable para que exista el contrato de renta vitalicia».

— «Los artículos 1802 y siguientes al regular el denominado contrato de renta vitalicia desligan las titularidades transmitidas de las vicisitudes de las obligaciones asumidas por el adquirente hasta el extremo de excluir la recuperación del predio enajenado en caso de impago de las pensiones» (RDGRN de 26.4.1991, recogiendo también la jurisprudencia sobre la materia).

— «Las partes son libres para fijar el objeto de la pensión, pero ha de ser fija y determinada y puede ser objeto de cláusulas de revisión o revalorización, o incluso de aplicación de la cláusula *rebus sic stantibus* (STS 16.12.1930; 31.10.1960; 23.11.1962).

SEGUNDA. Como contraprestación, Don/Doña ... se obliga a abonar a Don/Doña ... una renta vitalicia de ... euros, incluida la correspondiente al presente mes, renta que deberá abonar, dentro de los cinco primeros días de cada mes, en la cuenta número ... abierta en la entidad bancaria ..., Oficina o Sucursal número ..., sita en ..., calle ...

Dicha cantidad será revisada anualmente incrementándose conforme aumente o disminuya el índice de precios al consumo que publique el Instituto Nacional de Estadística u organismo que lo sustituya, tomándose como fecha en la que opera la revisión, la de otorgamiento del presente documento.

TERCERA. La renta será satisfecha hasta la fecha de la muerte del transmitente, debiendo en tal caso satisfacerse en su totalidad aunque el fallecimiento ocurriese antes de que expirase el mes.

CUARTA. Expresamente se pacta que el impago total o parcial de cualquiera de las mensualidades dará lugar a la resolución de la transmisión, quedando en poder del transmitente el importe de las mensualidades hasta entonces satisfechas, como cláusula penal e indemnización de daños y perjuicios.

Para proceder a la resolución por la presente causa y a su constatación registral, bastará requerimiento fehaciente al adquirente acordándose expresamente, que caso de que el cesionario no contestase también fehacientemente dentro de las cuarenta y ocho horas hábiles siguientes al requerimiento resolutorio, tal silencio se entenderá en sentido afirmativo o de su conformidad a la resolución de la transmisión y a su constancia en el Registro de la Propiedad en su caso.

— El artículo 1805 del Código Civil prohíbe el reembolso del capital y volver a entrar en la posesión del predio enajenado al pensionista en el caso de que el deudor no cumpla con las pensiones vencidas, sólo teniendo derecho a reclamar judicialmente el pago de las rentas atrasadas y el aseguramiento de las futuras. No obstante este artículo ha sido interpretado por la jurisprudencia dando prioridad al principio de autonomía de la voluntad entre las partes contratantes recogido en el artículo 1255 del CC, de tal forma que puede pactarse que el incumplimiento de un número determinado de pensiones dará lugar a la resolución del contrato y la consiguiente recuperación por el enajenante (pensionista) de las fincas vendidas. Por tanto el artículo 1805 admite pacto en contrario y la previsión de cláusula de revisión expresa para el caso de impago de la pensión (STS 13.5.1959; 14.10.1960, 15.1.1963).

Es más, se concibe el artículo 1805 no como prohibición de pacto resolutorio, sino como una **prohibición legal de carácter dispositivo** para el caso de silencio contractual —RDGRN de 16.10.1089 [LA LEY, 1990-1, 934 (330-RN)] y 26.4.1991 [LA LEY, 1992-1, 814 (418-RN)], recogiendo jurisprudencia sobre la materia—. Por tanto cabe pactar la resolución del contrato de renta vitalicia en caso de incumplimiento en el pago de las pensiones, revertiendo el bien transmitido al pensionista-transmitente, o dicho de otra manera cabe llevar a cabo pacto comisorio.

QUINTA. Todos los gastos e impuestos derivados y ocasionados como consecuencia del otorgamiento del presente contrato y de la escritura pública en que en su momento se formalice, serán de cuenta del adquirente.

Y en prueba de conformidad, firman el presente documento, por duplicado, en el lugar y fecha al principio indicados, quedando un ejemplar del mismo en poder de cada parte contratante.

161

RENTA VITALICIA. HIPOTECA EN GARANTÍA DEL PAGO

En la ciudad de ..., a ... de ... de ...

REUNIDOS

De una parte, Don/Doña ..., mayor de edad, viudo, jubilado, vecino de ..., domiciliado en calle ..., con DNI número ...

Y de otra, Don/Doña ..., mayor de edad, casado con Doña/Don ..., de profesión, vecino de ..., con domicilio en calle ..., con DNI número ...

INTERVIENEN

Los comparecientes lo efectúan en su propio nombre y derecho, y Don ... además en beneficio de su sociedad de gananciales, reconociéndose capacidad legal bastante para otorgar el presente documento, por lo que de común acuerdo:

DECLARAN

PRIMERO. Don/Doña ... es titular del pleno dominio de la siguiente finca urbana:

... (Descripción).

Título: ...
Cargas y arrendamientos: Libre de cargas y arrendamientos, ocupada por su titular, y al corriente en el pago de toda clase de gastos e impuestos.
Inscripción: ...
Referencia catastral: ...[3].
Normas sobre propiedad horizontal: ...

[3] Véase nota a pie de página número 3 del formulario 1, y la número 9 del formulario 5.

SEGUNDO. Que habiendo convenido en otorgar el presente documento de RENTA VITALICIA, lo efectúan de común acuerdo bajo las siguientes:

ESTIPULACIONES

PRIMERA. Don/Doña ... transmite a Don/Doña ..., que la adquiere y acepta en el presente acto para su sociedad de gananciales, la finca antes descrita, y cuanto le sea accesorio o dependiente, y cuya situación física, jurídica y registral conoce el adquirente.

SEGUNDA. Como contraprestación, Don/Doña ... se obliga a abonar a Don/Doña ... una renta vitalicia de ... euros mensuales, incluida la correspondiente al presente mes, renta que deberá abonar, dentro de los cinco primeros días de cada mes, en la cuenta número ... abierta en la entidad bancaria ..., Oficina o Sucursal número ..., sita en ..., calle ...

Dicha cantidad será revisada anualmente incrementándose conforme aumente o disminuya el índice de precios al consumo que publique el Instituto Nacional de Estadística u organismo que lo sustituya, tomándose como fecha en la que opera la revisión, la de otorgamiento del presente documento.

TERCERA. La renta será satisfecha hasta la fecha de la muerte del transmitente, debiendo en tal caso satisfacerse en su totalidad aunque el fallecimiento ocurriese antes de que expirase el mes.

CUARTA. En garantía del pago de la pensión estipulada, Don/Doña ... responde con todos sus bienes, gananciales y privativos, presentes y futuros, y, además, constituye hipoteca especial y voluntaria[4] sobre la finca que adquiere en el presente acto, la que expresamente acepta Don/Doña ..., y la que se extiende a un crédito para costa y gastos en su caso de ... euros.

La citada hipoteca se extiende a cuanto establecen los artículos 109 y 110 de la Ley Hipotecaria, bastando para su cancelación la presentación en el Registro de la Propiedad de la certificación de defunción del pensionista.

El hipotecante declara además haber suscrito en esta fecha una póliza de seguros de incendio con la entidad ..., subrogando al pensionista o cedente en todos

---

[4] Según la doctrina de las RR de la DGRN (entre otras, RR. 16.10.1989 y 26.4.1991), la renta vitalicia es un contrato que no produce por sí solo efectos reales, por lo que para conseguir la afección de la finca se puede acudir a la hipoteca en garantía de rentas o al pacto comisorio del artículo 1504 del Código Civil, admitiéndose con claridad la cláusula resolutoria.

sus derechos para el caso de siniestro (un ejemplar de dicha póliza se incorpora como anexo al presente contrato).

QUINTA. Todos los gastos e impuestos derivados y ocasionados como consecuencia del otorgamiento del presente contrato y de la escritura pública en que en su momento se formalice, serán de cuenta del adquirente.

Y en prueba de conformidad, firman el presente documento, por duplicado, en el lugar y fecha al principio indicados, quedando un ejemplar del mismo en poder de cada parte contratante.

162

RENTA VITALICIA GRATUITA

En la ciudad de ..., a ... de ... de ...

REUNIDOS

De una parte, Don/Doña ..., mayor de edad, viudo, jubilado, vecino de ..., domiciliado en calle ..., con DNI número ...

Y de otra, Don/Doña ..., mayor de edad, casado con Doña/Don ..., de profesión ..., vecino de ..., con domicilio en calle ..., con DNI número ...

INTERVIENEN Y DECLARAN

Los comparecientes lo efectúan en su propio nombre y derecho, reconociéndose capacidad legal bastante para otorgar el presente documento, y habiendo convenido en otorgar el presente documento de RENTA VITALICIA GRATUITA, lo efectúan de común acuerdo bajo las siguientes:

ESTIPULACIONES

PRIMERA. Don/Doña ... se obliga a abonar a Don/Doña ..., que acepta en el presente acto, una renta vitalicia de ... euros mensuales, incluida la correspondiente al presente mes, renta que deberá abonar, dentro de los cinco primeros días de cada mes, en la cuenta número ... abierta en la entidad bancaria ..., Oficina o Sucursal número ..., sita en ..., calle ...

Dicha cantidad será revisada anualmente incrementándose conforme aumente o disminuya el índice de precios al consumo que publique el Instituto Nacional de Estadística u organismo que lo sustituya, tomándose como fecha en la que opera la revisión, la de otorgamiento del presente documento.

SEGUNDA. La citada renta se constituye con carácter gratuito, y de conformidad con lo dispuesto en el artículo 1807 del Código Civil, no estará sujeta a embargo por obligaciones del pensionista[5].

TERCERA. La renta será satisfecha hasta la fecha de la muerte del transmitente, debiendo en tal caso satisfacerse en su totalidad aunque el fallecimiento ocurriese antes de que expirase el mes.

CUARTA. Todos los gastos e impuestos derivados y ocasionados como consecuencia del otorgamiento del presente contrato y de la escritura pública en que en su momento se formalice, serán de cuenta del adquirente.

Y en prueba de conformidad, firman el presente documento, por duplicado, en el lugar y fecha al principio indicados, quedando un ejemplar del mismo en poder de cada parte contratante.

[5] El artículo 1807 del CC establece un supuesto de inembargabilidad de la pensión en el caso de contrato de renta vitalicia gratuita si así lo establece quien concede la pensión. El que constituye la renta puede al tiempo del otorgamiento establecer que no estará sujeta dicha renta a embargo por las obligaciones del pensionista. La Ley de Enjuiciamiento Civil 1/2000 en los artículos 605 y 606 recoge un *numerus clausus* de bienes inembargables, no haciendo expresa mención al supuesto del artículo 1807 del CC, a menos que se haga una interpretación amplia de dichos preceptos, por lo que se puede decir que el CC amplía los supuestos de inembargabilidad con lo preceptuado en el artículo 1807.

163

CONTRATO DE VITALICIO

En la ciudad de ..., a ... de ... de ...

REUNIDOS

De una parte, Don/Doña ..., mayor de edad, viudo, jubilado, vecino de ..., domiciliado en calle ..., con DNI número ...

Y de otra, los cónyuges Don ... y Doña ..., mayores de edad, vecinos de ..., con domicilio en calle ..., con DD.NN.II., respectivamente, números ... y ...

INTERVIENEN

Los comparecientes lo efectúan en su propio nombre y derecho, y los cónyuges Don ... y Doña ... además en beneficio de su sociedad de gananciales, reconociéndose capacidad legal bastante para otorgar el presente documento, por lo que de común acuerdo:

DECLARAN

PRIMERO. Don/Doña ... es titular del pleno dominio de la siguiente finca urbana:

... (Descripción).

Título: ...
Cargas y arrendamientos: Libre de cargas y arrendamientos, ocupada por su titular, y al corriente en el pago de toda clase de gastos e impuestos.
Inscripción: ...
Referencia catastral: ...[6].
Normas sobre propiedad horizontal: ...

---

[6] Véase nota a pie de página número 3 del formulario 1, y la número 9 del formulario 5.

SEGUNDO. Que habiendo convenido en otorgar el presente documento de VITALICIO[7], lo efectúan de común acuerdo bajo las siguientes:

ESTIPULACIONES

PRIMERA. Don/Doña ... transmite a los cónyuges Don ... y Doña CCC, que la adquieren y aceptan en el presente acto para su sociedad de gananciales, la finca antes descrita, y cuanto le sea accesorio o dependiente, y cuya situación física, jurídica y registral conocen los adquirentes.

---

[7] Sobre el particular destacamos los siguientes extremos de nuestra jurisprudencia:

— El contrato vitalicio o de pensión alimenticia o de alimentos vitalicios, pese a presentar similitudes con el de renta vitalicia, es un contrato autónomo, innominado y atípico, susceptible de las variedades propias de su naturaleza y finalidad, regido por las cláusulas, pactos y condiciones que se incorporen al mismo, en cuanto no sean contrarias a las leyes, a la moral o al orden público (entre otras STS 28.5.1965; 18.4.1984; 8.5.1992).

— Es un contrato que nace al amparo de la libertad contractual, y por el que las partes pueden pactar que una de ellas se obligue con respecto de la otra a prestarle alimentos en la extensión, amplitud y términos que convengan mediante la contraprestación que fijen (...) con la posibilidad de prestación de los alimentos en régimen de convivencia (entre otras STS 28.5.1965; 30.11.1987).

— Según STS 28.5.1965, 18.4.1984, 8.5.1992 no le son aplicables las normas de la renta vitalicia: se rigen por los pactos, cláusulas y condiciones que se incorporen al contrato dentro de los límites fijados por el artículo 1255 del Código Civil y, subsidiariamente, por las normas generales de las obligaciones.

La STS 21.10.92 y la reciente STS 27.11.2001 se refieren a las STS 1.7.1982 y 1.7.1998 que admiten la analogía entre un vitalicio oneroso y la renta vitalicia, afirmando expresamente que «las normas establecidas en los artículos 1802 a 1808, ambos inclusive, habrán de ser aplicables analógicamente, atemperadas a las especialidades de cada supuesto», nos dice que «las normas por las que ha de regirse son fundamentalmente los pactos, las disposiciones generales de las obligaciones y las de los contratos y, en último lugar, las normas de los contratos análogos, siendo cuestión a dilucidar si la analogía se da con la renta vitalicia o con los alimentos por convenio a que se refiere el artículo 153 CC». Afirmando más adelante respecto de la posibilidad de aplicar al vitalicio las normas reguladoras de la obligación de alimentos del Código Civil lo siguiente: «cierto que puede verse en el "vitalicio" una variante de los contratos de alimentos, a los que se refiere el artículo 153 al decir que les serán aplicables las normas anteriores, pero esta aplicabilidad dependerá de la compatibilidad de las normas con el propio contenido del pacto».

Parece que la STS 21.10.92 sigue la línea jurisprudencial anterior, decantándose en último término por la no aplicación de las normas de la renta vitalicia al vitalicio, pero a la conclusión a la que no cabe duda que llega la referida sentencia es que sí cabe, analizando el caso concreto y su compatibilidad, la aplicación de las normas reguladoras de la obligación de alimentos.

— No se trata de una obligación *intuitu personae*, sino delegable por convenio entre los deudores, admitido por nuestra jurisprudencia (STS 22.2.1946; 10.2.1950; 10.1.1983).

— Naturaleza totalmente distinta al de renta vitalicia, aunque por su índole aleatoria presente ciertas semejanzas con el mismo, y cuya causa es, para una de las partes, la transmisión que la otra le hace de un capital o de unos bienes, y para ésta, al alojamiento y manutención y toda clase de asistencia durante toda su vida, que aquélla se obliga a prestarle (STS 3.11.1988, STS 28.07.98).

— La STS 21.10.92, analizando el supuesto concreto que se le plantea (transmisión de un local a cambio de, además de una cantidad de 5.000.000 de pesetas, prestación de alimentos de comida al medio día y de cena durante la vida del transmitente) califica el contrato de «unilateral, pues sólo con-

SEGUNDA. Como contraprestación, Don ... y Doña ... se obligan a tener en su compañía y en su domicilio al cedente Don/Doña ..., cuidarlo, asistirlo, incluida la asistencia médica, atenderlo y prestarle alimentos en la extensión determinada en el artículo 142 del Código Civil, trasmitiendo los cesionarios por su muerte sus obligaciones a sus herederos.

Las obligaciones de los cónyuges cesionarios para con el cedente, se extinguirán al fallecimiento del mismo, bastando para su constancia registral la presentación de certificación de defunción de tal cedente.

TERCERA. Expresamente se pacta que el incumplimiento de sus obligaciones por los cónyuges cesionarios operará como condición resolutoria expresa de la transmisión.

Para proceder a la resolución por la presente causa y a su constatación registral, bastará requerimiento fehaciente al adquirente acordándose expresamente, que caso de que el cesionario no contestase también fehacientemente dentro de las cuarenta y ocho horas hábiles siguientes al requerimiento resolutorio, tal silencio se entenderá en sentido afirmativo o de su conformidad a la resolución de la transmisión y a su constancia en el Registro de la Propiedad en su caso.

CUARTA. Todos los gastos e impuestos derivados y ocasionados como consecuencia del otorgamiento del presente contrato y de la escritura pública en que en su momento se formalice, serán de cuenta del adquirente.

Y en prueba de conformidad, firman el presente documento, por duplicado, en el lugar y fecha al principio indicados, quedando un ejemplar del mismo en poder de cada parte contratante.

---

tiene obligaciones para el demandado que se comprometió a alimentar, no siendo de aplicación la facultad resolutoria del artículo 1124 y el incumplimiento no puede dar lugar más que a exigir el cumplimiento». En este sentido, el vitalicio, se asemeja al contrato de renta vitalicia, pues el artículo 1805 del Código Civil solamente autoriza al pensionista, en caso de impago de las pensiones a exigir judicialmente su pago y el aseguramiento de las futuras, pero no a reclamar la devolución del bien transmitido, siendo, no obstante, y como ya hemos mencionado anteriormente, posible pactar en contrario e incluir cláusula resolutoria.

De la misma forma que en la renta vitalicia cabe la cláusula resolutoria, la sentencia del TS de 21.10.92 en modo alguno impide pactar en el concreto vitalicio la resolución del contrato en caso de impago de las rentas, revertiendo el bien transmitido al rentista-transmitente.

164

CONTRATO DE VITALICIO: PENSIÓN VITALICIA

En la ciudad de ..., a ... de ... de ...

REUNIDOS

De una parte, Don ..., mayor de edad, viudo, vecino de ..., domiciliado en calle ..., con DNI número ...

Y de otra, sus hijos: Don ..., mayor de edad, casado con Doña ..., vecino de ..., con domicilio en calle ..., con DNI número ...; Don ..., mayor de edad, casado con Doña ..., vecino de ..., con domicilio en calle ..., con DNI número ...; y Doña ..., mayor de edad, soltera, vecina de ..., domiciliada en calle ..., con DNI número ...

INTERVIENEN

Todos los comparecientes lo efectúan en su propio nombre y derecho, reconociéndose capacidad legal bastante para otorgar el presente documento, por lo que de común acuerdo:

DECLARAN

PRIMERO. Don ... es titular, con carácter privativo, de un negocio de mercería, cuya denominación comercial es la de ..., ubicado en local de su propiedad sito en ..., calle ..., y con las existencias que se detallan en inventario anexo al presente documento que firman todos los comparecientes.

El título de propiedad del referido local lo constituye ...

SEGUNDO. Que habiendo convenido en otorgar el presente documento de CESIÓN DE NEGOCIO Y PENSIÓN VITALICIA[8], lo efectúan de común acuerdo bajo las siguientes:

---

8 *Vid.* STS 8.5.1992: «La pensión vitalicia cuestionada, perteneciente como ha recogido la Sala en casos análogos —Ss. 28.5.1965, entre otras— a una categoría de contratos autónomos, a los que no son

ESTIPULACIONES

PRIMERA. Don ... cede y transmite a sus hijos Don ... y Don ..., que la adquieren y aceptan en el presente acto, el negocio antes mencionado de mercería, junto con el local, denominación comercial, existencias y cargas del mismo, las que conocen suficientemente los adquirentes.

SEGUNDA. Don ... y Don ... se obligan a abonar, como carga del negocio, a Doña ..., que acepta en el presente acto, una pensión vitalicia mensual de ... euros mensuales, que harán efectiva, mediante ingreso o transferencia, dentro de los cinco primeros días de cada mes, en la cuenta número ..., de la entidad Bancaria ..., Oficina o Sucursal ..., sita en ..., calle ...

La citada cantidad se revisará anualmente al día primero de enero de cada año, tomando como índice de actualización el índice de precios al consumo que fije el Instituto Nacional de Estadística u organismo que le sustituya.

Las obligaciones de Don ... y Don ..., y de sus herederos o cesionarios o adquirentes voluntarios o forzosos, para con Doña ..., se extinguirán al fallecimiento de la misma, bastando para su constancia registral, la presentación de certificación de defunción de la citada compareciente.

TERCERA. Todos los gastos e impuestos derivados y ocasionados como consecuencia del otorgamiento del presente contrato y de la escritura pública en que en su momento se formalice, serán de cuenta del adquirente.

Y en prueba de conformidad, firman el presente documento, por triplicado, en el lugar y fecha al principio indicados, quedando un ejemplar del mismo en poder de cada parte contratante.

---

aplicables las reglas de la renta vitalicia (...); el derecho a la renta que corresponde a la recurrida no tiene carácter real, sino que sólo produce efectos obligatorios personales, que es la obligación de los deudores de realizar prestaciones periódicas duraderas —Ss. 19.11.1927; 14.3.1930; 23.11.1936—; (...) no se trata de una obligación personalísima o *intuitu personae*, sino delegable por convenio entre los deudores, admitido por nuestra jurisprudencia —STS 22.2.1946; 10.2.1950 y 10.1.1983—».

§11. FRANQUICIA

165

CONTRATO DE FRANQUICIA. ROPA

Fecha: ...
Lugar: ...

PARTES CONTRATANTES:

Franquiciado:

A) Si es persona física: Don/Doña ..., mayor de edad, de estado civil ..., vecino de ...
Domicilio: ...
DNI número: ...

B) Si es entidad: ..., domiciliada en ..., constituida por escritura de fecha ..., autorizada por el Notario de ... Don/Doña ..., con el número ... de su Protocolo y debidamente inscrita en el Registro Mercantil de ... al ...

En su nombre y representación Don/Doña ..., de estado civil ..., vecino de ..., domiciliado en ..., con DNI número ..., resultando sus facultades representativas de escritura de fecha ..., autorizada en ..., por el Notario Don/Doña ..., con el número ... de su Protocolo.

Franquiciantes:

A) Si es persona física: Don/Doña ..., mayor de edad, de estado civil ..., vecino de ...
Domicilio: ...
DNI número: ...

B) Si es entidad: ..., domiciliada en ..., constituida por escritura de fecha ..., autorizada por el Notario de ... Don/Doña ..., con el número ... de su Protocolo y debidamente inscrita en el Registro Mercantil de ... al ...

En su nombre y representación Don/Doña ..., de estado civil ..., vecino de ..., domiciliado en ..., con DNI número ..., resultando sus facultades representativas de escritura de fecha ..., autorizada en ..., por el Notario Don/Doña ..., con el número ... de su Protocolo.

OBJETO DEL CONTRATO:

La franquiciante dispone de una serie de tiendas con la denominación ... y cuyo objeto es la explotación y comercialización de artículos y prendas de vestir con la marca ..., cediéndole a la parte franquiciada el derecho a explotar y comercializar para la venta de prendas y artículos de vestir, y en exclusiva, de la citada marca en la zona de ...

La parte franquiciada llevará a cabo su actividad en local en propiedad o arrendamiento a su cargo y conforme se especifica a continuación:

1.º Ubicación: En ..., calle ...

2.º Propiedad de ...

3.º Alquiler de ...

DURACIÓN DEL CONTRATO:

... año/s desde su firma, sin perjuicio de su prórroga tácita y automática por ... año/s, de no mediar aviso en contrario por cualquiera de las partes con ... meses de antelación al vencimiento del plazo inicialmente pactado o cualquiera de sus prórrogas.

CONDICIONES:

El presente contrato se estipula conforme a lo establecido en este documento y en las condiciones generales que se unen en pliego al mismo.

FRANQUICIANTE FRANQUICIADO

CONDICIONES GENERALES DE LA FRANQUICIA[1,2]:

PRIMERO. Compromisos de las partes.

A) La parte franquiciada se compromete a verificar anualmente unas compras mínimas cuyo pago será ..., y mediante:

---

1 Destacamos de nuestra Jurisprudencia respecto al contrato de franquicia o *franchising* los siguientes aspectos:

— **Concepto y naturaleza jurídica:** la STS 30.4.98 y de una forma más amplia la STS de 27.9.1996 expresamente dicen: «El contrato de franquicia surgido del tipo contractual del derecho norteamericano denominado *franchising* como manifestante de una situación contractual que no tiene su reflejo en el Derecho positivo, debe estimarse como enclavado dentro del área de los denominados contratos atípicos. Desde un punto de vista doctrinal ha sido definido como aquél que se celebra entre dos partes jurídica y económicamente independientes, en virtud del cual una de ellas (franquiciador) otorga a la otra (franquiciado) el derecho a utilizar bajo determinadas condiciones de control, y por un tiempo y zona delimitados, una técnica en la actividad industrial o comercial o de prestación de servicios del franquiciado, contra entrega por éste de una contraprestación económica. Su plasmación jurisprudencial surge de la sentencia del Tribunal de Justicia de las Comunidades Europeas de 28 de enero de 1986, caso *Pronupcia*, según la cual, los datos que definen su naturaleza jurídica, y su diferencia con los contratos, y de suministro o de distribución de mercancías, son los siguientes: a) Que el franquiciador debe transmitir su *know-how*, o asistencia o metodología de trabajo, aplicando sus métodos comerciales. b) Que dicho franquiciador queda obligado a diseñar, dirigir y sufragar las compañías publicitarias, realizadas para difundir el rótulo y la marca del franquiciador. En fin, estos contratos, son peculiares y característicos de las nuevas formas comerciales para eludir la presión monopolista de las grandes multinacionales, cuya tendencia al control de los mercados, solamente puede ser frenada mediante conciertos y uniones comerciales de los pequeños comerciantes y empresas, agrupados en centrales de compras, que realicen campañas comerciales homogéneas y continuas».

Por su parte la STS de 4.3.1997 es más precisa en la configuración del concepto: «La característica fundamental de esta modalidad contractual estriba en que una de las partes, que es titular de una determinada marca, rótulo, patente, emblema, fórmula, método o técnica de fabricación o actividad industrial o comercial, otorga a la otra, el derecho a utilizar, por un tiempo determinado y en una zona geográfica delimitada, bajo ciertas condiciones de control, aquello sobre lo que ostentaba la titularidad, contra la entrega de una prestación económica, que suele articularse normalmente mediante la fijación de un canon o porcentaje».

Cabe destacar la sentencia de la AP de Asturias Sección 4.ª de 22.1.2001 que dice expresamente: «Tanto el Reglamento de la Comisión de la Unión Europea de 30-11-88, aplicable a nuestro derecho en virtud del artículo 1 del Real Decreto 157/1992 de 21 de febrero como el artículo 62 de la Ley de Ordenación del Comercio Minorista de 15 de enero de 1996 (Ley 7/1996) determinan los presupuestos básicos que han de concurrir para que estemos en presencia de un contrato de franquicia, el cual se caracteriza por la utilización de una marca o signos distintivos comunes, con presentación uniforme de los locales, la comunicación por el franquiciador al franquiciado de un saber hacer o técnicas operativas y la prestación continua por el primero de ellos al segundo de asistencia comercial o técnica. Así se establece en el artículo. 3 b) del Reglamento de la C.E.E., hoy U.E., y en el artículo 2 del Real Decreto 2485/1998 de 13 de noviembre que desarrolló el ya citado artículo 62 de la Ley 7/1996 y que (...) permite conocer cuál es el criterio del legislador a la hora de regular estos contratos. El primer presupuesto que ha de concurrir para concertar válidamente el contrato es la titularidad de una marca, un nombre comercial o un rótulo del establecimiento, con sus siglas o logotipos. Por ello algunos autores lo identifican con la licencia de marca, equiparación a la que no es ajena el Reglamento de la Unión Europea, que en el expositivo previo al articulado indica que "los acuerdos de franquicia son esencialmente derechos de propiedad industrial o intelectual relativos a marcas comerciales, signos distintivos o *know-how*" y en el artículo 3, en su apartado a) define la franquicia como «un conjunto de derechos de propiedad

— Letras aceptadas.
— Contado contra reembolso con un ... % de descuento.
— ...

La cantidad mínima de compras se establece de la siguiente manera:

TEMPORADA VERANO	... PRENDAS
TEMPORADA INVIERNO	... PRENDAS

B) La franquiciante se compromete a suministrar el número de unidades que se le solicite de suerte tal que entre el precio de compra y el de venta exista siempre un margen bruto del ... y ... %, salvo en ventas de rebajas.

C) Al principio de cada semestre o anualidad la franquiciante notificará a la franquiciada el precio de adquisición de las aludidas prendas, así como de venta a terceros.

D) La franquiciada se compromete a colocar un rótulo en el establecimiento de las dimensiones y características que indique la franquiciante, siendo de cuenta de ésta los gastos de su adquisición, instalación y mantenimiento.

E) La franquiciada mantendrá el local en cuestión en perfecto estado de conservación, y acomodándose en su decoración y obras a realizar a las instrucciones que reciba de la franquiciante, teniendo que dar esta última conformidad y firma sobre planos y memoria descriptiva del local.

F) Los gastos por decoración y obras serán de cuenta de la franquiciante.

---

industrial o intelectual relativos a marcas, nombres comerciales, rótulos de establecimiento, modelos de utilidad, diseños, derechos de autor, *know-how* o patentes».

— **Régimen jurídico:** como bien señala la sentencia de la AP de Murcia Sección 1.ª de 8.5.00 siguiendo la tesis jurisprudencial sentada por las mencionadas en esta sede STS de 27.9.1996 y STS 4.3.97 y refiriéndose también al marco comunitario mencionado en la sentencia de la AP de Asturias, que al ser el contrato de franquicia un contrato atípico, «inicialmente dicho acuerdo contractual ha de regirse por el contenido de las cláusulas y estipulaciones convenidas por las partes, que son expresión del principio de autonomía de la voluntad de las mismas y subsidiariamente por las normativas de aquellos otros contratos que le son afines, figurando entre ellos el de compraventa mercantil, lo que no implica, añaden tales sentencias, su identidad y equiparación al mismo» (también sentencia AP de Cádiz de 14.10.1998). Entre dichos contratos típicos afines se puede destacar la compraventa mercantil, el contrato de comisión, el contrato de agencia.

2 *Vid.* también SSTS 15.5.1985 y 27.10.1994.

G) La franquiciada se obliga a no vender otros artículos o productos que no sean amparados bajo la denominación o marca de la franquiciante, sin perjuicio de los complementos que pueda autorizar la misma.

H) La franquiciada se obliga al cumplimiento y observancias de sus obligaciones contables, fiscales y laborales.

El incumplimiento de cualquiera de estos extremos ser motivo de rescisión del contrato, así como de pago de los daños y perjuicios que pueda ocasionar el buen nombre y prestigio de la franquiciante.

SEGUNDO. El precio de venta de los artículos más IVA se modificará en su caso, semestral o anualmente en función de lo que determine la franquiciante, a tenor de las variaciones que experimente el precio de adquisición de las respectivas unidades.

TERCERO. A la finalización del presente contrato o de cualquiera de su prórroga o prórrogas, la franquiciada se compromete y obliga a cesar en forma inmediata en la utilización de la denominación y comercialización de la marca de la franquiciante.

CUARTO. Todos los compromisos de publicidad en la localidad respectiva serán de cargo y bajo la supervisión y aquiescencia de la franquiciante.

QUINTO. A instancia de cualesquiera de las partes y en cualquier momento durante la vigencia del contrato o cualquiera de su prórroga o prórrogas podrá resolverse caso de concurrir cualesquiera de las siguientes causas:

a) El no cumplimiento de adquisición de los pedidos mínimos estipulados o falta de pago de éstos por parte de la franquiciada.

b) El impago de cualesquiera de las cantidades que la franquiciante debe percibir de acuerdo con las estipulaciones del presente contrato.

c) El hecho de solicitarse o devenir en situación concursal, suspensión de pagos o quiebra, así como el embargo del negocio, sus locales, el derecho de traspaso, etc.

d) El incumplimiento de cualesquiera pactos o compromisos adquiridos en méritos del presente.

SEXTO. Todos los gastos e impuestos que se deriven de este contrato serán de la exclusiva cuenta y cargo de la parte franquiciada.

SÉPTIMO. Caso de incumplimiento por la franquiciada de las obligaciones que adquiere, todos los gastos, incluidos honorarios de Letrado y Procurador, aunque su intervención fuese potestativa, que se deriven de la reclamación judicial o extrajudicial a que haya lugar, serán de su exclusiva cuenta y cargo, sometiéndose ambas partes, con expresa renuncia de su fuero propio, si fuese otro, a la jurisdicción y competencia de los Juzgados y Tribunales de la Ciudad de ...

OCTAVO. Todos los portes tanto de envío como devoluciones serán a cargo del/de la franquiciado/a. El importe de los mismos será satisfecho mensualmente por medio de un cargo al que se adjuntará comprobante de la agencia de transportes.

El franquiciado podrá decidir la agencia o medio de transporte que desee.

NOVENO. La franquiciante proporciona todo tipo de bolsas y embalajes utilizables para la venta siendo de obligado cumplimiento por parte de la parte franquiciada su utilización.

Y en prueba de conformidad, firman el presente documento, por ..., en el lugar y fecha al principio indicados.

FRANQUICIADO FRANQUICIANTE

166

Contrato De Franquicia. Parafarmacia

Fecha: ...
Lugar ...

PARTES CONTRATANTES:

Franquiciado:

A) Si es persona física: Don/Doña ..., mayor de edad, de estado civil ..., vecino de ...
Domicilio: ...
DNI número: ...

B) Si es entidad: ..., domiciliada en ..., constituida por escritura de fecha ..., autorizada por el Notario de ... Don/Doña ..., con el número ... de su Protocolo y debidamente inscrita en el Registro Mercantil de ... al ...

En su nombre y representación Don/Doña ..., de estado civil ..., vecino de ..., domiciliado en ..., con DNI número ..., resultando sus facultades representativas de escritura de fecha ..., autorizada en ..., por el Notario Don/Doña ..., con el número ... de su Protocolo.

Franquiciantes:

A) Si es persona física: Don/Doña ..., mayor de edad, de estado civil ..., vecino de ...
Domicilio:
DNI número: ...

B) Si es entidad: ..., domiciliada en ..., constituida por escritura de fecha ..., autorizada por el Notario de ... Don/Doña ..., con el número ... de su Protocolo y debidamente inscrita en el Registro Mercantil de ... al ...

En su nombre y representación Don/Doña ..., de estado civil ..., vecino de ..., domiciliado en ..., con DNI número ..., resultando sus facultades representativas de escritura de fecha ..., autorizada en ..., por el Notario Don/Doña ..., con el número ... de su Protocolo.

OBJETO DEL CONTRATO:

La franquiciante dispone de una serie de establecimientos con la denominación ... y cuyo objeto es la explotación y comercialización o venta al por menor de productos de parafarmacia con la marca ..., cediéndole a la parte franquiciada el derecho a explotar y comercializar para la venta los citados artículos, y en exclusiva, de la citada marca en la zona de ...

La parte franquiciada llevará a cabo su actividad en local en propiedad o arrendamiento a su cargo y conforme se especifica a continuación:

1.º Ubicación: En ..., calle ...
2.º Propiedad de ...
3.º Alquiler de ...

La parte franquiciante autoriza a la franquiciada a utilizar sus signos distintivos, incluido logotipo para letreros luminosos y demás material que se emplee o comercialice.

La parte franquiciante no autorizará ningún otro negocio como el presente en una distancia inferior a ... metros a la redonda del establecimiento de la parte franquiciada.

DURACIÓN DEL CONTRATO:

... año/s desde su firma, sin perjuicio de su prórroga tácita y automática por ... año/s, de no mediar aviso en contrario por cualquiera de las partes con ... meses de antelación al vencimiento del plazo inicialmente pactado o cualquiera de su prórroga/s.

CONDICIONES:

El presente contrato se estipula conforme a lo establecido en este documento y en las condiciones generales que se unen en pliego al mismo.

FRANQUICIANTE FRANQUICIADO

CONDICIONES GENERALES DE LA FRANQUICIA:

PRIMERO. La parte franquiciada se compromete a:

1.º Realizar la inversión que sea necesaria para la instalación y puesta en marcha del negocio y tienda siguiendo siempre las instrucciones de obras y decoración de la franquiciante sobre obras y decoración interior y exterior, escaparatismo, técnicas de venta, campañas publicitarias, naturaleza y calidad de los servicios, contabilidad, seguros y cualquier otra rea que los franquiciantes consideren apropiada.

2.º Cumplir conforme a las prescripciones legales vigentes sus obligaciones de todo tipo y, especialmente, las contables, fiscales, mercantiles y laborales.

3.º Utilizar única y exclusivamente en su negocio los signos distintivos, nombre comercial, marca o rótulo del establecimiento de la franquiciante.

4.º Adquirir el producto de los franquiciantes, del proveedor o proveedores que éstos le indiquen en una proporción del ... % de su cifra total de compras anual.

El pago de los productos se hará a la franquiciante en la siguiente forma y plazos:

...

...

Los franquiciantes se reservan la facultad de anular o suspender los suministros en el caso de que los Franquiciados dejasen de efectuar algún pago.

Si se ofreciese a la franquiciada la adquisición de productos por precios inferiores a los que ofrece la franquiciante, los comunicará a ésta, quien, si por los motivos que fuere, no quiere o no puede suministrar el mismo producto al mismo precio o más barato, autorizará a la franquiciada la adquisición de dicho material o productos de menor coste.

5.º Mantener los locales de forma adecuada al fin y negocio objeto de este contrato.

6.º Hacerse cargo de todas las pérdidas que pudiera haber por robo, por pérdida, deterioro o descuadre de los inventarios, incluso por causas de fuerza mayor.

7.º Disponer en todo momento del stock necesario de productos que asegure la venta a los clientes del establecimiento, sin interrupción alguna.

8.º Realizar en las fechas y formas que determine la franquiciante, todas las campañas publicitarias, ofertas especiales y promoción y difusión de productos.

9.º No realizar competencia, directa o indirectamente, a la franquiciante mediante la apertura o participación en otro negocio igual o similar al que es objeto de este contrato.

SEGUNDO. La franquiciante se obliga a:

1.º Prestar la asistencia y servicios técnicos y de aprendizaje a la franquiciada y a sus empleados, y consecuentemente con ello, visitar periódicamente el establecimiento.

2.º Realizar publicidad del producto, de los signos distintivos del mismo, y del negocio y establecimiento en general.

3.º Respetar la zona territorial asignada con exclusiva abierta a la franquiciada.

4.º Procurar en todo momento la no interrupción de aprovisionamiento a la franquiciada y que se haga de forma que no se interrumpa la venta de ningún producto.

TERCERO. A la finalización del presente contrato o de cualquiera de su prórroga o prórrogas, la franquiciada se compromete y obliga a cesar en forma inmediata en la utilización de la denominación y comercialización de la marca de la franquiciante.

CUARTO. A instancia de cualesquiera de las partes y en cualquier momento durante la vigencia del contrato o cualquiera de su prórroga o prórrogas podrá resolverse caso de concurrir cualesquiera de las siguientes causas:

a) El no cumplimiento de adquisición de los pedidos mínimos estipulados o falta de pago de éstos por parte de la franquiciada.

b) El impago de cualesquiera de las cantidades que la franquiciante debe percibir de acuerdo con las estipulaciones del presente contrato.

c) El hecho de solicitarse o devenir en situación concursal, suspensión de pagos o quiebra, así como el embargo del negocio, sus locales, el derecho de traspaso, etc.

d) El incumplimiento de cualesquiera pactos o compromisos adquiridos en méritos del presente.

QUINTO. Todos los gastos e impuestos que se deriven de este contrato serán de la exclusiva cuenta y cargo de la parte franquiciada.

SEXTO. Caso de incumplimiento por la franquiciada de las obligaciones que adquiere todos los gastos, incluidos honorarios de Letrado y Procurador, aunque su intervención fuese potestativa, que se deriven de la reclamación judicial o extrajudicial a que haya lugar, serán de su exclusiva cuenta y cargo, sometiéndose ambas partes, con expresa renuncia de su fuero propio, si fuese otro, a la jurisdicción y competencia de los Juzgados y Tribunales de la Ciudad de ...

SÉPTIMO. Todos los portes tanto de envío como devoluciones serán a cargo del/de la franquiciado/a.

El importe de los mismos será satisfecho mensualmente por medio de un cargo al que se adjuntará comprobante de la agencia de transportes.

El franquiciado podrá decidir la agencia o medio de transporte que desee.

Y en prueba de conformidad, firman el presente documento, por ... en el lugar y fecha al principio indicados.

FRANQUICIADO FRANQUICIANTE

167

Contrato De Franquicia. En General

En la ciudad de ..., a ..., de ... de ...

REUNIDOS

De una parte, Don ..., mayor de edad, soltero, vecino de ..., domiciliado en c/ ..., número..., con DNI número ..., en lo sucesivo franquiciado.

Y de otra Don ..., mayor de edad, casado, vecino de ..., domiciliado en c/ ..., número ..., con DNI número... como legal representante —según queda acreditado por copia de los Estatutos Sociales— de la Sociedad ..., con CIF ..., constituida por tiempo indefinido en escritura autorizada en ... el ... de ... de ..., por el Notario Don ..., número ... de su Protocolo, e inscrita en el Registro Mercantil de ..., en el Tomo ..., Libro ... de la Sección ..., Folio ..., Hoja ..., en lo sucesivo franquiciador o franquiciante.

INTERVIENEN

El franquiciado en su propio nombre y derecho y Don ... en nombre y representación de la Sociedad. Ambas partes se reconocen recíprocamente la capacidad legal bastante para celebrar el contrato y otorgar este documento, por lo que de común acuerdo.

DECLARAN

Que la Sociedad ... se dedica a la creación y desarrollo de cadenas franquiciadoras, así como a su asesoría, en el campo de ...

Que Don ... está interesado en instalar un comercio minorista, en régimen de franquicia, en el campo en el que desarrolla su actividad la empresa franquiciadora.

Que habiendo convenido otorgar el contrato de franquicia, lo hacen de acuerdo con las siguientes

ESTIPULACIONES

PRIMERA. La empresa franquiciadora nombra a Don ... como franquiciado para el ámbito territorial de ..., autorizándole a utilizar todos los signos distintivos de la marca ... en todo el material que se comercialice, así como los conocimientos plasmados en el manual operativo que se le entrega.

SEGUNDA. El franquiciado se obliga a:

1.º Satisfacer un depósito o aval bancario a constituir el día ... que se devolverá a la finalización del presente contrato, salvo buen fin de la liquidación de todos los pagos.

2.º Pagar anualmente un canon de ... euros, cuyo abono se verificará de la manera siguiente:

...

3.º Realizar la inversión que sea precisa para el funcionamiento y puesta en marcha de un negocio de ... de su exclusiva propiedad.

4.º Mantener el local en perfecto estado de conservación, obligándose a seguir las instrucciones que reciba de la franquiciadora en su decoración y obras, teniendo ésta que dar su conformidad por escrito para cualquier modificación de la misma.

5.º No vender otros artículos o productos, sin perjuicio de la venta de complementos que la franquiciadora pueda autorizar.

6.º Fijar los precios de venta de acuerdo con las instrucciones de la sociedad franquiciadora.

7.º Cumplir estrictamente con la legislación vigente en materia laboral, mercantil y fiscal y poner en conocimiento de la franquiciadora cualquier problema que pudiera surgir en estas materias. El incumplimiento de las obligaciones señaladas en la presente estipulación será motivo de resolución del contrato, con indemnización de los daños y perjuicios que se pudieran causar al buen nombre de la sociedad franquiciadora.

8.º Cesar de forma inmediata en la utilización de la denominación y comercialización de la marca a la finalización del contrato.

9.º Seguir las instrucciones del manual operativo tanto en el momento de instalación del negocio como posteriormente.

10.º Guardar secreto del contenido del manual operativo y de las operaciones mercantiles.

11.º Abstenerse directa o indirectamente de realizar competencia a la franquiciadora mediante la apertura de otro negocio similar.

12.º Desarrollar su actividad con la máxima diligencia, realizar una gestión financiera adecuada y explotar el establecimiento comercial de manera que no represente un riesgo para su clientela, empleados, público en general o la propia cadena.

TERCERA. La sociedad franquiciadora se compromete a:

1.º Suministrar los artículos que se le soliciten.

2.º Realizar campañas de publicidad de la cadena y supervisar la que el franquiciado realice en su localidad.

3.º Informar al franquiciado de los cambios en la estrategia comercial.

4.º Prestar asistencia técnica al franquiciado para la buena marcha del establecimiento, tanto en el momento de instalación como a lo largo de todo el transcurso del contrato.

5.º Cuidar el mantenimiento de la marca, nombre y rótulo comerciales, a fin de que no exista problema para su uso.

6.º Respetar la exclusiva territorial concedida al franquiciado.

7.º Respetar la independencia de los franquiciados en cuanto a la gestión del negocio con las limitaciones establecidas en las estipulaciones de este contrato.

CUARTA. La duración del contrato será de ... años, y se prorrogará automáticamente, de no mediar aviso en contrario por cualquiera de las partes con ... meses de antelación.

QUINTA. La sociedad franquiciadora girará visitas de control para comprobar que el franquiciado cumple los compromisos adquiridos en el presente contrato. El franquiciado facilitará cuanta información se demande con respecto a cualquier aspecto del negocio siempre que la visita haya sido avisada con, al menos, quince días naturales de antelación.

SEXTA. Los gastos e impuestos que se deriven del presente contrato serán a cargo del franquiciado.

SÉPTIMA. La franquiciadora se reserva la facultad de transmitir total o parcialmente los derechos que se deriven a su favor de este contrato, sin que la franquiciada pueda oponerse a ello. El adquirente quedaría subrogado en los derechos y obligaciones que para el franquiciador se derivan del presente contrato.

OCTAVA. El contrato se podrá resolver por las siguientes causas:

1.º Incumplimiento de las obligaciones contractuales.

2.º La situación concursal o, en general, de crisis económica.

3.º El cierre de empresa.

NOVENA. Las partes deciden renunciar a su fuero propio y someterse a los tribunales de...

Y en prueba de conformidad con todo lo expuesto, firman el presente contrato, por duplicado, en el lugar y fecha antes indicados.

EL FRANQUICIADOR EL FRANQUICIADO

§12. DONACIÓN

168

DONACIÓN EN PLENO DOMINIO

NÚMERO (Protocolo)

En ..., mi residencia, a ... de ... de ...

Ante mí, ..., Notario del Ilustre Colegio de ...

COMPARECEN

De una parte y como donantes, los cónyuges Don ... y Doña ..., mayores de edad, funcionarios, vecinos de ..., domiciliados en calle ..., con DD.NN.II., respectivamente, números ... y ...

Y de otra, y como donatario, su hijo Don ..., mayor de edad, Magistrado, vecino de ..., domiciliado en ..., con DNI número ...

INTERVIENEN

En su propio nombre y derecho.

Tienen a mi juicio capacidad legal suficiente para otorgar la presente escritura de DONACIÓN, a cuyo efecto:

EXPONEN

I. Don ... y Doña ... son dueños en pleno dominio y con carácter ganancial de la siguiente finca urbana[1]:

... (Descripción).

[1] Una de las cuestiones más destacables del régimen jurídico del contrato de donación es la relativa a la forma del mismo. A este respecto debe distinguirse entre la donación de cosa mueble y la donación de inmueble. Según el artículo 632 del Código Civil la donación de cosa mueble se podrá hacer verbalmente o por escrito. Verbalmente requiere la entrega simultánea de la cosa; en caso contrario para que la donación surta efecto deberá hacerse por escrito constando de la misma forma la aceptación.

Título: ...
Cargas y arrendamientos: ...
Inscripción: ...
Referencia catastral: ...[2].

II. Habiendo convenido el otorgamiento del presente documento:

ESTIPULAN

PRIMERO. Don ... y Doña ... donan a su hijo Don ..., que acepta en el presente acto, el pleno dominio de la finca antes descrita en la exposición de este instrumento.

SEGUNDO. Se estima el valor de lo donado en el importe de ..., y se señala que el patrimonio preexistente de los donatarios es inferior a ... euros.

TERCERO. Disponen los donantes que la donación sea colacionable.

CUARTO. Todos los gastos e impuestos que origine el otorgamiento de esta escritura, serán satisfechos por el donatario.

En la donación de inmuebles, para su validez y eficacia es necesario otorgamiento de escritura pública, expresándose en ella individualmente el valor de lo donado y el valor de las cargas que debe satisfacer el donatario. La aceptación podrá hacerse en la misma escritura de donación o en otra separada; pero no surtirá efecto si no se hace en vida del donante. Si la aceptación se hace en escritura separada, deberá notificarse en forma auténtica al donante, y se anotará esta diligencia en ambas escrituras (artículo 633 del Código Civil).

Por tanto en la donación de inmuebles la escritura pública se configura como forma *ad solemnitatem*: la exigencia de otorgamiento de escritura pública (...) se presenta como formalización imperativa, hasta el punto de que resulta el negocio ineficaz si no concurre el formalismo (presentándose el artículo 633 del Código Civil como contundente), al representar una autentica excepción a nuestro sistema de contratación consensuada (artículos civiles 1255 y 1278), por estar prevista tal solemnidad documentaria para acreditar no sólo la celebración y perfección del convenio, sino para la perfección plena y eficaz —STS, 26.5.1992, 25.10.1993, 27.7.1994—.

Carece de eficacia transmisiva la donación de inmueble en documento privado. La donación con defecto de forma adolece de nulidad absoluta con las consecuencias de ser insubsanable e imprescriptible la acción para pedirla —STS 3.3.1995—.

La STS de 24.5.2000 afirma expresamente: el requisito de escritura pública tiene la consideración de presupuesto de forma esencial, insoslayable (carácter constitutivo o *ad solemnitatem*), de tal modo que su falta determina la nulidad radical, o mejor incluso, inexistencia del título, por lo que no despliega virtualidad transmisiva alguna de los bienes a que se refiere (en el mismo sentido reiterada doctrina jurisprudencial, entre otras STS 27.9.1989, 7.5.93, 25.10.1993, 27.7.1994, 10.11.1994, 3.3.1995, 24.10.1995,23.12.1995; 5.11.1996, 19.6.1999, 14.12.1999).

[2] Véase nota a pie de página número 3 del formulario 1, y la número 9 del formulario 5.

OTORGAMIENTO Y AUTORIZACIÓN

Hago las reservas y advertencias legales y fiscales.

En particular y a efectos fiscales advierto de las obligaciones y responsabilidades tributarias que incumben a las partes en su aspecto material, formal y sancionador, y de las consecuencias de toda índole que se derivarían de la inexactitud de sus declaraciones.

Por su elección les leo el contenido de esta escritura, lo encuentran conforme y firman conmigo, el/la Notario, que doy fe de identificarles por sus respectivos documentos exhibidos y del total contenido de este instrumento público extendido en ... folios de la clase ..., números ... el presente y los ... inmediatos posteriores correlativos.

169

DONACIÓN CON RESERVA DE USUFRUCTO CONJUNTO, SIMULTÁNEO Y SUCESIVO, SIENDO PRIVATIVO EL BIEN DONADO. OTORGANTE QUE NO SABE FIRMAR

NÚMERO (Protocolo)

En ..., mi residencia, a ... de ... de ...

Ante mí, ..., Notario del Ilustre Colegio de ...

COMPARECEN

De una parte y como donantes, los cónyuges Don ..., de ... de edad, y Doña ..., de ... de edad, pensionistas, vecinos de ..., domiciliados en calle ..., con DD.NN.II., respectivamente, números ... y ...

Y de otra, y como donatario, su hijo Don ..., mayor de edad, de estado civil ..., de profesión ..., vecino de ..., domiciliado en ..., con DNI número ...

INTERVIENEN

En su propio nombre y derecho.

Tienen a mi juicio capacidad legal suficiente para otorgar la presente escritura de DONACIÓN, a cuyo efecto:

EXPONEN

I. Que Doña ... es dueña en pleno dominio y con carácter privativo de la siguiente finca urbana[3]:

[3] Véase nota a pie de página número 1 del presente capítulo.

... (Descripción).
Título: ...
Cargas y arrendamientos: ...
Inscripción: ...
Referencia catastral: ...[4].

II. Los comparecientes, cumpliendo lo convenido, otorgan el presente documento y al efecto:

ESTIPULAN

PRIMERO. Doña ... DONA a su hijo Don ..., que ACEPTA en este acto, la nuda propiedad de la finca descrita en la exposición de este instrumento.

SEGUNDO. Doña ... SE RESERVA para ella y para su esposo Don ..., que acepta, el usufructo vitalicio de la finca donada, el cual tendrá carácter conjunto, simultáneo y sucesivo y no se extinguirá hasta el fallecimiento del último de los cónyuges que sobreviva, consolidándose entonces con la nuda propiedad donada.

TERCERO. Se estima el valor de lo donado a Don ..., atendida la edad de los usufructuarios, en ... euros, y se señala que el patrimonio preexistente de la donataria es inferior a ... euros.

CUARTO. Dispone la donante que la donación efectuada no sea colacionable.

QUINTO. Todos los gastos que origine este otorgamiento los satisfará el donatario.

OTORGAMIENTO Y AUTORIZACIÓN

Hago las reservas y advertencias legales y fiscales.

En particular y a efectos fiscales advierto de las obligaciones y responsabilidades tributarias que incumben a las partes en su aspecto material, formal y sancionador, y de las consecuencias de toda índole que se derivarían de la inexactitud de sus declaraciones.

Están presentes los testigos instrumentales, mayores de edad, de esta vecindad e inidóneos, por lo que dicen: ...

[4] Véase nota a pie de página número 3 del formulario 1, y la número 9 del formulario 5.

Por su elección leo a todos los comparecientes, otorgantes y testigos, en alta voz e íntegramente esta escritura, prestan consentimiento a su contenido y firman todos conmigo, excepto Doña ..., por no saber, según me manifiesta, estampando en su defecto la huella dactilar del dedo índice de la mano derecha, haciéndolo por ella, en su nombre y a su ruego, el primero de los citados testigos, quien lo hace en unión del otro y conmigo, el/la Notario, de lo que expresamente doy fe.

De haberles identificado por los documentos exhibidos y del contenido de este instrumento, extendido en ... folios de la clase ..., serie ..., números ... el presente y los ... inmediatos posteriores correlativos.

170

DONACIÓN CON RESERVA DE USUFRUCTO CONJUNTO, SIMULTÁNEO Y SUCESIVO, SIENDO GANANCIAL EL BIEN DONADO

NÚMERO (Protocolo)

En ..., mi residencia, a ... de ... de ...

Ante mí, ..., Notario del Ilustre Colegio de ...

COMPARECEN

De una parte y como donantes, los cónyuges Don ..., de ... de edad, y Doña ..., de ... de edad, pensionistas, vecinos de ..., domiciliados en calle ..., con DD.NN.II., respectivamente, números ... y ...

Y de otra, y como donatario, su hijo Don ..., mayor de edad, de estado civil ..., de profesión ..., vecino de ..., domiciliado en ..., con DNI número ...

INTERVIENEN

En su propio nombre y derecho.

Tienen a mi juicio capacidad legal suficiente para otorgar la presente escritura de DONACIÓN, a cuyo efecto:

EXPONEN

I. Los cónyuges Don ... y Doña ... son dueños en pleno dominio y con carácter ganancial de las siguientes fincas[5]:

... (Descripción).

[5] Véase nota a pie de página número 1 del presente capítulo.

Título:
Cargas y arrendamientos: ...
Inscripción: ...
Referencia catastral: ...[6].

... (Descripción).
Título: ...
Cargas y arrendamientos: ...
Inscripción: ...
Referencia catastral: ...[7].

II. Los comparecientes, cumpliendo lo convenido, otorgan el presente documento y al efecto:

ESTIPULAN

PRIMERO. Los cónyuges Don ... y Doña ... DONAN a su hijo Don ..., que ACEPTA en este acto, la nuda propiedad de las fincas descritas en la exposición de este instrumento, reservándose los donantes el usufructo de las mismas, el cual tendrá carácter conjunto, simultáneo y sucesivo y no se extinguirá hasta el fallecimiento del último de los cónyuges que sobreviva, consolidándose entonces la nuda propiedad donada.

SEGUNDO. Se estima el valor de lo donado a Don ..., atendida la edad de los usufructuarios, en ... euros la primera finca de las descritas, y en ... la segunda, y se señala que el patrimonio preexistente de los donatarios es inferior a ... euros.

TERCERO. Disponen los donantes que la donación efectuada sea colacionable.

CUARTO. Todos los gastos que origine este otorgamiento los satisfará el donatario.

OTORGAMIENTO Y AUTORIZACIÓN

Hago las reservas y advertencias legales y fiscales.

En particular y a efectos fiscales advierto de las obligaciones y responsabilidades tributarias que incumben a las partes en su aspecto material, formal y sancio-

---

6 Véase nota a pie de página número 3 del formulario 1, y la número 9 del formulario 5.

7 Véase nota a pie de página número 3 del formulario 1, y la número 9 del formulario 5.

nador, y de las consecuencias de toda índole que se derivarían de la inexactitud de sus declaraciones.

Por su elección les leo el contenido de esta escritura, lo encuentran conforme y firman conmigo, el/la Notario, que doy fe de identificarles por sus respectivos documentos exhibidos y del total contenido de este instrumento público extendido en ... folios de la clase ..., números ... el presente y los ... inmediatos posteriores correlativos.

171

DONACIÓN CON RESERVA DE USUFRUCTO Y FACULTAD DE DISPONER

NÚMERO (Protocolo)

En ..., mi residencia, ... de ... de ... y ...

Ante mí, ..., Notario del Ilustre Colegio de ...

COMPARECEN

De una parte y como donantes, los cónyuges Don ..., de ... de edad, y Doña ..., de ... de edad, pensionistas, vecinos de ..., domiciliados en calle ..., con DD.NN.II., respectivamente, números ... y ...

Y de otra, y como donatarios, sus hijo Don ..., mayor de edad, de estado civil ..., de profesión ..., vecino de ..., domiciliado en ..., con DNI número ...; y Doña ..., mayor de edad, sin profesión especial, vecina de ..., domiciliado en ..., con DNI número ...

INTERVIENEN

En su propio nombre y derecho.

Tienen a mi juicio capacidad legal suficiente para otorgar la presente escritura de DONACIÓN, a cuyo efecto:

EXPONEN

I. Los cónyuges Don ... y Doña ... son dueños en pleno dominio y con carácter ganancial de la siguiente finca rústica[8]:

[8] Véase nota a pie de página número 1 del presente capítulo.

... (Descripción).
Título: ...
Cargas y arrendamientos: ... .
Inscripción: ... .
Referencia catastral: ...[9].

II. Los comparecientes, cumpliendo lo convenido, otorgan el presente documento y al efecto:

ESTIPULAN

PRIMERO. Los cónyuges Don ... y Doña ..., DONAN a sus hijos Don ... y Doña ..., que ACEPTAN, por mitad y proindiviso, la nuda propiedad de la finca descrita en la exposición de esta escritura, reservándose los donantes el usufructo de la misma, el cual tendrá carácter conjunto, simultáneo y sucesivo y no se extinguirá hasta el fallecimiento del último de los cónyuges que sobreviva, consolidándose entonces con la nuda propiedad donada.

SEGUNDO. Los donantes se reservan la facultad de disponer por actos intervivos de la finca donada[10]. Dado el carácter ganancial de dicha finca, la facultad de disposición se ejercitará, en vida de ambos, según las reglas de disposición de

[9] Véase nota a pie de página número 3 del formulario 1, y la número 9 del formulario 5.

[10] Una de las cuestiones discutida doctrinal y jurisprudencialmente (STS 22.3.93 y 7.7.1978) es si tal y como se encuentra redactado el artículo 639 del Código Civil el donante puede realizar una reserva de disposición de la totalidad de lo donado o sólo parcial. Para resolver la cuestión se debe partir de la idea de que nuestro Código Civil se aparta del Derecho francés en el cual *donner et retenir ve vatu* y permite que el donante pueda «reservarse la facultad de disponer de algunos de los bienes donados, o de alguna cantidad con cargo a ellos (...)».

La STS 7.7.1978 abogaba por la incompatibilidad existente entre la liberalidad que supone el acto de la donación y la reserva del donante de disponer de la totalidad de los bienes donados.

No obstante la anterior resolución, la STS 22.3.1993 recoge la tesis de la reserva total, no sin antes poner de manifiesto la lógica de ambas posiciones, afirmando expresamente: «sin perjuicio de que la literalidad del art. 639 CC, al prescribir que "podrá reservarse el donante, la facultad de disponer de algunos de los bienes donados, o de alguna cantidad con cargo a ellos", (...) aboca la tesis de que se está refiriendo a la posibilidad de la reserva por el donante, de la facultad de disponer parcialmente de alguno o algunos de los bienes donados, lo cual, se conecta con la propia naturaleza de la donación, como acto a título gratuito, que se consuma tras el consentimiento y cumplimiento de los requisitos de aceptación, mediante la transmisión y entrega de los bienes, y cuya posición afirma que sería ilusoria una donación sometida a la reserva de la facultad de disponer de todos los bienes, por parte del donante, pues con ello, como se dice, se impediría ese efecto traslativo de dominio, al depender de la resolución o el ejercicio de esa facultad expresamente reservada sobre la totalidad, lo que se compagina, con la vigencia en nuestro Derecho de la regla *donner et retenir no vaut;* también es defendible la tesis opuesta de posibilitar esa reserva dispositiva de *tatum* donado, ya que no por ello sería vana o resultaría vacía la donación así concertada por el goce que de los bienes estuviese disfrutando el donatario, mientras no se ejerza esa reserva, además de que puede no llevarse a efecto ese ejercicio; a lo que se añade que, como acto esencialmente gratuito, pueda el donante acomodar o delimitar su intención de liberalidad y aceptarse como tal por el donatario en uso de su libertad contractual —art. 1255 CC— aparte de que hasta la misma letra de ese discutible art. 639 CC, en su lectura más estricta, dejaría al margen la donación de un solo bien, lo que sería un despropósito».

los bienes gananciales; y en caso de fallecimiento de uno de los donantes, dicha facultad de disposición recaerá íntegramente en el sobreviviente.

TERCERO. Establecen los donantes prohibición de disponer por actos intervivos del bien donado durante toda la vida de los mismos o del último que sobreviva, e igualmente disponen la constatación registral de dicha prohibición de disponer conforme al artículo 26 de la Ley Hipotecaria.

CUARTO. Se estima el valor de lo donado en ... euros y se señala que el patrimonio preexistente de los donatarios es inferior a ... euros.

QUINTO. Todos los gastos que origine este otorgamiento los satisfarán los donatarios.

OTORGAMIENTO Y AUTORIZACIÓN

Hago las reservas y advertencias legales y fiscales, manifestando los otorgantes a los efectos del Impuesto sobre el Incremento del Valor de los Terrenos de Naturaleza Urbana que la finca descrita en este instrumento conserva la calificación de rústica.

En particular y a efectos fiscales advierto de las obligaciones y responsabilidades tributarias que incumben a las partes en su aspecto material, formal y sancionador, y de las consecuencias de toda índole que se derivarían de la inexactitud de sus declaraciones.

Por su elección les leo el contenido de esta escritura, lo encuentran conforme y firman conmigo, el/la Notario, que doy fe de identificarles por sus respectivos documentos exhibidos y del total contenido de este instrumento público que queda extendido en ... folios de serie ..., números ... el presente y los ... inmediatos posteriores correlativos.

172

DONACIÓN REMUNERATORIA

NÚMERO (Protocolo)

En ..., mi residencia, a ... de ... de ...

Ante mí, ..., Notario del Ilustre Colegio de ...

COMPARECEN

De una parte y como donante, Don ..., de ... de edad, viudo, pensionista, vecino de ..., domiciliado en calle ..., con DNI, respectivamente, número ...

Y de otra, y como donatario, Don ..., mayor de edad, empleado, vecino de ..., domiciliado en ..., con DNI número ...

INTERVIENEN

En su propio nombre y derecho.

Tienen a mi juicio capacidad legal suficiente para otorgar la presente escritura de DONACIÓN REMUNERATORIA[11], a cuyo efecto:

---

[11] Destacamos de nuestra jurisprudencia, entre otros, los siguientes extremos:

1. Concepto: «Donación típicamente remuneratoria (artículos 619 y 622 del Código Civil) es la que se hace para premiar y recompensar al donatario por sus especiales merecimientos o servicios que no constituyen deudas exigibles» —STS 23.5.1987—.

2. Causa y finalidad: «Recompensar al donatario de los servicios, asistencias y actividades realizadas, tanto pasadas como presentes, continuadas, en beneficio del donante, siendo el agradecimiento de éste la causa que motiva la cesión sin precio alguno de bienes que realiza; no excluyéndose este tipo de donaciones las que se puedan realizar a favor de personas unidas por vínculos familiares» —STS 31.5.1982; STS de 9.5.1.988, 9.3.1995; 13.11.1997—.

3. Servicios susceptibles de ser remunerables a través de este tipo de donación y valoración de los mismos: «... cualquier servicio que no sea obligatorio y como tal legalmente exigible, estará incluido y será bastante para configurar la donación remuneratoria del artículo 619 del Código Civil, complemento o ampliación de la simple donación del artículo 618 del propio Código y por tanto,

EXPONEN

I. Don ... es dueño en pleno dominio de la siguiente finca rústica[12]:

... (Descripción).
Título: ...
Cargas y arrendamientos: ... .
Inscripción: ...
Referencia catastral: ...[13].

II. Don ..., con independencia de sus estrictas funciones de empleado de hogar de Don ..., ha venido prestando todo tipo de servicios, asistencias y actividades en favor del primero, de forma voluntaria, constante, ininterrumpida, efectiva e intensa, especialmente desde que Don ... enfermara y hubiese de estar hospitalizado hace ... años.

III. Como expreso agradecimiento a tales servicios, Don ... ha decidido ceder sin precio alguno el predio antes indicado, por lo que de común acuerdo ambos comparecientes otorgan el presente documento y al efecto:

ESTIPULAN

PRIMERO. Don ..., DONA a Don ..., que ACEPTA en este acto, de forma pura e irrevocable, el pleno dominio de la finca descrita en la exposición de esta escritura, de forma que en lo sucesivo haga y disponga de ella sin limitación alguna.

SEGUNDO. Expresamente se hace constar que el donatario ha tomado posesión de la finca donada en la fecha de otorgamiento de esta escritura.

TERCERO. Todos los gastos que origine este otorgamiento, los satisfará el donante.

---

como acto de liberalidad del donante, no puede prescindirse a la hora de su valoración, de relacionarles con ese *animo donandi*, por lo que valorar esos servicios por lo que representan en sí, sin tener en cuenta lo que pueden significar para el donante, ni es lógico ni legal» —STS de 9.5.1.988, 13.11.1997—.

Vid. también entre otras, STS 23.95.1987, 29.11.1989, 22.01.1991, 14.03.1995.

[12] Véase nota a pie de página número 1 del presente capítulo.

[13] Véase nota a pie de página número 3 del formulario 1, y la número 9 del formulario 5.

OTORGAMIENTO Y AUTORIZACIÓN

Hago las reservas y advertencias legales y fiscales, manifestando los otorgantes a los efectos del Impuesto sobre el Incremento del Valor de los Terrenos de Naturaleza Urbana que la finca descrita en este instrumento conserva la calificación de rústica.

En particular y a efectos fiscales advierto de las obligaciones y responsabilidades tributarias que incumben a las partes en su aspecto material, formal y sancionador, y de las consecuencias de toda índole que se derivarían de la inexactitud de sus declaraciones.

Por su elección les leo el contenido de esta escritura, lo encuentran conforme y firman conmigo, el/la Notario, que doy fe de identificarles por sus respectivos documentos exhibidos y del total contenido de este instrumento público que queda extendido en ... folios de serie ..., números ... el presente y los ... inmediatos posteriores correlativos.

173

DONACIÓN ONEROSA O MODAL O CON CARGA

NÚMERO (Protocolo)

En ..., mi residencia, a ... de ... de ....

Ante mí, ..., Notario del Ilustre Colegio de ...

COMPARECEN

De una parte y como donante, Don ..., de ... de edad, de estado civil ..., de profesión ..., vecino de ..., domiciliado en calle ..., con DNI respectivamente, número ...

Y de otra, y como donatario, el Excelentísmo Ayuntamiento de ..., representado por su Alcalde-Presidente, Don ..., y con domicilio en ..., calle ...

INTERVIENEN

El donante en su propio nombre y derecho, y Don ... en su condición de Alcalde-Presidente del donatario, Excelentísimo Ayuntamiento de ....

Tienen a mi juicio capacidad legal suficiente para otorgar la presente escritura de DONACIÓN MODAL[14], a cuyo efecto:

---

[14] Destacamos de nuestra jurisprudencia los siguientes aspectos:

— **Concepto:** La donación con carga modal del artículo 647 del Código Civil, supone en cambio una institución en la que el donante ha exigido al donatario la concurrencia de un modo, carga o finalidad, motivo o recomendación, cuyo incumplimiento puede dar lugar a la revocación o resolución de un contrato que en principio nace irrevocable por la sola voluntad del donante, pudiendo quedar sin efectos después, por la existencia de tales incumplimientos, y provocando por un juego semejante al artículo 1124 del Código Civil, si bien con la notable diferencia de que los efectos no se producen *ipso iure*, facultándose por el contrario al donante para pedirlos judicialmente —STS 11.3.1988—.

— **Régimen jurídico aplicable:** A las donaciones onerosas o modales (...) se les aplica el régimen unitario propio de las donaciones, no obstante el confusionismo que parece crear el artículo 622 del

EXPONEN

I. Don ... es dueño en pleno dominio de la siguiente finca urbana[15], que constituye un solar:

... (Descripción).

Título: ...

Cargas y arrendamientos: ...

Inscripción: ...

Referencia catastral: ...[16].

II. De común acuerdo ambos comparecientes otorgan el presente documento y al efecto:

ESTIPULAN

PRIMERO. Don ..., DONA al Excelentísimo Ayuntamiento de ..., según interviene representado en este acto, y que ACEPTA expresamente, el pleno dominio de la finca descrita en la exposición de esta escritura, con la obligación de que la Corporación donataria construya en la misma una Casa-Cuartel destinada a la Policía Local, quedando nula y sin efecto la presente donación caso de incumplimiento por la Corporación donataria de sus obligaciones.

SEGUNDO. Expresamente se hace constar que el donatario ha tomado posesión de la finca donada en la fecha de otorgamiento de esta escritura.

Código Civil y que ha sido superado jurisprudencialmente, al relacionarse dicho precepto con el artículo 619, y que se remite en el caso de las donaciones onerosas al régimen jurídico de los contratos, pero como reiteramos, ha sido superado por la jurisprudencia en el sentido indicado —STS 27.7.1994—. Esta misma sentencia a su vez reitera que, en el caso de inmuebles aun tratándose de donación modal, para su validez y eficacia es necesario el otorgamiento de escritura pública, conforme al artículo 633 —*vid.* también STS 24.9.1991, 26.5.1992 y 25.10.1993, y las demás referidas en la nota 1 de este capítulo—.

— **Causa:** La imposición de una carga al donatario no cambia la naturaleza jurídica de este negocio, pues su causa no deja de ser la de toda donación, es decir, «la mera liberalidad del bienhechor (artículo 1274 del Código Civil), o, como dice la doctrina científica, en el propósito del donante de enriquecer al donatario, aceptado por éste» —STS 16.12.1992—.

— **Revocación por incumplimiento:** Acción comparable en el artículo 647 y con juego similar al del artículo 1124, ambos del Código Civil, si bien con la notable diferencia de que los efectos no se producen *ipso iure*, facultándose por el contrario al donante para pedirlos judicialmente —Ss. TS 11.3.1988, 26.5.1988, 16.12.1992—.

La acción de revocación recogida en el artículo 647 por incumplimiento de condiciones es de índole personalísima, y, por tanto, no se transmite a los herederos del causante —STS 3.12.1928, 11.12.1975, 11.12.1987—.

[15] Véase nota a pie de página número 1 del presente capítulo.

[16] Véase nota a pie de página número 3 del formulario 1, y la número 9 del formulario 5.

TERCERO. Todos los gastos que origine este otorgamiento, los satisfará el donante.

OTORGAMIENTO Y AUTORIZACIÓN

Hago las reservas y advertencias legales y fiscales, y en particular les advierto de las obligaciones y responsabilidades tributarias que incumben a las partes en su aspecto material, formal y sancionador, y de las consecuencias de toda índole que se derivarían de la inexactitud de sus declaraciones.

Por su elección les leo el contenido de esta escritura, lo encuentran conforme y firman conmigo, el/la Notario, que doy fe de identificarles por sus respectivos documentos exhibidos y del total contenido de este instrumento público que queda extendido en ... folios de serie ..., números ... el presente y los ... inmediatos posteriores correlativos.

174

DONACIÓN CONDICIONAL. REVOCACIÓN Y REVERSIÓN PARA CASO DE INCUMPLIMIENTO (CONDICIÓN RESOLUTORIA)

NÚMERO (Protocolo)

En ..., mi residencia, a ... de ... de ...

Ante mí, ..., Notario del Ilustre Colegio de ...

COMPARECEN

De una parte y como donante, Don ..., de ... de edad, viudo, pensionista, vecino de ..., domiciliado en calle ..., con DNI, respectivamente, número ...

Y de otra, y como donatario, el Excelentísmo Ayuntamiento de ..., representado por su Alcalde-Presidente, Don ..., y con domicilio en ..., calle ...

INTERVIENEN

El donante en su propio nombre y derecho, y Don ... en su condición de Alcalde-Presidente del donatario, Excelentísimo Ayuntamiento de ...

Tienen a mi juicio capacidad legal suficiente para otorgar la presente escritura de DONACIÓN CONDICIONAL[17], a cuyo efecto:

---

[17] Igualmente destacamos de nuestra jurisprudencia sobre el tema:

— **Concepto:** Las donaciones con cláusula de reversión necesariamente hay que incluirlas en la modalidad de donaciones condicionales, en su verdadera aceptación técnica, pues tal pacto supone por el recobro por el donante de lo que regala (para cualquier caso y circunstancias), o el paso de lo donado, desde el donatario a terceras personas (con el límite de las sustituciones fideicomisarias), pudiendo establecerse la reversión tanto en favor del donante como del tercero, no sólo para si concurre un cierto suceso, y entonces serían condicionales, sino también para cuando llegue cierto tiempo, y entonces serán a plazo, entendiéndose que la reversión acordada en favor del donante, y en el caso de que hubiese muerto de sus herederos, habrá de corresponder a éstos si viviesen al cumplirse la condición puesta para la reversión —Ss. TS 11.3.1988—.

EXPONEN

I. Don ... es dueño en pleno dominio de la siguiente finca urbana[18], que constituye un solar:

... (Descripción).

Título: ...

Cargas y arrendamientos: ... .

Inscripción: ...

Referencia catastral: ...[19].

II. De común acuerdo ambos comparecientes otorgan el presente documento y al efecto:

ESTIPULAN

PRIMERO. Don ..., DONA al Excelentísimo Ayuntamiento de ..., según interviene representado en este acto, y que ACEPTA expresamente, el pleno dominio de la finca descrita en la exposición de esta escritura, con la obligación de que la Corporación donataria construya en la misma una Casa-Cuartel destinada a la Policía Local.

Puede decirse que la donación con cláusula de reversión no es más que una donación con condición resolutoria en la que de un modo expreso se pacta el derecho de volver a adquirir lo que tiene lugar cuando las condiciones bajo las que se establecen lleguen a cumplirse, no existiendo en consecuencia razón para que, pactada la reversión, se pueda prescindir de la misma simplemente por hacerla depender de unas condiciones que, desde luego, su incumplimiento determina la resolución de la donación y que de no pactarse tal reversión sería revocada conforme a lo ordenado por el artículo 647, pero que al pactarse habrá de estarse a lo dispuesto en el artículo 641 CC —13.7.1989—.

— **Cláusula de reversión:** El sentido de la cláusula de reversión es el de volver la cosa donada a la propiedad de su dueño que antes la tuvo, lo que pudiera asimilar la donación con una condición resolutoria —STS 13.7.1989—.

La reversión propiamente, como confirma el artículo 812 del Código Civil, opera automáticamente dado el hecho de que dependa; diferencia con el derecho de reversión en caso de incumplimiento de la obligación o modo impuesto al donatario, que no opera automáticamente y que puede producirse por su ejercicio jurisdiccional, o sea, con un juego similar al del artículo 1124 del Código Civil; por tanto se trata de una acción de revocación por incumplimiento de las cargas impuestas —Ss. TS 26.5.1988; 12.11.1990—.

— **Exigencias de forma:** El pacto de reversión de la donación está sometido a las mismas exigencias solemnes de ésta, en cuanto que dicho pacto introduce una determinación accesoria o accidental al contenido de la voluntad que, como configuradora o limitadora de los naturales efectos de la donación, está supeditada a iguales requisitos, tanto si dicho pacto de reversión se integra en el inicial contenido del contrato, como si se conviene con posterioridad a una donación pura, y en consecuencia no son admisibles en el ámbito de la donación de bienes inmuebles los pactos de reversión verbales o en documento privado, previos, simultáneos o posteriores al contrato donado —STS 31.1.1955 y 14.5.1987—.

[18] Véase nota a pie de página número 1 del presente capítulo.

[19] Véase nota a pie de página número 3 del formulario 1, y la número 9 del formulario 5.

SEGUNDO. Expresamente se hace constar que el donatario ha tomado posesión de la finca donada en la fecha de otorgamiento de esta escritura.

TERCERO. De conformidad con lo establecido en el artículo 641 del Código Civil, quedará revocada la donación, a instancia del donante, si la Corporación donataria no cumpliese la obligación impuesta, en cuyo caso la finca donada revertirá automáticamente al donante o sus herederos, con todas sus pertenencias y anexos, siendo nulos cuantos actos y obligaciones hubiese contraído sobre el objeto donado la Corporación donataria.

CUARTO. Todos los gastos que origine este otorgamiento, los satisfará el donante.

OTORGAMIENTO Y AUTORIZACIÓN

Hago las reservas y advertencias legales y fiscales, y en particular les advierto de las obligaciones y responsabilidades tributarias que incumben a las partes en su aspecto material, formal y sancionador, y de las consecuencias de toda índole que se derivarían de la inexactitud de sus declaraciones.

Por su elección les leo el contenido de esta escritura, lo encuentran conforme y firman conmigo, el/ la Notario, que doy fe de identificarles por sus respectivos documentos exhibidos y del total contenido de este instrumento público que queda extendido en ... folios de serie ..., números ... el presente y los ... inmediatos posteriores correlativos.

175

DONACIÓN COMPLEJA (ONEROSA Y REMUNERATORIA). REVOCACIÓN: INCUMPLIMIENTO DE LA OBLIGACIÓN IMPUESTA DE ALIMENTAR AL DONANTE

NÚMERO (Protocolo)

En ..., mi residencia, a ... de ... de ...

Ante mí, ..., Notario del Ilustre Colegio de ...

COMPARECEN

De una parte y como donantes, los cónyuges Don ..., de ... de edad, y Doña ..., de ... de edad, de profesión ..., vecinos de ..., domiciliados en calle ..., con DNI respectivamente, números ... y ...

Y de otra, y como donatario, su hijo Don ..., mayor de edad, de estado civil ..., de profesión ..., vecino de ..., domiciliado en ..., con DNI número ...

INTERVIENEN

Todos en su propio nombre y derecho.

Tienen a mi juicio capacidad legal suficiente para otorgar la presente escritura de DONACIÓN COMPLEJA[20], a cuyo efecto:

---

[20] *Vid.* STS 25.6.1990. De su texto resaltamos los siguientes aspectos:

«La donación de que se trata permite estimarla de compleja, gozando, en cierta manera, de la doble cualidad de "onerosa" y "remuneratoria", por lo que cabe entender como factible hacer una doble remisión respecto a las reglas a regir, pero es que, además, el posible envío a la prevenida en el artículo 1124, no significa su aplicación en estricto sentido, sino acomodándole al ámbito propio de la donación, asimilando pues la facultad de resolver las obligaciones con la revocatoria prevista para aquélla».

EXPONEN

I. Don ... es dueño en pleno dominio, y a título de herencia de sus padres, de las siguientes fincas urbanas[21]:

1. ... (Descripción).
Título: ...
Cargas y arrendamientos: ...
Inscripción: ... .
Referencia catastral: ...[22].

2. ... (Descripción).
Título: ...
Cargas y arrendamientos: ...
Inscripción: ... .
Referencia catastral: ...[23].

II. De común acuerdo ambos comparecientes otorgan el presente documento y al efecto:

ESTIPULAN

PRIMERO. Don ... DONA a su hijo Don ..., que ACEPTA en este acto, el pleno dominio de las fincas descritas en la exposición de esta escritura.

SEGUNDO. La donación se imputará, en primer término, a la legítima paterna estricta, luego al tercio de mejora y de libre disposición, con dispensa de obligación de colacionar.

TERCERO. Don ... se obliga a tener en su compañía al padre donante y a la madre, prestándoles alimentos civiles completos, e igualmente se obliga a tener en su compañía mientras no reciba su asignación legitimaria paterna a su hermano Don ..., prestándole alimentos civiles completos o costeando su estancia en un cen-

---

«Se caracterice la obligación alimentaria de "mixta" o "potestativa", está fuera de duda que el incumplimiento de la impuesta en la presente donación, conlleva la facultad revocatoria; (...) el propio donatario asumió una obligación personal, imputada como condición por el donante, por lo que huelga hablar de infracción de los artículos 1281 y siguientes del Código».

[21] Véase nota a pie de página número 1 del presente capítulo.

[22] Véase nota a pie de página número 3 del formulario 1, y la número 9 del formulario 5.

[23] *Idem* nota 15.

tro asistencial al que pudiese ser trasladado por su deficiente estado físico, y caso de incumplimiento de estas condiciones, la donación quedará nula y sin efecto.

CUARTO. Se prohíbe expresamente al donatario Don ... en vida del padre donante y, en su falta, de la madre, enajenar y gravar las fincas donadas.

QUINTO. Todos los gastos que origine este otorgamiento, los satisfará el donante.

OTORGAMIENTO Y AUTORIZACIÓN

Hago las reservas y advertencias legales y fiscales, y en particular les advierto de las obligaciones y responsabilidades tributarias que incumben a las partes en su aspecto material, formal y sancionador, y de las consecuencias de toda índole que se derivarían de la inexactitud de sus declaraciones.

Por su elección les leo el contenido de esta escritura, lo encuentran conforme y firman conmigo, el/la Notario, que doy fe de identificarles por sus respectivos documentos exhibidos y del total contenido de este instrumento público que queda extendido en ... folios de serie ..., números ... el presente y los ... inmediatos posteriores correlativos.

176

DONACIÓN *MORTIS CAUSA*

NÚMERO (Protocolo)

En ..., mi residencia, a ... de ... de ...

Ante mí, ..., Notario del Ilustre Colegio de ...

COMPARECEN

De una parte y como donante, Don ..., de ... de edad, viudo, pensionista, vecino de ..., domiciliado en calle ..., con DNI número ...

Y de otra, y como donatario, Don ..., mayor de edad, empleado, casado, vecino de ...., domiciliado en ..., con DNI número ...

INTERVIENEN

En su propio nombre y derecho.

Tienen a mi juicio capacidad legal suficiente para otorgar la presente escritura de DONACIÓN *MORTIS CAUSA*[24], a cuyo efecto:

---

[24] La donación *mortis causa* se recoge en el artículo 620 del CC, que preceptúa «las donaciones que hayan de producir sus efectos por muerte del donante participan de la naturaleza de las disposiciones de última voluntad, y se regirán por las reglas establecidas para la sucesión testamentaria».

Es por dicha naturaleza sucesoria por lo que las donaciones *mortis causa*:

— Son esencialmente revocables de igual forma que todo testador puede revocar en cualquier momento el testamento que haya realizado.

— Para que desplieguen sus efectos es necesario que el donatario sobreviva al donante, de igual forma que para que el heredero adquiera los bienes del causante es necesario la premoriencia de éste.

— A las donaciones *mortis causa* se les aplica las reglas de forma de las disposiciones testamentarias.

De la jurisprudencia del Tribunal Supremo podemos destacar que para que haya donación *mortis causa* es imprescindible que la donación se haga en contemplación de la muerte, sin la intención del

EXPONEN

I. Don ... es dueño en pleno dominio de la siguiente finca urbana[25]:

... (Descripción).
Título: ...
Cargas y arrendamientos: ...
Inscripción: ...
Referencia catastral: ...[26]
Normas sobre propiedad horizontal: ...

II. Don ... ocupa la vivienda antes descrita en concepto de arrendatario de Don ..., careciendo éste de herederos forzosos o legitimarios.

III. Dada la avanzada edad de Don ..., que el mismo padece una grave enfermedad y que en breves fechas ha de someterse a una intervención quirúrgica que además hace temer por su vida, los comparecientes han convenido otorgan el presente documento y al efecto:

ESTIPULAN

PRIMERO. Don ... DONA a Don ..., que ACEPTA en este acto, el pleno dominio de la finca descrita en la exposición de esta escritura.

---

donante de perder la libre disposición de los o cosas donadas, no produciendo pues efectos en vida del donante: la muerte de éste tendría para tal negocio dispositivo el valor o presupuesto de eficacia o de *condicio iuris*, de significación igual a la que la muerte del testador tiene para el testamento.

Se caracteriza, pues, por la permanencia del dominio y libre disposición del donante de las cosas donadas y su falta de intención de perderla en caso de vivir, determinando que el donante no transfiere en el presente la propiedad, ni siquiera difiere transferencia a plazo que pueda transcurrir mientras viva, sino que se fija para el efecto de la donación la época o momento de su muerte, disponiendo así para después de su muerte de algo que le pertenece, sin que pueda alterar la esencia de ese concepto la forma empleada para la expresión de la voluntad si ésta es que solamente con posterioridad a la muerte del donante haga suyo el donatario lo que fue objeto de donación.

Reiterada jurisprudencia afirma que «la donación *mortis causa* carece de validez si no se guardan en su otorgamiento las reglas dispuestas en el capítulo de la sucesión testamentaria, lo que supone la inexcusable sumisión a los requisitos formales exigidos para otorgarla» —STS 25.10.2000—.

Según nuestro TS, las donaciones *mortis causa* son esencialmente revocables, al serles de aplicación las reglas de la sucesión testamentaria. Por tanto para la revocación de donaciones *mortis causa* se requiere la forma testamentaria.

La donación *mortis causa* no requiere la aceptación hasta después de la muerte del donante —RDGRN 29.7.1904—.

Entre otras, las Ss. TS siguientes: 8.5.1896; 21.10.1896; 28.1.1898; 3.1.1905; 12.2.1905; 24.4.1909; 14.12.1910; 4.11.1926; 8.7.1943; 19.6.1956; 29.10.1956; 27.3.1957; 7.1.1975; 24.2.1986; 15.7.1993; 13.6.1994; 9.6.1995; 25.07.1996, 27.3.1998 25.10.2000.

[25] Véase nota a pie de página número 1 del presente capítulo.

[26] Véase nota a pie de página número 3 del formulario 1, y la número 9 del formulario 5.

SEGUNDO. El donatario no adquirirá la propiedad de la finca donada en tanto no se produzca el fallecimiento del donante, y mientras tanto no podrá hacer uso de la misma en concepto de dueño ni llevar a cabo acto dispositivo alguno.

TERCERO. El donante se reserva la facultad de disponer libremente, mientras viva, de la finca donada, por cualquier acto de enajenación o gravamen y sin necesidad de contar con autorización expresa del donatario, de forma tal que quedaría revocada la presente donación si el donante dispusiera de la finca donada.

CUARTO. Todos los gastos que origine este otorgamiento los satisfará el donatario.

OTORGAMIENTO Y AUTORIZACIÓN

Hago las reservas y advertencias legales y fiscales, y en particular les advierto de las obligaciones y responsabilidades tributarias que incumben a las partes en su aspecto material, formal y sancionador, y de las consecuencias de toda índole que se derivarían de la inexactitud de sus declaraciones. Por su elección les leo el contenido de esta escritura, lo encuentran conforme y firman conmigo, el/la Notario, que doy fe de identificarles por sus respectivos documentos exhibidos y del total contenido de este instrumento público que queda extendido en ... folios de serie ..., números ... el presente y los ... inmediatos posteriores correlativos.

§13. SERVIDUMBRES

177

SERVIDUMBRE VOLUNTARIA DE PASO: CONSTITUCIÓN POR EL PADRE DE FAMILIA O DESTINO DEL PROPIETARIO. FINCAS COLINDANTES RESULTANTES DE SEGREGACIÓN Y VENTA

NÚMERO (Protocolo)

En ..., mi residencia, a ... de ... de ...

Ante mí, ..., Notario del Ilustre Colegio de ...

COMPARECEN

De una parte los cónyuges Don ... y Doña ..., mayores de edad, de profesión ..., vecinos de ..., domiciliados en calle ..., con DD.NN.II., respectivamente, números ... y ...

Y de otra, Don/Doña ..., mayor de edad, de profesión ..., casado con Doña/Don ... vecino de ..., domiciliado en ..., con DNI número ...

INTERVIENEN

En su propio nombre y derecho, y Don ... además en beneficio de su sociedad legal de gananciales.

Tienen a mi juicio capacidad legal suficiente para otorgar la presente escritura de SEGREGACIÓN, CONSTITUCIÓN DE SERVIDUMBRE Y COMPRAVENTA[1], a cuyo efecto:

---

[1] Hemos incluido expresamente el término servidumbre «voluntaria» ya que en un difícil intento de sistematizar esta complejísima materia de las servidumbres, podríamos decir que las legales vienen a ser, en mayor o menor medida, situaciones o restricciones impuestas por el legislador, y de ahí que su reconocimiento dependa del ejercicio de una acción (y por tanto de la existencia de una sentencia) o de actos administrativos. Sin perjuicio de ello, pero teniendo en cuenta lo expuesto, incluimos algún modelo de constitución de servidumbre legal, merced al reconocimiento por parte del titular del predio sirviente de que se dan las circunstancias o requisitos previstos legalmente para su existencia y vigencia.

EXPONEN

I. Los cónyuges Don ... y Doña ... son dueños en pleno dominio y con carácter ganancial de la siguiente finca rústica:

... (Descripción).
Título: ...

Dicho lo anterior, resaltamos algunos aspectos analizados por la doctrina jurisprudencial tanto de las servidumbres voluntarias en general, como de la de paso en particular y, especialmente, la del padre de familia. Y así:

1. Régimen legal aplicable: No les son de aplicación, por regla general, las normas de las servidumbres legales. Se rigen prioritariamente por el título de su constitución:

«Ciertamente las servidumbres voluntarias se rigen prioritariamente por el título de su constitución, determinante de los derechos de los predios dominantes y sirvientes, cualidad mutua que tienen todos los solares en que se dividió la finca matriz, y sólo en defecto de título se rigen por las disposiciones del Título VII, del Libro II del Código Civil que le sean aplicables, por lo que el Tribunal de instancia procedió a examinar el contrato y a interpretarlo cual le corresponde con carácter prevalente y que ha de mantenerse salvo que se acredite ser ilógica, contradictoria o vulneradora de algún precepto legal —Ss. TS 26.1.1981 [LA LEY, 1981-2, 724 (1031-R)]; 14.3.1981 [LA LEY, 1981-3, 639 (1550-R)]; 30.10.1982 [LA LEY, 1983-1, 970 (3621-R)]; 22.11.1982; 1.6.1983 [LA LEY, 1983-4, 820 (4418-R)]; 29.9.1983 (LA LEY, 1983-4, 744); 18.5.1984; 6.12.1985 (LA LEY, 1986-1, 513); 9.12.1985 (LA LEY, 1986-1, 623); 8.7.1986; 20.10.1986, 9.6.1997, 27.3.1999, 9.3.2001; entre otras muchas—, lo que justifica que las normas interpretativas o valorativas de prueba no puedan citarse en bloque, debiendo razonarse sobre cada una de las que se considera aplicable». En igual sentido las Ss. 25.2.1988 (LA LEY, 1988-2, 399), 15.2.1989 (Archivo La Ley, 1989, 1-409) y 14.12.1993 (Archivo La Ley, 1994, 258).

2. Sólo pueden establecerlas los dueños de las fincas a quienes afecten o quienes tengan su legal autorización. Además las servidumbres voluntarias no se presumen y, por tanto, deben ser probadas (Ss. TS 29.5.1979 y 2.10.1993).

Por su parte, la STS 10.6.1993 (Archivo La Ley, 1993-5, 878) establece que «si el causahabiente de la actora reconoció al demandado la potestad —dominical o no— de convenir con el mismo la construcción del camino, que se llevó a cabo en su día, no puede ahora la actual propietaria e hija del mismo alegar que aquél carecía de legitimación para convenir lo que supuso ser la constitución de la servidumbre de paso mediante título, constitución que no puede ser ahora desconocida por ella».

3. Título: Se conceptúa no como el documento, sino como el negocio jurídico del que nace la servidumbre [STS 23.6.1995 (Archivo La Ley, 1995, 819)], título que debe fijar la extensión de la servidumbre y la forma en que ha de ejercitarse (STS 29.5.1979).

Cuando se trata de un fundo indiviso, es necesario el consentimiento unánime de todos los copropietarios [STS 18.4.1995 (LA LEY, 1995-2, 699 (16824-R)].

Cabe la posibilidad de pactar en el título una condición resolutoria, y cumplida ésta, procede la extinción de la servidumbre [STS 18.4.1995 (LA LEY, 1995-2, 699 (16824-R)].

4. Constitución: «La servidumbre de paso, por ser discontinua, sólo puede adquirirse en virtud de título y, a falta del mismo, por escritura de reconocimiento del dueño del predio sirviente o por sentencia firme (artículos 539 y 540 Código Civil)» —STS 17.7.1995 [LA LEY, 1995-3, 615 (16992-R)—. En igual sentido la Ss. TS de 29.5.1979 y 23.6.1995. No cabe por usucapión (por prohibirlo los artículos 537 y 539 del Código Civil, salvo que se trate de posesión inmemorial comenzada antes de la promulgación del Código Civil, ni por actos de mera tolerancia —Ss. TS 7.1.1920; 3.7.1961; 14.6.1977; 6.12.1985 (LA LEY, 1986-1, 513); 21.10.1987 (Archivo La Ley, 1987, 1-171); 15.2.1989 (Archivo La Ley, 1989, 1-407); 5.3.1993 (Archivo La Ley, 1993-5, 557) y 30.4.1993 [LA LEY, 1993-3, 639 (15428-R)]—.

Ss. 2.10.1993: «Servidumbre no aparente en tanto que la tubería de conducción va enterrada. De acuerdo con el artículo 540, la falta de título no sólo puede ser suplida por el reconocimiento del dueño

Cargas y arrendamientos: Libre de ellos, excepto la servidumbre a la que se alude en este instrumento.

Inscripción: ...

Referencia catastral: ...[2].

II. Los comparecientes han convenido otorgar el presente documento y al efecto:

ESTIPULAN

PRIMERO. Los cónyuges Don ... y Doña ... segregan en este acto de la finca antes descrita, la que queda configurada como finca matriz, el trozo de terreno que

---

del predio sirviente en documento, sino también por sentencia forme, y ésta se tiene que producir como consecuencia de un pleito en el que se pruebe que hubo título para su constitución o, en otras palabras, negocio jurídico creador de la servidumbre, no que hubo un título en el sentido de documento en el que se consignó aquel negocio (Ss. 26.6.1981 y las que cita)».

5. Forma y artículo 34 de la Ley Hipotecaria: Ss. 2.10.1993: «Todo negocio jurídico ha de tener su causa en nuestro Derecho, sin que exista razón legal para hacer una distinción entre los productores de efectos obligacionales frente a los que los originan jurídico-reales, como la creación de una servidumbre. A ambos les es aplicable el artículo 1274 del Código Civil, y no probado en el pleito que el favorecido con la servidumbre hubiese satisfecho ninguna contraprestación ni que el dueño autorizante hubiese remunerado algo al consentir el gravamen de su propiedad, el negocio fue a título de liberalidad, por lo que el acuerdo de voluntades tenía que haber constado en escritura pública, por aplicación del artículo 633, que la exige de forma constitutiva (SS. 29.7.1989; 26.5.1992 y las que citan ambas)».

«Al amparo del artículo 1692.5.º de la Ley de Enjuiciamiento Civil alega infracción del artículo 34 de la Ley Hipotecaria. En la justificación de su pertinencia el recurrente dice que adquirió a título oneroso la finca presuntamente gravada, libre de cargas y gravámenes, con la única salvedad de la hipoteca que se describe en el propio título adquisitivo, ignorante de cualquier servidumbre constituida por el vendedor, y desconocer la inexactitud del Registro.

El motivo se estima porque, partiendo de que la servidumbre no es aparente, faltaba la inscripción en el Registro de la Propiedad para que pudiese perjudicar a quien reúne la cualidad de tercero hipotecario, que es la que tiene el recurrente al no haber declarado la sentencia recurrida que conocía la existencia del gravamen pese a no figurar inscrito al adquirir, por compraventa, la finca donde está enterrada la tubería».

6. Artículo 541 Código Civil: «Es significativo que en el título de adquisición del actor no conste la servidumbre que se pretende por la Comunidad de Propietarios, impidiendo todo ello la aplicación del artículo 541 del Código Civil, que sólo impone la servidumbre de paso sobre un predio a favor de otro perteneciente a un distinto propietario, cuando el anterior dueño de uno y otro hubiese establecido un signo aparente de servidumbre — Ss., entre otras, de 27.9.1984; 21.11.1985 (LA LEY, 1986-1, 413) y 6.12.1985 (LA LEY, 1986-1, 513)—, no siendo eficaz el signo establecido por persona distinta del propietario, ni los actos meramente tolerados, máxime cuando el actor ni ha consentido ni aceptado, cual muestra en su demanda» —Ss. 17.7.1995 [LA LEY, 1995-3, 617 (16997-R)]—.

«La doctrina jurisprudencia y la científica, interpretando el artículo 541 del Código Civil, han establecido cuatro requisitos para el nacimiento y adquisición de las denominadas servidumbres de paso por destino del padre de familia o destino del propietario: la existencia de uno o más predios pertenecientes al mismo propietario; un estado o situación de hecho en el predio único, o en ambos, del que resulte visible y fácilmente comportable la existencia del servicio prestado; que dichos signos hayan sido establecidos por el titular de ambos predios o de la finca única que luego se divide; y que el estado de hecho se transforme en gravamen mediante la enajenación de uno de los fundos o la división del único» —Ss. TS. 21.7.1971; 3.7.1982 (LA LEY, 1982-4, 766) y 7.7.1983 [LA LEY, 1983-4, 862 (4571-R)]—.

[2] Véase nota a pie de página número 3 del formulario 1, y la número 9 del formulario 5.

a continuación se expresa, con los linderos y superficie que también se indica, y que solicitan del Registrador de la Propiedad sea inscrita como finca independiente:

... (Descripción).
Título: ...
Cargas y arrendamientos: Libre de ellos.

La citada finca se forma pues por segregación de la finca matriz, que queda como resto, y descripción queda como a continuación se expresa:

(...)

SEGUNDO. Sobre el resto de la finca matriz descrita anteriormente, se constituye como predio sirviente, servidumbre de paso en beneficio de la parcela segregada, como predio dominante. En virtud de la servidumbre, en el predio sirviente se dejará una franja de terreno de dos metros de anchura y que partirá del lindero norte hasta el sur, atravesando toda la finca.

Esta servidumbre se constituye por tiempo indefinido, quedando vinculada su eficacia a la efectiva enajenación de cualquiera de las dos antes citadas, o sea, de la matriz o de la parcela segregada.

El dueño del predio sirviente expresa y recíprocamente se obliga a no obstaculizar al dueño del predio dominante el paso concedido, por lo que no podrá llevar a efecto cualquier modificación de índole material o jurídica que impida o dificulte al propietario del predio dominante el ejercicio de la servidumbre que en este acto se constituye.

Se valora esta servidumbre en ... euros.

TERCERO. Los cónyuges Don ... y Doña ... venden y transmiten a Don ..., que acepta en el presente acto y para su sociedad de gananciales, la parcela segregada antes mencionada por cuerpo cierto y en la cantidad de ... euros que confiesan los vendedores tener recibido del comprador y en metálico con anterioridad a este acto, otorgándole plena y eficaz carta de pago por el referido importe.

La venta se efectúa libre de cargas y gravámenes, sin perjuicio de la servidumbre a que se alude en la anterior estipulación.

CUARTO. Todos los gastos e impuesto que origine el otorgamiento de esta escritura serán satisfechos por el comprador.

OTORGAMIENTO Y AUTORIZACIÓN

Hago las reservas y advertencias legales y fiscales, y en particular les advierto de las obligaciones y responsabilidades tributarias que incumben a las partes en su aspecto material, formal y sancionador, y de las consecuencias de toda índole que se derivarían de la inexactitud de sus declaraciones.

Por su elección les leo el contenido de esta escritura, lo encuentran conforme y firman conmigo, el/la Notario, que doy fe de identificarles por sus respectivos documentos exhibidos y del total contenido de este instrumento público que queda extendido en ... folios de serie ..., números ... el presente y los ... inmediatos posteriores correlativos.

178

SERVIDUMBRE RECÍPROCA DE PASO: RAMPA DE GARAJE

NÚMERO (Protocolo)

En ..., mi residencia, a ... de ... de ....

Ante mí, ..., Notario del Ilustre Colegio de ...

COMPARECEN

Los cónyuges Don ... y Doña ..., mayores de edad, de profesión ..., vecinos de ..., domiciliados en calle ..., con DD.NN.II., respectivamente, números ... y ...

INTERVIENEN

En su propio nombre y derecho.

Tienen a mi juicio capacidad legal suficiente para otorgar la presente escritura de DECLARACIÓN DE OBRA NUEVA CONSTRUIDA, DIVISIÓN HORIZONTAL Y CONSTITUCIÓN DE SERVIDUMBRE, a cuyo efecto:

EXPONEN

I. Los cónyuges Don ... y Doña ... son dueños en pleno dominio y con carácter ganancial de la siguiente finca urbana:

Un trozo de tierra de secano, hoy solar sito en ... (Descripción).

Título: ...
Cargas y arrendamientos: Libre de ellos.
Inscripción: ...
Referencia catastral: ...[3].

[3] Véase nota a pie de página número 3 del formulario 1, y la número 9 del formulario 5.

II. Sobre el solar antes descrito los señores comparecientes, sin adeudar nada ni por materiales, mano de obra ni dirección técnica, han CONSTRUIDO un edificio con la siguiente descripción: ...

Un edificio situado en término de ..., calle ..., compuesto de planta de sótano, planta baja y tres plantas altas, destinadas todas ellas a plazas de garaje y con una superficie total cada una de las plantas de ... metros cuadrados para una útil de ... metros cuadrados, dotada la planta de sótano de acceso independiente mediante rampa abierta en la calle ... y mediante escalera interior y ascensor que lo comunica con zaguán abierto en la planta baja y en las tres plantas altas.

El total edificio está cubierto de terraza visitable a catalana, ubicándose en ella los casetones de escalera de acceso y ascensor que se encuentran cubiertos de teja y linda: Norte ...; Sur, ...; Este, ...; y Oeste, ...

El valor de la obra declarada se estima en ... euros, de los cuales ... euros corresponden a la obra y ... euros al solar.

III. Los comparecientes establecen para el edificio descrito, el régimen de propiedad horizontal, siendo la descripción general del inmueble la que consta en el apartado anterior de esta exposición, y los departamentos susceptibles de aprovechamiento independiente que lo integran y el régimen que para ello se constituye como siguen:

DESCRIPCIÓN DE LOS DEPARTAMENTOS O PLAZAS DE GARAJE.

NÚMERO UNO. Plaza de garaje identificada con el número X

... (Descripción).
Cuota: ...
Referencia catastral: ...[4].

NÚMERO DOS. Plaza de garaje identificada con el número XX
... (Descripción).
Cuota: ...
Referencia catastral: ...[5].

NÚMERO TRES. ...
Cuota: ...
Referencia catastral: ...[6].

---

4 *Idem* nota 3 anterior de este formulario número 178.

5 *Idem* nota 3 anterior de este formulario número 178.

6 *Idem* nota 3 anterior de este formulario número 178.

...

...

RÉGIMEN DE LA COMUNIDAD: La Propiedad Horizontal del inmueble se regirá por las normas de la Ley de 21 de Julio de 1960, y demás disposiciones complementarias sobre la materia, con las siguientes matizaciones:

1. Aparte de la propiedad particular de cada departamento, corresponderá a los titulares de éstos como anejo inseparable una cuota en la copropiedad de los elementos comunes del edificio, igual a la señalada al final de la descripción de cada uno de ellos, y en la misma proporción los titulares habrán de contribuir a los gastos originados por razón de la comunidad.

2. Para regular detalles de convivencia y adecuada utilización de los servicios y cosas comunes, los propietarios de los departamentos en su día, podrán establecer normas de régimen interior, que obligarán a todo titular en tanto no fueren modificadas.

IV. Los señores comparecientes me acreditan el otorgamiento de la preceptiva licencia de edificación y que la descripción de la obra descrita se ajusta al proyecto para el que obtuvo la licencia, exhibiéndome a tales efectos la antedicha licencia, de fecha ..., y un certificado expedido por el Arquitecto Don ..., con fecha ..., incorporando a esta matriz testimonio de ambos documentos para su traslado en las copias que de la presente se expidan.

V. Y expuesto todo lo anterior:

OTORGAN

PRIMERO. Los señores comparecientes declaran la obra nueva realizada sobre la finca descrita en el exponendo I, de esta escritura, conforme a la descripción hecha en el exponendo II, y constituyen régimen de propiedad horizontal conforme se describe en el exponendo III, solicitando del Señor Registrador de la Propiedad las inscripciones pertinentes con los departamentos en números separados y bajo el régimen de propiedad horizontal estatuido.

SEGUNDO. Sobre las fincas resultantes de la división descritas en el exponendo II como departamentos números uno y dos (plazas de garaje X y XX) se establece servidumbre recíproca de utilización de rampa de acceso a garaje, cuya rampa se encuentra construida por mitad en terreno de ambas fincas, siendo cada una de las fincas, a la vez, predio dominante y sirviente y con el siguiente contenido.

En cuanto al departamento o finca descrita con el número uno o plaza de garaje número X (derecha) la superficie a que afecta la servidumbre es de siete metros cuadrados ubicados en el lindero noroeste de la total finca en la planta de sótano con una longitud aproximada en el lindero oeste, que es el que da entrada a la rampa, de dos metros y cincuenta y cinco decímetros cuadrados.

En cuanto al departamento o finca descrita con el número dos o plaza de garaje número XX (izquierda) la superficie a que afecta la servidumbre es de siete metros cuadrados ubicados en el lindero suroeste de la total finca en la planta de sótano con una longitud aproximada de en el lindero oeste, que es el que da entrada a la rampa, de dos metros y cincuenta y cinco decímetros cuadrados.

En cuanto al contenido de la servidumbre, ésta da derecho a cada una de las fincas mencionadas a utilizar en su totalidad la rampa de acceso a la respectiva puerta de su garaje —cuya rampa se encuentra construida en su mitad en terreno de ambas fincas— con una línea aproximadamente de cinco metros y diez centímetros de frente ubicada en el lindero oeste de ambos predios y un fondo, medido desde el centro de dicha línea, de aproximadamente dos metros y veinte decímetros.

Los gastos de conservación y cualesquiera otros que origine su uso serán satisfechos por partes iguales, quedando recíprocamente obligados a permitir el acceso de operarios para los supuestos de reparación de posibles averías o revisión y limpieza.

La servidumbre se constituye con carácter permanente y real y se valora en la cantidad de ... euros.

AUTORIZACIÓN

Hago las reservas y advertencias legales y fiscales, y en particular les advierto de las obligaciones y responsabilidades tributarias que incumben a las partes en su aspecto material, formal y sancionador, y de las consecuencias de toda índole que se derivarían de la inexactitud de sus declaraciones.

Por su elección les leo el contenido de esta escritura, lo encuentran conforme y firman conmigo, el/la Notario, que doy fe de identificarles por sus respectivos documentos exhibidos y del total contenido de este instrumento público que queda extendido en ... folios de serie ..., números ... el presente y los ... inmediatos posteriores correlativos ...

179

Servidumbre Recíproca De Acceso: Paso De Personas Y Vehículos

NÚMERO (Protocolo)

En ..., mi residencia, a ... de ... de ...

Ante mí, ..., Notario del Ilustre Colegio de ...

COMPARECEN

De una parte los cónyuges Don ... y Doña ..., mayores de edad, de profesión ..., vecinos de ..., domiciliados en calle ..., con DD.NN.II., respectivamente, números ... y ...

Y de otra, Don ..., mayor de edad, de profesión ..., casado con Doña ... bajo el régimen de absoluta separación de bienes, según escritura otorgada ante mí en fecha ... con el número ... de su Protocolo, vecino de ..., domiciliado en calle ..., con DNI número ...

INTERVIENEN

En su propio nombre y derecho.

Tienen a mi juicio capacidad legal suficiente para otorgar la presente escritura de CONSTITUCIÓN DE SERVIDUMBRE, a cuyo efecto:

EXPONEN

I. Los cónyuges Don ... y Doña ... son dueños en pleno dominio y con carácter ganancial de la siguiente finca urbana:

Vivienda unifamiliar sita en ... (Descripción).

Título: ...

Cargas y arrendamientos: Libre de ellos, salvo la servidumbre a que se contrae el presente título.

Inscripción: ...

Referencia catastral: ...[7].

II. Don ... es titular del pleno dominio y con carácter privativo de la siguiente finca urbana:

Vivienda unifamiliar sita en ... (Descripción).

Título: ...

Cargas y arrendamientos: Libre de ellos, salvo la servidumbre a que se contrae el presente título.

Inscripción: ...

Referencia catastral: ...[8].

III. Los comparecientes han convenido otorgar el presente documento y al efecto:

ESTIPULAN

PRIMERO. Don ... y Don ..., siendo colindantes las fincas de sus respectivas propiedades, descritas en el presente instrumento público, tienen convenida la constitución de una servidumbre recíproca de paso, a fin de formar una rampa común de acceso a sus respectivos sótanos o garajes, para lo cual los citados comparecientes Don ..., con el consentimiento de su también compareciente esposa, y Don ..., establecen recíprocamente la siguiente servidumbre:

1. Don ... establece servidumbre de paso para personas y vehículos, en beneficio de la finca colindantes por el lindero derecha entrando, propiedad de Don ..., a través de la franja de terreno de veinte metros cuadrados que constituye la rampa de acceso al sótano o garaje de su propiedad y que figura en la descripción de la finca realizada en el apartado I del exponendo de esta escritura.

2. Don ... establece servidumbre de paso para personas y vehículos, en beneficio de la finca colindantes por el lindero izquierda entrando, propiedad de Don ..., a través de la franja de terreno de veinte metros cuadrados que constituye la

[7] Véase nota a pie de página número 3 del formulario 1, y la número 9 del formulario 5.

[8] Véase nota a pie de página número 3 del formulario 1, y la número 9 del formulario 5.

rampa de acceso al sótano o garaje de su propiedad y que figura en la descripción de la finca realizada en el apartado II del exponendo de esta escritura.

SEGUNDO. La servidumbre se constituye por tiempo indefinido.

TERCERO. Cada uno de los dos comparecientes expresa y recíprocamente se obliga a no obstaculizar al dueño de la finca colindante el paso concedido, por lo que ninguno de ellos podrá llevar a efecto cualquier modificación de índole material o jurídica que impida o dificulte al propietario colindante el ejercicio de la servidumbre que en este acto se constituye.

CUARTO. Se valora la servidumbre constituida en la cantidad de ... euros.

QUINTO. Todos los gastos e impuestos derivados del otorgamiento de este contrato serán satisfechos por mitad por los señores comparecientes Don ... y Don ...

OTORGAMIENTO Y AUTORIZACIÓN

Hago las reservas y advertencias legales y fiscales, y en particular les advierto de las obligaciones y responsabilidades tributarias que incumben a las partes en su aspecto material, formal y sancionador, y de las consecuencias de toda índole que se derivarían de la inexactitud de sus declaraciones.

Por su elección les leo el contenido de esta escritura, lo encuentran conforme y firman conmigo, el/la notario, que doy fe de identificarles por sus respectivos documentos exhibidos y del total contenido de este instrumento público que queda extendido en ... folios de serie ..., números ... el presente y los ... inmediatos posteriores correlativos.

180

Servidumbre De Paso Constituida Por Pacto Entre Los Titulares De Los Predios Colindantes

NÚMERO (Protocolo)

En ..., mi residencia, a ... de ... de ...

Ante mí, ..., Notario del Ilustre Colegio de ...

COMPARECEN

De una parte los cónyuges Don ... y Doña ..., mayores de edad, agricultores, vecinos de ..., domiciliados en calle ..., con DD.NN.II., respectivamente, números ... y ...

Y de otra, Don ..., mayor de edad, agricultor, soltero, vecino de ..., domiciliado en calle ..., con DNI número ...

INTERVIENEN

En su propio nombre y derecho.

Tienen a mi juicio capacidad legal suficiente para otorgar la presente escritura de CONSTITUCIÓN DE SERVIDUMBRE, a cuyo efecto:

EXPONEN

I. Los cónyuges Don ... y Doña ... son dueños en pleno dominio y con carácter ganancial de la siguiente finca rústica:

... (Descripción).
Título: ...

Cargas y arrendamientos: Libre de ellos, salvo la servidumbre a que se contrae el presente título.

Inscripción: ...

Referencia catastral: ...[9].

II. Don ... es titular del pleno dominio de la siguiente finca rústica:

... (Descripción).

Título: ...

Cargas y arrendamientos: Libre de ellos, salvo la servidumbre a que se contrae el presente título.

Inscripción: ...

Referencia catastral: ...[10].

III. Tal y como se expone en los apartados anteriores, las fincas de los cónyuges Don ... y Doña ..., por un lado, y de Don ..., por otro, se encuentran separadas, respectivamente por sus linderos sur y norte por un antiguo camino de paso de ganado, perteneciente de por mitad a los señores colindantes, por lo que habiendo convenido los comparecientes otorgar el presente documento, al efecto:

ESTIPULAN

PRIMERO. Don ... y Don ..., siendo colindantes las fincas de sus respectivas propiedades, descritas en el presente instrumento público, tienen convenida la constitución de una servidumbre recíproca de paso, a fin de formar un camino común de paso y acceso tanto de maquinaria, vehículos, animales y personas a sus respectivos predios desde la carretera ..., para lo cual los citados comparecientes Don ..., con el consentimiento de su también compareciente esposa, y Don ..., establecen recíprocamente la siguiente servidumbre:

1. Don ... establece servidumbre de paso y acceso para maquinaria, vehículos, animales y personas, en beneficio de la finca colindante por el lindero norte, propiedad de Don ..., a través de la franja de terreno de cuatro metros de anchura que discurre por todo el lindero sur según la descripción de la finca realizada en el apartado I del exponendo de esta escritura y hasta el eje del antiguo camino existente.

2. Don ... establece servidumbre de paso y para maquinaria, vehículos, animales y personas, en beneficio de la finca colindante por el lindero sur, propiedad de

[9] Véase nota a pie de página número 3 del formulario 1, y la número 9 del formulario 5.

[10] Véase nota a pie de página número 3 del formulario 1, y la número 9 del formulario 5.

los cónyuges Don ... y Don ..., a través de la franja de terreno de cuatro metros de anchura que discurre por todo el lindero norte según la descripción de la finca realizada en el apartado II del exponendo de esta escritura y hasta el eje del antiguo camino existente.

El citado camino ha sido construido con los siguientes materiales: ...

Los gastos de conservación y reparación del camino serán satisfechos de por mitad entre los titulares de los dos predios colindantes.

SEGUNDO. La servidumbre se constituye por tiempo indefinido.

TERCERO. Cada uno de los dos comparecientes expresa y recíprocamente se obliga a no obstaculizar al dueño de la finca colindante el paso concedido, por lo que ninguno de ellos podrá llevar a efecto cualquier modificación de índole material o jurídica que impida o dificulte al propietario colindante el ejercicio de la servidumbre que en este acto se constituye.

CUARTO. Se valora la servidumbre constituida en la cantidad de ... euros.

QUINTO. Todos los gastos e impuestos derivados del otorgamiento de este contrato serán satisfechos por mitad por los señores comparecientes Don ... y Don ...

OTORGAMIENTO Y AUTORIZACIÓN

Hago las reservas y advertencias legales y fiscales, y en particular les advierto de las obligaciones y responsabilidades tributarias que incumben a las partes en su aspecto material, formal y sancionador, y de las consecuencias de toda índole que se derivarían de la inexactitud de sus declaraciones.

Por su elección les leo el contenido de esta escritura, lo encuentran conforme y firman conmigo, el/la Notario, que doy fe de identificarles por sus respectivos documentos exhibidos y del total contenido de este instrumento público que queda extendido en ... folios de serie ..., números ... el presente y los ... inmediatos posteriores correlativos.

181

SERVIDUMBRE FORZOSA DE PASO: ARTÍCULO 567 DEL CÓDIGO CIVIL

NÚMERO (Protocolo)

En ..., mi residencia, a ... de ... de ...

Ante mí, ..., Notario del Ilustre Colegio de ...

COMPARECEN

De una parte los cónyuges Don ... y Doña ..., mayores de edad, agricultores, vecinos de ..., domiciliados en calle ..., con DD.NN.II., respectivamente, números ... y ...

Y de otra, Don ..., mayor de edad, agricultor, soltero, vecino de ..., domiciliado en calle ..., con DNI número ...

INTERVIENEN

En su propio nombre y derecho.

Tienen a mi juicio capacidad legal suficiente para otorgar la presente escritura de RECONOCIMIENTO DE EXISTENCIA DE SERVIDUMBRE[11], a cuyo efecto:

---

11 *Vid.* art. 567 en relación con artículos 564 y 565 del Código Civil.

STS 13.6.1989 [LA LEY, 1989-3, 740 (12090-R)]. Contempla el supuesto de acción para reconocimiento de la servidumbre de paso a favor de finca rústica enclavada entre predios de la misma naturaleza propiedad de los demandados:

«El requisito de la necesidad que justifica la constitución de la servidumbre de paso con carácter forzoso, no implica la total carencia de salida a camino público del fundo a cuyo favor se pretende constituir, sino que también se da cuando la salida existente sea insuficiente para atender las necesidades de aquél, tenidas en cuenta las circunstancias concurrentes en el caso concreto, requisito que ha sido configurado por reiterada jurisprudencia de esta Sala de la que es exponente la Sentencia de 29.3.1977 que establece acogiendo la doctrina de las varias sentencias que cita que "se exige que responda no al capri-

EXPONEN

I. Don ... es titular del pleno dominio de la siguiente finca rústica:

... (Descripción).
Título: ...
Cargas y arrendamientos: ...
Inscripción: ...
Referencia catastral: ...[12].

II. Como se indica en el título reseñado en el apartado I de este exponendo, Don ... adquirió la finca por compra a los cónyuges Don ... y Don ...

III. Los señores comparecientes reconocen expresamente que la finca adquirida por Don ... se encuentra enclavada entre otras propiedades de los cónyuges transmitentes Don ... y Doña ... y, por tanto, se dan las circunstancias y requisitos establecidos imperativamente por el artículo 567 del Código Civil y la consiguiente obligación de los cónyuges transmitentes de dar paso a Don ... sin indemnización salvo pacto en contrario ...

IV. Habiendo convenido los comparecientes otorgar el presente documento, al efecto:

RECONOCEN Y ESTIPULAN

PRIMERO. La finca propiedad de Don ... a que se alude en el apartado I del exponendo, se encuentra enclavada entre las siguientes de los cónyuges Don ... y Doña ..., y por tanto sin paso o sin salida alguna:

---

cho o simple conveniencia del titular del dominante, sino a la verdadera necesidad según se dice inequívoca y terminantemente en los artículos 564, párrafo segundo, 566, 569 (donde se habla de 'indispensable') y 570, párrafo tercero, todos ellos del Código Civil, de tal modo que el derecho cesa cuando desaparece la necesidad (art. 568), teniendo siempre que mediar la pertinente indemnización (artículos 564, 568 y 569) y ordenándose en el artículo 565, que el paso tendrá que darse por el punto menos perjudicial al predio sirviente"».

«La senda de un metro que establece es suficiente para la satisfacción de las necesidades del predio dominante, habida cuenta de la superficie de la misma y de la clase y entidad del cultivo a que se destina (...) la Sala, valorando acertadamente las pruebas practicadas y los informes periciales emitidos, ha tenido en cuenta las reales necesidades que surgen de la explotación del predio dominante y los medios mecánicos que han de utilizarse en ésta, sin que, en virtud del carácter restrictivo que rige la imposición de gravámenes de esta naturaleza, puedan exigir los recurrentes el pasado de cualquier tipo de vehículos o maquinaria agrícola a su finca limitando el dominio de los titulares de los predios colindantes, cuando el uso de tales medios mecánicos de explotación, distintos de los apreciables en la instancia, no se ha revelado útil ni necesario para el mayor rendimiento del cultivo existente en la finca, sin que puedan atenderse a razones de comodidad».

12 Véase nota a pie de página número 3 del formulario 1, y la número 9 del formulario 5.

1. ... (Descripción).
Título: ...
Cargas y arrendamientos: ...
Inscripción ...
Referencia Catastral: ...[13].

2. ... (Descripción).
Título: ...
Cargas y arrendamientos:. ...
Inscripción: ...
Referencia catastral: ...[14].

Para mayor claridad se incorpora y queda unida a la presente matriz, plano topográfico sobre la situación, ubicación, superficie y linderos de las fincas que se citan en la presente escritura.

SEGUNDO. Los cónyuges Don ... y Doña ... reconocen que sobre la finca descrita en la estipulación anterior con el número uno, e identificada en este instrumento como la finca registral número ... del Registro de la Propiedad Número ... de ..., como predio sirviente y por ser la menos perjudicial y a lo largo de todo su lindero oeste, el derecho de paso de Don ... desde su finca mencionada en el apartado I del exponendo, como predio dominante, por una franja de terreno de tres metros de anchura y que partirá precisamente del norte al sur, atravesando toda la finca de su propiedad y a lo largo del lindero oeste de la misma.

TERCERO. El paso existirá mientras sea necesario y subsista la actual imposibilidad de paso de Don ...

CUARTO. Don ... y Doña ..., expresamente se obligan a no obstaculizar a Don ... el paso concedido, por lo que no podrá llevar a efecto cualquier modificación de índole material o jurídica que impida o dificulte al citado Don ... el ejercicio del paso.

QUINTO. Se valora la servidumbre en ... euros.

SEXTO. Todos los gastos e impuestos derivados del otorgamiento de este instrumento serán satisfechos por mitad por los señores comparecientes Don ... y Don ...

---

[13] Véase nota a pie de página número 3 del formulario 1, y la número 9 del formulario 5.

[14] Véase nota a pie de página número 3 del formulario 1, y la número 9 del formulario 5.

OTORGAMIENTO Y AUTORIZACIÓN

Hago las reservas y advertencias legales y fiscales, y en particular les advierto de las obligaciones y responsabilidades tributarias que incumben a las partes en su aspecto material, formal y sancionador, y de las consecuencias de toda índole que se derivarían de la inexactitud de sus declaraciones.

Por su elección les leo el contenido de esta escritura, lo encuentran conforme y firman conmigo, el/la Notario, que doy fe de identificarles por sus respectivos documentos exhibidos y del total contenido de este instrumento público que queda extendido en ... folios de serie ..., números ... el presente y los ... inmediatos posteriores correlativos ...

182

Reconocimiento De La Servidumbre De Paso: Artículos 564 Y Siguientes Del Código Civil

NÚMERO (Protocolo)

En ..., mi residencia, a ... de ... de ...

Ante mí, ..., Notario del Ilustre Colegio de ...

COMPARECEN

De una parte los cónyuges Don ... y Doña ..., mayores de edad, agricultores, vecinos de ..., domiciliados en calle ..., con DD.NN.II., respectivamente, números ... y ...

Y de otra, Don ..., mayor de edad, agricultor, soltero, vecino de ..., domiciliado en calle ..., con DNI número ...

INTERVIENEN

En su propio nombre y derecho.

Tienen a mi juicio capacidad legal suficiente para otorgar la presente escritura de RECONOCIMIENTO DE EXISTENCIA DE SERVIDUMBRE, a cuyo efecto:

EXPONEN

I. Don ... es titular del pleno dominio de la siguiente finca rústica:

... (Descripción).
Título: ...
Cargas y arrendamientos: ...
Inscripción: ...
Referencia catastral: ...[15].

[15] Véase nota a pie de página número 3 del formulario 1, y la número 9 del formulario 5.

II. Los señores comparecientes reconocen expresamente que la finca adquirida por Don ... se encuentra enclavada entre otras propiedades de los cónyuges Don ... y Doña ... y, por tanto, se dan las circunstancias y requisitos establecidos imperativamente por el artículo 564 del Código Civil.

III. Habiendo convenido los comparecientes otorgar el presente documento, al efecto:

RECONOCEN Y ESTIPULAN

PRIMERO. La finca propiedad de Don ... a que se alude en el apartado I del exponendo, se encuentra enclavada entre las siguientes de los cónyuges Don ... y Doña ..., y por tanto sin paso ni salida a la carretera que va desde XX a XXX.

1. ... (Descripción).
Título: ...
Cargas y arrendamientos: ...
Inscripción: ...
Referencia catastral: ... [16].

2. ... (Descripción).
Título: ...
Cargas y arrendamientos: ...
Inscripción: ...
Referencia catastral: ...[17].

Para mayor claridad se incorpora y queda unida a la presente matriz, plano topográfico sobre la situación, ubicación, superficie y linderos de las fincas que se citan en la presente escritura, plano que se identifica como número uno.

SEGUNDO. Los cónyuges Don ... y Doña ... reconocen que sobre la finca descrita en la estipulación anterior con el número uno, e identificada en este instrumento como la finca registral número ... del Registro de la Propiedad Número ... de ..., como predio sirviente y por ser la menos perjudicial, se constituye servidumbre forzosa de paso a pie de una anchura de cincuenta centímetros, discurriendo dicho paso desde el ángulo sudeste del predio dominante (finca propiedad de Don ..., descrita en el apartado I del exponendo) y a lo largo y de forma inmediata al lindero Este del predio sirviente hasta llegar al camino público o carretera de XX a XXX.

---

[16] Véase nota a pie de página número 3 del formulario 1, y la número 9 del formulario 5.

[17] Véase nota a pie de página número 3 del formulario 1, y la número 9 del formulario 5.

TERCERO. Don ... en este acto, indemniza a los cónyuges Don ... y Doña ... en la cantidad de ... euros en moneda de curso legal, como valor del terreno ocupado, de conformidad con lo establecido en el artículo 564 del Código Civil.

CUARTO. Don ... y Doña ..., expresamente se obligan a no obstaculizar a Don ... el paso concedido, por lo que no podrán llevar a efecto cualquier modificación de índole material o jurídica que impida o dificulte al citado Don ... el ejercicio del paso.

QUINTO. Todos los gastos e impuestos derivados del otorgamiento de este instrumento serán satisfechos por mitad por los señores comparecientes Don ... y Don ...

OTORGAMIENTO Y AUTORIZACIÓN

Hago las reservas y advertencias legales y fiscales, y en particular les advierto de las obligaciones y responsabilidades tributarias que incumben a las partes en su aspecto material, formal y sancionador, y de las consecuencias de toda índole que se derivarían de la inexactitud de sus declaraciones.

Por su elección les leo el contenido de esta escritura, lo encuentran conforme y firman conmigo, el/la Notario, que doy fe de identificarles por sus respectivos documentos exhibidos y del total contenido de este instrumento público que queda extendido en ... folios de serie ..., números ... el presente y los ... inmediatos posteriores correlativos.

183

SERVIDUMBRE DE ACUEDUCTO: TUBERÍA DE CONDUCCIÓN DE AGUA ENTERRADA

NÚMERO (Protocolo)

En ..., mi residencia, a ... de ... de ...

Ante mí, ..., Notario del Ilustre Colegio de ...

COMPARECEN

De una parte los cónyuges Don ... y Doña ..., mayores de edad, agricultores, vecinos de ..., domiciliados en calle ..., con DD.NN.II., respectivamente, números ... y ...

Y de otra, Don ..., mayor de edad, agricultor, de estado civil ..., vecino de ..., domiciliado en calle ..., con DNI número ...

INTERVIENEN

En su propio nombre y derecho.

Tienen a mi juicio capacidad legal suficiente para otorgar la presente escritura de RECONOCIMIENTO DE EXISTENCIA DE SERVIDUMBRE[18], a cuyo efecto:

---

[18] *Vid.* artículos 557 a 561 del Código Civil.

STS 2.1.1993: La conceptúa como continua, no aparente (al ir enterrada), legal y de acueducto:

«Servidumbre no aparente en tanto que la tubería de conducción va enterrada. De acuerdo con el artículo 540, la falta de título no sólo puede ser suplida por el reconocimiento del dueño del predio sirviente en documento, sino también por sentencia forme, y ésta se tiene que producir como consecuencia de un pleito en el que se pruebe que hubo título para su constitución o, en otras palabras, negocio jurídico creador de la servidumbre, no que hubo un título en el sentido de documento en el que se consignó aquel negocio (Ss. 26.6.1981 y las que cita). La prueba ha de hacerse por los medios admitidos en derecho, sin que exista precepto alguno que cercene aquellos en estos pleitos».

EXPONEN

I. Don ... es titular del pleno dominio de la siguiente finca rústica:

... (Descripción).
Título: ...
Cargas y arrendamientos: ...
Inscripción: ...
Referencia catastral: ...[19].

II. Los cónyuges Don ... y Doña ... son titulares de la siguiente finca rústica:

... (Descripción).
Título: ...
Cargas y arrendamientos: ...
Inscripción: ...
Referencia catastral: ...[20].

III. Habiendo convenido los comparecientes otorgar el presente documento, al efecto: ...

RECONOCEN Y ESTIPULAN

PRIMERO. Los señores comparecientes reconocen que las fincas descritas en los apartados I y II del exponendo son colindantes, y lindan, respectivamente, por el lindero este de la finca de Don ... y el lindero oeste de la finca de Don ... y Don ...

SEGUNDO. Los señores comparecientes igualmente reconocen el derecho de Don ... a hacer pasar agua, para servirse de ella en la vivienda propiedad de aquél, a través del predio propiedad de los cónyuges Don ... y Doña ...

«Al amparo del artículo 1692.5º de la Ley de Enjuiciamiento Civil alega infracción del artículo 34 de la Ley Hipotecaria. En la justificación de su pertinencia el recurrente dice que adquirió a título oneroso la finca presuntamente gravada, libre de cargas y gravámenes, con la única salvedad de la hipoteca que se describe en el propio título adquisitivo, ignorante de cualquier servidumbre constituida por el vendedor, y desconocer la inexactitud del Registro.

El motivo se estima porque, partiendo de que la servidumbre no es aparente, faltaba la inscripción en el Registro de la Propiedad para que pudiese perjudicar a quien reúne la cualidad de tercero hipotecario, que es la que tiene el recurrente al no haber declarado la sentencia recurrida que conocía la existencia del gravamen pese a no figurar inscrito al adquirir, por compraventa, la finca donde está enterrada la tubería».

[19] Véase nota a pie de página número 3 del formulario 1, y la número 9 del formulario 5.

[20] Véase nota a pie de página número 3 del formulario 1, y la número 9 del formulario 5.

TERCERO. El paso del agua se realizará mediante una tubería que atraviesa la finca de Don ... y Doña ... por el lindero norte de la misma y en su totalidad desde el lindero este al oeste, desde el cual, se introduce en la finca de Don ..., por ser la forma más conveniente y menos onerosa.

CUARTO. Don ... y Doña ... reconocen haber sido indemnizados a su entera satisfacción, si bien todos los gastos y perjuicios derivados de la instalación de la tubería son de cuenta de Don ...

QUINTO. Don ... y Doña ... podrán edificar sobre la tubería, si bien, no podrán hacerlo de forma que experimente perjuicio, ni que imposibilite las reparaciones o limpias necesarias.

SEXTO. Todos los gastos e impuestos derivados del otorgamiento de este instrumento serán satisfechos por mitad por los señores comparecientes Don ... y Don ...

OTORGAMIENTO Y AUTORIZACIÓN

Hago las reservas y advertencias legales y fiscales, y en particular les advierto de las obligaciones y responsabilidades tributarias que incumben a las partes en su aspecto material, formal y sancionador, y de las consecuencias de toda índole que se derivarían de la inexactitud de sus declaraciones.

Por su elección les leo el contenido de esta escritura, lo encuentran conforme y firman conmigo, el/ la Notario, que doy fe de identificarles por sus respectivos documentos exhibidos y del total contenido de este instrumento público que queda extendido en ... folios de serie ..., números ... el presente y los ... inmediatos posteriores correlativos.

184

Servidumbre De Desagüe: Vertiente De Tejados

NÚMERO (Protocolo)

En ..., mi residencia, a ... de ... de ...

Ante mí, ..., Notario del Ilustre Colegio de ...

COMPARECEN

De una parte los cónyuges Don ... y Doña ..., mayores de edad, agricultores, vecinos de ..., domiciliados en calle ..., con DD.NN.II., respectivamente, números ... y ...

Y de otra, Don ..., mayor de edad, agricultor, soltero, vecino de ..., domiciliado en calle ..., con DNI número ...

INTERVIENEN

En su propio nombre y derecho.

Tienen a mi juicio capacidad legal suficiente para otorgar la presente escritura de RECONOCIMIENTO DE EXISTENCIA DE SERVIDUMBRE[21], a cuyo efecto:

---

[21] En realidad entendemos que el artículo 586 del Código Civil vendría a suponer una limitación al dominio; el artículo 587, la existencia de una servidumbre voluntaria o adquirida por título o por usucapión; y el artículo 588, una servidumbre legal o forzosa.

La servidumbre de desagüe (arts. 586 y 587 del Código Civil) podría conceptuarse como positiva, continua, aparente, y susceptible de ser adquirida por prescripción de veinte años.

Entre otras, destacamos las siguientes sentencias:

1. STS de 25.10.1986:

«Del artículo 586 se deduce sin duda que el edificio de la recurrente debió ser construido de manera que las aguas pluviales caigan sobre su propio suelo o sobre terreno público y no sobre suelo del vecino.»

2. STS 16.5.1985:

EXPONEN

I. Don ... es titular del pleno dominio de la siguiente finca urbana:

... (Descripción).
Título: ...
Cargas y Arrendamientos: ...
Inscripción: ...
Referencia Catastral: ....[22]

II. Los cónyuges Don ... y Doña ... son titulares de la siguiente finca urbana:

... (Descripción).

«Las relaciones de vecindad contempladas en el artículo quinientos ochenta y seis del Código Civil en el cual se impone al propietario de un edificio construir los tejados y cubiertas de manera que viertan sobre su propio suelo o sobre sitio público y recoger las aguas pluviales que caigan sobre su propiedad "de modo que no causen perjuicio al predio contiguo", ordenamiento del cual se sigue la responsabilidad correlativa a su incumplimiento sin necesidad de apelar al artículo 1902, pues, en general, como dice la Sentencia de 3 de octubre de 1978, cualquier relación jurídica que conceda un medio específico para el resarcimiento será de preferente aplicación respecto de la responsabilidad extracontractual —Sentencias 4.10.1953, 3.6.1962, 11.3.1967, y, últimamente, 7.4.1983 [LA LEY, 1983-2, 918 (3793-R)], 5.10.1983, 18.10.1983 (LA LEY, 1984-1, 275) y 19.6.1984 [LA LEY, 1984-4, 851 (5575-R)]—, prioridad de la responsabilidad contractual *ato sens* que claramente expresan las dos últimas citadas al decir que si son netamente diferenciables los regímenes de responsabilidad de uno u otro origen, es de preferente aplicación *inter partes* la contractual; aparte de que en algunas de las citadas sentencias —9.3.1983 y 19.6.1984— se reputa el régimen de los artículos mil ciento uno a mil ciento siete del Código Civil, aunque con matizaciones, común a toda clase de responsabilidades de cualquier origen, por regular dentro del Código y la necesidad de llenar lagunas, a responsabilidad vista en general.»

3. STS 29.6.1988:

«El artículo 587 autoriza al dueño del predio que sufra la servidumbre de vertiente de los tejados, a dar otra salida a las aguas ... los demandados, aquí recurridos, quedan, en principio, obligados a hacer por sí mismos las obras necesarias para la nueva salida de aguas y sólo en el supuesto de que no las hagan, lo que habrá de ser comprobado en ejecución de sentencia, será cuando tenga virtualidad la indemnización concedida por el expresado precepto parra que los actores, aquí recurrentes, puedan hacerlas a costa de aquéllos (artículos 1098 del Código Civil y párrafo segundo del 924 de la Ley de Enjuiciamiento Civil), en cuyo sentido ha de entenderse, en dicho extremo, la sentencia recurrida, sin que la expresada matización o mayor precisión entrañe en modo alguno que la sentencia recurrida, haya incurrido en incongruencia por *ultra petita*, que es lo único que los recurrentes denuncian en este motivo, pues la indemnización por tal concepto, como la Sala a quo afirma en su sentencia, (fundamento noveno *in fine*), se hallaba comprendida "dentro de los pedimentos indemnizatorios formulados en la demanda".»

«La sentencia recurrida ha hecho una correcta aplicación del citado precepto (artículo 587), al permitir que los demandados, que pretenden dotar de más altura a la casa de su propiedad, puedan dar a las aguas pluviales que estaban obligados a recibir en el tejado de la casa de los actores aquí recurrentes, la salida que pericialmente se ha estimado idónea, sin causar perjuicio alguno al predio dominante, así como suprimir el alero de tejado que canalizaba dicha vertiente, el cual, además de ya ser innecesario, impedía la expresada mayor altura de la casa de los demandados que había de apoyarse en el muro medianero a que ya nos hemos referido, todo lo cual ha de comportar el decaimiento del motivo (...).»

[22] Véase nota a pie de página número 3 del formulario 1, y la número 9 del formulario 5.

Título: ...
Cargas y arrendamientos: ...
Inscripción: ...
Referencia catastral: ...[23].

III. Habiendo convenido los comparecientes otorgar el presente documento, al efecto:

RECONOCEN Y ESTIPULAN

PRIMERO. Los señores comparecientes reconocen que en la finca propiedad de Don ... existe construida una vivienda cuya pared, entrenado a la izquierda, está situada al borde de la propiedad Don ... y Doña ..., y el alero del tejado de esa pared sobresale o vuela veinte centímetros sobre la finca propiedad de los cónyuges citados.

SEGUNDO. Que siendo el tejado la parte o una de las partes de un edificio sobre el que recaen las aguas de la lluvia, y existiendo esta situación durante más de veinte años, se reconoce el derecho de Don ..., de conformidad con lo dispuesto en los artículos 586 y 587 del Código Civil, a verter el agua sobre el fundo vecino propiedad de Don ... y Doña ...

TERCERO. Todos los gastos e impuestos derivados del otorgamiento de este instrumento serán satisfechos por mitad por los señores comparecientes Don ... y Don ....

OTORGAMIENTO Y AUTORIZACIÓN

Hago las reservas y advertencias legales y fiscales, y en particular les advierto de las obligaciones y responsabilidades tributarias que incumben a las partes en su aspecto material, formal y sancionador, y de las consecuencias de toda índole que se derivarían de la inexactitud de sus declaraciones.

Por su elección les leo el contenido de esta escritura, lo encuentran conforme y firman conmigo, el/la Notario, que doy fe de identificarles por sus respectivos documentos exhibidos y del total contenido de este instrumento público que queda extendido en ... folios de serie ..., números ... el presente y los ... inmediatos posteriores correlativos.

---

[23] Véase nota a pie de página número 3 del formulario 1, y la número 9 del formulario 5.

185

MEDIANERÍA

NÚMERO (Protocolo)

En ..., mi residencia, a ... de ... de ...

Ante mí, ..., Notario del Ilustre Colegio de ...

COMPARECEN

De una parte los cónyuges Don ... y Doña ..., mayores de edad, agricultores, vecinos de ..., domiciliados en calle ..., con DD.NN.II., respectivamente, números ... y ...

Y de otra, Don ..., mayor de edad, agricultor, soltero, vecino de ..., domiciliado en calle ..., con DNI número ...

INTERVIENEN

En su propio nombre y derecho.

Tienen a mi juicio capacidad legal suficiente para otorgar la presente escritura de CONSTITUCIÓN DE SERVIDUMBRE DE MEDIANERÍA[24], a cuyo efecto:

---

[24] Entendemos que la medianería puede constituirse por: acto de voluntad —*vid.* STS de 5.10.1989 [LA LEY, 1989-4, 849 (12365-R)]—; por presunción o signo aparente, en el caso del artículo 541 del Código Civil (STS 13.5.1986); y por usucapión, según algún sector doctrinal.

En cuanto al concepto de medianería y sus elementos, la STS de 5.10.1989 [LA LEY, 1989-4, 849 (12365-R)] nos dice lo siguiente:

«Es bien conocido que en un sentido usual se entiende por medianería a la pared común de dos casas, así como medianeros las paredes, muros, cercas, etc., que estando en el límite de dos heredades pertenecientes a distinto propietarios las separa o delimita, correspondiendo a una condición o situación de hecho, pero que con cuya base puede convertirse en una relación de derecho en la que son términos o elementos reales dichas paredes, muros, cercas, etc., que median entre las fincas y términos o elementos personales los propietarios de dichas fincas limítrofes o colindantes, de tal modo separados, generándose ya la situación jurídica de "medianería", que crea el derecho de los propietarios de aquellas

EXPONEN

I. Don ... es titular del pleno dominio de la siguiente finca urbana sita en la denominada «Urbanización XX»:

... (Descripción).
Título: ...
Cargas y arrendamientos:.
Inscripción: ...
Referencia Catastral: ...[25].

II. Los cónyuges Don ... y Doña ... son titulares de la siguiente finca urbana, sita igualmente en la denominada «Urbanización XX»:

... (Descripción).
Título: ...
Cargas y arrendamientos:. ...
Inscripción: ...
Referencia catastral: ...[26].

III. Habiendo convenido los comparecientes otorgar el presente documento, al efecto:

RECONOCEN Y ESTIPULAN

PRIMERO. Los señores comparecientes reconocen la condición de medianeras de las paredes y celosías que separan las casas de los comparecientes, por los linderos este de la finca propiedad de Don ..., y oeste de la finca propiedad de los cónyuges Don ... y Doña ...

SEGUNDO. Los comparecientes tienen, por razón de la medianería, los derechos y obligaciones que establecen las leyes y, particularmente, conforme al ar-

---

fincas, sobre las susodichas paredes, muros, cercas, etc., constituyéndose en copropietarios de las mismas, lo que ha de comportar una serie de derechos y obligaciones correspondientes a tal situación que se viene configurando como de copropiedad; en consecuencia no hay medianería en su acepción jurídica si no se da dicha copropiedad por parte de uno y otro propietario de las correspondientes fincas limítrofes.»

En cuanto a la admisión de la medianería horizontal, véase la Resolución de la Dirección General de los Registros y del Notariado de fecha 6.11.1985.

También la STS de 29.6.1988 respecto del supuesto de división material de una finca inicialmente única.

[25] Véase nota a pie de página número 3 del formulario 1, y la número 9 del formulario 5.

[26] Véase nota a pie de página número 3 del formulario 1, y la número 9 del formulario 5.

tículo 575 del Código Civil, costear de por mitad la conservación, reparación o mantenimiento de las paredes y celosías.

TERCERO. Todos los gastos e impuestos derivados del otorgamiento de este instrumento serán satisfechos por mitad por los señores comparecientes Don ... y Don ...

OTORGAMIENTO Y AUTORIZACIÓN

Hago las reservas y advertencias legales y fiscales, y en particular les advierto de las obligaciones y responsabilidades tributarias que incumben a las partes en su aspecto material, formal y sancionador, y de las consecuencias de toda índole que se derivarían de la inexactitud de sus declaraciones.

Por su elección les leo el contenido de esta escritura, lo encuentran conforme y firman conmigo, el/la notario, que doy fe de identificarles por sus respectivos documentos exhibidos y del total contenido de este instrumento público que queda extendido en ... folios de serie ..., números ... el presente y los ... inmediatos posteriores correlativos.

186

MEDIANERÍA: ELEVACIÓN Y ALZADO DE PARED MEDIANERA (ARTÍCULO 577) Y ADQUISICIÓN DE MEDIANERÍA (ARTÍCULOS 578 Y 579) EN PARED INICIALMENTE MEDIANERA

NÚMERO (Protocolo)

En ..., mi residencia, a ... de ... de ...

Ante mí, ..., Notario del Ilustre Colegio de ...

COMPARECEN

De una parte los cónyuges Don ... y Doña ..., mayores de edad, agricultores, vecinos de ..., domiciliados en calle ..., con DD.NN.II., respectivamente, números ... y ...

Y de otra, Don ..., mayor de edad, agricultor, soltero, vecino de ..., domiciliado en calle ..., con DNI número ...

INTERVIENEN

En su propio nombre y derecho.

Tienen a mi juicio capacidad legal suficiente para otorgar la presente escritura de CONSTITUCIÓN DE SERVIDUMBRE DE MEDIANERÍA, a cuyo efecto:

EXPONEN

I. Don ... es titular del pleno dominio de la siguiente finca urbana sita en la denominada «Urbanización XX»:

... (Descripción).
Título: ...
Cargas y arrendamientos:. ...

Inscripción: ...
Referencia catastral: ...[27].

II. Los cónyuges Don ... y Doña ... son titulares de la siguiente finca urbana, sita igualmente en la denominada «Urbanización XX»:

... (Descripción).
Título: ...
Cargas y arrendamientos: ...
Inscripción: ...
Referencia catastral: ...[28].

III. En fecha ... los señores comparecientes otorgaron ante mí, con el número ... de este Protocolo, escritura de constitución de servidumbre de medianería de las paredes y celosías que separan las casas de los comparecientes, por los linderos este de la finca propiedad de Don ..., y oeste de la finca propiedad de los cónyuges Don ... y Doña ...

IV. Habiendo convenido los comparecientes otorgar el presente documento, al efecto:

RECONOCEN Y ESTIPULAN

PRIMERO. Don ... ha elevado en ... metros la pared y celosía mencionada en el apartado III del exponendo, a su costa, y para que la pared pudiese soportar la mayor elevación, la ha reconstruido a su costa y sobre terreno de su propiedad, con una base de cincuenta centímetros de ancha dentro de la finca propiedad de Don ... y a lo largo de todo el lindero este de su finca ...

SEGUNDO. Los cónyuges Don ... y Doña ... adquieren en este acto los derechos de medianería sobre la mayor elevación y espesor de la pared medianera inicialmente existente.

TERCERO. Como consecuencia de lo anterior, y de conformidad con lo establecido en los artículos 577 y 578 del Código Civil, los cónyuges Don ... y Doña ... entregan a Don ..., que acepta y recibe en metálico y en moneda de curso legal otorgando carta de pago por las sumas que a continuación se mencionan, la cantidad de ... euros como mitad del importe de la obra, y la cantidad de ... euros como

27 Véase nota a pie de página número 3 del formulario 1, y la número 9 del formulario 5.

28 Véase nota a pie de página número 3 del formulario 1, y la número 9 del formulario 5.

valor de la mitad del terreno sobre el que se ha ampliado la pared medianera inicialmente existente.

CUARTO. Los comparecientes tienen, por razón de la medianería, los derechos y obligaciones que establecen las leyes y, particularmente, conforme al artículo 575 del Código Civil, costear de por mitad la conservación, reparación o mantenimiento de las paredes y celosías. ...

QUINTO. Todos los gastos e impuestos derivados del otorgamiento de este instrumento serán satisfechos por mitad por los señores comparecientes Don ... y Don ...

OTORGAMIENTO Y AUTORIZACIÓN

Hago las reservas y advertencias legales y fiscales, y en particular les advierto de las obligaciones y responsabilidades tributarias que incumben a las partes en su aspecto material, formal y sancionador, y de las consecuencias de toda índole que se derivarían de la inexactitud de sus declaraciones.

Por su elección les leo el contenido de esta escritura, lo encuentran conforme y firman conmigo, el/la notario, que doy fe de identificarles por sus respectivos documentos exhibidos y del total contenido de este instrumento público que queda extendido en ... folios de serie ..., números ... el presente y los ... inmediatos posteriores correlativos.

187

SERVIDUMBRE DE LUCES Y VISTAS: PARED MEDIANERA

NÚMERO (Protocolo)

En ..., mi residencia, a ... de ... de ...

Ante mí, ..., Notario del Ilustre Colegio de ...

COMPARECEN

De una parte los cónyuges Don ... y Doña ..., mayores de edad, de profesión ..., vecinos de ..., domiciliados en calle ..., con DD.NN.II., respectivamente, números ... y ...

Y de otra, Don ..., mayor de edad, de profesión ..., soltero, vecino de ..., domiciliado en calle ..., con DNI número ...

INTERVIENEN

En su propio nombre y derecho.

Tienen a mi juicio capacidad legal suficiente para otorgar la presente escritura de RECONOCIMIENTO DE SERVIDUMBRE DE LUCES Y VISTAS[29], a cuyo efecto:

---

[29] De nuestra jurisprudencia destacamos, entre otros, los siguientes aspectos:

1. Caracteres: positiva/negativa y aparente.

La servidumbre de luces y vistas es negativa cuando los huecos están abiertos en pared propia del dueño del predio dominante; y positiva, cuando los huecos se han abierto en pared medianera, o en pared propia del dueño de predio sirviente (o sea, ajena) o tienen forma de balcones con voladizo.

Su carácter de positiva o negativa es de relevancia a efectos del inicio del cómputo del plazo de veinte años para su adquisición por prescripción.

En este sentido, Ss. TS de 27.5.1932; 19.6.1951; 20.5.1969; 26.10.1984 (LA LEY, 1985-1, 331); 8.10.1988 (LA LEY, 1988-4, 493); 22.11.1991 (Archivo La Ley, 1992, 2758); 20.11.1992 (Archivo La Ley, 1993-5, 267); 1.10.1993 [LA LEY, 1993-4, 842 (15734-R)].

EXPONEN

I. Don ... es titular del pleno dominio de la siguiente finca urbana sita en la denominada «Urbanización XX»:

... (Descripción).
Título: ...
Cargas y arrendamientos:...
Inscripción: ...
Referencia catastral: ...[30].

---

2. Positiva: Esta clasificación responde (...) a «la obligación que tiene el dueño del predio sirviente de dejar hacer alguna cosa, o la de hacerla por sí mismo», y en el caso concreto de la de luces y vistas pues para abrir los huecos en pared ajena, no medianera o revisten forma de balcones con voladizos, se debe contar con la autorización del propietario del otro fundo —STS 1.10.1993 [LA LEY, 1993-4, 842 (15734-R)]—.

3. Negativa: «Cuyo significado radica en que al dueño del predio sirviente se le prohíbe hacer algo que le sería lícito si no existiera la servidumbre (...) como edificar en su terreno tapando los huecos» —STS 1.10.1993 [LA LEY, 1993-4, 842 (15734-R)]—.

4. Constitución: Por título o por prescripción de veinte años.

Para el inicio del cómputo del plazo prescriptivo *(dies a quo)* hay que tener en cuenta que sea servidumbre positiva o negativa: si es positiva, desde el día en que se abren los huecos; si es negativa, desde que se produce un acto obstativo, por el que el dueño del que sería predio dominante prohíbe a del sirviente la ejecución de un hecho que le sería lícito sin la servidumbre (requerimiento para no edificar, interdicto para suspender la construcción, por ejemplo).

Entre otras, las Ss. TS de 8.10.1988 (LA LEY, 1988-4, 493); 25.9.1992 [LA LEY, 1992-4, 788 (14973-R)]; 20.11.1992 (Archivo La Ley, 1993-5, 267); 1.10.1993 [LA LEY, 1993-4, 842 (15734-R)].

La simple apariencia física de la servidumbre de luces y vistas no la justifica, siendo preciso que esté respaldada por título o por prescripción —STS 25.9.1992 [LA LEY, 1992-4, 788 (14973-R)]—.

Por acto de destinación: existencia de servidumbre con signos aparentes (ventanas) entre dos fincas establecidos por el propietario originario de ambas y que permanecen después de separarse la propiedad —Ss. TS. 6.4.1987 y 21.2.1989 (Archivo La Ley, 1989, 1-425)—.

5. Actos de tolerancia: «La simple falta de oposición de dueño de la casa contigua a la apertura de los huecos no puede, por sí sola, tener otro significado que el de un acto de mera tolerancia, cuya transcendencia jurídica, a efectos de la adquisición de la servidumbre por prescripción (no por título), será radicalmente distinta, según el carácter de positiva o negativa que (...) corresponda)» —STS 8.10.1988 (LA LEY, 1988-4, 493)—.

6. Balcón con voladizo: «Adquiere el carácter de positiva , en cuanto el dueño del predio dominante ya está imponiendo al del sirviente la obligación de dejar hacer alguna cosa (invasión u ocupación de su derecho de vuelo mediante el voladizo o saliente)» —STS 8.10.1988 (LA LEY, 1988-4, 493)—.

7. Ventanas sin salientes: «Carácter de negativa a la servidumbre representada por ventanas abiertas en pared propia y remetidas en la misma sin saliente sobre el predio ajeno» —STS 8.10.1988 (LA LEY, 1988-4, 493)—. *Vid.* también STS 12.7.1990 (Archivo La Ley, 1990, 1.ª-625).

8. Existencia de la servidumbre en el caso de terraza que permite inspeccionar desde ella la casa vecina —STS 22.11.1991 (Archivo La Ley, 1992, 2758)—.

9. Registro de la Propiedad: «Cuando se trata de servidumbres aparentes, producen efectos contra terceros aunque no se hallen inscritas en el Registro de la Propiedad —Ss. TS 20.5.1992 (Archivo La Ley, 1992, 3246) y 24.3.1993 (Archivo La Ley, 1993-5, 629)—.

[30] Véase nota a pie de página número 3 del formulario 1, y la número 9 del formulario 5.

II. Los cónyuges Don ... y Doña ... son titulares de la siguiente finca urbana, sita igualmente en la denominada «Urbanización XX»:

... (Descripción).
Título: ...
Cargas y arrendamientos:....
Inscripción: ...
Referencia catastral: ...[31].

III. Habiendo convenido los comparecientes otorgar el presente documento, al efecto:

RECONOCEN Y ESTIPULAN

PRIMERO. Los señores comparecientes tienen reconocida la condición de medianera de la pared que separa las parcelas de los comparecientes, por los linderos este de la finca propiedad de Don ..., y oeste de la finca propiedad de los cónyuges Don ... y Doña ..., en virtud de escritura autorizada ante mí, en fecha ..., con el número ... de Protocolo.

SEGUNDO. Los señores comparecientes reconocen que a lo largo de la citada pared medianera hay abiertos ... huecos de ... metros cada uno desde hace más de veinte años.

TERCERO. Ninguno de los comparecientes podrá tapar los huecos, ni tampoco edificar en su propiedad a menos de tres metros de distancia desde la línea exterior de la pared.

CUARTO. Todos los gastos e impuestos derivados del otorgamiento de este instrumento serán satisfechos por mitad por los señores comparecientes Don ... y Don ...

OTORGAMIENTO Y AUTORIZACIÓN

Hago las reservas y advertencias legales y fiscales, y en particular les advierto de las obligaciones y responsabilidades tributarias que incumben a las partes en su aspecto material, formal y sancionador, y de las consecuencias de toda índole que se derivarían de la inexactitud de sus declaraciones.

---

[31] Véase nota a pie de página número 3 del formulario 1, y la número 9 del formulario 5.

Por su elección les leo el contenido de esta escritura, lo encuentran conforme y firman conmigo, el/la Notario, que doy fe de identificarles por sus respectivos documentos exhibidos y del total contenido de este instrumento público que queda extendido en ... folios de serie ..., números ... el presente y los ... inmediatos posteriores correlativos.

188

SERVIDUMBRE DE LUCES Y VISTAS: POR DESTINO DEL PADRE DE FAMILIA: SIGNO APARENTE

NÚMERO (Protocolo)

En ..., mi residencia, a ... de ... de ...

Ante mí, ..., Notario del Ilustre Colegio de ...

COMPARECEN

Los cónyuges Don ... y Doña ..., mayores de edad, de profesión ..., vecinos de ..., domiciliados en calle ..., con DD.NN.II., respectivamente, números ... y ...

INTERVIENEN

En su propio nombre y derecho.

Tienen a mi juicio capacidad legal suficiente para otorgar la presente escritura de SEGREGACIÓN Y CONSTITUCIÓN DE SERVIDUMBRE DE LUCES Y VISTAS , a cuyo efecto:

EXPONEN

I. Los cónyuges Don ... y Doña ... son titulares de la siguiente finca:

... (Descripción).
Título: ...
Cargas y arrendamientos: ...
Inscripción: ...
Referencia catastral:...[32].

---

[32] Véase nota a pie de página número 3 del formulario 1, y la número 9 del formulario 5.

II. Habiendo convenido los comparecientes otorgar el presente documento, al efecto:

RECONOCEN Y ESTIPULAN

PRIMERO. Los señores comparecientes dividen la finca descrita en el apartado I del exponendo, constituyendo por separación las dos siguientes fincas:

Parcela A. ... (Descripción).
Título: ...
Cargas y arrendamientos: ...
Inscripción: ...

Parcela B. ... (Descripción).
Título: ...
Cargas y arrendamientos: ...
Inscripción: ...

Las citadas fincas son colindantes por el lindero este de la parcela A, y el oeste de la parcela B.

SEGUNDO. Las fincas en que se divide la originaria se encuentran separadas por una pared a lo largo de la cual hay abiertos ... huecos de ... metros cada uno.

TERCERO. Por el señor compareciente se constituye servidumbre de luces y vista en beneficio de la parcela A, que pasa a ser predio dominante, y sobre la parcela B, que pasa a ser predio sirviente.

CUARTO. Se valora la servidumbre en ... euros.

OTORGAMIENTO Y AUTORIZACIÓN

Hago las reservas y advertencias legales y fiscales, y en particular les advierto de las obligaciones y responsabilidades tributarias que incumben a las partes en su aspecto material, formal y sancionador, y de las consecuencias de toda índole que se derivarían de la inexactitud de sus declaraciones.

Por su elección les leo el contenido de esta escritura, lo encuentran conforme y firman conmigo, el/la Notario, que doy fe de identificarles por sus respectivos documentos exhibidos y del total contenido de este instrumento público que queda extendido en ... folios de serie ..., números ... el presente y los ... inmediatos posteriores correlativos.

§14. APODERAMIENTO: PODER

189

PODER DE REPRESENTACIÓN PROCESAL (PLANTILLA GENERAL)

NÚMERO (Protocolo)

En ..., mi residencia, a ... de ... de ...

Ante mí, ..., Notario del Ilustre Colegio de ...

COMPARECEN

Don/Doña ..., mayor de edad, de profesión ..., de estado civil ..., vecino/a de ..., domiciliado/a en calle ..., con DNI número ...

INTERVIENEN

En su propio nombre y derecho.

Le/s identifico por su documento nacional de identidad.

Tiene/n a mi juicio capacidad legal para otorgar la presente escritura de APODERAMIENTO, a cuyo efecto:

EXPONE/N Y OTORGA/N

Que por medio del presente instrumento público confiere/n poder, tan amplio como fuere necesario en Derecho, a favor de:

Procuradores de los Tribunales de:

...: Don/Doña ...; Don/Doña ... y Don/Doña ...

...: Don/Doña ...; Don/Doña ... y Don/Doña ...

Letrados:

...: Don/Doña ...; Don/Doña ... y Don/Doña ...

...: Don/Doña ...; Don/Doña ... y Don/Doña ...

FACULTADES

Comparecer como actor, demandado, litisconsorte, tercero interviniente, sustituto o sucesor procesal, cualquiera que sea la causa u origen de su intervención como sujeto o parte procesal, en nombre de cualquier persona física o jurídica o ente o colectivo o grupo con capacidad para ser parte y capacidad procesal, o para integración de ésta, ya sea actuando en nombre de dicha persona, ente o grupo o de sus representantes, incluidos los legítimos representantes para la defensa de derechos e intereses de consumidores y usuarios y colectivos de éstos, ante los Juzgados, Tribunales, Fiscalías, Juntas, Jurados, Sindicatos, Corporaciones, Administración y demás Organismos, Autoridades y Funcionarios ordinarios o extraordinarios, especiales, excepcionales o únicos, de cualquier grado y competencia, incluidos los distintos ámbitos territoriales dentro del territorio nacional, o supranacionales, y cualquiera que sea la jurisdicción ya civil, penal, contencioso-administrativa, incluidas las vías previas administrativas o económico-administrativa o tributarias, social o laboral, eclesiástica, constitucional, u otro cualquiera, común, especial o única, y al efecto, poder intervenir y actuar en toda clase de expedientes, de procedimientos y de procesos, ya ordinarios, ordinarios con especialidades, o especiales, y al efecto poder seguirlos por todos sus trámites desde el acto inicial o iniciador del mismo, incluida la demanda, ya ordinaria, ya sucinta, en ejercicio de todo tipo de petición de tutela jurisdiccional, incluidas las declarativas, constitutivas, de condena, ejecutivas o cautelares, y cualesquiera otras permitidas por las leyes, o la defensa frente a dichas peticiones de tutela, siguiéndolos por todos los trámites, fases o instancias, incidentes y recursos, incluidos los de casación, revisión, recurso extraordinario de infracción procesal, incidente excepcional de nulidad de actuaciones, ampara constitucional, demanda ante el Tribunal Europeo de Derechos Humanos y Comité de Derechos Humanos de las Naciones Unidas, y solicitud de planteamiento de cuestión de inconstitucionalidad o cuestión prejudicial ante el Tribunal de Justicia de las Comunidades Europeas, y cualquier otro medio de impugnación o rescisión de resoluciones, incluida la audiencia al demandado rebelde y terminarlos mediante la obtención de resolución firme que corresponda y, en su caso, su ejecución y cumplimiento hasta la total satisfacción de la tutela jurisdiccional solicitada o interesada.

Consecuentemente con lo anterior, podrán celebrar antejuicios, y cualesquiera actos preparatorios del proceso, ya potestativos o preceptivos, incluidos el acto de conciliación y las diligencias preliminares, cualquiera que sea el resultado, pudiendo solicitar copias y testimonios de las actas y resoluciones que se dictasen; presentar, ratificar, reiterar y retirar cualesquiera escritos y documentos; instar u oponerse a la abstención o recusación de jueces y magistrados, miembros del Ministerio Fiscal, Secretarios Judiciales, Oficiales, Auxiliares y Agentes de la Administración de Justicia y peritos, y demás personal jurisdicente, o de autoridades en general; solicitar o practicar cualesquiera, incluso de carácter personal; recibir, realizar, intervenir o ejecutar, en la forma y con los medios previstos legalmente, cualesquiera actos de comunicación y de auxilio judicial; intervenir en cuantas comparecencias prevean las leyes, con denuncia o impugnación u oposición a la denuncia de óbices o presupuestos procesales de todo tipo, incluidos la jurisdicción, la competencia, la capacidad procesal, la acumulación de acciones de todo tipo, la acumulación de autos, los intentos de transacción o conciliación previstos legalmente, la subsanación de defectos procesales e integración de la litis; someterse a competencias o acordar la sumisión a arbitraje; oponerse a la demanda o a las alegaciones con cualquiera de las conductas posibles y admitidas en derecho, incluida la reconvención; proponer y practicar pruebas, incluido con carácter anticipado; tachar testigos y peritos; formular resúmenes de prueba o conclusiones; instar, promover e intervenir en diligencias finales; solicitar suspensiones procesales y, en particular, de la suspensión del curso de los autos, del procedimiento o de la vista; solicitar promover o pedir cualesquiera medidas cautelares, y en particular, pedir, prestar, cancelar y retirar embargos, anotaciones preventivas, depósitos y fianzas, mandamientos de pago, cobrar, consignar y pagar créditos en metálico o por cualquier otro medio admitido en derecho las cantidades que procedan procesal o procedimentalmente y por el uso de este poder; asistir a juntas con voz y voto; tomar parte en subastas; solicitar, conceder y aceptar quitas y esperas; nombrar síndicos, administradores, interventores y auditores; promover y continuar por todos sus trámites cualesquiera incidentes o crisis procesales; realizar cualesquiera actos de disposición o terminación anormal del proceso, incluidos la transacción, desistimiento, renuncia, allanamiento y manifestación de la satisfacción extraprocesal de la pretensión; y en general, ejercitar cuantos derechos, facultades, acciones, excepciones u oposiciones, y cualesquiera otros actos procesales o procedimentales previstos legalmente, incluida la solicitud de asistencia jurídica gratuita en los términos previstos en la legislación vigente; otorgar y revocar sustituciones y apoderamientos, totales o parciales de este poder.

Pedir y retirar copias de este poder.

AUTORIZACIÓN

Así lo dice/n y otorga/n, y leída por mí esta escritura, por elección del otorgante/s, advertido/s de su derecho a leerlo por sí, me manifiesta/n su conformidad, encontrándolo conforme y firmando conmigo.

Y yo, el/la Notario DOY FE de todo lo cual, de identificar al otorgante/s por el documento exhibido y, en general, de haberse observado las formalidades legales y demás consignado en este instrumento público que redacto en ... folios de clase ..., serie ..., números ... .

190

PODER DE REPRESENTACIÓN PROCESAL OTORGADO POR PERSONA FÍSICA («PODER GENERAL PARA PLEITOS»). PODER A FAVOR DE PROCURADORES EXCLUSIVAMENTE

NÚMERO (Protocolo)

En ..., mi residencia, a ... de ... de ...

Ante mí, ..., Notario del Ilustre Colegio de ...

COMPARECEN

Don/Doña ..., mayor de edad, de profesión ..., de estado civil ..., vecino/a de ..., domiciliado/a en calle ..., con DNI número ...

INTERVIENEN

En su propio nombre y derecho.

Le/s identifico por su documento nacional de identidad.

Tiene/n a mi juicio capacidad legal para otorgar la presente escritura de APODERAMIENTO, a cuyo efecto:

EXPONE/N Y OTORGA/N

Que por medio del presente instrumento público confiere/n poder, tan amplio como fuere necesario en Derecho, a favor de:

Procuradores de los Tribunales de:

...: Don/Doña ...; Don/Doña ... y Don/Doña ...

...: Don/Doña ...; Don/Doña ... y Don/Doña ...

FACULTADES

Comparecer como actor, demandado, litisconsorte, tercero interviniente, sustituto o sucesor procesal, cualquiera que sea la causa u origen de su intervención como sujeto o parte procesal, en nombre de Don/Doña ..., ante los Juzgados, Tribunales, Fiscalías, Juntas, Jurados, Sindicatos, Corporaciones, Administración y demás Organismos, Autoridades y Funcionarios ordinarios o extraordinarios, especiales, excepcionales o únicos, de cualquier grado y competencia, incluidos los distintos ámbitos territoriales dentro del territorio nacional o supranacionales, y cualquiera que sea la jurisdicción ya civil, penal, contencioso-administrativa, incluidas las vías previas administrativas o económico-administrativa o tributarias, social o laboral, eclesiástica, constitucional, u otro cualquiera, común, especial o única, y al efecto, poder intervenir y actuar en toda clase de expedientes, de procedimientos y de procesos, ya ordinarios, ordinarios con especialidades, o especiales, y al efecto poder seguirlos por todos sus trámites desde el acto inicial o iniciador del mismo, incluida la demanda, ya ordinario, ya sucinta, en ejercicio de todo tipo de petición de tutela jurisdiccional, incluidas las declarativas, constitutivas, de condena, ejecutivas o cautelares, y cualesquiera otras permitidas por las leyes, o la defensa frente a dichas peticiones de tutela, siguiéndolos por todos los trámites, fases o instancias, incidentes y recursos, incluidos los de casación, revisión, recurso extraordinario de infracción procesal, incidente excepcional de nulidad de actuaciones, ampara constitucional, demanda ante el Tribunal Europeo de Derechos Humanos y Comité de Derechos Humanos de las Naciones Unidas, y solicitud de planteamiento de cuestión de inconstitucionalidad o cuestión prejudicial ante el Tribunal de Justicia de las Comunidades Europeas, y cualquier otro medio de impugnación o rescisión de resoluciones, incluida la audiencia al demandado rebelde y terminarlos mediante la obtención de resolución firme que corresponda y, en su caso, su ejecución y cumplimiento hasta la total satisfacción de la tutela jurisdiccional solicitada o interesada.

Consecuentemente con lo anterior, podrán celebrar antejuicios, y cualesquiera actos preparatorios del proceso, ya potestativos o preceptivos, incluidos el acto de conciliación y las diligencias preliminares, cualquiera que sea el resultado, pudiendo solicitar copias y testimonios de las actas y resoluciones que se dictasen; presentar, ratificar, reiterar y retirar cualesquiera escritos y documentos; instar u oponerse a la abstención o recusación de jueces y magistrados, miembros del Ministerio Fiscal, Secretarios Judiciales, Oficiales, Auxiliares y Agentes de la Administración de Justicia y peritos, y demás personal jurisdicente, o de autoridades en general; solicitar o practicar cualesquiera, incluso de carácter personal; recibir, realizar, intervenir o ejecutar, en la forma y con los medios previstos legalmente, cualesquiera actos de comunicación y de auxilio judicial; intervenir en cuantas comparecencias prevean las leyes, con denuncia o impugnación u oposición a la denuncia de óbices o presupuestos procesales de todo tipo, incluidos la jurisdicción, la competencia, la capacidad procesal, la acumulación de acciones de todo tipo, la acumulación de autos, los intentos de transacción o conciliación previstos legalmente, la subsanación de defectos procesales e integración de la litis; someterse a competencias o acordar la sumisión a arbitraje; oponerse a la demanda o a las alegaciones con cualquiera de las conductas posibles y admitidas en derecho, incluida la reconvención; proponer y practicar pruebas, incluido con carácter anticipado; tachar testigos y peritos; formular resúmenes de prueba o conclusiones; instar, promover e intervenir en diligencias finales; solicitar suspensiones procesales y, en particular, de la suspensión del curso de los autos, del procedimiento o de la vista; solicitar promover o pedir cualesquiera medidas cautelares, y en particular, pedir, prestar, cancelar y retirar embargos, anotaciones preventivas, depósitos y fianzas, mandamientos de pago, cobrar, consignar y pagar créditos en metálico o por cualquier otro medio admitido en derecho las cantidades que procedan procesal o procedimentalmente y por el uso de este poder; asistir a juntas con voz y voto; tomar parte en subastas; solicitar, conceder y aceptar quitas y esperas; nombrar síndicos, administradores, interventores y auditores; promover y continuar por todos sus trámites cualesquiera incidentes o crisis procesales; realizar cualesquiera actos de disposición o terminación anormal del proceso, incluidos la transacción, desistimiento, renuncia, allanamiento y manifestación de la satisfacción extraprocesal de la pretensión; y en general, ejercitar cuantos derechos, facultades, acciones, excepciones u oposiciones, y cualesquiera otros actos procesales o procedimentales previstos legalmente, incluida la solicitud de asistencia jurídica gratuita en los términos previstos en la legislación vigente; otorgar y revocar sustituciones y apoderamientos, totales o parciales de este poder.

Pedir y retirar copias de este poder.

AUTORIZACIÓN

Así lo dice/n y otorga/n, y leída por mí esta escritura, por elección del otorgante/s, advertido/s de su derecho a leerlo por sí, me manifiesta/n su conformidad, encontrándolo conforme y firmando conmigo.

Y yo, el/la Notario DOY FE de todo lo cual, de identificar al otorgante/s por el documento exhibido y, en general, de haberse observado las formalidades legales y demás consignado en este instrumento público que redacto en ... folios de clase ..., serie ..., números ... .

191

Poder De Representación Procesal Otorgado Por Persona Física («Poder General Para Pleitos»). Poder A Favor De Procuradores Y Letrados

NÚMERO (Protocolo)

En ..., mi residencia, a ... de ... de ...

Ante mí, ..., Notario del Ilustre Colegio de ...

COMPARECEN

Don/Doña ..., mayor de edad, de profesión ..., de estado civil ..., vecino/a de ..., domiciliada en calle ..., con DNI número ...

INTERVIENE/N

En su propio nombre y derecho.

Le/s identifico por su documento nacional de identidad.

Tiene/n a mi juicio capacidad legal para otorgar la presente escritura de APODERAMIENTO, a cuyo efecto:

EXPONE/N Y OTORGA/N

Que por medio del presente instrumento público confiere/n poder, tan amplio como fuere necesario en Derecho, a favor de:

A) Procuradores de los Tribunales de:

...: Don/Doña ...; Don/Doña ... y Don/Doña ...

...: Don/Doña ...; Don/Doña ... y Don/Doña ...

B) Letrados, en cuanto lo permita su estatuto profesional:

Don/Doña ...

Don/Doña ...

FACULTADES

Comparecer como actor, demandado, litisconsorte, tercero interviniente, sustituto o sucesor procesal, cualquiera que sea la causa u origen de su intervención como sujeto o parte procesal, en nombre de Don/Doña ..., ante los Juzgados, Tribunales, Fiscalías, Juntas, Jurados, Sindicatos, Corporaciones, Administración y demás Organismos, Autoridades y Funcionarios ordinarios o extraordinarios, especiales, excepcionales o únicos, de cualquier grado y competencia, incluidos los distintos ámbitos territoriales dentro del territorio nacional o supranacionales, y cualquiera que sea la jurisdicción ya civil, penal, contencioso-administrativa, incluidas las vías previas administrativas o económico-administrativa o tributarias, social o laboral, eclesiástica, constitucional, u otro cualquiera, común, especial o única, y al efecto, poder intervenir y actuar en toda clase de expedientes, de procedimientos y de procesos, ya ordinarios, ordinarios con especialidades, o especiales, y al efecto poder seguirlos por todos sus trámites desde el acto inicial o iniciador del mismo, incluida la demanda, ya ordinario, ya sucinta, en ejercicio de todo tipo de petición de tutela jurisdiccional, incluidas las declarativas, constitutivas, de condena, ejecutivas o cautelares, y cualesquiera otras permitidas por las leyes, o la defensa frente a dichas peticiones de tutela, siguiéndolos por todos los trámites, fases o instancias, incidentes y recursos, incluidos los de casación, revisión, recurso extraordinario de infracción procesal, incidente excepcional de nulidad de actuaciones, ampara constitucional, demanda ante el Tribunal Europeo de Derechos Humanos y Comité de Derechos Humanos de las Naciones Unidas, y solicitud de planteamiento de cuestión de inconstitucionalidad o cuestión prejudicial ante el Tribunal de Justicia de las Comunidades Europeas, y cualquier otro medio de impugnación o rescisión de resoluciones, incluida la audiencia al demandado rebelde y terminarlos mediante la obtención de resolución firme que corresponda y, en su caso, su ejecución y cumplimiento hasta la total satisfacción de la tutela jurisdiccional solicitada o interesada.

Consecuentemente con lo anterior, podrán celebrar antejuicios, y cualesquiera actos preparatorios del proceso, ya potestativos o preceptivos, incluidos el acto de conciliación y las diligencias preliminares, cualquiera que sea el resultado, pudiendo solicitar copias y testimonios de las actas y resoluciones que se dictasen; presentar, ratificar, reiterar y retirar cualesquiera escritos y documentos; instar u oponerse a la abstención o recusación de jueces y magistrados, miembros del Ministerio Fiscal, Secretarios Judiciales, Oficiales, Auxiliares y Agentes de la Administración de Justicia y peritos, y demás personal jurisdicente, o de autoridades en general; solicitar o practicar cualesquiera, incluso de carácter personal; recibir, realizar, intervenir o ejecutar, en la forma y con los medios previstos legalmente, cualesquiera actos de comunicación y de auxilio judicial; intervenir en cuantas comparecencias prevean las leyes, con denuncia o impugnación u oposición a la denuncia de óbices o presupuestos procesales de todo tipo, incluidos la jurisdicción, la competencia, la capacidad procesal, la acumulación de acciones de todo tipo, la acumulación de autos, los intentos de transacción o conciliación previstos legalmente, la subsanación de defectos procesales e integración de la litis; someterse a competencias o acordar la sumisión a arbitraje; oponerse a la demanda o a las alegaciones con cualquiera de las conductas posibles y admitidas en derecho, incluida la reconvención; proponer y practicar pruebas, incluido con carácter anticipado; tachar testigos y peritos; formular resúmenes de prueba o conclusiones; instar, promover e intervenir en diligencias finales; solicitar suspensiones procesales y, en particular, de la suspensión del curso de los autos, del procedimiento o de la vista; solicitar promover o pedir cualesquiera medidas cautelares, y en particular, pedir, prestar, cancelar y retirar embargos, anotaciones preventivas, depósitos y fianzas, mandamientos de pago, cobrar, consignar y pagar créditos en metálico o por cualquier otro medio admitido en derecho las cantidades que procedan procesal o procedimentalmente y por el uso de este poder; asistir a juntas con voz y voto; tomar parte en subastas; solicitar, conceder y aceptar quitas y esperas; nombrar síndicos, administradores, interventores y auditores; promover y continuar por todos sus trámites cualesquiera incidentes o crisis procesales; realizar cualesquiera actos de disposición o terminación anormal del proceso, incluidos la transacción, desistimiento, renuncia, allanamiento y manifestación de la satisfacción extraprocesal de la pretensión; y en general, ejercitar cuantos derechos, facultades, acciones, excepciones u oposiciones, y cualesquiera otros actos procesales o procedimentales previstos legalmente, incluida la solicitud de asistencia jurídica gratuita en los términos previstos en la legislación vigente; otorgar y revocar sustituciones y apoderamientos, totales o parciales de este poder.

Pedir y retirar copias de este poder.

AUTORIZACIÓN

Así lo dice/n y otorga/n, y leída por mí esta escritura, por elección del otorgante/s, advertido/s de su derecho a leerlo por sí, me manifiesta/n su conformidad, encontrándolo conforme y firmando conmigo.

Y yo, el/la Notario DOY FE de todo lo cual, de identificar al otorgante/s por el documento exhibido y, en general, de haberse observado las formalidades legales y demás consignado en este instrumento público que redacto en ... folios de clase ..., serie ..., números ...

192

PODER DE REPRESENTACIÓN PROCESAL OTORGADO POR PERSONA FÍSICA («PODER GENERAL PARA PLEITOS»). PODER A FAVOR DE PROCURADORES Y LETRADOS, FACULTÁNDOLES PARA QUE PUEDAN ELEGIR EL PROCURADOR O LETRADO QUE HAYA DE INTERVENIR, OTORGANDO LOS APODERAMIENTOS QUE SEAN PRECISOS

NÚMERO (Protocolo)

En ..., mi residencia, a ... de ... de ...

Ante mí, ..., Notario del Ilustre Colegio de ...

COMPARECEN

Don/Doña ..., mayor de edad, de profesión ..., de estado civil ..., vecino/a de ..., domiciliado/a en calle ..., con DNI número ...

INTERVIENE/N

En su propio nombre y derecho.

Le/s identifico por su documento nacional de identidad.

Tiene/n a mi juicio capacidad legal para otorgar la presente escritura de APODERAMIENTO, a cuyo efecto:

EXPONE/N Y OTORGA/N

Que por medio del presente instrumento público confiere/n poder, tan amplio como fuere necesario en Derecho, a favor de:

A) Procuradores de los Tribunales de:

...: Don/Doña ...; Don/Doña ... y Don/Doña ...
...: Don/Doña ...; Don/Doña ... y Don/Doña ...

B) Letrados, en cuanto lo permita su estatuto profesional:

Don/Doña ...

Don/Doña ...

FACULTADES

Comparecer como actor, demandado, litisconsorte, tercero interviniente, sustituto o sucesor procesal, cualquiera que sea la causa u origen de su intervención como sujeto o parte procesal, en nombre de Don/Doña ..., ante los Juzgados, Tribunales, Fiscalías, Juntas, Jurados, Sindicatos, Corporaciones, Administración y demás Organismos, Autoridades y Funcionarios ordinarios o extraordinarios, especiales, excepcionales o únicos, de cualquier grado y competencia, incluidos los distintos ámbitos territoriales dentro del territorio nacional o supranacionales, y cualquiera que sea la jurisdicción ya civil, penal, contencioso-administrativa, incluidas las vías previas administrativas o económico-administrativa o tributarias, social o laboral, eclesiástica, constitucional, u otro cualquiera, común, especial o única, y al efecto, poder intervenir y actuar en toda clase de expedientes, de procedimientos y de procesos, ya ordinarios, ordinarios con especialidades, o especiales, y al efecto poder seguirlos por todos sus trámites desde el acto inicial o iniciador del mismo, incluida la demanda, ya ordinario, ya sucinta, en ejercicio de todo tipo de petición de tutela jurisdiccional, incluidas las declarativas, constitutivas, de condena, ejecutivas o cautelares, y cualesquiera otras permitidas por las leyes, o la defensa frente a dichas peticiones de tutela, siguiéndolos por todos los trámites, fases o instancias, incidentes y recursos, incluidos los de casación, revisión, recurso extraordinario de infracción procesal, incidente excepcional de nulidad de actuaciones, ampara constitucional, demanda ante el Tribunal Europeo de Derechos Humanos y Comité de Derechos Humanos de las Naciones Unidas, y solicitud de planteamiento de cuestión de inconstitucionalidad o cuestión prejudicial ante el Tribunal de Justicia de las Comunidades Europeas, y cualquier otro medio de impugnación o rescisión de resoluciones, incluida la audiencia al demandado rebelde y terminarlos mediante la obtención de resolución firme que corresponda y, en su caso, su ejecución y cumplimiento hasta la total satisfacción de la tutela jurisdiccional solicitada o interesada.

Consecuentemente con lo anterior, podrán celebrar antejuicios, y cualesquiera actos preparatorios del proceso, ya potestativos o preceptivos, incluidos el acto de conciliación y las diligencias preliminares, cualquiera que sea el resultado, pudiendo solicitar copias y testimonios de las actas y resoluciones que se dictasen; presentar, ratificar, reiterar y retirar cualesquiera escritos y documentos; instar u oponerse a la abstención o recusación de jueces y magistrados, miembros del Ministerio Fiscal, Secretarios Judiciales, Oficiales, Auxiliares y Agentes de la Administración de Justicia y peritos, y demás personal jurisdicente, o de autoridades en general; solicitar o practicar cualesquiera, incluso de carácter personal; recibir, realizar, intervenir o ejecutar, en la forma y con los medios previstos legalmente, cualesquiera actos de comunicación y de auxilio judicial; intervenir en cuantas comparecencias prevean las leyes, con denuncia o impugnación u oposición a la denuncia de óbices o presupuestos procesales de todo tipo, incluidos la jurisdicción, la competencia, la capacidad procesal, la acumulación de acciones de todo tipo, la acumulación de autos, los intentos de transacción o conciliación previstos legalmente, la subsanación de defectos procesales e integración de la litis; someterse a competencias o acordar la sumisión a arbitraje; oponerse a la demanda o a las alegaciones con cualquiera de las conductas posibles y admitidas en derecho, incluida la reconvención; proponer y practicar pruebas, incluido con carácter anticipado; tachar testigos y peritos; formular resúmenes de prueba o conclusiones; instar, promover e intervenir en diligencias finales; solicitar suspensiones procesales y, en particular, de la suspensión del curso de los autos, del procedimiento o de la vista; solicitar promover o pedir cualesquiera medidas cautelares, y en particular, pedir, prestar, cancelar y retirar embargos, anotaciones preventivas, depósitos y fianzas, mandamientos de pago, cobrar, consignar y pagar créditos en metálico o por cualquier otro medio admitido en derecho las cantidades que procedan procesal o procedimentalmente y por el uso de este poder; asistir a juntas con voz y voto; tomar parte en subastas; solicitar, conceder y aceptar quitas y esperas; nombrar síndicos, administradores, interventores y auditores; promover y continuar por todos sus trámites cualesquiera incidentes o crisis procesales; realizar cualesquiera actos de disposición o terminación anormal del proceso, incluidos la transacción, desistimiento, renuncia, allanamiento y manifestación de la satisfacción extraprocesal de la pretensión; y en general, ejercitar cuantos derechos, facultades, acciones, excepciones u oposiciones, y cualesquiera otros actos procesales o procedimentales previstos legalmente, incluida la solicitud de asistencia jurídica gratuita en los términos previstos en la legislación vigente; otorgar y revocar sustituciones y apoderamientos, totales o parciales de este poder.

Pedir y retirar copias de este poder.

FACULTADES ESPECIALES

1. Especialmente se faculta a que el Letrado o Letrados (o el Procurador o Procuradores) designados por el poderdante para que pueda/n elegir libremente el

Procurador (o el Letrado) que haya de intervenir, otorgando a tal fin los apoderamientos que sean precisos.

AUTORIZACIÓN

Así lo dice/n y otorga/n, y leída por mí esta escritura, por elección del otorgante/s, advertido/s de su derecho a leerlo por sí, me manifiesta/n su conformidad, encontrándolo conforme y firmando conmigo.

Y yo, el/la Notario DOY FE de todo lo cual, de identificar al otorgante/s por el documento exhibido y, en general, de haberse observado las formalidades legales y demás consignado en este instrumento público que redacto en ... folios de clase ..., serie ..., números ...

193

PODER DE REPRESENTACIÓN PROCESAL CON CLÁUSULA ESPECIAL PARA REALIZAR CUALESQUIERA ACTOS DE DISPOSICIÓN O TERMINACIÓN ANORMAL DEL PROCESO

NÚMERO (Protocolo)

En ..., mi residencia, a ... de ... de ...

Ante mí, ..., Notario del Ilustre Colegio de ...

COMPARECEN

Don/Doña ..., mayor de edad, de profesión ..., de estado civil ..., vecino/a de ..., domiciliado/a en calle ..., con DNI número ...

INTERVIENE/N

En su propio nombre y derecho.

Le/s identifico por su documento nacional de identidad.

Tiene/n a mi juicio capacidad legal para otorgar la presente escritura de APODERAMIENTO, a cuyo efecto:

EXPONE/N Y OTORGA/N

Que por medio del presente instrumento público confiere/n poder, tan amplio como fuere necesario en Derecho, a favor de:

A) Procuradores de los Tribunales de:

...: Don/Doña ...; Don/Doña ... y Don/Doña ...

...: Don/Doña ...; Don/Doña ... y Don/Doña ...

B) Letrados, en cuanto lo permita su estatuto profesional:

Don/Doña ...

Don/Doña ...

FACULTADES

Comparecer como actor, demandado, litisconsorte, tercero interviniente, sustituto o sucesor procesal, cualquiera que sea la causa u origen de su intervención como sujeto o parte procesal, en nombre de Don/Doña ..., ante los Juzgados, Tribunales, Fiscalías, Juntas, Jurados, Sindicatos, Corporaciones, Administración y demás Organismos, Autoridades y Funcionarios ordinarios o extraordinarios, especiales, excepcionales o únicos, de cualquier grado y competencia, incluidos los distintos ámbitos territoriales dentro del territorio nacional o supranacionales, y cualquiera que sea la jurisdicción ya civil, penal, contencioso-administrativa, incluidas las vías previas administrativas o económico-administrativa o tributarias, social o laboral, eclesiástica, constitucional, u otro cualquiera, común, especial o única, y al efecto, poder intervenir y actuar en toda clase de expedientes, de procedimientos y de procesos, ya ordinarios, ordinarios con especialidades, o especiales, y al efecto poder seguirlos por todos sus trámites desde el acto inicial o iniciador del mismo, incluida la demanda, ya ordinaria, ya sucinta, en ejercicio de todo tipo de petición de tutela jurisdiccional, incluidas las declarativas, constitutivas, de condena, ejecutivas o cautelares, y cualesquiera otras permitidas por las leyes, o la defensa frente a dichas peticiones de tutela, siguiéndolos por todos los trámites, fases o instancias, incidentes y recursos, incluidos los de casación, revisión, recurso extraordinario de infracción procesal, incidente excepcional de nulidad de actuaciones, ampara constitucional, demanda ante el Tribunal Europeo de Derechos Humanos y Comité de Derechos Humanos de las Naciones Unidas, y solicitud de planteamiento de cuestión de inconstitucionalidad o cuestión prejudicial ante el Tribunal de Justicia de las Comunidades Europeas, y cualquier otro medio de impugnación o rescisión de resoluciones, incluida la audiencia al demandado rebelde y terminarlos mediante la obtención de resolución firme que corresponda y, en su caso, su ejecución y cumplimiento hasta la total satisfacción de la tutela jurisdiccional solicitada o interesada.

Consecuentemente con lo anterior, podrán celebrar antejuicios, y cualesquiera actos preparatorios del proceso, ya potestativos o preceptivos, incluidos el acto de conciliación y las diligencias preliminares, cualquiera que sea el resultado, pudiendo solicitar copias y testimonios de las actas y resoluciones que se dictasen; presentar, ratificar, reiterar y retirar cualesquiera escritos y documentos; instar u oponerse a la abstención o recusación de jueces y magistrados, miembros del

Ministerio Fiscal, Secretarios Judiciales, Oficiales, Auxiliares y Agentes de la Administración de Justicia y peritos, y demás personal jurisdicente, o de autoridades en general; solicitar o practicar cualesquiera, incluso de carácter personal; recibir, realizar, intervenir o ejecutar, en la forma y con los medios previstos legalmente, cualesquiera actos de comunicación y de auxilio judicial; intervenir en cuantas comparecencias prevean las leyes, con denuncia o impugnación u oposición a la denuncia de óbices o presupuestos procesales de todo tipo, incluidos la jurisdicción, la competencia, la capacidad procesal, la acumulación de acciones de todo tipo, la acumulación de autos, los intentos de transacción o conciliación previstos legalmente, la subsanación de defectos procesales e integración de la litis; someterse a competencias o acordar la sumisión a arbitraje; oponerse a la demanda o a las alegaciones con cualquiera de las conductas posibles y admitidas en derecho, incluida la reconvención; proponer y practicar pruebas, incluido con carácter anticipado; tachar testigos y peritos; formular resúmenes de prueba o conclusiones; instar, promover e intervenir en diligencias finales; solicitar suspensiones procesales y, en particular, de la suspensión del curso de los autos, del procedimiento o de la vista; solicitar promover o pedir cualesquiera medidas cautelares, y en particular, pedir, prestar, cancelar y retirar embargos, anotaciones preventivas, depósitos y fianzas, mandamientos de pago, cobrar, consignar y pagar créditos en metálico o por cualquier otro medio admitido en derecho las cantidades que procedan procesal o procedimentalmente y por el uso de este poder; asistir a juntas con voz y voto; tomar parte en subastas; solicitar, conceder y aceptar quitas y esperas; nombrar síndicos, administradores, interventores y auditores; promover y continuar por todos sus trámites cualesquiera incidentes o crisis procesales; realizar cualesquiera actos de disposición o terminación anormal del proceso, incluidos la transacción, desistimiento, renuncia, allanamiento y manifestación de la satisfacción extraprocesal de la pretensión; y en general, ejercitar cuantos derechos, facultades, acciones, excepciones u oposiciones, y cualesquiera otros actos procesales o procedimentales previstos legalmente, incluida la solicitud de asistencia jurídica gratuita en los términos previstos en la legislación vigente; otorgar y revocar sustituciones y apoderamientos, totales o parciales de este poder.

Pedir y retirar copias de este poder.

FACULTADES ESPECIALES

1. Especialmente faculta para que puedan realizar en su nombre cualesquiera actos de disposición o terminación anormal del proceso, dentro de los límites legalmente fijados, incluidos la transacción, suspensión, desistimiento, renuncia, allanamiento, sometimiento a arbitraje, con petición, en su caso, de homologación al órgano jurisdiccional de cualquier otra fase o instancia del proceso, así como las manifestaciones o actos que impliquen satisfacción extraprocesal de la pretensión o carencia sobrevenida de objeto, según lo dispuesto en el artículo 25 de la Ley de Enjuiciamiento Civil.

AUTORIZACIÓN

Así lo dice/n y otorga/n, y leída por mí esta escritura, por elección del otorgante/s, advertido/s de su derecho a leerlo por sí, me manifiesta/n su conformidad, encontrándolo conforme y firmando conmigo.

Y yo, el/la Notario DOY FE de todo lo cual, de identificar al otorgante/s por el documento exhibido y, en general, de haberse observado las formalidades legales y demás consignado en este instrumento público que redacto en ... folios de clase ..., serie ..., números ...

194

Poder De Representación Procesal Con Cláusula Especial Para Formular Declaraciones En Nombre Del Legal Representante De Una Persona Jurídica

NÚMERO (Protocolo)

En ..., mi residencia, a ... de ... de ...

Ante mí, ..., Notario del Ilustre Colegio de ...

COMPARECEN

Don/Doña ..., mayor de edad, de profesión ..., de estado civil ..., vecino/a de ..., domiciliado/a en calle ..., con DNI número ..., representante legal de la mercantil ....

INTERVIENE/N

En nombre y representación de la mercantil/civil domiciliada en ..., calle, denominada «...», constituida mediante escritura pública de fecha ... autorizada por el Notario de ... Don/Doña ..., con el número ... de su Protocolo, e inscrita en el Registro Mercantil de ..., NIF ...

Comparece en virtud de poder que dicha entidad le tiene conferido por escritura de fecha ... autorizada por el Notario de ... Don/Doña ..., con el número ... de su Protocolo, e inscrita en el Registro Mercantil de ...

Copia autorizada de la misma he tenido a la vista de la que resulta lo siguiente: «... Que confieren poder tan amplio y bastante como en Derecho se requiera a favor de las personas que a continuación se mencionan: Don/Doña ... para que en nombre y representación de la entidad «...». 10. Acudir o comparecer por sí mismos o por medio de Abogado y Procurador a lo que podrá conferir el oportuno poder. 11. Apoderar para prestar declaraciones en nombre de la entidad «...» cualesquiera procedimientos judiciales.

Asegura que no le está revocado, suspenso ni limitado en forma alguna.

Le/s identifico por su documento nacional de identidad.

Tiene/n a mi juicio capacidad legal para otorgar la presente escritura de APODERAMIENTO, a cuyo efecto:

EXPONE/N Y OTORGA/N

Que por medio del presente instrumento público confiere/n poder, tan amplio como fuere necesario en Derecho, a favor de:

A) Procuradores de los Tribunales de:

...: Don/Doña ...; Don/Doña ... y Don/Doña ...

...: Don/Doña ...; Don/Doña ... y Don/Doña ...

B) Letrados, en cuanto lo permita su estatuto profesional:

Don/Doña ...

Don/Doña ...

FACULTADES

Comparecer como actor, demandado, litisconsorte, tercero interviniente, sustituto o sucesor procesal, cualquiera que sea la causa u origen de su intervención como sujeto o parte procesal, en nombre de Don/Doña ..., como representante legal de la mercantil ..., ante los Juzgados, Tribunales, Fiscalías, Juntas, Jurados, Sindicatos, Corporaciones, Administración y demás Organismos, Autoridades y Funcionarios ordinarios o extraordinarios, especiales, excepcionales o únicos, de cualquier grado y competencia, incluidos los distintos ámbitos territoriales dentro del territorio nacional o supranacionales, y cualquiera que sea la jurisdicción ya civil, penal, contencioso-administrativa, incluidas las vías previas administrativas o económico-administrativa o tributarias, social o laboral, eclesiástica, constitucional, u otro cualquiera, común, especial o única, y al efecto, poder intervenir y actuar en toda clase de expedientes, de procedimientos y de procesos, ya ordinarios, ordinarios con especialidades, o especiales, y al efecto poder seguirlos por todos sus trámites desde el acto inicial o iniciador del mismo, incluida la demanda, ya ordinario, ya sucinta, en ejercicio de todo tipo de petición de tutela jurisdiccional, incluidas las declarativas, constitutivas, de condena, ejecutivas o cautelares, y cualesquiera otras permitidas por las leyes, o la defensa frente a dichas peticiones de tutela, siguiéndolos por todos los trámites, fases o instancias, incidentes y recursos, incluidos los de casación, revisión, recurso extraordinario de infracción procesal, incidente excepcional de nulidad de actuaciones, ampara constitucional, demanda ante el Tribunal Europeo de Derechos Humanos y Comité de Derechos Humanos de las Naciones Unidas, y solicitud de planteamiento de cuestión de inconstitucionalidad o cuestión prejudicial ante el Tribunal de Justicia de las Comunidades Europeas, y cualquier otro medio de impugnación o rescisión de resoluciones, incluida la audiencia al demandado rebelde y terminarlos mediante la obtención de resolución firme que corresponda y, en su caso, su ejecución y cumplimiento hasta la total satisfacción de la tutela jurisdiccional solicitada o interesada.

Consecuentemente con lo anterior, podrán celebrar antejuicios, y cualesquiera actos preparatorios del proceso, ya potestativos o preceptivos, incluidos el acto de conciliación y las diligencias preliminares, cualquiera que sea el resultado, pudiendo solicitar copias y testimonios de las actas y resoluciones que se dictasen; presentar, ratificar, reiterar y retirar cualesquiera escritos y documentos; instar u oponerse a la abstención o recusación de jueces y magistrados, miembros del Ministerio Fiscal, Secretarios Judiciales, Oficiales, Auxiliares y Agentes de la Administración de Justicia y peritos, y demás personal jurisdicente, o de autoridades en general; solicitar o practicar cualesquiera, incluso de carácter personal; recibir, realizar, intervenir o ejecutar, en la forma y con los medios previstos legalmente, cualesquiera actos de comunicación y de auxilio judicial; intervenir en cuantas comparecencias prevean las leyes, con denuncia o impugnación u oposición a la denuncia de óbices o presupuestos procesales de todo tipo, incluidos la jurisdicción, la competencia, la capacidad procesal, la acumulación de acciones de todo tipo, la acumulación de autos, los intentos de transacción o conciliación previstos legalmente, la subsanación de defectos procesales e integración de la litis; someterse a competencias o acordar la sumisión a arbitraje; oponerse a la demanda o a las alegaciones con cualquiera de las conductas posibles y admitidas en derecho, incluida la reconvención; proponer y practicar pruebas, incluido con carácter anticipado; tachar testigos y peritos; formular resúmenes de prueba o conclusiones; instar, promover e intervenir en diligencias finales; solicitar suspensiones procesales y, en particular, de la suspensión del curso de los autos, del procedimiento o de la vista; solicitar promover o pedir cualesquiera medidas cautelares, y en particular, pedir, prestar, cancelar y retirar embargos, anotaciones preventivas, depósitos y fianzas, mandamientos de pago, cobrar, consignar y pagar créditos en metálico o por cualquier otro medio admitido en derecho las cantidades que procedan procesal o procedimentalmente y por el uso de este poder; asistir a juntas con voz y voto; tomar parte en subastas; solicitar, conceder y aceptar quitas y esperas; nombrar síndicos, administradores, interventores y auditores; promover y continuar por todos sus trámites cualesquiera incidentes o crisis procesales; realizar cualesquiera actos de disposición o terminación anormal del proceso, incluidos la transacción, desistimiento, renuncia, allanamiento y manifestación de la satisfacción extraprocesal de la pretensión; y en general, ejercitar cuantos derechos, facultades, acciones, excepciones u oposiciones, y cualesquiera otros actos procesales o procedimentales previstos legalmente, incluida la solicitud de asistencia jurídica gratuita en los términos previstos en la legislación vigente; otorgar y revocar sustituciones y apoderamientos, totales o parciales de este poder.

Pedir y retirar copias de este poder.

FACULTADES ESPECIALES

1. Especialmente se les faculta para que puedan formular declaraciones en nombre del legal representante de la mercantil ...

AUTORIZACIÓN

Así lo dice/n y otorga/n, y leída por mí esta escritura, por elección del otorgante/s, advertido/s de su derecho a leerlo por sí, me manifiesta/n su conformidad, encontrándolo conforme y firmando conmigo.

Y yo, el/la Notario DOY FE de todo lo cual, de identificar al otorgante/s por el documento exhibido y, en general, de haberse observado las formalidades legales y demás consignado en este instrumento público que redacto en ... folios de clase ..., serie ..., números ...

195

Poder De Representación Procesal Con Cláusula Especial Para El Ejercicio De Acciones Civiles Y Penales Derivadas De Un Supuesto De Infracción Penal

NÚMERO (Protocolo)

En ..., mi residencia, a ... de ... de ...

Ante mí, ..., Notario del Ilustre Colegio de ...

COMPARECE

Don/Doña ..., mayor de edad, de profesión ..., de estado civil ..., vecino/a de ..., domiciliado/a en calle ..., con DNI número ...

INTERVIENE/N

En su propio nombre y derecho.

Le/s identifico por su documento nacional de identidad.

Tiene/n a mi juicio capacidad legal para otorgar la presente escritura de APODERAMIENTO, a cuyo efecto:

EXPONE/N Y OTORGA/N

Que por medio del presente instrumento público confiere/n poder, tan amplio como fuere necesario en Derecho, a favor de:

A) Procuradores de los Tribunales de:

...: Don/Doña ...; Don/Doña ... y Don/Doña ...

...: Don/Doña ...; Don/Doña ... y Don/Doña ...

B) Letrados:

Don/Doña ...

Don/Doña ...

FACULTADES

Comparecer como actor, demandado, litisconsorte, tercero interviniente, sustituto o sucesor procesal, cualquiera que sea la causa u origen de su intervención como sujeto o parte procesal, en nombre de Don/Doña ..., ante los Juzgados, Tribunales, Fiscalías, Juntas, Jurados, Sindicatos, Corporaciones, Administración y demás Organismos, Autoridades y Funcionarios ordinarios o extraordinarios, especiales, excepcionales o únicos, de cualquier grado y competencia, incluidos los distintos ámbitos territoriales dentro del territorio nacional o supranacionales, y cualquiera que sea la jurisdicción ya civil, penal, contencioso-administrativa, incluidas las vías previas administrativas o económico-administrativa o tributarias, social o laboral, eclesiástica, constitucional, u otro cualquiera, común, especial o única, y al efecto, poder intervenir y actuar en toda clase de expedientes, de procedimientos y de procesos, ya ordinarios, ordinarios con especialidades, o especiales, y al efecto poder seguirlos por todos sus trámites desde el acto inicial o iniciador del mismo, incluida la demanda, ya ordinario, ya sucinta, en ejercicio de todo tipo de petición de tutela jurisdiccional, incluidas las declarativas, constitutivas, de condena, ejecutivas o cautelares, y cualesquiera otras permitidas por las leyes, o la defensa frente a dichas peticiones de tutela, siguiéndolos por todos los trámites, fases o instancias, incidentes y recursos, incluidos los de casación, revisión, recurso extraordinario de infracción procesal, incidente excepcional de nulidad de actuaciones, ampara constitucional, demanda ante el Tribunal Europeo de Derechos Humanos y Comité de Derechos Humanos de las Naciones Unidas, y solicitud de planteamiento de cuestión de inconstitucionalidad o cuestión prejudicial ante el Tribunal de Justicia de las Comunidades Europeas, y cualquier otro medio de impugnación o rescisión de resoluciones, incluida la audiencia al demandado rebelde y terminarlos mediante la obtención de resolución firme que corresponda y, en su caso, su ejecución y cumplimiento hasta la total satisfacción de la tutela jurisdiccional solicitada o interesada.

Consecuentemente con lo anterior, podrán celebrar antejuicios, y cualesquiera actos preparatorios del proceso, ya potestativos o preceptivos, incluidos el acto de conciliación y las diligencias preliminares, cualquiera que sea el resultado, pudiendo solicitar copias y testimonios de las actas y resoluciones que se dictasen; presentar, ratificar, reiterar y retirar cualesquiera escritos y documentos; instar u oponerse a la abstención o recusación de jueces y magistrados, miembros del Ministerio Fiscal, Secretarios Judiciales, Oficiales, Auxiliares y Agentes de la Administración de Justicia y peritos, y demás personal jurisdicente, o de autoridades en general; solicitar o practicar cualesquiera, incluso de carácter personal; recibir, realizar, intervenir o ejecutar, en la forma y con los medios previstos legalmente, cualesquiera actos de comunicación y de auxilio judicial; intervenir en cuantas comparecencias prevean las leyes, con denuncia o impugnación u oposición a la denuncia de óbices o presupuestos procesales de todo tipo, incluidos la jurisdicción, la competencia, la capacidad procesal, la acumulación de acciones de todo tipo, la acumulación de autos, los intentos de transacción o conciliación previstos legalmente, la subsanación de defectos procesales e integración de la litis; someterse a competencias o acordar la sumisión a arbitraje; oponerse a la demanda o a las alegaciones con cualquiera de las conductas posibles y admitidas en derecho, incluida la reconvención; proponer y practicar pruebas, incluido con carácter anticipado; tachar testigos y peritos; formular resúmenes de prueba o conclusiones; instar, promover e intervenir en diligencias finales; solicitar suspensiones procesales y, en particular, de la suspensión del curso de los autos, del procedimiento o de la vista; solicitar promover o pedir cualesquiera medidas cautelares, y en particular, pedir, prestar, cancelar y retirar embargos, anotaciones preventivas, depósitos y fianzas, mandamientos de pago, cobrar, consignar y pagar créditos en metálico o por cualquier otro medio admitido en derecho las cantidades que procedan procesal o procedimentalmente y por el uso de este poder; asistir a juntas con voz y voto; tomar parte en subastas; solicitar, conceder y aceptar quitas y esperas; nombrar síndicos, administradores, interventores y auditores; promover y continuar por todos sus trámites cualesquiera incidentes o crisis procesales; realizar cualesquiera actos de disposición o terminación anormal del proceso, incluidos la transacción, desistimiento, renuncia, allanamiento y manifestación de la satisfacción extraprocesal de la pretensión; y en general, ejercitar cuantos derechos, facultades, acciones, excepciones u oposiciones, y cualesquiera otros actos procesales o procedimentales previstos legalmente, incluida la solicitud de asistencia jurídica gratuita en los términos previstos en la legislación vigente; otorgar y revocar sustituciones y apoderamientos, totales o parciales de este poder.

Pedir y retirar copias de este poder.

FACULTADES ESPECIALES

Y especialmente les faculta para el ejercicio de acciones penales y civiles, mediante la interposición de querella, por un supuesto delito de ... o cualquier otro tipo que resultase del correspondiente proceso, contra ... y contra cualquier otra persona que pudiese resultar responsable penal o civil, con independencia de su grado de participación.

AUTORIZACIÓN

Así lo dice/n y otorga/n , y leída por mí esta escritura, por elección del otorgante/s, advertido/s de su derecho a leerlo por sí, me manifiesta/n su conformidad, lo encuentra/n conforme y firma conmigo.

Y yo, el/la Notario DOY FE de todo lo cual, de identificar al otorgante/s por el documento exhibido y, en general, de haberse observado las formalidades legales y demás consignado en este instrumento público que redacto en ... folios de clase ..., serie ..., números ...

196

PODER DE REPRESENTACIÓN PROCESAL CON CLÁUSULA ESPECIAL

NÚMERO (Protocolo)

En ..., mi residencia, a ... de ... de ...

Ante mí, ..., Notario del Ilustre Colegio de ...

COMPARECE

Don/Doña ..., mayor de edad, de profesión ..., de estado civil ..., vecino/a de ..., domiciliado/a en calle ..., con DNI número ...

INTERVIENE/N

En su propio nombre y derecho.

Le/s identifico por su documento nacional de identidad.

Tiene/n a mi juicio capacidad legal para otorgar la presente escritura de APODERAMIENTO, a cuyo efecto:

EXPONE/N Y OTORGA/N

Que por medio del presente instrumento público confiere/n poder, tan amplio como fuere necesario en Derecho, a favor de:

A) Procuradores de los Tribunales de:

...: Don/Doña ...; Don/Doña ... y Don/Doña ...

...: Don/Doña ...; Don/Doña ... y Don/Doña ...

B) Letrados:

Don/Doña ...

Don/Doña ...

FACULTADES

Comparecer como actor, demandado, litisconsorte, tercero interviniente, sustituto o sucesor procesal, cualquiera que sea la causa u origen de su intervención como sujeto o parte procesal, en nombre de Don/Doña ..., ante los Juzgados, Tribunales, Fiscalías, Juntas, Jurados, Sindicatos, Corporaciones, Administración y demás Organismos, Autoridades y Funcionarios ordinarios o extraordinarios, especiales, excepcionales o únicos, de cualquier grado y competencia, incluidos los distintos ámbitos territoriales dentro del territorio nacional o supranacionales, y cualquiera que sea la jurisdicción ya civil, penal, contencioso-administrativa, incluidas las vías previas administrativas o económico-administrativa o tributarias, social o laboral, eclesiástica, constitucional, u otro cualquiera, común, especial o única, y al efecto, poder intervenir y actuar en toda clase de expedientes, de procedimientos y de procesos, ya ordinarios, ordinarios con especialidades, o especiales, y al efecto poder seguirlos por todos sus trámites desde el acto inicial o iniciador del mismo, incluida la demanda, ya ordinario, ya sucinta, en ejercicio de todo tipo de petición de tutela jurisdiccional, incluidas las declarativas, constitutivas, de condena, ejecutivas o cautelares, y cualesquiera otras permitidas por las leyes, o la defensa frente a dichas peticiones de tutela, siguiéndolos por todos los trámites, fases o instancias, incidentes y recursos, incluidos los de casación, revisión, recurso extraordinario de infracción procesal, incidente excepcional de nulidad de actuaciones, ampara constitucional, demanda ante el Tribunal Europeo de Derechos Humanos y Comité de Derechos Humanos de las Naciones Unidas, y solicitud de planteamiento de cuestión de inconstitucionalidad o cuestión prejudicial ante el Tribunal de Justicia de las Comunidades Europeas, y cualquier otro medio de impugnación o rescisión de resoluciones, incluida la audiencia al demandado rebelde y terminarlos mediante la obtención de resolución firme que corresponda y, en su caso, su ejecución y cumplimiento hasta la total satisfacción de la tutela jurisdiccional solicitada o interesada.

Consecuentemente con lo anterior, podrán celebrar antejuicios, y cualesquiera actos preparatorios del proceso, ya potestativos o preceptivos, incluidos el acto de conciliación y las diligencias preliminares, cualquiera que sea el resultado, pudiendo solicitar copias y testimonios de las actas y resoluciones que se dictasen; presentar, ratificar, reiterar y retirar cualesquiera escritos y documentos; instar u oponerse a la abstención o recusación de jueces y magistrados, miembros del

Ministerio Fiscal, Secretarios Judiciales, Oficiales, Auxiliares y Agentes de la Administración de Justicia y peritos, y demás personal jurisdicente, o de autoridades en general; solicitar o practicar cualesquiera, incluso de carácter personal; recibir, realizar, intervenir o ejecutar, en la forma y con los medios previstos legalmente, cualesquiera actos de comunicación y de auxilio judicial; intervenir en cuantas comparecencias prevean las leyes, con denuncia o impugnación u oposición a la denuncia de óbices o presupuestos procesales de todo tipo, incluidos la jurisdicción, la competencia, la capacidad procesal, la acumulación de acciones de todo tipo, la acumulación de autos, los intentos de transacción o conciliación previstos legalmente, la subsanación de defectos procesales e integración de la litis; someterse a competencias o acordar la sumisión a arbitraje; oponerse a la demanda o a las alegaciones con cualquiera de las conductas posibles y admitidas en derecho, incluida la reconvención; proponer y practicar pruebas, incluido con carácter anticipado; tachar testigos y peritos; formular resúmenes de prueba o conclusiones; instar, promover e intervenir en diligencias finales; solicitar suspensiones procesales y, en particular, de la suspensión del curso de los autos, del procedimiento o de la vista; solicitar promover o pedir cualesquiera medidas cautelares, y en particular, pedir, prestar, cancelar y retirar embargos, anotaciones preventivas, depósitos y fianzas, mandamientos de pago, cobrar, consignar y pagar créditos en metálico o por cualquier otro medio admitido en derecho las cantidades que procedan procesal o procedimentalmente y por el uso de este poder; asistir a juntas con voz y voto; tomar parte en subastas; solicitar, conceder y aceptar quitas y esperas; nombrar síndicos, administradores, interventores y auditores; promover y continuar por todos sus trámites cualesquiera incidentes o crisis procesales; realizar cualesquiera actos de disposición o terminación anormal del proceso, incluidos la transacción, desistimiento, renuncia, allanamiento y manifestación de la satisfacción extraprocesal de la pretensión; y en general, ejercitar cuantos derechos, facultades, acciones, excepciones u oposiciones, y cualesquiera otros actos procesales o procedimentales previstos legalmente, incluida la solicitud de asistencia jurídica gratuita en los términos previstos en la legislación vigente; otorgar y revocar sustituciones y apoderamientos, totales o parciales de este poder.

Pedir y retirar copias de este poder.

FACULTADES ESPECIALES

Especialmente se les faculta para el ejercicio en su nombre de las acciones tanto civiles como penales que le puedan competer como consecuencia de ...

AUTORIZACIÓN

Así lo dice/n y otorga/n , y leída por mí esta escritura, por elección del otorgante/s, advertido/s de su derecho a leerlo por sí, me manifiesta/n su conformidad, lo encuentra/n conforme y firma conmigo.

Y yo, el/la Notario DOY FE, de todo lo cual de identificar al otorgante/s por el documento exhibido y, en general, de haberse observado las formalidades legales y demás consignado en este instrumento público que redacto en ... folios de clase ..., serie ..., números ...

197

PODER DE REPRESENTACIÓN PROCESAL CON CLÁUSULA ESPECIAL PARA REALIZAR INVESTIGACIÓN JUDICIAL DEL PATRIMONIO DEL EJECUTADO

NÚMERO (Protocolo)

En ..., mi residencia, a ... de ... de ...

Ante mí, ..., Notario del Ilustre Colegio de ...

COMPARECE

Don/Doña ..., mayor de edad, de profesión ..., de estado civil ..., vecino/a de ..., domiciliado/a en calle ..., con DNI número ...

INTERVIENE/N

En su propio nombre y derecho.

Le/s identifico por su documento nacional de identidad.

Tiene/n a mi juicio capacidad legal para otorgar la presente escritura de APODERAMIENTO, a cuyo efecto:

EXPONE/N Y OTORGA/N

Que por medio del presente instrumento público confiere/n poder, tan amplio como fuere necesario en Derecho, a favor de:

A) Procuradores de los Tribunales de:

...: Don/Doña ...; Don/Doña ... y Don/Doña ...

...: Don/Doña ...; Don/Doña ... y Don/Doña ...

B) Letrados:

Don/Doña ...

Don/Doña ...

FACULTADES

Comparecer como actor, demandado, litisconsorte, tercero interviniente, sustituto o sucesor procesal, cualquiera que sea la causa u origen de su intervención como sujeto o parte procesal, en nombre de Don/Doña ..., ante los Juzgados, Tribunales, Fiscalías, Juntas, Jurados, Sindicatos, Corporaciones, Administración y demás Organismos, Autoridades y Funcionarios ordinarios o extraordinarios, especiales, excepcionales o únicos, de cualquier grado y competencia, incluidos los distintos ámbitos territoriales dentro del territorio nacional o supranacionales, y cualquiera que sea la jurisdicción ya civil, penal, contencioso-administrativa, incluidas las vías previas administrativas o económico-administrativa o tributarias, social o laboral, eclesiástica, constitucional, u otro cualquiera, común, especial o única, y al efecto, poder intervenir y actuar en toda clase de expedientes, de procedimientos y de procesos, ya ordinarios, ordinarios con especialidades, o especiales, y al efecto poder seguirlos por todos sus trámites desde el acto inicial o iniciador del mismo, incluida la demanda, ya ordinario, ya sucinta, en ejercicio de todo tipo de petición de tutela jurisdiccional, incluidas las declarativas, constitutivas, de condena, ejecutivas o cautelares, y cualesquiera otras permitidas por las leyes, o la defensa frente a dichas peticiones de tutela, siguiéndolos por todos los trámites, fases o instancias, incidentes y recursos, incluidos los de casación, revisión, recurso extraordinario de infracción procesal, incidente excepcional de nulidad de actuaciones, ampara constitucional, demanda ante el Tribunal Europeo de Derechos Humanos y Comité de Derechos Humanos de las Naciones Unidas, y solicitud de planteamiento de cuestión de inconstitucionalidad o cuestión prejudicial ante el Tribunal de Justicia de las Comunidades Europeas, y cualquier otro medio de impugnación o rescisión de resoluciones, incluida la audiencia al demandado rebelde y terminarlos mediante la obtención de resolución firme que corresponda y, en su caso, su ejecución y cumplimiento hasta la total satisfacción de la tutela jurisdiccional solicitada o interesada.

Consecuentemente con lo anterior, podrán celebrar antejuicios, y cualesquiera actos preparatorios del proceso, ya potestativos o preceptivos, incluidos el acto de conciliación y las diligencias preliminares, cualquiera que sea el resultado, pudiendo solicitar copias y testimonios de las actas y resoluciones que se dictasen; presentar, ratificar, reiterar y retirar cualesquiera escritos y documentos; instar u oponerse a la abstención o recusación de jueces y magistrados, miembros del

Ministerio Fiscal, Secretarios Judiciales, Oficiales, Auxiliares y Agentes de la Administración de Justicia y peritos, y demás personal jurisdicente, o de autoridades en general; solicitar o practicar cualesquiera, incluso de carácter personal; recibir, realizar, intervenir o ejecutar, en la forma y con los medios previstos legalmente, cualesquiera actos de comunicación y de auxilio judicial; intervenir en cuantas comparecencias prevean las leyes, con denuncia o impugnación u oposición a la denuncia de óbices o presupuestos procesales de todo tipo, incluidos la jurisdicción, la competencia, la capacidad procesal, la acumulación de acciones de todo tipo, la acumulación de autos, los intentos de transacción o conciliación previstos legalmente, la subsanación de defectos procesales e integración de la litis; someterse a competencias o acordar la sumisión a arbitraje; oponerse a la demanda o a las alegaciones con cualquiera de las conductas posibles y admitidas en derecho, incluida la reconvención; proponer y practicar pruebas, incluido con carácter anticipado; tachar testigos y peritos; formular resúmenes de prueba o conclusiones; instar, promover e intervenir en diligencias finales; solicitar suspensiones procesales y, en particular, de la suspensión del curso de los autos, del procedimiento o de la vista; solicitar promover o pedir cualesquiera medidas cautelares, y en particular, pedir, prestar, cancelar y retirar embargos, anotaciones preventivas, depósitos y fianzas, mandamientos de pago, cobrar, consignar y pagar créditos en metálico o por cualquier otro medio admitido en derecho las cantidades que procedan procesal o procedimentalmente y por el uso de este poder; asistir a juntas con voz y voto; tomar parte en subastas; solicitar, conceder y aceptar quitas y esperas; nombrar síndicos, administradores, interventores y auditores; promover y continuar por todos sus trámites cualesquiera incidentes o crisis procesales; realizar cualesquiera actos de disposición o terminación anormal del proceso, incluidos la transacción, desistimiento, renuncia, allanamiento y manifestación de la satisfacción extraprocesal de la pretensión; y en general, ejercitar cuantos derechos, facultades, acciones, excepciones u oposiciones, y cualesquiera otros actos procesales o procedimentales previstos legalmente, incluida la solicitud de asistencia jurídica gratuita en los términos previstos en la legislación vigente; otorgar y revocar sustituciones y apoderamientos, totales o parciales de este poder.

Pedir y retirar copias de este poder.

FACULTADES ESPECIALES

Especialmente se les faculta para comparecer ante toda clase de organismos y registros públicos o privados, al efecto de obtener los datos que le fueren necesarios para la investigación judicial del patrimonio del ejecutado, en los términos previstos en el artículo 590 de la Ley de Enjuiciamiento Civil.

AUTORIZACIÓN

Así lo dice/n y otorga/n , y leída por mí esta escritura, por elección del otorgante/s, advertido/s de su derecho a leerlo por sí, me manifiesta/n su conformidad, lo encuentra/n conforme y firma conmigo.

Y yo, el/la Notario DOY FE, de todo lo cual de identificar al otorgante/s por el documento exhibido y, en general, de haberse observado las formalidades legales y demás consignado en este instrumento público que redacto en ... folios de clase ..., serie ..., números ...

198

Poder De Representación Procesal Otorgado Por Legal Representante De Persona Jurídica. Poder A Favor De Procuradores

NÚMERO (Protocolo)

En ..., mi residencia, a ... de ... de ...

Ante mí, ..., Notario del Ilustre Colegio de ...

COMPARECEN

Don/Doña ..., mayor de edad, de profesión ..., de estado civil ..., vecino/a de ..., domiciliado/a en calle ..., con DNI número ...

INTERVIENE/N

En nombre y representación de la entidad mercantil/civil domiciliada en ..., calle ..., denominada «...» constituida mediante escritura de fecha ... autorizada por el Notario de ... Don/Doña ... con el número ... de su Protocolo, e inscrita en el Registro Mercantil de ... Su NIF es el ...

Comparece en virtud de poder que dicha entidad le tiene conferido por escritura de fecha ... autorizada por el Notario de ... Don/Doña ..., bajo el número ... de su Protocolo, inscrito en el Registro Mercantil, ...

Copia autorizada del mismo he tenido a la vista y resulta lo siguiente: «... Que confieren poder tan amplio y bastante como en Derecho se requiera a favor de las personas que a continuación se mencionan: Doña ... Para que en nombre y representación de la entidad "..." 10. Acudir o comparecer por sí misma o por medio de Abogado y Procurador, a lo que podrá conferir el oportuno poder».

Asegura que no le está revocado, suspenso ni limitado en forma alguna.

Le/s identifico por su documento nacional de identidad. Tiene/n a mi juicio capacidad legal para otorgar la presente escritura de APODERAMIENTO, a cuyo efecto:

EXPONE/N Y OTORGA/N

Que por medio del presente instrumento público confiere/n poder, tan amplio como fuere necesario en Derecho, a favor de:

Procuradores de los Tribunales de:

...: Don/Doña ...; Don/Doña ... y Don/Doña ...

...: Don/Doña ...; Don/Doña ... y Don/Doña ...

FACULTADES

Comparecer como actor, demandado, litisconsorte, tercero interviniente, sustituto o sucesor procesal, cualquiera que sea la causa u origen de su intervención como sujeto o parte procesal, ante los Juzgados, Tribunales, Fiscalías, Juntas, Jurados, Sindicatos, Corporaciones, Administración y demás Organismos, Autoridades y Funcionarios ordinarios o extraordinarios, especiales, excepcionales o únicos, de cualquier grado y competencia, incluidos los distintos ámbitos territoriales dentro del territorio nacional o supranacionales, y cualquiera que sea la jurisdicción ya civil, penal, contencioso-administrativa, incluidas las vías previas administrativas o económico-administrativa o tributarias, social o laboral, eclesiástica, constitucional, u otro cualquiera, común, especial o única, y al efecto, poder intervenir y actuar en toda clase de expedientes, de procedimientos y de procesos, ya ordinarios, ordinarios con especialidades, o especiales, y al efecto poder seguirlos por todos sus trámites desde el acto inicial o iniciador del mismo, incluida la demanda, ya ordinario, ya sucinta, en ejercicio de todo tipo de petición de tutela jurisdiccional, incluidas las declarativas, constitutivas, de condena, ejecutivas o cautelares, y cualesquiera otras permitidas por las leyes, o la defensa frente a dichas peticiones de tutela, siguiéndolos por todos los trámites, fases o instancias, incidentes y recursos, incluidos los de casación, revisión, recurso extraordinario de infracción procesal, incidente excepcional de nulidad de actuaciones, ampara constitucional, demanda ante el Tribunal Europeo de Derechos Humanos y Comité de Derechos Humanos de las Naciones Unidas, y solicitud de planteamiento de cuestión de inconstitucionalidad o cuestión prejudicial ante el Tribunal de Justicia de las

Comunidades Europeas, y cualquier otro medio de impugnación o rescisión de resoluciones, incluida la audiencia al demandado rebelde y terminarlos mediante la obtención de resolución firme que corresponda y, en su caso, su ejecución y cumplimiento hasta la total satisfacción de la tutela jurisdiccional solicitada o interesada.

Consecuentemente con lo anterior, podrán celebrar antejuicios, y cualesquiera actos preparatorios del proceso, ya potestativos o preceptivos, incluidos el acto de conciliación y las diligencias preliminares, cualquiera que sea el resultado, pudiendo solicitar copias y testimonios de las actas y resoluciones que se dictasen; presentar, ratificar, reiterar y retirar cualesquiera escritos y documentos; instar u oponerse a la abstención o recusación de jueces y magistrados, miembros del Ministerio Fiscal, Secretarios Judiciales, Oficiales, Auxiliares y Agentes de la Administración de Justicia y peritos, y demás personal jurisdicente, o de autoridades en general; solicitar o practicar cualesquiera, incluso de carácter personal; recibir, realizar, intervenir o ejecutar, en la forma y con los medios previstos legalmente, cualesquiera actos de comunicación y de auxilio judicial; intervenir en cuantas comparecencias prevean las leyes, con denuncia o impugnación u oposición a la denuncia de óbices o presupuestos procesales de todo tipo, incluidos la jurisdicción, la competencia, la capacidad procesal, la acumulación de acciones de todo tipo, la acumulación de autos, los intentos de transacción o conciliación previstos legalmente, la subsanación de defectos procesales e integración de la litis; someterse a competencias o acordar la sumisión a arbitraje; oponerse a la demanda o a las alegaciones con cualquiera de las conductas posibles y admitidas en derecho, incluida la reconvención; proponer y practicar pruebas, incluido con carácter anticipado; tachar testigos y peritos; formular resúmenes de prueba o conclusiones; instar, promover e intervenir en diligencias finales; solicitar suspensiones procesales y, en particular, de la suspensión del curso de los autos, del procedimiento o de la vista; solicitar promover o pedir cualesquiera medidas cautelares, y en particular, pedir, prestar, cancelar y retirar embargos, anotaciones preventivas, depósitos y fianzas, mandamientos de pago, cobrar, consignar y pagar créditos en metálico o por cualquier otro medio admitido en derecho las cantidades que procedan procesal o procedimentalmente y por el uso de este poder; asistir a juntas con voz y voto; tomar parte en subastas; solicitar, conceder y aceptar quitas y esperas; nombrar síndicos, administradores, interventores y auditores; promover y continuar por todos sus trámites cualesquiera incidentes o crisis procesales; realizar cualesquiera actos de disposición o terminación anormal del proceso, incluidos la transacción, desistimiento, renuncia, allanamiento y manifestación de la satisfacción extraprocesal de la pretensión; y en general, ejercitar cuantos derechos, facultades, acciones, excepciones u oposiciones, y cualesquiera otros actos procesales o procedimentales previstos legalmente, incluida la solicitud de asistencia jurídica gratuita en los términos previstos en la legislación vigente; otorgar y revocar sustituciones y apoderamientos, totales o parciales de este poder.

AUTORIZACIÓN

Así lo dice/n y otorga/n, y leída por mí esta escritura, por elección del otorgante/s, advertido/s de su derecho a leerlo por sí, me manifiesta/n su conformidad, encontrándolo conforme y firmando conmigo.

Y yo, el/la Notario DOY FE de todo lo cual, de identificar al otorgante/s por el documento exhibido y, en general, de haberse observado las formalidades legales y demás consignado en este instrumento público que redacto en ... folios de clase ..., serie ..., números ...

199

Poder De Representación Procesal Otorgado Por Legal Representante De Persona Jurídica. Poder A Favor De Procuradores Y Letrados

NÚMERO (Protocolo)

En ..., mi residencia, a ... de ... de ...

Ante mí, ..., Notario del Ilustre Colegio de ...

COMPARECEN

Don/Doña ..., mayor de edad, de profesión ..., de estado civil ..., vecino/a de ..., domiciliado/a en calle ..., con DNI número ...

INTERVIENE/N

En nombre y representación de la entidad mercantil/civil domiciliada en ..., calle ..., denominada «...», constituida mediante escritura de fecha ... autorizada por el Notario de ... Don/Doña ... con el número ... de su Protocolo, e inscrita en el Registro Mercantil de ... Su NIF es el ...

Comparece en virtud de poder que dicha entidad le tiene conferido por escritura de fecha ... autorizada por el Notario de ... Don/Doña ..., bajo el número ... de su Protocolo, inscrito en el Registro Mercantil, ...

Copia autorizada del mismo he tenido a la vista y resulta lo siguiente: «... Que confieren poder tan amplio y bastante como en Derecho se requiera a favor de las personas que a continuación se mencionan: Doña ... Para que en nombre y representación de la entidad "...". 10. Acudir o comparecer por sí misma o por medio de Abogado y Procurador, a lo que podrá conferir el oportuno poder».

Asegura que no le está revocado, suspenso ni limitado en forma alguna.

Le/s identifico por su documento nacional de identidad. Tiene/n a mi juicio capacidad legal para otorgar la presente escritura de APODERAMIENTO, a cuyo efecto:

EXPONE/N Y OTORGA/N

Que por medio del presente instrumento público confiere/n poder, tan amplio como fuere necesario en Derecho, a favor de:

Procuradores de los Tribunales de:

...: Don/Doña ...; Don/Doña ... y Don/Doña ...

...: Don/Doña ...; Don/Doña ... y Don/Doña ...

Letrados

...: Don/Doña ...; Don/Doña ... y Don/Doña ...

...: Don/Doña ...; Don/Doña ... y Don/Doña ...

FACULTADES

Comparecer como actor, demandado, litisconsorte, tercero interviniente, sustituto o sucesor procesal, cualquiera que sea la causa u origen de su intervención como sujeto o parte procesal, ante los Juzgados, Tribunales, Fiscalías, Juntas, Jurados, Sindicatos, Corporaciones, Administración y demás Organismos, Autoridades y Funcionarios ordinarios o extraordinarios, especiales, excepcionales o únicos, de cualquier grado y competencia, incluidos los distintos ámbitos territoriales dentro del territorio nacional o supranacionales, y cualquiera que sea la jurisdicción ya civil, penal, contencioso-administrativa, incluidas las vías previas administrativas o económico-administrativa o tributarias, social o laboral, eclesiástica, constitucional, u otro cualquiera, común, especial o única, y al efecto, poder intervenir y actuar en toda clase de expedientes, de procedimientos y de procesos, ya ordinarios, ordinarios con especialidades, o especiales, y al efecto poder seguirlos por todos sus trámites desde el acto inicial o iniciador del mismo, incluida la demanda, ya ordinario, ya sucinta, en ejercicio de todo tipo de petición de tutela jurisdiccional, incluidas las declarativas, constitutivas, de condena, ejecutivas o cautelares, y cualesquiera otras permitidas por las leyes, o la defensa frente a dichas peticiones de tutela, siguiéndolos por todos los trámites, fases o instancias, incidentes y recursos, incluidos los de casación, revisión, recurso extraordinario de infracción procesal, incidente excepcional de nulidad de actuaciones, ampara constitucional, demanda ante el Tribunal Europeo de Derechos Humanos y Comité de Derechos Humanos de las Naciones Unidas, y solicitud de planteamiento de cuestión de inconstitucionalidad o cuestión prejudicial ante el Tribunal de Justicia de las Comunidades Europeas, y cualquier otro medio de impugnación o rescisión de resoluciones, incluida la audiencia al demandado rebelde y terminarlos mediante la obtención de resolución firme que corresponda y, en su caso, su ejecución y cumplimiento hasta la total satisfacción de la tutela jurisdiccional solicitada o interesada.

Consecuentemente con lo anterior, podrán celebrar antejuicios, y cualesquiera actos preparatorios del proceso, ya potestativos o preceptivos, incluidos el acto de conciliación y las diligencias preliminares, cualquiera que sea el resultado, pudiendo solicitar copias y testimonios de las actas y resoluciones que se dictasen; presentar, ratificar, reiterar y retirar cualesquiera escritos y documentos; instar u oponerse a la abstención o recusación de jueces y magistrados, miembros del Ministerio Fiscal, Secretarios Judiciales, Oficiales, Auxiliares y Agentes de la Administración de Justicia y peritos, y demás personal jurisdicente, o de autoridades en general; solicitar o practicar cualesquiera, incluso de carácter personal; recibir, realizar, intervenir o ejecutar, en la forma y con los medios previstos legalmente, cualesquiera actos de comunicación y de auxilio judicial; intervenir en cuantas comparecencias prevean las leyes, con denuncia o impugnación u oposición a la denuncia de óbices o presupuestos procesales de todo tipo, incluidos la jurisdicción, la competencia, la capacidad procesal, la acumulación de acciones de todo tipo, la acumulación de autos, los intentos de transacción o conciliación previstos legalmente, la subsanación de defectos procesales e integración de la litis; someterse a competencias o acordar la sumisión a arbitraje; oponerse a la demanda o a las alegaciones con cualquiera de las conductas posibles y admitidas en derecho, incluida la reconvención; proponer y practicar pruebas, incluido con carácter anticipado; tachar testigos y peritos; formular resúmenes de prueba o conclusiones; instar, promover e intervenir en diligencias finales; solicitar suspensiones procesales y, en particular, de la suspensión del curso de los autos, del procedimiento o de la vista; solicitar promover o pedir cualesquiera medidas cautelares, y en particular, pedir, prestar, cancelar y retirar embargos, anotaciones preventivas, depósitos y fianzas, mandamientos de pago, cobrar, consignar y pagar créditos en metálico o por cualquier otro medio admitido en derecho las cantidades que procedan procesal o procedimentalmente y por el uso de este poder; asistir a juntas con voz y voto; tomar parte en subastas; solicitar, conceder y aceptar quitas y esperas; nombrar síndicos, administradores, interventores y auditores; promover y continuar por todos sus trámites cualesquiera incidentes o crisis procesales; realizar cualesquiera actos de disposición o terminación anormal del proceso, incluidos la transacción, desistimiento, renuncia, allanamiento y manifestación de la satisfacción extraprocesal de la pretensión; y en general, ejercitar cuantos derechos, facultades, acciones, excepciones u oposiciones, y cualesquiera otros actos procesales o procedimentales previstos legalmente, incluida la solicitud de asistencia jurídica gratuita en los términos previstos en la legislación vigente; otorgar y revocar sustituciones y apoderamientos, totales o parciales de este poder.

AUTORIZACIÓN

Así lo dice/n y otorga/n, y leída por mí esta escritura, por elección del otorgante/s, advertido/s de su derecho a leerlo por sí, me manifiesta/n su conformidad, encontrándolo conforme y firmando conmigo.

Y yo, el/la Notario DOY FE de todo lo cual, de identificar al otorgante/s por el documento exhibido y, en general, de haberse observado las formalidades legales y demás consignado en este instrumento público que redacto en ... folios de clase ..., serie ..., números ...

200

Poder De Representación Procesal Otorgado Por Legal Representante De Persona Jurídica. Poder A Favor De Procuradores Y Letrados. Facultades Especiales A Favor De Éstos

NÚMERO (Protocolo)

En ..., mi residencia, a ... de ... de ...

Ante mí, ..., Notario del Ilustre Colegio de ...

COMPARECEN

Don/Doña ..., mayor de edad, de profesión ..., de estado civil ..., vecino/a de ..., domiciliado/a en calle ..., con DNI número ...

INTERVIENE/N

En nombre y representación de la entidad mercantil/civil domiciliada en ..., calle ..., denominada «...» constituida mediante escritura de fecha ... autorizada por el Notario de ... Don/Doña ... con el número ... de su Protocolo, e inscrita en el Registro Mercantil de ... Su NIF es el ...

Comparece en virtud de poder que dicha entidad le tiene conferido por escritura de fecha ... autorizada por el Notario de ... Don/Doña ..., bajo el número ... de su Protocolo, inscrito en el Registro Mercantil, ...

Copia autorizada del mismo he tenido a la vista y resulta lo siguiente: «... Que confieren poder tan amplio y bastante como en Derecho se requiera a favor de las personas que a continuación se mencionan: Doña ... Para que en nombre y representación de la entidad "...". 10. Acudir o comparecer por sí misma o por medio de Abogado y Procurador, a lo que podrá conferir el oportuno poder».

Asegura que no le está revocado, suspenso ni limitado en forma alguna.

Le/s identifico por su documento nacional de identidad. Tiene/n a mi juicio capacidad legal para otorgar la presente escritura de APODERAMIENTO, a cuyo efecto:

EXPONE/N Y OTORGA/N

Que por medio del presente instrumento público confiere/n poder, tan amplio como fuere necesario en Derecho, a favor de:

Procuradores de los Tribunales de:

...: Don/Doña ...; Don/Doña ... y Don/Doña ...

...: Don/Doña ...; Don/Doña ... y Don/Doña ...

Letrados

...: Don/Doña ...; Don/Doña ... y Don/Doña ...

...: Don/Doña ...; Don/Doña ... y Don/Doña ...

FACULTADES

Comparecer como actor, demandado, litisconsorte, tercero interviniente, sustituto o sucesor procesal, cualquiera que sea la causa u origen de su intervención como sujeto o parte procesal, ante los Juzgados, Tribunales, Fiscalías, Juntas, Jurados, Sindicatos, Corporaciones, Administración y demás Organismos, Autoridades y Funcionarios ordinarios o extraordinarios, especiales, excepcionales o únicos, de cualquier grado y competencia, incluidos los distintos ámbitos territoriales dentro del territorio nacional o supranacionales, y cualquiera que sea la jurisdicción ya civil, penal, contencioso-administrativa, incluidas las vías previas administrativas o económico-administrativa o tributarias, social o laboral, eclesiástica, constitucional, u otro cualquiera, común, especial o única, y al efecto, poder intervenir y actuar en toda clase de expedientes, de procedimientos y de procesos, ya ordinarios, ordinarios con especialidades, o especiales, y al efecto poder seguirlos por todos sus trámites desde el acto inicial o iniciador del mismo, incluida la demanda, ya ordinario, ya sucinta, en ejercicio de todo tipo de petición de tutela jurisdiccional, incluidas las declarativas, constitutivas, de condena, ejecutivas o cautelares, y cualesquiera otras permitidas por las leyes, o la defensa frente a dichas peticiones de tutela, siguiéndolos por todos los trámites, fases o instancias, incidentes y recursos, incluidos los de casación, revisión, recurso extraordinario de infracción procesal, incidente excepcional de nulidad de actuaciones, ampara constitucional, demanda ante el Tribunal Europeo de Derechos Humanos y Comité de Derechos Humanos de las Naciones Unidas, y solicitud de planteamiento de cuestión de inconstitucionalidad o cuestión prejudicial ante el Tribunal de Justicia de las Comunidades Europeas, y cualquier otro medio de impugnación o rescisión de resoluciones, incluida la audiencia al demandado rebelde y terminarlos mediante la obtención de resolución firme que corresponda y, en su caso, su ejecución y cumplimiento hasta la total satisfacción de la tutela jurisdiccional solicitada o interesada.

Consecuentemente con lo anterior, podrán celebrar antejuicios, y cualesquiera actos preparatorios del proceso, ya potestativos o preceptivos, incluidos el acto de conciliación y las diligencias preliminares, cualquiera que sea el resultado, pudiendo solicitar copias y testimonios de las actas y resoluciones que se dictasen; presentar, ratificar, reiterar y retirar cualesquiera escritos y documentos; instar u oponerse a la abstención o recusación de jueces y magistrados, miembros del Ministerio Fiscal, Secretarios Judiciales, Oficiales, Auxiliares y Agentes de la Administración de Justicia y peritos, y demás personal jurisdicente, o de autoridades en general; solicitar o practicar cualesquiera, incluso de carácter personal; recibir, realizar, intervenir o ejecutar, en la forma y con los medios previstos legalmente, cualesquiera actos de comunicación y de auxilio judicial; intervenir en cuantas comparecencias prevean las leyes, con denuncia o impugnación u oposición a la denuncia de óbices o presupuestos procesales de todo tipo, incluidos la jurisdicción, la competencia, la capacidad procesal, la acumulación de acciones de todo tipo, la acumulación de autos, los intentos de transacción o conciliación previstos legalmente, la subsanación de defectos procesales e integración de la litis; someterse a competencias o acordar la sumisión a arbitraje; oponerse a la demanda o a las alegaciones con cualquiera de las conductas posibles y admitidas en derecho, incluida la reconvención; proponer y practicar pruebas, incluido con carácter anticipado; tachar testigos y peritos; formular resúmenes de prueba o conclusiones; instar, promover e intervenir en diligencias finales; solicitar suspensiones procesales y, en particular, de la suspensión del curso de los autos, del procedimiento o de la vista; solicitar promover o pedir cualesquiera medidas cautelares, y en particular, pedir, prestar, cancelar y retirar embargos, anotaciones preventivas, depósitos y fianzas, mandamientos de pago, cobrar, consignar y pagar créditos en metálico o por cualquier otro medio admitido en derecho las cantidades que procedan procesal o procedimentalmente y por el uso de este poder; asistir a juntas con voz y voto; tomar parte en subastas; solicitar, conceder y aceptar quitas y esperas; nombrar síndicos, administradores, interventores y auditores; promover y continuar por todos sus trámites cualesquiera incidentes o crisis procesales; realizar cualesquiera actos de disposición o terminación anormal del proceso, incluidos la transacción, desistimiento, renuncia, allanamiento y manifestación de la satisfacción extraprocesal de la pretensión; y en general, ejercitar cuantos derechos, facultades, acciones, excepciones u oposiciones, y cualesquiera otros actos procesales o procedimentales previstos legalmente, incluida la solicitud de asistencia jurídica gratuita en los términos previstos en la legislación vigente; otorgar y revocar sustituciones y apoderamientos, totales o parciales de este poder.

FACULTADES ESPECIALES

...

B) Para formular en nombre de la entidad representada todo acto de desistimiento, renuncia o allanamiento, sin que sea necesario el concurso o ratificación de cualquier otro representante de la entidad.

C) A los Letrados solamente, para declarar en nombre de la entidad en todo tipo de procedimientos.

D) Para deducir toda clase de denuncias y querellas.

E) A los Letrados solamente, para sustituir este apoderamiento y la obtención de copias de este instrumento.

AUTORIZACIÓN

Así lo dice/n y otorga/n, y leída por mí esta escritura, por elección del otorgante/s, advertido/s de su derecho a leerlo por sí, me manifiesta/n su conformidad, encontrándolo conforme y firmando conmigo.

Y yo, el/la Notario DOY FE de todo lo cual, de identificar al otorgante/s por el documento exhibido y, en general, de haberse observado las formalidades legales y demás consignado en este instrumento público que redacto en ... folios de clase ..., serie ..., números ...

201

PODER PARA ELEVACIÓN A PÚBLICO DE DOCUMENTO PRIVADO DE COMPRAVENTA. OTORGANTE: MADRE COMO TITULAR DE LA PATRIA POTESTAD DEL HEREDERO DEL OTORGANTE DEL DOCUMENTO PRIVADO

NÚMERO (Protocolo)

En ..., mi residencia, a ... de ... de ...

Ante mí, ..., Notario del Ilustre Colegio de ...

COMPARECEN

Doña ..., mayor de edad, de profesión ..., casada en segundas nupcias con Don ... en régimen de ..., de su misma vecindad y domicilio, vecina de ..., domiciliada en calle ..., con DNI número ...

INTERVIENE/N

En su propio nombre y derecho, y además como única titular de la patria potestad, en nombre y representación legal de su hijo menor de edad Don ..., nacido el día ... de ... de ..., de ... años de edad, soltero, estudiante y de su misma vecindad y domicilio.

Me exhibe Libro de Familia, que testimonio en las hojas pertinentes para acompañar a la copia de ésta.

Le identifico por su documento nacional de identidad.

Tiene a mi juicio capacidad legal para otorgar la presente escritura de APODERAMIENTO ESPECIAL, a cuyo efecto:

EXPONE

I. Que Don ..., con DNI número ..., primer esposo de la señora compareciente y padre del menor, falleció en ... el día ... de ... de ..., sin que hubiese otorgado disposición testamentaria alguna.

II. Por acta notarial de fecha ..., autorizada por el Notario de ... Don ..., con el número ... de su Protocolo, en el que se nombra heredero a su único hijo Don ..., sin perjuicio de la cuota legal usufructuaria de su viuda, la compareciente, Doña ...

Copia de la mencionada me es exhibida, y se presentará donde sea menester y se acompañará a la copia del presente instrumento.

III. Que en virtud de la escritura autorizada en ..., el día ... de ... de ... ante el Notario Don ..., número ... de Protocolo, la compareciente renunció pura y simplemente a su participación de los gananciales y a su cuota legal usufructuaria en la herencia de su difunto esposo Don ...

Copia del citado instrumento se presentará donde sea menester y se acompañará a la copia del presente.

IV. Que el causante Don ... vendió en documento privado suscrito en ..., con fecha ... de 1979 a Don ..., con DNI número ..., una vivienda en planta ..., piso letra ..., sito en ..., calle ..., Edificio ..., que constituye la finca registral número ... del registro de la Propiedad Número ... de ...

En dicho acto el adquirente entregó al causante Don ... la cantidad de ... euros, en metálico, y se subrogó en todas las obligaciones que tenía contraídas el vendedor con la empresa constructora y vendedora ..., así como la amortización del préstamo hipotecario, por importe de ..., con la entidad ..., todo ello en la escritura autorizada en ... por el Notario Don ..., el día ... de ... de ..., número de Protocolo ...

Original del citado documento se presentará donde sea menester y se acompañará al presente instrumento.

V. Que el documento privado relacionado en el exponendo anterior, tiene actualmente fecha fehaciente, de conformidad con lo dispuesto en el artículo 1227 del Código Civil.

VI. Esto expuesto,

OTORGA

Que confiere poder a favor de Don/Doña ..., mayor de edad, de profesión ..., vecina de ... con domicilio en calle ..., con DNI número ..., para que en nombre y representación de la otorgante, como titular de la patria potestad sobre su hijo Don ..., pueda hacer uso de las siguientes:

FACULTADES

Elevar a escritura pública el contrato privado de compraventa a que se refiere el exponendo IV, en nombre del menor Don ..., como único heredero de Don ...

Y para ello otorgar y suscribir cuantos documentos públicos y privados sean necesarios o convenientes.

AUTORIZACIÓN

Así lo dice y otorga, y leída por mí esta escritura, por elección del otorgante, advertido de su derecho a leerlo por sí, me manifiesta éste su conformidad, lo encuentra conforme y firma conmigo.

Y yo, el/la Notario DOY FE de todo lo cual, de identificar al otorgante por el documento exhibido y, en general, de haberse observado las formalidades legales y demás consignado en este instrumento público que redacto en dos folios de clase ..., serie ..., números ...

202

PODER PARA COBRO DE INDEMNIZACIÓN

NÚMERO (Protocolo)

En ..., mi residencia, a ... de ... de ...

Ante mí, ..., Notario del Ilustre Colegio de ...

COMPARECEN

Don/Doña ..., mayor de edad, de profesión ..., de estado civil ..., vecino/a de ..., domiciliado/ a en calle ..., con DNI número ...

INTERVIENE

En su propio nombre y derecho.

Le identifico por su documento nacional de identidad.

Tiene a mi juicio capacidad legal para otorgar la presente escritura de APODERAMIENTO ESPECIAL, a cuyo efecto:

EXPONE/N Y OTORGA/N

Que confiere poder tan amplio y bastante como en derecho se requiera y sea necesario, en favor de Don/Doña ..., de profesión ..., de estado civil ..., vecino/a de ..., domiciliado/a en calle ..., con DNI número ..., y Don/Doña ..., mayor de edad, de profesión ..., de estado civil ..., vecino/a de ..., domiciliado/a en ..., y con DNI número ..., para que solidariamente puedan ejercitar las siguientes FACULTADES:

Percibir o cobrar la indemnización o importe del valor venal del vehículo marca ... modelo ... matrícula ..., más los intereses legales e indemnizatorios que procedan, conforme a la Ley de Contrato de Seguro, Ley Orgánica 3/1989, Ley 30/1995 y demás de aplicación, ya judicialmente, ya extrajudicialmente; vehículo siniestrado en fecha ... de ... de ... y como consecuencia de lo cual se siguen las Diligencias Previas ... del Juzgado de Instrucción Número ... de ...

Y al efecto otorgar y firmar cuantos documentos públicos o privados fueren precisos.

AUTORIZACIÓN

Así lo dice y otorga, y leída por mí esta escritura, por elección del otorgante/s, advertido de su derecho a leerlo por sí, me manifiesta/n éste/os su conformidad, lo encuentra/n conforme y firma/n conmigo.

Y yo, el/la Notario DOY FE de todo lo cual, de identificar al otorgante por el documento exhibido y, en general, de haberse observado las formalidades legales y demás consignado en este instrumento público que redacto en dos folios de clase ..., serie ..., números ...

203

PODER PARA ACTOS DE DISPOSICIÓN Y ADMINISTRACIÓN EN RELACIÓN CON UNA VIVIENDA

NÚMERO (Protocolo)

En ..., mi residencia, a ... de ... de ...

Ante mí, ..., Notario del Ilustre Colegio de ...

COMPARECEN

Los cónyuges Doña ... y Don ..., mayores de edad, de profesión ..., vecinos de ..., domiciliados en calle ..., con DD.NN.II. números, respectivamente, ... y ...

INTERVIENEN

En su propio nombre y derecho, y en beneficio de su sociedad de gananciales[1].

Le/s identifico por su documento nacional de identidad.

Tiene/n a mi juicio capacidad legal para otorgar la presente escritura de APODERAMIENTO, a cuyo efecto:

EXPONEN

I. Que a los comparecientes pertenece el pleno dominio, con carácter ganancial, de la siguiente vivienda:

[1] Sólo cuando se trate de cónyuges casados bajo el régimen legal de gananciales.

«Piso ... letra ..., destinado a vivienda, del Edificio «...», sito en ..., calle ..., con una superficie de ... metros, distribuido en .... Linda ...»

Cuota: «...»
Título: «...»
Inscripción: «...»

II. Que en relación exclusiva con el piso o departamento descrito.

OTORGAN

Que, en beneficio de su sociedad de gananciales, confieren poder tan amplio y bastante como en derecho se requiera y sea necesario, en favor de Don/Doña ..., de profesión ..., vecino/a de ..., domiciliado/a en calle ..., con DNI número ... y Don/Doña ..., mayor de edad, de profesión ....., vecino/a de ..., domiciliado/a en calle ..., con DNI número ...[2], para que mancomunada o solidariamente puedan ejercitar las siguientes FACULTADES:

Vender a la persona o personas naturales o jurídicas, ya públicas o privadas, que libremente concierte, el piso antes descrito, por el precio y condiciones que estipulen, y cuyo precio podrá o podrán percibir al contado, confesar haberlo percibido con anterioridad, o aplazarlo en todo o en parte, pudiendo incluso garantizar dicho precio aplazado con hipoteca o condición resolutoria o cualquier otra garantía, la que podrán cancelar en su día.

Y al efecto otorgar y firmar cuantos documentos públicos o privados fueren precisos.

Administrar en los más amplios términos expresados, pudiendo llevar a cabo, cumplir y ejercitar toda clase de derechos y obligaciones, rendir, exigir y aprobar cuentas; constituir, modificar, resolver o extinguir todo tipo de contratos, muy especialmente de arrendamiento y sin limitación alguna, y contratar contratos de seguro de cualquier clase; promover todo tipo de reclamaciones y procesos o procedimientos, ya extrajudiciales ya judiciales, especialmente de desahucio de arrendatarios, precaristas y cualquier otro tipo de ocupantes; aceptar, pagar y cobrar deudas y créditos por capital, intereses, dividendos y amortizaciones, y con relación a cualquier persona o entidad pública o privada, incluido el estado, la Comunidad Autónoma, la provincia o municipio, y que se refieran directa o indirectamente con

---

2 Tanto los poderdantes como los apoderados pueden ser uno o varios. Depende, por ejemplo, de que el bien sea ganancial, copropiedad, etc. También este poder puede contener cláusulas especiales en relación, por ejemplo, al usufructo.

el expresado piso o sus dependencias; firmando recibos, saldos, facturas, conformidades y resguardos; asistir con voz y voto a las juntas de propietarios; aceptar arbitrajes en relación a todo tipo de actos relativos al piso, constituir, reconocer, aceptar, ejecutar, transmitir, dividir, modificar, extinguir y cancelar total o parcialmente usufructos, servidumbres, prendas, hipotecas, anticresis, comunidades de toda clase, propiedades horizontales y, en general, otorgar y firmar cuantos documentos crea necesarios o estime convenientes a los fines de este apoderamiento, pudiendo en caso de enajenación, transmisión o venta del piso, otorgar escrituras de adición, rectificación, subsanación o aclaración; incluso poderes generales o especiales de representación procesal y a favor de Procuradores y Letrados de su libre elección.

AUTORIZACIÓN

Así lo dice/n y otorga/n, y leída por mí esta escritura, por elección de los otorgantes, advertido de su derecho a leerlo por sí mismos, me manifiestan su conformidad, lo encuentran conforme y firman conmigo.

Y yo, el/la Notario DOY FE de todo lo cual, de identificar a los otorgantes por el documento exhibido y, en general, de haberse observado las formalidades legales y demás consignado en este instrumento público que redacto en ... folios de clase ..., serie ..., números ...

204

PODER PARA ACTOS DE ADMINISTRACIÓN, DISPOSICIÓN Y ACTOS DE COMERCIO, SIN LIMITACIÓN ALGUNA («PODER DE MISERIA»)

NÚMERO (Protocolo)

En ..., mi residencia, a ... de ... de ...

Ante mí, ..., Notario del Ilustre Colegio de ...

COMPARECEN

Don/Doña ..., mayor de edad, de estado civil ..., de profesión ..., vecino/ a de ..., domiciliado/a en calle ..., con DNI número ...; y Don/Doña ..., mayor de edad, de estado civil ..., de profesión ..., vecino/ a de ..., domiciliado/a en calle ..., en calle ..., con DNI número ...[3].

INTERVIENEN

En su propio nombre y derecho, manifestando ser, junto con el apoderado que después se dirá, los únicos partícipes de la comunidad de bienes denominada «...», domiciliada en ..., calle ..., con CIF ....

Le/s identifico por su documento nacional de identidad.

Tiene/n a mi juicio capacidad legal para otorgar la presente escritura de APODERAMIENTO, a cuyo efecto:

[3] Los poderdantes pueden ser uno o varios, y ya personas físicas en sí o como cónyuges o, como en el presente caso, como integrantes de una comunidad de bienes. También como representantes de una persona jurídica.

OTORGAN

Que juntos y por separado confieren poder tan amplio y bastante como en Derecho se requiera y necesario sea, a favor de Don/Doña ..., mayor de edad, de profesión ..., de estado civil ..., vecino de ..., domiciliado en calle ..., con DNI número ..., para que pueda:

FACULTADES

Realizar los siguientes actos con plenitud de competencia, atribuciones y facultades, y con libertad para fijar pactos, cláusulas, disposiciones, determinaciones y declaraciones, de suerte que el apoderado ostente la plena representación del poderdante, sin traba, limitación ni excepción alguna y ello aun cuando incidiese en la figura jurídica de la autocontratación, incluso con intereses contrapuestos:

I. Administrar bienes muebles e inmuebles; ejercitar y cumplir toda clase de derechos y obligaciones, rendir, exigir, y aprobar cuentas; firmar y seguir correspondencia; hacer y retirar giros y envíos; constituir, modificar. extinguir y liquidar contratos de todo tipo, particularmente de arrendamiento, aparcería, seguro, trabajo y transporte de cualquier clase; desahuciar inquilinos, arrendatarios, aparceros, colonos, porteros, precaristas y todo género de ocupantes; admitir y despedir obreros y empleados; reconocer, aceptar, pagar y cobrar cualesquiera deudas y créditos, por capital, intereses, dividendos y amortizaciones, y con relación a cualquier persona o entidad pública o privada, incluso en Estado, Comunidad Autónoma, Provincia, Municipio o cualquier o otra entidad, firmando recibos, saldos, conformidades y resguardos; asistir con voz y voto a juntas de regantes, propietarios, consocios, condueños, y demás cotitulares o de cualquier otra clase.

II. Disponer, enajenar, gravar, adquirir, y contratar activa o pasivamente, respecto de toda clase de bienes muebles o inmuebles, derechos reales y personales, acciones y obligaciones, cupones, valores y cualesquiera efectos públicos o privados, pudiendo en tal sentido, con las condiciones y por el precio de contado, confesado o aplazado que estime pertinentes, ejercitar, otorgar, conceder y aceptar compraventas, aportes, permutas, cesiones en pago y para pago, amortizaciones, rescates, subrogaciones, retractos, opciones y tanteos, agrupaciones, segregaciones, parcelaciones, divisiones, declaraciones de obra nueva y de obra derruida, alteraciones de fincas, cartas de pago, fianzas, transacciones, arbitrajes; constituir, reconocer, aceptar, ejecutar, transmitir, dividir, modificar, extinguir y cancelar, total o parcialmente, usufructos, servidumbres, prendas, hipotecas, anticresis, comunidades de toda clase, propiedades horizontales, censos, derechos de superficie, y, en general, cualesquiera derechos reales y personales. Y aceptar donaciones puras, condicionales u onerosas de cualquier clase de bienes.

III. Aceptar, repudiar, manifestar, partir, entregar, recibir, aprobar e impugnar herencias, legados, liquidaciones de sociedades, y, en general, bienes y derechos de todas clases y en todo caso.

IV. Comerciar, dirigir y administrar negocios mercantiles e industriales, realizando cualesquiera actos relativos al tráfico mercantil; tomar parte en concursos y subastas, formulando propuestas, reservas y protestas y aceptando adjudicaciones; constituir, modificar, prorrogar, disolver y liquidar toda clase de sociedades, ejercitar los derechos y obligaciones, inherentes a la cualidad de socio y aceptar y desempeñar cargos en ellas.

V. Librar, aceptar, avalar, endosar, cobrar, pagar, intervenir y protestar letras de cambio, talones, cheques y otros efectos; abrir, seguir, cancelar, liquidar libretas de ahorro, cuentas corrientes y de crédito, con garantía personal o de valores; concertar activa o pasivamente créditos comerciales; afianzar y dar garantías por otros, dar y tomar dinero en préstamo, con o sin interés y con garantía personal, de valores o cualquier otra; constituir, transferir, modificar, cancelar y retirar depósitos provisionales o definitivos, de metálico, valores y otros bienes; comprar, vender, canjear, pignorar y negociar efectos y valores, y cobrar sus intereses, dividendos y amortizaciones; arrendar cajas de seguridad; y, en general, operar con Cajas de Ahorro, Bancos, incluso el de España y otros oficiales, y entidades similares, disponiendo de los bienes existentes en ellos por cualquier concepto, y haciendo, en general, cuanto permita la legislación y la práctica bancarias.

VI. Comparecer en Juzgados, Tribunales, Fiscalías, sindicatos, Delegaciones, Jurados, Comisiones, Notarías, Registros y toda clase de oficinas públicas o privadas, autoridades y organismos del Estado, Comunidad Autónoma, Provincia y Municipio, en asuntos civiles, mercantiles, penales, administrativos, económico-administrativos, contencioso-administrativos, sociales o laborales, gubernativos, fiscales y constitucionales, de todos los grados, jurisdicciones e instancias; promover, iniciar, instar, seguir, contestar y terminar, como actor, solicitante, demandante, coadyuvante, requerido, demandado, oponente, interviniente o en cualquier otro concepto, toda clase de expedientes, actas, juicios, pretensiones, tramitaciones, declaraciones, quejas y recursos, incluso de casación o acciones autónomas de impugnación y recursos de amparo, con facultades de formalizar ratificaciones personales, desistimiento, renuncia y allanamiento; otorgar, para los fines antedichos, poderes en favor de Procuradores de los Tribunales, Letrados y Graduados Sociales, con las facultades usuales.

VII. Sustituir este poder en todo o en parte, revocar las sustituciones conferidas; pedir y retirar copias de esta escritura.

VIII. Y para todo ello otorgar y firmar los documentos privados y escrituras públicas que estime necesarios o juzgue convenientes.

AUTORIZACIÓN

Así lo dice/n y otorga/n, y leída por mí esta escritura, por elección de el/los otorgante/s, advertido/s de su derecho a leerlo por sí mismo/s, me manifiesta/n su conformidad, lo encuentra/n conforme y firman conmigo.

Y yo, el/la Notario DOY FE de todo lo cual, de identificar a los otorgantes por el documento exhibido y, en general, de haberse observado las formalidades legales y demás consignado en este instrumento público que redacto en ... folios de clase ..., serie ..., números ...

205

APODERAMIENTO TAURINO

En la ciudad de ..., a ... de ... de ...

REUNIDOS

De una parte, los cónyuges Don ... y Doña ..., mayores de edad, de profesión ..., vecinos de ..., domiciliados en calle ..., con DD.NN.I., respectivamente, números .... y ...

Y de otra, Don ..., mayor de edad, de profesión ..., de estado civil ..., vecino de ..., domiciliado en ..., con DNI número ...

INTERVIENEN

Los comparecientes lo efectúan en su propio nombre y derecho, y los cónyuges primeramente citados como legales representantes del menor Don ..., de ... años de edad, con DNI número ...

Las partes contratantes se reconocen recíprocamente capacidad legal bastante para otorgar el presente documento, conforme al cual:

DECLARAN

PRIMERO. Como se ha mencionado, los cónyuges comparecientes son padres y legales representantes de Don ..., novillero.

SEGUNDO. Los citados comparecientes, en la representación que ostentan, han decidido otorgar la dirección de la actividad artística y profesional del como novillero, otorgando a favor del mismo los correspondientes poderes ante el Notario de ... Don ... en esta misma fecha.

TERCERO. La representación conferida notarialmente, tiene por base el presente contrato y con sujeción a las siguientes:

ESTIPULACIONES

PRIMERA. Don ... se obliga en este acto a representar al novillero y futuro matador Don ..., que acepta en el presente acto representado por los cónyuges Don ... y Doña ..., en todos los órdenes de su actuación profesional como torero, ya sea en ruedos o plazas de toros, prensa, revistas, cine, radio, televisión y cualquier otro medio de reproducción audio-visual, lo mismo en el aspecto artístico que en el económico.

SEGUNDA. Como consecuencia de lo establecido en la estipulación primera, Don ... especialmente se obliga a contratar la propaganda del novillero y sus actuaciones profesionales con las empresas o persona física o jurídica de que se trate; fijando las condiciones de todo orden y sin limitación en los contratos; realizando toda clase de actos de administración, necesarios o convenientes, así como comparecer ante las autoridades, organismos, funcionarios, personas físicas o jurídicas públicas o privadas de todo orden o clase.

TERCERA. El novillero/matador se obliga a respetar y cumplir los compromisos adquiridos por el apoderado en la órbita de la contratación y del presente negocio jurídico.

CUARTA. El plazo de duración de este contrato es de CINCO AÑOS computados de fecha a fecha y desde la de este documento, a cuyo vencimiento quedará resuelto el mismo sin necesidad de actuación o requerimiento alguno.

Al citado vencimiento, las partes podrán prorrogar el plazo de vigencia de este contrato, si bien expresamente se pacta que la validez de la prórroga dependa de su constancia escrita y en documento separado al presente contrato.

Serán nulas las estipulaciones o compromisos que se concierten alterando el plazo de vigencia de este contrato o su prórroga o prórrogas sucesivas y válidas.

QUINTA. Don ... percibirá por sus servicios el ... por ciento de los honorarios totales brutos que reciba el novillero/matador por sus actuaciones de todo orden y comprendidas en este contrato, y que podrá ser retirado por aquél al percibir de terceros los honorarios correspondientes al torero.

Las comisiones de Don ... serán de ... por ciento si las actuaciones del diestro fueren en Europa, y del ... si fueren en el resto del extranjero.

SEXTA. Serán de cuenta del matador los siguientes gastos:

1.º De publicidad y propaganda, en todas sus manifestaciones.

2.º De viaje, hospedaje y manutención de Don ... o la persona que éste designe, para concurrir a las actuaciones de su poderdante, gestionar la contratación de éste o que vengan impuestos por la actuación profesional de todo orden comprendidas en este contrato.

3.º De teléfono, fax, correspondencia ordinaria o telegráfica o de servicio de mensajería.

SÉPTIMA. Los contratantes liquidarán cuentas siempre que ello sea solicitado por los representantes legales del matador o por éste y, en cualquier caso, al 31 de diciembre de cada año.

OCTAVA. La resolución de este contrato por el matador y sin causa justificada y el incumplimiento por su parte de lo pactado, le obliga, en primer lugar, a satisfacer a Don ... los gastos que éste hubiese contraído y, en segundo lugar, a indemnizar a su apoderado en la forma, en su caso, prevista en las cláusulas particulares de este contrato.

CLÁUSULAS PARTICULARES

PRIMERA. En cuanto a los gastos previstos en la estipulación sexta:

1.º Los de publicidad, propaganda y otros conceptos del número primero de la estipulación sexta, podrán ser contratados y abonados por el apoderado sin la previa conformidad del matador, pero con la obligación de tener facturas, recibos y cualquier otro comprobante o justificante de pago del gasto.

2.º Se consideran como gastos computables con cargo al matador, los efectuados por el apoderado como consecuencia de los entrenamientos de aquél, incluidos, en su caso, compra de ganado, transporte, pienso, pago de cuadrillas o persona ayudante, incluidos picadores.

SEGUNDA. De conformidad con lo establecido en la estipulación octava, se fija como cantidad a indemnizar, en el porcentaje pactado en la estipulación quinta, durante todo el tiempo que le reste de duración al presente contrato, y además, una cantidad igual al importe de todos los gastos satisfechos por el apoderado durante la duración del mismo hasta el momento de la resolución.

Y en prueba de conformidad, firman el presente documento, por duplicado, en el lugar y fecha al principio indicados, quedando un ejemplar del mismo en poder de cada parte contratante.

206

PODER ESPECIAL PARA ACEPTAR UNA HERENCIA

NÚMERO (de Protocolo)

En ..., mi residencia, a ... de ... de ...

Ante mí, ..., Notario del Ilustre Colegio de ...

COMPARECEN

Don/Doña ..., mayor de edad, de estado civil ..., de profesión ..., vecino/a de ..., con domicilio en calle ..., y con DNI número ...

INTERVIENE

En su propio nombre y derecho.

Le identifico por el documento nacional de identidad.

Tiene a mi juicio el/la compareciente la capacidad legal necesaria para otorgar esta escritura de PODER, y al efecto.

EXPONE Y OTORGA

Que confiere poder especial tan amplio y bastante como en Derecho se requiera, a favor de Don/ Doña ..., mayor de edad, de profesión ..., vecino/a de ..., domiciliada en ..., calle ..., con DNI número ..., para que en nombre y representación de la compareciente, pueda realizar los actos siguientes con plenitud de competencias, atribuciones y facultades, y con libertad para fijar pactos, cláusulas, disposiciones, determinaciones y declaraciones, de suerte que la apoderada ostente la plena representación de la poderdante sin traba, limitación ni excepción alguna.

FACULTADES

I. Aceptar la herencia testada o intestada en que tenga interés la poderdante, y de un modo especial la de su madre Doña ..., fallecida en ..., el día ...; solicitar, en su caso, declaraciones de herederos, copias de testamentos, aprobar inventario y avalúo, liquidación, división y adjudicación de bienes hereditarios, practicar cuanto proceda hasta la terminación de las operaciones particionales e inscripción de las mismas en el Registro de la Propiedad correspondiente.

II. Cobrar cuantas cantidades resulten percibir con respecto de dicha herencia, de cualquier persona, ya sea física o jurídica.

III. Vender lo adjudicado a la persona o personas con que a bien tenga concertar la operación, por precio, pactos y condiciones que libremente estipule, pudiendo cobrar dicho precio al contado, a plazos o anticipadamente y, en caso de aplazamiento, aceptar las garantías oportunas, incluso hipotecaria condición resolutoria que cancelará en su día, previo cobro de la cantidad aplazada.

Y a tales efectos otorgar y firmar las escrituras públicas o documentos privados que fueren necesarios o convenientes, aun cuando se dé la figura jurídica de la autocontratación.

ASÍ LO OTORGA

Ratifica y firma, después de haberle permitido la lectura de esta escritura, previamente advertida por mí de su derecho a leerla del que me manifiesta haber hecho uso, y de explicarle yo, el/la Notario, su contenido del que me declara hallarse enterada. De conocer a la compareciente y de todo lo demás consignado en este instrumento público, que ha sido redactado conforme a minuta que me ha sido presentada, y que queda extendido en... folios de la clase ..., serie ..., números ... el presente y el siguiente en orden, doy fe.

207

PODER DE REPRESENTACIÓN. EXPEDIENTE DE SEGREGACIÓN MUNICIPAL (ALTERACIÓN DE TÉRMINO)

NÚMERO (Protocolo)

En ..., mi residencia, a ... de ... de ...

Ante mí, ..., Notario del Ilustre Colegio de ...

COMPARECEN

Don/Doña ..., mayor de edad, de profesión ..., de estado civil ..., vecino/a de ..., domiciliada en calle ..., con DNI número ...

INTERVIENE/N

En nombre y representación, y así resulta de la documentación que se me exhibe, de «ASOCIACION ...» , con domicilio en ..., calle ..., con CIF ..., de la que el compareciente es ...

En concreto, dejo unida a esta matriz copia de los Estatutos, debidamente legalizados, de la citada asociación, así como del acta de la Asamblea de la que resulta el cargo del compareciente.

Le identifico por su documento nacional de identidad.

Le juzgo con capacidad bastante para esta escritura de PODER, y al efecto:

EXPONEN Y OTORGAN

I. La Asociación aquí representada es uno de los promotores de la iniciativa vecinal para postular la segregación del término y municipio de ... y la constitución de un Ayuntamiento independiente, de las zonas y poblados que a continuación se mencionan:

...

II. El nuevo Ayuntamiento cuya creación por segregación se pretende se denominaría ... y su capitalidad estaría situada en ...

III. A los fines que se mencionan en este instrumento, la Asociación representada en el mismo va a iniciar y seguir el correspondiente procedimiento administrativo así como las demás actuaciones administrativas o judiciales que sean precisas.

Por ello a los vecinos de las zonas afectadas, y para contar con la mayoría de los mismos, se les pide que afirmen, consientan y otorguen el contenido del texto que a continuación se recoge y se les lee, estampando a continuación su firma y rúbrica o la huella dactilar caso de no saber o poder escribir y con dos testigos que a continuación lo harán para justificar así que conocen la identidad de la persona en cuestión:

TEXTO QUE AFIRMAN, CONSIENTEN Y OTORGAN

«Que comparece para manifestar:

1.º Que es residente y se encuentra en la actualidad empadronado, condición que se acreditará en su momento mediante Certificación del Secretario del Ayuntamiento de ..., en el término municipal de ... en el domicilio reseñado en el encabezamiento del presente documento.

2.º Es su propósito solicitar la segregación del núcleo vecinal donde reside del Ayuntamiento de ... mediante iniciativa de los vecinos, tal y como autoriza y establecen los artículos 9.3 del Real Decreto Legislativo 781/1986 de 18 de abril y 11.1 del Real Decreto 1690/1986 de 11 de julio[4].

3.º En consonancia con lo anterior, confiere poder de representación, tan amplio y bastante como en Derecho proceda al legal representante de la Asociación «...», para que en su nombre y representación pueda comparecer ante el Ayuntamiento de ..., Comunidad Autónoma de ... y cuantos organismos de la Administración Estatal, Autonómica, Local y Periférica del Estado sean precisos, así como ante los distintos Juzgados y Tribunales incluidos Audiencia Nacional, Tribunal Supremo y Tribunal Constitucional en todos sus asuntos derivados de la solicitud de segregación del Ayuntamiento de ... con la facultad expresa de poder subapoderar a Letrados y Procuradores para su representación procesal en los asuntos que así lo requieran.

---

[4] Y en su caso la normativa de cada Comunidad Autónoma aplicable.

4.º Muestra su conformidad con el proyecto de división de bienes y otras estipulaciones, incluso con la posibilidad de responsabilidad subsidiaria de los vecinos respecto de la deuda que corresponda amortizar al nuevo Ayuntamiento, como consecuencia de la segregación del existente.»

IV. Para formalizar tales otorgamientos, me requiere a mí el Notario, que acepto, para que me persone, en los días que me irá indicando, siendo el primero de ellos el ..., en los diferentes lugares antes indicados, lea al público que allí encuentre el contenido de este documento, y recoja su consentimiento y firma al texto del otorgamiento que consta en el apartado anterior.

Los sucesivos días se irán haciendo constar por sucesivas diligencias.

A tal fin me entrega en hojas de papel común con los listados de los vecinos censados, con expresión de sus nombres, apellidos, domicilios y documento nacional de identidad, y a continuación de cada uno de ellos queda un espacio suficiente para que se pueda recoger la firma y/o huella dactilar y los nombres de los dos testigos. Los espacios no utilizados para firma, serán inutilizados al término de cada diligencia, mediante un aspa que los deje totalmente tachados.

Las hojas se incorporan a la matriz, formando parte integrante de la misma, así como de las copias que sucesivamente se expidan.

Cada una de las hojas que se me entrega las numero correlativamente y pongo en ellas mi sello y rúbrica como fedatario.

Las firmas de las personas que quisieran firmar y no estuvieran sus datos en los listados que se me facilitan, se recogerán en folios de papel común que se incorporaran a esta escritura haciendo constar la citada circunstancia.

No se me requiere para que compruebe que efectivamente los firmantes son vecinos censados del lugar en cuestión.

AUTORIZACIÓN

Así lo dice/n y otorga/n, y leída por mí esta escritura, por elección del otorgante/s, advertido/s de su derecho a leerlo por sí, me manifiesta/n su conformidad, encontrándolo conforme y firmando conmigo.

Y yo, el/la Notario DOY FE de todo lo cual, de identificar al otorgante/s por el documento exhibido y, en general, de haberse observado las formalidades legales y demás consignado en este instrumento público que redacto en ... folios de clase ..., serie ..., números ...

208

PODER DE REPRESENTACIÓN. EXPEDIENTE DE SEGREGACIÓN MUNICIPAL (ALTERACIÓN DE TÉRMINO) YA INICIADO

NÚMERO (Protocolo)

En ..., mi residencia, a ... de ... de ...

Ante mí, ..., Notario del Ilustre Colegio de ...

COMPARECEN

Don/Doña ..., mayor de edad, de profesión ..., de estado civil ..., vecino/a de ..., domiciliada en calle ..., con DNI número ...

INTERVIENE/N

En nombre y representación, y así resulta de la documentación que se me exhibe, de «ASOCIACION ... », con domicilio en ..., calle ..., con CIF ..., de la que el compareciente es ...

En concreto, dejo unida a esta matriz copia de los Estatutos, debidamente legalizados, de la citada asociación, así como del acta de la Asamblea de la que resulta el cargo del compareciente.

Le identifico por su documento nacional de identidad.

Le juzgo con capacidad bastante para esta escritura de PODER, y al efecto:

EXPONEN Y OTORGAN

I. La Asociación aquí representada es uno de los promotores de la iniciativa vecinal para postular la segregación del término y municipio de ... y la constitución de un Ayuntamiento independiente, de las zonas y poblados que a continuación se mencionan:

...

II. El nuevo Ayuntamiento cuya creación por segregación se pretende, se denominaría ... y su capitalidad estaría situada en ...

III. Tras el correspondiente estudio de viabilidad, en fecha ..., se presentó ante el Excelentísimo Ayuntamiento de ..., escrito solicitando la segregación de la zona territorial integrada por los núcleos de poblaciones y zonas de influencia siguientes: ...

IV. Por ello a los vecinos de las zonas afectadas, y para contar con la mayoría de los mismos, se les pide que afirmen, consientan y otorguen el contenido del texto que a continuación se recoge y se les lee, como ratificación o reiteración de las firmas impuestas con anterioridad o como adhesión a las firmas ya impuestas, estampando a continuación su firma y rúbrica o la huella dactilar caso de no saber o poder escribir y con dos testigos que a continuación lo harán para justificar así que conocen la identidad de la persona en cuestión:

TEXTO QUE AFIRMAN, CONSIENTEN Y OTORGAN

«Que comparece para manifestar:

1.º Que es residente y se encuentra en la actualidad empadronado, condición que se acreditará en su momento mediante Certificación del Secretario del Ayuntamiento de ..., en el término municipal de ... en el domicilio reseñado en el encabezamiento del presente documento.

2.º Es su propósito solicitar la segregación del núcleo vecinal donde reside del Ayuntamiento de ... mediante iniciativa de los vecinos, tal y como autoriza y establece los artículos 9.3 del Real Decreto Legislativo 781/1986 de 18 de abril y 11.1 del Real Decreto 1690/1986 de 11 de julio[5].

3.º En consonancia con lo anterior, confiere poder de representación, tan amplio y bastante como en Derecho proceda al legal representante de la Asociación «...», para que en su nombre y representación pueda comparecer ante el Ayuntamiento de ..., Comunidad Autónoma de ... y cuantos organismos de la Administración Estatal, Autonómica, Local y Periférica del Estado sean precisos, así como ante los distintos Juzgados y Tribunales incluidos Audiencia Nacional, Tribunal Supremo y Tribunal Constitucional en todos sus asuntos derivados de la solicitud de segregación del Ayuntamiento de ... con la facultad expresa de poder subapoderar a Letrados y Procuradores para su representación procesal en los asuntos que así lo requieran.

[5] Y en su caso la normativa de cada Comunidad Autónoma aplicable.

4.º Muestra su conformidad con el proyecto de división de bienes y otras estipulaciones, incluso con la posibilidad de responsabilidad subsidiaria de los vecinos respecto de la deuda que corresponda amortizar al nuevo Ayuntamiento, como consecuencia de la segregación del existente.»

V. Para formalizar tales otorgamientos, me requiere a mí el Notario, que acepto, para que me persone, en los días que me irá indicando, siendo el primero de ellos el ..., en los diferentes lugares antes indicados, lea al público que allí encuentre el contenido de este documento, y recoja su consentimiento y firma al texto del otorgamiento que consta en el apartado anterior.

Los sucesivos días se irán haciendo constar por sucesivas diligencias.

A tal fin me entrega en hojas de papel común con los listados de los vecinos censados, con expresión de sus nombres, apellidos, domicilios y documento nacional de identidad, y a continuación de cada uno de ellos queda un espacio suficiente para que se pueda recoger la firma y/o huella dactilar y los nombres de los dos testigos. Los espacios no utilizados para firma, serán inutilizados al término de cada diligencia, mediante un aspa que los deje totalmente tachados.

Las hojas se incorporan a la matriz, formando parte integrante de la misma, así como de las copias que sucesivamente se expidan.

Cada una de las hojas que se me entrega las numero correlativamente y pongo en ellas mi sello y rúbrica como fedatario.

Las firmas de las personas que quisieran firmar y no estuvieran sus datos en los listados que se me facilitan, se recogerán en folios de papel común que se incorporaran a esta escritura haciendo constar la citada circunstancia.

No se me requiere para que compruebe que efectivamente los firmantes son vecinos censados del lugar en cuestión.

AUTORIZACIÓN

Así lo dice/n y otorga/n, y leída por mí esta escritura, por elección del otorgante/s, advertido/s de su derecho a leerlo por sí, me manifiesta/n su conformidad, encontrándolo conforme y firmando conmigo.

Y yo, el/la Notario DOY FE de todo lo cual, de identificar al otorgante/s por el documento exhibido y, en general, de haberse observado las formalidades legales y demás consignado en este instrumento público que redacto en ... folios de clase ..., serie ..., números ...

209

Escritura De Revocación De Otra Anterior De Poder (En General)

NÚMERO (Protocolo)

En ..., mi residencia, a ... de ... de ...

Ante mí, ..., Notario del Ilustre Colegio de ...

COMPARECEN

Don/Doña ..., mayor de edad, de profesión ..., de estado civil ..., vecino/a de ..., domiciliada en calle ..., con DNI número ...

INTERVIENE/N

En su propio nombre y derecho.

Le/s identifico por su documento nacional de identidad.

Tiene/n a mi juicio capacidad legal para otorgar la presente escritura de REVOCACIÓN DE PODER, a cuyo efecto:

EXPONE/N Y OTORGA/N

Primero. En fecha ... el/la compareciente otorgó la escritura de poder que a continuación se indica y a favor del apoderado/a que también se menciona:

Escritura de fecha ..., autorizada por el Notario de ... Don/Doña ..., con el número ... de su Protocolo, de poder de ...

Apoderado/a: Don/Doña ...; mayor de edad, de estado civil ..., de profesión ..., vecino/a de ..., domiciliado/a en ...

Segundo. En este acto el/la compareciente REVOCA íntegramente la escritura de poder citada, requiriéndome a mí el/la Notario a que notifique al apoderado la revocación a todos los efectos legales, en el domicilio del mismo antes mencionado, y le requiera a su vez a que me entregue la copia o copias que de dicha escritura de poder disponga el apoderado.

AUTORIZACIÓN

Acepto el requerimiento, y del acto de la notificación lo haré constar por diligencia.

Así lo dice/n y otorga/n, y leída por mí esta escritura, por elección del otorgante/s, advertido/s de su derecho a leerlo por sí, me manifiesta/n su conformidad, encontrándolo conforme y firmando conmigo.

Y yo, el/la Notario DOY FE de todo lo cual, de identificar al otorgante/s por el documento exhibido y, en general, de haberse observado las formalidades legales y demás consignado en este instrumento público que redacto en ... folios de clase ..., serie ..., números ...

210

Escritura De Revocación De Otra Anterior De Poder De Representación Procesal

NÚMERO (Protocolo)

En ..., mi residencia, a ... de ... de ...

Ante mí, ..., Notario del Ilustre Colegio de ...

COMPARECEN

Don/Doña ..., mayor de edad, de profesión ..., de estado civil ..., vecino/a de ..., domiciliado/a en calle ..., con DNI número ...

INTERVIENE/N

En su propio nombre y derecho.

Le/s identifico por su documento nacional de identidad.

Tiene/n a mi juicio capacidad legal para otorgar la presente escritura de REVOCACIÓN DE PODER, a cuyo efecto:

EXPONE/N Y OTORGA/N

Primero. En fecha ... el/la compareciente otorgó escritura de poder de representación procesal a favor de Procuradores y Letrados, ante el Notario de ... Don/Doña ..., con el número ... de Protocolo.

Segundo. En este acto el/la compareciente REVOCA íntegramente la escritura de poder citada, requiriéndome a mi el/la Notario a que notifique Don ..., Procurador de los Tribunales, con domicilio en ..., calle ... a todos los efectos legales y en particular respecto del procedimiento de ... número ... del Juzgado de ..., en el domicilio del mismo antes mencionado, y le requiera a su vez a que me entregue la copia o copias que de dicha escritura de poder disponga el apoderado.

AUTORIZACIÓN

Acepto el requerimiento, y del acto de la notificación lo haré constar por diligencia.

Así lo dice/n y otorga/n, y leída por mí esta escritura, por elección del otorgante/s, advertido/s de su derecho a leerlo por sí, me manifiesta/n su conformidad, encontrándolo conforme y firmando conmigo.

Y yo, el/la notario doy fe, de todo lo cual, de identificar al otorgante/s por el documento exhibido y, en general, de haberse observado las formalidades legales y demás consignado en este instrumento público que redacto en ... folios de clase ..., serie ..., números ...

211

Escritura De Revocación De Poder General De Administración Y Disposición Otorgado Por Un Cónyuge A Otro

NÚMERO (Protocolo)

En ..., mi residencia, a ... de ... de ...

Ante mí, ..., Notario del Ilustre Colegio de ...

COMPARECEN

Don/Doña ..., mayor de edad, de profesión ..., de estado civil ..., vecino/a de ..., domiciliado/a en calle ..., con DNI número ...

INTERVIENE/N

En su propio nombre y derecho.

Le/s identifico por su documento nacional de identidad. Tiene/n a mi juicio capacidad legal para otorgar la presente escritura de REVOCACIÓN DE PODER, a cuyo efecto:

EXPONE/N Y OTORGA/N

Primero. En fecha ... el/la compareciente otorgó escritura de poder general de administración y disposición a favor de su cónyuge Don/Doña ..., ante el Notario de ... Don/Doña ..., con el número ... de Protocolo.

Segundo. En este acto el/la compareciente REVOCA íntegramente la escritura de poder citada, requiriéndome a mí el/la Notario a que notifique a su cónyuge la revocación, con domicilio en ..., calle ... a todos los efectos legales, y le requiera a su vez a que me entregue la copia o copias que de dicha escritura de poder disponga el/la apoderado/a.

AUTORIZACIÓN

Acepto el requerimiento, y del acto de la notificación lo haré constar por diligencia.

Así lo dice/n y otorga/n, y leída por mí esta escritura, por elección del otorgante/s, advertido/s de su derecho a leerlo por sí, me manifiesta/n su conformidad, encontrándolo conforme y firmando conmigo.

Y yo, el/la Notario DOY FE de todo lo cual, de identificar al otorgante/s por el documento exhibido y, en general, de haberse observado las formalidades legales y demás consignado en este instrumento público que redacto en ... folios de clase ..., serie ..., números ...